"大国三农"系列规划教材

普通高等教育"十四五"规划教材

土地利用规划学

第2版

郝晋珉◎主编

Land Use Planning

中国农业大学出版社
China Agricultural University Press
·北京·

内 容 简 介

本书系统地阐述了土地利用以及土地规划发展历史、现状和发展趋势，介绍了土地规划的哲学观以及自然-空间-人类社会协调的可持续发展规划思想，既有丰富的理论，又有较强的应用性。主要内容包括土地、土地利用、土地利用规划以及国土空间规划的概念和基本理论，土地利用系统论，土地利用系统分析，总体规划，城镇空间规划，农业空间土地利用规划，生态空间土地利用规划，基础设施用地规划，土地整治与生态修复规划，土地规划实施管理，规划的信息系统化建设与应用等。本书力求全面反映本学科的全貌，从基础理论、规划方法到规划内容建立完整的学科体系。

本书可供土地利用规划、土地资源管理、资源环境管理等专业的学生及科研人员参考。

图书在版编目(CIP)数据

土地利用规划学/郝晋珉主编. — 2 版. —北京：中国农业大学出版社，2024.5
ISBN 978-7-5655-3194-1

Ⅰ.①土…　Ⅱ.①郝…　Ⅲ.①土地规划　Ⅳ.①F301.2

中国国家版本馆 CIP 数据核字(2024)第 054621 号

书　　名　土地利用规划学　第 2 版
Tudi Liyong Guihuaxue
作　　者　郝晋珉　主编

策划编辑　梁爱荣　　**责任编辑**　梁爱荣　刘彦龙
封面设计　李尘工作室
出版发行　中国农业大学出版社
社　　址　北京市海淀区圆明园西路 2 号　　**邮政编码**　100193
电　　话　发行部 010-62733489，1190　　读者服务部 010-62732336
编辑部 010-62732617，2618　　出　版　部 010-62733440
网　　址　http://www.caupress.cn　　**E-mail** cbsszs@cau.edu.cn
经　　销　新华书店
印　　刷　河北朗祥印刷有限公司
版　　次　2024 年 5 月第 2 版　　2024 年 5 月第 1 次印刷
规　　格　185 mm×260 mm　　16 开本　　26.75 印张　　668 千字
定　　价　86.00 元

第 2 版编委会

主　　编　郝晋珉

副 主 编　艾　东　刘贵利　郭文华

编写人员　（按姓氏拼音排序）

艾　东　中国农业大学
丁忠义　中国矿业大学(徐州)
管青春　中国石油大学(华东)
郭文华　自然资源部信息中心
郝晋珉　中国农业大学
洪舒蔓　西南民族大学
李　牧　天津商业大学
刘贵利　北京联合大学
刘平辉　东华理工大学
帕茹克·吾斯曼江　中国农业大学
双文元　华侨大学
孙逸航　中国农业大学
史云扬　中国农业大学
王　楠　自然资源部国土整治中心
徐保根　浙江财经大学
杨　君　湖南农业大学
苑全治　四川师范大学
张洁瑕　玉林师范学院
张金懿　中国农业大学
张玲俐　北京五色金土信息科技有限公司
朱传民　东华理工大学

第 1 版编委会

主　　编　郝晋珉

副 主 编　刘平辉　杨　君　安平莉　许月卿

参　　编　（按姓氏拼音排序）

安平莉　中国农业大学
白　玮　中国农业大学
丁忠义　中国矿业大学（徐州）
段瑞娟　宁夏大学
郝晋珉　中国农业大学
何长元　湖南农业大学
侯满平　中国防卫科技学院
邝敏仪　广东省东莞市国土资源局
李博文　河北农业大学
李旭霖　山东莱阳农学院
刘平辉　东华理工大学
牛灵安　中国农业大学
许月卿　中国农业大学
杨　君　湖南农业大学
张前进　山西农业大学
钟来源　湛江海洋大学

第 2 版前言

土地利用规划学是一门既古老又年轻的学科。随着工业化、城镇化和农业现代化的快速发展以及经济全球化的不断深入，人地矛盾突出、空间资源匮乏、生态环境恶化以及区域间发展不平衡等诸多问题不断涌现。习近平总书记在党的二十大报告中提出，要加快构建新发展格局，着力推动高质量发展，构建优势互补、高质量发展的区域经济布局和国土空间体系。土地利用规划作为解决地域空间问题的政策工具，被赋予了平衡生态保护与经济发展、协调土地资源需求和环境资源限制的新任务，土地规划的内容和方法得到了丰富和发展。

本教材是在中国农业大学土地利用规划教学、研究与实践的基础上编写而成，力图全面反映本学科的全貌，建立相对完整的学科体系。1990 年，根据国家土地管理的要求，结合土地利用规划教学实践，我们编写了“土地利用规划教学大纲”，1992 年被国家土地管理局认定为“土地利用规划统一教学大纲”，1995 年出版了《土地利用规划》教材，2006 年对《土地利用规划》教材进行第一次重编。通过总结近十余年教学实践、规划理论研究、规划实践经验，基于当前国土空间规划背景，我们再版了本教材。在编写过程中，我们吸收了各类土地利用规划教材的精华，如王万茂教授主编的《土地利用规划学》(1996)，吴次芳教授主编的《国土空间规划》(2021)，田莉教授主编的《土地利用规划》(2022)等。同时也参阅了大量的相关文献、书籍资料，引用了其中的部分内容。在此，对有关作者表示感谢。

本教材共分 11 章，参加编写的人员有郝晋珉、史云扬、张金懿、孙逸航(第一章)，李牧(第二章)，丁忠义、杨君(第三章)，艾东(第四章)，刘贵利、徐保根(第五章)，张洁瑕、洪舒蔓、王楠(第六章)，苑全治、帕茹克・吾斯曼江(第七章)，刘平辉、朱传民、双文元(第八章)，管青春(第九章)，徐保根、双文元、张金懿(第十章)，郭文华、张玲俐(第十一章)。全书由郝晋珉教授统稿。

相比于旧版教材，在这一版教材中，我们对一些基础理论和核心概念进行了重新审核完善，对旧版章节中的内容进行重新梳理和整合，并根据我国国土空间规划实践以及相关研究领域的最新发展前沿，及时地补充和完善了相应的新内容。我们在第一章第三节部分增添了国土空间规划相关内容，阐述了土地利用规划与国土空间规划的关系；将第二章土地利用系统论列为单独的一章，对土地利用系统总论，土地利用系统要素分异，土地利用系统的空间结构、功能、状态、管理与调控进行了分节详细阐释；对第三章土地利用系统分析部分的框架进行了重新梳理，增加了土地利用系统现状格局、“双评价”(即资源环境承载力评价和国土空间开发适宜性评价)、土地利用系统供需状态预测原理与程序等内容；根据“三区”中城镇空间、农业空间、生态空间三种类型的国土空间，我们将城镇空间规划、农业空间土地利用规划、生态空间土地利用规划三部分分别归纳总结，独立成章，并对各章节内容进行梳理整合和更新；将旧版中的交通用地规划、水利工程规划等章节的内容整合到了第八章基础设施用地规划中；第九章土地整治与生态修复规划包括土地整治与生态修复规划概述、程序与技术方法以及土地整治与生态修复综合规划和项目规划；在第十章土地利用规划实施管理章节中，新加入了规划实施监测评估与预警和规划实施保障措施的内容；将第十一章规划的信息化系统建设与应用列为单独章节，内容包含土地利用规划信息化相关概念、发展历程和意义、规划“一张图”数据库建设、土地利用规划的信息化平台系统建设及规划信息平台应用与服务等。

由于编写者水平有限，教材中不妥和错误之处敬请读者斧正。

编　者

2023 年 10 月

第 1 版前言

土地利用规划是一门既古老又年轻的学科。随着人类对土地认识的不断深入和土地开发的理解不断深化，土地规划的内容与方法得到了丰富和发展；市场经济体制的建立，土地资源市场配置机制的逐渐形成，为土地利用规划赋予了新的任务。本教材力图全面反映本学科的全能，建立相对完整的学科体系。

本教材是在中国农业大学土地利用规划教学、研究与实践的基础上编写而成的。1990 年，根据国家土地管理的要求，结合土地利用规划教学实践，我们编写了“土地利用规划教学大纲”。该教学大纲突出了土地利用规划的基础理论和规划方法的教学内容，1992 年被国家土地管理局认定为“土地利用规划统一教学大纲”。1995 年出版了《土地利用规划》教材。通过总结十余年来教学实践以及规划理论研究和规划实务实践经验，我们重新编写了本教材。在编写过程中，我们吸收了土地规划界前辈编写的土地利用规划教材的精华，如董德显教授主编的《土地利用规划》(1990)，王万茂教授主编的《土地利用规划学》(1996)，王万茂、韩桐魁教授主编的《土地利用规划学》(2002)等。同时，也参阅了大量的相关文献、书籍资料，引用了其中的部分内容，在此，对有关作者表示感谢。

教材共分 12 章，参加编写的人员有郝晋珉、牛灵安、白玮、邝敏仪、杨君(中国农业大学)、丁忠义[中国矿业大学(徐州)]，段瑞娟(宁夏大学)、何长元(湖南农业大学)，刘平辉(东华理工大学)、侯满平(中国防卫科技学院)、李博文(河北农业大学)、李旭霖(莱阳农学院)、张前进(山西农业大学)，钟来源(湛江海洋大学)。全书由郝晋珉教授统稿。

该书绪论部分系统地阐述了土地利用以及土地规划发展历史、现状和发展趋势，介绍了土地利用规划的体系与类型。基础理论部分重点介绍了土地利用系统论、地域分异理论，区位论、资源配置的经济学基础以及景观生态理论和方法。土地规划实务部分介绍了总体规划、详细规划和专项规划。总体规划部分重点介绍了土地利用系统分析、土地利用战略分析，土地利用总体规划方案编制和土地利用分区等内容；详细规划和专项规划重点介绍了耕地规划，果园用地规划、畜牧业用地规划以及土地整理规划、土地保护规划、土地复垦规划；同时，增加了规划方案论证、实施保障措施以及“3S”技术的应用等内容。在内容的编排上各章既相互衔接，又独立成篇，一方面满足系统教学的需要，另一方面有利于不同地区教学的选择和土地规划人员参考。

由于编写者水平有限，教材中不妥和错误之处在所难免，敬请读者斧正。

编　者

2006 年 11 月

目　　录

第一章 绪 论

土地利用规划(land use planning)包含了 3 层含义,即土地、土地利用和土地利用规划。土地—土地利用—土地利用规划是自然与社会不断发展的产物。土地是先人类存在而存在的产物,人类离不开土地,土地是人类产生、繁育、生产、生活的基础。土地利用是随着人类社会发展而产生的活动,当社会处于较低级的阶段时,土地利用可以是相对自由的。而当社会组成变得复杂,土地利用类型不断分化,土地和土地利用之间的相互影响日益加大时,土地利用必须按照一定的规律和规则进行,必须在社会控制下展开,土地利用规划便应运而生,成为土地利用和引导土地利用的手段。

第一节 土地与土地利用

一、土地

(一)土地的概念

在人类的历史长河中,人们从土地上获取了大部分的衣食住行等的基本生存资料。因此,人们对土地给予了极大的关注。当人们从不同的角度考察土地时,便会得出不同的概念,随着对土地认识的日渐加深,土地的概念也不断地深化和全面。

1. 土地的资源概念

人类起源、生存和繁衍在太阳系的这个特殊的行星上,土地为人们提供了生存的空间和生态系统。当人类社会还处在低级发展状态时,人们只是从"土"或"土壤"来认识土地,"万物土中生"也只是一种朴素的、局限的、被动的理解。随着人们认识世界的扩展,生产和生存质量的提高,土壤和土地的概念开始分离。生产条件的优劣不仅取决于土壤肥力的高低,而且必须考虑气候、地形、水文等自然条件。当人类对自然的控制能力不断增强时,人类的活动不可忽略地成为土地的特征。因此,从资源角度对土地的科学定义,已不再是"土"或"土壤"的狭义理解。联合国粮食及农业组织(FAO,以下简称联合国粮农组织)给土地进行了如下的定义:

"土地是自然综合体,它包括影响土地利用潜力的自然环境要素,如气候、地形、土壤、水文和植被等,也包括人类过去和现在活动的结果,例如围海造田,修筑梯田,以及反面的结果,如土壤侵蚀、土地退化等。"

2. 土地的资产概念

在原始社会,人口稀少,土地就像空气一样"富裕"。随着人口的增加,人类开始竞争土地,部落和家族开始保护自己的领地,领地的质量和数量成为影响部落和家族繁荣的重要因素。私有制的出现使土地首先成为人类拥有的主要财产,土地的占有是私有者富裕和权力的象征。商品概念出现后,土地又被当作一种可以用来交换或获得货币的特殊商品。

在自给自足的生产时代,土地仅是获取衣食和居住空间的基本条件。而在商品生产社会,土地则成为重要的生产资料和资本,同时又是生产关系的客体。对土地的所有、占有、使用、收益等是一切财富的源泉。

因此,有人给土地以如下的定义:"土地是能够作为资产的地球表面以及自然和人为的附加物"(*The Random House Dictionary of the English Language*,1966)。

3. **土地的综合概念**

土地既是物质资源,又是重要的资产。土地是资源和资产两重性的统一体。同时,土地还可以是一种风景资源。全面而准确的土地概念很难用简单的语句概括。

土地是地球表面的一定空间范围内,由气候、地貌、土壤、植被、地质、水文等自然要素所构成,同时也包括人类过去和现在活动的结果。它是人类生产、生活的基本资料和环境。对土地的所有、占有、使用、收益等是一切财富的源泉。

土地的概念不是一成不变的,它随着人类的认识和对自然控制能力的深化而变化。土地的概念应该包括以下几个方面。

(1)土地的自然属性　土地具有作为自然存在物的一切属性,具有自然形成的物质、能量、空间以及其构成要素。这是土地的"自然世界"。

(2)土地的人为属性　人类的活动不断地改造着自然的土地,并将其结果凝聚在自然的物质土地之中,使土地形成了区别于自然土地的新特征。这是土地的"人为世界"。

(3)土地的社会经济属性　土地具有使用价值,包括区位价值、生产资料和资本,属于社会资产。这是土地的"经济世界"。

(4)土地的景观与环境属性　土地不仅是资源,同时也是环境,具有美学价值,是一种风景资源,造就人类生存的美学环境,影响人们的精神和情操。这可以说是土地的"精神世界"。

人们可以从不同的角度认识土地,但是土地利用规划特别是关系全局的总体规划和区域规划所面对的土地是综合的土地。

(二)土地的特征

土地是人类的生存条件。马克思曾经指出:"土地……是人类永远不可缺少的生存条件和生殖条件"。作为自然资源和社会资产的土地具有不同于其他资源的特征。

1. **土地的固定性**

土地的固定性表现为空间位置和地理环境的固定。任何一块土地都是在地球表面某个特定部位相对固定的,都有其固定的空间分布区域,并由特定的土壤、气候、地形、地质等自然要素及周围的社会经济因素所组成,从而使其具有明显的地域性特点。土地只能在它所处的地理位置和特有条件下进行开发利用,人们无法移动土地。

2. **土地的有限性**

土地的有限性表现在 3 个方面。

第一,面积总量的有限:地球表面积是相对不变的,其陆地表面也是相对不变的;同样,一个国家、一个地区的土地面积也是有限的。土地的数量不会增加,也不会减少。即使通过围海造田等方式增加土地面积,其数量也是极为有限的。

第二,可利用面积的有限:在一定的生产力水平下,人类可能涉及的空间是有限的,各种限制条件的制约决定了人类所能利用的土地数量是有限的。大量的土地是人类不能利用或者暂时不能利用的。

第三,特殊功能土地的有限:在一定的历史条件下,能够供给特殊用途利用或者特殊环境的土地是有限的。如许多特产基地、湿地等。

随着人口的增加，相对的人均土地占有量将会不断减少。所以必须十分珍惜和爱护每一寸土地，充分合理和高效地利用每一寸土地，在有限的土地上生产出更多更好的物质财富，满足人类社会越来越高的需要。

3. 土地的更新性和不可更新性

常见的自然资源分类把自然资源分作恒定性资源、可更新资源和不可更新资源。在正常情况下可通过自然过程再生的资源称为可更新资源。土地资源不同于其他自然资源，它同时具有可更新和不可更新的特征。生态性的"土地"是一种可更新资源。当耕地利用得当时，同一块土地就可以不断地、年复一年地收获产品。从这个意义上看土地是一种可更新资源。自有人类以来，人们世代利用土地，年复一年地从土地上获得物质财富，土地的生产能力、利用价值不但没有降低，相反，随着人类社会的发展还在不断地提高。但是，如果利用不当也可以使土地退化、损坏或破坏其生产力，收获的产品将会变得越来越少，资源就会不断地被消耗，可更新的资源便转化为不可更新资源。空间性"土地"与生态性"土地"不同，在一定时期内，不断地扩大利用的面积，土地空间就不可避免地会耗尽，如像煤炭、石油，一旦被开采，资源储备就会下降，所以土地又是一种不可更新资源。但空间意义上的土地利用并不意味着土地的永久性消耗，短时期内空间"土地"会因利用而减少，但若长期地、历史地考察，土地并不会因为空间的占用而消失，通过土地整理可以实现土地的再开发、再利用，这一点又表现出可更新资源的特征。

4. 土地的增值性

土地的稀缺性和人类社会对土地的不断改造，使土地不同于其他不动产。一般不动产的价值和价格，随着使用年限的增加，通过资产折旧，价格（价值）减低。土地的价格（价值）则不同，折旧的仅是附着在土地上的资产，而土地的价格（价值）则随稀缺性的增强、区位的改变以及土地性状的变化而呈不断上升的趋势。

5. 土地空间环境的整体性和土地类型的多样性

土地是由气候、水、土壤、岩石、动植物、微生物、空气、阳光以及地形地貌等自然要素填充的三维立体空间。这些要素既是土地的组成，又是土地空间的环境，决定了土地资源与环境的统一性。土地资源的开发利用过程也就是土地环境的变化过程。

自然要素在区域空间上的组合构成了不同的土地单元。复杂多变的自然要素，错综复杂的排列组合，造就了丰富多彩的土地类型，例如，有高山冻土带、热带雨林；有平原、丘陵、山地、湖泊；有草地、水面、森林等。多样的景观环境，多样的特征，为土地利用的多样性奠定了基础。而人类的改造进一步促进了土地类型的分化，塑造出更多的人工土地类型。

此外，同一类型的土地，其性质、质量也具有很大的空间变异性，不同类型、不同质量的土地在一定的生态系统中协调分布，更增加了土地的多样性。

6. 土地的多功能性

自然的土地资源可以被人类用作各种不同的用途，如可以作为农业用地、林业用地、工业用地、住宅用地、商业用地、交通等基础设施用地、旅游等特殊用地等。从现实的土地利用实践看，同一类型的土地可以用作不同的用途；而同一用途的利用可以在不同的土地类型上实现。这表明不同的土地类型具有同一的功能，同一土地类型具有多种的功能。

概括起来，土地的作用可以分为四大功能，即生产功能、环境功能、承载功能和空间功能。

土地的多功能性决定了土地利用的竞争性，因此存在土地资源在国民经济各生产部门之间合理配置和优化利用的问题。选择土地单元的最佳用途，发挥土地的最佳综合效益，成为土地利用规划的主要内容。

二、土地利用

（一）土地利用的起源与发展

在历史发展进程中，人类对土地的认识和依赖不断加深，也对土地进行着越来越强的干预（利用）。土地利用的历史也是人类社会的发展历史，土地利用的演替也是产业经济的演替。人类社会历史是从农业经济时代、工业经济时代，到初见端倪的知识经济时代。不同的经济时代，社会经济结构不同，经济发展的驱动力也各有特点，生产要素中的资源要素也不尽相同，土地利用在其中所起的作用也不相同。在传统农业经济发展阶段，土地是生产力要素的主因，占有土地就等于占有了经济；随着工业革命，资本开始占据重要地位；知识经济社会，知识被看作关键的个人资源和关键的经济资源，知识是今天唯一的意义深远的资源。传统的生产要素土地、劳动力和资本没有消失，但是它们已经退居为第二位。

在原始社会，我们的祖先靠采集野生植物果实、猎取动物维持其生存。当一地的野果、野兽被消耗，不能满足其需要时，便开始寻找或扩大其活动的范围或者迁徙到新的地区。这时的人类和其他野生动物一样，只是自然生态系统的一部分，并没有系统地开展对土地的利用。人类依赖土地而生存，凭借强壮的体力和超出一般动物的智能采集狩猎为生。人类生存所利用的动植物产品是自然土地生产的自然物，并非人类的目的性生产。这既无土地利用可言，也没有经济发展的概念。如果非要把人类发展的这一历史阶段说成一个经济发展阶段，那么这时发展的驱动力是人类生存的需要，人力是这一历史阶段的主要资源。

随着社会的发展，人类为了摆脱采集经济中所受的限制，开始用人工方法把一些可供食用的植物再生产出来，形成原始农业，人类生活走向定居。从此，人类在固定的土地上发挥自己的聪明智慧耕耘、收获，利用土地的特性生产谷类食物，逐步干预土地。原始农业的出现也正是土地利用的标志。在原始农业出现之后的漫长岁月里，土地利用成为整个农业经济时代的主要特征。农业经济时代的社会经济发展依赖于土地利用，自然的土地被人类开垦，生产人类生存所需的食物，并且作为财富积累的主要途径。随着人口的增加，人类不断地开垦荒地，扩大有效的利用面积；兴修水利，改善土地利用的基础条件；不断采用新的技术和工具，提高单位面积的产量等，不断地促进土地的高效利用，推动社会经济的发展。人类以土地为生，通过对土地的占有积累财富：国家通过控制土地取得财富，个人通过占有土地积累财富。有土地的地主通过各种合法或者非法的手段积聚土地，形成垄断，依靠地租增加收益；无土地的农民通过起义造反，剥夺地主的土地为自己所有。太平天国的领袖们提出了“凡天下田，天下人同耕”“耕者有其田”的口号，正是其中的典型代表。近代的政治家们鼓动采取多种暴力或非暴力的方式开展土地改革，也正是希望通过土地和生产者的结合，推动社会经济的发展。土地是农业经济时代最重要的资源要素。

随着技术的发展，手工业、商业逐步从农业中分化出来，相应地也就产生了城镇、手工业等的用地类型。以纺织机械和蒸汽机的发明为标志的工业革命使得社会经济步入工业经济时代，近几百年的工业经济的发展，超越了过去几千年农业经济时代财富和文明的辉煌。工业经济的发展使得依靠土地生产的农业在国民经济总产值中的比例大幅度下降。工业企业的发展带动了城市的发展，大量的土地由农业用地转变为建设用地，土地价格迅速攀升，给房地产商以及土地投机商创造了商机。建设用地成为土地利用的主要类型之一。工业生产中的土地利用已经不再像农业生产那样作为生产资料，而仅是利用土地的空间属性。对于工业企业家而言，土地只是生产投资中的固定资本。无论是工业投资还是商业投资，购买或租赁土地都是作为能带来回报的资本。劳动力和资本在工业经济时代占据了新的重要地位。土地和其他形式的资本一样是工业经济时代最重要的资源。但是土地的相对价值下降，在农业经济时代占有土地就等于占有经济的情况已经发生了根本性的改变。

在知识经济时代，科学技术以加速度的形式快速发展，人类对土地的认识和利用能力也在不断地快速提高。近些年来，人们开始认识到依靠武力占领别国的土地并不一定能够取得相应的经济效益。生产力要素中土地与劳动力、资本相分离。土地是固定的，可以在物理意义上被占领，但是劳动力、资本和信息是可以流动变化的，并不一定随着土地的被占领而被占领。产业经济中服务业的价格超过了制成品的价格，土地价格骤然下降。这就意味着在知识经济趋势下，土地资源的利用方式和土地资产的运作速度会不断发生变化。而全球人口的不断增加，人地矛盾进一步突出，迫使人类进一步挖掘土地的功能，以实现土地的多功能开发和高效利用。建设用地的扩张、生态用地的增加、农用地的保护与高效利用、全球一体化下的用地政策研究等将成为土地利用研究的重点内容。

（二）土地利用的概念

随着人类社会的发展，人类利用土地的内涵在深度和广度上不断地在拓展，土地利用的概念也在不断地变化。人们从不同的角度考察和认识土地利用，便形成了不同的土地利用概念。目前学术界对土地利用概念的认识，概括起来主要有以下几种。

联合国粮农组织对土地利用的定义是由自然条件和人的干预所决定的土地的功能（FAO，1985）。

许牧先生认为，土地利用是人们为了一定的目的，对既是自然综合体又是生产资料的土地所进行的经营活动。

周诚主编的《土地经济学》中提出，土地利用是指对于某一集团、某一地区、某一单位之土地，在社会需要的不同方式上，在国民经济各部门之间，在各个不同项目上的分配与使用。

毕宝德认为，土地利用是人类通过与土地结合获得物质产品和服务的经济活动过程，这一过程是人类通过与土地进行的物质、能量和价值、信息的交流、转换过程。

刘书楷认为，土地利用是人们根据土地资源的特性功能和一定的经济目的，对土地的使用、保护和改造。

林英彦认为，土地利用是指人类对特定土地投下劳力资本以期从土地得到某种欲望的满足。

王万茂则将土地利用定义为土地质量和人为干预所决定的土地功能。

由这些定义可以概括出，土地利用是人类为满足自身不同需要而对土地进行的干预活动。因此，对土地利用的理解，可以从如下角度进行考虑。

（1）土地利用的前提是土地和人的结合　人和土地是土地利用的核心要素。土地利用是人的行为，土地是土地利用的使用对象。人利用土地的目的是利用土地的功能，满足人类多方面多层次的需要。先人类存在而存在的土地，在漫长的地球发展史上（46 亿年以上），逐步形成了地壳（32 亿年）；距今 24 亿年以前的太古代，地球表面已经形成了原始的岩石圈、水圈和大气圈，并产生了最低等的原始生命；直到 4 亿年前，维管植物出现，北半球陆地上出现了高大的蕨类植物，陆地生态系统才建立起来。陆地维管植物不仅成为陆地生态系统主要的初级生产者，而且提供了适宜的栖息环境，从而促使陆地动物的进化和多样性的增长，地球表面各主要部分才被生物所覆盖，形成了真正的生物圈。可以说土地的自然世界已经形成，它的功能潜力已经存在。而直立人诞生只有 240 万年的历史，现代人即智人历史更短，人与杂食性的哺乳动物之间的区别只是人会使用简单的工具。进入新石器时代，由于人口的增加，人们开始进行动、植物的家养化，原始农业开始出现，人们开始定居，也就开始了改变土地的过程。家养化范围的扩大和农牧技术的进步，大大增加了人类社会对自然生态系统的冲击强度。农业的起源实质上是人类完成了依赖自然生态系统而建立由自己控制的人类生态系统的划时代的转变；早期城市的出现，把人类历史导入了一个新的阶段，城市居民脱离了农业生产，食物的生产和消费开始出现分离；随着人口密度的增加、工具的改进和劳动技能的提高，消费水平也不断提高，劳动分工专门化，人们改造自然的欲望更加强烈，人类与自然之间和谐共存的关系变得难以维持，森林面积不断减少，自然植被退化，水土流失，土地肥力下降……自然开始惩戒它的“主人”——人类。工业革命以后，在科学和技术进步的推动下，人类社会发展进入了一个全新的阶段。当今人们对生活的要求越来越高，对环境的压力越来越大；同时，人类控制自然，控制土地生态系统的能力极大地提高。人与土地的不同形式的结合是不同类型和不同程度的土地利用的基础。

(2)土地利用的动力是人类生存与发展的需要　人口不断增加，生活水平不断提高，人类需求不断增长，危机和欲望是人类土地利用的动力，推动土地利用从低级走向高级，从简单走向复杂，从单项功能走向多项功能。第四纪最后一个冰期北退后，气候适宜，草原面积扩大。适宜的气候条件有利于人类的繁殖；同时，人类利用和制造工具的能力增强，使人类可以获得更多的食品，也可以更有效地防范其他动物的侵害，使得人类数量不断增加，超过了土地自然生产的承载能力，迫使人类利用土地进行食物人工再生产，从而产生了土地利用。人口进一步增加以及技术进步、土地利用水平的提高，进一步催化了人类的生活欲望，从而促进土地利用的深化。

按照马斯洛(Abrahamh Maslow)需求层次论，人的需求层次有 5 个：①生理需求；②安全需求；③社交需求；④尊重需求；⑤自我实现需求。人要生存，其需求能够影响他的行为。只有未满足的需求才能够影响行为。人的需求按重要性和层次性排成一定的次序，从基本的(如食物和住房)到复杂的(如自我实现)；当人的某一级的需求得到最低限度满足后，才会追求高一级的需求，如此逐级上升，成为推动持续努力的内在动力。人类对物质和文化需求的欲望的不断增长，产生着不断的危机，欲望—短缺危机—发展满足—新的欲望，这成为土地利用产生和不断发展的动力。

(3)土地的资源化和资本化是土地利用的必要条件　在人类社会的进化过程中，人口不断增加，生活水平不断提高，对土地的要求也不断增加。同时，人类的认识能力特别是科学技术的不断进步，使土地的概念也不断地发展。在原始社会的狩猎采集时代，土地就像空气和阳光一样并不被看作资源；随着农牧业社会的兴起，土地就成为最重要的资源。在人类生活水平还比较低下的时候，人们注意的是土地给他们带来的温饱，土地资源的概念是物质的；当生活水平提高后，人们更加注重土地的风景和环境价值，土地的景观特征便成为土地资源的一部分。自然的土地是客观存在的，无论是物质的土地还是景观的土地，但是当没有把它们资源化时，人类是不会自觉地对其加以利用的。只有把土地作为资源，才会有土地利用(土地的资源化)；自然的土地不能适应人类的所有利用类型和方式，人类便通过劳动改造这些土地，不断地把资本凝聚在土地中，形成土地的人为世界(土地的资本化)。资源化和资本化的土地是土地利用的基础(必要条件)。

(4)人类对自然的控制能力是土地利用的充分条件 在人类社会的进化过程中，土地的开发利用以及开发的深度，受到认识水平和技术水平的制约。今天世界上许多珍贵的资源在过去可能并不被重视，甚至可能是毫无价值的。今天我们并不看重的资源或者原料，在历史上可能具有珍贵的价值，在未来也许会成为重要的资源。“洪水猛兽”被人类看作是灾难，但是一旦人类有能力驾驭它们的时候，也会变成服务人类的资源。旧石器时代，人类的工具只能是狩猎采集，而新石器时代精制石器工具可以使人类刀耕火种，种植植物，驯化动物，开始原始的土地利用；青铜器、铁器和灌溉技术的出现，使人类社会步入精耕细作的农业社会，大量的自然土地被开垦为耕地；蒸汽机的发明，推动了大工业的发展，土地的承载功能和资本特性，得到了充足的发挥，工业土地利用取得了农业土地利用不能比拟的效益和服务；传统农业的发展更多地依靠扩大耕地的面积，人地矛盾日益突出；现代化的农业依靠机械和科技实现农业的规模化生产，土地生产力得到了长足的发展，虽然仍然摆脱不了自然气候的直接影响，人地矛盾依然高度紧张；现代的设施农业技术、生物技术，不仅将生物生产力充分地挖掘，而且使土地利用向立体空间拓展；土地的多功能开发利用成为土地利用的发展趋势。科学技术手段与文化手段是土地利用不断深化的充分必要条件。

综上所述，土地利用是人类为满足自身不同需要，采用科学、技术和文化的手段，利用和开发土地的功能提供产品和服务的行为和活动。土地利用是一项主动的、有目的性的人类活动，为满足人类不同层次、不同类型的需求，必然不断地加深土地系统的开发、挖掘土地的多功能潜力，实现土地的高效利用，同时保持土地系统功能的不断更新和改善。因此，土地利用包括土地开发、整治、利用和保护的全部活动。

(三)与土地利用相关的若干概念

1. 土地类型

土地各构成要素的空间变异性，以及各要素之间相互作用、相互影响，使得在不同地域空间内体现着各种不同的景观形态特征和土地性质，将景观形态特征和土地性质相对一致的一系列空间单元划分为一种类型组合便是土地类型。每一相对均一的土地单元均有一定的外貌形态为其代表；每一相对均一的土地单元均有相近似的成因及可比拟的、相近似的土地属性，如地形坡度、岩性、土壤属性、水文条件等。

土地类型性质的均一是相对的，理解土地单元性质均一性必须考虑几个方面：①根据划分的详细程度不同，土地单元的一致性不同；土地类型划分越细，单元划分越小，一致性程度就越高。②同一个土地类型单元的性质一致性程度始终是大于其相邻土地单元相合并后的土地性质。③土地类型划分的依据主要是土地自然属性，包括景观形态特征(如地形地貌、植被类型等)和土地性质(如土壤性质、气候性质等)。在不同的划分层次上，所考虑的自然属性是不同的，也就是说土地的各个构成要素的形态、性质在不同层次的类型划分标准上的重要性是不同的。

土地资源类型主要是根据土地所具有的资源利用价值或功能的差异性而划分的。因此，土地资源类型是指土地自然属性相对均一，而且利用价值或利用功能一致的土地单元集合。

显然，土地资源类型划分的目的就是要直接表现土地与生产利用之间的关系，如土地适宜性、生产潜力、开发利用方向、保护与改造措施等方面的不同程度和类型。

2. 土地利用类型

人类为了自身的生存和发展，就必然要进行大量的利用土地、改造土地的活动，对土地资源进行多种形式的利用，从而形成了多种多样的土地利用类型。土地利用类型指的是土地利用方式相同的土地资源单元，如耕地、园地、林地、水域、草地、住宅、工矿仓储、交通运输用地等。它们具有如下特点：①它们是在自然、经济和技术条件影响下，经过人类劳动干预而形成的产物；②在空间分布上，它们具有一定的地域分布规律，但不一定连片，可以重复出现；③在时间上，随着社会经济和技术条件的改善，土地利用方式及其特点也有明显的动态变化；④它们是根据土地利用的地域差异划分的，是反映土地用途、性质及其分布规律的基本地域单位。

3. 土地利用方式

土地利用方式是各土地利用类型按产品的市场方向、投入水平、采用的技术和动力，以及地权关系的不同所划分的各种不同的土地利用形式。不同的土地利用方式对土地有不同的要求。土地利用方式是比土地利用大类描述或规定更详细的土地利用种类。在详查或定量的土地评价研究中，被考虑的土地利用种类通常由土地利用方式所构成，它要求按照评价目的尽可能具体而精确地加以描述。所以土地利用方式不是土地利用种类中的一个分类等级，而是指土地利用种类一级下各种具体用途的经营特点。一种土地利用方式是由一系列既定的自然和社会经济条件的技术性说明构成的。

尽管土地利用方式比起土地利用大类来讲，包含的内容要简单些，但当我们将土地利用方式与土地结合，即通过土地的使用，其产品的输出仍然相当复杂。根据输出产品的不同和土地利用的特征，可将土地利用方式分为以下几种。

(1)单功能的土地利用方式　其土地利用方式主要是指通过对土地的使用，其产品的输出只有一种。如果树栽培区，其输出主要是水果，而且是果树与土地常年地结合；建设用地的居民住宅区，其输出是提供了人们居住的场所。

(2)多功能的土地利用方式　它是指同一时间，同一块地上，有两种或两种以上的土地利用，但每种土地利用均有自身的产品输出。如我国南方的桑基鱼塘，稻田内种绿肥等均有多种输出。

(3)复式的土地利用方式　其土地利用方式指的是同一地块上，在同一时间周期内的不同时段，土地的利用不同。如我国的多熟制农业，在一年内的不同时段里，在同一块地上种二茬或三茬不同的作物。

4. 土地利用结构

土地利用结构是指区域内各种土地利用类型和方式在数量上的比例关系和空间上的相互位置关系形成的格局，以及权属上的所属关系的总和，包括：①区域内土地利用类型和方式的组成，即土地利用的组成结构；②区域内各类土地利用类型和方式在数量上的比例关系，即土地利用的数量结构，一般用每类土地（如农用地、建设用地、未利用土地）占区域内总土地面积的百分数表示；③区域内各类土地利用类型和方式在空间上的相互位置关系，即土地利用空间结构，一般用各类土地利用在空间上的组合关系的特征来描述；④在权属上的所属关系为权属结构，一般用每类土地（如国有土地、集体所有土地、权属不清的土地）占区域内总土地面积的百分数表示。建立不同的土地利用结构以及空间分布形式是土地利用规划的核心问题。土地利用结构受多种因素的制约，包括自然的、经济的和社会的需求。一定生产力发展水平，形成一定的社会需求结构，从而通过价格涨落、利润调整来形成一定的土地利用结构。这是土地利用结构形成的根本要素。

5. 土地利用率

它是反映一个地区土地利用程度的指标。广义的土地利用率指农、林、牧、工、商等总的土地开发面积占总土地面积的比例；狭义的土地利用率是指农用土地占该区土地面积的比例（也称为垦殖系数）。一个地区的土地利用率与其经济发展程度和人口密度等密切相关。

上述传统的土地利用率概念，无论是广义的还是狭义的，都是一个平面的利用程度的表达。随着时代的发展，土地已经不是一个单纯的平面问题，人类的土地利用远远突破了二维的平面空间，也就是说在外延开发潜力不断减少的情况下，土地开发开始转向以内涵挖掘潜力为主。土地内涵挖掘潜力的途径，仅就土地本身而言，大致可以分作三类：其一，从立体空间的角度开发利用土地，提高土地利用率；其二，从时间因素的配合上开发利用土地，提高土地利用率；其三，使区域土地不同利用的功能叠加，提高土地利用率。

因此，土地利用率的衡量就不能仅从二维平面来表达，即

$$y=f(x_1,x_2)$$

而应该从二维的平面函数转化为三维的立体空间函数，即

$$y=f(x_1,x_2,x_3)$$

仅仅转化为空间函数并不能确切地表达土地空间的利用程度，还必须从时空配合的角度确切地表达土地的利用程度，此时，土地利用率即可表达为：

$$y=f(x_1,x_2,t)$$

或者

$$y=f(x_1,x_2,x_3,t)$$

随着人类对土地利用深度的加深，须充分发挥土地的多种功能，或者对同一土地进行多功能开发利用，此时的土地利用率则表达为：

$$y=N\cdot f(x_1,x_2,x_3,t)$$

6. 土地使用

土地使用是指具有某种法权关系的单位或个人的土地利用过程。土地利用过程可以由土地所有者来实现，如集体所有土地集体使用，国有土地国家使用（如矿山、公路等）；也可以由土地使用者来实现，如单位、承包集团或个人使用。所以土地利用过程体现了一定的土地所有制和使用制度的土地关系（法权）。“土地使用”偏重从“法权”的角度来说明，依法获得土地使用权后才可以实现土地利用过程；而“土地利用”主要偏重从经营管理土地的角度来说。两者含义实质上相同。

三、土地利用控制

土地—土地利用—土地利用控制是人类社会不断发展的产物。当人类社会处于低级阶段的时候，土地像空气一样围绕着人类，他们可以自由地利用自然的土地及其产品；随着人口的增加和生活质量的提高，必须依靠有目的的改造增加土地的产出，以满足人类需求欲望的增

加;随着人地矛盾日益突出和社会组成的日益复杂,土地利用就不再是个体行为而成为社会行为,必须合乎一定的社会规范。而科学技术的不断进步,人类对土地的控制能力不断增强,土地利用对土地和整个生态系统影响日益加大,人类必须为满足自身物质需求、精神需求、保护和改善生存与发展的环境承担责任。土地利用就必须在一定的原则下加以控制。

(一)土地利用控制的基础

土地利用控制是由土地资源的公共性、土地利用的外部性和社会性所引发的,也是由土地利用过程的可控性所决定的。

1. 土地资源的公共性

土地资源是维持人类生存与繁衍的基础。人类起源和生活在地球上,尽管现代科技已经向着外层空间发展,但是,绝大多数生产和生活资料还是来源于土地的生产,也是人类生活和活动的基本空间。因此,土地资源不能仅是私人资源,而且是人类共同资源。

土地资源的公共性体现在如下几个方面。

(1)物质生产与生存安全的保障　土地资源是维持人类生存和发展物质资料的生产基础和生产资料。无论是一个国家还是整个世界,食物安全都是头等大事,保护土地资源,科学、充分地利用土地资源,是人类或者国家保证当代以及子孙后代食物安全和生存发展的重要保障。

(2)土地资源环境的整体性　不同区域、不同类型的土地和谐地存在,它们是土地资源环境的组成,但总体并不是部分的机械加和,某一部分的变化必然会影响总体。

(3)土地资源是人类的精神归依　人类许多共同的价值观,如公平、公正、家园等,在土地的所有和拥有等方面最明显地得到反映。

2. 土地利用的外部性

土地利用的私人成本和私人收益并不是任何时候都与社会成本和社会收益相等的,当它们出现不一致时,便产生了外部性。经济学中,外部性是指一个生产者或消费者的生产或消费活动对其他生产者或消费者所附带产生的成本或效益的情况。土地是一类外部性较为典型的资源。土地外部经济概念的提出是假定有一块土地(载体),它不仅能产生经济效益,而且还能产生生态效益和社会效益,那么,这一土地不仅具有经济效益收益权,而且应当具有生态效益收益权和社会效益收益权。土地利用有外部经济和外部不经济之分,所谓外部经济,是指一个生产者或消费者的生产或活动使其他社会成员无须付出代价而得到好处;而所谓外部不经济,则指一个生产者或消费者的生产或活动使其他社会成员蒙受损失而未给予补偿。在土地利用外部经济的情况下,受影响的一方因对方活动得到好处,如耕地生态系统具有的水循环、气体调节、空气净化等功能具有外部经济性;土地外部不经济则是对整个土地生态系统、社会以及其他土地利用者造成的损害和土地利用成本增加或收益下降,如工业土地利用对大气、水源、土壤等造成的污染。因此,土地利用必须最大限度地实现土地经济性,并按照公平的原则给予该土地拥有者合理的补偿;同时最大限度地抑制土地利用的外部不经济或者使得外部成本内部化。

3. 土地利用的社会行为

土地利用不仅是某一团体或个人的行为,更是涉及社会和社区的行为。当个体的土地利用目标与社会总体目标相悖时,个体的土地利用就必须受到约束和限制,这是必须对土地利用实行控制的基础。在现代社会,不管是公有制社会还是私有制社会,土地都不是或者不完全是私人的财产,不是可以随便买卖的财产。个体不能随心所欲地处置和利用土地。

4. **土地利用的可选择性**

同一土地可以用作不同的用途,因此也就出现了不同的选择。而同一种土地利用也可能选择不同的土地类型或空间位置,同样也必须作出选择。科学的、合乎社会发展要求和土地持续利用要求的选择才是良好的选择。

5. **生态系统的可控制性**

土地是自然的产物,土地及其生活在土地上的动植物构成了自然的土地生态系统。随着人类的入侵,人类对土地自然生态系统的干扰越来越大。在当今的地球上,即使是南极大陆,也很少能找到没有人类影响的地方。也就是说土地生态系统中或多或少地带有了人工系统的痕迹。

土地利用过程是人工控制下的生态学过程,即使对于只是利用土地空间特性的非农利用来说,生态学的过程也是肯定存在的。特别在利用土地生态特性的农业利用中,生物生产过程也就是生态学的过程。

人工生态系统是可控系统。在开放的土地利用生态系统中,通过人工控制可以实现:①物质能量循环转化的最佳途径和最佳效率;②土地的最佳生产力;③在利用过程中不仅发展生产,而且可以建立起高质量的生产生活环境。土地利用不仅是可以控制的,而且是必须控制的。

6. **经济过程的可控制性**

我们生活在一个存在稀缺性的世界上。所谓稀缺性是指欲望总是超过了能用于满足欲望的资源。它表明了欲望的无限性与资源的有限性的矛盾。人类克服稀缺性的活动就是所谓的经济活动。

土地作为人类生存所必需的最基本的资源,其稀缺性是更为突出的。面对土地的稀缺,人类社会必须作出选择,即选择土地等稀缺的资源满足无限欲望中的部分。从经济的角度看,土地利用是将土地作为资本或生产资料获取利润的过程。土地投入的方向与强度,以及土地与劳动、资本的组合都是人类影响的结果,是按照人类的意识而确定的。当然这种主观的确定,必须与客观的经济规律相适应,但是人的决定作用是关键问题。

在市场经济体制下,土地利用过程中的资源优化配置是通过市场的供需规律所确定的,土地利用的产品要通过市场销售,利润也是通过市场来实现的。市场的作用是巨大的,但是市场的调节也是有一定限度的;同时,完全的市场调控也时常伴随着短期行为与微观行为,以及资源配置过程的浪费的一面。因此,必须对市场实行控制。通过对供给与需求的控制,实现对市场的控制,从而实现对土地利用过程的根本控制。

土地利用经济效果的好坏,是自然和人类及市场共同影响的结果。经济过程的可控性决定了土地利用控制的必要性及可能性。

(二)土地利用控制的目标

1. **社会公平**

土地利用控制的目标之一,就是保持社会的公平性。土地占有者不能无限制地利用其土地而获得超过社会平均水平太多的收益。

建设用地可以获得较多的收益,但是农业用地是保持人类生存必需的土地利用类型。

2. 经济有效

土地利用的目标是为了获得更高的经济发展目标，不利于经济发展的土地利用必须加以限制，使土地利用能更好地服务于经济发展。工矿用地、建设用地是社会发展和经济发展所必需的，不能不给工业和城市留出足够的土地面积。

3. 国家安全

社会公平和经济有效是土地利用控制的重要目标，但是在国家社会里土地利用的控制目标必须服从于国家的安全。无论是政治稳定的需要，还是战略保证的需要，土地利用控制都必须给予充分的考虑。

4. 环境保护

保持土地的持续利用是人类生存的重要保证。土地利用的效果涉及人类生存环境的质量，通过土地利用控制要保证土地利用的高效，同时实现土地利用的持续。要在利用的同时，对土地及其环境实行有效保护，使人类生存环境日益得到改善。

5. 情感满足

考察土地利用现状中的利用目标，我们会发现有些土地利用的形成并非直接地与上述目标相对应，而仅是个人意志的产物，土地利用的目标仅是为了满足土地利用者的心理满足。当这种个人意志与社会或社区的目标相一致时，往往会加速土地利用目标的实现；而当这种目标与社会或社区目标相违背时，便会成为土地利用目标实现的严重障碍。

任何土地利用的目标都不是单一的，它是一系列目标的集合。特别是在当代，土地持续利用的目标是上述目标的有机组合。

合理的土地利用是要合理地分配土地资源和合理地组织土地利用，即建立一个符合社会需求的土地利用结构及其布局，选择适当的土地利用方式和土地利用的强度与集约度，把土地开发、利用、整治和保护有机地结合为一个整体，以取得良好的土地利用效果。

（三）土地利用控制的基本途径

土地利用控制归纳起来主要是控制土地利用的结构（包括土地的利用方向）、土地利用的方式和土地利用的过程。

1. 土地利用结构控制

土地利用结构是各种土地利用类型和方式在一定区域内的组成比例，是在一定的社会经济条件下各种经济因素相互作用的结果，包括各类用地的面积比例结构和空间布局结构。

建立不同的土地利用结构以及空间分布形式是土地利用规划的核心内容。土地利用结构受多种因素的制约，包括自然的、经济的和社会的需求。一定生产力发展水平形成一定的社会需求结构，从而通过价格涨落、利润调整来形成一定的土地利用结构。这是土地利用结构形成的根本要素。

土地利用类型（土地利用大类）是按用途、经营特点、自然与社会的功能和覆盖特征等综合划分的土地利用种类，如耕地、园地、林地、水域、草地、商服、工矿、交通用地等。

2. 土地利用方式控制

土地利用方式则是各种土地利用类型按产品的市场方向、投入水平、采用的技术和动力、地权关系的不同所划分的各种不同的土地利用形式。不同的土地利用方式对土地有不同的要求。

土地利用方式是比土地利用大类描述或规定更详细的土地利用种类。在详查或定量的土地评价研究中，被考虑的土地利用种类通常由土地利用方式所构成，它要求按照评价目的尽可能具体而精确地加以描述。因此，土地利用方式不是土地利用种类中的一个分类等级，而是指土地利用种类一级下各种具体用途的经营特点。

一种土地利用方式是由一系列既定的自然、社会经济条件的技术性说明构成的。它可以是当时的环境，也可以是由于大型土地改良而造成的将来的环境。

3. 土地利用过程控制

土地利用过程是土地利用目标实现的具体途径与机制。不同的作用机制，将使得土地利用效率产生差异，有的甚至是质的差异。控制土地利用过程，可以保证特定的土地利用目标的实现，也可以提高其潜力水平。土地利用过程包括生态过程、经济过程和社会过程。

第二节　土地利用规划

一、土地利用规划的概念

土地利用规划也称为土地规划，在我国台湾也称为土地使用计划（“台湾地区综合开发计划”“县市综合发展计划”“都市计划”等）。在过去的一些文献中还可以看到与土地利用规划相类似的名词，如土地整理、土地组织、土地综合规划等等。

在西方，美国土地利用规划学者 F. S. Chapin 分析“土地利用规划”一词的含义曾有过三次演化。传统的土地利用规划根植于设计与工程学，它重点强调的是土地利用的设计，即给出一个未来土地利用的设计蓝图。这一层次意义上的土地利用规划只告诉人们未来的土地利用应是一种什么状态，却没有告诉人们这一状态如何实现。因此，人们认识到土地利用规划还应该有另外一种含义，即“给出行动路线”，也就是要向人们指出为实现未来之土地利用目标所要采取的行动过程和途径。这就要求土地利用规划不仅要有对土地利用未来状态的安排与设计，同时还要建立一个控制调节指导系统，以指导和控制未来的土地利用过程。即土地利用规划不仅包含一个土地利用方式选择的决策过程，而且包括达到选择目标的控制调节过程。而在现代美国，土地利用规划一词通常被理解为地方政府为了保护私人财产的价值和公众利益，而运用警察权对私人土地的开发利用进行控制的活动。农村土地利用规划的主要目的是开发与保护资源，城市土地利用规划也是如此。

另一种关于土地利用规划的观点是社会主义国家的土地规划观，如著名的苏联土地利用规划学者乌达钦教授在《土地规划设计》一书中曾对“土地规划”作过如下表述：“社会主义的土地规划，乃是苏维埃国家根据社会主义社会的经济发展规律所实行的一种经济措施。土地规划的任务就是要充分而正确地利用全部土地，不断地和有计划地提高它的生产性能，为高度有效地利用复杂的农业技术创造条件”。这种规划概念体现了一种利用思想。

我国的土地规划功能来自苏联。二十世纪六十年代初期，我国土地规划工作者曾对土地规划的概念做过几次有益的讨论。归纳起来有如下 3 种意见。

（1）认为土地规划应当解决土地利用和与土地利用有关的全部规划问题　因为土地利用是整个生产组织的一个组成部分，它与其他生产资料和劳动力的利用密不可分，所以，在进行土地规划时，就不仅要做土地本身如何利用的规划，而且应当做与土地利用有关的其他生产资料和劳动力利用的规划。因此,持这种意见的人认为土地规划实质上是一个地区或一个农业企业的全面经济规划。

(2)认为土地规划应当解决有关土地利用的全部规划问题　因为土地利用是在生产上存在着的一个完整的问题,所以,土地规划既应解决土地利用空间上的组织,也应解决集约经营土地,提高土地生产率。持这种意见的人认为,正确一点说,土地规划应叫作土地利用规划。

(3)认为土地规划主要是解决在空间上合理组织土地的利用,它是解决整个土地利用问题所实行的诸多措施中的一个方面。它既与解决土地利用问题的其他措施和组织整个生产的许多措施有着密切的联系,又与他们有所区别,不能混为一谈。持这种意见的人认为,确切地说,土地规划主要是针对在空间上合理组织土地的利用而实行的一整套措施。

FAO 1993 年出版的《土地利用规划》指南,对土地利用规划的本质和目的、规划的尺度和对象等理论问题进行了明确的界定。该书认为,土地利用规划是一个对土地资源潜力以及对土地利用和社会经济条件改变的系统评价过程。其目的是为了选择、采用并实施最佳的土地利用方案,以满足人们对未来土地资源安全的需要;规划的驱动力是变化的需要、改善管理的需要,或者是由于条件改变导致选择不同土地利用模式的需要。1994 年,H. N. Vanlier 的《可持续土地利用规划》专著中认为,所谓可持续土地利用规划,是为了正确选择各种土地利用区位,改善农村土地利用的空间条件以及长久保护自然资源而制定的土地利用政策及实施这些政策的操作指南。

近年来,随着社会经济形式的变迁以及我国土地利用规划实践的发展,人们对土地利用规划概念的认识也逐渐深化。①郭焕成教授指出:"土地利用规划是对一定地域范围内全部土地资源的开发、利用、保护、整治在时间上和空间上的总体安排和战略部署,是一个宏观控制和指导性的长期规划。土地利用规划的主要任务是根据社会经济发展的需要和土地资源的潜力,在市场需求的导向下,从追求经济、社会、生态效益出发,提出土地开发利用的目标、结构和布局方案,以满足'一要吃饭,二要建设,三要保护生态环境'的实际需要。"②刘克庸先生认为:"土地利用规划是以合理利用土地为目的进行的规划。它是根据地方经济和各部门发展对土地的需要,合理组织、分配和调整农业和非农业、农业内部各个方面的用地结构,合理利用每寸土地,以求达到地尽其用,获得社会效益、经济效益和环境效益的最佳效果。"③马良平先生认为:"土地利用规划就是根据社会生产的发展、国民经济建设的需要,以及土地本身的自然、经济特性,在一定区域内对土地资源进行配置和组织开发利用进行的总体的、战略的时(间)空(间)的最优化安排。土地利用规划的任务概括地说,是对土地利用进行控制、协调、组织和监督,为国民经济建设和满足人民的物质生活需要服务,也是为创造良好的土地环境服务。"④陈瓦黎先生则认为,广义地讲,人们对土地利用的构想、设计都可称之为土地利用规划。他把土地利用规划分成 3 类:a. 借助于土地进行经营活动,以取得经济利益为目的,可称作经营型土地利用规划;b. 为某种目的,研究土地利用规律(如某建设项目中的土地利用规划方案),为其提供论证,可称为研究型土地利用规划;c. 为管理和计划服务,在解决土地利用问题的同时,调整由于土地使用而出现的各个社会问题,可称之为管理型土地利用规划。⑤王万茂教授认为,土地利用规划是"对一定区域未来土地利用超前性的计划和安排,是依据区域经济发展和土地的自然历史特性在时空上进行土地资源分配和合理组织土地利用的综合技术经济措施。"

为满足我国生态文明建设的现实需求,解决原有各空间规划体系繁杂、内容冲突等问题,实现国土空间治理体系与治理能力现代化,2018 年国务院机构改革组建自然资源部,致力于构建国土空间规划体系。在统一的国土空间规划时代，土地利用规划不再以一种独立的规划体系的形式存在，而是作为统一安排土地利用结构与布局的规划内容存在于国土空间规划体系之中。

"土地利用规划"是在现有土地使用状况下进行的，必然起到强化土地利用现状或改变土地利用现状，发挥最大的土地总体功能的作用；同时，"土地利用规划"也是对未来土地利用发展状态的预先安排（计划）设计。达到这个安排和设计是一项综合协调合理利用土地及其实现的过程。无论哪一层次、何种类型的土地利用规划，都是一个评价—选择—决策—实施的全过程。

综上所述，土地利用规划是指人们根据社会发展要求和当地自然、经济、社会条件，以及历史基础和现状特点，对一定区域范围内的土地利用进行空间布局上的优化组合，并且对实现该优化组合在时间上、措施上和政策上作出安排，以求最大限度地发挥土地的综合功能。它是土地利用控制的手段和措施。

二、土地利用规划的起源与发展

（一）土地利用规划的产生

土地利用规划是人类在进行土地利用中所产生的。在人类出现土地利用的初期，即原始农业文明兴起之初，土地利用是一种自发的、局部的行为，人类仍然受制于自然，农业生产处在"游耕"状态，不可能产生任何形式的土地规划。只有当土地利用发展到一定的程度，生产力水平得到提高的情况下，人类开始按照自己的意愿主动地安排土地，或者说改造土地时，才逐步产生了土地的规划或说土地规划的雏形。而只有当农业文明发展到一定程度，人类改造土地的能力有较大的提高时，才出现了真正意义上的土地规划。而使土地利用规划成为一种学科是在工业革命之后，当土地利用的广度和深度大大加强，并且土地规划活动有了一整套广泛的理论体系之后。

在我国，土地利用规划的产生也许可以上溯到《禹贡》时代。传说大禹治水，对全国的土地，随山之势，斩木通道，进行治水；又随山之高低，川之大小，把全国土地分为九州，解决了水的自然灾害，创立了农业生产的有利条件。这可能是中国历史上的第一次"土地利用规划"。周朝开始创立井田制。井田即是九夫所治之田，每百亩为一夫，作为一个方块的耕作单位，中间一夫为公田，周围八夫为私田。统治阶级利用这种井田制来发展生产，更好地统治奴隶。之后，《周礼》中规定：大司徒掌握土地之图（九州土壤），创立了"土会""土宜""土均""土圭"之工作方法，进行土地规划、土壤研究和管理等方面的工作。

在后来的历史上，中国古代劳动人民，还创造出了大量的耕地规划的田块模式，如圃田、围田、架田、柜田、梯田、涂田等。此外，历代大规模的土地规划，更多的是出于农田水利工程的需要所进行的规划。如都江堰工程、郑国渠、长江流域的鉴湖工程等，都为当时乃至今天的农业生产条件和布局产生了重要的影响。

（二）国外研究进展

国外较早的土地规划理论为1826年德国屠能提出的"屠能圈"农业区位论，随后出现了韦伯提出的工业区位论、克里斯塔勒的城市区位论和廖什的市场区位论。在上述理论的指导下，城市规划于十九世纪末先于土地利用规划发展起来，有关城市土地利用的土地功能分区法得到了发展。二十世纪三十年代兴起以控制论为基础的现代土地利用规划，其重点不在于详细描述预期达到的最终状态，而是着重研究土地利用规划所要完成的目标，为实现规划可能采取的途径和政策措施，分析各种政策、措施可能造成的各种土地利用后果，并从中找出最满意的规划方案。

土地评价将土地性质与土地利用规划方向衔接起来，密切结合生产，方法简单、实用，因此比土地利用规划得到了更快的发展，于二十世纪五十年代后开始逐渐成熟，并形成体系。1953年美国垦殖局提出的灌溉地适宜性分类体系，1961年美国农业部提出的土地潜力评价系统，1976年苏联农业部提出的全苏土地评价方法等，对世界各国土地评价均有较大影响。其中1961年美国农业部颁布的土地潜力评价系统是世界上第一个较为全面的土地评价系统。继美国之后，加拿大、英国等国的土地潜力系统也相继推出。

二十世纪六十年代后期，土地利用理论研究吸收了生态学理论，1976年联合国环境规划署(UNEP)首次提出生态开发的概念，并用作规划思想，强调开发利用与生态环境协调、适应，依此制定相应的协调规划。

1972年在荷兰瓦格宁根召开的农村土地评价的FAO会议上，Brinkman和Smyth指出土地资源评价与土地利用规划的结合是非常必要的。规划包括4个方面：a.规划过程的一般环境；b.规划过程题材；c.规划单元；d.完成规划的形式。土地评价与土地规划的相互渗透和交换可产生更有效的结果，可预测的土地利用类型的决策尤为如此。尤其是随着人口、资源、环境和发展(PRED)问题的日益凸显，土地利用规划逐渐从传统的建设性或蓝图规划，发展到以控制土地利用变化和可持续发展为目的且具有广泛民众基础的公共决策。以现代控制论为理念的规划，即以目标—连续的信息—各种有关未来的比较方案的预测和模拟—评价—选择—连续监督为基本模式的规划理论开始被接受。

进入二十世纪八十年代，随着可持续发展战略的逐步实施，人们对土地规划提出了"持续"管理的要求。FAO经过1991年在泰国Chaing Rai，1993年在加拿大Lethbridge召开两次持续土地利用管理国际会议后，发表了《持续土地利用管理评价大纲》，提出持续土地利用必须同时考虑5个方面：①保持和提高生产力；②降低生产风险；③保护土地(自然)资源的潜力和防止土壤与水质的退化；④经济上可行；⑤社会可以接受。不能满足持续性的5个条件中的任何1个，则被认为这种土地利用方式是非持续的。这5个方面已成为衡量土地利用规划实施效果的重要标准。FAO于1993年出版了第一本《土地利用规划》指南，对土地利用规划的本质和目的、规划的尺度和对象等理论问题进行了明确的界定。该书认为，土地利用规划是一个对土地和水资源潜力，以及对土地利用和社会经济条件改变的系统评价过程，其目的是为了选择、采用并实施最佳的土地利用方案，以满足人们对未来土地资源安全的需要、规划的驱动力是变化的需要、改善管理的需要或者是由于条件改变导致选择不同土地利用模式的需要。1994年，H. N. Vanlier等正式出版了《可持续土地利用规划》专著，对可持续土地利用规划的概念、动机、内容体系等进行了较深入的理论探讨。研究者们认为，所谓可持续土地利用规划，是为了正确选择各种土地利用区位，改善农村土地利用的空间条件，以及长久保护自然资源而制定的土地利用政策及实施这些政策的操作指南。按照Vanlier等的观点，在土地利用规划过程中，土地最佳利用和可持续环境导向下的土地保护是两个最重要的方面。

关于规划内容与模式，二十世纪七十年代以前，在英美等国家，土地利用规划的主要内容是土地利用分区。即将一定范围内的土地划分成不同使用分区，并以使用分区图来界定分区的范围及区位。在每一分区，制定不同的土地使用规则或规范。苏联的土地利用规划内容与英美国家有所不同，它包括对土地进行“分配”和“设计”。其任务是消除土地利用上的不合理现象，消灭不合理地界，改善水利设施，合理配置各类用地，对企业内的土地利用进行详细设计，绘制土地利用规划“蓝图”。这一时期，我国的土地利用规划内容与苏联非常相似，主要包括土地区划以及进一步的田块划分、林带配置、居民点安排、道路布局等。二十世纪七十年代以后，随着人口、资源、环境和发展(PRED)问题的日益凸显，土地利用规划的内容有了很大的拓展。苏联土地利用远景规划图从二十世纪七十年代初开始编制，其主要内容包括：①根据国民经济各部门的远景发展设想，论证农业和国民经济其他部门对土地的需求；②论证开发可供农业和国民经济其他部门利用的后备土地资源；③确定建设项目所需的土地面积；④确定开发后备土地，保护和改良土地所需基本建设投资规划、投资效益和实施步骤。⑤提出实施规划的政策和措施。州、区级土地利用规划草图是根据区域内自然、社会和经济条件，制定有关合理利用土地资源、区域农工综合体的发展，确定区域内发展所必需的基础设施等方面相互协调的综合措施，为研究区域内社会和经济发展、土地资源利用和保护和拟建基础设施项目提供科学依据。在 1992 年，FAO 针对农村土地评价提出的土地利用规划框架性内容包括：①系统地阐述目标；②估量和调查；③规划设计；④确定规划；⑤补充；⑥评价。其中规划设计还包括 7 项内容：a. 现状分析和期望目标预测；b. 确定实施方案；c. 确定每个可选方案的实现方法和时间；d. 研究各种实施方案的现状、可能的实现途径和时间；e. 最优和可行方案选择；f. 实施方案的综合；g. 报告。

二十世纪七十年代以后，土地利用规划过程广泛引入遥感、计算机和数学方法，极大地提高了规划的科学性、工作效率和精确度。Verfura 等认为美国威斯康星州 Dane 县的土地信息系统在自然资源受到威胁的地方，可用于多用途规划，如用于农村土地规划，为决策者提供信息。Stark 探讨了在德国应用 GIS 分析农场管理、土地规划中的争地矛盾和保护土地，以及公共事业的大工程对土地需求的计算。Sharifi 等探讨了把土地利用动态规划系统用于作为农场土地配置的决策支持系统，这个模型由具有决策模型的 GIS 和综合规划模型组成，综合规划模式又包括作物生长模式、线性规划模型和使规划设计转变为可操作规划的空间配置决策模式。Chuvieco 把线性规划作为 GIS 分析工具，对空间属性进行优化和变量组合，并在西班牙进行土地规划试验。英国 Strath-clde 大学和苏格兰资源利用研究所的斯莱瑟教授等提出了“提高人口承载力备择方案的 ECCO 模型”，它利用系统动力学模型，模拟不同备择方案下人口变化与承载力之间的动态变化关系，可用于辅助作合理规划土地的决策。Bellamy 在澳大利亚北部通过数据库决策支持系统(DSS)来评价草地资源规划的合理性，包括成本、收益、风险和对环境的影响。荷兰土壤科学研究所和瓦格宁根大学研究中心的 Rudi Hessel 等分析了 Burkina Faso 地区土地利用存在的问题、原因及可能的解决办法，并分析了如何以地理信息系统等研究工具为基础编制满足不同利益群体需要的土地利用总体规划。

尽管国外的土地利用规划发展历史较长，但理论和方法都还没有形成体系，已进行的研究尚不成熟。正如联合国粮农组织的 Purnell 所指出的：“土地利用规划方法论并没有像土地评价方法那样发展成熟，甚至有关土地利用规划所包括的内容还存在争议。一些实践者把他们的任务限制在土地利用方式的实体设计和布局；另一些实践者则将土地利用规划视为通过立法来控制土地利用的工具，联合国粮农组织至今还没有一个指导土地利用规划的纲要。”

(三)国内研究进展

新中国成立后，开始了土地利用规划和开发整治的实践工作。在土地评价方面较有成果的是为扩大耕地资源而进行的大范围的荒地调查和评价分区工作，它按荒地的水热条件，将全国分为 11 个区，以反映区域间宜农荒地自然生产力的差别，区内按农用适宜程度、生产潜力、改良难易程度分为 5 等。这个体系有比较明确的自然特性多级指标，能比较客观地反映荒地的质量，是自然评价的结果。二十世纪六十年代的农业区划也做了很多农业土地评价工作。它们是我国土地评价的早期尝试，为土地评价与土地规划的发展作出了重要的贡献。

十一届三中全会以后至八十年代中期，一些专家将欧、美、澳土地评价理论和方法介绍进来，使我国土地评价研究有了明显进展，以合理利用土地为目的的土地评价工作蓬勃发展起来。具有代表性的是中国科学院综考会的 1/100 万土地资源图分类体系。原农牧渔业部也开展了计划在全国进行的大比例尺土地评价，其重点在于评定农用地的质量。这些工作为农用土地分等定级奠定了理论和方法论的基础。土地评价研究也从单项资源调查走向全面和综合，从经验上升到理论和系统的研究。

我国的土地规划从二十世纪五十年代中期到七十年代末八十年代初，基本是沿袭苏联的计划模式。它在国有农场地址选择场部道路水利渠系等配置以及地块设计等方面起了一定作用。二十世纪八十年代，我国在土地资源调查、农业区划、土地利用总体规划、社队土地利用规划等各项具体项目方面做了大量工作，使我国土地利用规划理论方法的研究取得初步进展。尤其是 1986 年国家土地管理局的成立，标志着土地利用总体规划进入了新时期，使我国的土地利用规划工作从部门规划过渡到国家和各级政府统一管理城乡土地的全方位规划。

进入二十世纪九十年代以后，我国土地利用规划的内容无论在深度和广度方面都有了很大的发展。在规划的类型上，从以往重点进行的农村土地规划，发展成土地利用总体规划、土地利用专项规划及土地利用规划设计三个层次。规划的具体内容包括：以可持续发展为导向的土地资源分配与再分配；各类用地结构的合理调整和优化布局；土地开发、利用、保护、整治的总体协调；以及城市土地利用规划、基本农田保护区规划、土地开发规划、土地整理规划等专项规划及其设计。到 2000 年，全国土地利用总体规划基本编制完成。可以认为，我国土地利用规划的内容，代表了国际上土地利用规划的发展方向，正在逐步趋于成熟和完善。

进入二十一世纪以来，土地利用规划学的发展呈现出理论研究和实践需求紧密结合的特点，特别是与第三轮土地利用总体规划的诸多实践探索密不可分。在规划实践中，北京市探索了城乡建设用地指标统筹管理、基本农田集中连片保护和机动管理，上海市探索了集中建设区、基本农田集中分区，广东省探索了建设用地弹性分区管控等。这些地方的实践探索有力推动了中国土地利用规划体系的健全和完善，特别是推动土地用途管制制度的进一步深化落实，从重点针对基本农田保护的空间管理发展成为基本农田管理和城乡建设用地“三界四区”空间管制双管齐下的模式。2008 年，国务院审议并通过《全国土地利用总体规划纲要（2006—2020 年）》，推动了上述土地用途管制空间管理模式的全方位实施。其后，国土资源部相继颁布市、县、乡三级土地利用总体规划制图规范、编制规程、数据库标准，构建了具有中国特色的土地利用总体规划编制和实施管理的技术体系。该阶段土地利用规划在完善耕地保护、生态环境保护和节约集约利用的同时，强化土地用途管制。农地限制、技术标准、规划纲要、编制规程和制图规范等文件的调整和约束，形成了基本农田空间管制和建设用地空间管制，加之土地利用规划的实施评价和环境影响评价，使得土地利用规划的科学基础和技术体系更加完备，逐步成为能够实行最严格土地管理制度、落实土地宏观调控和土地用途管制、规范城乡各项建设的依据。与此同时，配合土地用途管制和耕地占用补偿制度的推进，土地开发整理得到高度重视。

作为土地利用总体规划的专项规划，土地开发整理规划得以施行，相应技术规程在2000年也得以颁布实施。

在理论上，学者们在实践基础上不断丰富土地利用规划理论的探索。王万茂、冯广京等认为，土地区位理论、人地协调理论、土地利用分区理论、土地利用控制理论等是土地利用规划的理论基础；也有学者提出规划的非理性、不确定性和弹性理论，认为规划应体现动态、协调的思想。但是，针对中国推行土地用途管制和基于耕地特殊保护的土地利用总体规划的内在机理，进行系统性分析一直较为欠缺。为此，部分学者结合中国单一制体制的国情，提出中国具有两级土地发展权体系的观点，据此对土地用途管制的本质以及有关规划的作用进行了解释。作为土地利用规划的专项规划，土地整治规划理论以借鉴吸收为主，涉及控制论、系统论、景观生态学理论等。

在方法上，由于中国土地规划学是从国外引进，因此对于规划技术方法的借鉴吸收、实践总结、具体技术方法等受到高度关注。早期研究往往是基于国外方法和国内实践经验借鉴的总结，县级土地利用总体规划方法等也受到重视。在具体方法论上，2000年以前的关注点在于：根据多目标决策理论，探讨土地利用总体规划编制的方法模式；应用系统动力学仿真模型，进行适应于不同社会经济条件的用地方案比选和进行土地利用动态规划；探讨人口指标的预测方法等。进入21世纪，伴随对粮食安全和生态安全问题重视程度的不断提高，着重探讨对基本农田保护的规划技术路线，寻求基本农田保护的规划决策支持和决策可视化方法，将生态系统服务价值应用到土地利用规划的生态效益定量研究中。

总之，国内的土地利用规划工作和研究都起步较晚，但从理论、方法到研究内容均有了很大进步：规划方法从定性到定性定量相结合，规划内容由主要对农业用地的合理、科学安排，向综合安排农业用地、非农建设用地等综合性规划过渡。我国的土地利用规划研究已取得了一定成效。

三、现代土地利用规划的作用与功能

不管土地规划或土地利用规划的具体定义如何，实际工作中这项工作已经深入和影响到了土地利用以及与之相应的国民经济各个部门。几乎一切立足于土地之上的生产和经济活动，都受到或者将要受到规划的影响。人类的生存和发展依赖于规划作用的科学发挥。土地利用规划包含了“利用”与“规划”两方面的含义。从土地利用控制的角度看，侧重“利用”措施的规划是土地利用者为控制土地利用的微观过程，是取得利润、产品或其他方面满足的手段；而侧重“规划”的土地利用规划则是实现土地利用控制目标的有效途径。对土地利用规划概念的不同理解，实际上反映了对土地利用规划作用的不同认识。土地利用规划的作用是客观存在的，它是国家改革传统土地管理制度，加强土地宏观管理和统一管理，实行土地用途管制的重要举措。

从土地利用控制的角度出发，现代土地利用规划的作用体现在如下几个方面。

(1)为国家宏观经济环境和土地利用宏观调控提供依据　高层次(国家和省级)土地利用总体规划应该为国家宏观经济环境的调控提供依据。土地利用规划必须从土地资源配置的角度，提出国家宏观区域经济布局、产业结构调整目标以及土地供需总量平衡指标，使之成为国家制定长远经济发展计划，制定产业政策、财政政策、货币政策等的重要依据。

土地利用规划必须从土地利用的角度提出国家或区域经济增长的合理速度指标、基本建设投资规模指标、国家大中型建设项目的用地指标等。因此，高层次土地利用总体规划，特别是国家土地利用总体规划应该以指标规划为主，提出指导性计划。国家通过制定有关的土地利用计划、经济和行政政策、法律条例等手段，控制和引导这些指导性或指令性控制指标的实现，达到对宏观经济环境的调控。

(2)控制和引导土地资源的合理流动，实现资源优化配置　土地利用规划应该为实现资源的优化配置提出指导性的指标与控制性分区；为制定行政、财政以及引导性政策提供依据；鼓励部门用地按照土地利用规划实施配置，以避免由于过度地强调比较利益，引起由于土地向某些部门的过度集中，或是忽略比较利益低的公益事业用地、生态环境用地和农业用地的保证，或是由于过度集中造成部门用地的浪费，降低土地利用效率。同时，制定控制性分区，通过政府投资改善经营环境，引导部门用地的高效利用；也应对一定区域内的土地供给量提出规划指标，如出让宗地的总数量、面积、用途和使用条件，即由政府根据土地利用总体规划来拟定。

(3)实现对微观经营机制的限制　对于市场经济体制下的微观土地经营则应放开而由市场进行调节，以使土地实现高效利用，但必须避免出现经营中的盲目性和无政府行为，避免土地利用外部性以及市场失灵引发的各类问题。因此，土地利用规划既要避免像在计划经济体制下，出现指标过细、统得过死的现象；也要避免规划过于笼统，而出现放任自流的情况。一方面要通过对市场宏观调控加以引导；另一方面也要根据国家利益、公众社会利益以及环境效益，在定量与定位的基础上，通过具体的土地利用规划，限制土地利用中的某些不良倾向，提出土地利用方式、土地利用强度等方面的限制性规定，实行土地利用的规划许可制度。

(4)土地利用规划对土地利用过程的控制　大量的土地工程措施规划与设计对提高土地利用率和土地生产力起到巨大的作用，是实现人工控制系统对土地利用系统控制的前提和基础。土地作为其他资源的载体，土地利用规划对其他资源(光、温、水、气、生物、矿产等)的有效配置和高效利用，以及潜力发挥起着不可替代的作用。

在当前我国面临的形势和挑战面前，保护耕地、发展经济和改善环境作为土地利用规划工作的三大目标不可偏废。食物安全问题始终是构建国家安全体系中必须首要考虑的问题。作为一个人口众多的发展中国家，在食物安全战略上，必须坚持国内食物生产基本自给、国际市场调剂为辅的基本原则。耕地作为食物的主要来源，保持一定面积的耕地，提高耕地持续生产能力，是维系我国食物安全的关键。但是，在经济全球化和加入 WTO 的推动下，农业生产将向更广泛的方向发展，传统的以“耕作”为主的土地利用方式将发生变革。为适应这一变化，需要对耕地保护的内涵加以扩大，耕地保护目标由原来单一的面积要求，相应调整为保护和提高粮食综合生产能力；重点加强对基本农田的保护，推进耕地保护由单纯数量保护转向数量、质量和生态全面管护。

土地利用规划的功能要根据市场经济发展和行政管理体制改革的要求加以调整。在市场经济条件下，市场是资源配置的基础。随着市场经济的发展，土地利用规划的功能应逐步转向对土地利用的调控、引导和监督，减少直接干预。要着重研究市场经济条件下哪些用地需要保护、哪些用地需要控制、哪些用地需要引导、哪些土地利用需要组织。总的思路是：对于关系粮食安全、生态安全和社会公共利益的土地资源，如耕地、林地、湿地、自然和人文遗迹所在地、环境敏感地区土地等，要进一步加强保护；对用途难逆转的土地，如城镇、工业园区、农村居民点用地，要对用地总规模和布局进行严格控制；对用途可逆、易随市场情况变化的土地，如农业内部结构调整用地等，主要由市场调节，同时做好政策引导；对于主要由政府投资实施的项目用地，如政府投资的土地开发整理复垦和基础设施项目用地等，则要搞好用地的配置和组织。

土地利用规划功能的调整还涉及对土地利用总体规划的调控对象和作用的再认识问题。过去我们把土地利用总体规划仅仅看作一种资源规划（实质上是资源分配计划），在实践中往往将注意力集中在耕地面积的保护上。这种认识束缚了土地利用规划的发展，限制了土地利用规划作用的发挥，也不符合国际上通行的观念和做法。土地不仅是自然资源，更是社会、经济活动不可或缺的空间，是环境的主体。土地利用规划不仅是自然资源规划，更是社会规划、经济规划、环境规划。土地利用规划既要贯彻落实社会经济生态发展战略和规划，又应该发挥对社会经济环境的能动调节作用。土地利用总体规划应当以可持续发展为目的，以资源和环境保护特别是耕地保护为重点，以协调 PRED（人口、资源、环境、发展）为基本内容的综合性空间规划。要增强土地利用总体规划的综合性，切实发挥土地利用总体规划对各业、各类用地的整体控制作用，保障和促进经济社会资源环境的协调发展。

第三节　国土空间规划

一、国土空间

（一）国土空间概念

国土是国家主权与主权权利管辖范围内的地域空间，包括国家的陆地、陆上水域、内水、领海以及它们的底土和上空。它是由各种自然要素和人文要素组成的物质实体，是国家社会经济发展的物质基础或资源、国民生存和从事各种活动的场所或环境。

狭义国土是主权国家管辖下的领土、领海和领空的政治地域概念，包括一个国家的全部疆域，属于空间的范畴。

广义国土空间概念还包括国家所拥有的一切资源，主要指自然资源（如土地、水、生物、矿产、海洋、气候和风景资源等），也包括人口、劳动力等社会资源。

国土空间是由自然地理环境和人类社会活动两个子系统相互作用构成的人地耦合系统，是自然地理演化过程和经济社会发展过程的综合体，在全球、国家、区域、地方、社区等空间尺度，以及近期、中期、远期等时间尺度上具有尺度嵌套的层次结构。

（二）国土空间与土地空间

当土地空间有了国家属性、权属性质，国家边界统一，即为国土。土地空间和国土空间重叠性高，在一定范围内土地空间与国土空间的含义一致，现在的国土空间面向需求与利用方式的变化，已经被赋予新的概念。在一定程度上说，国土空间是土地空间的扩展和深化，过去广义的土地空间概念可以等同于当前国土空间的陆地部分。也可以说，当前国土空间范围比广义土地空间大，包含了领海与领空。具体来说，海洋国土指国家主权管辖下特定海域及其上空、海床和底土，是一个集合概念。作为一种内生性与广域性的空间存在形式，海洋国土空间融生态性、地理性、参与性和战略性于一体，具有协调人海关系互动、海洋资源利用、海洋经济发展和海洋战略引领等的社会经济职能。所以，国土空间范围为主权范围内的领土，包括领海、领空等，比土地空间的范围要大。

(三)国土空间利用的核心

国土空间利用的核心是土地利用。不管是城市利用，农业利用，还是生态利用，都是面向土地的开发利用。自然地理空间奠定了人类活动的物质基础，人类干预和改造自然的过程塑造了国土空间的功能和形态。国土空间的演变过程，本质是人与自然相互作用并作用在地理空间的结果。空间上发生的利用行为改变了其本来的功能或状态，给原本的自由空间赋予了社会经济属性，而经济利益的再分配过程组成国土空间利用的内容。

二、国土空间规划

(一)国土空间规划是土地利用规划的新阶段

国土空间规划是土地利用规划的新阶段。纵观国内外土地利用规划的发展历程，土地利用规划需要与时俱进，以满足不同时期的社会经济发展需求。当前我国的土地资源利用面临耕地保护、经济发展和环境改善三重挑战，且各空间类规划重叠、冲突问题频出。在此背景下，国家于 2019 年建立国土空间规划体系，标志着我国的土地利用规划进入了新阶段。

1. 生态文明理念统领下的新阶段

生态环境问题，归根到底是资源过度开发、粗放利用、奢侈消费造成的，资源开发利用既要支撑当代人过上幸福生活，也要为子孙后代留下生存根基。长期以来，我国经济增长过度依赖资源消耗，一些地区的发展以牺牲环境为代价，造成了严重的环境污染和生态破坏。国土资源作为一个国家及其居民赖以生存的物质基础，规划和实施更高质量、更有效率、更加公平、更可持续的国土空间开发保护建设活动，对生态文明建设背景下实现我国经济社会的可持续发展具有积极意义。因此，我国正式确立了国土空间规划体系，引导和控制各类开发保护建设活动，以正确处理我国社会经济发展过程中发展与保护之间的关系。

因此，新时代的国土空间规划作为国家空间发展的指南和可持续发展的空间蓝图，改变了原来以服务开发建设为主的工程思维方式，按照生态文明建设的要求，注重生态优先绿色发展，强调生产、生活、生态空间的有机融合，以生态文明理念引领国土空间规划体系发展。

2. 统筹生态、农业、城镇三类空间协调发展的新阶段

构建国土空间规划体系过程，重点统筹了生态、农业、城镇三类空间协调发展，不走传统发展规划的老路。国土空间规划承载了人与自然和谐共生的生态文明理念，合理布局生态空间与农业空间不仅是“划分地盘”，更要能化解发展与保护“零和博弈”的困境，夯实空间界定、类型区分、管理衔接等环节，构建适应时代发展需求的国土空间治理体系。其中，生态空间作为具有自然属性、以提供生态服务或生态产品为主体功能的国土空间，规划中重点考虑了如何协调生态保护与生态利用之间的关系，打破“隔离式”保护观念，满足国土空间规划“以人为本”的内在需求等问题；农业空间作为生物和人类最基本的“生存空间”，规划中重点考虑怎么守住耕地数量与质量两条红线，农业生产布局怎样与水土资源条件相匹配，农田结构如何与现代农业发展相适应等问题。

3. “全域全要素管控”的新阶段

全域全要素国土空间管制制度是“多规合一”的国土空间规划体系的核心。全域是指国土空间规划对涉及在国土空间上的各个利益层级全覆盖，包括中央和地方政府、不同职能部门在规划编制、实施等过程中事权、关注重点及利益诉求的处理；其重点表现为对各规划主体的联

通和覆盖，而不是简单的某一产业项目在城市落地的全过程。全域管控的难点在于协调各规划主体间的关系，切不可由于管控难度提高而出现国土空间管理的“真空地带”。全域管控的核心在于差异化管理，国土空间规划体系的建立并不意味着其他各类规划的“谢幕”，也不意味着地方发展将遭受掣肘，其应代表整个社会和全体国民在提高公共福利方面的客观诉求，并在全域层面行使“看不见的手”的职能。全要素是指国土空间规划的管理对象是复合自然资源、社会经济等全部要素的复杂空间。过去对全要素管控的忽视以及对城市发展要素的偏重，已使得国土空间内部不合理的用途转换频繁发生；但目前我国经济增长已处于新常态，以往依赖单一要素生产的经济增长方式已经达到规模报酬的拐点，迫切需要全要素参与生产环节以提高规模上限，并形成生态空间“山清水秀”、农业空间“现代高效”、城镇空间“节约集约”的管控体系。

（二）国土空间规划概念

国土空间规划不是简单的“多规合一”的产物，而是“区域整体”的谋划。它是一种新的规划类型，“多规合一”成果不能等同于国土空间规划。整体是构成一个事物的相关局部的总和，但不能误解为独立的、自我的、先验的局部之和。其中有误解的重要原因就在于现有的认知逻辑基本上是线性逻辑，如演绎逻辑和归纳逻辑等，比如认为先有局部再有整体，但实际上局部是整体的局部，脱离了整体就不是这个局部，整体和局部之间本质上是一种彼此确认的同时性逻辑。不能简单地把“整体”理解为“全部”，因为对“全部”的意识，本质上是一种整体割裂后的拼贴。这种拼贴违背了整体性内部基于特定关联关系相依相生、共同导向同时又受制于总和功能的属性，也就是违背了“整体关系链”逻辑。事实上，“多规合一”只是国土空间规划的基础，后者有其自身的“整体关系链”和特定的结构功能，不能将国土空间规划等同于“多规合一”。

现将国土空间规划的概念表述如下：国土空间规划是土地利用规划的新阶段，是国家和地方空间发展的指南、可持续发展的空间蓝图，是以自然资源调查评价为基础，以动态演化的国土空间为对象，以协调人与自然共生为主线，以优化空间结构、提升空间效率和提高空间品质为核心，对土地利用、设施布局、土地开发、资源配置等全要素所做的整体性部署和策略性安排，并将之付诸实施和进行治理的过程性活动，是在国土空间范围内进行各类开发、保护、利用、修复、治理、建设等活动的基本依据。

（三）规划体系重构

2019 年 5 月发布的《中共中央国务院关于建立国土空间规划体系并监督实施的若干意见》确立了国土空间规划“五级三类四体系”，这是适应生态文明建设、推进国家治理体系和治理能力现代化新要求的规划体系重构，须着重从规划理论、规划内容及规划技术体系三方面重构。

1. 规划理论重构

规划理论是指导规划实践的重要前提。随着土地开发利用程度的不断提高，我国土地利用规划的理论体系也由重开发的土地区位理论、土地利用分区理论等，演化为重管制的人地协调理论、土地利用控制理论、土地利用系统理论等；同时也有部分学者将弹性理论、不确定性理论等引入土地利用规划理论体系中。而在国土空间规划的新阶段，生态文明和可持续发展观念成为规划编制的逻辑起点，亟须引入环境科学、生物学、景观生态学等理论，以协调三类空间冲突问题，利用系统论、控制论、人本论思想以提高规划的动态性和协调性，形成以生态文明思想为主体，兼有生态学、经济学、管理学、地理学、法学等多学科多领域的综合理论体系。

2. 规划内容重构

我国的土地利用规划系统体系在解决快速工业化的过程中伴随的耕地大量流失和粮食大量进口问题过程中不断发展，全国各地基本完成五级规划并开始正式实施，建立起自上而下逐级控制、以土地供给制约引导需求的规划编制体系，奠定了土地利用规划的主体内容；随后以指标管理和分区管控为核心内容的土地用途管制制度进一步深化，基本农田管理和城乡建设用地“三界四区”空间管制双管齐下的模式形成，以用途管制为核心内容的土地利用规划体系日趋完善。在土地利用规划发展至国土空间规划的新阶段，用途管制核心没有变，但在管制的形式和方法上要与国土空间规划的目标相适应。

首先，建立全域全类型全要素的国土空间用途管制制度。过去土地用途管制制度以建设用地和耕地作为主要管理对象，服务于经济建设和粮食安全的国家战略，从根本上还是为了保障以“经济规模增长”为核心的发展需求；在生态文明体制改革背景下，“以人为本”理念成为发展的主导思想，生态保护、食物安全、人居环境等社会公共利益成为发展的主要目标，国土空间用途管制对象从结构上由两重要素拓展为自然资源的全要素，从维度上由用途、利用的二维管制拓展为用途转用、空间布局、利用效益、权益保障的四维管制。同时在管理方式上，现行国土空间用途管制制度主要通过指标计划、分区管控和名录管理方式进行管制，这也是目前国际上较为通用的管制方式，但在管制实践中这些管制方式均存在问题。例如，指标计划刚性过强，手段单一，往往造成其他空间负外部性影响；分区管控效力不足，不同要素分区的空间重叠，难以形成有效管制；名录管理侧重对重点项目的实施，而对生态保护和修复工程重视不足；等等。国土空间用途管制要求进一步拓展和深化现行管制方式，探索空间准入、用途转用的新方式，同时注重管制方式的系统协同。

其次是在三区三线管理上。三区三线管制是我国国土空间合理开发和利用的基本制度，也是国土空间规划的核心内容。源于土地利用总体规划中永久基本农田红线的严格管理，“底线思维”“刚性管控”已成为“三线”划定和管理的共识，但现实中许多古老的人类文化就传承于人类活动与自然空间的相互作用中，适度的人类活动也有益于自然群落的演替，因此需要以弹性思维实施红线分级管控。生态红线内设置一级和二级红线区，一级红线区实施绝对的刚性管制，严禁地类转用和各类开发活动，以保障核心生态功能；二级红线区可进行低强度的临时及永久开发活动，制定明确的正面和负面清单，严禁有损于生态功能的建设活动；对于永久基本农田管制，应将永久基本农田储备区一并划入永久基本农田红线形成核心区、一般区及储备区的三级管制体系，核心区内实施要素规模和产量管控，一般区内以产能管控为核心，建立储备区以满足重大基础设施工程对于永久基本农田的调整需求；城镇开发边界管控应以空间边界管控为核心，严禁城镇开发边界的无序扩张，边界内的空间管制沿用城乡规划体系中的“三区五线”、“一书三证”制度进行管控。

3. 规划技术体系重构

长期以来，我国土地利用规划多为依据规划专业人员和相关政府职能部门的经验规划，定性色彩强。随着科技特别是信息技术的发展，线性、非线性规划和多目标规划方法在土地利用规划中得到应用，地理信息系统和计算机辅助设计得到全面推广。应用 Arc GIS、Map Info 机助制图、Visual Basic 6.0 开发工具、MAPGIS 等信息技术，建立基础数据库、模型库、编制和管理等信息平台，并应用到各级土地利用总体规划编制中，也为规划的调整和实施提供了重要的技术基础。而在国土空间规划新阶段，土地利用规划管理的要素数量和范围空前增长，对土地利用规划技术体系信息化和智能化要求不断提高。首先是要实现国土空间规划"一张图"应用,即基于国土空间规划"一张图"数据库,在统一的坐标系下,实现各类数据的综合展示和属性查询等功能,涉及规划编制管理、规划分析评价、规划审查、监测评估预警及运维管理等。其次是国土空间规划管理移动端的设计和实现,借助移动 GIS、移动互联、4G/5G 无线通信等先进技术,搭建一套基于移动端的国土空间规划管理系统,便于规划编制和规划行政人员开展规划相关工作,提高规划管理工作的办公效率。最后,充分发挥大数据技术的数据信息整合能力,为规划决策提供量化支撑。利用空天地一体化采集技术和有效的实地勘察,充分获取实际数据,分析区域自然资源和社会经济发展现状,深化完善国土空间双评价技术体系,作为开展土地利用规划的前提和判断基础,做到决策有数据支撑,决策由信息引导。

参考文献

[1] Maslow A, Lewis K J. Maslow's hierarchy of needs. Salenger Incorporated, 1987, 14(17): 987-990.

[2] Chapin F S. Urban land use planning. Harper & Brothers. 1957.

[3] Lier H N V. Sustainable land use planning. Keynote CIGR Working Group Nr/proc. 1994: 41(2):79-82.

[4] 郭焕成,靖学青. 土地利用研究的背景,任务及发展趋向. 地理学与国土研究,1996,12(3): 6-11.

[5] 王万茂. 市场经济条件下土地资源配置的目标,原则和评价标准. 自然资源. 1996(1): 24-28.

[6] 易家林,欧名豪,郭杰. 国土空间规划时代的土地利用规划:历史贡献与时代使命. 南京农业大学学报:社会科学版, 2022, 22(6): 146-158.

[7] Brinkman R, Smyth A J. Land evaluation for rural purposes: summary of an expert consultation. Wageningen, the Netherlands, 6-12 October 1972 (No. 17). ILRI.

[8] Kaiser E J, Godschalk D R. Twentieth century land use planning: A stalwart family tree. Journal of the American Planning Association, 1995, 61(3): 365-385.

[9] Hall P, Hansen N M, Swain H. Urban systems: a comparative analysis of structure, change and public policy. 1975.

[10] Bassett E M. The master plan. Social Service Review, 1938, 17(1):120.

[11] 丁之江. 土地经济理论与实践. 杭州:杭州大学出版社,1992.

[12] Sharif M A, Lambert C, Chen D P, et al. Network coupled, high performance SAW resonator filters. In 1994 Proceedings of IEEE Ultrasonics Symposium. IEEE, 1994 (1):135-138.

[13] Bellamy J C. Digital network synchronization. IEEE Communications Magazine, 1995, 33(4): 70-83.

[14] Hessel R, Van den Berg J, Kaboré O, et al. Linking participatory and GIS-based land use planning methods: A case study from Burkina Faso. Land Use Policy, 2009, 26 (4): 1162-1172.

[15] 倪绍祥,张屏. 论市场经济条件下农业资源的综合开发. 长江流域资源与环境,

1993，2(3)：6.

[16] 林坚，张叶笑，周琳，等. 土地利用学 30 年发展综述 ——兼论土地利用学的二级学科可能性和中国土地利用研究的原创性. 中国土地科学，2017，31(10)：15-22.

[17] 吴次芳，邵霞珍. 土地利用规划的非理性、不确定性和弹性理论研究. 浙江大学学报(人文社会科学版)，2005(4)：98-105.

[18] 严金明. 土地整治规划设计研究. 北京：科学出版社，2016.

[19] 林坚. 节约集约：合理利用每寸土地——国内专家学者及管理者畅谈节约集约利用土地——降耗增效：立足创新促节约. 国土资源，2014(7)：2.

[20] 燕新程，谢啸斌，尹君，等. 农用土地分等方法研究. 河北农业大学学报，2001，24(3)，27-27.

[21] 赵小敏，王人潮，吴次芳. 土地利用规划的系统动力学仿真——以杭州城市土地利用总体规划为例. 浙江农业大学学报，1996(2)：143-148.

[22] 童新华. 土地规划中人口预测的方法及应用——以玉林市为例. 广西师院学报：自然科学版，1997，14(2)：6.

[23] 郑新奇，袁春，周伟，等. “地籍管理”中城乡地籍一体化管理教学的探讨. 中国地质教育，2007，16(1)：4.

[24] 高阳，赵瑞娜，阿杉，等. 基于自组织特征映射网络的全国地级市城市地价区域分类研究. 北京大学学报(自然科学版)，2010(4)：655-660.

[25] Stark A. Analysis of planning data concerning land consolidation using a geographical information system. Zeitschrift Fuer Kulturtechnik Und Landentwicklung，1993.

[26] Chuvieco E，Salas J. Los Sistemas de Información Geográfica en el análisis y gestión del medio ambiente，1993.

[27] 王娟，崔保山，卢远，等. 生态系统服务价值在土地利用规划中的应用. 水土保持学报，2006，20(180)：160-163.

[28] 王红扬. 整体主义与空间的政治经济学的本质——评《为增长而规划：中国城市与区域规划》. 国际城市规划，2016，31(3)：13.

第二章 土地利用系统论

第一节 土地利用系统总论

一、土地利用系统概念

系统科学的应用涉及范围较广，在不同学科根据研究方向的不同和问题内容的差异，常形成不同的定义。钱学森认为，系统是由相互作用相互依赖的若干组成部分结合而成的，具有特定功能的有机整体。一般系统论创始人贝塔朗菲定义系统为："系统是相互联系、相互作用的各种元素的综合体。"综合概括而言，系统泛指由若干相互联系、相互依赖、相互制约、相互作用的元素，以一定的结构形式联结构成的具有某种功能的有机整体。该定义中包括了系统、元素、结构和功能四个概念。

系统元素是系统存在的基础，是指从研究系统的目的来看不需要再加以分解和追究其内部构造的基本成分。性质不同、数量不同的元素构成不同的系统。

系统结构是指系统内部各组成元素之间的相互联系、相互作用的方式或秩序，即各元素在时间或空间上排列和组合的具体形式。

系统功能是系统与外部环境相互联系和作用过程的秩序和能力。

系统边界之外为系统的环境。

任何一个系统都可以表示为下述模型：

$$S=(E,R)$$

式中，S 为系统，E 为组成该系统的元素集，R 为元素集 E 之间的关系。E、R 是系统的两个基本要素，而系统的特性是由其组成元素和元素之间的关系所决定的。

由概念中可以提炼出系统概念界定的两条必要条件。

(1)系统中至少包含两个以上不同的元素；

(2)系统中的各元素按照一定方式相互联系。

系统的定义不仅强调组成元素的类型及数量，同时更关注元素间必须通过一定形式形成联系。任何系统都要以一定的方式取得、使用、保持和传递能量、物质和信息，并需要对系统的各个构成部分进行组织，以保证系统自身的稳定和功能。

从系统论的观点来看，土地利用是指由土地的资源、生态等自然因素与社会、经济等环境要素通过人的劳动相联结而成的系统运行过程。进一步具体而言，一定的土地类型与土地利用方式(类型)的相结合即为土地利用系统。它属于自然—经济—社会复合系统，系统内的生物与环境之间形成具有一定结构、功能和自我调节能力的自然生态系统，在此基础上人类活动的介入作用，在自然生态系统上重构了自然社会生态系统。从一般系统概念内涵出发，土地利用系统中包含了土地、人口、经济等多个要素，各要素间存在其相应的联系方式和作用途径，并呈现出特定功能，满足一般系统形成的基本条件。

进一步将上述模型展开，还可以扩展为：

$$S=(E,R)=(E,c,s,p,f)$$

式中，E 为元素集，它可以分为两类，一类是物理上的物质，也称为物体，另一类是信息，一般抽象系统都是由信息组成的；R 为系统功能团，它表示元素之间的结构（c）、状态（s）、过程（p）和功能（f）。

一般把元素 E、结构（c）、状态（s）、过程（p）和功能（f）称为构成系统的要素，从这 5 个方面对土地利用系统进行解构。

二、土地利用系统的特性

（一）系统的整体性

整体性是系统的最本质的特性之一。系统之所以成为系统，关键就在于其必须具有整体性。系统不是简单的分解或简单的叠加，整体功能不等于各孤立部分的总和。一般来说系统的整体功能或大于、或小于它各部分功能的总和。系统理论认为，构成系统的诸要素的相互作用，必然会产生某种系统效应。这种效应具体表现为系统的整体功能不等于各部分功能之和。系统的这种非加和性有两种可能：一种是整体功能大于各局部功能之和，称为正的系统效应；另一种是整体功能小于各局部功能之和，称为负的系统效应。一个系统将会产生何种效应，则主要取决于系统的结构。土地利用系统整体性具体体现在多个方面，如在某一区域的土地利用系统由各子系统组成，因为各子系统之间由于存在权衡—协同的非线性作用，使得土地利用系统总功能不等于各子系统功能的简单加和。

（二）系统的层次性

系统组成要素的种类及要素结合方式存在差异，致使系统组织在地位与作用、结构与功能上表现出等级秩序性，形成了具有质的差异的系统等级，层次概念即反映此种有质的差异的不同的系统等级或系统中的等级差异性。

土地利用系统是由多种要素、以多种形式组成的复杂大系统，这种复杂性决定了土地利用系统具有层次性。根据区域尺度的不同，可以分为相应尺度的区域土地利用系统；在区域内可以根据具体的利用类型划分不同的子系统，也可以根据系统组织维度划分自然、社会、经济等子系统；子系统内又是由要素及联系组织而成。在土地利用系统的不同层次，往往发挥不同层次的系统功能。

（三）系统的开放性

系统具有边界，系统边界以外为系统的环境。系统具有不断地与外界环境进行物质、能量、信息交换的性质和功能，系统向环境开放是系统得以向上发展的前提，也是系统得以稳定存在的条件。事实上，因为客观世界是一个多层次的世界，任何系统都是相对的，即系统都是具有环境的，因而也就都是按一定程度向环境作某种开放。

土地是一个开放系统，它无时无刻地与周围环境进行着物质交换（如基岩风化变成土壤，水土流失、降水和蒸发以及各种自然地质过程）和能量的传递（如太阳辐射、气候变化等），通过交换和传递过程实现系统的演化和发展。土地利用系统的层次性致使系统和环境成为相对概念。对于某一层级的系统而言，系统外称为环境，但对于上一层级而言，下层环境又被包含在系统内。因此，研究土地利用系统必须划分出它的各个层次，并且还要明确是在哪一级层次上进行研究。

（四）系统的目的性

系统的目的性是指组织系统在与环境的相互作用中，其发展变化在一定范围内不受或少受条件变化或途径经历的影响，坚持表现出某种趋向预先确定的状态和特征。系统的目的性是在系统的发展变化中表现出来的，一切发展变化的系统都是开放系统，都是某种有机的自组织系统。系统的目的性表现为系统发展的阶段性和系统发展的规律性的统一。

对于土地利用系统而言，由于其要素、方式等方面具有多样性，必然导致土地利用系统运行存在多种目标，也即土地利用系统运行具有多重目的。我们既要利用土地资源创造人类生存和发展所需要的物质基础，也要利用土地资源营造良好的环境。土地利用系统的目的同样有确定的和非确定的。土地利用过程中会受到多个方面的影响，造成土地利用系统的运行目的出现偏移。但从更大的尺度而言，土地利用系统的最终目的都是追求社会、生态、经济等综合效益的稳定提升。

（五）系统的突变性

系统突变性是指系统通过失稳从一种状态进入另一种状态的突变过程，它是系统质变的一种基本形式。突变方式多种多样，同时系统发展还存在着分叉，从而有了质变的多样性，带来系统发展的丰富多彩。经过突变而发展变化是系统发展变化的一种基本形式。

系统状态发生改变，在系统科学中也称作“相变”，这是系统的质变。相变有平衡相变和非平衡相变之分。平衡相变形成的新结构是一种“死结构”，而非平衡相变形成的结构只能在开放系统条件下依靠物质和能量的耗散来维持其稳定性，即在演化发展中维持其稳定性，是一种“活结构”。系统自组织演化的相变当然也只能是非平衡相变。从无序到有序，从一种耗散结构到另一种耗散结构，从低级循环发展到高级循环，从一种有序态到另一种有序态，从一种混沌态到另一种混沌态，都是非平衡相变。

就土地利用系统而言，当系统内部要素变化或结构（过程）变化时，可能造成土地利用系统的巨大破坏或演变，则会出现突变现象。例如，当自然灾害、金融风暴、社会动荡等不同维度的要素发生重大变化时，则会造成土地利用系统的突变。

三、土地利用系统理论分析框架

土地利用系统的组成成分及要素具有不同的空间尺度和组织水平，决定了土地利用系统的层次性。这种层次性可以依据不同的标准来划分。分析土地利用系统复杂的等级层次，可以揭示各子系统、各层次之间的相互联系和作用，反映不同层次、不同子系统的组成特征及运行规律。

土地利用系统的各个不同层次及子系统的功能不可能处在同等的地位，但是，各个子系统之间相互联系、相互制约、相互协调，构成的整个土地利用系统要发挥土地利用系统整体的最优功能和效益。子系统是整体系统的构成及组成部分，必须服从整体优化的要求；同时，忽视了部分功能的存在，势必影响整体功能的发挥。如一片灌木林和草原的开垦，一方面扩大了耕地面积，收获了农产品，取得了社会效益和经济效益；但是同时破坏了林地和草原的生态系统，可能引起水土流失和土地沙化。如果注意整治和保护，则会使原来低水平的生态平衡达到更高水平的平衡。所以土地利用规划中要使土地开发、利用、整治和保护密切结合。

从系统结构而言，广义结构是指一个集合中各个组成部分的搭配和排列，包括数量比例、排列次序、结合方式等。对于土地利用系统这种复杂巨系统而言，“结构”一词应用在多个方面和维度中。土地利用系统结构的层次性是土地利用系统层次性的外在表现形式，它既可以表现不同要素、不同类型的土地利用子系统等的数量结构，也可以表示土地利用的不同功能结构，甚至在区域层面上还可以表示土地利用系统的空间排列结构。因此，准确把握土地利用系统结构层次性，是进行土地利用系统理论分析的关键。据此，我们以广义“结构”一词为核心，构建土地利用系统理论分析框架。

（一）单一土地利用系统

单一土地利用系统通常是指某一特定单一土地利用类型组成的土地利用系统，它虽然只有一种土地利用类型，但其仍然满足土地利用系统构成的条件。对单一土地利用系统的理论分析，其讨论的层面主要集中于要素—结构—过程—功能—状态的逻辑线条。即在该土地利用系统中，首先需要解构组成系统的要素，包括光、温、水等自然要素，以及人力能够提供的劳动、管理与技术，还包括可以投入的资本水平，分析各种要素的数量关系比例，理解其过程中相互作用形成“土地—劳动力—资本”要素结构的机理。特定数量比例形成的要素结构，才是能够实现系统功能的关键。对于不同类型的单一土地利用系统，其组成要素虽然相同或相似，但由于组成数量比例不同，也就是说要素结构存在差异，造成体现的功能存在差别。例如，对于耕地利用系统和园地利用系统，两者组成要素类型相似，主要为可以用作耕作的农用地和劳动力以及机械等，但由于劳动力作用于土地上的利用方式不同，致使其生产的产品有所差异。除此之外，对于不同区域的同一种单一土地利用系统，其功能表现也不同，这本质上也源于要素组成的结构差异。

另外需要关注的是，对于单一土地利用系统，其土地利用类型虽为单一类型，但由于土地利用系统运行中包括自然过程、生态过程、经济过程、社会过程及文化过程等在内的过程均在运行，因此系统可以表现的功能并不局限于单一功能。例如，对于耕地利用系统而言，其功能以生物性的物质产品生产功能为主，但其自然生态过程中可以体现固碳、涵养水源等作用，因此还具有生态功能；同时，土地耕作过程中蕴含的农耕文化底蕴又可以提供精神发展产品。所以在单一土地利用系统理论分析中，在要素结构及运行过程机理解析基础上，还需要梳理系统能够表现的功能，包括功能的种类、规模、比例等，此可称为单一土地利用系统的功能结构（图 2-1）。

（二）复合土地利用系统

复合土地利用系统是指有两种或两种以上的单一土地利用系统所组成的土地利用系统。对于一定的局部区域范围，通常不会只存在单一的土地利用系统，往往会有多种单一的土地利用系统复合构成。对于此种复合系统而言，其中的各个子系统是一级系统构成的组分，在子系统内部保持完整和相对独立，同时在子系统之间也存在相应的联系和相互作用。单一类型的土地利用系统在复合土地利用系统中处于末级子系统，是保持系统自身完整和独立的最小组分单元。例如，在一定范围的区域内，可能存在农用地、建设用地、其他用地三个土地利用子系统；在农用地系统中可能存在耕地利用子系统、园地利用子系统等单一土地利用系统类型；建设用地利用系统中可能存在商服用地、工矿仓储用地等单一土地利用类型系统。那么各个单一系统在自身独立的同时，也会有一定要素在单一系统间流动，造成对子系统的影响。此外，由上述单一土地利用系统的分析可以获知，系统可以呈现的功能是多样且复杂的，子系统的功

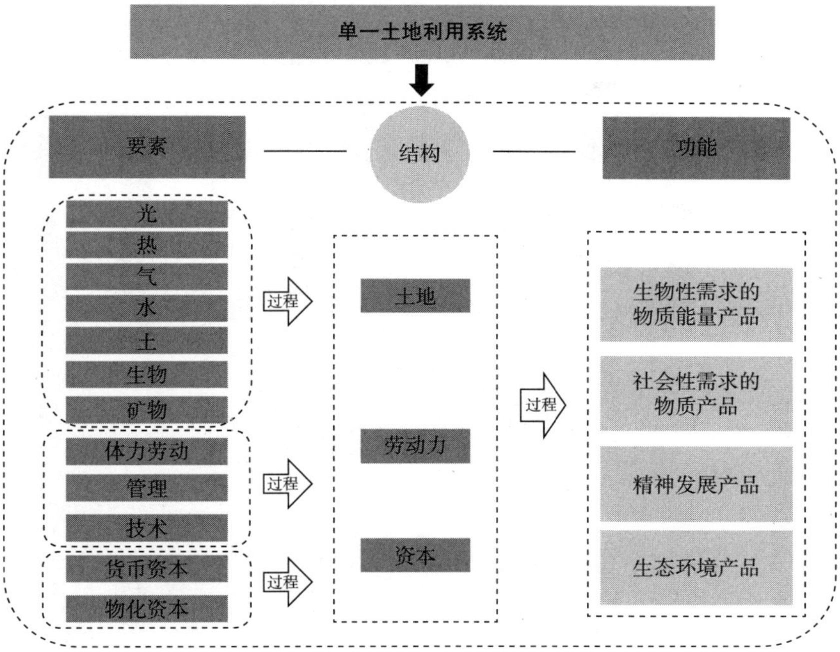

图 2-1　单一土地利用系统功能结构图

能之间也会存在相互作用。

基于复合土地利用系统的复杂性特点，首先需要对复合土地利用系统的理论分析进行逐层分析。在单一土地利用系统围绕要素—结构—过程—功能—状态理论解构的基础上，重点构建复合土地利用系统的层次性结构框架，此可以称为系统的层次结构。其次具体解析复合土地利用系统的功能类型、规模，通过综合分析各层级、各类型自然、生态、经济、社会和文化过程，将各单一土地利用系统之间、子系统之间的相互作用构建清晰。最后分析各子系统或单一土地系统的各项功能，综合考虑非线性作用的基础上，梳理复合土地利用系统的功能类型和规模比例，此即复合土地利用系统的规模结构(图 2-2)。

(三)区域土地利用系统

区域土地利用系统是指在一定地理空间范围内，由多种要素以一定结构形成的土地利用子系统共同组成的复杂巨系统。在区域土地利用系统中，各子系统具有相对独立同时相互作用的关系，形成了较为稳定的结构。自然环境、社会环境、经济环境要素存在着空间异质性，造成土地利用系统在区域内呈现一定的空间结构。不同区域土地利用系统的空间结构则是指土地利用子系统(或简单土地利用系统)在空间中的相互作用、相互关系以及反映这种关系的子系统的空间集聚规模和集聚形态。例如，在某一区域内，由于不同要素在城乡之间的集聚规模和状态不同，就形成了城镇、乡村在空间上的特定分布状态。在这一区域中，城镇、乡村地域内是较为独立的复合土地利用系统，两者都由相应的单一土地利用系统组合而成，内部具有其特定的层次结构，同时城乡土地利用系统之间也存在相互联系和相互作用，使城镇、乡村两个子系统连接起来，共同构成区域土地利用系统。

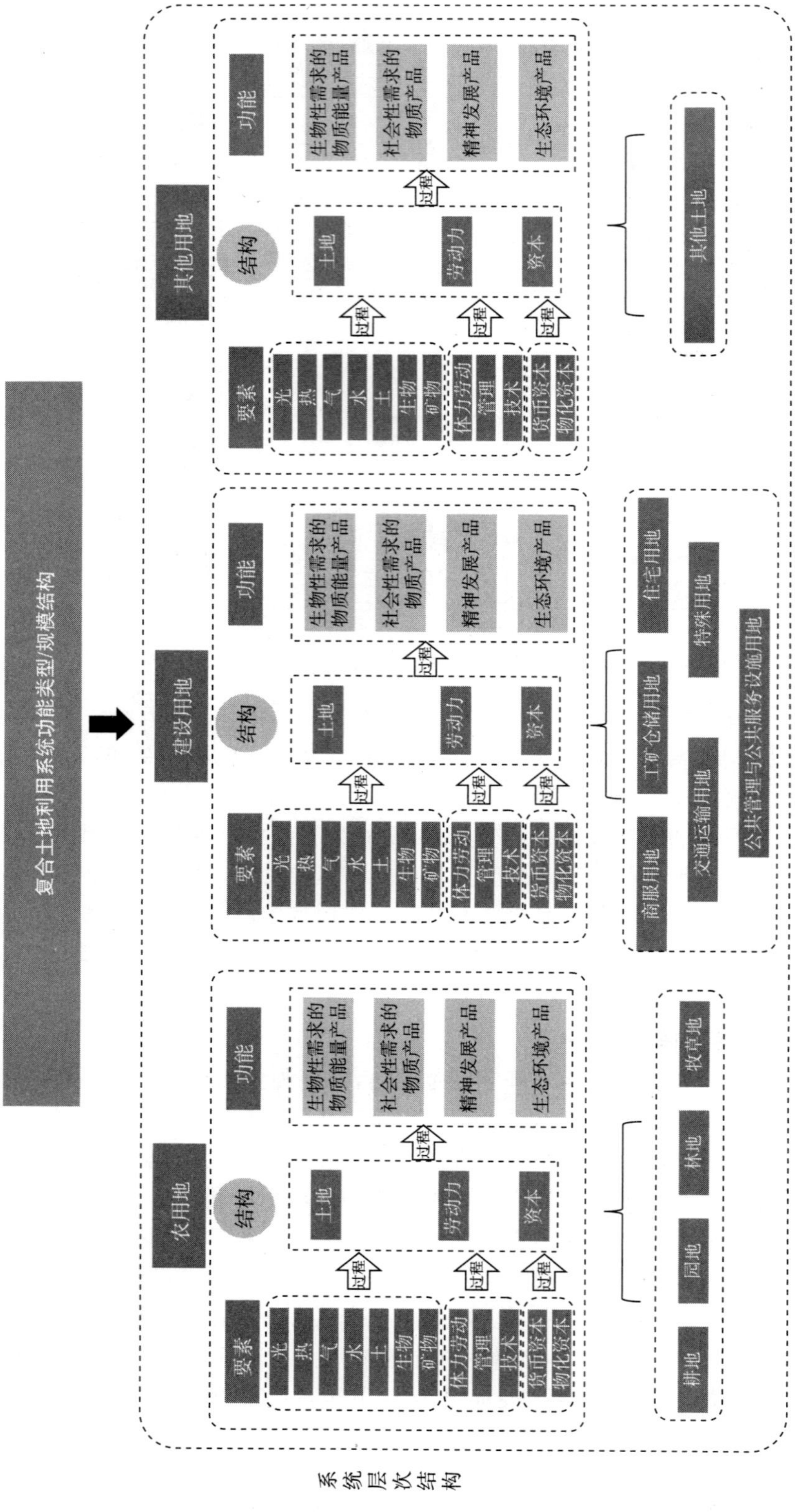

图 2-2 复合土地利用系统规模结构

除某一区域内形成的城乡土地利用系统空间结构外，区域土地利用系统的空间结构还体现在更大范围上跨区域的土地利用系统空间关联与分布。土地利用系统的开放性决定了它必然会与系统边界外的环境或要素形成联系并且相互作用，因此，某一相对独立区域内的土地利用系统也必然会与邻近区域或一定范围内的其他区域发生联系，从而形成一定的，较为稳定的跨区域空间结构。此种结构在城市群中表现得尤为突出，各区域的资源禀赋差异致使不同区域复合土地利用系统具有其特定的分布规律，集聚规模和状态的差异使得城市群内的不同城市在空间上整体体现出了一定等级体系。另一个层面则是在城市群中往往会形成产业链，在产业链上的上下游产品通常会在城市群中的不同城市生产，由此形成了跨区域的空间结构(图 2-3)。

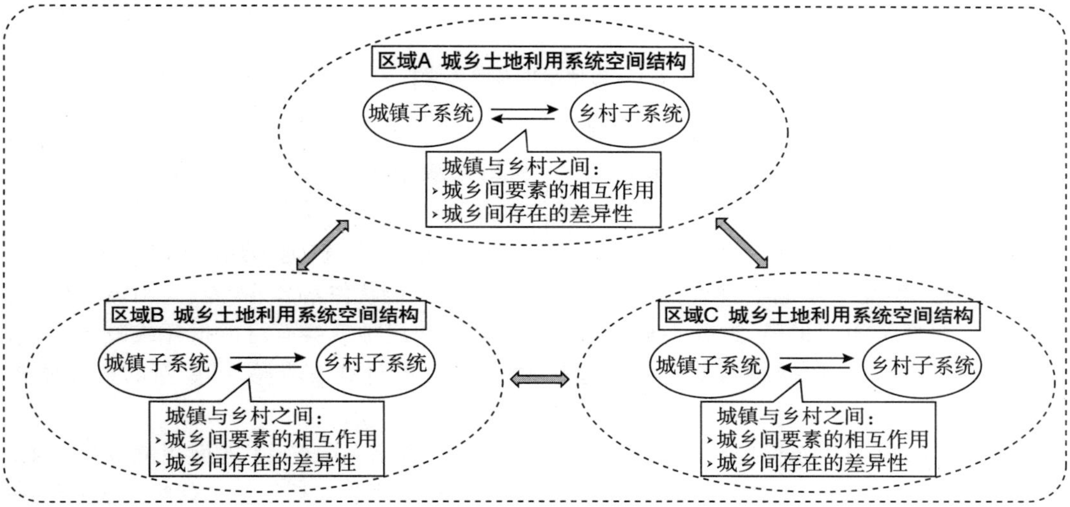

图 2-3 跨区域土地利用系统空间结构

第二节 土地利用系统要素结构及分异特征

一、土地利用系统要素构成

由土地利用系统概念内涵可知，土地利用系统包含了自然、经济、社会、生态等多个维度的要素。将诸多要素梳理可知，土地利用系统的构成包含了土地、资本和人(劳动者)这三项基本的构成(图 2-4)。

(一)土地

作为土地利用系统构成要素之一的土地是土地利用的基础。土地是填充了物质、能量、信息的空间。所谓物质指自然要素的实体，包括不同物质形态(固体、液体、气体等)、不同构成要素(气候、土壤、水文等)、生物类型(植物、动物、微生物等)等。能量是物质运动与转换的源泉，是表征系统做功能力的量度，土地空间中存在着化石能(石油、煤油、天然气等)、辐射能(光能、太阳能等)等多种能量形式。信息则是物质能量以及运动的状态和结构，土地信息包括空间信息(空间位置、规模、形状以及空间关系)、功能信息(生产功能、生态功能、景观功能、承载功能等)、环境信息(土地系统的自然环境和社会环境)。空间则是物质运动存在的场所。对于不同

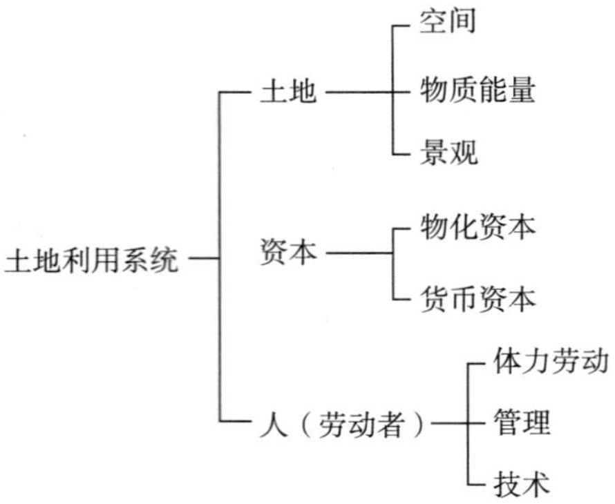

图 2-4　土地利用系统要素构成

的土地利用系统，其体现的土地属性和功能也有所不同。农业、林业利用系统中土地为人类生产所需的物质产品和生态产品；而城市、娱乐利用系统中土地则为人类提供生活和活动的空间。

体现物质能量属性的生态性“土地”是一种可更新资源。当耕地利用得当时，同一块土地就可以不断地、年复一年地收获产品。从这个意义上看土地就像水力、风能、太阳能一样，是一种流动的可更新资源。但是，这并不是绝对的。经营一块土地就会有可能损坏或破坏生产力，在这种情况下，产品的收获将会变得越来越少，资源就会不断地被消耗，可更新的资源便转化为不可更新资源。

空间性“土地”与生态性“土地”不同。地球表面的规模是有限的，土地面积就更是有限的。在一定时期内，不断地扩大利用面积，土地空间就不可避免地会被耗尽。如像煤炭、石油一样，一旦开采，资源储备就会下降。所以土地是一种不可更新资源或储备资源。但空间意义上的土地利用并不意味着土地的永久性消耗，短时期内空间“土地”会因利用而减少，但若长期地、历史地考察，土地并不因为空间的占用而消失，与煤炭、石油不同，土地的再开发、再利用，又使土地表现出可更新资源的特点。

在一些土地利用中，既没有在物质上利用土地，也没有在消耗意义上利用土地，而是仅利用其美学价值，人们只是珍视其风景功能，给人以情感或心理上的舒适感。这种景观意义上利用的土地，是一种环境资源。开发景观的美学价值，保护景观是重要的土地利用形式。

（二）资本

从经济学意义上讲，土地利用实质上也是一种资本增值的手段或过程。土地利用中的资本投入以生产资料的形式（物化资本）和货币资本进入利用过程，具体体现在如下几个方面。

（1）土地的取得　土地作为利用的对象，在进行土地利用之前，首先必须取得土地。土地利用概念之一，被表述为：“土地使用者依法获得土地使用权后对土地进行的经营活动和取得效益的过程”。在商品社会土地的取得必须以一定的货币支付土地价格。

按照马克思主义理论，未开垦的土地“没有价值，因为没有人类劳动物化在里面”。土地价格的产生，是由于土地具有特殊的使用价值，在一定的劳动条件下，土地能为人类永续提供产品和服务，即产生地租。土地价格是地租的资本化。当土地利用者按照一定价格取得土地后，进入利用过程，土地便转化为获取收益的资本。

（2）土地开发　自然状态下的土地，不经过开发直接投入利用是低效的。不同的利用方式需要对土地进行特定的开发。土地开发过程从经济学的角度看,实质上是资本投入的过程。在土地开发利用过程中,投入大量的活劳动和物化劳动,改变了土地的表面状况和物理、化学、生物性能,形成了与土地紧密结合的地表或地下构筑物(如城镇土地的基础设施、农业水利设施等),从而使土地凝聚了人类劳动,形成了区别于土地本身(土地物质)的土地资本。

土地和土地资本是土地利用的固定资产,二者构成了土地利用过程中的主要不变资本。

(3)生产经营　土地利用过程中的生产经营性的流动资金,是土地利用资本的又一种形式。这部分资本包括了支付劳动者工资的部分,也就是主要的可变资本部分。

(三)劳动者

劳动是财富之父。土地利用过程从某种程度看是通过劳动积累财富的过程。土地利用也只有通过劳动才能实现。劳动是劳动者、劳动资料、劳动对象的劳动,人在土地利用中是最积极和活跃的成分。人通过劳动(智力的和体力的)从土地中获取生产和生活资料,积累财富,满足其物质、文化、精神等诸方面的需求。

从经济学的角度看,劳动者是指正在或者能够在生产力系统运行过程中发挥劳动功能的人。而劳动功能则是指劳动的功效或作用。劳动有智力劳动和体力劳动之分,相应地也就有脑力劳动者和体力劳动者之分,这种区别随着时代的发展被逐步模糊。

投入土地利用系统中的劳动包括智力劳动和体力劳动。前者包括土地利用决策和利用过程中的科技投入等。

土地之所以具有满足人类生产生活各种需求的功能,不是土地本身的作用,而是土地加上一定劳动投入后的结果。因此,可以把土地利用视为一定的土地单元和一定的土地利用方式两个要素组成的系统——土地利用系统。构成土地利用系统的土地单元本身是一个自然生态系统的实体,它包括气候、地貌、岩石、土壤、植被、水文、基础地质等,而一定的土地利用方式有其一定的土地利用要求,两者相互作用为人类社会提供了各种物质产品、生态效益和生产生活空间。其产出的大小和好坏取决于土地单元质量同一定土地利用方式的土地利用要求匹配的程度。匹配得好,即适宜性好,产出就多或好;反之,产出就少或坏。

二、要素空间分异理论

所谓空间分异规律,是指地球表层自然环境及其组成要素在空间分布上的变化规律,即地球表层自然环境及其组成要素在空间上的某个方向保持特征的相对一致性,而在另一方向表现出明显的差异和有规律的变化。空间分异规律是反映地球表面空间组成成分及空间分异的客观规律,包括纬度地带性、经度地带性(干湿度分带性)、垂直地带性和非地带性(图 2-5)。

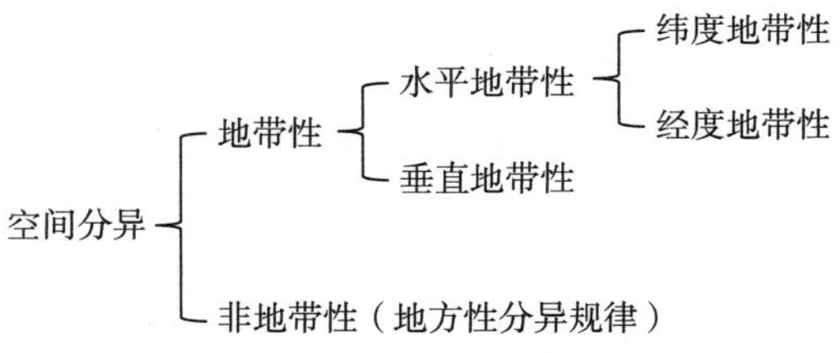

图 2-5　空间分异规律

(一)纬度地带性

太阳辐射随纬度不同而发生有规律的变化,导致地球表面热量由赤道向两极逐渐变少,因而产生地球表面的热量分带:热带、亚热带、温带和寒带。由于这些热量带平行于纬线呈东西向分布,并且随着纬度的高低呈南北向的交替变化,故称之为纬度地带性。地球上的热量带包含 7 个,即热带、南亚热带、北亚热带、南温带、北温带、南寒带、北寒带。由于热量的不同,导致了各个地带的地表环境不同。

中国地域宽广，南端的南沙群岛的曾母暗沙群的纬度只有4°N左右（主礁曾母礁位于北纬3°58′），北端黑龙江省的漠河纬度可达53°31′N。南北跨度近50个纬度，约5500 km。因此地带性比较明显，跨越了热带、亚热带和温带。南方暖热、北方寒冷也就不足为奇了。

这种太阳辐射的纬度分布规律，产生了土地诸要素（气候、水文、生物、土壤等）按纬度呈现带状分布规律。除温度的地带变化外，大气降水也有较明显的纬度地带性分布，全球年平均大气降水以赤道为最多，一般不少于2000 mm，并有自赤道向两极逐步减少的趋势，至两极地带一般只有200～300 mm。

在一定的气候带内，有相应的植被带，在群落组成上有它相应的代表性种属与外貌结构特征。在一定的植被带内，又有相应的动物分布生活着。所以生物分布必然与气候带相适应，并与纬度带相平行，呈带状分布。

土壤的母质是岩石。就岩石本身来说，它的形成与太阳能的分布没有直接联系。然而，当它暴露在地表后，就受太阳能的作用而风化。在一定的生物气候带形成一定类型的土壤。

（二）干湿度分带性（经度地带性）

全球陆地降水量的89%来自海洋湿润气团，而海陆间的水交换强度越深入内陆越弱，因此导致了大部分大陆上的干湿度，由海岸线附近向大陆内部发生规律性的变化：沿海地带比较湿润，向内陆逐渐变干燥。简言之，由于海陆分布导致的干湿度由海向陆的带状分布规律，就称为干湿度分带性。干湿度分带往往平行于海岸线分布。由于大陆东西两侧海岸线比较长也比较完整，导致干湿度分带近似呈南北延伸、东西演替，故干湿度分带性曾经被称为经度地带性（干湿度分带并不与经线平行，而是与海岸线平行；干湿分带演替的方向也不完全呈东西向而是垂直于海岸线。因此“经度地带性”这个名称已经被废除）。

干湿度分带性的存在，导致了植被、土壤等也同样具有平行于海岸线的分带性。干湿度分带性是大陆尺度的地域分异规律，在宽广的大陆上，尤其是季风大陆区，比较明显。我国由于东部临近海洋，水分循环活跃，愈近大陆内部水分循环愈不活跃，所以降水分布有自沿海向内陆逐步减少的趋势，并与经度相平行。气候上的差异反映在地表水、生物、土壤方面，差异也很明显。有的大陆的自然现象分布，甚至出现自沿海向内陆逐步变化的趋势，例如我国境内自沿海向内陆分布有森林—森林草原—草原—荒漠草原—荒漠。

（三）垂直地带性

简言之，垂直地带性就是自然景观随海拔高度而呈现出的带状分布与变化规律。垂直地带性出现在山区或高原边缘，是地区尺度（中尺度）的地域分异规律。最下面的一个带叫作基带，所有的垂直带的有规律的排列，叫作垂直带谱。山地垂直带谱的特征取决于山地所在的水平地带与山地的高度、走向等山文特征。山地所在的水平地带就是山地垂直带谱的基带。从赤道到极地，从沿海到内陆，基带不同决定了垂直带谱的不同。在有足够的降水条件下，纬度越低、海拔高度与相对高差越大，垂直带数越多，垂直带谱越完整；反之，纬度越高、海拔高度与相对高差越小，垂直带数越少，垂直带谱越不完整。如果一座足够高的山地位于水分充足的赤道地区，那么这座山上将会出现一个完整的类似于从赤道到极地排列的自然景观带谱；表现在植被上，将会依次出现热带雨林、常绿阔叶林、常绿阔叶与落叶阔叶混交林、落叶阔叶林、针阔叶混交林、针叶林、高山灌丛、高山草甸、高山冰雪冻土带。

在干旱地区，由于水的缺乏，垂直带谱往往不明显。在山地的迎风坡与背风坡，由于水分条件不同；在阳坡与阴坡，由于热量条件不同，导致了同一山地不同山坡的垂直带谱不同。喜马拉雅山位于亚热带地区，南坡降水量比较丰富，因此南坡出现了比较好的垂直带谱，它的基带为亚热带常绿阔叶林，向上依次为山地暖温带针阔叶混交林带、山地寒温带针叶林带、亚高山寒带灌丛草甸带、高山寒冻被带、高山寒冻冰质地衣带和高山冰雪带。而北坡由于受高原地形与降水的影响，其垂直带谱与南坡完全不同。

垂直带谱是水平地带性在垂直方向上的变异，但不是水平地带性的克隆。它们之间存在着一定的差异性。

（四）其他空间分异规律

除了上述空间分异规律外，由于地形地貌、坡度、坡向、土壤等的差异所引起土地水热条件的再分配，从而表现出一些不太明显的或影响范围较小的非地带性空间分异规律。

1. 构造一地貌成因的地域性分异

构造及构造运动，形成了不同的地貌单元与景观，例如高原、盆地、山地、丘陵、平原等。由于发生学上的一致性，各个构造—地貌单元内部自然环境具有相对一致性，而各个构造—地貌单元之间却有比较大的差异。如青藏高原内部的寒旱特征，与周围地区均不相同，构成了自身的特殊性，因此在自然区划中，将其单独划分为一个大区。由于构造—地貌分异造成的自然景观的地域分异叫作构造—地貌成因的地域性分异。

2. 具有地方气候背景的地域分异

地方性气候也会引起地表环境的空间分异。例如，湖泊及其周围气温变差比较小，湿度比较大；而向外围气温变差逐步增大，湿度降低。这种现象在干旱区更加明显。在沙漠区的绿洲，空气湿度比较大，风速比较小，温度变差也比较小；但随着离开绿洲距离的增加，空气湿度减小，风速增大，温度变差也增大。城市中心的温度比较高，湿度比较小，而由城市中心向外围到郊区，温度逐步降低，湿度也逐渐增大。

3. 地貌部位与小气候引起的地域分异

地貌部位与小气候同样可以引起地表环境的空间分异。山顶与山坡、谷底与谷坡、阳坡与阴坡、阶地与漫滩、洞内与洞外、扇顶与扇缘，不同的地貌部位具有不同的水分与热量条件，因而形成了不同的环境与景观。在同一地貌部位，由于岩性、土质、排水条件的不同，也会引起地表环境的分异，只不过这是更小尺度的地域分异。

第三节　区域土地利用系统空间结构

人类的各项生产生活活动都需要一定的空间，不同的活动（经济的、非经济的）对空间属性的要求不同。空间的有限性和空间需求的多样性，使空间必须进行合理配置才可以取得最佳效果；合理配置的过程则是最适空间选择的过程，空间选择的结果导致土地利用系统在空间上的分布分异。本质上，土地利用空间格局，即区域土地利用系统空间结构，是社会与产业分化、分工、布局的反映，也反映了特定发展阶段的人地关系，是人类活动对空间选择的结果。人类活动的空间选择受到空间自然资源禀赋、社会经济发展、生产力水平等综合因素的深刻影响。

一、区域空间结构理论概述

（一）区域空间结构基本概念

在某一特定的区域范围内，包含了自然、生态、经济和社会等多种要素，各种要素以一定的形式相互作用和组合，进行各种生产生活活动，这些活动在空间尺度上或集聚或分散的状态则外化为空间结构。简言之，区域空间结构是指区域内部各种组成部分或组合形成的各种经济社会活动在区域上的空间分布格局及空间组合形式。区域空间结构是区域发展状态的"显示器"，反映了区域各种活动在空间上的相互关系和集聚分散。

（二）区域空间结构的构成要素

区域是由多种要素所组成的，此要素有多种理解，可以指自然、社会、经济、环境等社会经济要素，也可以从构成区域的几何要素分析。前者侧重于区域的内容构成，后者则是从几何学的观点出发，研究区域要素的形态，以及由各种形态的要素所组成的相互关联和空间布局状态。各种生产生活活动有其自身特点（包括经济收益或技术特点），因此相应的一些生产活动在地理空间上存在的形态也存在差异。从几何学角度出发，区域空间结构由点、线、网络和域面四个基本要素组成。

（1）点　有些活动的聚集状态相对集中，与区域面积相比较，其规模范围很小，我们就可以将其抽象为点状要素。因此在区域空间结构当中的点实际上是占据了一定的空间的，但当我们要研究的要素本身相较于其区域范围很小时，我们就可以将其抽象为点状要素。例如工业点、商业网点、服务网点等。点状形态的经济活动是区域经济活动的重要场所，一般而言是区域经济的重心所在。由于经济活动在地理空间上的集聚规模不同，相应在区域空间结构中的点要素也体现出了等级之分，区域内各种规模不等的点要素连接在一起就形成了点的等级体系（图 2-6）。

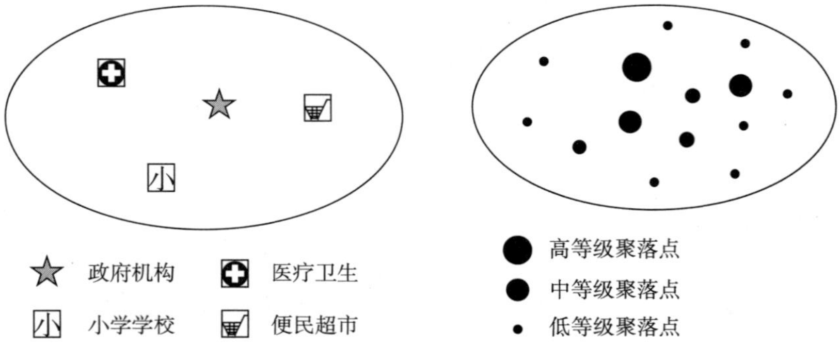

图 2-6　区域空间结构中的点状要素

（2）线　当经济活动的形态呈现长度明显大于其宽度时，我们在分析时可以将其抽象为线状要素。在实践中常见的实体有交通线（铁路、公路、水运等）、通信线（各种通信设施）、能源供给线（各种能源设施，如管道）、给排水线（各种水利设施）等。除此之外，在区域发展过程中，由于历史或战略原因长期形成的某一特定方向上连续的经济活动集聚状态，也称为区域空间结构中的线状要素，如在区域发展中形成的或规划中提出的发展轴线（图 2-7）。根据要素的类型、规模、质量等，线状要素可以分为不同的类型和等级，同类型的线状要素，不同等级通常可以起到相互补充、相互连接、共同完成特定经济活动的作用。

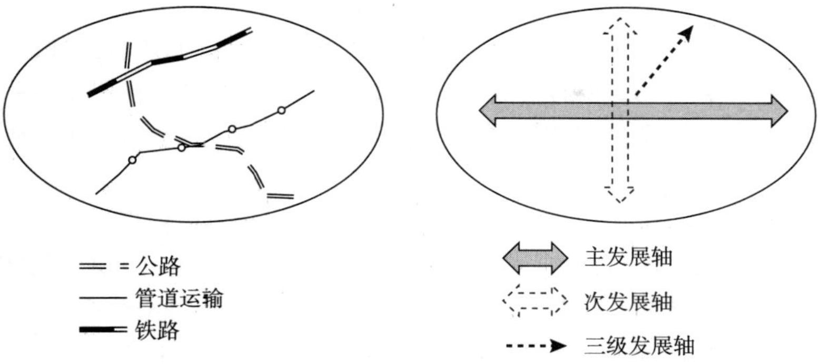

图 2-7　区域空间结构中的线状要素

（3）网络　网络是由区域空间中的点和线相互连接所形成的结构，它是在一个区域中连接空间结构中点状要素与线状要素的实体或虚拟载体。区域空间中的点状要素或线状要素在一定程度上是相对独立的，但它们之间也必然存在各种联系和相互作用。网络的意义就在于它能够通过线状要素将点状要素连接起来，使各种商品流、资金流、信息流、人流等流动要素通过网络实现流动，以达到区域的空间总体利用（图 2-8）。根据网络各组成要素的特点，可以分为单一性网络和综合性网络。单一性网络由单一性质的点和线组成，其网络功能是服务为某一项功能，如交通网络、通信网络等。综合性网络由不同性质的点和线组成，该类网络的功能也是较为多样和复杂的。

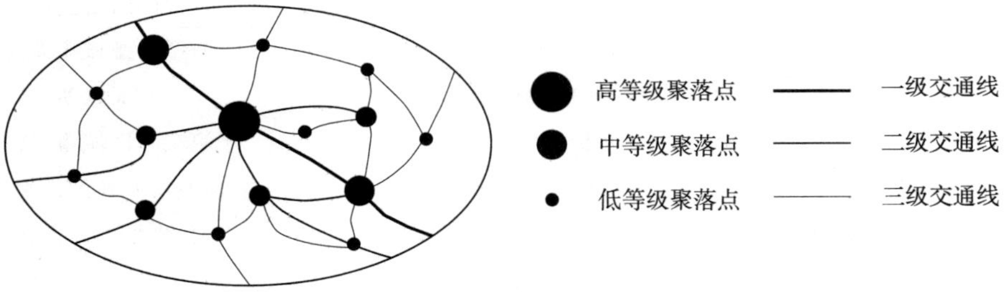

图 2-8　区域空间结构中的网络结构

（4）域面　当区域内的某些经济活动在较大范围的地理空间上呈现持续或连续的面状分布状态时，则可以将其称为域面要素。在某一类域面要素中，其在区域空间分布是相对一致和均匀的，与其他类别域面要素会呈现较为明显的差异。例如在实际中，通常农业生产空间面状分布，是典型的域面要素。此外，对于某一点状要素的辐射作用而言，其辐射影响通常也是以面状要素作用的，例如城市经济辐射区也是域面要素。域面是点和线要素存在的空间基底，具有确定的空间范围。在此需要关注的是，点状要素与域面要素具有尺度效应。例如，在研究城市群体系网络时，各个城市可以抽象为点要素，但当重点研究某个城市内部的结构时，该城市就是一个域面要素。

（三）区域空间结构要素的组合模式

在区域中，点、线、网络、域面四种要素共存，因此并不会仅存在同质性的要素结合，不同性质的要素之间会建立相应的不同组合模式，进而呈现差异性的空间结构特征，组成的空间子系统及其运行规律也有所不同。具体可以有以下几种。

(1)点与点要素结合　同质的点要素结合在区域空间中形成节点系统,该系统是区域点要素在空间形成的集聚态势,体现在空间上会形成条状的城镇带或是块状的城镇群。

(2)点与线要素结合　当这两种要素结合时,往往是线状要素路径上存在一个明显的聚集区,该区域特殊的社会经济条件致使该聚集区具备特殊的功能,在空间上会形成经济枢纽子系统,该聚集区则成为枢纽。

(3)点与面要素结合　我们将一个特定区域范围看作一个整体,其中面要素作为基底,其中零星分布着点要素。由于点要素内部聚集着更多的资源,其会向外具有辐射作用,形成一定规模的辐射区,此时点要素与其辐射范围内的面要素结合形成一种空间组合模式。

(4)线与线要素结合　当线要素逐渐增多,形成线与线要素结合的形式时,由所有线要素的组合所形成的集合会逐渐呈网络状分布,形成网络设施系统,如供排水网络等。

(5)线与面要素结合　这是由于特殊的原因所形成的呈带状分布的面要素,其既有面状要素的具有一定规模的特点,同时也形成了线状带,两者结合在空间上形成了产业区域系统,如工业走廊等。

(6)面与面要素结合　当区域与另一区域由于特定因素相结合,即两个面要素相结合,就形成了宏观经济的地域系统,在系统中存在着两个空间面要素之间的相互作用和平衡,例如经济带等。

区域空间结构要素的组合模式见表 2-1。

表 2-1　区域空间结构要素的组合模式

要素及其组合	空间子系统	空间组合类型
点—点	节点系统	村镇系统城市系统
点—线	经济枢纽系统	交通枢纽
点—面	城市—区域系统	城镇聚集区城市经济区
线—线	网络设施系统	交通通信网络供排水网络
线—面	产业区域系统	作物带工业走廊
面—面	宏观经济地域系统	基本经济区经济带

引自曾新菊著,空间经济:系统与结构,武汉大学出版社,1996

二、区域空间结构相关理论

(一)农业区位论

1. 区位与区位论一般概念

区位的主要含义是某事物占有的场所,但也含有位置、布局、分布、位置关系等方面的意义。其中的某事物限定在人类为生存与发展而进行的诸活动,即人类活动或人类行为。因此,区位是人类活动(人类行为)所占有的场所。人类活动的领域和空间的扩展必然导致区位的发展与变化。对区位的理解与把握也必须从动态和发展的角度入手。

区位理论是关于区位的理论,它研究人类活动的空间选择及空间内人类活动的组合,主要探索人类活动的一般空间法则。人类活动有政治活动、文化活动、经济活动等,把这样的人类活动内容或实体,称之为区位主体。区位理论有两层基本内涵,一层是人类活动的空间选择,另一层是空间内人类活动的有机组合。前者是区位主体已知,根据区位主体本身固有的特征出发，来分析适合该区位主体的可能空间，然后从中优选最佳区位；后者正好相反，大的区位空间已知，依据该空间的地理特性、经济和社会状况等因素，来研究区位主体的最佳组合方式和空间形态。根据其产生与发展的先后，区位理论可以有古典与现代之分，其主要区别在于立论依据以及考虑问题的范围和内容的差异。

人类活动所占有的场所是区位，不同的场所并不是能同样地满足人类所从事某项活动的要求，即不同的场所有着不同的区位条件。区位条件是区位（场所）所持有的属性或资质。人类对自身活动场所的选择在很大程度上取决于区位条件的好坏。区位条件是相对于区位主体而言的，区位主体不同，区位条件随之不同。例如，在选择工业区位时，劳动力、资本、原料、能源、运输、市场等一般是主要的区位条件；而在选择农业区位时，光热与温度条件、土壤条件、劳动力条件、交通以及市场条件则构成主要的区位条件。区位条件随时间而变化。就某一区位主体而言，对其局部场所（区位）的要求随时间而变，因而要求的区位条件也随之变化。例如，就选择工业区位而言，由于交通运输技术的发展、工业活动本身制造工艺技术的进步，以及生产中的物耗水平和投入比例的变化，在区位选择中的原料、能源、运输等区位条件的地位相对下降，相反，劳动力尤其是高技能劳动力、地区智力密集程度、市场等区位条件地位大大提高。对区位主体的区位影响较大的条件是主要区位条件，相对影响比较小的为次要区位条件。

2. 屠能"孤立国"理论的前提条件

屠能（1783—1850，德国农业经济学家、农业地理学家）在进行农业区位问题研究时，提出了一系列的"孤立国"的假设条件，这些假设条件主要包括以下几个。

（1）在孤立国中只有一个城市，且位于其中心，并被农村和农业土地所包围。城市是"孤立国"中商品农产品的唯一销售市场，而农村则靠城市供给工业品。

（2）"孤立国"中假设有可通航的河流和运河，马车是城市和农村间联系的唯一交通工具。

（3）"孤立国"假设在一片平原，土地肥沃无差异的中央，各种农业发展的自然条件完全相同，适于植物、作物生长。农业区以外为不能耕种的荒地，只供狩猎之用。

（4）农产品的运费和重量与产地到消费市场的距离呈正比关系。

（5）农业经营者以获取最大经济收益为目的，并根据市场供求关系，调整他们的经营品种。

3. 屠能农业区位论的主要内容

屠能从上述假设前提出发，对农业生产如何才能从单位面积土地上获得最大利润的问题进行了分析，进而论述了区位地租的内涵，最后形成了他的农业区位理论体系。

（1）屠能区位论的基本经济分析　屠能认为在"孤立国"中存在几个假设：①市场上的农产品销售价格决定农业经营的产品种类和经营方式；②农产品的销售成本为生产成本与运输费用之和；而运输费用又决定着农产品的总生产成本。农业经营利润由如下公式表示：

$$P=V-(E+T)$$

式中，P 为利润，V 为市场价格，E 为生产成本，T 为运费。

由于孤立国中城市唯一，是全国各地的商品农产品的唯一销售市场，故农产品的市场价格都由这个城市来决定。因此，在一定时期内，孤立国中各种农产品的市场价格（V）是固定的。同时，孤立国中的农业生产条件相同，所以同一种农产品的生产成本（E）也是相对固定的。农业经营利润实质上取决于由距离决定的运输费用。故：

$$P+T=V-E=K$$

而 K 是一个常数，也就是说，利润加运费等于一个常数。其意义是只有把运输费用压到最低，才能将利润增加到最大。因此，屠能农业区位论所要解决的问题归结于一点，就是通过合理布局农业生产来节省运费，从而最大限度地增加利润。

(2)屠能圈

根据假设条件以及基本的经济分析，屠能在其《孤立国》一书中，提出了 6 种耕作制度，每种耕作构成一个区域，且每个区域都以城市市场为中心，围绕城市呈同心圆状分布，称作“屠能圈”(图 2-9)。

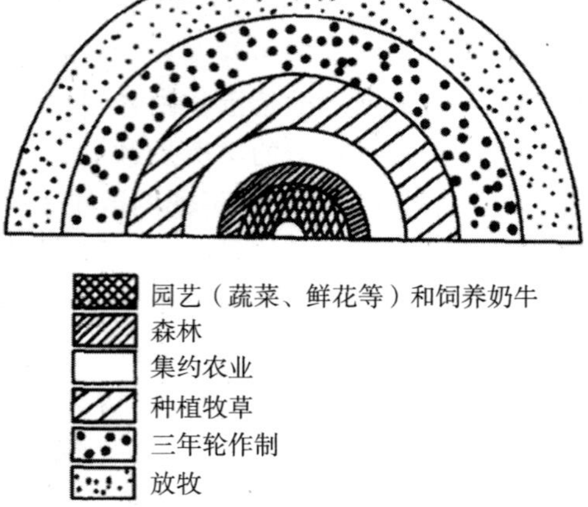

图 2-9　屠能的农业圈

这些同心圆以城市为中心，由远及近，接近城市的圈层，运费低，适于实行集约经营，可生产体积大，不耐运输的鲜活产品。

第一圈——自由农作圈，是距城市最近的圈层，主要生产易腐难运的农产品，如牛奶、蔬菜和鲜花等。其半径一般取决于运费和城市居民需求的大小。经营特点是高度集约的经营。原因有三：①距市场近，可节约运费，从单位面积上获取更大的利润；②劳动力充足，同时可以从城市得到充足的肥料供给，地力可以得到恢复；③地租较高，只有高度集约的经营，才能在交付地租之后仍获得利润。

第二圈——林业圈，主要生产木材以解决城市居民烹饪、取暖所需的薪柴，以及提供建筑和家具等的用材。“孤立国”以薪柴为主要燃料，需用量大，运输困难，运费较高，特别是在运输工具为马车的条件下，运费就更高。故只能布置在第二圈层。

第三圈——谷物轮作圈。本圈主要生产粮食。谷物体积小，运输方便，运费较低。本圈层的经营特点是没有休闲地和天然牧场，耕作比较集约化。经营者为了获得较高的粮食单产，就需要保持和提高地力。然而，在本圈层内已不能从城市获得肥料，所以在安排作物时，必须考虑地力的恢复问题。

第四圈——草田轮作圈。本圈层提供的商品农产品主要是谷物和畜产品，实行谷物、牧草和休闲地轮作，其中牧草比重较大，经营特点是比较粗放。

第五圈——三圃式农作圈，即谷物—牧草—休闲各占三分之一。本圈层是谷物种植的最外圈，运输距离较远，加之耕作十分粗放，全靠地租低和广种薄收来降低产品的成本。

第六圈——放牧圈。在“孤立国”，本圈层如运送大量粮食到城市市场，运费过高，农民只能种植少量的粮食供自己食用。因此大量土地用来放牧或种植牧草养畜，以供给城市居民牲畜和奶酪。

六圈以外，为没有或较小开发价值的荒野。

(二)工业区位论

随着 19 世纪近代工业的大发展，从 19 世纪下半叶起，工业区位理论逐渐成为古典区位理论研究的主流。1909 年德国经济学家韦伯(Alfred Weber)发表了《区位原理》一书的第一部分“工业区位论——区位的纯理论”。韦伯区位理论的核心是，通过运输、劳动力及集聚因素相互关系的分析与计算，找出工业产品生产成本最低的点作为工业企业的理想区位。韦伯区位论是最低成本学派的典型代表。

1. 韦伯区位理论的一般概念和若干假设

(1)前提假设　为了理论演绎的需要,韦伯首先作了如下假设。

①研究对象是一个均质的国家或特定的地区,在此范围内假定该国家或地区的自然条件、政治制度和政策、民族及技术发展均相同。

②工业原料、燃料产地分布在特定的地点,并且地点已知。

③工业产品的消费地点和范围已知,且需求量不变。

④劳动力供给量已知,劳动力不能流动,且在工资率固定条件下,劳动力供给充足。

⑤运费是重量和距离的函数,即运费与载运重量及运输距离呈正比,运输方式为铁路。

⑥仅就同一产品讨论其生产与销售问题。

(2)区位因素的概念与分类　韦伯认为:“所谓区位因子,就是经济活动在某特定的地点或者一般在某特定类型的地点进行时,能得到的利益”。他进一步解释说:“所谓的‘利益’就是‘费用’的节约,从工业区位角度而言,就是说在这个特定的场所生产特定的生产物比在其他场所有可能节省的费用。”

韦伯认为的区位因素是指一个地理点上能对工业生产起积极作用和吸引作用的因素,根据作用程度区位因素划分为:①一般性区位因素,是指对一般工业生产都有影响的因素,如运输费用、劳动工资、地租等;②特殊性区位因素,是指对某些特定的工业生产有影响的因素,如原材料的易腐性、生产过程中对空气湿度的要求等。

还可以按作用方式划分为:①区域因素,是指影响工业企业配置的地理区域或地点,如矿产资源的分布通常决定工业企业配置的地理区域或地点;②集聚因素,是指促使工业集中到一个地点的因素,如工业企业的协作配套、成组布置等;③分散因素,是指不利于工业向一定地区集中的因素,如地价、房租的上涨,以及环境污染等。

(3)一般性区位因素的确定　韦伯在推导工业区位理论时,主要考虑的是一般区位因素,包括运输费用、矿产资源、劳动费用及其集聚等因素。其中前三项称为“区域因素”,后一项称为“位置因素”。他认为,对区域因素的分析可确定工业区位的一般规律和基本格局。在基本格局确定后,再考虑用“位置因素”(集中或分散)加以修正。他把着眼点放在“一般区位因素”上。对因素体系的构成及其指标选取问题,他作了进一步的论述。

他认为,构成区位因素体系的主要内容是一些成本因素,一般包括 7 项:①土地价格;②厂房、机器设备及其他固定资产购置费;③原料、燃料的成本;④运费;⑤工资(劳动成本);⑥利息;⑦固定资产折旧费。在此 7 项中,③原料、燃料的成本、④运费、⑤工资等为区域因素;固定资产的折旧率以及利率没有区位意义;土地费(地租)在考虑集聚、分散因素之前认为是一样的,因此不宜作为区域性区位因子;固定资产费主要反映在购入价格上,一般不与区位发生直接关系。因此可以排除上述 7 种成本因素中的 4 种,只剩下 3 种:①原料、燃料成本;②工资(劳动成本);③运费。获取同种同质量的原料与动力燃料的价格,因产地不同而不同,工厂区位接近价格相对低廉的原料、燃料地,将有利于成本的节约,因此原料、燃料费是一个区域性区位因子。劳动成本因各区域劳动力供给状况以及生活水准差异而变化很大,这种差异水平直接影响工厂区位是趋近还是远离某一地区。运费是原料、燃料获取以及产品分配过程中必不可少的成本,同时运费依工厂区位不同而不同,因此,运费也是一个区域性区位因子。由此可知,原料、燃料费、劳动成本以及运费是 4 个影响所有工业的一般区位因子。出于理论研究以及处理方便,可将原料、燃料价格的地区差异用运费差异来替代,这样,影响工业区位的一般区位因子分别为运费和劳动费。

2. 运输费用与工业区位选择

工厂企业位置选择，要使原料和成品二者的总运输费用最小，即要使工业生产成本最低，首先要寻求吨公里（单位重量与距离之积）总和的最低点。因为运输费用与吨公里总和（单位重量与距离之积）成正比。

运输费用差异的产生，除了运输距离外，就是原材料的性质，而后者对工业区位的选择有决定性的意义。

工业原料包括常见性原料和稀有性原料。

（1）常见性原料　指到处都有的原料。即无论工业生产在何处进行，都能取得的原料。它对工业区位影响不大。

（2）稀有性原料　指只在某些固定地点贮存或开采的原料，对工业区位模式产生重大的影响。稀有性原料可分为纯原料（在生产过程中，全部重量进入制成品中）和失重原料（在生产过程中，部分重量进入制成品中）。

依据原材料在生产中的特性，韦伯设计了原材料系数公式：

$$\text{原材料系数}=\frac{\text{稀有原料重量}}{\text{制成品重量}}$$

韦伯就此公式阐明了 3 个基本原则：

第一，原材料系数小于 1 的工业，即运进工厂的物质总重量小于运出工厂产品的总重量，为节省运费，工厂应设在产品的中心消费区（消费区位）。

第二，原材料系数大于 1 的工业，即运进工厂的物质总重量大于运出工厂产品的总重量，为节省运输费用，工厂应设在稀有原材料产区（原料区位）。

第三，原材料系数＝1 的工业，即运进工厂的物质总重量与运出的产品重量相等，工厂应选择在工厂和原材料产地之间的某一地点（自由区位）。

原材料系数的大小决定理论上工厂的区位。从上式中可知原材料系数是指生产一个单位产品时，需要多重的局地原料。而在整个工业生产与分配过程中，需要运送的总重量为最终产品和局地原料的和。每单位产品需要运送的总重量为地域重量或区位重量。

$$\text{地域重量}=\frac{\text{稀有原料重量}+\text{制成品重量}}{\text{制成品重量}}=\frac{\text{稀有原料重量}}{\text{制成品重量}}+1=\text{原材料系数}+1$$

3. 劳动成本与工业区位选择

韦伯为分析劳动成本对工业区位的影响，提出了劳动成本指数、地域重量和劳动系数的概念。劳动成本指数是指制造一单位产品所支付的平均劳动工资；地域重量是指每生产一单位产品所需运输的总量；劳动系数则是劳动成本指数与地域重量的比例。

$$\text{劳动系数}=\frac{\text{劳动成本指数}}{\text{地域重量}}$$

对于劳动系数大，即劳动成本高、运输成本低的产品，其工厂厂址的选择，应离开运输成本最低点，偏向劳动成本较低点，最终使产品成本下降。劳动成本较低的地区与其他地区比较，可节省的劳动费用较高，这样对各种制造业，特别是对劳动系数较大的制造业吸引力也较强。

4. 集聚和分散因素与工业区位选择

1)集聚因素

(1)生产或技术集聚　主要通过两种方式。其一是由工厂企业规模的扩大带来的。即由于企业内部工艺流程和经营管理系列化的要求,工厂由小变大,从而带来产品成本降低,经济效益提高。其二是同一工业部门中企业间的协作,使各企业的生产在地域上集中,且分工序列化。

(2)社会集聚　包括两个方面。一是由于大城市的吸引,交通便利以及矿产资源丰富使工业集中;二是一个企业选择了与其他企业相邻的位置,获得额外利益,如共同使用专门设备,共同利用市政工程设施,共同利用劳动力市场等,使工厂生产成本降低。

2)分散因素

若干工厂集中于一个地点,会引起房地产价格上涨,从而导致各工厂的租金支出增加。因此,一些工厂宁愿离开工业集中区,搬到或新建在工厂较少的区域内。但前提条件是看集聚给企业带来的利益大还是房地产价格上涨造成的损失大。

集聚与分散是相互作用和相互影响的一对因素。一般而言,某一地区,集聚程度愈高,分散因素影响愈大。所以,某一地点的工业集聚程度正是集中与分散两方面力量正负相抵销的结果。

(二)中心地理论

商业服务区位理论的发展和市场区位学派的工业区位理论是密不可分的,但在研究的出发点上两者存在着本质的差别。正如屠能理论和韦伯理论分别占据着农业和工业区位理论的中心一样,商业服务业区位理论领域也存在着一个中心理论,即由德国地理学家克里斯塔勒(W. Christaller)提出的中心地理论(central place theory)。克里斯塔勒在研究了德国南部的聚落分布后,于1933年在他的《德国南部的中心地》一书中首次发表了这一理论。克氏的中心地概念,是指相对于一个区域而言的中心点,而这一中心点的基本功能是向区域内各点提供具有中心功能的商品和服务,如零售、批发、金融、行政、管理、专业服务和文化娱乐等,因而也往往表现为区域内的中心城市或聚落。

1. 基本概念与基本前提假设

1)中心地、中心商品和中心地职能(中心性)

中心地,指对于一个区域而言的中心点,不是一般泛指的城镇或居民点。更确切地说,是指区域内向其周围地域的居民点居民提供各种货物和服务的中心城市或中心居民点。

中心商品(含服务)是指在少数的地点(中心地)生产、供给,而在多数的地点消费的商品。由中心地提供的商品和服务就称之为中心地职能。中心地职能主要以商业、服务业方面的活动为主,同时还包括社会、文化等方面的活动;但不包括中心地制造业方面的活动。

中心地职能的作用大小可用"中心性"或"中心度"来衡量。中心性或中心度,可理解为一个中心地对周围地区的影响程度,或者说中心地职能的空间作用大小。中心性即中心地供给自身中心商品后的剩余,也即从中心地供给其周围区域的中心商品的数量。

2)补充区域

以中心地为中心的区域称为中心地的补充区域,也称市场区域或中心地区域。具体地说,是中心地的周围从中心地接受中心商品供给的区域。在中心地,中心商品有剩余,而在中心地的周围区域中心,商品不足。中心地中心商品的剩余部分便用于补充周围区域的中心商品的不足部分,当两者(供给和需求)均衡时的区域范围也就成为补充区域的范围。

3)需求门槛和商品销售范围

需求门槛(demand threshold),是指某中心地能维持供应某种商品和劳务所需的最低购买力和服务水平。换言之,是使保证供应此种商品和服务的商服企业能获取正常利润所需的最低销售额和服务量。若低于此值,提供该种商品和服务的商服企业不能维持最低收入,甚至亏本,该商品就会停止供给。

在实际中,需求门槛多用能维持一家商服企业的最低收入所需的最低人口数来表示,称为门槛人口。

商品销售范围就是指消费者为获取商品和服务所希望通达的最远路程,或者是指中心地提供商品和劳务的最大销售距离和服务半径。

4)克里斯塔勒"中心地理论"的假设条件

克里斯塔勒指出,他的理论是根据屠能、韦伯的"孤立国"方法而建立的,提出了如下若干假设条件。

(1)研究区域是一片均质的平原,人口呈均匀分布,居民的收入水平和消费方式完全一样。

(2)有一个统一的交通系统,对同一等级规模的城市的便捷性相同;交通费用和距离成正比。

(3)厂商和消费者都是经济人,即厂商为谋求最大利润,千方百计寻求尽可能大的市场;消费者为尽可能减少交通费用,都自觉地到最近的商服中心购买商品或获取服务。

(4)平原上货物可以完全自由地向各方向流动,不受任何关税或非关税壁垒的限制。

2. 中心地理论的基本内容

中心地理论的基本内容是关于一定区域内城市和城市职能、大小及空间结构的学说,即城市的"等级—规模"学说,被克里斯塔勒形象地概括为区域内城市等级与规模关系的六边形模型。

1)六边形市场区

在一个均质的平原上,让所有的人都由一个中心地提供商品和服务显然是不可能的。超额利润的存在,必然吸引其他中心地的厂商加入进来。为了避免相互竞争所引起的销售额下降,第二个中心地必须与第一地相隔一定距离。以后第三、第四个……中心地都会以同样的方式加入进来。

在这块平原上,由于新的中心地厂商的不断自由加入,竞争结果使各厂商经营某类商品的最大销售范围逐渐缩小,直到能维持最低收入水平的门槛范围为止。这样,就使某类商品的供给在均质的平原上最终达到饱和状态,而每个中心地的市场区都为圆形,且彼此相切。但是,相切的圆形市场区,如果不重叠的话,圆与圆之间必然会出现空隙,使居住在这些空隙里的居民将得不到服务。实际上在相互激烈竞争的情况下,这种现象不可能长期存在下去。各中心地都试图把这片空白区吸引到自己的市场区内。竞争的结果使它们之间的距离进一步缩短,以致各中心的销售范围都有一部分重叠。这时,居住在重叠区内的居民就有两个选择的区位。按照消费者最近供应地购买的假设,重叠区被平均分割给两个相邻的中心地。其中平分线上的居民到两个相邻中心地的距离相等,故这条线被称为无差别线。由于重叠区被无差别线分割,圆形的市场区即被六边形市场区所代替,从而推导出正六边形市场区这一便于组织中心地与服务区相联系的最有效的全覆盖的理论图示(图 2-10)。

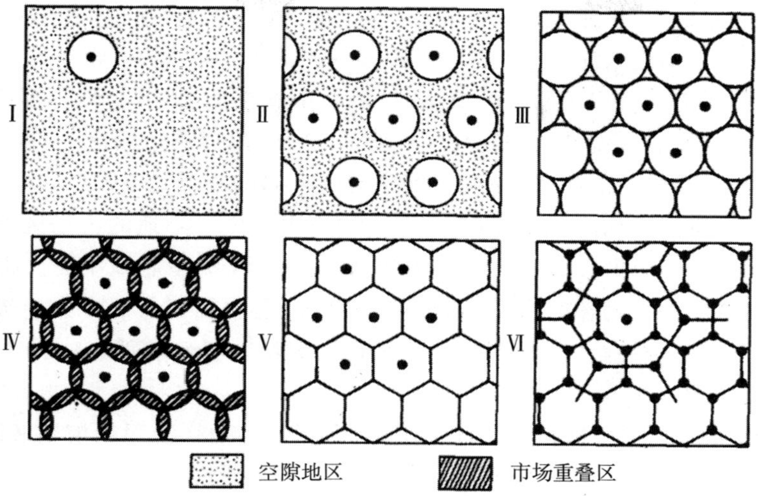

图 2-10 六边形市场形成图示

2)市场等级序列

中心地商品和劳务的需求门槛、利润和服务范围与中心地规模、人口分布密度、居民收入水平及商品与服务的种类密切相关。在一个规模较小,人口密度和居民收入水平都较低的中心地,其商品销售量和服务需求水平亦低。此时,该中心无法维持最低收入的需求门槛人口,必须扩大销售和服务范围,甚至超过其最大销售距离。而最大销售距离以外的顾客,因交通费用增高而不愿到该中心购买该类商品,使之无法达到门槛人口,厂商则因无利可图而取消经营该类商品。反之在规模大,人口密度和居民收入水平都很高的中心地,各种商品和服务皆能达到或超过需求门槛(人口),所以能提供各档次的商品和服务。由此可见,不同规模中心地,其需求门槛和销售范围也是不同的。它们在空间地域上的这些差异,经过相互作用和人类经济活动的干扰,就将形成规律有序的中心地——市场等级体系。

就区域内各城镇而言,大城市的商服设施和商品种类向高级发展,服务项目往往多而全;中等规模的城市具有中高级或仅能维持中级水平,服务项目少而不齐全;小城市具有中低或只有低级水平,服务项目种类少而不全;一般城镇(县城、建制镇)只有基本生活性商服(日用百货、日常副食品等),水平低,服务项目种类更少。就城市内部而言,市级中心、区级中心和小区级商服中心也有类似的分异规律。

3)中心地体系的基本类型

克里斯塔勒在提出六边形中心地市场体系后,又按市场供应、交通联系和行政管理 3 个原则,分别建立了中心地体系的 3 种基本类型或空间模式(图 2-11)。

(1)市场原则 所谓市场原则,就是从有利于组织商品供销,保证商品和服务的供应范围最大角度出发,并在均等机会下配置各级中心地及其市场区的数目。在此原则下建立的中心地体系为 $K=3$ 体系。这里 K 值是中心地模型的重要指标,它表明在不同空间组织原则下,中心地相对于由它服务、供应及管辖的市场区排列关系和数量关系。1 个上一级中心地的商服网点支配相邻的 6 个下级中心的商服活动。但支配的不是它们的全部,而是其中的 1/3。

高一级中心地包含低一级中心地的所有职能,即一级中心地同时也是二级中心地。因此,一级中心地下属的 3 个二级市场区内,有 1 个一级中心地、2 个二级中心地。9 个三级市场区内，有1个一级中心地、2个二级中心地、6个三级中心地。如此推下去，在$K=3$的系统中，不同等级规模的中心地出现的序列是1，2，6，18，54……。

（2）交通原则　为弥补市场原则的缺陷，克里斯塔勒按交通原则，推导出$K=4$的中心地市场网络系统。具体地讲，就是在围绕高级中心地（A）的六边形市场区内，次级中心地（B）不在六边形的顶角上，而是坐落在联结两个高级中心地（A）的交通线路的中间处。C级中心与B级中心的位置关系也同样如此，如此组合下去。这样次一级中心地的市场区就被高一级中心地平分，如图2-11中B级中心地的市场区被相邻的几个A级中心地平分。也就是说高一级中心地除包括自身的一个完整的次一级中心市场区外，还包括相邻六个次一级中心的市场区的1/2，即$K=1+1/2\times6=4$。因此，由$K=4$形成的市场区等级序列是1，4，16，64，……；中心地的系列数为1，3，12，48，……。

（3）行政组织原则　为了管理方便，使市场区不分割行政区，克里斯塔勒又设计了$K=7$的中心地体系，即一个高一级中心地管辖7个低一级中心地的管理区。也就是说，每一高等级中心地除自身所在的次一级中心地管辖范围外，还包括相邻6个次一级中心地的管辖范围，因而，巢状化自然形成。换句话，每一高等级中心地的管理面积应为次一级中心地面积的7倍。这样形成的管理区等级序列为：1，7，49，343……；各级中心地从属关系体系为1，6，42，294……。

行政原则下形成的中心地体系，是一种自给自足的封闭体系，居民购物的出行距离最长，其交通系统最不方便。

根据市场原则、交通原则和行政原则下形成的中心地体系见图2-11。

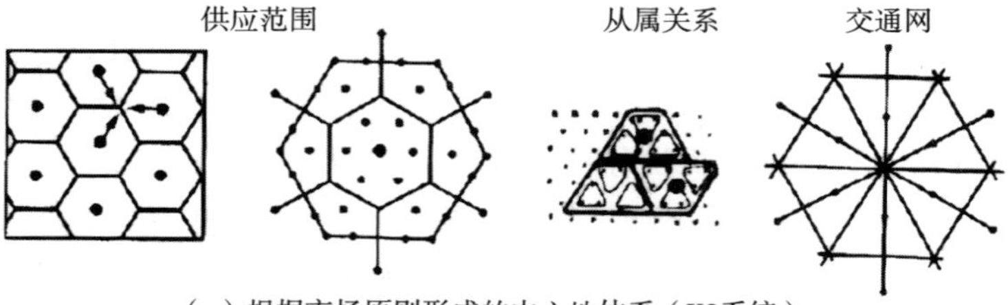

（a）根据市场原则形成的中心地体系（K3系统）

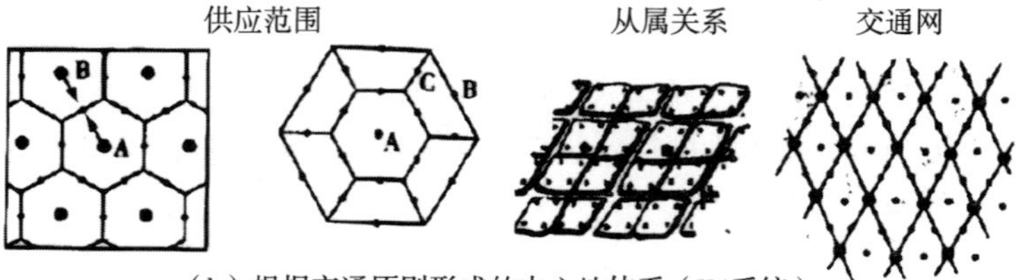

（b）根据交通原则形成的中心地体系（K4系统）

（c）根据行政原则形成的中心地体系（K7系统）

图2-11　根据市场原则、交通原则和行政原则形成的中心地体系

第四节 土地利用系统过程

世界上一切事物都是发展变化的，当事物（系统）由一个状态（始态）变成另一种状态（终态），就成为一个过程。一切事物都处在过程之中，如热力学过程、经济过程、社会过程、管理过程、哲学过程等。

土地利用是人类为满足自身不同需要，采用科学、技术和文化的手段，利用和开发土地的功能，提供产品和服务的行为和活动。而土地利用过程是通过输入各种自然和人工的生产要素，如土地、劳动、资本、技术（物质、能量、信息）等，输出满足人类需要的产品和服务（精神、文化、生态环境以及需求所决定的各种物质产品）的过程。

狭义的土地利用过程是一个产品和服务的生产过程；广义的土地利用过程是土地开发、利用和保护的全过程。土地利用过程的复杂性往往由产品与服务的多样性以及生产过程的复杂性来决定。其本质上是土地利用系统的升级转换，属于第二种扩大再生产情况的土地利用系统过程。

本书中强调的土地利用系统过程是包含土地利用自然、生态、经济、社会、文化过程的集合。这种过程是一种简单的扩大再生产的过程，其分为两种情况：一是产品种类不变，仅是数量的扩大再生产，该类扩大再生产，主要是由要素输入的量所决定；二是在产品种类或者产品质量升级的条件下实现的扩大再生产，这不仅由要素输入决定，还取决于系统结构的升级。

土地利用系统过程的产品输出，可以分为有形产品输出和无形服务输出。按照此分类模式，生态过程、部分经济过程属于前者；而另部分经济过程、社会和文化过程属于后者。按照输入输出的类型，土地利用系统过程可以分为生态过程、经济过程、社会过程和文化过程。

一、土地利用系统的自然过程

（一）地质大循环

地质大循环是指侵入型岩浆经过隆起、凹陷等地壳运动，形成喷出型岩浆岩或直接析出成为结晶岩石矿物，在外力作用下发生侵蚀、风化等作用变成细碎而可溶的物质，随着降水或高山流水等被搬运迁移到海洋，经过漫长的地质年代变成沉积岩。当地壳上升，沉积岩又露出海面成为陆地，再次经受风化淋溶或沉积岩经过变质作用，随着隆起型地壳运动作为喷出型岩浆岩再次出现在陆地，经过同样的循环（图 2-12）。

（二）全球水循环

地球上的水时刻都在运动，不断地从一个系统输出，进入另一个系统。陆地水、大气水和海洋水通过固体、液体和气体的三相变化，不停地进行着交换和运输，这种变换形成了水循环的独特性。

地球表面的各种水体，通过蒸发、水汽运移、降水、地表径流和下渗等水文过程，紧密联系，相互转换，构成了全球水循环。在太阳能的驱动下，由于阳光照射，江、河、湖、海和土壤中的一部分水变成水蒸气以及植物蒸腾作用将水变成水蒸气进入大气，在大气环流运动作用下，以降雨降雪等形式又重新返回到海洋和陆地。雨雪降至陆地而没有被蒸发的一部分以液态水形式自高向低地流动，又返回到海洋中去，这样就形成了水的全球循环（图 2-13）。

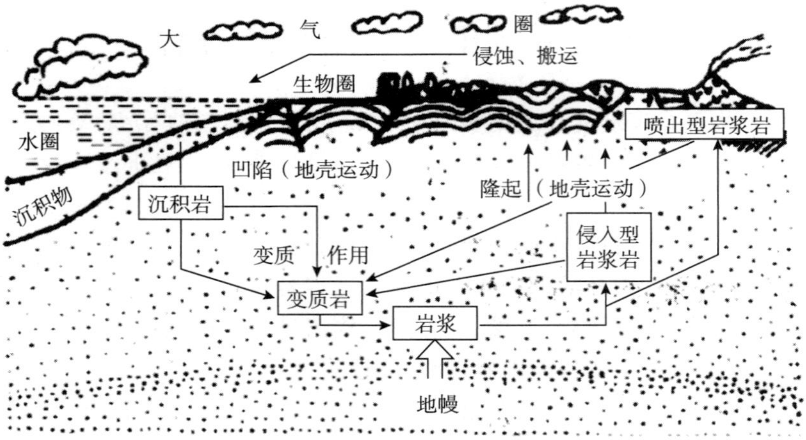

图 2-12 岩石圈物质循环示意图

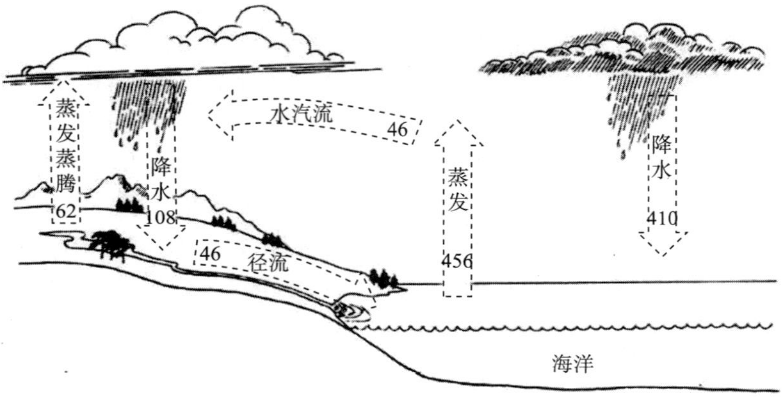

图 2-13 水的全球循环过程

（三）全球碳循环

碳元素在地球上各个圈层中交换，并随地球的运动循环不止的现象叫碳循环。以生物圈中的碳循环为例，主要表现在绿色植物从大气中吸收二氧化碳，在水的参与下经光合作用转化为葡萄糖并释放出氧气，有机体再利用葡萄糖合成其他有机化合物。有机化合物经食物链传递，又成为动物和细菌等其他生物体的一部分。生物体内的碳水化合物一部分作为有机体代谢的能源经呼吸作用被氧化为二氧化碳和水，并释放出其中储存的能量。

自然界中的碳循环基本过程是大气中的二氧化碳被陆地和海洋中的植物吸收，然后通过生物或地质过程以及人类活动，又以二氧化碳的形式返回大气中，形成碳循环（图 2-14）。

（四）生物小循环

生物小循环是由于风化作用产生母质，为植物生长提供了植物在母质上生长的可能性。植物从中吸取矿质养分、水分和其他物质和条件，来建造自身的有机体，使得部分可溶性养分得到保存。植物死亡之后，经微生物的分解作用，有机残体中的营养元素又变成无机物质，一部分又重新被利用。这种植物的反复吸收利用和积累营养物质的过程称为生物小循环。

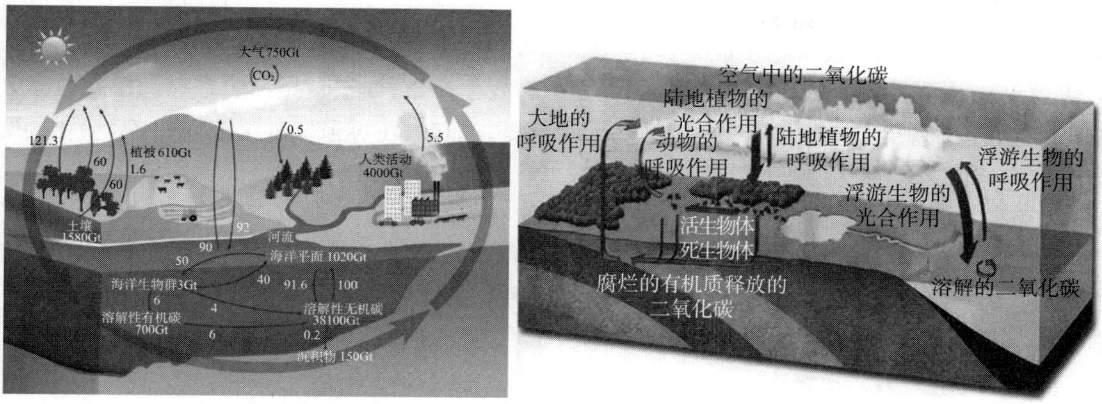

图 2-14　全球碳循环模式示意图

二、土地利用系统的生态过程

土地利用系统是以人类为核心的生物群落与非生物土地环境构成的生态系统，是经过人类改造或影响的生物群落、土地系统组合的人工—自然生态系统。

土地生态系统，即陆地生态系统由 4 个部分构成：①非生物成分（无机物、有机化合物、气候因素、土壤、地质地貌等）；②生产者，主要是各种绿色植物，也包括蓝绿藻和一些能进行光合作用的细菌等自养生物；③消费者，主要指以其他生物为食的各种动物，由植食动物（一级）、肉食动物（二至四级）、杂食动物和寄生动物等异养生物组成；④分解者（还原者），它们把复杂的有机物分解成简单无机物，包括细菌、真菌、放线菌和动物等异养生物。

生态过程是生态系统中维持生命的物质循环和能量转换的过程，主要通过地质大循环和生物小循环形成。地质循环是地质历史尺度下的，物质能量循环是缓慢的过程，但是有时也会是剧烈的。生物小循环的生态过程主要研究土壤—生物—大气中的水循环和水平衡、养分循环、能量流动、微量气体产生、输送和转化、有机物及金属元素的分解、积累、传输等微观过程。对这些过程的研究需要了解物理、化学规律，涉及环境生物物理、植物生理、微气象和小气候等多学科。

土地利用系统中的生态过程包括 3 个部分：物质、能量的生产过程，储存积累过程，以及分解还原耗散过程。

（一）土地利用系统生态过程——生产过程

生态系统的生产力是土地利用的重要特征。在生态系统中，生产力是指生物体利用光能、化学能等形式，将环境中有限资源转化为自身有机组分和生命活动所需要的各种营养物质和能量的总量（图 2-15）。

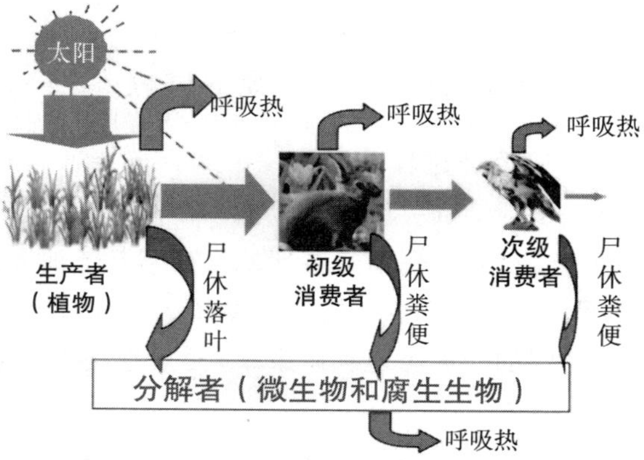

图 2-15　生态系统的能量流动全过程示意图

1）第一性生产力

第一性生产力，即初级生产力，是绿色植物通过光合作用以有机物形式蓄积能量的速度，它可以通过植物选择、增加面积和有效光合面积、改善生长环境、综合利用等提高总生产力，通过控制环境、适当抑制呼吸等减少总呼吸等途径来提高净生产力。在土地利用系统中，人类通过人工控制环境、合理投入物质能量、品种改良等，以提高总生物量。初级有效生产力是指总生物量中只有一部分是人类所直接利用，称之为有效生产力，如粮食作物的籽等。提高初级生产力总量是实现初级有效生产力提高的基础和前提。同时，还可采取人工控制的各种手段，提高初级有效生产力在总初级生产力中的比例。

2)第二性生产力

第二性生产力，即次级生产力，是生物消费者和分解者所生产的生物量。可以通过农牧结合，发展畜牧业，秸秆氨化、饲料配合，选育优良品种，提高饲草(料)转化率，设施养殖、育肥，有机废弃物资源化等途径增加次级生产力。初级生产力的能量物质，进入动物、微生物的消费过程，形成次级生产力。次级生产力的生产是总生产力中提高有效生产力的过程。

(二)土地利用系统生态过程——储存积累过程

储存积累过程包括人工生产积累、财富积累、环境积累、地质积累。

在生产过程中，通过人工参与下的自然生产，使物质能量储存于动植物体的各个器官中。其次，土地利用系统的生态过程也是个财富积累的过程，如木材、草场的扩大即是通过生态过程，实现了物质财富的积累增加。当生产出的产品没有被消耗，有一部分产品将以有机物的形式归还至土壤中，转化为土壤的有机质，增加土地生产力，形成了环境积累。此外，植物、动物和微生物残骸等有机质，逐渐被埋在深层的沉积岩层中，受到地热和地压的作用，随着时间的推移，形成石油、煤炭等地质产品。

(三)土地利用系统生态过程——分解耗散过程

生产积累的物质能量最终都要参与自然分解耗散过程，物质会分解成为水、二氧化碳和无机盐，归还于大自然并释放出能量，微生物在分解耗散过程中的作用是巨大的。

为了实现可持续发展，可以通过多种途径人工干预土地利用系统，使得在满足需求的同时减缓资源消耗的速度。例如，可以在利用产品过程中加环增值，即增值产品使用的多种环节，由单一使用环节向多种环节转变，以增加其利用价值；通过控制人类的消费，减少由于异化消费产生的资源消耗。此外，采用技术手段综合利用分解后的产物，以及在分解过程中释放的能量，例如用秸秆加工肥料、利用分解过程中的热能等。

三、土地利用系统的经济过程

(一)经济过程

经济活动的一般过程包括 4 个阶段，即生产、分配、交换和消费，4 个阶段相连接，构成完整的经济循环。任何经济活动都离不开土地和土地空间，经济活动的阶段特征反映在土地空间，就形成了不同的土地利用系统。例如，产业空间的农业土地利用系统、工业土地利用系统，流通空间的交通土地利用系统，交换空间的商业土地利用系统，消费空间的城乡土地利用系统等。

经济过程指的是作为生产要素的劳动、资本和资源投入到经济循环的简单模式中。资源作为经济过程的操作对象，资本用以购买设备和原料，而劳动者的劳动则把原料加工成产品。经过利益分配后各得其所，资本获得利息，资源得到加工，劳动者获得工资，而企业所有者取得利润。产品经过流通进入市场，通过购买(包括国家购买、企业购买和个人购买)转入消费，从而完成经济循环(图 2-16)。

(二)简单土地利用系统的经济过程

简单的土地利用经济过程是资本进入土地利用系统增值、收益的过程。用公式表示为

$$R = rC$$

式中,R 是土地利用者所追求的经济收益,r 是土地利用中的资本回报率,C 是土地利用中的总资本。

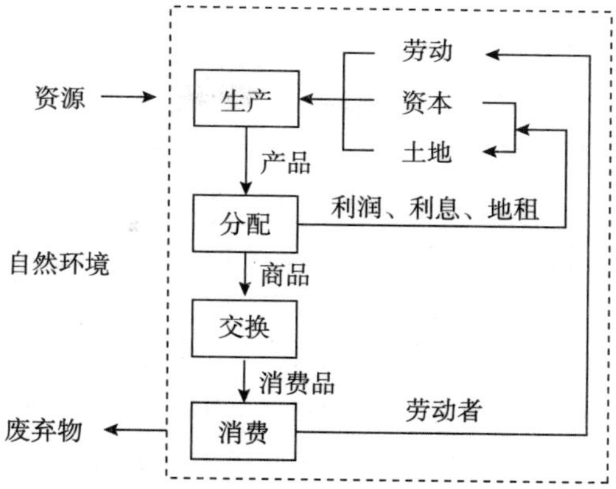

图 2-16　经济循环的简单模式

(1)资本回报率(r)　土地利用中,由于对土地采取不同的利用方式,得到的资本回报率存在着明显的差异。例如,一般而言,商业用地和工业用地的资本回报率最高,住宅用地资本回报率大于农业用地与林业用地的资本回报率,而放牧业用地的资本回报率在其中最低。此外,土地利用规模,即资本投入的规模也会影响资本回报率大小,其中资本投入的组合类型会对其产生较大的影响。

(2)土地利用总资本(C)　土地利用的总资本是包括土地、劳力、资本的总和。用公式表达为:

$$C = C_1 + C_2 + C_3 + C_4 + C_i$$

式中,C_1 指购置成本,即租地成本;C_2 指土地改良的追加资本;C_3 指劳动力工资的资本;C_4 指可变资源投入的资本;C_i 指其他资本。其中 $C_1 + C_2$ 构成固定资本,$C_3 + C_4$ 构成流动资本。

(三)区域土地利用系统的经济过程

在一个区域中不会只存在一种经济活动。区域生产生活发展的不同需求,必然会形成多样的经济活动,这些经济活动虽然由于其活动目标与功能的差异存在一定的独立性,但社会分工的大环境决定了每个经济活动都不可能完全独立进行。各经济活动通过上下游物质、能量和信息的交换,实现了经济活动的融合,这个融合过程则是区域经济过程的实际体现。区域经济活动的多种融合逐渐形成了产业链。具体而言,产业链是各个产业部门之间基于一定的技术经济关联,并依据特定的逻辑关系和时空布局关系客观形成的链条式关联关系形态,是在价值链、企业链、供需链和空间链等 4 个维度相互对接的均衡过程中形成的。其本质是用于描述一个具有某种内在联系的企业群结构,是一个相对宏观的概念,存在两维属性,即结构属性和价值属性。

产业链内部以及产业链之间的相互联系构成了区域的产业结构,结构中的产业联系反映在土地空间上就是区域土地利用系统。土地利用系统的经济过程就是区域产业、产业链以及产业市场之间价值流、货币流的循环流动过程,并且在这个流动过程中资本得到了增值。

四、土地利用系统的社会过程

(一)社会过程概念

社会本意是指特定土地上人的集合,在现代意义上是指为了共同利益、价值观和目标的人

的联盟，是共同生活的人们通过各种各样的社会关系联合起来的集合，其中最主要的社会关系包括家庭关系、共同文化以及传统习俗。微观上，社会强调同伴的含义，并且延伸为为了共同利益而形成的自愿联盟。宏观上，社会就是由长期合作的社会成员通过发展组织关系形成的团体，并形成了机构、国家等组织形式。

社会过程又称社会互动过程，是社会互动和社会变迁的过程。社会互动过程由自我互动、人际互动和社会互动 3 个阶段组成，它表现为自我内在的、人与人的、人与群体、群体与群体之间的冲突与适应、分化与整合等互动过程。这种互动的结果引起社会结构及社会功能上的变化，从而发生种种社会变迁，引起社会的变革和发展。社会的这种互动和变迁过程称之为社会过程，它包括冲突的过程、适应的过程、变迁的过程与控制的过程。

（二）土地利用社会过程中的动态演化

土地利用演化过程实质上是人类社会发展演化的过程。土地利用结构的产生与变迁是人类社会产业分化的结果。无论是区域土地利用过程还是简单土地利用过程，土地利用中自然的成分在退缩，而人为的成分在增加。这种人为成分包括了人工控制的程度、价值观念以及文化含量。在某种程度上，土地利用结构的变迁代表了人类社会结构的变迁，不同的土地利用结构可能是社会形态的标志。在不断的社会变迁中，人类需求不断增长与多元化，土地利用的社会化程度不断增强。这种社会化过程是不可逆转的，虽然在一定时期表现出某种形式上的回归和重复，但是其本质上已经发生了根本的变化。

土地利用的社会动态演化过程指的是在一种普遍的土地利用结构中，由于种种原因（危机、需要等）分化产生新的土地利用系统单元，从而导致土地利用系统满足需求的能力增强，同时土地利用系统的异质性加大，造成系统的混乱，或者是新单元被扼杀。一旦渡过了这一时期，这种新型的土地利用系统单元就变成为土地利用系统的代表性单元，系统有可能向着增加该结构组成的方向发展。如果这种力量成为主导力量，社会形态就会发生质变。

该动态演化过程包括以下几个步骤。

（1）社会发展的演变过程　技术革命引起产业革命，产业分化引起产业结构改变，与这种变化相伴随的是土地利用类型的分化和土地利用结构的变化。土地利用的演变将人类社会由原始社会逐步推进到农业社会、工业社会、后工业社会。土地利用结构的变化就是人类社会形态的变化。现代土地利用的城市化过程也正是土地利用的社会过程特征。社会发展的演变过程具有创新、适应、推广、制度化 4 大特征。

（2）满足人类物质和文化需求的过程　随着人类社会的不断进步，人类的需求也不断地发生着变化，由简单的生存需求，演化为不同历史阶段的发展需求。精神与文化需求的成分逐步增加。土地利用不仅是生产物质的过程，也是生产精神和文化的过程，表现为 3 个层次：①人类为实现其根本目标而采取物质生产和精神生产两种手段；②人类为发展物质生产力和精神生产力而进行相应的物质生产和精神生产的土地利用活动；③人类为做好物质生产及精神生产活动而建立起形形色色的土地制度（社会制度）。

若使土地利用得以协调发展、根本目标得到实现，就必须保证各层次目标与手段之间的协调。

五、土地利用系统的文化过程

土地文化是人类认识、把握、开发、利用土地的社会实践过程中形成的精神成果和物质成果的总和。土地文化可以分为物质文化与非物质文化。物质文化是土地利用中的物质生产活动及其产品的总和，包括饮食、服饰、建筑、交通、生产工具以及乡村、城市等。非物质文化是土地利用实践过程中所创造的各种非物质形态的精神文化，包括与自然环境相适应而产生的，如自然科学、宗教、艺术、哲学等；与社会环境相配合的，如语言、文字、风俗、道德、法律等；与物质文化相适应而产生的，如使用器具、器械或仪器的方法等。

文化过程指人类社会或社会某个方面发展的文化表现。由于世界各地社会的历史发展阶段、社会制度，以及人们创造文化的活动中所受地理环境的影响不同，任何文化都是靠发明创造或传播扩散、演进以取代老的模式而得以存在的。基本的文化过程包括发现、发明、演进和传播。文化过程是文化发展的基本规律，具有地域和历史阶段两重性。文化地理学主要研究文化的起源和传播。世界各地社会的历史发展阶段、社会制度，以及人们创造文化的活动中所受地理环境的影响不同，开发资源、利用机会以适应环境所采取的手段和方法不同，以及所继承的文化传统不同，使得世界上形成各种特定的文化地域，反映出不同的文化过程。

土地文化是文化过程嵌于土地利用的结果，同时也是土地利用过程中形成文化的结果。人类的祖先从森林走向草原，加速了从猿到人的转化过程。猿人的生活方式变化是猿的选择，可以说是“前文化”的第一次革命，这种革命创造了人。逐水草而居的游牧生活方式，在尧发明水井后，逐渐被定居的生活方式所取代，结束了游牧文明，开始了农耕文明。地质构造运动，黄土高原的抬升，加剧了水土流失，河流中的泥沙含量增加，也就增加了黄淮海平原形成的物质基础。而黄淮海平原本身的地质稳定或者不稳定都是平原面积外延扩展以及内部重组整合的地质条件。

河流的泛滥一次又一次地毁灭或打断平原的文明发展，人类文明则在一次又一次毁灭后，一次又一次地在这个泛滥平原上重建文明。山前平原的地貌特征演变成了传统文明保留和重建的基地，而不断的外来文化的进入，使得区域文化带有了多元文化的特征。北方文化的强大，与南方文化的相对薄弱，使得平原文化更多地带有北方文化的特点。

第五节 土地利用系统功能与状态

一、土地利用系统功能概念

功能是对象能够满足某种需求的一种属性。凡是满足使用者需求的任何一种属性都属于功能的范畴。满足使用者现实需求的属性是功能，而满足使用者潜在需求的属性也是功能。

功能具有二重性，即客观物质性和主观精神性两方面。功能与功能载体在概念上有分有合，顾客购买物品时需要的是它的功能，而不是物品本身，物品只是功能的载体。只要功能相同，载体可以替代。但是，一种功能的实现不可能没有载体，所以功能与其载体又必须结合。

功能本质上是某一种物品所能提供的价值，可能是使用价值或非使用价值；其提供的对象也不仅限于向人类提供，而是向整个地球中包括人类在内的所有生物和非生物提供。因此，功能本身的存在是客观的，但是由于人地关系中人类具有较强的主观能动性，致使人类可以根据自己的需求对环境进行调整，以获取自己所需的相应功能。如果从“人”的角度出发，人的需要和需求本质上是对某项功能的需求，而提供某一种功能的主体就是满足某项需求的供给方，功能的大小和质量则影响供需之间的匹配程度。

土地利用的目的在于将人类劳动投入于不同质量特性的土地上，以获得人类生存所需要的产品和服务。这样的目标决定了土地利用系统是以为人类提供产品和服务为目标运行，这在土地利用系统中就表现为系统是否具有提供相应的产品和服务的功能。简言之,土地利用系统功能是指具有某种结构的系统在一定环境中所能发挥的作用或能力,它是土地利用系统与外部环境大系统间经过物质、能量、价值、信息的传递,通过系统运行而实现的系统结果的表现形式。

二、土地利用系统功能结构类别

土地利用系统的功能是由构成土地利用系统的各要素的整体决定的,构成土地利用系统的各要素的组成结构不同,功能也不同。土地利用系统功能结构越合理,则整个区域土地利用系统效益越好,反之则相反。正如上文所述,结构一词具有其广泛性,因此土地利用系统功能结构的内涵较为丰富,从不同的维度和角度进行分析时,所描述的系统功能结构也存在差异。总体而言,通常讨论的土地利用系统功能结构包括 3 个方面:土地利用系统类型功能结构、土地利用系统层次功能结构和土地利用系统“三生”功能结构(图 2-17)。

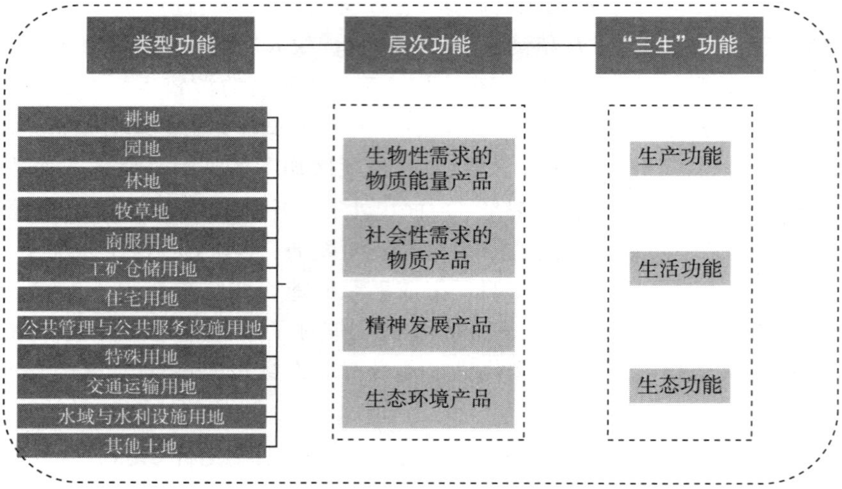

图 2-17 土地利用系统功能结构

(一)土地利用系统功能类型结构

随着人类社会文明进程的发展,土地利用系统的演变也经历了一个不断分化、完善的过程。在原始社会,人类野居穴处,借土地的天然赐予过着“采集经济”生活。这时的土地利用系统只有一种,暂且称之为“采集系统”。到新石器时代,有了原始畜牧业、农业和制陶、制骨的原始手工业,有了固定的村落和集中的公共墓地,土地的用途开始分化,出现田、亩、村、墓地等不同的土地利用系统。到了青铜、铁器时代,又增加了冶炼作坊用地,原始居民点也开始分化,有统治阶级集中居住的“都”“城”和平民百姓居住的“鄙”“里”。秦统一中国后,又出现了专设的交通用地——“驰道”(当时的高速公路)。工业革命以后,除了城镇和工业用地大规模扩展外,随着生活水平的提高,又出现了休闲娱乐用的旅游用地和保护环境用的自然保护地等。我国《土地利用现状分类》(GB/T 21010—2017)共一级类 12 个,二级类 73 个(表 2-2)。每一种土地利用类型都可视为一种土地利用系统,它们具有不同的土地利用方式和不同的功能。土地利用系统的这种分化并没有停止,还将继续下去。例如,随着人们生活水平的提高,居民点用地中会分化出度假村、别墅用地;随着个人车辆拥有量的增加,交通用地中将分化出停车场用地;随着农业技术的工厂化,菜地中分化出保护设施地(温室、暖棚、植物工厂等)。

土地利用系统功能结构与土地利用的分类分级有密切联系。因为每种土地利用类型都是反映其相应土地利用系统的功能及其功能量的，例如耕地利用系统功能为生产农作物产品，建设用地功能为生产非农产品或承载人类为主。因此，土地利用系统功能的类型结构就是指土地利用类型的规模数量比例及空间结构。

表 2-2　土地利用现状分类（GB/T 21010—2017）

一级类	二级类	一级类	二级类
耕地	水田	公共管理与公共服务用地	文化设施用地
	水浇地		体育用地
	旱地		公用设施用地
园地	果园		公园与绿地
	茶园	特殊用地	军事设施用地
	橡胶园		使领馆用地
	其他园地		监教场所用地
林地	乔木林地		宗教用地
	竹林地		殡葬用地
	红树林地		风景名胜设施用地
	森林沼泽	交通运输用地	铁路用地
	灌木林地		轨道交通用地
	灌丛沼泽		公路用地
	其他林地		城镇村道路用地
草地	天然牧草地		交通服务场站用地
	沼泽草地		农村道路
	人工牧草地		机场用地
	其他草地		港口码头用地
商服用地	零售商业用地		管道运输用地
	批发市场用地	水域及水利设施用地	河流水面
	餐饮用地		湖泊水面
	旅馆用地		水库水面
	商务金融用地		坑塘水面
	娱乐用地		沿海滩涂
	其他商服用地		内陆滩涂
工矿仓储用地	工业用地		沟渠
	采矿用地		沼泽地
	盐田		水工建筑用地
	仓储用地		冰川及永久积雪

续表 2-2

一级类	二级类	一级类	二级类
住宅用地	城镇住宅用地	其他土地	空闲地
	农村宅基地		设施农用地
公共管理与公共服务用地	机关团体用地		田坎
	新闻出版用地		盐碱地
	教育用地		沙地
	科研用地		裸土地
	医疗卫生用地		裸岩石砾地
	社会福利用地		

（二）土地利用系统功能层次结构

土地利用系统功能的层次结构与需求的层次结构相对应。为满足人类不同层次的需求，土地利用系统需提供与之相对应层次的功能，包括生存、发展、精神享用、生态环境等。

首先，由上文的土地利用系统过程可知，自然生态过程是土地利用系统最基本的过程，在自然生态过程中的各个阶段均会生产出生物性需求的物质能量产品，包括有机物生产（动植物产品）和无机物供给（水、盐等）；在经济过程和社会过程中，通过劳动、资本等要素的加入，实现物质产品加工制造、生产服务手段加工制造、物质产品原材料生产等社会性需求的物质产品生产。同时，在社会过程及文化过程中，土地利用系统凝结了劳动的结晶，形成了特殊的文化，同时也提供了相应的美育等精神产品。生态环境是人类赖以生存的基础，土地利用系统由于其运行过程中内化了生态过程，也就是说其可持续运行依赖于良好的生态环境，同时也具有了保护生态环境的功能，如涵养水源、固碳等。换言之，土地利用系统提供了生态环境产品和服务。

（三）土地利用系统“三生”功能结构

土地利用系统的“三生”功能是指生产功能、生活功能和生态功能，它是土地利用系统的三大主导功能。其中，生产功能是指生产力，它是土地利用系统的主要功能，人类开发利用土地利用系统的基本目的是获取更多的生物产量，以维持自身的生存；生活功能作为土地利用的基本功能，为生产功能的实现创造条件，包括物质产品的再生产和人类的扩大再生产；人类的生产、生活以生态系统的支撑为基础，但人类的生产、消费等活动又影响着生态系统，因此，生态功能是土地利用系统生存的保障，是实现生产功能和生活功能的必要条件。“三生”功能是土地利用系统功能整合化的结构框架，其相较于土地利用系统类型结构而言更为简洁、清晰，相较于层次结构则更具有实践性。“三生”功能结构是当前国土空间规划和治理体系的基础结构框架，对于土地利用规划具有重要的指导意义。

三、土地利用系统的耗散结构状态

（一）系统状态及耗散结构理论

状态指人或事物表现出来的形态（存在形态和运动态势）。系统状态是系统存续运行中表现出来的整体状况或态势。

一个远离平衡态的非线性的开放系统不断地与外界交换物质和能量，在系统内部某个参量的变化达到一定的阈值时，通过涨落，系统可能发生突变即非平衡相变，由原来的混沌无序状态转变为一种在时间上、空间上或功能上的有序状态。这种在远离平衡的非线性区形成的新的稳定的宏观有序结构，由于需要不断与外界交换物质或能量才能维持，因此称之为"耗散结构"(dissipative structure)。可见，要理解耗散结构理论，必须弄清楚几个概念：①远离平衡态；②非线性；③开放系统；④涨落；⑤突变。

对于这几个概念的理解，普里戈金区分了两种类型的结构，即"平衡结构"和"耗散结构"。平衡结构是一种不需要与外界进行任何能量和物质交换就可以维持的"死"的有序结构；而耗散结构则只有通过与外界不断交换能量和物质才能维持其有序状态，这是一种"活"的结构。

普里戈金指出，对于一个与外界有能量和物质交换的开放系统，在达到远离平衡态的非线性区时，一旦系统的某个参量变化到一定的阈值，稳恒态就变得不稳定了，会出现一个"转折点"或称为"分叉点"，系统就可能发生突变，即非平衡相变，而演化到某种其他状态。一个重要的、新的可能性是，在第一个转折点之后，系统在空间、时间和功能上可能会呈现高度的组织性，即到达一个高度有序的新状态。应该指出的是，当系统远离平衡时，整体熵产生以极快的速率增长，这是与热力学第二定律一致的。但是在小的尺度范围内，却可能出现极其有序的结构。这是只有在系统是开放的，并且与外界的能量和物质交换而保持在偏离平衡的状态时才可能出现的。

近平衡态的系统的状态处在线性最小熵增区间，涨落极小，达不到跃迁所需要的阈值，终态只能是平衡态，即趋于混乱。只有远离平衡态的系统才可能趋于有序。当涨落达到一定阈值，系统会发生跃迁，产生新的稳定有序结构。

在远离热平衡的开放系统中，通过和外界不断交换物质，吸收有序的能量或信息，排除经耗散而变得没有用的能量和信息，处于某些特定条件下的系统就可以通过自组织，从无序状态逐步发展为有确定结构和运动行为的有序状态，并且进一步由简单结构向复杂结构进化。某些自组织系统中存在的状态开始有一些涨落，即某一种状态出现，然后消失，另一种状态又出现，又消失。

（二）土地利用系统的耗散结构状态

耗散结构系统的主要特征包括系统的开放性、远离平衡态、非线性作用和涨落。本书根据耗散结构系统的特征来分析土地利用系统的耗散结构状态。

1. 土地利用系统状态的开放性

土地利用系统是开放的系统。土地空间集合起土地利用要素，构成了土地利用系统。除去空间，绝大多数要素都来自系统之外的输入，例如阳光、水分、劳动、资本、技术、市场信息等。系统产生的功能（服务与产品，如粮食、蔬菜、棉花等）很大程度上要输出系统，特别是在商品社会。土地利用产生的负面影响也会输出到系统环境中，如排放二氧化碳、污水等。当然环境中的负面影响也会影响到系统，如洪水、地震、病毒、污染等。土地利用系统和环境（系统空间内外）无时无刻不进行着物质、能量和信息的交换。

2. 土地利用系统远离平衡态

土地利用系统是远离平衡态的系统，是不可逆熵增，它自发地向着平衡态运动，从而产生"熵增"，即混乱度的增加，最终达到平衡态（要素均衡、无序，系统的崩溃）。比如人口增加，超过系统承载力，会导致饥荒、瘟疫、动乱，使得土地退化，最终会导致生态失衡。

3. 土地利用系统状态的非线性作用

线性系统发生变化，往往是逐渐进行的，而非线性的系统发生变化，往往有性质上的转化和跳跃。受到外界影响时，线性的系统会逐渐地作出响应，而非线性的系统则很复杂，有时对外界信号拒不理睬，而有时又反应激烈。作为一个整体，线性系统连续变化，会随着时间而改变状态，而非线性系统却可以长时间保持自己的稳定。当我们向一个稳定的土地利用系统输入某种影响时，即使是一个小的变量，也许会造成系统的巨量涨落，甚至产生相变，转变为新的系统。非线性作用在系统涨落的缓冲、修复中存在，是系统稳定的重要机制，而稳定的极端是系统的惯性和惰性。

4. 土地利用系统的动态平衡

土地利用系统在耗散结构状态中存在远离平衡态的情况，但系统中物质能量输入—输出的平衡维持了土地利用系统的存在，使得土地利用系统呈现动态平衡，这种平衡是不断输入与不断输出之间的平衡。远离平衡态的动态平衡系统的稳定是依靠系统的有序结构获得的。系统的非线性作用和自组织作用，增添了系统的缓冲性，对系统结构和系统功能有着重要的支撑作用。系统内外的涨落，超过一定的阈值，就会使系统产生跃迁。

四、土地利用系统状态评价

土地利用系统状态的评价是对土地利用系统功能、转换效率以及其稳定性进行评价的过程。

（一）土地利用系统的功能评价

系统功能是通过系统状态及其变化所体现出来的，是直接评价输出的结果，而不是转换活动本身，因此，输出的结果是既定过程的结果，具有相对稳定性。所以，对输出进行评价可提高评价工作的可操作性。

具体而言，土地利用系统功能评价的内容包括以下 3 个部分。

(1)功能定性评价　功能定性评价就是对功能领域中的现状功能种类、优势度进行排序，定性评价结果作为确定土地利用系统功能是否实现的依据。此外，定性评价还可以为定量评价构建路径，而定量评价的结果则支持了全面评价的结果，因此定性评价具有一定的重要性和必要性。

(2)开发程度评价　开发程度是衡量用地开发规模的标准。开发程度的限制因素包括自然因素和人为干扰因素，比如土地利用类型、农业环境质量、生态保护建设、农业灾害隐患等。此外，多样功能开发可以提高土地资源利用效率，进而有利于减弱开发程度限制因素的影响。

(3)供需平衡定量评价　需求具有无限性，导致供需平衡程度的变化(满足、不满足、平衡)，供需平衡定量评价从供给和需求两方面对土地利用系统供需平衡状况进行综合测度，其指标体系综合，其计算方法简单、直观，可操作性强。

（二）土地利用系统的效率评价

效率是指在给定投入和技术等条件下，最有效地使用资源以满足设定的愿望和需要的评价方式。效率分为很多种，比如机械效率、热效率、生产效率等。生产效率指其产出与投入的比值，其中产出是指企业生产或经济体提供的产品和服务的价值；投入是指企业生产或经济体消耗的资源和能源以及它们所造成的环境负荷。在生物学中，生态效率是指生态系统中各营养级生物对太阳能或其前一营养级生物所含能量的利用、转化效率，以能流线上不同点之间的比值来表示。

土地利用系统效率评价的内容是对土地利用系统的生态效率、生产效率和经济效率进行评价。

(1)生产效率评价　土地利用系统的生产效率是指功能产量的生产效率，可以衡量土地利用最大产出的程度，反映土地利用系统的效率。

(2)生态效率评价　土地利用系统的生态效率评价是指利用物质能量的循环利用机制，更为准确地评估土地利用系统问题下的生态方面的效率，可以为降低土地利用风险提供具体的改进方向与途径。

(3)经济效率评价　在经济学中，经济效率是产出与投入的比值，广义的经济效率是指社会经济运行效率，狭义的经济效率是指生产单元获取经济收益的能力。土地利用系统的经济效益指的是土地利用系统进行以自然资源为基础的经济活动时，对土地产出与土地投入的比值。

(三)土地利用系统的稳定性评价

系统稳定性是当控制系统在使它偏离平衡状态的扰动作用消失后，返回原来平衡状态的能力。系统的稳定性可以分为在大范围内稳定和小范围内稳定两种。如果系统受到扰动后，不论它的初始偏差多大，都能以足够的精度恢复到初始平衡状态，这种系统就叫作在大范围内渐近稳定的系统；如果系统受到扰动后，只有当它的初始偏差小于某一定值才能在取消扰动后恢复初始平衡状态，而当它的初始偏差大于限定值时，就不能恢复到初始平衡状态，这种系统就叫作在小范围内稳定的系统。

土地利用系统的稳定性是指土地利用当前稳定的状态和程度。从土地利用系统的角度看，稳定性反映的是土地利用方式与主要环境条件实现协调，以降低生产风险的状况，它既表现为系统生产的一致性和连贯性，又表现为系统状态或空间形态的连贯性与遗传性或继承性。

土地利用系统的稳定性评价包含对自然系统和社会系统的评价。生态系统的抗逆性、缓冲性是相对于人类的社会经济因素和人类的发展历史而言的，自然环境条件在短时间内是不会有太大变化的，将会长时间保持现状的稳定性。土地灾害、土地退化、生态环境压力等指标都可以反映土地资源利用的稳定程度。土地利用系统中，社会系统的稳定性由生产关系的公平、和谐与生产力与生产关系的适应性组成，在一定时期内保持稳定，不会发生剧烈变化，其稳定性可以用人口压力指数、城市化进程、经济发展压力等方面来反映。

第六节　土地利用系统管理与调控

一、资源配置的基本原理

(一)稀缺性与选择

所谓稀缺性(scarcity)是指欲望总是超过了能用于满足欲望的资源。稀缺性之所以无时不在、无处不在，是因为任何社会或个人，无论资源再多也总是有限的，而人的欲望却是无限的。人类为了满足自己的欲望而不断努力与创造的过程正是人类社会进步的源泉。稀缺性表明了欲望无限性与资源有限性的矛盾。稀缺性引起了各种经济问题，经济活动(economic activity)就是人们克服稀缺性的活动，为了解决这些问题产生了经济学。所以，经济学产生于稀缺性的存在。经济学家们给经济学下过许多并不完全相同的定义，但每一个定义都离不开解决稀缺性问题。

面对着稀缺性，人类社会必须作出选择。选择就是要决定用有限的资源去满足无限欲望中的哪些欲望。由于稀缺性迫使人们作出选择，所以，经济学又被称为"选择的科学"。从这种意义上说，经济学也是一门研究人类社会面对稀缺性如何作出选择，并预测影响选择的条件是如何变化的科学。

作出选择的一个重要原则就是要使从这种选择中所得到的收益与为此而付出的代价平衡。在尽可能的范围内实现这种平衡，就是最优化(optimizing)或经济化(economizing)。资源有多种用途，可以生产不同的产品。当人们决定生产某种产品来满足某种欲望时，就必须放弃另一些产品的生产和其他欲望的满足。

(二)需求、供给和均衡

1. 需求

需求是市场经济供求两方中的一方，是决定价格的关键因素之一。需求量(quantity demanded)是消费者在某一时期、某种价格水平时，计划购买的产品与劳务的数量。需求不同于欲望。欲望是人们对产品与劳务的无限要求与希望，是无限的。需求则要受到购买力的限制，它反映了人们关于用有限的资源满足哪些欲望的决策。需求量是按每单位时间来衡量的量，是指某一时间内的需求量。没有时间限制，我们就无法说出特定的需求量是多少。需求规律(law of demand)表明某物品的价格与其需求量之间的关系。其内容是：在其他条件不变的情况下，某种物品价格越高，则需求量越少。这里的关键是"其他条件不变"。在其他条件不变的情况下，当某种物品价格上升时，它相对于其他所有物品的价格就上升了。虽然每种物品都有自己的特点，但它仍然是可以替代的，其他物品也可以起到相似的效用。当某种物品价格上升时，它的替代品的价格就相对下降了，这样，人们就要少购买该种物品，而多购买其替代品。

2. 供给

供给是市场中的供求两方的另一方，是决定价格的另一个关键因素。供给量(quantity supplied)是生产者在某一时期、某种价格水平时，计划出售的产品与劳务的数量。供给量不是生产者想要出售的量，而是确定的计划出售量。但是，供给量也并不一定等于实际出售量。如果消费者不想购买厂商计划出售的量，生产者的销售计划就会受挫。与需求量一样，供给量也是每单位时间内的供给量。供给规律(law of supply)是表明某物品的价格与其供给量之间的关系。其内容是：在其他条件不变的情况下，某种物品价格越高，则供给量越多。价格越高，供给量越多是因为随着生产量的增加，每多生产一单位产品的成本在增加。为了使厂商在成本提高时愿意增加生产，就要以高价格补偿厂商。

3. 均衡

所谓均衡是为一种相互对立的力量达到平衡的状态，在均衡时，价格就是使相互对立的力量完全平衡的力量。均衡价格(equilibrium price)是使需求量与供给量相等的价格。均衡数量(equilibrium quantity)是在均衡价格时的销售量与购买量。

图 2-18 表示需求和供给的关系。其中纵轴表示一种商品的价格 P，这一价格是在一个既定供给量的情况下买方付出的价格；横轴表示的是需求和供给的商品量 Q。

当供给量与需求量相等时市场出清，这时称市场达到均衡。图中 P_0 和 Q_0 即为均衡价格和数量。市场在价格 P_0 和数量 Q_0 处没有存货。需求和供给并不总是均衡的，当市场状况突然发生变化时，一些市场或许不能很快出清，但趋势是使市场出清的。在更高的价格 P_1 处，有剩余产生，价格就下跌；反之在 P_2 处，发生短缺，价格就上扬。

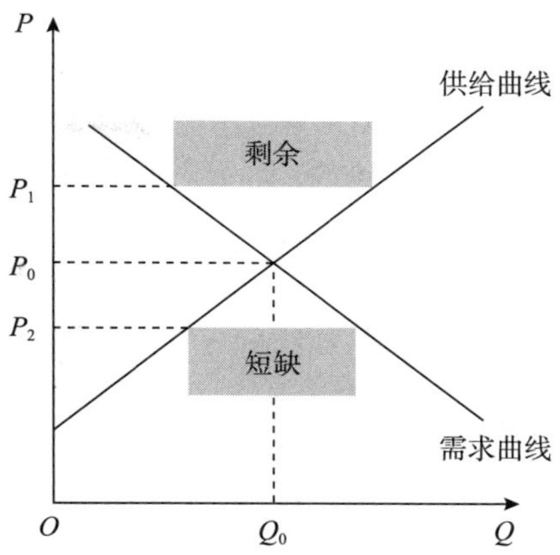

图 2-18　需求和供给的关系

（三）支付意愿和消费者剩余

支付意愿是指消费者对一定数量的某种商品所愿意付出的最高价格或成本。不同的消费者对同种商品的效用估价不同，他们的支付意愿也不会一样。随着消费某种商品数量的变动，每一单位商品给消费者带来的满足程度也会不同，消费者对其支付意愿也会不一样。

消费者剩余就是消费者愿意为某一商品支付的货币量与消费者在购买该商品时实际支付的货币量之间的差额。通过需求曲线，很容易计算消费者剩余。

只要找到市场需求曲线与价格线所包围的区域，就可以计算一个市场中的消费者剩余，如图 2-19 中的三角区域所示。当将个别消费者剩余加总，就可以度量消费者在一个市场中购买商品所获得的总收益。当商品价格为 0 时，消费者剩余等于需求曲线下的全部面积，如图 2-20 所示。在环境经济学中，支付意愿和消费者剩余是非常重要的概念。从理论上说，考虑到环境物品的有用性和福利性，其支付意愿应当存在，并且足够高。而大多数环境物品没有价格或价格过低，其消费者剩余也应当是很大的。如果能够发现消费者对环境物品的支付意愿，建立环境物品的需求曲线，就可以知道环境物品的消费者剩余。通过加总支付意愿和消费者剩余，就可以评估环境改善的经济价值和环境破坏的经济损失。

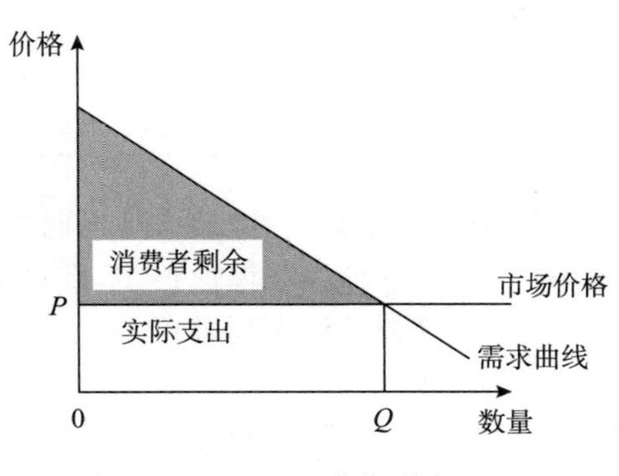

图 2-19　消费者剩余

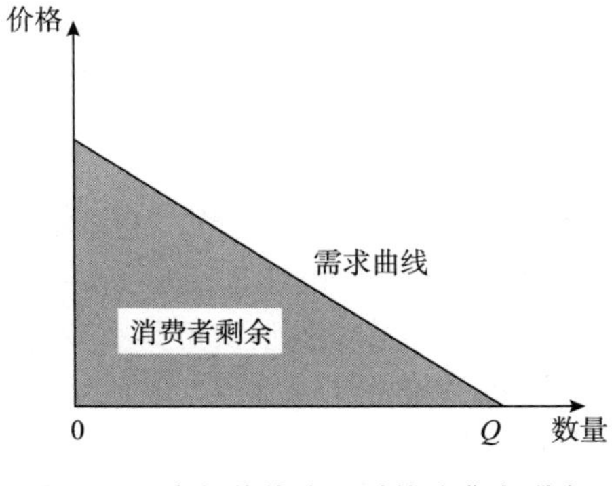

图 2-20　市场价格为 0 时的消费者剩余

二、公共产品理论

（一）公共产品的定义及分类

1. 公共产品（public goods）的定义

私人物品，即可以在市场购买到的那些商品，具有明确的产权特征，在形体上可以分割和分离，消费或使用私人物品时有明确的专有性和排他性。

与私人物品相反，在现实经济中还大量存在不具备明确的产权特征，形体上难以分割和分离，消费时不具备专有性和排他性的物品（如国防、道路、广播等），这种物品被称为公共物品。许多环境物品也是公共物品，或者具有很强的公共物品性质。例如，大气、河流和公共土地。

2. 公共产品的特征

（1）受益的非排他性　私人产品（private goods）只能是占有人才可消费，谁付款谁受益。然而，任何人消费公共产品不排除他人消费（从技术上加以排除几乎不可能或排除成本很高）。在公共产品的消费上不可避免地会出现“搭便车”现象。

（2）效用的不可分割性　私人产品可以被分割成许多可以买卖的单位而为不同的人所占有消费。公共产品是为全体社会成员提供的，具有集体消费、共同受益的特点。公共产品的效用是不可分割的，国防、外交、治安等最为典型。效用的不可分割性实际上是受益的非排他性的延伸。有人还引申出公共产品在消费上的被动性和强迫性。

（3）消费的非竞争性　私人产品的消费具有强烈的竞争性，某一个人占有某项产品时就排除了其他个人对该产品的消费。公共产品一旦被提供后，任何人都可以消费，任何消费者都不影响其他个人对同一公共产品的消费。

（二）公共产品的分类与步骤

1. 公共产品的分类

关于公共产品的分类，布坎南在《俱乐部的经济理论》一文中明确指出，根据萨缪尔森的定义所导出的公共产品是“纯公共产品”，而完全由市场来决定的产品是“纯私人产品”。在现实世界中，大量存在的是介于公共物品和私人物品之间的一种商品，称作准公共产品或混合产品。在此基础上，有学者根据竞争性和排他性的有无将产品分为4类，见表2-3。

表 2-3　产品的分类

		排他性	
		有	无
竞争性	有	私人产品	共同资源
	无	俱乐部产品	纯公共产品

从表2-3中可以看出，公共产品基本可以分为3类：第一类是纯公共产品，即同时具有非排他性和非竞争性，如国防、公平的收入分配、有效率的政府或制度、环境保护、基础科学等。第二类公共产品的特点是消费上具有非竞争性，但是却可以较轻易地做到排他，如公共桥梁、公共游泳池以及公共电影院等。有人将这类产品形象地称为俱乐部产品（club goods）。第三类公共产品与俱乐部产品刚好相反，即在消费上具有竞争性，但是却无法有效地排他，如公共渔场、牧场等。有学者将这类产品称为共同资源（common resources）。俱乐部产品和共同资源产品通称为“准公共产品（quasi-public goods），即不同时具备非排他性和非竞争性。准公共产品一般具有“拥挤性”（congestion）的特点，即当消费者的数目增加到某一个值后，就会出现边际成本为正的情况，而不像纯公共产品，增加一个人的消费，边际成本为零。准公共产品到达“拥挤点”后，每增加一个人，将减少原有消费者的效用。

2. 判别公共产品的步骤

判别公共产品的步骤见图2-21。

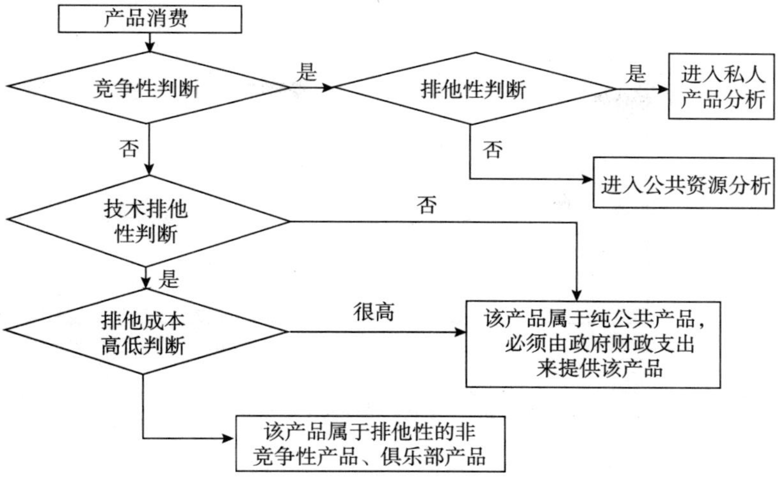

图 2-21　判别公共产品的步骤

(三)公共产品的有效供给

所谓有效供给是指产品的供需平衡。任何一种产品的市场均衡产量和价格都是由产品的供给曲线和需求曲线的交点决定的。需求曲线应与边际效用曲线一致，供给曲线应与边际成本曲线一致。

1. 公共产品的有效供给

公共产品的重要特征是供给的普遍性，即在给定的生产水平下，向一个额外消费者提供商品或服务的边际成本为零。甲对该产品的消费，不会减少或影响乙对同一产品的消费。

对于公共产品，必须了解每个人对增加一个单位产出的估价。把所有享受该公共产品的人的估价加总，就可以得到边际收益。要决定公共产品供给的有效水平，就必须使加总的边际收益等于生产的边际成本。

而公共产品的总体需求曲线是个人需求曲线的垂直加总。假设在空气质量市场上只有两位消费者。D_1 和 D_2 分别代表两个消费者的需求曲线。对个人来说，空气质量的支付意愿和消费者剩余的意义与私人物品完全相同。但考虑两个消费者时，情况就不一样了。在一个给定的价格水平上，新的消费者加入以后，由于公共物品的性质，并不意味着将消费更多数量的清洁空气。因此，对于公共物品来说，总体需求是在需求总量不变条件下个别需求的加总。图 2-22 显示了空气质量的有效供给。在图 2-22 中，为了得到市场的总体需求曲线，只需要把每一个消费者对清洁空气的个别需求曲线垂直加总。由于所有个别需求曲线是向下倾斜的，所以市场总体需求曲线也是向下倾斜的。

当一种商品是公共物品的时候，由需求曲线 D 总体给出的消费的社会边际收益，就由个人对该商品的需求曲线 D_1 和 D_2 的垂直相加决定。在有效产出水平处，需求曲线 D 总体和边际成本曲线 MC 相交。

公共产品有效供给的关键是税收。公共产品无法由市场统一定价，政府只能通过税收来为公共产品的提供和维持支付成本。同一供给水平下，不同消费者的受益程度不同。消费者所愿支付的公共产品价格不同(对税收的支付意愿不同)，导致公共产品供给水平不同。公共产品有效供给的关键是社会成员按实际收益程度支付的税收的加总。

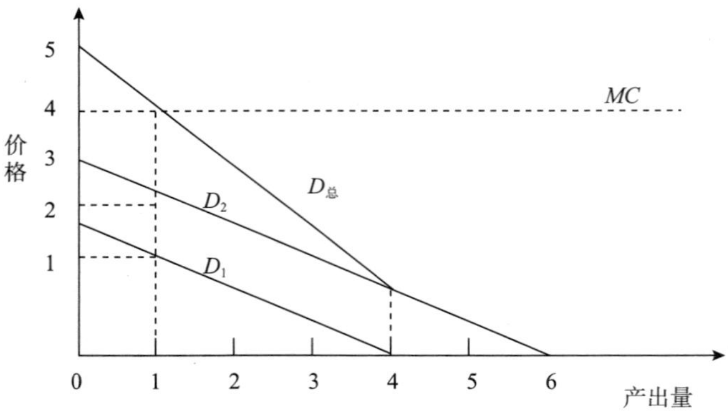

图 2-22　公共产品的总体需求

2.林达尔均衡与搭便车现象

公共产品有效供给的核心问题是公共产品的成本合理分摊、税收水平与公共产品供给水平的平衡。林达尔均衡(Lindahl eguilibrium),也即维—林模型(Wicksell-Lindahl)(图 2-23)。

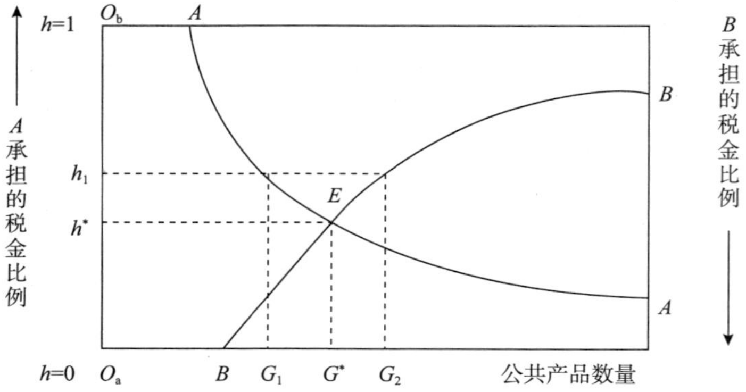

图 2-23　林达尔均衡

图 2-23 中 A、B 被分别假设为两个政党的代表,A 对公共产品的成本,即税收水平的行为以 O 为原点的坐标系来描述,B 对公共产品的成本,即税收水平的行为以 Q_b 为原点的坐标系来描述。将两个坐标系合在一起形成了一个长方形。图 2-23 中,纵轴表示 A、B 两人负担的公共产品税金的比例,其长度为 1。如 A 负担的比例为 h,则 B 的负担比例为 $1-h$。横轴代表公共产品供给的数量。AA 线为 A 对公共产品的需求,BB 线为 B 对公共产品的需求。E 点为 AA 线与 BB 线的相交点,代表 A、B 经讨价还价后确定的公共产品的供给数量(G^*)及双方为此各自分担税金的比例(h^*)。

林达尔均衡说明:①税收水平的确定与本人享受公共产品的意愿是相联系的。在由千千万万个人组成的社会中,无法对每个人的偏好及其真实经济状况作出准确的判断和了解。税收水平实际上是有关各方相互讨价还价的结果。因此,“搭便车”现象的存在是必然的。②公共产品供给始终是不足的。“搭便车”现象的存在使公共产品供给水平低于所需水平。

参考文献

[1] 钱学森. 论系统工程. 长沙:湖南科学技术出版社,1982.

[2] 冯·贝塔朗菲. 一般系统论:基础、发展和应用. 林康义,魏宏森,等译. 北京:清华大学出版社,1987.

[3] 丁华. 动态经济系统的分析与仿真. 南京:南京大学出版社,1993.

[4] 王景光. 信息资源管理. 北京:高等教育出版社,2002.

[5] 曾国屏. 自组织的自然观. 北京:北京大学出版社,1996.

[6] 王宪磊. 科学决策和信息管理. 北京:社会科学文献出版社,2008.

[7] 张文元,尹莲英.《资本论》与中国社会主义市场经济研究. 南京:东南大学出版社,1996.

[8] 张仲礼. 经济新学科论著. 上海:上海社会科学院出版社,1993.

[9] 王建. 现代自然地理学. 北京:高等教育出版社,2010.

[10] 沙润. 地球科学精要. 北京:高等教育出版社,2003.

[11]王金虹,张鸿雁. 基础地理. 沈阳:辽宁科学技术出版社,2012.

[12] 伍光和,王乃昂,胡双熙. 自然地理学. 北京:高等教育出版社,2008.

[13] 葛京凤. 综合自然地理学. 北京:科学出版社,2023.

[14] 冯忠江. 世界自然地理总论. 北京:中国环境科学出版社,2007.

[15] 张秀生. 区域经济学. 武汉:武汉大学出版社,2007.

[16] 李小建. 经济地理学. 北京:高等教育出版社,2018.

[17] 赵光华. 区域经济空间结构化研究. 西安:陕西人民出版社,2012.

[18] 杜肯堂,戴士根. 区域经济管理学. 北京:高等教育出版社,2004.

[19] 曾菊新. 空间经济:系统与结构. 武汉:武汉出版社,1996.

[20] 何芳. 城市土地经济与利用. 上海:同济大学出版社,2004.

[21] 李钒. 区域经济学. 天津:天津大学出版社,2013.

[22] 董黎明,胡存智. 城镇土地定级原理与方法. 北京:地震出版社,1992.

[23] 国家土地管理局科技宣教司. 地产价格评估. 北京:中国农业出版社,1994.

[24] 约翰·冯·屠能. 孤立国同农业和国民经济的关系. 吴衡康,译. 北京:商务印刷馆,1986.

[25] 阿尔弗雷德·韦伯. 工业区位论. 李刚剑,译. 北京:商务印刷馆,2010.

[26] 任保平. 区域经济理论方法与政策. 北京:经济科学出版社,2004.

[27] 刘书楷. 土地经济学. 北京:中国农业出版社,1996.

[28] 彭震伟. 区域研究与区域规划. 上海:同济大学出版社,1998.

[29] 冯宗容,许涛峰. 城市地产经纪. 成都:四川大学出版社,2001.

[30] 芮孝芳. 水文学原理. 北京:高等教育出版社,2013.

[31] 林育真,付荣恕. 生态学. 北京:科学出版社,2023.

[32] 潘玉君,武友德. 地理科学导论. 北京:科学出版社,2021.

[33] 顾朝林,刘佳燕. 城市社会学. 北京:清华大学出版社,2013.

[34] 陈慧琳. 人文地理学. 北京:科学出版社,2013.

[35] 王恩涌，胡兆量，刘岩，等. 中国文化地理. 北京：科学出版社，2022.
[36] 胡荣桂. 环境生态学. 武汉：华中科技大学出版社，2010.
[37] 朱荣华. 基础物理学. 北京：高等教育出版社，2003.
[38] 员智凯，李辉. 现代科学技术革命与马克思主义：科学技术创新与社会文明进步. 西安：西北工业大学出版社，2004.
[39] 王显正，陈正航. 控制理论基础. 北京：国防工业出版社，1989.
[40] 吴汉洪. 经济学基础. 北京：中国人民大学出版社，2020.
[41] 高鸿业. 西方经济学. 北京：中国人民大学出版社，2021.
[42] 沈满洪，马永喜，谢慧明，等. 资源与环境经济学. 北京：中国环境出版社，2020.
[43] 黄恒学. 公共经济学. 北京：北京大学出版社，2021.

第三章　土地利用系统分析

第一节　土地利用系统分析概述

一、土地利用系统分析程序

分析过程是信息的获取、转移与传递、思考与决策、实施与修正的过程。土地利用的系统分析程序是一个以土地利用为目标的“智力—决策—执行”系统。

1. 确定系统边界

任何一个土地利用系统都有其确定的边界，其边界是多层次的。土地的特性决定了土地利用都具有一定的规模确定的系统边界，特别是土地利用决策研究的边界，必须按照认识、研究、利用、改造的对象来确定。

2. 确定系统目标

确定目标要从实际出发，遵循客观规律，切忌盲目性和随意性。在已确定的土地利用系统边界内，确定土地利用总体方向（如农业生产、城市发展等）和总的利用目标（如产品产量指标、经济增长指标等），要根据系统边界内及系统外部环境的要求和限制论证确定。

土地利用方向的确定需要考虑3个方面：①土地利用类型的经济地租的高低，按照市场规律确定；②“人类—土地—环境”在土地利用整体系统中的相互联系；③土地条件、社会经济环境及经济、社会的可接受性和可承受能力等。

利用目标要根据确定的利用方向，以及社会经济发展的总需求和总目标加以确定。

3. 环境因素与适宜性分析

环境因素分析包括对边界范围内与目标有关的各类资源环境数据资料的收集、分析，以及对各类资源的评价（以适宜性评价、经济评价为主）。

土地评价工作就是将土地利用要求与土地条件进行比较来确定土地适宜性等级、生产力大小等，揭示出区域内的土地针对各种用途的质量状况。因此，土地评价是土地利用规划与决策的基础依据。土地质量和土地适宜性都是土地自然属性、经济属性和技术水平的综合体现，服务于土地利用规划的土地评价必须是包含土地各方面属性的全面评价。

4. 潜力预测与可行性分析

土地利用潜力的预测要根据具体的土地利用类型来进行。通过分析自然资源开发变化趋势、科学技术影响、社会经济条件变化的影响、市场变化趋势、国家有关经济政策变化等对土地利用的潜力影响，最终得到土地利用潜力的预测。

潜力可行性分析包括：①资源环境可行性；②技术可行性；③组织体制可行性；④财务可行性；⑤经济可行性；⑥社会可行性等。

5. 限制因素分析

在可行性分析的基础上，要对限制性因素进一步深入分析。任何地区的土地限制因素实际是多种因素的综合限制，限制性因素调查分析应是对规划区全面的限制因素的综合分析。限制因素可分为如下几类。

(1)土地生态系统的限制因素　包括：①光、热、水不足或过量；②自然灾害；③土壤性质(过酸、过碱；过黏、过沙；盐渍化、沼泽化；排水不良；肥力低，沙化、土层薄等)；④地形地貌(如坡度大、土地不平、低洼等)；⑤水文及水文地质(如地面排水不畅、地下咸水等)。

(2)经济方面限制因素　指由于自然条件和人为因素造成的经济贫困。如无农业以外的经济来源、交通不便等。

(3)技术方面的因素　如管理落后，技术力量缺乏等。

(4)社会心理方面的因素　如沿袭旧习惯，难以接受新技术、新方法等；传统计划经济体制下形成的观念与市场经济体制的不适应等。

6.关节点因素分析

关节点因素是指在土地利用系统的各组成因素间复杂关系(网络结构)中处于关键地位的因素。随着社会经济的发展和原有问题的解决，关节点因素会做有秩序的转移。它的重要性在于其在系统中的地位和关键作用，其功能的正常发挥决定于整个系统中各因素间的协调。关节点因素可以分为有利关节点因素和不利关节点因素。

7.输入输出系统分析

土地利用是人类通过与土地结合获得物质产品和服务的经济活动过程，这一过程是人类与土地进行的物质、能量和价值、信息的交流、转换过程。对土地利用系统的人力—物力—财力—智力输入以及土地利用系统向社会的物质、能量、信息输出都是需要进行认真分析的，包括资金、技术、设备、物质资料的来源，社会需求分析以及市场长短期预测等。

8.系统分析，制定方案

根据收集的资料和分析的结果，运用各种科学知识和创造力，进行综合分析，整体运筹，按照实际情况，提出协调不同关系的多种方案，然后模拟研究各个方案的规划、统计以及实施和管理的情景。

9.决策

决策是土地利用方案实施前的最后步骤，它以方案选择和最满意方案的确定为最后结果。根据国家或区域发展的任务和要求、实际经济条件以及生产—经济—生态—社会综合效益，反复比较，最后形成决策方案，这就是目标决策。它表现为土地利用的整体规划、设计、实施和管理计划。与此同时，对可能发生的风险进行预测、分析，并制定相应的风险应急预案，以增加方案实施的可靠性。

10.反馈修正

在上述每一项步骤完成后，都要回归到目标和上一环节，进行检查、修正，以防止和消除偏离目标的倾向，并纠正以上各步骤的可能偏差，从而构成多层次反复回归的分析程序。

方案确定后，必须坚决执行；对待决策、计划的实施应具有法律观念，不得任意变动。实施过程中若发现问题，应根据实际情况加以处理，对方案进行必要的修改、更新，以便有效地合理利用土地。土地利用系统分析流程图见图 3-1。

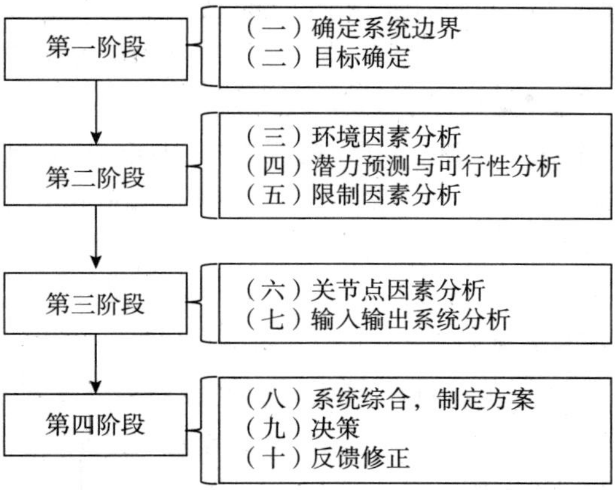

图 3-1　土地利用系统分析流程图

二、土地利用系统分析资料

（1）土地利用现状和历史　包括土地资源详查资料；历年土地利用动态监测资料，土地利用档案及统计台账；历年各部门用地统计资料；各类土地利用专项研究资料及报告等。

（2）自然条件　包括区域地理位置、土壤调查、植被调查资料、气象气候资料、地形地貌资料、水文及水文地质资料、矿产资源及分布资料等。

（3）社会经济条件　包括行政组织；人口资料；统计年鉴、国民经济及社会经济发展计划；经济地理区位与交通条件、交通运输资料、城镇分布及发展；能源现状及其开发资料等；经济发展状况等。

（4）有关法规、政策、规划　包括国家和地方有关土地利用管理的法律政策规定、国土空间规划、上级土地利用专项规划、城镇（市）总体规划、村镇规划、各类保护区规划及其专项规划等。

三、土地利用系统分析内容

1. 自然生态条件分析

（1）气候要素分析　调查区的气候特征和规律，包括资源优势和劣势、气象气候灾害等。

（2）地质与地貌要素分析　分析地质、地貌特征及其与土地类型分布的关系；分析各类矿产资源的分布储量以及开发现状和潜力等。

（3）水资源分析　通过对区域地表水和地下水数量、时空分布、水质以及利用状况分析，得出水资源总量、人均占有量、目前利用率和潜在开采量、水资源质量等数据。

（4）土壤资源分析　分析区域土壤类型、特征和分布；了解该土壤利用上的特点、肥力水平、污染程度，以及需要改良的性质。

（5）生物要素分析　包括自然植被与人工植被，分析其开发利用保护条件。

（6）土地类型的综合分析　综合上述土地构成要素的分析，得出区域土地类型的总体特点、利用开发优势、劣势，以及限制性条件等。

2. 社会经济要素分析

（1）产业特征　重点分析区域的产业构成；主要的经济部门的发展状况；分析主导产业和

优势产业、亟待调整的产业;分析区域农业产业结构、生产能力和农业产业化水平。

(2)经济结构和发展水平　社会总产值、人均GDP以及地方财政状况等;一、二、三产业的结构比重、存在的问题和调整的重点;当地经济发展战略计划。

(3)基础设施　交通运输能力、水利设施、能源供应、通信设施、城镇体系及其发展状况等。

(4)社会发展状况　总人口与人口密度,人力资源状况;城市化水平、社会发展水平,包括社会保障的发达程度、法律的完善程度,教育、科技、文化、卫生等的发达程度,人们的生活质量、生活水平和保健程度等。

3. 区位与周边环境条件分析

非封闭的发展状态下的区域土地利用系统受到来自周边社会经济环境的强烈影响。重点分析土地利用系统所处的经济区位、交通区位、行政区划以及周边大中城市对本区域的辐射影响。

分析区域内行政区划、城镇体系、交通条件对不同等级经济增长中心的影响。

四、土地利用动态分析与实施评价

土地利用系统是开放的、动态的系统。系统内部要素以及环境要素的不断变化,必然引起土地利用系统的不断变化。这种变化过程与系统功能的协调与否是判别土地利用系统质量、运行状态的重要标准。分析研究土地利用的动态过程,有助于掌握土地利用的变化趋势和引发变化过程的原因和机制,有利于实现土地利用的优化控制。

土地利用动态分析的手段主要是对具有时间序列的土地利用结构、利用程度、利用效益定量化指标以及系统内外相关社会经济和自然生态要素的变化的数据,进行综合分析、比较或建模。

土地利用系统是不断变化的,土地利用规划也不会是一次性工作。对于已经进行了土地利用规划和实施的地区,土地利用动态分析重点是对前一轮规划实施评价。

开展规划实施评价就是要全面分析规划实施效果,总结正反两方面的经验教训,提出改进规划工作的对策建议,作为修编规划和加强规划实施管理的基础和依据。

广义的规划评估,可分为规划质量评估、规划实施评估和规划环境影响评估等。在一般的实践意义上,通常的规划评估主要是指按照一定的价值观标准对规划目标和实施效果进行分析判断的过程,重点是对规划的有效性进行评估。

执行规划评估具体方式可以有两种:①由国土空间规划相关部门作为评估实施主体进行评估,由国土空间规划管理部门主导完成评估工作。②在政府统筹组织的基础上,委托第三方机构作为规划评估实施主体进行评估。

规划实施评价的主要任务包括以下几个方面。

(1)规划的执行情况　包括规划目标以及主要用地指标、用地布局调整的实现程度,违反规划和调整、修改规划的情况(包括案例数、面积、发生频率、原因等),规划项目和实施政策、措施的落实情况。

(2)规划实施的效益　包括土地利用的经济效益、社会效益和生态效益,土地集约利用程度等,应尽可能地量化。

(3)规划的社会影响　包括公众对规划的认知和接受程度等。

一致性模式。基于一致性的有效性衡量标准继承了控制性规划的基本思想,通过规划落实情况，即事后结果是否与规划一致来检验规划是否得到贯彻、现实是否按规划运行来刻画规划有效性。

效能模式。规划实施过程中的效能体现在决策者了解规划并在决策过程中参考规划，规划对决策起到了指导作用或辅助作用，由此起到了改善决策的作用；规划参与决策，但规划不是决策本身，若有必要，决策可以偏离规划。

A. 实施过程一致性评价

研究主体为从评价初期到评价时点之间发生变化的地块，评判其与规划目标之间的空间一致性，其反映的是土地利用变化过程中土地利用类型的变更是否符合规划目标。

a）地类图斑的一致性

$$P_{1\mathrm{bi}}=1-\frac{C_{1\mathrm{bwi}}}{G_{1\mathrm{bi}}}$$

式中，$P_{1\mathrm{bi}}$表示规划实施过程中地类图斑的空间一致性；i 表示某一地类；$C_{1\mathrm{bw}i}$表示 i 地类在发生变更的图斑中不符合规划目标的面积；$G_{1\mathrm{b}i}$表示 i 地类的规划面积。

b）土地用途区的一致性

$$P_{1gy}=1-\frac{C_{1gwy}}{G_{1gy}}$$

式中，P_{1gy}表示规划实施过程中地类图斑的空间一致性；y 表示某一用途区；$\mathrm{C_{1gwy}}$表示 y 类用途区在发生变更的图斑中不符合规划目标的面积；$\mathrm{G_{1gy}}$表示 y 类土地用途区规划面积。

c）区域的一致性

$$P_{1q}=1-\frac{\sum_{i=1}^{n}C_{1bwyi}}{G}$$

式中，$P_{1\mathrm{q}}$表示规划实施过程中区域的空间一致性；n 表示地类总数；G 表示规划总面积。

B. 实施结果一致性评价

将规划执行情况与规划目标的空间一致性进行度量，在数量和空间上考察规划方案实施以来土地利用规划执行情况与规划目标之间的差距。

a）地类图斑的一致性

$$P_{2bi}=\frac{X_{2bi}-C_{2bwi}-NC_{2bi}}{G_{2bi}}$$

式中，P_{2bi}表示规划实施结果中地类图斑的空间一致性；X_{2bi}表示评价时点 i 地类的实际面积；C_{2bwi}表示 i 地类调入的图斑中不符合规划目标的面积；NC_{2bi}表示 i 地类规划未实施的面积。

b）土地用途区的一致性

$$P_{2gy}=\frac{X_{2gy}-C_{2gwy}-NC_{2gy}}{G_{2gy}}$$

式中，$P_{2\mathrm{gy}}$表示规划实施结果中土地用途的空间一致性；$X_{2\mathrm{gy}}$表示评价时点土地用途的实际面积；$C_{2\mathrm{gwy}}$表示 y 类土地用途区调入的图斑中不符合规划目标的面积；$NC_{2\mathrm{gy}}$表示 y 类土地用途区规划未实施的面积。

c)区域的一致性

$$P_{2q}=\frac{X_{2q}-\sum_{i=1}^{n}C_{2qwi}-\sum_{i=1}^{n}NC_{2qi}}{G}$$

式中，P_{2q}表示规划实施结果中区域的空间一致性；X_{2q}表示区域总面积；$\sum_{i=1}^{n}C_{2qwi}$为发生变更但不符合规划的图斑总面积；$\sum_{i=1}^{n}NC_{2qi}$为区域规划尚未实施的总面积。

C. 地类转移

把握评价初期到评价时点土地利用动态变化情况，掌握各地类间在数量上的具体转换，为空间一致性评价提供参考(实例可参考表 3-1)。

表 3-1　某县主要控制指标调控及完成情况

指标类型	2014 年总量指标/hm^2	2019 年总量指标/hm^2	2020 年规划指标/hm^2	执行规模/hm^2	指标属性
耕地保有量	104573.31	107419.24	99520.00	7899.24	约束性
基本农田保护面积	75266.49	74015.11	78820.00	−4804.89	约束性
园地总规模	1336.63	1935.67	1292.60	643.07	预期性
林地总规模	64238.79	75639.02	63944.14	11694.88	预期性
建设用地总规模	24885.50	24148.03	24952.50	−804.47	预期性
城乡建设用地规模	19907.68	19339.41	19874.68	−535.27	约束性
城镇工矿用地规模	3486.64	3849.91	4053.64	−203.73	预期性
农村居民点用地规模	16421.04	15489.50	15821.04	−331.54	预期性
交通、水利及其他建设用地规模	4977.82	4808.62	5077.82	−269.20	预期性
增量指标/hm^2					
新增建设用地规模	610.04	608.14	829.00	−220.86	预期性
新增建设占用农用地规模	596.91	567.47	764.61	−197.14	预期性
新增建设占用耕地规模	506.29	479.87	642.58	−162.71	约束性
土地整治补充耕地义务量	1422.64	1866.67	642.58	1224.09	约束性
效率指标/m^2					
人均城镇工矿用地	125.65	164.81	124.57	40.24	约束性

第二节　土地利用系统现状分析

一、土地利用结构分析

土地利用结构是指区域内各种土地利用类型和方式在数量上的比例关系和空间上的相互位置关系形成的格局，以及权属上的所属关系的总和。按照系统论的系统结构决定系统功能原理，土地利用结构的分析是认识和评价土地利用系统的关键。通过土地利用系统结构的分析，找出土地利用结构中的问题，确定调整的方向。土地利用结构分析包括组成结构、数量结构、空间结构和土地权属结构。

（一）组成结构分析

通过调查分析，特别是对上一轮规划与实施的分析，确定本地区土地利用现状的类型组成，历史地考察土地利用系统中土地利用类型的变化。对土地利用系统的组成分析，必须建立本地区的土地利用类型分类系统。

1984 年 9 月全国农业区划委员会颁布的《土地利用现状调查技术规程》依据土地的用途、经营特点、利用方式和覆盖特征等因素，在 1981 年农业区划委员会土地利用分类的基础上制定了一个土地利用分类体系，该体系包括 8 个一级地类 46 个二级地类。其中一级类包括耕地、园地、林地、牧草地、交通用地、水域、居民点与工矿用地和未利用地。

国土资源部 2002 年 1 月 1 日起试行新的土地利用分类方案，在该分类体系中一级地类为农用地、建设用地、未利用地等三大类。二级地类 15 个，具体为农用地 5 个地类，即耕地、园地、林地、牧草地、其他农用地；建设用地共 8 个地类，即商服用地、工矿仓储用地、公用设施用地、公共建筑用地、住宅用地、特殊用地、交通用地和水利建设用地；未利用地类 2 个，即未利用土地、其他土地。三级地类数量为 71 个。

土地利用规划的土地利用结构分析的土地利用类型划分必须按照国家和上级的土地利用现状的调查规范进行。同时，也必须特别注意本地区特殊的土地利用类型，历史地考察不同历史阶段土地利用类型的变化。

（二）数量结构分析

土地利用系统数量结构是指系统内部各种土地利用类型的数量比例状况，反映了不同的土地利用系统的特征、运行方向及土地利用的水平。数量结构分析是在土地利用类型的现状分析的基础上的定量化，它是通过调查统计，计算各类用地的数量和比例。

1. 静态的土地利用结构分析

此分析是调查统计土地利用系统构成的各用地类型的数量，分别计算占土地总面积的比例，计算在相应土地利用一、二级类型中的比例。具体分析内容视实际情况而定。例如，耕地的数量结构分析，要分别计算耕地占土地总面积的比例和占农用地的比例；也可以计算耕地内部的数量结构，如计算水浇地占耕地的比例等。为了反映土地利用系统的产业用地特征，也可以将相应的用地类型归纳合并进行计算，如计算一、二、三产业的用地比例等。

2. 动态的土地利用结构分析

此分析是对不同历史时段或历史序列的各类用地数量和比例进行统计、计算，分析各类用地数量和比例的变化过程和发展趋势。

（三）空间结构分析

土地利用系统具有强烈的地域性，土地利用系统空间分布结构反映了其地域特征。具体地说，土地利用系统的空间分布结构是指系统内各种因素在空间上的整体分布，如土地资源、土地利用类型的空间分布、生产力的地域分布等。通常，土地利用系统的空间分布结构的合理性，反映了系统内自然系统和社会经济系统之间的协调状况。

具体要分析评价土地资源类型、质量及其分布规律（详见本书土地评价等章节）；分析土地利用现状不同类型的分布特征,重点是分析不同土地利用类型在区域空间的分布及其空间上的相互联系,土地利用类型与土地类型的空间匹配;分析和评价产业布局、生态保护和社会发展空间结构的合理性及其存在的问题,得出土地利用结构调整的空间布局方案,如城镇体系布局、生态保护规划等。

(四)土地权属结构分析

土地利用规划必须协调国家、地方、集体、企业和个人等多方面的利益,土地利用中存在的许多问题,往往都是因为各种利益驱动和不能协调和控制所造成的。随着土地利用规划理念的不断深化,土地利用规划更多地应该注意社会公益和公共事务的问题。因此,必须对区域的土地权属进行深入调查和分析。具体地要分析国有土地、集体土地的数量和分布,分析国有土地利用现状,特别是各类大中型土地利用项目的土地权属问题;也要十分注意各种不同所有制企业或土地利用项目的土地所有权、权属界限以及利益分配等问题。

以上 4 个方面构成了一个土地利用系统的完整的结构。一个良好的土地利用系统结构应该具有以下特点:要素组成合理、数量比例恰当、时间动态协调、空间分布适宜。

按照全国土地利用现状调查技术规程的规定进行土地利用现状分析,要对一、二级类型分类统计,根据规划对象的具体情况,还要进行三、四级分类统计。以下按八大类土地利用类型进行具体分析,包括耕地、园地、林地、牧草地、居民点及工矿用地、交通用地、水域和未利用土地等八大类各占总土地面积的百分比,进一步计算土地利用率,各种用地在各处的分布情况,并与自然条件相同地区比较其用地结构的差异及优劣。

(1)耕地分析　耕地的组成比例,包括灌溉水田、望天田、水浇地、菜地、旱地,以及菜地中的保护地和露地菜地或基本菜田、一般菜田等各占的面积及比例;高、中、低产田比例及分布,有无灌溉条件及水资源的保证情况;人均耕地、耕地利用方式和种植制度等。

(2)园地分析　园地面积及其组成比例,包括果园、桑园、茶园、橡胶园和其他园地面积所占比例和分布情况,人均园地面积和占有量,果品销售情况和产值。

(3)林地分析　林地面积及各种林地组成比例,包括有林地、灌木林、未成林造林地、迹地、苗圃等面积的百分比和分布状况,根据当地情况,必要时还需进一步统计分析有林地中的用材林、经济林、各种防护林、薪炭林等的组成和比例以及分布情况;还要进一步计算森林覆盖率。

(4)牧草地分析　牧草地面积及其各种草地的组成比例,包括天然草地、人工改良草地和栽培草地的比例和分布情况;各种草地的产量、载畜量、草地水源和交通条件等。

(5)居民点及工矿用地分析　居民点和工矿的数量、居民点体系、工矿用地的组成(如有哪些特殊用地、盐田等)比例、分布形式,人均占有面积和人均宅基地面积等。

(6)交通用地分析　交通用地的组成比例,包括铁路、公路、码头、机场、农村道路等,交通网的走向与衔接,是否与交通量相适应,分布的地域差异(如山区和平原的交通状况)。

(7)水域分析　各种水域的组成比例,包括河流、湖泊、水库、坑塘、苇塘、滩涂、沟渠、水工建筑物、冰川,以及永久性积雪的分布特点和利用状况。

(8)未利用土地分析　未利用土地的类型(荒草地、盐碱地、沼泽地、沙地、裸土地、石砾地、田坎等)的面积和分布,拟利用的制约因素和开发利用的难易程度。

案例一:某村土地利用平衡表(表 3-2)。

表 3-2　某村土地利用平衡表　　hm²

类型	基期土地面积	利用类型								期内减少面积
		耕地	园地	林地	牧草地	居民点与工矿用地	交通用地	水域	未利用地	
耕地	300	250				50				50
园地	120		100				20			20
林地	35	20		5	5	5				30
牧草地	75				60		5	10		15
居民点与工矿用地	100					100				0
交通用地	120						120			0
水域	25						3	22		3
未利用地	50	50						0		50
规划期面积		320	100	5	65	155	148	32		0
期内增加面积		70	0	0	5	55	28	10	0	168

由表 3-2 可知：有 50 hm² 耕地变为居民点与工矿用地；20 hm² 的林地和 50 hm² 的未利用地转化成了耕地；20 hm² 园地转化成了交通用地，5 hm² 林地转化成牧草地，5 hm² 林地转化成居民点与工矿用地；牧草地有 5 hm² 转化成交通用地，10 hm² 转化成水域；3 hm² 的水域转化成交通用地。

案例二：洞庭湖生态经济区土地利用结构变化分析（表 3-3）。

表 3-3　2005—2018 年土地利用结构变化　　km²

时期	土地利用类型	2005							
		草地	耕地	建设用地	林地	湿地	水域	未利用地	总计
2018	草地	668	14	1	39	1	4	0	727
	耕地	10	16131	89	412	8	379	0	17029
	建设用地	6	352	855	231	0	35	0	1479
	林地	54	484	17	20619	0	43	0	21217
	湿地	0	26	1	0	548	403	0	978
	水域	41	393	23	64	132	4238	0	4891
	未利用地	0	1	0	4	1	0	0	6
	总计	779	17401	986	21369	690	5102	0	46327

（注：引自《基于 InVEST 模型的洞庭湖生态经济区生态系统服务功能研究》）

由表 3-3 可知：土地利用结构发生显著变化。其中，耕地与林地、耕地与水域间相互转化及耕地和林地转为建设用地为洞庭湖区 2005—2018 年土地利用转移的主要特征，部分林地和水域转化为耕地，分别占耕地转入总面积的 46%和 42%；部分耕地和林地转化为建设用地，分别占建设用地转入总面积的57%和37%;大量水域转化为湿地,占湿地转入总面积的94%;大量耕地转入水域,占水域转入总面积的60%。2005—2018年,虽然洞庭湖沿岸各地政府积极开展有针对性的退耕还林、森林保育等生态保护项目,但耕地和建设用地需求上升仍是客观事实,因此才会出现部分地区耕地、林地相互转化等现象。总体来说,耕地、林地等面积呈减少趋势,而建设用地面积在十几年间激增。

二、土地利用程度分析

土地利用程度既是衡量一个区域土地利用的效果和土地开发的强度指标,又是区域土地利用潜力的衡量标准。分析土地利用系统的土地利用程度可以得知系统的土地利用开发的方向,了解土地利用存在的问题。土地利用程度常以土地利用率、垦殖率、土地农业利用率、耕地复种率、林地覆盖率、水面利用率、草原载畜量率、建设用地率、城镇用地容积率和建筑密度等指标来表示。

(1)土地利用率　反映土地的利用程度。即:

$$土地利用率=\frac{土地总面积-未利用地面积}{土地总面积}\times 100\%$$

(2)垦殖率　即耕地面积占土地总面积的百分比,反映土地开发程度和种植业发展程度。

$$垦殖率=\frac{耕地面积}{土地总面积}\times 100\%$$

(3)土地农业利用率　指农业用地面积(农、林、牧、渔业用地面积)占土地总面积的百分比。它反映土地农业利用程度。

$$土地农业利用率=\frac{农业用地面积}{土地总面积}\times 100\%$$

(4)耕地复种率(复种指数)　指全年农作物总播种面积占耕地总面积的百分比。它反映耕地的利用程度。

$$耕地复种指数=\frac{全年农作物总播种面积}{耕地总面积}\times 100\%$$

(5)林地覆盖率　指林地面积占土地总面积的比重。它反映土地的林业利用程度。

$$林地覆盖率=\frac{林地面积(或不包括果园面积)}{土地总面积}\times 100\%$$

(6)水面利用率　指已利用水面面积占水面总面积的百分比。它反映水面利用程度。

$$水面利用率=\frac{已利用水面面积}{水面总面积}\times 100\%$$

(7)草原载畜量率　指每平方千米草原饲养的牲畜头数。它反映牧区草原利用程度。

$$草原载畜量率=\frac{各类放牧牲畜头数}{草原面积}\times 100\%$$

(8)建设用地率　指建设用地总面积占土地总面积的百分比。它反映建设用地占地情况。

$$建设用地率=\frac{建设用地总面积}{土地总面积}\times 100\%$$

(9)城镇用地容积率　指城镇建筑总面积占城镇用地总面积的百分比。它用以说明城镇土地利用程度。

$$城镇用地容积率=\frac{城镇建筑总面积}{城镇用地总面积}\times 100\%$$

(10)建筑密度　即建筑占地系数,指一定建筑用地范围内所有建筑物占地面积与城镇用地总面积之比,以百分比表示。它用以说明建筑物分布的疏密程度及土地利用率。

$$建筑密度=\frac{城镇建筑物占地面积}{城镇用地总面积}\times 100\%$$

这些利用程度的指标既可以反映土地利用系统整体情况,即系统的平均状况,也可以通过一定单元的计算和聚类分析,反映系统内部土地利用程度的空间变异。

三、土地利用效益分析

1. 土地利用集约度

土地利用集约度是指单位土地的投入量。一般来说单位土地投入多,产出也多。而单位土地产量高,土地生产率高,但是土地利用的效益不一定好,所以要合理投入。土地利用集约可用单位土地面积投入来表示,具体投入可以是资金、农机总动力、有效灌溉面积和化肥施用量等,分别表示土地利用在机械化水平、水利化水平、电气化水平和农业化学。

$$单位土地资金集约度=\frac{土地总投资}{土地总面积}$$

$$单位耕地机械动力指数=\frac{农机总动力}{耕地面积}$$

$$耕地灌溉率=\frac{有效灌溉面积}{耕地总面积}\times 100\%$$

$$单位耕地化肥施用量=\frac{化肥施用量}{耕地面积}$$

2. 土地利用效益

土地利用效益包括土地利用经济效益、社会效益和生态效益。这三方面的效益既要分别看又要综合看。

郑岚等(2022)基于“经济效益-社会效益-生态效益”模型构建土地利用效益评价指标体系,揭示甘肃省土地利用效益时空演变特征,结合耦合协调度模型分析经济、社会、生态效益的耦合协调程度,通过地理探测器探究其主要影响因素。结果表明,2000—2018年,甘肃省土地利用综合效益整体呈上升趋势,“北高南低”空间格局明显,形成以兰州市和嘉峪关市为主的“双核心”结构。经济效益在时序变化上呈“先升后降”趋势,空间上呈“中间高四周低”格局;社会效益呈波动上升趋势,空间上呈“中间高、西北部次之、东南部较低”格局;生态效益整体呈持续上升趋势,各城市社会效益差距缩小不明显,整体呈“中间低、西北和东南高”的空间格局。从耦合协调关系来看,甘肃省各市州均处于失调状态,主要以中度失调为主,土地利用效益耦合协调性空间差异明显，耦合协调性有待提升。影响土地利用效益耦合协调性的因素主要有经济发展水平、城镇化水平、产业结构调整、环境污染治理、基础服务设施水平，其中经济发展水平和环境污染治理与其他因子交互作用的解释力最强。

3. 土地利用经济效益

土地利用经济效益指单位土地收益多少或以较少的投入取得较大的收益，指标有土地生产率、亩产量、亩产值、亩净产值、亩纯收入、产出投入比等。

$$土地生产率=\frac{农业地产值(产量)}{农用地面积}$$

$$产出投入比=\frac{净产值}{投入}\times 100\%$$

$$单位用地产值=\frac{土地产出价值}{用地面积}$$

$$单位产值占地率=\frac{用地面积}{土地产出价值}$$

此外，也可以用单位土地面积的总产值、总收入或者 GDP 来衡量土地利用系统的利用效益。

4. 土地利用的社会效益

土地利用的社会效益指标有人均商品量、商品率(为社会提供物质需求的需要)、人均税金、人均资源量、人均耕地、人均可利用面积、人均林地、人均草地、人均绿地等，都可以说明为社会提供了满足需求的各种资源量越多，说明土地开发利用越好。社会文化教育水平、居民消费程度，说明人均收入多，满足物质和文化需求的水平高。

5. 土地利用的生态效益

土地利用的生态效益指土地利用过程中对生态系统的生态平衡造成某种影响的效应。通过对比同一自然环境下，人工生态系统与自然生态系统的生产能力的大小，可以说明自然条件是否得到充分的利用；还可对比在一定地域内，人工生态系统的结构和自然生态系统的结构状态，可说明是否利用改善了环境条件，是否获得了人工生态系统更高的土地生产力。衡量指标有以下几个方面。

$$绿色植物覆盖率=\frac{森林面积+草地面积+种植面积}{土地总面积}\times 100\%$$

$$热量利用率=\frac{一年内作物生育期所需积温}{全年积温之和}\times 100\%$$

$$土地退化面积比例=\frac{退化总面积}{土地总面积}\times 100\%$$

此外，水土流失面积、土地沼泽化面积、土地沙化面积、土地潜育化面积、土地盐碱化面积、土地受灾面积(旱、涝、风、雹等)等的面积比例，也是常用的表征土地退化程度的指标。

四、土地利用格局分析

一般利用遥感影像解译方法获取土地利用状况，然后选取合理的景观格局指数(香农多样性指数、香农均匀度指数、景观内聚力指数、连接度指数)以及景观分形指数(半径维数、边界维数、稳定性指数)在景观水平上对土地利用特征进行分析，揭示土地利用格局的一般规律和特征。

1. **香农多样性指数**

$$SHDI=\sum_{i=1}^{m}(P_i\cdot\ln P_i)$$

式中，m 表示景观各类型总数；P_i 表示景观被斑块类型 i（类型）所占据的比率。

2. **香农均匀度指数**

$$SHEI=\frac{-\sum_{i=1}^{m}(P_i\cdot\ln P_i)}{\ln m}$$

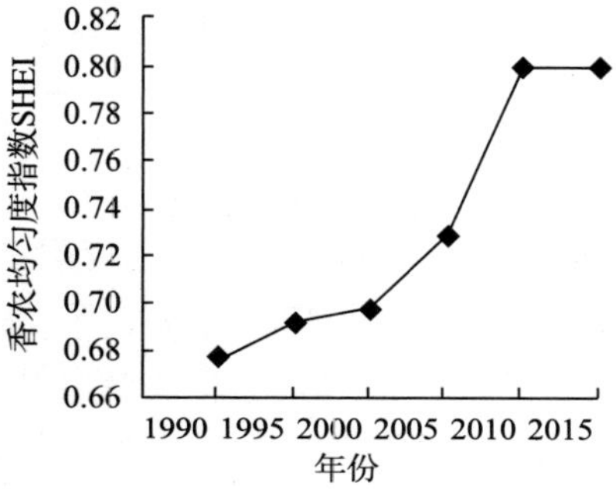

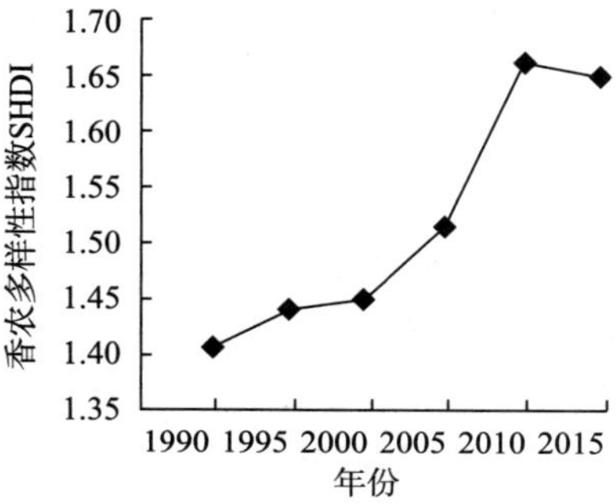

式中，m、P_i 意义同上。

3. **景观内聚力指数**

$$COHSION=\left[1-\frac{\sum_{i=1}^{m}\sum_{j=1}^{n}P_{ij}}{\sum_{i=1}^{m}\sum_{j=1}^{n}P_{ij}\cdot\sqrt{a_{ij}}}\right]\cdot\left[1-\frac{1}{\sqrt{A}}\right]^{-1}\cdot 100$$

式中，m 同上；n 表示第 i 类景观的斑块数；P_{ij} 表示第 i 类景观 j 斑块的周长；a_{ij} 表示第 i 类景观 j 斑块的面积；A 表示所有景观总面积。

4. **连接度指数**

$$CONNECT=\left[\frac{\sum_{i=1}^{m}\sum_{j=1}^{n}C_{ijk}}{\sum_{i=1}^{m}\left(\frac{n_i(n_i-1)}{2}\right)}\right]\cdot 100$$

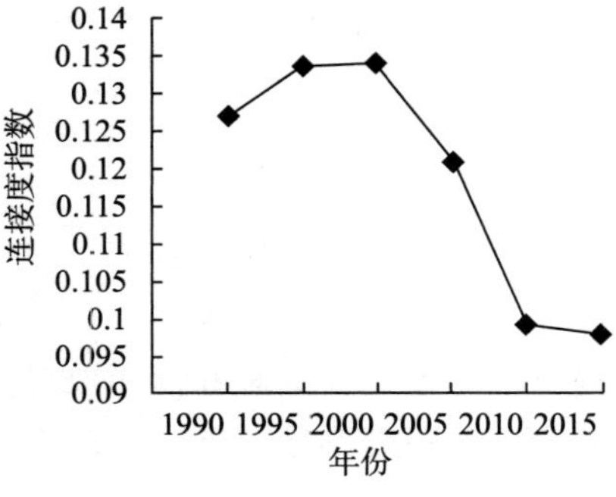

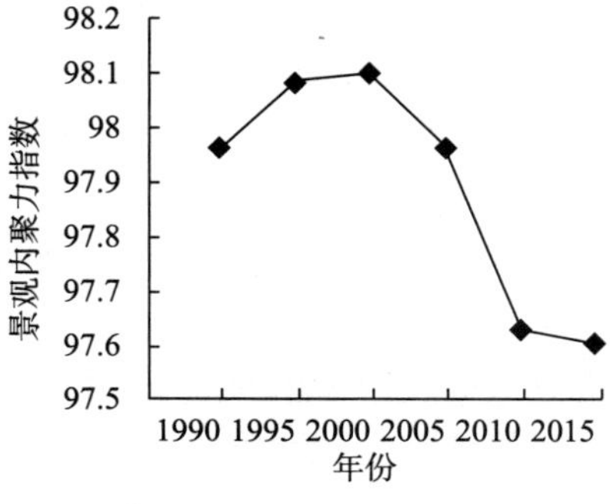

式中，m、n 同上；C_{ijk} 表示邻近斑块类型(类型)k 的斑块 ij 的边界长度(m)；n_i 表示斑块类 i 的数量。

5. **分形维数**

分形维数是表征变幻无常且缺乏规律，但具有自相似性的结构或系统复杂程度的定量指标之一。

(1)半径维数　半径维数是表征土地景观结构向心性的指标，即反映格局的单中心分布状况。半径维数的数学定义与其计算过程为：以区域景观类型分布数据为基础，选取研究区域内某一固定点作为圆心作出回转半径，则范围内某种景观类型面积记为 $S(r)$，则有：

$$S(r)=\eta\cdot r^D$$

一般半径 r 不同，面积也不同，由此可以通过统计得到 r 的对应数组。对二者进行线性拟合，并将线性拟合模型参数对应下式即可得半径分维数 D。

$$\ln S(r)=\ln\eta+D\ln r$$

半径维数是表征某种景观类型的面积从测算中心(圆点)到外周衰减速度的指标。半径维数越大，表示这类景观的面积衰减速度越慢，其临界值为 2。当半径维数小于 2 时，表示该地类的空间分布趋向于单个中心，地类面积从测算中心向周边递减。当半径维数等于 2 时，表示该地类空间分布均匀，无分布中心，从测算中心向四周均匀变化。当半径维数大于 2 时，表示该地类的空间分布具有圈层结构，其景观类型面积从测算中心向周边递增(表 3-4)。

表 3-4　某地各景观类型半径维数

景观类型	半径维数					
	1990 年	1995 年	2000 年	2005 年	2010 年	2015 年
建设用地	1.5677	1.6308	1.66	1.6858	1.6934	1.7579
耕地	1.689	1.6714	1.618	1.6122	1.6053	1.5594
林地	2.1404	2.1302	2.111	2.1243	2.1132	2.0834
交通用地	1.7933	1.4809	1.8144	1.9423	1.8939	1.674
园地	1.7008	1.6692	1.4102	1.8135	1.6458	1.7469
其他用地	2.6853	2.4243	2.2626	2.3156	2.0862	2.0384
水域	2.0457	2.4236	2.3379	2.3026	2.5844	2.5638
塌陷积水	0.7656	0.7374	0.7287	0.8367	0.834	0.8808

(2)边界维数与稳定性指数　分形维数在各领域代表的含义各不相同，计算方法也各有差异。其最初是由 Mandelbrot 等提出，用来定义动物脑褶分形结构。后经董连科将其引入景观类型空间分析中，经由物理量纲分析方法推演，得到 n 维空间下的分形公式。在研究景观类型结构时，属二维空间，即 $n=2$，其分形公式可化简为：

$$P(r)^{1/D}=k\cdot r^{(1-D)/D}\cdot A(r)^{1/2}$$

式中，D 为边界维数，r 为回转半径，$A(r)$ 为对应回转半径下的斑块面积，$P(r)$ 为对应回转半径下的斑块周长，k 为常数。

测量景观类型斑块的面积和周长，并将一系列离散点绘制在周长和面积双对数坐标图上，并对和序列进行线性拟合，通过计算直线斜率得到景观的边界维数。即通过取自然对数，公式可变换为：

$$\ln P(r)=\frac{(D)}{2}\ln A(r)+C$$

边界维数的理论阈值为 1～2，且其值的大小与斑块结构的复杂程度呈正比关系。D 值越小，则表示景观类型斑块的形状更加趋于简单规则，自我相似程度越高，表明其受到外部干扰的程度越大，反之亦然。当 D 为 1.5 时，表示此时该景观类型处于类似布朗随机运动的一种状态，结合稳定性指数分析，此时斑块的稳定性最差。当 D 为 1.0 时，表示该景观类型斑块形状近似于圆形，此时，斑块最为规则。

基于边界维数 D，可以定义空间结构稳定性指数 SK：

$$SK=|1.5-D|$$

SK 越大，表示景观类型的空间结构越稳定，对潜在的类型运动趋势具有一定指示意义。

景观指数作为分析土地利用格局的定量化指数，在近二十年的时间里得到迅速发展。利用景观指数进行土地利用类型、土地利用格局空间分析的方法得到广泛应用。例如，有学者选取了斑块数量、景观形状指数等 8 个常用的景观指数分析土地利用格局，以厦门岛土地利用格局为例，分析了尺度变化对景观指数、景观格局的影响，为基于景观指数进行不同尺度下土地利用类型、土地利用格局变化预测、对比分析和评价等研究提供了参考。同时，土地利用格局变化是引起生境质量变化与生境破碎的重要因素。也有学者以泛长三角地区为例，进行基于土地利用格局重建的区域生境质量时空变化分析，以 CA-Markov 模型重建土地利用空间格局，进而利用 InVEST 模型重建泛长三角地区生境质量空间格局，以探究泛长三角地区从 1978 年改革开放以来区域生境质量空间格局变化情况。

第三节　土地利用系统评价

一、现时型评价

资源环境承载能力和国土空间开发适宜性评价（简称“双评价”）是编制国土空间规划、完善空间治理的基础性工作，是优化国土空间开发保护格局、完善区域主体功能定位，划定生态保护红线、永久基本农田、城镇开发边界（简称“三条控制线”），确定用地用海等规划指标的参考依据。

（一）适用范围

适用于市县级以上国土空间规划编制中的“双评价”工作，评价范围应与相应规划编制范围一致。各地可结合当地实际，细化补充相关要求和具体内容，提高评价的针对性和实用性。其他相关工作需开展“双评价”的，可参照执行。

（二）相关定义

1. 资源环境承载能力

基于特定发展阶段、经济技术水平、生产生活方式和生态保护目标，一定地域范围内资源环境要素能够支撑农业生产、城镇建设等人类活动的最大合理规模（图 3-2）。

2. 国土空间开发适宜性

在维系生态系统健康和国土安全的前提下，综合考虑资源环境等要素条件，特定国土空间进行农业生产、城镇建设等人类活动的适宜程度(图 3-3)。

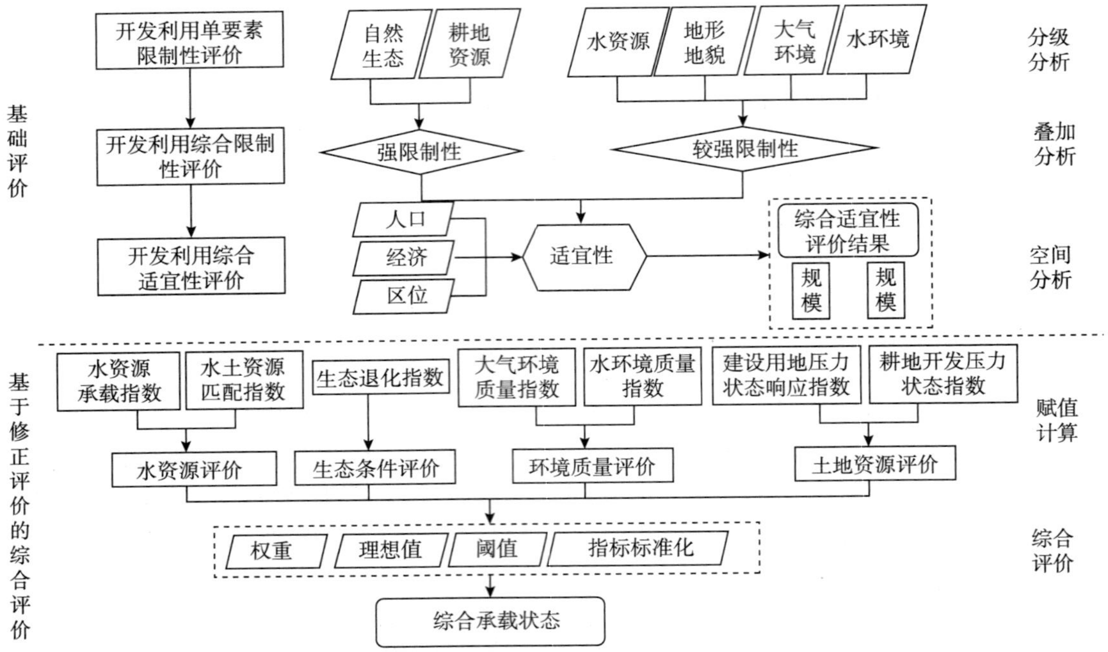

图 3-2 资源环境承载力综合评价流程图

(注:引自《国土资源环境承载力评价技术要求(试行)》)

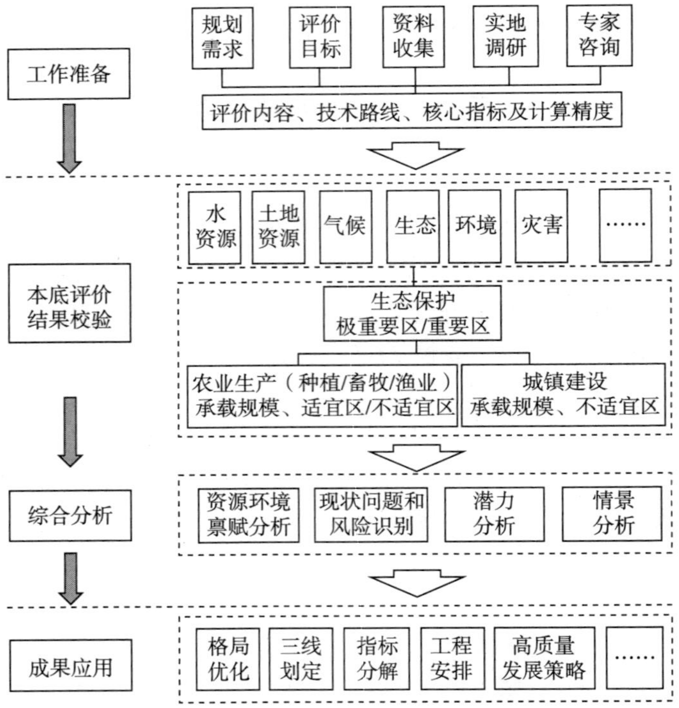

图 3-3 国土开发适宜性评价流程

(注:引自《资源环境承载能力和国土空间开发适宜性评价指南(试行)》)

（三）评价内容

1. 一般规定

“双评价”分别开展生态、土地资源、水资源、气候、环境、灾害、区位等单项评价，分析区域资源禀赋与环境条件，研判国土空间开发利用问题和风险。

基于单项评价结果，开展集成评价，优先识别生态系统服务功能极重要和生态极敏感空间，基于一定经济技术水平和生产生活方式，确定农业生产适宜性和承载规模、城镇建设适宜性和承载规模。

2. 生态保护重要性评价

（1）省级评价　从区域生态安全底线出发，在陆海全域，评价水源涵养、水土保持、生物多样性维护、防风固沙、海岸防护等生态系统服务功能重要性，以及水土流失、石漠化、土地沙化、海岸侵蚀及沙源流失等生态脆弱性，综合形成生态保护极重要区和重要区。

（2）市县评价　在省级评价结果基础上，根据更高精度数据和实地调查进行边界校核。从生态空间完整性、系统性、连通性出发，结合重要地下水补给、洪水调蓄、河（湖）岸防护、自然遗迹、自然景观等进行补充评价和修正。此外，结合当地实际，可以增加对生态廊道的构建以及针对生态廊道的连通性，开展必要的补充评价。

3. 农业生产承载规模

基于现有经济技术水平和生产生活方式，以土地资源、水资源约束等为主要约束，缺水地区重点以水平衡为约束，分别评价各评价单元可承载农业生产的最大规模。

有条件地区可结合环境质量目标及污染物排放标准和总量控制等因素，补充评价环境容量约束下可承载农业生产的最大规模。按照短板原理，采用各约束条件下的最小值作为可承载的最大规模。

一般地，省级以市级（或县级）行政区为单元评价承载规模，市级以县级（或乡级）行政区为单元评价承载规模。

4. 农业生产适宜性评价

（1）省级评价　在生态保护极重要区以外的区域，开展种植业、畜牧业、渔业等农业生产适宜性评价，识别农业生产适宜区和不适宜区。

（2）市县评价　省级评价内容和精度已满足市县国土空间规划编制需要的，可直接在省级评价结果基础上进行综合分析。

根据农业生产相关功能的要求，可进一步细化评价单元，提高评价精度，补充评价内容。

可结合特色村落布局、重大农业基础设施配套、重要经济作物分布、特色农产品种植等，进一步识别优势农业空间。

5. 城镇建设承载规模

在水土资源不同的约束条件下，缺水地区重点以水平衡为约束，分别评价各评价单元可承载城镇建设的最大规模。

有条件地区可结合环境质量目标及污染物排放标准和总量控制等因素，补充评价环境容量约束下可承载城镇建设的最大规模。按照短板原理，采用各约束条件下的最小值作为可承载的最大规模。

市县层面，数据精度无法支撑以乡（镇）为评价单元的承载规模评价时，可直接采用省级评价结果。

6.城镇建设适宜性评价

(1)省级评价　在生态保护极重要区以外的区域,优先考虑环境安全、粮食安全和地质安全等底线要求,识别城镇建设不适宜区。沿海地区针对海洋开发利用活动开展评价。

(2)市县评价　进一步提高评价精度,对城镇建设不适宜区范围进行校核。

根据城镇化发展阶段特征,增加人口、经济、区位、基础设施等要素,识别城镇建设适宜区。结合海洋资源优势,识别海洋开发利用适宜区。

结合当地实际,可针对矿产资源、历史文化和自然景观资源等,开展必要的补充评价。

付梦娣等(2021)以贵州省黔西南布依族苗族自治州义龙新区为研究对象,围绕生态保护、农业生产、城镇建设功能特征,以定量方法为主、定性方法为辅,依次开展了资源环境要素单项评价、资源环境承载能力集成评价、国土空间开发适宜性评价,并与现状土地利用进行对比,识别其国土空间开发问题和潜力。结果表明:①义龙新区生态保护极重要区面积占比为36.93%,农业生产适宜区面积占比为24.84%,城镇建设适宜区面积占比为25.08%,三者可分别作为重点生态功能区、农产品主产区、城市化发展区。②生态保护极重要区中基本农田面积为23.60 km^2,一般农用地面积为15.21 km^2,农业生产不适宜区中基本农田面积为72.17 km^2,一般农用地面积为27.63 km^2,地块功能指向重叠性较大,建议结合城市发展意向,明确不同区域功能指向的侧重。③后备耕地面积为131.87 km^2,后备建设用地面积为114.85 km^2。研究基本符合黔西南州国土空间规划确定的"三区三线"比例,实现了主体功能区战略格局在区县层面精准落地。

(四)案例分析

以湘潭县中心城区为例,基于"双评价"划定城镇开发边界的技术路线见图3-4。

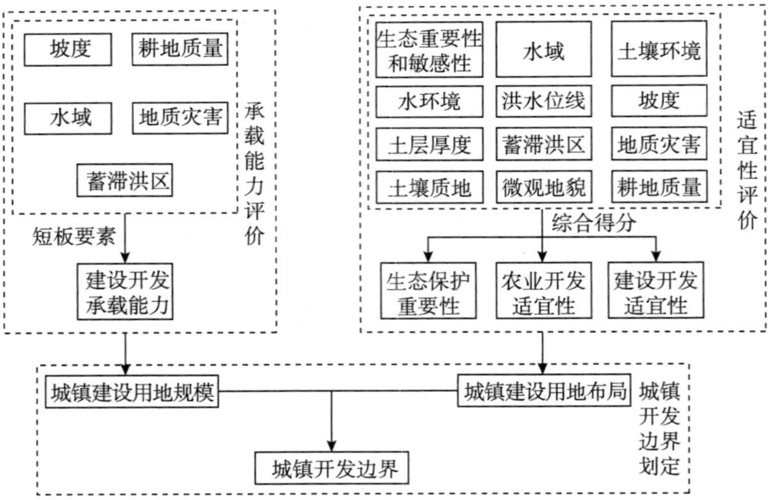

图3-4　基于"双评价"的城镇开发边界划定技术路线

(注:引自《基于"双评价"的城镇开发边界划定技术——以湘潭县中心城区为例》)

构建"生态—农业—建设综合统筹"的城镇开发边界划定技术模型,即按"短板理论"计算空间约束下的县域建设开发建议规模,按指标权重计算综合得分进行国土空间开发适宜性评价，按生态优先、耕地保护优先原则确定地块规划功能，结合城镇建设现状、社会经济发展和城乡协调发展等因素划定城镇开发边界。以湘潭县中心城区为例进行实证，划定城镇开发边界4500 hm^2。结果表明：与湘潭县土地利用总体规划规模边界、城市总体规划中心城区空间增长边界相比，本次划定的城镇开发边界中生态极重要或极敏感区域由3.49%、12.46%降为0，新增建设用地占用耕地的比例由53.26%、50.94%降低到21.02%，新增建设用地年均增速相比降低了45.65%。该技术模型对优化国土空间开发利用保护布局，促进绿色发展和高质量发展起到了积极作用。

1. **建设开发承载能力评价**

理论上，水资源是约束建设开发承载能力的主要指标。湘潭县境内有湘江、涟水、涓水等水系，境内河长5 km以上的河流共81条，年平均降水日150天，年平均降水量1300 mm，水资源丰富，故认为湘潭县水资源对建设开发承载规模的影响较低。因此，主要考虑空间约束下的建设开发规模，即在不考虑人类对自然条件改造的情形下，按"短板理论"计算各指标对建设开发的承载等级。针对湘潭县的资源环境特点，选取坡度、水域、耕地质量、地质灾害易发程度、蓄滞洪区作为约束指标。坡度大于25°、水域、蓄滞洪区难以承载建设开发，故将对应的建设开发承载能力等级设置为低（Ⅰ级）。以此按各空间约束指标对建设开发的支撑能力进行分级（表3-5）。在此基础上取各约束指标的最低等级作为建设开发承载能力等级。在建设开发承载能力等级为Ⅱ、Ⅲ、Ⅳ、Ⅴ级基础上，依次扣除生态保护红线、永久基本农田、生态保护极重要极敏感区、连片分布的优质耕地（高于区域平均利用等），以及难以满足城镇建设的细碎地块等，同时考虑耕地保有量指标，得出县域建设开发建议规模。

表3-5 建设开发承载能力评价指标和分级标准

指标	指标分类	分级
坡度/(°)	>25	低(Ⅰ级)
	(15,25]	较低(Ⅱ级)
	(8,25]	中(Ⅲ级)
	(0,8]	高(Ⅴ级)
水域	河流、湖泊、水库等	低(Ⅰ级)
耕地质量	耕地质量劣于评价区域平均利用等	中(Ⅲ级)
	耕地质量优于评价区域平均利用等	较低(Ⅱ级)
地质灾害易发程度	高易发区	较低(Ⅱ级)
	中易发区	中(Ⅲ级)
	低易发区	较高(Ⅳ级)
	其他	高(Ⅴ级)
蓄滞洪区	蓄滞洪区范围内	低(Ⅰ级)

2. **国土空间开发适宜性评价技术方法**

国土空间开发适宜性评价主要考虑生态保护重要性、农业生产适宜性、建设开发适宜性。

生态保护重要性评价方面，直接采用湖南省生态保护红线划定(2018 年)成果。农业生产适宜性评价和建设开发适宜性评价的基本思路如下：首先，定性分析区域内具体指标对农业生产和建设开发的限制性，对禁止性指标“一票否决”：生态极重要或极敏感区、水域、土壤环境劣于农用地土壤污染风险管制值的区域、水环境劣于农田灌溉用水水质基本控制项目标准值的区域、洪水位线以下区域、坡度大于 25°的区域、土层厚度小于 30 cm 的区域直接定为禁止农业生产区；生态极重要或极敏感区域、水域、土壤环境劣于建设用地土壤污染风险管制值的区域、洪水位线以下区域、坡度大于 25°的区域直接定为禁止建设开发区。然后，考虑人类对自然条件的改造作用，对限制性指标设定不同的分值(分值越高表示越适宜)和权重，进行综合打分，确定适宜性等级。

3. 双评价结果

(1)国土空间开发适宜性评价结果　湘潭县生态保护不重要或不敏感、一般重要或一般敏感、中度重要或中度敏感、高度重要或高度敏感的占比分别为 43.80%、2.41%、21.73%、32.06%。高度重要或高度敏感的区域位于南部和西南部山地森林茂盛区域，生态公益林分布广。易俗河镇不重要或不敏感、一般重要或一般敏感、中度重要或中度敏感、高度重要或高度敏感的占比分别为 50.95%、2.54%、24.74%、21.77%。

湘潭县农业生产不适宜、低适宜、中适宜、高适宜占比分别为 20.76%、12.68%、21.99%、44.57%。农业生产高适宜区主要分布于湘江、涓水、涟水等河流沿岸，中适宜区、低适宜区分布在高适宜区的外围。易俗河镇农业生产不适宜、低适宜、中适宜、高适宜占比分别为 14.70%、7.57%、25.15%、52.58%。

湘潭县建设开发不适宜、低适宜、中适宜、高适宜占比分别为 20.76%、14.71%、22.30%、42.23%。湘潭县适于进行建设开发的土地集中分布在涓水、涟水两岸以及县城易俗河镇，在其他乡镇呈零散分布。易俗河镇建设开发不适宜、低适宜、中适宜、高适宜占比分别为 14.70%、9.89%、30.43%、44.98%。

(2)建设开发承载能力评价结果　湘潭县建设开发承载等级为Ⅰ、Ⅱ、Ⅲ、Ⅳ、Ⅴ级的占比分别为 20.76%、16.46%、49.49%、1.54%、11.74%，中心城区所在的易俗河镇建设开发承载能力等级高。在建设开发承载能力等级为Ⅱ、Ⅲ、Ⅳ、Ⅴ级基础上，除去土地利用现状为水域和水利设施用地、交通运输用地、永久基本农田、生态保护红线，在满足耕地保有量情况下，湘潭县建设开发建议规模为 27398.51 hm^2。

4. 湘潭县城镇开发边界划定

(1)确定规模　湘潭县相关部门根据人口发展趋势、历年用地增长速度、产业发展等情况综合预测至 2035 年建设用地规模需求为 26100.04 hm^2，小于建设开发建议规模，故支持其预测规模。指标分解中，考虑到中心城区所在的易俗河镇建设开发承载等级Ⅳ、Ⅴ级的面积为 4507.42 hm^2，故分解给中心城区城镇建设用地规模 4500 hm^2。易俗河镇以国土空间开发适宜性为基础划分的建设用地优先区面积为 7586.13 hm^2，可以满足其中心城区城镇建设用地布局的需求。综上，最终确定湘潭县中心城区城镇建设用地规模为 4500 hm^2。

(2)城镇开发边界落地　首先在 ArcGIS 软件中确定三大地类优先区，然后结合建设开发适宜性评价结果，按以下步骤确定城镇建设用地布局并最终确定开发边界。

①以县城和天易经开区建成区为基础外扩。从其区位条件、交通条件和城镇发展定位，确定其发展方向为西、南方向。

②在 ArcGIS 中对湘潭县现状村庄进行密度分析，按城镇建设影响、辐射较多的村庄、促进城乡融合的目标进一步确定布局方向。

③界线最终确定(图 3-5)。*A-B-C* 段以湘江为界；*C-D-E-F-G* 段以绿心(长沙、株洲、湘潭三市共同划定的以生态功能为主的特殊保护区)范围为界；*G-H-I* 段以已建成的紫竹路为界；*I-J-K-L* 段以天易经开区已批复范围为基础划定；*K-L-M* 段呈“*n*”型，为受垃圾填埋场限制；*L-M* 段以已建成的梧桐南路为界；*M-N-O-P-Q-A* 段综合考虑生态重要性和敏感性、农业生产适宜性评价结果，尽量避开生态重要区，少占耕地，其中 *Q* 点为建成区，*O-P* 段以建成的湘莲大道为界。开发边界内的生态优先区、农业优先区划分为特别用途区和弹性发展区。

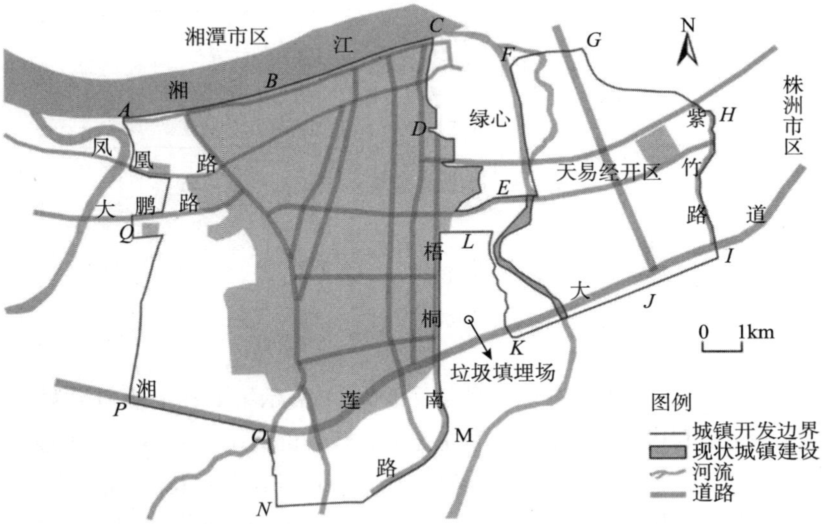

图 3-5　湘潭县中心城区城镇开发边界与现状城镇建设、河流、道路位置关系

(注：引自《基于“双评价”的城镇开发边界划定技术——以湘潭县中心城区为例》)

二、研究型评价

生态系统服务价值评估对象广泛，包括动物、植物、湿地、旱地、海洋、草原、水系统、生物多样性等各类生态要素或子系统，评估区域包括全球、洲、国家等大尺度区域和地区、省、市(州)、公园等中小尺度区域。评估方法多元，总体可分为价值量评估法和物质量评估法，两者区别在于是否用货币单位表示其价值，故也称为货币评估方法与非货币评估方法。生态系统服务价值评估有利于生态系统服务最大化与公众服务需求满足之间的权衡及管控。

鉴于生态系统服务的重要意义，学界尝试量化其价值，不仅有助于增进公众对自然资本的认可，对生态系统质量及变化的了解，也为生态资源的有偿使用与相关政策制定和区域生态规划提供科学依据(图 3-6)。一些国家甚至将生态环境纳入国民经济核算体系，以监测与管理生态系统服务的变化与使用。尽管现有研究尝试多样化的研究手段与方法，从不同类型生态系统、多种空间尺域展开生态系统服务的价值评估，但由于生态系统服务功能的复杂性与动态性，不同类型及区域的生态系统服务价值评估结果仍难以比较与对接，导致研究成果的实践转化率低、现实指导意义有限。价值评估与实现机制研究成为生态系统服务理论的研究热点与难点。

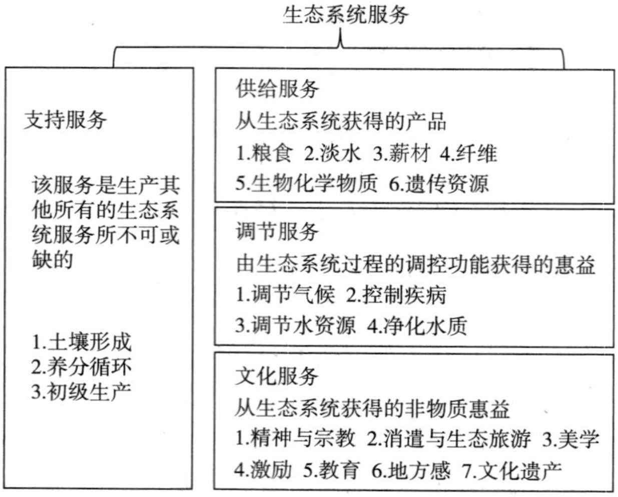

图 3-6　生态系统服务概念框架

生态系统服务价值测算公式为：

$$\mathrm{ESV}=\sum_{k=1}^{n} A_k \times UE_k$$

式中，ESV 表示该研究区的各类生态系统服务总价值；A_k 表示第 k 种土地利用类型对应的土地面积；UE_k 表示第 k 种土地利用类型的单位面积生态系统服务价值；n 表示研究区土地类型的数量。

根据得到的研究区内土地覆盖/利用类型，利用 Constanza 等生态系统制定的服务价值估算原理和谢高地等制定的我国生态系统服务价格当量因子表，进行不同时期生态系统服务价值评价。生态服务被划分为食物生产、原材料生产、气体调节、气候调节、水源涵养、土壤形成与保护、废物处理、生物多样性维持、休闲娱乐等。结合研究区具体情况，计算生态系统服务价值当量因子，并据此按当量因子测算出该区其他土地利用类型各项生态服务价值，计算结果见表 3-6。

表 3-6　生态系统服务价值系数　　元/(hm^2 · 年)

生态系统服务功能	生态系统服务价值			
	农田	林地	建设用地	水体
食物生产	1498.19	494.4	0	794.04
原材料生产	584.29	4464.61	0	524.37
气体调节	1078.7	6472.18	0	764.08
气候调节	1453.24	6097.63	0	3086.27
水源涵养	1153.61	6127.6	0	28121.03
废物处理	2082.48	2576.89	0	22248.12
保持土壤	2202.34	6022.72	0	614.26
生物多样性维持	1528.15	6756.84	0	5138.79
休闲娱乐	254.69	3116.24	0	6651.96
合计	11835.69	42129.11	0	67942.92

注：引自《基于 LUCC 的生态服务价值动态分析及预测—以徐州市区为例》

表 3-7　徐州城区各土地利用类型生态服务价值变化

区域	土地利用方式	2000 年		2010 年	
		ESV/亿元	比例/%	ESV/亿元	比例/%
鼓楼区	农田	1.63	72.43	0.97	62.76
	林地	0.28	12.57	0.29	18.85
	水体	0.34	15.00	0.28	18.39
	建设用地	0.00	0.00	0.00	0
	合计	2.25	100	1.55	100
云龙区	农田	0.92	71.14	0.65	61.58
	林地	0.14	10.69	0.17	15.89
	水体	0.24	18.17	0.24	22.53
	建设用地	0.00	0.00	0.00	0.00
	合计	1.30	100	1.06	100
泉山区	农田	0.48	32.18	0.31	24.62
	林地	0.42	28.47	0.39	30.49
	水体	0.58	39.35	0.57	44.89
	建设用地	0.00	0,00	0.00	0.00
	合计	1.48	100	1.26	100

注：引自《基于 LUCC 的生态服务价值动态分析及预测——以徐州市区为例》

生态系统服务价值与土地利用/覆盖类型的变化密切相关，土地覆盖类型的变化在不同程度上对生态系统服务价值产生影响。表 3-7 为徐州城区 2000 年和 2010 年各土地利用类型生态服务价值变化的比较。由表 3-7 可看出，在城市快速发展过程中，大量农田和林地被占用，建设用地的需求不断增加，引起生态服务价值的降低。

第四节　土地利用系统供需状况预测

一、预测分析原理与程序

（一）预测的概念

预测是人们对客观事物未来发展的预料、估计、分析、判断和推测。预测是人们利用已经掌握的知识和手段，预先推知和判断事物未来或未知状况。它以过去为基础推测未来，以昨天为依据估算今后，以已知预计未知。预测是联系过去和未来的桥梁。

预测的作用：第一，帮助我们认识和控制未来的不确定性，使对未来的无知降到最低限度；第二，使计划的预期目标同可能变化的周围环境与经济条件保持一致；第三，事先了解计划实施后可能产生的结果。

预测是决策的前提，科学预测是正确决策的依据。预测是人类合理的创造性活动的起点，经过计划方案、决策和组织等项步骤使其得以实施。预测和决策不同，预测侧重于对客观事物的科学分析，为决策提供各种可能的方案；而决策则要根据利用的时机和条件在多种方案中选择最佳方案。狭义的决策可以解释为对一些可供选择的方案作出抉择；广义的决策不应只限于几个可行方案的抉择，而应该是决策的全过程，包括 4 个程序：①明确决策项目的目的；②寻求可行的方案；③在诸可行方案中进行抉择；④对选定的决策方案进行评价。而对于决策方案的评价，包括实施后总结评价，也包括实施前的评估。在决策过程中，后者更具有实践意义，其中预测进一步扮演了重要角色——预测实施结果。可以看出，决策从预测开始，又回到预测。

土地利用规划作为土地利用的重要决策过程，科学、准确的预测起到了不可替代的作用，它是编制土地利用规划的基础，同时也是评价规划的重要手段。

（二）预测程序

1. 提出课题和任务

根据社会要求、一般情报和创造性思维，提出预测的课题，规定目标和任务、对象、基本假设，确定研究方法、结构和组织工作等。土地预测的目的是要对预测地域的未来土地利用结构比例、农用地（包括耕地面积）和非农用地的规模等作出预计和推测，以指导当前土地资源管理工作和控制未来的土地利用。

预测计划的内容应包括预测工作组织领导、收集资料的途径和方法、预测期限（分近期为 1～2 年，中期为 3～5 年，长期为 5 年以上）和预测范围（如省、市、县等）。其中预测期限的长短对于资料的收集和预测方法的选择关系很大。

2. 调查、收集和整理资料

把与预测对象有关的过去的、现在的资料尽量收集齐全。此外，还要大量收集预测的背景材料，并收集国内外同类预测研究的成果。基础资料的收集是做好预测工作的前提，要求收集与预测目的有关的大量背景资料，包括科学技术、经济生产和社会文化等方面的资料。预测基础资料包括纵向资料（如历年数据历史演变和现状动态等）和横向资料（如同一预测对象的各种分组数据资料、不同预测对象的同一类基础数据等）。若资料残缺不全，则可应用重点调查、典型调查和抽样调查方法加以补齐补全。此外，还要收集国内国外同类预测的研究成果。必须对已收集的资料进行分析检验，对资料的统计指标口径、指标核算方法、统计时间、价格的计算、计算单位等逐项进行复查，若发现有不一致的地方，应当作出必要的调整和统一。对于历史资料残缺不全之处，应当设法填缺补齐，以保证资料的连续性和完整性。

此外，还必须对现有资料进行科学分析，运用辩证唯物主义的基本原理，吸收其中各种有益的数据，在推理判断的基础上发现所预测现象的结构变化机制和内在规律性。

3. 建立预测模型

对于计量经济模式分析，须建立表示因果关系的模型；对于时间系列分析，则要抓住主要变动的成分，找出数学模型。

4. 确定预测方法、实施预测

根据预测目的、占有资料、精度要求和预测费用等方面的情况，选定合适的预测方法实施预测。可采取几种预测方法进行，以互相验证。

5. 评定预测结果

对预测结果再次征询专家意见，以检验预测结果，并进一步检验预测模型。预测往往同实施不符而产生预测误差。预测误差的大小决定着预测的可靠性程度。若误差大，就需要分析产生误差的原因，从而改进预测方法和修改预测数学模型，使预测结果尽可能符合和接近实际。

影响预测准确度的因素很多，主要有：①客观实际情况在不断迅速地变化，而人们的认识总是滞后的。这是长期预测困难的主要原因。②客观事物发展有渐变，也有突变。在突变的情况下是难以预测的。③预测研究还是一项年轻的科学，还不成熟。④限制预测实现的因素很多。

因此，要提高预测的准确度，应从以下几方面入手：①从预测的资料来源看。资料、数据、情报一定要可靠，必须经过核实。②从预测的方式看。要善于利用各方面的预测成果和报告。③从预测的方法看。应注意研究预测的方法，改进预测技术。

6. 将预测结果交付决策

预测分析流程图见图 3-7。

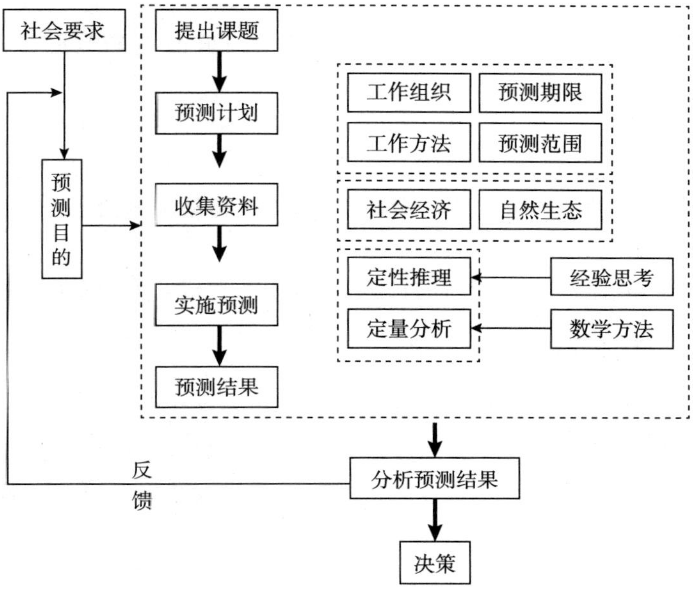

图 3-7　预测分析流程图

（三）预测的主要方法

从原则上来讲，预测的对象和期限不同，所用的预测方法也不同。此外，预测对象的资料情况也是影响方法选择的重要因素。可应用于预测的方法很多，大体上可分为以下三大类。

1. 外推法

这是利用过去的资料来预测未来状态的方法。它是基于这样的认识：承认事物发展的延续性，同时考虑到事物发展中随机因素的影响和干扰。其最大优点是简单易行，只要有有关过去情况的可靠资料就可对未来作出预测。其缺点是撇开了从因果关系上去分析过去与未来之间的联系，因而长期预测的可靠性不高。外推法在短期和近期预测中用得较多。其中常用的一种方法是时间序列法。

时间序列法是按时间将过去统计得到的数据排列起来，看它的发展趋势。时间序列最重要的特征是它的数据具有不规则性。为了尽可能减少偶然因素的影响，一般采用移动算术平均法和指数滑动平均法。移动算术平均法是假设未来的状况与较近时期有关，而与更早的时期关系不大。一般情况下，如果考虑到过去几个月的数据，则取前几个月的平均值。指数滑动平均法只利用过去较近的一部分时间序列。当时间序列已表现出某种规律性趋势时，预测就必须考虑这些趋势的意义，因此要采用指数滑动平均法。指数滑动平均法是对整个时间序列进行加权平均，其中的指数为 0～1 之间的小数，一般取 0.7～0.8。常见的时间序列模型有指数平滑模型预测、移动平均模型、逻辑斯蒂曲线模型预测等。

(1)指数平滑模型　线性预测模型如下：

$$y_{t+T}=a_t+b_tT$$

式中，t 为当前时间点，y_{t+T} 为 T 时刻后预测值，a_t 和 b_t 为平滑系数。

$$用平滑法求得：a_t=2S_t^{(1)}-S_t^{(2)},b_t=\frac{a}{1-a}(S_t^{(1)}-S_t^{(2)})$$

式中，$S_t^{(1)}$，$S_t^{(2)}$ 分别为 t 周期的第一次、第二次的指数平滑值；a 为新数据与原估算值的分配比例，称为加权系数。

求解方程为：　$S_t^{(1)}=a\,x_t+(1-a)S_{t-1}^{(1)}$　　$S_t^{(2)}=a\,S_t^{(1)}+(1-a)S_{t-1}^{(2)}$

(2)移动平均模型　采用与预测相邻的若干期数据的平均值作为预测值，然后随着预测值的推移，相邻若干期数据的平均值也相应向前移动，作为移动预测值。

预测模型如下：$y_{t+T}=a_t+b_tT$

式中，t 为当前时间点，y_{t+T} 为 T 时刻后的预测值，a_t 和 b_t 为移动平均系数，用移动平均法求得：

$$a_t=2M_t^{(1)}-M_t^{(2)}\quad b_t=\frac{2}{n-1}(M_t^{(1)}-M_t^{(2)})$$

式中，$M_t^{(1)}$，$M_t^{(2)}$ 分别为第 t 周期的第一次和第二次的移动平均数。

(3)逻辑斯蒂曲线模型　逻辑斯蒂曲线模型适合于预测对象存在增长极限的情况，尤其对人口增长、城镇化水平提高等预测非常合适。逻辑斯蒂曲线模方程的一般形式如下。

$$y=\frac{k}{1+b\,e^{-at}}$$

式中：y 为函数值；t 为时间变量；k，a，b 为模型参数。

2. 因果法

这类方法是研究变量之间因果关系的一种定量方法。变量之间的因果关系通常有两类：一类是确定性关系，也称函数关系；另一类是不确定性关系，也称相关关系。因果法就是要找到变量之间的因果关系，据此预测未来。没有因果关系的预测只是形式上的一种预测，而找出因果关系的预测才是本质的预测。回归分析就是从事物变化的因果关系出发来进行的一种预测方法，不仅剔除了不相关的因素，并且对相关的紧密程度加以综合考虑，因而其预测的可靠性较高。常用的回归模型有一元线性回归模型、一元非线性回归模型(生长曲线模型)、多元线性回归模型。

回归分析的做法：首先进行定性分析，确定有哪些可能的相关因素，然后收集这些因素的统计资料，应用最小二乘法求出各因素(各变量)之间的相关系数和回归方程。根据这个方程就可预测未来。

回归模型的基本形式如下：

$$Y=f(X_1,X_2,\cdots,X_k)+\varepsilon$$

式中，Y 为被解释变量，也即预测目标；$X_1, X_2, \cdots X_k$ 为解释变量，代表影响因素，k 为解释变量个数；ε 为随机扰动项。一般而言，Y 是不确定量，$X_1, X_2, \cdots X_k$ 是可以控制或预先给定的，Y 对 $X_1, X_2, \cdots X_k$ 存在单向的依存关系。

(1)多元线性回归模型

$$Y_i = \beta_1 + \beta_1 x_{1i} + \beta_2 x_{2i} + \cdots \beta_k x_{ki} + \varepsilon_i (i=1,2,\cdots,n)$$

模型求解时，根据已有样本的样本数据，通过数理统计方法(如最小二乘法)对参数进行估计，进而对模型进行显著性检验(局部 t 检验和总体 F 检验)和拟合优度检验(R 检验)。

当 $k=1$ 时，则为一元线性规划模型，模型表达式为：

$$Y_i = a + b x_i + \varepsilon_i (i=1,2,\cdots,n)$$

(2)非线性回归模型

①幂函数回归预测模型

$$y = a x^b$$

式中，a, b 为待估参数，且 $a>0$。

将上式两边取对数，使其线性化：

$$\ln y = \ln a + b \ln x$$

令 $y=\ln y, A=\ln a, x=\ln x$，并带入上式，得：$y=A+bx$

按线性回归模型方法求出回归系数 A、b，代入还原，即可用以预测。

②二次函数回归预测模型

$$y = b_0 + b_1 x + b_2 x^2$$

式中，b_0, b_1, b_2 为待估参数。预测方法是令 $x_1 = x, x_2 = x^2$，代入上式得：

$$y = b_0 + b_1 x_1 + b_2 x_2$$

用二元线性回归模型方法，可求出式中回归系数 b_0, b_1, b_2，并代入还原，即可用 $y = b_0 + b_1 x_1 + b_2 x_2$ 进行预测。

3. 直观法

直观法主要靠人的经验和综合分析能力来预测。常见的方法有集思广益法、德尔菲法、主观概率法、交叉概率法等。

其中，德尔菲法在我国习惯称为“专家预测法”。其要点是：①不记名投寄征询意见。就预测内容写成若干条含义十分明确的问题，规定统一的评价方法，然后将这些问题邮寄给所选的有关专家，背对背地征询意见。②统计归纳。收集各位专家的意见，然后对每个问题进行定量统计归纳。通常用回答的中位数反映专家的集体意见。③沟通反馈意见。将统计归纳后的结果再反馈给专家，每个专家根据这个统计归纳的结果，慎重地考虑其他专家的意见，然后提出自己的意见。然后，把收回的第二轮征询的意见，再进行统计归纳，再反馈给专家。如此多次反复，一般经过三、四轮，就可以取得较集中一致的意见。

用德尔菲法进行预测时应注意：第一，问题必须十分清楚，其含义只能有一种解释。第二，问题的数量不要太多，一般以回答者可在 2 h 内答完一轮为宜。要求专家们独自回答。第三，要忠实于专家们的回答，调查者不得显露自己的倾向。第四，对于不熟悉这一方法的专家，应事先讲清楚意义与方法。此外，还应给予专家们以适当的精神与物质的奖励。

4. **预测方法汇总**

预测方法汇总见表3-8。

表3-8 预测方法汇总表

定性定量	名称	适用时长	方法说明	需要数据
定性方法	专家会议法	长期预测	组织专家以会议的形式进行预测，综合专家意见给出结论	历史发展资料信息
	德尔菲法	长期预测	对多名专家匿名调查，多轮反馈整理，统计分析整理结果，采用均值或中位数得出量化结果	专家意见综合整理分析
	类推预测法	长期预测	运用相似性原理，对类似现象的出现和发展进行对比分析	相关历史数据
定量方法	线性回归预测法	短、中期预测	因变量与一个或多个自变量之间存在线性关系	待分析相关量的历史数据
	非线性回归预测法	短、中期预测	因变量与一个或多个自变量之间存在非线性关系，常见关系模型：幂函数关系、指数函数关系、抛物线函数关系、对数函数关系等	待分析对象的历史数据
	趋势外推法	中期到长期预测	运用数学模型拟合趋势线，预测未来发展趋势	长期的历史数据
定量方法	移动平均法	短期预测	取多期数据的平均值来预测未来时间的趋势	多期历史数据
	指数平滑法	短期预测	与平均移动法类似，但给近期或远期观测数据不同的权重，来预测趋势	多期历史数据
	自适应过滤法	短期预测	对趋势形态的性质随时间变化，没有季节性规律的时间序列数据	多期历史数据
	平稳时间序列预测法	短期预测	对各种序列的发展形态都适用	多期历史数据
	干预分析预测模型	短期预测	时间序列在某个节点受到突发性事件的干预影响时可以适用的方法	历史数据及重大影响事件
	景气预测法	短、中期预测	时间趋势的延续及转折预测	大量历史数据
	灰色预测法	短、中期预测	对各种序列的发展形态都适用	待分析对象的历史数据
	状态空间模型法	短、中期预测	对各种序列的发展形态都适用	待分析对象的历史数据

二、人口与城市化水平预测

（一）人口预测

人口预测是根据规划地区过去和现在的人口状况（总数、性别、年龄构成、生育率和死亡率等），通过对人口发展有影响的内、外因素的分析研究，对未来人口所作出的测算。人口预测是确定人口发展方针和政策的需要，也是编制土地利用总体规划的基础。

人口预测最基本的目标是确定未来人口的总数及其年龄、性别构成，但根据预测资料还可以推算出许多派生指标，如人口自然增长率、劳动适龄人口的增长率等。在各级土地利用总体规划中，人口预测则主要对规划期内的指定年份以及规划期末的总人口、总劳力以及人口的有关构成等作出测算。根据人口预测的思路和要求，人们在实际工作中总结和设计出了许多结果准确、操作方便，适用于不同预测条件和预测要求的人口预测模型。

1. 自然增长模型

当规划区内的人口增长呈现稳定增长的趋势时，即可用自然增长模型来进行人口预测。这种模型是以现有总人口为基数，通过预测期内人口的自然增长和机械增长来确定预测期末的总人口数。其模型为：

$$P_n = P_0(1+k)^n + \Delta P$$

式中，P_n为预测期末的人口总数（人）；P_0为预测起始年的人口总数（人）；k 为人口自然增长率（%）；n 为预测年限；ΔP 为预测期内人口机械增长数（人）。

$$\Delta P = C - D$$

式中，C 为预测期内迁入的人口数；D 为预测期内迁出的人口数。

2. 劳动平衡模型

其建模思想是将某个区域的总人口划分为基本人口、服务人口和被抚养人口 3 类，然后根据有关预测或资料确定出区域内的基本人口数，利用人口调查资料和类比等方法，确定出区域内的服务人口和被抚养人口的比例，在此基础上推算出区域内的人口总数。劳动平衡法一般只适用于城镇和大型农场、工矿等地区的人口预测。其模型为：

$$p = \frac{A}{F} = \frac{A}{1-(B+C)}$$

式中，P 为预测期末总人口；A 为预测期末的基本人口；F 为预测期末基本人口占总人口的比例；B 为预测期末服务人口占总人口的比例；C 为预测期末被抚养人口占总人口的比例。

基本人口是指主要为外地服务的厂矿、交通运输、机关、学校等机构中的工作人员。基本人口的多少对城镇规模的大小起着决定性的作用。服务人口是指为本城镇服务的企业、行政机关、文化教育、卫生福利设施等机构中的工作人员。服务人口的多少不能决定城镇规模的大小；相反，它是随城镇规模的大小而变动的，同时它又与经济发展状况与服务水平高低等因素相关联。被抚养人口是指依靠家庭或社会抚养的人口。被抚养人口的多少与城镇性质、规模、发展阶段、城镇人口就业状况和职工带眷系数、人口自然增长率以及卫生福利水平等都有关系。被抚养人口包括：学龄前儿童和学龄青少年、超过退休年龄的不在职老年人、从事家务劳动妇女、丧失劳动能力不能从事社会劳动的人口及其他未就业的人口等。

3. 宋健模型

宋健模型也称中国人口预测模型，是宋健等根据我国人口预测的实际情况，于 1979 年提出的。其人口状态离散方程的向量式如下。

$$X_0^{(t+1)}=[1-D_{0A}^{(t)}]X_0^{(t)}+W_{0A}^{(t)}$$

$$X_{a+1}^{(t+1)}=[1-D_a^{(t)}]X_a^{(t)}+W_a^{(t)}$$

$$a=0,1,\cdots,M-1$$

$$Y_0^{(t)}=B_i^{(t)}\sum_{i=p}^{q}H_i^{(t)}K_i^{(t)}X_i^{(t)}$$

式中，$X_0^{(t)}$ 为第 t 年 0 岁婴儿数，$Y_0^{(t)}$ 为第 t 年度内活产婴儿数，$X_a^{(t)}$ 为第 t 年度初 a 岁年龄组的人口数，M 为人口的最高年龄；$W_{0A}^{(t)}$ 为第 t 年度内在 0A 块中的迁移扰动人口数（迁入、迁出的 0 岁婴儿数）；$W_a^{(t)}$ 为第 t 年度内 a 岁组 II 类块中的迁移扰动人口数；$D_{0A}^{(t)}$ 为第 t 年度内婴儿当年死亡率；$D_a^{(t)}$ 为第 t 年度内 a 岁组的人口前向死亡率；$K_i^{(t)}$ 为第 t 年度初 i 岁组人口中的妇女比例系数；$H_i^{(t)}$ 为第 t 年度内的生育模式（规格化生育率）；$B_i^{(t)}$ 为第 t 年度内的总和生育率；$p\sim q$ 为妇女育龄期间。

各种变化率一旦给定（通过调查和规划），则各组年龄组人口可测，人口总数也可测出。这种方法适用于较大范围的地区，而且计算中所需要的各参数都有较准确的数据。

4. 一元线性回归模型

利用历史的人口时间序列数据，建立一元线性回归方程，依次预测一定时期内的人口规模。具体步骤如下。

(1)将历年人口数按时间序列（年代）做散点图。散点图大致呈直线排列，可以认为人口和年代关系大致符合线性方程。

(2)确定方程参数 a、b 值，建立人口和年代的一元直线回归方程如下：

$$p=a+bt$$

式中，p 为预测人口数；a、b 为方程参数，t 为年代数。

(3)统计检验，包括相关系数 r；F 检验；t 检验。

(4)利用回归方程预测未来年度人口规模。

5. 城镇与农村居民点人口预测（综合预测法）

城镇人口是指城市、建制镇建成区范围内常住居民人口，或户籍人口与暂住人口的合计；农村居民点人口是指村庄、集镇常住居民人口，或户籍人口与暂住人口的合计。流动人口一般不计入城镇与农村居民点人口，但在确定建设用地规模时应予以考虑。

城镇与农村居民点人口预测分别利用上述模型分别预测，也可以利用总人口预测结果与人口城镇化率预测间接求算取得。按照人口时间序列数据，分析城镇人口占总人口比重及发展趋势，预测出不同规划阶段人口数量。例如，某县基期年（2022 年）总人口数为 44.22 万人，其中城镇人口为 6.51 万人，占总人口的 14.72%，根据近年人口资料分析，城镇人口占总人口的比例每年以 0.32 个百分点增长，按此速度发展下去到规划年城镇人口占总人口的比例为 18.88%，根据预测，总人口预测到规划年为 50.10 万人，则城镇人口为 9.46 万人。农业人口预测数可以直接用总人口数减去城镇人口数求得。

人口预测的方法很多，为了提高预测的准确度，可以选择多种预测方法进行预测，相互比较印证运用任何一种人口预测的方法，均须注意要“留有余地”，即充分估计人口增长。

（二）城市化水平预测

城市化分为有形的城市化与无形的城市化。有形的城市化主要包括 3 个方面的内涵：①人口的集中，其中包括城市人口比重增大、城镇数量增加，以及单个城镇规模扩大；②空间形态改变，其中包括城市用地规模扩大、城市用地功能的分化，以及土地景观的变化（大量建筑物、构筑物出现）；③土地景观的变化（大量建筑物、构筑物出现），其中包括三产比重变化、由分散的家庭到集体的街道、从个体的自给自营到各种经济文化组织和集团。而无形的城市化指：①城市生活方式不断向乡村地区扩散以及城市生活质量不断提高的过程；②农村居民逐渐脱离固有的乡土意识、生活方式和行为方式，并逐步转化为城市意识、城市生活方式和行为方式的过程。

综上所述，城市化是社会生产力的变革引起的人类生产方式、生活方式以及文化思想观念由农村向城市演变的历史过程。城市化水平的度量方法主要有单一指标法与综合指标法两种。

1. 单一指标法

（1）城市人口比重指标法

$$P=\frac{U}{U+R}=\frac{U}{N}$$

式中，P 为城市化率，U 为城市人口数，R 为农村人口数，N 为区域总人口数。

（2）非农业人口比重指标法

$$Y=\frac{V}{V+W}=\frac{V}{N}$$

式中，Y 为城市化率，V 为非农业人口数，W 为农业人口数，N 为区域总人口数。

（3）城市用地比重指标法

$$D=\frac{S_c}{S_c+S_n}=\frac{S_c}{S}$$

式中，D 为城市化率，S_c 为城市用地面积，S_n 为乡村用地面积，S 为区域总面积。

2. 综合指标法

可以适当考虑有形城市化和无形城市化两种特征来构建综合指标体系，可选择指标包括城市人口比重、人均国民生产总值、城市人均道路铺装长度、城市用水普及率、城市人均住房面积、城市人均公共绿地面积、城市三产比重等。除此之外，也可以从农业人口向城镇人口迁移来分析，进而推算未来城市化水平；农业人口转化预测法公式如下。

$$Y_n=Y_0(1+r)n+C\times n+[A_0(1+r)n\times d-S/t]\beta R$$

式中，Y_n 为规划年城镇人口；Y_0 为基期年城镇常住人口；C 为机械迁移量；n 为预测年限；A_0 为基期年农业总人口；d 为劳动力系数；S 为规划年耕地面积；t 为每个劳动力负担耕地面积；β 为剩余劳动力转化率；R 为带眷系数。

三、土地需求量预测

土地需求指人们利用土地从事各种生产与消费活动，以维持生存，谋求进一步发展。决定土地需求程度的因素主要包括人口密度、土地利用技术、土地质量和人类生活水平等。

土地需求分析是指在有限的土地资源约束条件下，寻求满足人们对土地的各种需求的用地安排，是土地利用规划所研究的核心问题。

（一）农业用地需求量分析

农业用地预测包括对种植粮食、经济作物、蔬菜和其他作物的耕地、种植果树和经济林的园地、生长牧草的牧草地、各种用途的林地及水产养殖用地的预测。农业用地需求量主要取决于人口发展规模、消费水平变化及经济发展对农产品的需求量。

1. 耕地需求量

（1）产品需求量推算法　在合理确定各类农产品需求量、单产和复种指数的基础上确定耕地需求量。计算公式如下：

$$G=\sum_{i=1}^{N}\frac{X_i}{D_i\times F}\quad (i=1,2,\cdots,n)$$

式中，G 为规划目标年耕地面积；X_i 为第 i 种农产品需求量；D_i 为第 i 种农作物单产；F 为复种指数；N 为农作物种类。

计算说明：①既要考虑当地人口的消费需要，还应考虑区外人口消费；②作物单产需综合考虑技术、投入等相关因素；③复种指数需综合考虑土地利用方式和作物结构等因素共同确定。

（2）综合平衡法　在分析规划期间耕地增减因素的基础上综合确定耕地需求量。计算公式如下。

$$G_N=G_0+(G_Z+G_P+G_K)-(G_J+G_S+G_H)\pm G_T$$

式中，G_N 为规划目标年（N 年）耕地面积；G_0 为规划基期耕地面积；G_Z 为土地整理增加耕地面积；G_P 为土地复垦增加耕地面积；G_K 为土地开发增加耕地面积；G_J 为各类建设占用耕地面积；G_S 为生态退耕面积；G_H 为灾毁耕地面积；G_T 为农业结构调整净增（或净减）耕地面积。

2. 其他农用地需求量

园、林、牧等农用地需求预测分为生产性和生态性用地。生产性用地预测方法与耕地需求量预测方法类似。生态性用地是在土地适宜性评价的基础上，综合分析各类土地的供给潜力和投入可能性确定。

（二）建设用地需求量分析

建设用地预测包括规划期间城镇、农村居民点、独立工矿、交通、水利设施、风景旅游设施、特殊用地需求量的预测。

1. 城镇建设用地

城镇建设用地规模预测一般采用定额指标法。即在城镇人口规模预测的基础上，按照用地标准确定人均建设用地指标，计算规划目标年城镇建设用地规模（表 3-9）。计算公式如下：

$$U=P\cdot A/10000$$

式中，U 为规划目标年城镇建设用地面积（hm^2）；P 为规划目标年城镇人口（人）；A 为人均城镇建设用地指标（m^2/人）。

城镇建设用地预测的计算范围应当与城镇人口计算范围相一致。

城镇建设用地预测也可采用总量预测法，即在分析建设用地面积与人口增长、经济发展速度、土地产出率、基本建设投资等因素间关系的基础上，运用适当的方法（平均增长法、回归分析法等）预测城镇建设用地规模。

表 3-9　现有城市的规划人均建设用地指标

现状人均建设用地水平/(m^2/人)	允许采用的规划指标		允许调整幅度/(m^2/人)
	指标级别	规划人均建设用地指标/(m^2/人)	
≤60.0	I	60.1～75.0	+0.1～+25.0
60.1～75.0	I	60.1～75.0	>0
	II	75.1～90.0	+0.1～+20.0
75.1～90.0	II	75.1～90.0	不限
	III	90.1～105.0	+0.1～+15.0
90.1～105.0	II	75～1～90.0	−15.0～0
	III	90.1～105.0	不限
	IV	105.1～120.0	+0.1～+15.0
105.1～120.0	III	90.1～105.0	−20.0～0
	IV	105.1～120.0	不限
≥120.0	III	90.1～105.0	<0
	IV	105.1～120.0	<0

注：引自《城市用地分类与规划建设用地标准》(GB 50137—2011)

2. 农村居民点用地

农村居民点用地规模预测可采用类似城镇建设用地规模预测的方法。人均建设用地指标应根据《镇规划标准》(GB 50188—2007)确定（表 3-10）。农村居民点用地预测的计算范围应当与人口计算范围相一致。农村居民点用地预测也可在调查小城镇发展、村庄迁并等工作基础上确定。

表 3-10　规划人均建设用地指标　　m^2/人

现状人均建设用地指标	规划调整幅度
≤60	增 0～15
>60～≤80	增 0～10
>80～≤100	增、减 0～10
>100～≤120	减 0～10
>120～≤140	减 0～15
>140	减至 140 以内

注：规划调整幅度是指规划人均建设用地指标对现状人均建设用地指标的增减数值。（引自《镇规划标准》(GB 50188—2007)）

3. 独立工矿用地预测

独立工矿用地需求量宜根据列入国民经济和社会发展计划的建设项目的生产建设规模和用地定额指标预测。计算公式为：

$$M = \sum S_i \times Q_i$$

式中，M 为规划期间新增独立工矿用地面积(hm^2)；S_i 为 i 项目生产建设规模；Q_i 为 i 项目定额目标(单位户量或投资规模的用地面积)。

建设项目用地指标应采用已施行的行业用地定额指标,或代表当地平均先进水平的土地产出率指标。在预测建设项目用地时,应注意区分居民点内的建设项目与居民点外的建设项目,只对居民点外的项目建设发展用地加以预测。

(三)土地需求量分析

对各部门提交的用地需求量预测结果,应在工作底图上落实其用地规模和布局,量算占地类型面积,统计各类建设占用耕地和农用地的比例。

各类用地特别是建设用地需求量预测结果的核定,除审核用地的布局、选址外,还要考虑各类生产建设本身对区位、气候、地形、地质、地貌、水文、能源、交通、环境保护等条件的要求,以及本乡(镇)生产力水平、自然条件、生活习惯、宗教民俗等因素,注重景观保护、生态保护、文物古迹保护,必要时应进行建设项目的环境影响评价。

建设用地需求预测的核定应与相关部门协商进行。

四、土地利用潜力分析

估算土地利用潜力的方法很多,这里介绍几种常用的方法供参考。

(一)综合分析法

这是一种半定量的方法。下面以全国耕地资源的潜力分析为例加以说明。

经对耕地后备资源调查评价数据分析,当前我国耕地后备资源具有以下几方面特点。

(1)全国耕地后备资源的区域分布不均衡　从区域分布看,耕地后备资源主要集中在中西部经济欠发达地区,其中新疆、黑龙江、河南、云南、甘肃等5个省份后备资源面积占到全国近一半,而经济发展较快的东部11个省份之和仅占到全国的15.4%。集中连片耕地后备资源集中在新疆(不含南疆)、黑龙江、吉林、甘肃和河南等5个省份,占69.6%。而东部11个省份之和仅占全国集中连片面积的11.0%。这反映出,经过多年持续开发利用,经济发展快的地区后备资源稀缺甚至枯竭,在省域内实现占补平衡越来越难。

(2)集中连片的耕地后备资源减少明显　调查评价结果显示,本轮耕地后备资源总面积相比上一轮减少了近3000万亩,同口径集中连片耕地后备资源减少了8183.77万亩,减幅达到74%。全国仅黑龙江、河南和贵州等3个省份同口径较上一轮有适当增加外,其余28省份均在减少,其中北京、天津、江苏、福建等10个省份减少幅度超过90%。这反映出,随着多年来土地开发,大部分成规模的连片耕地后备资源已经被开发为耕地、园地、林地等。据土地变更调查统计,2002—2014年,全国未利用地开发为耕地3177万亩,开发为园地317万亩,开发为林地2506万亩。这也说明,前期容易开发的后备资源大多已开发,当前再继续全面推行大规模土地开发利用的工作基础已经不再具备。

(3)耕地后备资源大多数呈零散破碎状态　调查结果显示,全国零散耕地后备资源面积5197.08万亩,占后备资源总量的64.7%,且分布较为广泛。从图斑分级看,后备资源总面积中图斑面积小于300亩的占近三成,小于100亩的图斑面积占到近二成。这都说明经过多年重大开发项目实施,现余留下来的耕地后备资源以破碎、零散为主,其开发利用成本较高,大规模开发利用方式已不能适用这部分后备资源,应以综合整治为主要途径。

(4)耕地后备资源利用受生态环境制约大　从调查评价结果看,全国耕地后备资源仍以荒草地(占后备资源总面积的64.3%)、盐碱地(占12.2%)、内陆滩涂(占8.7%)和裸地(占

8.0%)为主。其中，荒草地、盐碱地和裸地的开发，因区域不同对水土条件的要求有别。如在南方虽降水丰富，但土质和地形条件差，主要以土质为制约；在北方虽土壤条件好，但季节性缺水严重，以水资源制约较明显。从分布区域上看，集中连片的后备资源也主要分布于中西部经济欠发达地区，本身生态环境比较脆弱，在开发利用过程中，稍有不当极易引起水土流失、土地沙化等严重后果。

(5)当前可供开发利用的耕地后备资源数量有限　综合分析结果显示，全国近期可供开发利用的耕地后备资源面积为3307.18万亩，占耕地后备资源总量的41.1%。其中，集中连片耕地后备资源仅有940.26万亩，且分布极不均衡，其中新疆(268.21万亩)、黑龙江(197.01万亩)两个省区之和占集中连片耕地后备资源总量的49.5%，而东部11个省(市)之和仅占11.7%，每省(市)平均不足10万亩。零散分布耕地后备资源2366.92万亩，且分布相对均匀，其中湖南(311.77万亩)、黑龙江(304.20万亩)、贵州(223.81万亩)和河南(202.36万亩)较多。

(二)农业生态区域法

这是联合国粮农组织推荐的计算耕地最大生产潜力和人口承载力的方法。该方法考虑了作物生长发育过程中各因素的综合影响，采用实际参数，建立数学模型，在气候和土壤状况划分的生态区域中进行计算，精度较高。

生产潜力分析以作物生产力为基础，可按以下4个层次进行计算。

第一层次是作物的光合生产力。即其他温度水分条件完全有保证，作物仅受太阳辐射(光能)制约，通过光合机制全部转化为作物产量，是土地生产潜力的理论上限。

第二层次是作物的光温生产力。即水分条件完全有保证，作物在一定的光能资源和最适温度条件制约的生产力。

第三层次是作物的光温生产潜力，或称气候生产力，是指在充分利用当地的光能资源、温度和降水资源条件下，以最佳的土壤养分、生产技术和管理水平，以及较理想的作物组合条件下所形成的作物产量。

第四层次是土地的经济生产力，是在土地自然生产潜力的基础上，考虑人工控制因素对作物产量的影响而得到的作物产量，是通过可能的物化投入而获得的土地生产潜力。

土地生产潜力分析以当地实地观测的气象资料为基础，采用华北地区普遍推行的冬小麦和玉米一年两熟制的种植方式计算作物产量，作为土地生产潜力的基础，并以乡(镇)的土地利用范围为土地生产潜力的计算单元。因为在一个乡的土地利用范围内，温度、水分和土壤条件基本相同，管理水平也基本一致，有利于收集各项统计资料，便于土地利用总体规划实施落实，有利于土地利用的计划管理。

以河北省曲周县为例，计算方法和结果如下。

(1)光合生产潜力计算　曲周县农业区划办公室气候研究组《曲周县农业气候资源考察成果汇编》显示：曲周县≥10°太阳辐射总量为98351.8卡/cm^2，扣除农耗期未被利用的光能7%，太阳有效辐射为98351.8×(1−7%)=91467.2卡/cm^2；根据中科院地理所计算的光能生产力潜力系数0.124(注：此系数为单位转换系数，无单位)，华北地区二茬(小麦、玉米)的经济系数一般在0.3～0.4，取0.35，则可得：光合生产潜力=98351.8×(1−7%)×0.124×0.35=3969.7(斤/亩)≈1985(kg/亩)。

(2)光温生产潜力的确定　曲周县区域面积不大，仅160 km^2，跨经度和纬度都不满一度，根据"县级土地利用总体规划中生产潜力研究在省(市)级自然潜力研究的基础上，确定土地经济生产潜力”的原则，考虑到整个县城光温总体差别不大，所以全县只有一个统一的光温生产潜力值。

根据《黄淮海地区作为生产力商品基地与集约种植的研究》(中国农业大学气象系，1990)的计算：邯郸地区冬小麦光温生产力为 670 kg/亩，玉米光温生产力为 950 kg/亩，两茬共计 1620 kg/亩。

(3)气候生产潜力的计算　综合考虑曲周县的自然条件和土地利用现状，目前曲周县开展盐碱地治理工作，土壤供水状况人为影响较大，尤其是一些乡旱涝保收高产稳产田面积逐年大幅度提高，所以在进行气候生产潜力计算时不能以地区的自然生产潜力值作为全县的统一值，而应以乡镇为计算单元，逐单元进行计算。

在每个乡镇范围内的全部耕地可分为两个部分，即水浇地和非水浇地，两部分投入水状况差别很大，在计算时应予以分别处理。水浇地的土壤水在被利用时可以保证作物的实际蒸发蒸腾量 ETO＝ETM，其气候生产潜力就是光温生产潜力(1620 kg/亩)；旱地部分为气候生产潜力则以地区(邯郸地区)气候生产潜力为依据，根据中国农业大学农业气象系 1990 年《黄淮海地区作为生产力商品基地与集约种植的研究》邯郸地区冬小麦气候生产力潜力为(450 kg/亩)，玉米气候生产潜力为(700 kg/亩)，然后根据两类土地在乡耕地中面积百分比进行加权平均，求得单元(乡镇)气候生产潜力。计算结果见表 3-11。

城关镇耕地总面积为 79153.2 亩，水浇地保收高产稳产田为 65506.6 亩，占耕地面积的 82.8%，则：曲周镇气候生产潜力＝1620×82.8%＋(450＋700)×(1－82.8%)＝1539(kg/亩)。

(4)经济生产潜力计算　一般而言土地经济生产潜力以土地实际生产力为下限，以土地气候生产潜力为上限，但在土地生态环境差的地区有可能前者高于后者，它取决于土地生产潜力资源中那部分人工可控制资源的条件，主要是土壤水分条件，作物品种和病虫害防治等。

①划分计算单元。为了前后一致性，仍以乡(镇)行政界限为计算单元。

②土地经济生产潜力的确定。单元土地生产力等于单元气候生产潜力和现实生产力的差值，即：土地生产力＝气候生产潜力—现实生产力

计算结果见表 3-11，经验证明所计算的经济生产潜力介于实际生产潜力和气候生产潜力之间。

表 3-11　曲周县各乡镇土地生产潜力计算统计表

乡镇名称	耕地面积/亩	水浇地面积/亩	平均亩产/kg	光合生产潜力/kg	光温生产潜力/kg	气候生产潜力/kg	经济生产潜力/kg	近期增产潜力/kg	*增产上限/kg
侯村镇	113262.7	69559.4	333	1985	1620	1439	1106	773	1287
安寨镇	104779.1	59619.5	339	1985	1620	1417	1078	739	1281
城关镇	79153.2	65506.6	392	1985	1620	1539	1147	755	1228
白寨乡	75001.0	62443.1	336	1985	1620	1542	1206	870	1284
里岳乡	61918.8	35984.8	325	1985	1620	1423	1098	773	1295
大河道	43378.4	31237.1	356	1985	1620	1488	1132	776	1264
槐桥乡	65497.7	33849.2	281	1985	1620	1392	1111	830	1339
依庄乡	51647.3	28162.7	322	1985	1620	1406	1084	762	1298
河南疃	84358.5	61053.9	320	1985	1620	1490	1170	850	1300
四疃乡	86755.4	57675.8	330	1985	1620	1463	1133	803	1290

注：*增产上限＝光温潜力－平均亩产

这种方法计算过程较为复杂，所需的资料较多，实际操作中难度较大。该方法侧重于高投入水平下土地生产潜力的计算，这与土地利用总体规划需要估算规划期末可能实现的土地利用潜力，在性质上和时间上很难吻合，致使计算结果在规划中应用受到限制。

参考文献

[1] 毕国华，杨庆媛. 中国土地利用效益的时空特征研究. 地域研究与开发，2016，35(6)：97-103.

[2] 陈百明，张凤荣. 中国土地可持续利用指标体系的理论与方法. 自然资源学报，2001(3)：197-203.

[3] 陈磊，孙佳新，姜海，等. 南京市土地利用结构时空格局及驱动因素. 水土保持研究，2020，27(1)：197-206.

[4] 付梦娣，李晨旭，刘伟玮，等. 黔西南喀斯特地区国土空间规划"双评价"技术与实践：以义龙新区为例. 环境科学研究，2021，34(3)：678-686.

[5] 胡毅，乔伟峰，万懿，等. 江苏省县域土地利用效益综合评价及其分异特征. 经济地理，2020，40(11)：186-195.

[6] 鞠洪润，左丽君，张增祥，等. 中国土地利用空间格局刻画方法研究. 地理学报，2020，75(1)：143-159.

[7] 李边疆，王万茂. 区域土地利用与生态环境耦合关系的系统分析. 干旱区地理，2008(1)：142-148.

[8] 林坚，刘文. 土地科学研究对象和学科属性的思考. 中国土地科学，2015，29(4)：4-10.

[9] 刘超，罗建美，霍永伟，等. 陕西省县域土地利用效益与城镇化的时空变化及协调性分析. 水土保持研究，2020，27(3)：320-327＋335.

[10] 祁育汀，张平，刘雷，等. 关中平原城市群土地利用结构多情景优化和生态系统服务价值预测. 应用生态学报，2023，34(9)：2507-2517.

[11] 渠丽萍，韩润仙. 城市土地集约利用系统分析及调控研究. 生态经济，2007(3)：71-74.

[12] 谭敏，褚克坚，华祖林，等. 基于 LUCC 的生态服务价值动态分析及预测——以徐州市区为例. 水土保持研究，2014，21(2)：297-301.

[13] 贾斐斐. 沛北煤矿区景观格局演变分析与情景模拟研究. 徐州：中国矿业大学，2017.

[14] 王思远，张增祥，周全斌，等. 中国土地利用格局及其影响因子分析. 生态学报，2003(4)：649-656.

[15] 王婉晶，揣小伟，黄贤金，等. 中国土地利用规划实施评价研究进展与展望. 中国土地科学，2012，26(11)：91-96.

[16] 王寅杰，刘殿锋. 顾及耕地占补平衡的土地利用变化及其效应多情景模拟. 武汉大学学报(信息科学版)，2023，48(9)：1499-1511.

[17] 吴金华，李纪伟，梁晶晶. 土地利用程度与效益关系研究——以延安市为例. 中国土地科学，2011，25(8)：54-60.

[18] 项广鑫，符金豪，曾丽婷，等. 基于"双评价"的城镇开发边界划定技术——以湘潭县

中心城区为例. 自然资源学报,2020,35(10):2401-2414.

[19] 杨君,周鹏全,袁淑君,等. 基于 InVEST 模型的洞庭湖生态经济区生态系统服务功能研究. 水土保持通报,2022,42(1):267-272

[20] 游丽平,林广发,杨陈照,等. 景观指数的空间尺度效应分析——以厦门岛土地利用格局为例. 地球信息科学,2008(1):74-79.

[21] 张锐,刘友兆,丑建立. 中国土地利用系统健康动态评价. 水土保持通报,2014,34(2):197-203.

[22] 张叶笑,冯广京. 土地利用动态规划研究. 中国土地科学,2017,31(12):25-32.

[23] 甄霖,魏云洁,谢高地,等. 中国土地利用多功能性动态的区域分析. 生态学报,2010,30(24):6749-6761.

[24] 郑岚,张志斌,马亚兄,等. 甘肃省土地利用效益评价及耦合协调度分析. 兰州大学学报(自然科学版),2022,58(1):11-19.

[25] 周德,徐建春,王莉. 近 15 年来中国土地利用冲突研究进展与展望. 中国土地科学,2015,29(2):21-29.

[26] 周杰,张学儒,牟凤云,等. 基于 CA-Markov 的土壤有机碳储量空间格局重建研究——以泛长三角地区为例. 长江流域资源与环境,2018,27(7):1565-1575.

[27] 朱从谋,苑韶峰,杨丽霞. 耦合 MOP 与 FLUS 模型的杭州市土地利用格局优化及权衡分析. 农业工程学报,2023,39(16):235-244.

[28] 朱庆莹,陈银蓉,胡伟艳,等. 中国土地集约利用与区域生态效率耦合协调度时空格局. 农业工程学报,2020,36(4):234-243.

[29] 朱文娟,孙华. 江苏省城市土地利用效益时空演变及驱动力研究. 中国土地科学,2019,33(4):103-112.

[30] 国土资源部. 国土资源环境承载力评价技术要求(试行). 2016.

[31] 自然资源部. 资源环境承载能力和国土空间开发适宜性评价指南(试行). 2020.

[32] 中华人民共和国住房和城乡建设部,中华人民共和国国家质量监督检验检疫总局. 城市用地分类与规划建设用地标准:GB 50137—2011. 北京:中国建筑工业出版社,2011.

[33] 中华人民共和国建设部,中华人民共和国国家质量监督检验检疫总局. 镇规划标准:GB 50188—2007. 北京:中国建筑工业出版社,2007.

第四章　总体规划

我国规划体系的改革，形成了较完善的“多规合一”的国土空间规划体系。因此，本书在讲述我国总体规划相关内容时，主要依托国土空间总体规划来表述。

第一节　概　述

一、总体规划的概念

总体规划是指一个地方依据当地人口社会经济发展状况，以及自然地理、资源环境条件、历史特点，为实现其社会经济发展目标而制定的一定期限内的空间发展蓝图和战略部署，是全域国土空间保护、开发、利用、修复和指导各类建设的行动纲领，也是详细规划的依据和各类专项规划的基础。

总体规划可以分为跨国、国域、区域、省域、市域、县域、镇域、村域等八个层级。不同层级的总体规划，因其目标和范围不同，具有不同的侧重。一般而言，行政层级越高的总体规划，越侧重于战略性；行政层级较低的总体规划，一方面要落实和深化上位规划要求，另一方面要为编制下位总体规划、详细规划、相关专项规划和开展各类开发保护建设活动、实施空间用途管制提供基本依据。

总体规划是对一个区域的发展方向、空间布局等进行的宏观规划，是高层级的规划，也是规划的第一阶段，是规划实施过程中国土空间开发保护建设和管理的原则性基本依据。

此外，以相对更广大区域（或更高行政层级）作为对象的规划称为上位规划，以相对小的区域（或更低行政层级）作为对象的规划称为下位规划。这里有两种思维，一种是从上位规划分解到下位规划的分配方式，另一种是从下位规划扩大到上位规划的叠加方式。无论哪种，都需要根据不同级别规划之间的反馈进行调整。

二、总体规划的特性

总体规划，必须从规划区域内社会经济的发展对国土空间和土地利用的需求和区域内土地资源条件出发，对未来的土地利用进行合理的调配，实现国土空间和土地资源的合理利用、科学开发、综合治理和有效保护。因此，与其他规划相比，总体规划具有如下特性。

（1）全局性　各级国土空间总体规划都覆盖其行政区域范围内的全部国土空间和土地资源，它的规划对象是全部国土空间和土地资源，涉及国民经济各个部门的土地利用。

（2）战略性　时间上的长期性，内容上的概括性，作用上的宏观控制，决定了它的战略性。总体规划的规划期一般是 15 年，跨度为 3 个国民经济和社会发展规划期，因此必须以国土空间和土地利用长期预测、长远的开发利用保护方针为基础，以制定国土空间和土地利用战略目标。

（3）权威性　下级规划要服从上级规划，总体规划要统筹和综合平衡各相关专项规划的空间需求，必须对其他类型的专项规划和详细规划起约束和指导作用，以便在统筹全局的视角下实现国土空间和土地利用战略目标。

(4)动态性　由于社会、经济的发展受一系列不确定因素的影响，而总体规划又是一个长期的战略性计划，在其实施过程中不确定因素较多，所以它必须对社会、经济、生态环境各项因素的发展变化能够作出反应，并具有一定的弹性。

(5)唯一性　任何一个行政区划同一时期只能有一个总体规划，不在国土空间规划体系之外另设其他空间规划，以落实总体规划对全域国土空间或土地利用的统领作用。唯一性的基础是国土空间规划"一张图"，通过统筹各类空间开发保护需求，确保空间布局不冲突、功能结构更合理，确保用地规模不突破、资源利用更有效。

三、总体规划的范围、期限与空间层次

总体规划范围包括各级行政辖区内全部陆域和管辖海域国土空间，具体涵盖了城镇空间、农业空间、生态空间和海洋空间等四大空间。

规划期限一般为15年，规划前5年为近期，远景展望可至规划目标年后15年。

总体规划一般具有多个空间层次。设区市总体规划包括市域、市辖区和中心城区3个空间层次。市域要统筹全域全要素规划管理，侧重国土空间开发保护的战略部署和总体格局，明确全域结构性管控和综合协调措施，提出县(市、区)规划引导要求；市辖区是设区市直接实施规划管理的主体区域，其规划内容和深度原则上与县(市)域相同。中心城区范围指本级城镇开发边界内的集中建设区，包括集中的规划建设用地和相关功能组团等，并与城区划定工作相衔接。邻近功能组团、居委会的规划集中建设区应当划入中心城区。中心城区应当明确空间结构优化、功能布局和重要设施布点等要求。设区市可以组织编制区总体规划或市总体规划的分区规划。

县(市)总体规划包括县(市)域和中心城区两个空间层次。县(市)域侧重对全域国土空间格局的整体谋划，统筹划定耕地和永久基本农田、生态保护红线、城镇开发边界等管控边界，明确规划分区、国土空间用途结构优化、城镇体系、要素支撑体系、生态修复和国土综合整治等内容，提出乡镇规划引导要求。中心城区层次侧重城镇空间功能完善、结构优化、用地和重要设施布局等要求，城镇开发强度分区控制以及城镇高度、风貌等空间形态控制。

四、编制原则

总体规划的编制原则主要有以下几方面。

(1)底线约束、绿色发展　坚持保护优先、集约节约，在资源环境承载能力与国土空间开发适宜性评价的基础上，优先划定不能进行开发建设的空间范围，严格落实上级规划的管控性要求和约束性指标，严守生态安全、国土安全、粮食安全和历史文化保护线，推动形成绿色发展方式和生活方式。

(2)以人为本、提升品质　坚持以人民为中心，优化国土空间功能和布局，统筹生产生活、生态空间，增加开敞空间和公共活动空间，改善人居环境，实现高质量发展、高品质生活。把群众满意度作为衡量规划水平的标准。

(3)同步推进、统筹协同　总体规划编制应同步推进，自上而下、上下联动，协同划定永久基本农田、生态保护红线、城镇开发边界。坚持陆海统筹，确定海洋保护利用相关控制线；坚持

城乡协同，推进城乡基本公共服务均等化；坚持区域联动，控制全域国土空间总体开发强度，促进都市圈、城市群有序发展。

(4)多规合一、全域管控　落实主体功能区战略和制度，将各类空间性规划融合为统一的国土空间规划，实现海陆和城乡空间规划全域覆盖、全要素管控。将各相关专项规划叠加到统一的国土空间基础信息平台上，形成全域“一张图”和“一个平台”。

(5)因地制宜、分类指导　尊重规律，前瞻谋划，科学分析，根据自然禀赋、人文特色不同地区发展阶段特征和需求，有针对性地开展规划编制工作。坚持问题导向和目标导向，鼓励规划“留白”，留有弹性空间，确保规划能用、管用、好用。

(6)多方参与、科学决策　按照“政府组织、专家领衔、部门合作、公众参与、科学决策”的工作组织方式，坚持落实责任、部门协同，坚持“开门编规划”，强化规划全过程公众参与，扩大公众和社会各界参与程度，不断完善公众参与制度，建立专家咨询机制，发挥不同领域专家的作用，提高规划科学决策水平。

五、总体规划的编制内容

总体规划的编制内容主要包括：明确空间发展目标战略，优化空间总体格局，强化资源环境底线约束，优化空间结构和提升连通性，完善公共空间和公共服务功能，保护自然与历史文化，完善基础设施体系，推进国土整治修复与城市更新，建立规划实施保障机制等。下面以市级总体规划为例，说明其编制内容。

(一) 落实主体功能定位，明确空间发展目标战略

强化总体规划的战略引领和底线管控作用，促进国土空间发展更加绿色安全、健康宜居、开放协调、富有活力并各具特色。

(1)围绕国家战略目标和上位规划部署，结合本地发展阶段和特点，并针对存在的问题、风险挑战和未来趋势，确定城市性质和国土空间发展目标，提出国土空间开发保护战略。

(2)落实上位规划的约束性指标要求，结合经济社会发展要求，确定国土空间开发保护的量化指标。

(二)优化空间总体格局，促进区域协调、城乡融合发展

落实国家和省的区域发展战略、主体功能区战略，以自然地理格局为基础，形成开放式、网络化、集约型、生态化的国土空间总体格局。

(1)完善区域协调格局　注重推动城市群、都市圈交通一体化，发挥综合交通对区域网络化布局的引领和支撑作用，重点解决资源和能源、生态环境、公共服务设施和基础设施、产业空间和邻避设施布局等区域协同问题。城镇密集地区的城市要提出跨行政区域的都市圈、城镇圈协调发展的规划内容，促进多中心、多层次、多节点、组团式、网络化发展，防止城市无序蔓延。其他地区在培育区域中心城市的同时，要注重发挥县城、重点特色镇等节点城镇作用，形成多节点、网络化的协同发展格局。

(2)优先确定生态保护空间　明确自然保护地等生态重要和生态敏感地区，构建重要生态屏障、廊道和网络，形成连续、完整、系统的生态保护格局和开敞空间网络体系，维护生态安全和生物多样性。

(3)保障农业发展空间　优化农业(畜牧业)生产空间布局，引导布局都市农业，提高就近粮食保障能力和蔬菜自给率，重点保护集中连片的优质耕地、草地，明确具备整治潜力的区域，

以及生态退耕、耕地补充的区域。沿海城市要合理安排集约化海水养殖和现代化海洋牧场空间布局。

(4)融合城乡发展空间　围绕新型城镇化、乡村振兴、产城融合,明确城镇体系的规模等级和空间结构,提出村庄布局优化的原则和要求。完善城乡基础设施和公共服务设施网络体系,改善可达性,构建不同层次和类型、功能复合、安全韧性的城乡生活圈。

(5)彰显地方特色空间　发掘本地自然和人文资源,系统保护自然景观资源和历史文化遗存,划定自然和人文资源的整体保护区域。

(6)协同地上地下空间　提出地下空间和重要矿产资源保护开发的重点区域,处理好地上与地下、矿产资源勘查开采与生态保护红线及永久基本农田等控制线的关系。提出城市地下空间的开发目标、规模、重点区域、分层分区和协调连通的管控要求。

(7)统筹陆海空间　沿海城市应按照陆海统筹原则确定生态保护红线,并提出海岸带两侧陆海功能衔接要求,制定陆域和海域功能相互协调的规划对策。

(8)明确战略性的预留空间,以应对未来发展的不确定性。

(三)强化资源环境底线约束,推进生态优先、绿色发展

基于资源环境承载能力和国土安全要求,明确重要资源利用上限,划定各类控制线,作为开发建设不可逾越的红线。

(1)落实上位国土空间规划确定的永久基本农田、生态保护红线、城镇开发边界(以下简称“三条控制线”)等划定要求,统筹划定“三条控制线”。各地可结合地方实际,提出历史文化、矿产资源等其他需要保护和控制的底线要求。

(2)制定水资源供需平衡方案,明确水资源利用上限。按照以水定城、以水定地、以水定人、以水定产原则,优化生产、生活、生态用水结构和空间布局,重视雨水和再生水等资源的利用,建设节水型城市。

(3)制定能源供需平衡方案,落实碳排放减量任务,控制能源消耗总量。优化能源结构,推动风、光、水、地热等本地清洁能源利用,提高可再生能源比例,鼓励分布式、网络化能源布局,建设低碳城市。

(4)基于地域自然环境条件,严格保护低洼地等调蓄空间,明确海洋、河湖水系、湿地、蓄滞洪区和水源涵养地的保护范围,确定海岸线、河湖自然岸线的保护措施。明确天然林、生态公益林、基本草原等为主体的林地、草地保护区域。

(四)优化空间结构和提升连通性,促进节约集约、高质量发展

依据国土空间开发保护总体格局,注重城乡融合、产城融合,优化城市功能布局和空间结构,改善空间连通性和可达性,促进形成高质量发展的新增长点。

(1)按照主体功能定位和空间治理要求,优化城市功能布局和空间结构,划分规划分区。规划分区分为一级规划分区和二级规划分区。一级规划分区包括7类:生态保护区、生态控制区、农田保护区、城镇发展区、乡村发展区、海洋发展区、矿产能源发展区。在城镇发展区、乡村发展区、海洋发展区分别细分为二级规划分区,各地可结合实际补充二级规划分区类型。其中,中心城区和沿海城市的海洋发展区应细化至二级规划分区。规划分区类型和具体含义见表4-1。

表 4-1 规划分区及其含义

一级规划分区	二级规划分区		含义
生态保护区			具有特殊重要生态功能或生态敏感脆弱、必须强制性严格保护的陆地和海洋自然区域，包括陆域生态保护红线、海洋生态保护红线集中划定的区域
生态控制区			生态保护红线外，需要予以保留原貌、强化生态保育和生态建设、限制开发建设的陆地和海洋自然区域
农田保护区			永久基本农田相对集中，需严格保护的区域
城镇发展区			城镇开发边界围合的范围，是城镇集中开发建设并可满足城镇生产、生活需要的区域
城镇发展区	城镇集中建设区	居住生活区	以住宅建筑和居住配套设施为主要功能导向的区域
城镇发展区	城镇集中建设区	综合服务区	以提供行政办公、文化、教育、医疗以及综合商业等服务为主要功能导向的区域
城镇发展区	城镇集中建设区	商业商务区	以提供商业、商务办公等就业岗位为主要功能导向的区域
城镇发展区	城镇集中建设区	工业发展区	以工业及其配套产业为主要功能导向的区域
城镇发展区	城镇集中建设区	物流仓储区	以物流仓储及其配套产业为主要功能导向的区域
城镇发展区	城镇集中建设区	绿地休闲区	以公园绿地、广场用地、滨水开敞空间、防护绿地等为主要功能导向的区域
城镇发展区	城镇集中建设区	交通枢纽区	以机场、港口、铁路客货运站等大型交通设施为主要功能导向的区域
城镇发展区	城镇集中建设区	战略预留区	在城镇集中建设区中，为城镇重大战略性功能控制的留白区域
城镇发展区	城镇弹性发展区		为应对城镇发展的不确定性，在满足特定条件下方可进行城镇开发和集中建设的区域
城镇发展区	特别用途区		为完善城镇功能，提升人居环境品质，保持城镇开发边界的完整性，根据规划管理需划入开发边界内的重点地区，主要包括与城镇关联密切的生态涵养、休闲游憩、防护隔离、自然和历史文化保护等区域
乡村发展区			农田保护区外，为满足农林牧渔等农业发展以及农民集中生活和生产配套为主的区域
乡村发展区	村庄建设区		城镇开发边界外，规划重点发展的村庄用地区域
乡村发展区	一般农业区		以农业生产发展为主要利用功能导向划定的区域
乡村发展区	林业发展区		以规模化林业生产为主要利用功能导向划定的区域
乡村发展区	牧业发展区		以草原畜牧业发展为主要利用功能导向划定的区域

续表 4-1

一级规划分区	二级规划分区	含义
海洋发展区		允许集中开展开发利用活动的海域，以及允许适度开展开发利用活动的无居民海岛
	渔业用海区	以渔业基础设施建设、养殖和捕捞生产等渔业利用为主要功能导向的海域和无居民海岛
	交通运输用海区	以港口建设、路桥建设、航运等为主要功能导向的海域和无居民海岛
	工矿通信用海区	以临海工业利用、矿产能源开发和海底工程建设为主要功能导向的海域和无居民海岛
	游憩用海区	以开发利用旅游资源为主要功能导向的海域和无居民海岛
	特殊用海区	以污水达标排放、倾倒、军事等特殊利用为主要功能导向的海域和无居民海岛
	海洋预留区	规划期内为重大项目用海用岛预留的控制性后备发展区域
矿产能源发展区		为适应国家能源安全与矿业发展的重要陆域采矿区、战略性矿产储量区等区域。

(2)落实上位规划指标，以盘活存量为重点，明确用途结构优化方向，确定全域主要用地用海的规模和比例，制定市域国土空间功能结构调整表(表 4-2)，提出城乡建设用地集约利用的目标和措施。

表 4-2　市域国土空间功能结构调整表

用地用海类型		规划基期年		规划目标年	
		面积/km^2	比重/%	面积/km^2	比重/%
耕地					
园地					
林地					
草地					
湿地					
城乡建设用地	城镇				
	村庄				
区域基础设施用地					
其他建设用地					
渔业用海					
工矿通信用海					
交通运输用海					
游憩用海					
特殊用海					
陆地水域					

续表 4-2

用地用海类型	规划基期年		规划目标年	
	面积/km^2	比重/%	面积/km^2	比重/%
其他土地				
其他海域				

注：①城乡建设用地中的城镇、村庄是指城镇、村庄范围的建设用地，规划基期年数据采用"三调"中的城市、建制镇、村庄用地数据。

②区域基础设施用地包括区域性交通运输用地、公用设施用地。

③其他建设用地是城乡建设用地、区域基础设施用地以外的建设用地，主要包括特殊用地、矿业用地等。

(3)确定中心城区各类建设用地总量和结构，制定中心城区城镇建设用地结构规划表(表4-3)。提出不同规划分区的用地结构优化导向，鼓励土地混合使用。

表 4-3　中心城区城镇建设用地结构规划表

序号	用地类型	比例/%	面积/km^2
1	居住用地		
2	公共管理与公共服务用地		
3	商业、服务业用地		
4	工矿用地		
5	仓储用地		
6	交通运输用地		
7	公用设施用地		
8	绿地与开敞空间用地		
9	特殊用地		
10	留白用地		
	合计		

(4)优化建设用地结构和布局，促进人、城、产、交通一体化发展，融合产业园区与城市服务功能的关系，保障发展实体经济的产业空间，在确保环境安全的基础上引导发展功能复合的产业社区，促进产城融合、职住平衡。

(5)提高空间连通性和交通可达性，明确综合交通系统发展目标与分区策略，确定市域综合交通网络布局，完善物流运输系统布局，增强区域、市域、城乡之间的交通网络服务能力。

(6)坚持公共交通引导城市发展，提出与城市功能布局相融合的公交体系与设施布局。优化公交枢纽和站点(含轨道交通)布局与集约用地要求，提高站点覆盖率，鼓励站点周边地区土地混合使用，引导形成综合服务节点。

(五) 完善公共空间和公共服务功能，营造健康、舒适、便利的人居环境

结合不同尺度的城乡生活圈，优化居住和公共服务设施用地布局，完善开敞空间和慢行网络，提高人居环境品质。

(1)基于常住人口的总量和结构，提出分区分级公共服务中心体系布局和标准，针对实际服务管理人口特征和需求，完善服务功能，改善服务的便利性。确定中心城区公共服务设施用地总量和结构比例。

(2)优化居住用地结构和布局,改善职住关系,引导政策性住房优先布局在交通和就业便利地区,避免形成单一功能的大型居住区。确定中心城区人均居住用地面积。严控高层高密度住宅。

(3)完善社区生活圈,针对人口老龄化、少子化趋势和社区功能复合化需求,重点提出医疗、康养、教育、文体、社区商业等服务设施和公共开敞空间的配置标准和布局要求,建设全年龄友好健康城市,以社区生活圈为单元补齐公共服务短板。

(4)按照"小街区、密路网"的理念,优化中心城区城市道路网结构和布局,提高中心城区道路网密度。

(5)构建系统安全的慢行系统,结合街道和蓝绿网络,构建连通城市和城郊的绿道系统,提出城市中心城区覆盖地上地下、室内户外的慢行系统规划要求,建设步行友好城市。

(6)结合市域生态网络,完善蓝绿开敞空间系统,为市民创造更多接触大自然的机会。确定结构性绿地、城乡绿道、市级公园等重要绿地以及重要水体的控制范围,划定中心城区的绿线、蓝线,并提出控制要求。

(7)在中心城区提出通风廊道、隔离绿地和绿道系统等布局和控制要求。确定中心城区绿地与开敞空间的总量、人均用地面积和覆盖率指标,并着重提出包括社区公园、口袋公园在内的各类绿地均衡布局的规划要求。

(六)保护自然与历史文化,塑造具有地域特色的城乡风貌

加强自然和历史文化资源的保护,运用城市设计方法,优化空间形态,凸显本地特色优势。

(1)挖掘本地历史文化资源,梳理市域历史文化遗产保护名录,明确和整合各级文物保护单位、历史文化名城名镇名村、历史城区、历史文化街区、传统村落、历史建筑等历史文化遗存的保护范围,统筹划定包括城市紫线在内的各类历史文化保护线。保护历史性城市景观和文化景观,针对历史文化和自然景观资源富集、空间分布集中的地域和廊道,明确整体保护和促进活化利用的空间要求。

(2)提出全域山水人文格局的空间形态引导和管控原则,对滨水地区(河口、海岸)、山麓地区等城市特色景观地区提出有针对性的管控要求。

(3)明确空间形态重点管控地区,提出开发强度分区和容积率、密度等控制指标,以及高度、风貌、天际线等空间形态控制要求。明确有景观价值的制高点、山水轴线、视线通廊等,严格控制新建超高层建筑。

(4)对乡村地区分类分区提出特色保护、风貌塑造和高度控制等空间形态管控要求,发挥田野的生态、景观和空间间隔作用,营造体现地域特色的田园风光。

(七)完善基础设施体系,增强城市安全韧性

统筹存量和增量、地上和地下、传统和新型基础设施系统布局,构建集约高效、智能绿色、安全可靠的现代化基础设施体系,提高城市综合承载能力,建设韧性城市。

(1)以协同融合、安全韧性为导向,结合空间格局优化和智慧城市建设,优化形成各类基础设施一体化、网络化、复合化、绿色化、智能化布局。提出市域重要交通廊道和高压输电干线、天然气高压干线等能源通道空间布局,以及市域重大水利工程布局安排。提出中心城区交通、能源、水系统、信息、物流、固体废弃物处理等基础设施的规模和网络化布局要求,明确廊道控制要求,鼓励新建城区提出综合管廊布局方案。

（2）基于灾害风险评估，确定主要灾害类型的防灾减灾目标和设防标准，划示灾害风险区。明确防洪（潮）、抗震、消防、人防、防疫等各类重大防灾设施标准、布局要求与防灾减灾措施，适度提高生命线工程的冗余度。针对气候变化影响，结合城市自然地理特征，优化防洪排涝通道和蓄滞洪区，划定洪涝风险控制线，修复自然生态系统，因地制宜推进海绵城市建设，增加城镇建设用地中的渗透性表面。沿海城市应强化因气候变化造成海平面上升的灾害应对措施。

（3）以社区生活圈为基础构建城市健康安全单元，完善应急空间网络。结合公园、绿地、广场等开敞空间和体育场馆等公共设施，提出网络化、分布式的应急避难场所、疏散通道的布局要求。

（4）预留一定应急用地和大型危险品存储用地，科学划定安全防护和缓冲空间。

（5）确定重要交通、能源、市政、防灾等基础设施用地控制范围，划定中心城区重要基础设施的黄线，与生态保护红线、永久基本农田等控制线相协调，在提出控制要求的同时保留一定弹性，为新型基础设施建设预留发展空间。

（八）推进国土整治修复与城市更新，提升空间综合价值

针对空间治理问题，分类开展整治、修复与更新，有序盘活存量，提高国土空间的品质和价值。

（1）生态修复应坚持山水林田湖草沙生命共同体的理念，按照陆海统筹的原则，针对出现生态功能退化、生物多样性减少、水土污染、洪涝灾害、地质灾害等问题区域，明确生态系统修复的目标、重点区域和重大工程，维护生态系统，改善生态功能。

（2）土地整治应以乡村振兴为目标，结合村庄布局优化要求，推进乡村地区田水路林村全要素综合整治，针对土壤退化等问题，提出农用地综合整治、低效建设用地整治等综合整治目标、重点区域和重大工程，建设美丽乡村。

（3）城市更新应根据城市发展阶段与目标、用地潜力和空间布局特点，明确实施城市有机更新的重点区域，根据需要确定城市更新空间单元，结合城乡生活圈构建要求，注重补短板、强弱项，优化功能布局和开发强度，传承历史文化，提升城市品质和活力，避免大拆大建，保障公共利益。

（九）建立规划实施保障机制，确保一张蓝图干到底

保障规划有效实施，提出对下位规划和专项规划的指引；衔接国民经济和社会发展五年规划，制定近期行动计划；提出规划实施保障措施和机制，以"一张图"为支撑，完善规划全生命周期管理。

1. 区县指引

对市辖县（区、市）提出规划指引，按照主体功能区定位，落实市级总体规划确定的规划目标、规划分区、重要控制线、城镇定位、要素配置等规划内容。制定市辖县（区、市）的约束性指标分解方案，下达调控指标，确保约束性指标的落实。

各地可根据实际情况，在市级总体规划基础上，大城市可以行政区或规划片区为单元编制分区规划（相当于县级总规），中小城市可直接划分详规单元，加强对详细规划的指引和传导。涉及中心城区范围的县（区、市）的国土空间总体规划，应落实市级总体规划对中心城区的国土空间安排。

2. 专项指引

明确专项规划编制清单。相关专项规划应在国土空间总体规划的指导约束下编制，落实相关约束性指标，不得违背市级总体规划的强制性内容。专项规划经依法批准后纳入市级国土空间基础信息平台，叠加到国土空间规划“一张图”上。

3.近期行动计划

衔接国民经济和社会发展五年规划，结合城市体检评估，对规划近期作出统筹安排，制定行动计划。编制城市更新、土地整治、生态修复、基础设施、公共服务设施和防洪排涝工程等重大项目清单，提出实施支撑政策。

4.政策机制

落实和细化主体功能区等政策，提出有针对性、可操作的财政、投资、产业、环境、生态、人口、土地等规划实施政策措施，保障规划目标的实现，促进国土空间的优化和空间资源的资产价值实现。鼓励探索主体功能区制度在基层落实的途径，各地可依法制定相应的配套措施。

5.国土空间规划“一张图”建设

形成市级总体规划数据库，作为市级总体规划的成果组成部分同步上报。建立各部门共建共享共用、全市统一、市县(区)联动的国土空间基础信息平台，并做好与国家级平台对接，积极推进与其他信息平台的横向联通和数据共享。基于国土空间基础信息平台同步建设国土空间规划“一张图”实施监督信息系统，为城市体检评估和规划全生命周期管理奠定基础。基于国土空间基础信息平台，探索建立城市信息模型(CIM)和城市时空感知系统，促进智慧规划和智慧城市建设，提高国土空间精治、共治、法治水平。

第二节　总体规划的编制流程

规划开始编制后经过多个步骤，从而得到最终规划方案的过程称为规划编制流程。

总体规划编制应坚持党委领导、政府组织、部门协同、专家领衔、公众参与的工作方式。编制主体为当地人民政府。工作程序主要包括工作准备、基础研究与规划评估、规划方案编制、规划公示与报批实施等4个阶段(图4-1)。

一、工作准备阶段

准备工作包括成立规划领导小组和规划办公室，拟定规划工作方案和工作计划，并报同级人民政府批准，落实规划经费和人员，广泛收集已有的现状和规划资料等，具体包括以下方面。

1.组织准备

(1)政府牵头组织　落实各级政府组织编制和实施总体规划的主体责任，明确责任分工。市县人民政府应成立规划编制领导小组，主要领导为组长，相关部门负责人为成员，负责审定工作方案、落实工作经费、协调重大事宜、论证规划成果，对规划重大问题进行协商决策。由自然资源主管部门牵头，联合发展改革、财政、生态环境、城乡建设、工业和信息化、农业农村、水利、交通、能源、文化旅游、卫生健康等部门，组建规划编制专班，负责具体工作，建立协作联动机制，协调解决各类问题。

(2)组建技术团队　注重专业化与综合性相结合，选择具有空间规划、土地管理城乡规划、生态环境等专业背景的技术单位，组建规划编制技术团队，承担规划编制技术工作。同步建立和完善专家智库，加强总体规划编制重大事项的咨询、论证，充分听取不同领域的专家意见。

(3)制定工作方案　明确工作组织、责任分工、任务内容、阶段目标、进度安排决策机制、经

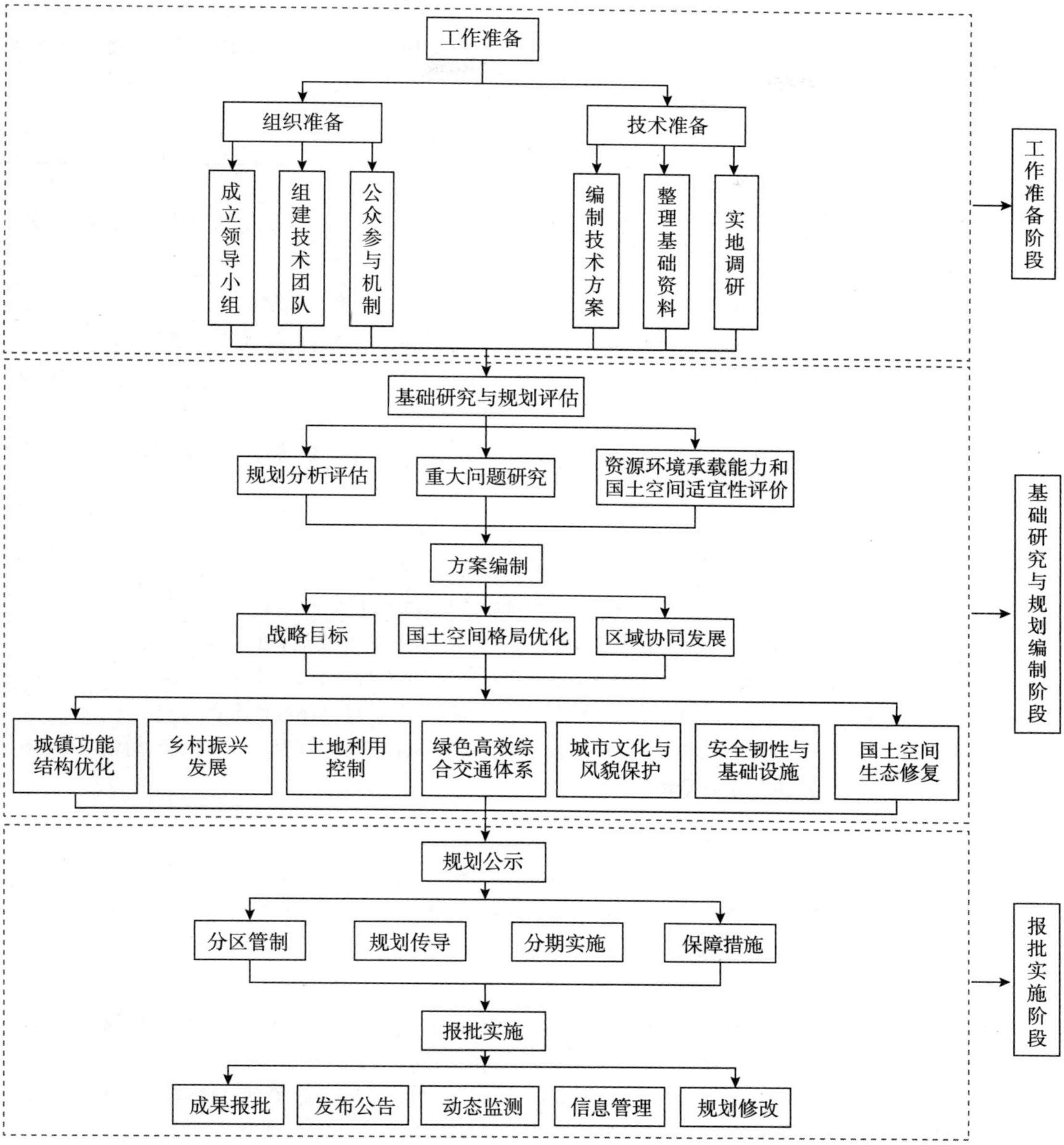

图 4-1　总体规划编制流程图

费保障等内容，确保编制工作顺利开展。

(4)建立公众参与机制　坚持“开门编规划”，建立健全总体规划编制全过程的公众参与和协商机制，扩大公众和社会各界参与程度，确保规划方案形成过程中以多种方式广纳民意、集中民智、凝聚共识。

2. **技术准备**

(1)编制技术方案　明确指导思想、编制原则、技术路线、主要任务和内容、专题设置、方案论证、成果形式与要求等。

(2)整理分析基础资料　收集基础测绘、土地、水、海洋、林草、地质、矿产、生态、环境、灾害、人口、经济、社会、文化、基础设施、城乡建设、航运岸线等方面的基础数据和资料，以及相关部门的规划成果、管理数据等，对基础资料进行分类整理和初步分析。总体规划基础资料清单见表 4-4。

表 4-4　总体规划基础资料清单

基础资料收集分类	主要内容
行政区划与区位条件	行政建制与区划、辖区面积、城镇村数量分布、毗邻地区等情况；区位优势、所处地域优势和产业优势情况。
自然条件与自然资源	气候气象、地貌、土壤、植被、水文、地质、自然灾害（如洪涝、地震、地质灾害）等情况：水资源、森林资源、矿产资源、生物资源、海洋资源、景观资源等情况。
人口情况	1. 历年总人口、总户数、人口密度、城镇人口、乡村人口、人口自然增长、人口机械增长等情况： 2. 户籍人口、常住人口、暂住人口、劳动力就业构成、剩余劳动力流向、外来劳动力从业等情况。
经济社会生态环境	1. 经济社会综合发展状况、历年国内生产总值、财政收入、固定资产投资、人均产值、人均收入、农民纯收入、贫困人口脱贫等情况； 2. 产业结构、主导产业状况及发展趋势，城镇化水平、村镇建设状况； 3. 城乡建设及基础设施，能源、采矿业发展，对外交通、通信、邮电、商业、医疗、卫生、文化教育、风景名胜、古迹文物保护、旅游发展、民族文化等情况； 4. 自然保护地、农田基本建设、水利建设、防护林建设等情况； 5. 生态环境状况（土地退化、土地污染、本土流失等），生态环境保护、防治污染、环境卫生建设等情况。
自然资源利用状况	1. 国土调查成果； 2. 土地、水、海洋、森林、草原、湿地、矿产、地质环境等专项调查成果； 3. 土壤普查、后备耕地调查评价、农用地分等定级调查评价、土地执法检查、土地督察、土地动态遥感监测等成果。
相关规划成果	1. 地形图、遥感影像图； 2. 上一轮市、县土地利用总体规划、城市总体规划，上级土地利用总体规划、城镇体系规划，海洋功能区划； 3. 已有的基本农田、自然保护地、交通、水利、环保、旅游、地质环境、能源矿产、防灾减灾、土地整治等专项规划成果资料、图件及其实施情况。

（3）调研重点地区和部门　结合重要专题设置，开展专题调研，通过研讨座谈、问卷调查、现场踏勘等方式，深入了解地区用地问题、发展实际与合理诉求，掌握各部门、行业的发展趋势和空间需求。

二、基础研究与规划评估阶段

总体规划编制应开展基础研究，主要包括：形成基期用地底数底图；开展资源环境承载能力和国土空间开发适宜性评价；进行规划实施评估和国土空间风险评估；开展重大问题研究等。

1. 统一底图底数

总体规划应在国土调查的基础上，按照国土空间用地用海分类、城区范围确定等有关标准规范，形成符合规定的国土空间利用现状和工作底数。统一采用 2000 国家大地坐标系和 1985 国家高程基准作为空间定位基础，形成坐标一致、边界吻合、上下贯通的工作底图。沿海地区要增加所辖海域海岛底图底数。

应根据需要开展补充调查，并充分应用基础测绘和地理国情监测成果，收集自然资源、生态环境、经济产业、人口社会、历史文化、基础设施、城乡发展、区域协调、灾害风险、水土污染、海洋空间保护和利用等相关资料，以及相关规划成果、土地利用审批、永久基本农田等数据，加强基础数据分析。

2. 分析自然地理格局

研究当地气候和地形地貌条件、水土等自然资源禀赋、生态环境容量等空间本底特征，分析自然地理格局、人口分布与区域经济布局的空间匹配关系，开展资源环境承载能力和国土空间开发适宜性评价（以下简称“双评价”），明确农业生产、城镇建设的最大合理规模和适宜空间，提出国土空间优化导向。

3. 规划实施评估和灾害风险评估

开展现行城市总体规划、土地利用总体规划、市级海洋功能区划等空间类规划及相关政策实施的评估，评估自然生态和历史文化保护、基础设施和公共服务设施、节约集约用地等规划实施情况；结合自然地理本底特征和“双评价”结果，针对不确定性和不稳定性，分析区域发展和城镇化趋势、人口与社会需求变化、科技进步和产业发展、气候变化等因素，系统梳理国土空间开发保护中存在的问题，开展灾害和风险评估。

4. 重大专题研究

重大专题研究一般包括：①研究人口规模、结构、分布以及人口流动等对空间供需的影响和对策；②研究气候变化及水土资源、洪涝等自然灾害等因素对空间开发保护的影响和对策；③研究重大区域战略、新型城镇化、乡村振兴、科技进步、产业发展等对区域空间发展的影响和对策；④研究交通运输体系和信息技术对区域空间发展的影响和对策；⑤研究公共服务、基础设施、公共安全、风险防控等支撑保障系统的问题和对策；⑥研究建设用地节约集约利用和城市更新、土地整治、生态修复的空间策略；⑦研究自然山水和人工环境的空间特色、历史文化保护传承等空间形态和品质改善的空间对策；⑧研究资源枯竭、人口收缩城市振兴发展的空间策略；⑨综合研究规划实施保障机制和相关政策措施。

5. 总体城市设计研究

中心城区是总体规划的重要构成，因此城市设计贯穿总体规划全过程是非常关键的。基于人与自然和谐共生的原则，研究市域生产、生活、生态的总体功能关系，优化开发保护的约束性条件和管控边界，协调城镇乡村与山水林田湖草沙等自然环境的布局关系，塑造具有特色和比较优势的市域国土空间总体格局和空间形态。基于本地自然和人文禀赋，加强自然与历史文化遗产保护，研究城市开敞空间系统、重要廊道和节点、天际轮廓线等空间秩序控制引导方案，提高国土空间的舒适性、艺术性，提升国土空间品质和价值。

三、规划方案编制阶段

1. 明确规划层级

市县规划按照全域、城镇功能控制区两个层次，分别编制规划方案。设区市、未设区的市（地、州、盟）和县级行政单元的城镇功能区按照“管什么就批什么”的原则，与城市批次用地报批范围保持一致，确定规划控制范围，具体规定参见表 4-5。

表 4-5　城镇功能控制区划定要求

<table>
<tr><th colspan="2">规划层级</th><th colspan="2">可选择城镇功能控制区范围</th><th colspan="2">可选择规划编制方式</th></tr>
<tr><td rowspan="12">市级规划</td><td rowspan="6">设区市</td><td>a)</td><td>市辖区</td><td rowspan="6">如果城镇功能控制区已经覆盖全部市域，城镇功能控制区规划不再编制。对应的全域规划：① 如达到县级规划编制深度，各市辖区的总体规划不再编制，按照统一的全域规划执行；② 如达到市级规划编制深度，各市辖区的总体规划应依照县级规划编制深度单独编制</td><td rowspan="6">如果城镇功能控制区已经覆盖全部市辖区，规划编制深度应依照县级规划规定执行，各市辖区的总体规划不再单独编制，按照统一的市辖区规划执行</td></tr>
<tr><td>b)</td><td>市辖区内可能划定城镇开发边界所涉及的乡镇</td></tr>
<tr><td>c)</td><td>中心城区、新城、新区、市及以上级别政府派出机构管理的重要开发区、工矿区和县（市、区）人民政府驻地可能划定城镇开发边界所涉及的乡镇</td></tr>
<tr><td>d)</td><td>中心城区、新城、新区、市及以上级别政府派出机构管理的重要开发区、工矿区可能划定城镇开发边界所涉及的乡镇</td></tr>
<tr><td>e)</td><td>中心城区可能划定城镇开发边界地域和市政府认为需要重点管理的地区所涉及的乡镇</td></tr>
<tr><td>f)</td><td>中心城区可能划定城镇开发边界所涉及的乡镇</td></tr>
<tr><td rowspan="6">未设区的市（地、州、盟）</td><td>a)</td><td>全域</td><td rowspan="6">如城镇功能控制区下级管辖单元为乡镇级单元，总体规划内容至少应达到县级规划编制深度；城镇功能控制区为全域且编制深度达到乡镇级规划要求时，各乡镇级单元规划不再单独编制，按照统一的全域规划执行，乡镇级规划编制要求另行规定</td><td rowspan="6">如城镇功能控制区下级管辖单元为县级单元，总体规划内容应达到市级规划编制深度</td></tr>
<tr><td>b)</td><td>全域内可能划定城镇开发边界所涉及的乡镇</td></tr>
<tr><td>c)</td><td>中心城区、新城、新区、市及以上级别政府派出机构管理的重要开发区、工矿区和县（市、区）人民政府驻地可能划定城镇开发边界所涉及的乡镇</td></tr>
<tr><td>d)</td><td>中心城区、新城、新区、市及以上级别政府派出机构管理的重要开发区、工矿区可能划定城镇开发边界所涉及的乡镇</td></tr>
<tr><td>e)</td><td>中心城区可能划定城镇开发边界地域和市政府认为需要重点管理的地区所涉及的乡镇</td></tr>
<tr><td>f)</td><td>中心城区可能划定城镇开发边界所涉及的乡镇</td></tr>
</table>

续表 4-5

<table>
<tr><th>规划层级</th><th colspan="2">可选择城镇功能控制区范围</th><th colspan="2">可选择规划编制方式</th></tr>
<tr><td rowspan="4">县级规划</td><td>a)</td><td>全域</td><td rowspan="4">如果确定的城镇功能控制区已经覆盖全域，全域规划和城镇功能控制区规划合并编制</td><td rowspan="4">如果确定的城镇功能控制区未覆盖全域，编制城镇功能控制区规划</td></tr>
<tr><td>b)</td><td>中心城区、新城、新区、县（区、市）政府派出机构管理的重要开发区、工矿区和重要城镇可能划定城镇开发边界所涉及的乡镇</td></tr>
<tr><td>c)</td><td>中心城区可能划定城镇开发边界地域及县（区、市）政府认为需要重点管理的地区所涉及的乡镇</td></tr>
<tr><td>d)</td><td>中心城区可能划定城镇开发边界地域所涉及的乡镇</td></tr>
</table>

2. 确定总体定位及开发保护目标

（1）确定国土空间开发保护目标　贯彻生态文明、高质量发展理念，落实国家、省重大战略部署，从经济社会发展、资源环境约束、国土空间保护、空间利用效率、生态整治修复等方面提出近、远期规划目标。

（2）提出空间战略　落实国家和区域空间战略，针对市县国土空间开发保护存在的重大问题以及面临的形势，结合自然资源禀赋和经济社会发展阶段，协调保护和开发的关系，提出本市县国土空间开发保护的战略。

（3）城市性质及核心功能定位　按照上级国土空间总体规划的相关要求，明确本地区在区域政治、经济、社会和文化等方面所处的地位、作用及承担的主要职能；依照城市的资源禀赋、区位条件、地方特色和发展阶段，综合确定城市性质及核心功能定位。

（4）构建指标体系　落实上级规划的管控要求和指标，按照生态优先、高质量发展、高品质生活、高水平治理的要求，明确本级规划国土空间开发保护的总体目标和预期性、约束性指标（详见表 4-6），并将主要要求和指标分解到下级行政区。重点分解耕地保有量、永久基本农田保护面积、生态保护红线面积、用水总量、建设用地总面积、城乡建设用地面积、林地保有量、湿地面积、大陆自然海岸线保有率等指标，形成乡镇（街道）指标分解方案，确保总体规划指标的传导落实。指标分解应实事求是，加强与年度变更成果和规划底图底数的衔接，确保指标落地落图。依据上级国土空间规划和区域总体定位，遵循自然资源集约高效利用、城镇化健康有序推进的原则，贯彻落实主体功能区战略和制度，合理确定全域保护与发展的总体定位。

3. 区域协同发展

落实国家及省域总体战略对区域协同发展的要求，发挥本地特色和优势，落实主体功能区战略，体现分区差异化发展策略。结合省域和跨区域国土空间协同发展要求，提出本区域与周边地区在自然资源保护、生态环境治理、重大产业发展、城镇功能布局、交通互联互通、基础设施和公共设施及邻避设施等共建共享等方面的跨界协同要求和跨区域衔接策略。大城市、特大城市、超大城市要加强城镇圈、都市圈等跨行政区域的规划研究，以强化对国土空间开发保护格局的支撑。

表 4-6　总体规划指标体系表

<table>
<tr><th colspan="2">指标名称</th><th>单位</th><th>指标属性</th></tr>
<tr><td colspan="2">耕地保有量</td><td>km^2</td><td>约束性</td></tr>
<tr><td colspan="2">永久基本农田保护面积</td><td>km^2</td><td>约束性</td></tr>
<tr><td colspan="2">生态保护红线面积</td><td>km^2</td><td>约束性</td></tr>
<tr><td colspan="2">自然保护地陆地面积占陆域国土面积比例</td><td>%</td><td>预期性</td></tr>
<tr><td colspan="2">森林覆盖率</td><td>%</td><td>预期性</td></tr>
<tr><td colspan="2">湿地保护率</td><td>%</td><td>预期性</td></tr>
<tr><td colspan="2">水域空间保有量</td><td>万亩</td><td>预期性</td></tr>
<tr><td colspan="2">用水总量</td><td>亿 m^3</td><td>约束性</td></tr>
<tr><td colspan="2">自然和文化遗产</td><td>处</td><td>预期性</td></tr>
<tr><td rowspan="2">常住人口规模</td><td>市域</td><td rowspan="2">万人</td><td>预期性</td></tr>
<tr><td>中心城区</td><td>预期性</td></tr>
<tr><td rowspan="2">人均城镇建设用地面积</td><td>市域</td><td rowspan="2">m^2</td><td rowspan="2">约束性</td></tr>
<tr><td>中心城区</td></tr>
<tr><td colspan="2">常住人口城镇化率</td><td>%</td><td>预期性</td></tr>
<tr><td colspan="2">新增建设用地规模</td><td>km^2</td><td>预期性</td></tr>
<tr><td colspan="2">新增城镇建设用地规模</td><td>km^2</td><td>预期性</td></tr>
<tr><td colspan="2">单位国内生产总值建设用地使用面积下降</td><td>%</td><td>预期性</td></tr>
<tr><td colspan="2">公园绿地、广场步行 5 min 覆盖率</td><td>%</td><td>约束性</td></tr>
<tr><td colspan="2">社区公共服务设施步行 15 min 覆盖率</td><td>%</td><td>预期性</td></tr>
<tr><td colspan="2">每千名老年人养老床位数</td><td>张</td><td>预期性</td></tr>
<tr><td colspan="2">每千人口医疗卫生机构床位数</td><td>张</td><td>预期性</td></tr>
<tr><td colspan="2">人均体育用地面积</td><td>m^2</td><td>预期性</td></tr>
<tr><td colspan="2">人均公园绿地面积</td><td>m^2</td><td>预期性</td></tr>
<tr><td>人均应急避难场所面积</td><td>中心城区</td><td>m^2</td><td>预期性</td></tr>
<tr><td rowspan="2">道路网密度</td><td>市域</td><td rowspan="2">km/km^2</td><td rowspan="2">约束性</td></tr>
<tr><td>中心城区</td></tr>
<tr><td rowspan="2">绿色交通出行比例</td><td>市域</td><td rowspan="2">%</td><td rowspan="2">预期性</td></tr>
<tr><td>中心城区</td></tr>
<tr><td colspan="2">降雨就地消纳率</td><td>%</td><td>预期性</td></tr>
<tr><td rowspan="2">城镇生活垃圾
回收利用率</td><td>市域</td><td rowspan="2">%</td><td rowspan="2">预期性</td></tr>
<tr><td>中心城区</td></tr>
<tr><td colspan="2">农村生活垃圾处理设施覆盖率</td><td>%</td><td>预期性</td></tr>
</table>

陆海统筹以海岸修测线为陆海分界线，合理安排陆海资源开发利用的总量、时序和空间分布，明确陆海统筹开发保护的目标、格局、策略和措施。

4. 空间格局优化

落实国家、省、市空间发展战略，加强与周边区域协同，引导交界地区空间管控和布局衔接。立足自然资源本底，坚持陆海统筹、城乡融合，明确生态、农业、历史文化等保护类要素的空间范围和城乡、产业、交通等发展类要素整体布局，形成国土空间开发保护总体格局。

(1)农业格局　顺应农业现代化发展趋势，结合资源禀赋、水土光热条件、地形地貌、农田水利设施条件等，综合分析高标准农田、粮食生产功能区和重要农产品生产保护区、海洋养殖区等重要农业空间种植养殖特点，统筹县域农业、农村资源配置，因地制宜确定农业生产格局，明确优势农业产业发展布局。

(2)生态格局　落实市域生态格局要求，统筹山水林田湖草沙等各类要素，优先保护以自然保护地体系为主体的生态空间，建设和修复生态屏障和廊道，加强生物多样性和物种资源保护，落实"碳达峰"和"碳中和"战略空间响应，构建生态安全格局。

(3)城乡发展格局　落实市域城乡空间体系，围绕目标战略和开发保护总体格局，确定各级城镇和乡村的空间等级体系，提出各级城镇的职能定位、发展方向、人口和建设用地规模，优化村庄空间格局。

5. 底线管控

(1)耕地和永久基本农田　落实最严格的耕地保护制度，优先划定耕地保有量和永久基本农田。耕地保有量由上级在现状耕地上带位置分解下达，各地要保证真实、可靠。永久基本农田原则上应在纳入耕地保护目标的可长期稳定利用耕地上划定，优先将优质耕地以及符合条件的已建成及正在建设的高标准农田划入永久基本农田。原永久基本农田范围内的可长期利用稳定耕地布局保持总体稳定。在永久基本农田之外其他质量较好的耕地中划定永久基本农田储备区。重大建设项目占用或整改补划永久基本农田的，直接在储备区中补划。

(2)生态保护红线　保持已有的生态保护红线成果基本稳定。因国家重大项目等确需调整的，应举证说明。

(3)城镇开发边界　依据自然地理格局、人口变化、节约集约用地水平和资源环境承载能力等因素合理划定城镇开发边界。充分利用河流、山川、交通基础设施等自然地理和地物边界，严格避让永久基本农田和生态保护红线。在城镇开发边界内，划定城镇集中建设区和弹性发展区。

(4)其他管控边界　在中心城区范围内，统筹划定蓝线、绿线、紫线、黄线等。其中，蓝线应划定骨干河道、大中型水库、雨洪调蓄湖(湿地)、重要沟渠的水体保护和控制界线；绿线应明确结构性绿地的边界，其他绿地边界在详细规划中确定；紫线应按照相关法律法规要求进行划定；黄线应划定县级以上重要的交通、市政、防灾等基础设施用地的控制界线。各地可根据地方实际划示保障城市实体经济发展的工业用地控制线并制定相关管控要求。

6. 规划分区与用途结构调整

(1)国土空间规划分区　应按照主导功能明确、陆海统筹、城乡统筹、地上地下空间统筹的原则，在市域一级规划分区基础上进一步细化、深化至二级规划分区，并制定用途准入、用途转用和相关控制要求。其中，城镇集中区内重点对城镇功能空间布局进行调整优化和空间重构，推进城镇空间高效利用和品质提升。根据城镇建设主导功能，结合主次干道、河流等边界及管理界线，划定二级规划分区，各地可结合实际补充如历史文化保护区、公用设施集中区等二级规划分区类型。建成区要依据现状地类情况和存量改造意向，按主导功能进行地类归并和划分，强化对存量空间资源再利用的统筹谋划；增量地区应充分考虑城镇发展战略地区空间需求，统筹安排生产生活生态空间，进行主导功能区的划分，并适度预留弹性，确定战略预留区的选址和布局。乡村发展区要结合乡村发展现状、乡村振兴规划等明确重点发展村庄，按照集约布局的原则划定村庄建设区；其他地区按照生产类型划定为一般农业区、林业发展区、牧业发展区。海洋发展区要结合海域使用和管理要求，细化海洋"两空间内部一红线"相关用途分类和管控要求。无居民海岛承接省级海岛分类名录，细化特殊保护海岛和生态保护海岛管控要求，逐岛制定适度利用海岛的开发利用管控要求。

(2)国土空间用途结构调整　落实市级国土空间总体规划要求，明确县域国土利用规模控制、结构优化、布局调整、效率提升的目标与策略，提出耕地、林地、湿地、城乡建设用地、区域基础设施用地等主要用地用海类型的规模和比例关系。优先安排耕地和永久基本农田、国土生态屏障用地，协调基础设施用地。严格控制建设用地总量，合理确定城镇用地的发展方向和空间形态，统筹安排集镇村庄建设用地。维护和扩大城乡绿色空间。稳定自然和人文景观用地。充分发挥农用地的生产、生态、景观和间隔的综合功能，鼓励在城市内和组团之间保留连片、大面积的农用地、水面、山体等。建立规划留白机制，为重大项目、重大事件预留空间，可采取规模预留、空间预留、功能预留 3 种方式。规模预留是在规划编制时可预留原则上不超过一定比例的新增建设用地规模，不上图入库，预留的新增建设用地规模优先用于村民居住、农村公共公益设施和乡村振兴项目、教育医疗养老等民生工程。空间预留是对重点发展平台、重大交通枢纽及其周边区域等进行合理预控。在与城镇集中建设区充分衔接、关联的基础上，针对未来发展功能不明确、建设用地规模需求不明确地区，合理划定城镇弹性发展区作为空间预留，为未来重点发展平台空间拓展、重大项目和重大事件用地需求等做好应对准备，保障城市发展的可塑性和可持续性。功能预留可针对需腾退转型的低效存量用地以及尚未明确用途的新增建设用地，划定功能预留用地，为未来重点功能区和乡村地区的产业转型升级、用地结构优化、配套设施完善、环境品质提升等提供弹性空间。

7. 支撑要素空间配置优化

(1)土地资源优化配置　坚持节约优先，推进建设用地结构调整与再利用。梳理建设用地结构现状特征，明确建设用地结构优化目标与策略。提出居住、工业、商业、公共设施、绿地等各类用地的配置比例，提出建设用地混合利用、立体开发要求。根据发展阶段与目标、用地潜力和空间布局特点，开展存量建设用地评价，精准识别低效存量用地资源。围绕"三旧"改造、农村建设用地盘活、存量工矿用地再利用等，提出存量用地再开发的规模、布局、时序。明确存量用地改造策略，提出空间提升要求，有效指导下层次规划和专项规划编制。

(2)产业空间布局优化　围绕国家及区域产业发展导向，结合本区域产业发展基础与发展条件，合理布局产业空间，提出产业用地规模控制目标，明确产业园区、产业区块等各类产业功能集聚区空间管控要求。促进产业空间与城市服务功能的融合，在确保环境安全的基础上引导发展功能复合的产业社区，促进产城融合、职住平衡。

(3)公共服务体系完善　落实国家对各类公共服务设施的配置要求，根据上级国土空间总体规划确定的公共服务中心体系，进一步深化明确区域公共服务中心体系，明确教育、医疗、养老、文化、体育等各类公共服务设施的配置标准、数量和规模等级。划分城乡生活圈，按照"宜居、宜业、宜游、宜学、宜养"总体要求，分类提出建设指引和公服设施覆盖率等要求。

(4)支撑保障体系建设　①交通设施。提出综合交通体系发展目标和策略；明确重大交通设施(对外交通、轨道交通和主要综合交通枢纽等)的功能等级、用地规模、走向、位置和衔接要求。确定综合交通系统组织的原则和策略,确定客货运通道布局要求(表 4-7)。

表 4-7　交通设施管控要素及内容

管控要素	管控内容
机场	机场及净空保护区的控制范围、核心技术指标
港口	各类港口的控制范围、港口和航道的核心技术指标
铁路	国铁线路、城际铁路、客货运站的走向和位置
道路	高速公路、国道、省道、县道等干线道路的走向、等级、宽度
城市轨道交通	轨道线路的走向、站点(含站场)的位置
交通枢纽	重大交通枢纽场站的位置和规模

②市政及防灾设施。确定规划期内基础设施保障水平,确定能源、供水、排水、通信、燃气、电力、环卫等主要市政基础设施的数量、规模、廊道控制范围与标准要求。确定综合防灾减灾目标和设防标准,明确主要灾害类型(洪涝、地震、地质灾害等)及其防御措施;提出主要防灾避难场所、应急避难和救援通道等的布局和管控要求;明确化工园区与城市建成区、人口密集区、重要设施等防护目标之间的外部安全防护距离,满足标准要求。

(5)文化景观特色彰显　①历史文化资源。落实地域历史文化风貌特色和各类历史文化资源保护要求,构建历史文化保护传承体系框架,统筹划定历史文化保护线,明确世界文化遗产、历史文化名城(含历史文化街区)、名镇、名村、历史地段、不可移动文物、历史建筑、传统村落和非物质文化遗产等的保护名录、保护范围和建设控制地带及其保护措施和管控要求。加大历史文化资源的保护与合理利用力度。②城乡景观风貌。依托城乡山水格局,充分利用自然、历史文化等资源,明确整体城乡风貌定位,明确城乡风貌特色分区,提出各分区指引。

8. 自然资源统筹保护利用

(1)自然资源系统保护　按照山水林田湖草沙系统保护要求,统筹森林、湿地、河流、耕地、海洋、矿产等各类自然资源的保护利用,确定自然资源保护底线和利用上线,提出各类自然资源供给总量、结构,布局调整的重点和方向。

(2)耕地资源保护与利用　落实上级下达的耕地保有量和永久基本农田保护目标,在全域统筹基础上,提出耕地"占补平衡""进出平衡"落实方案和保障机制。

(3)水资源利用与湿地保护　研究水资源承载能力,制定水资源供需平衡方案,提出优化用水结构的建议。明确水资源承载能力约束条件,以水定城、以水定地、以水定人、以水定产。保持自然河湖水系格局,划定河湖边界线和湿地保护线。严格落实地表水源保护区、地下水源涵养区等各类保护区。

(4)林草资源保护与利用　加强森林资源保护,明确森林覆盖率、林地保有量目标,严格林地用途管制。划定天然林、生态公益林等基本林地集中保护区,明确保护措施。构建生态防护林、景观生态林等林网体系,提出林相改造原则性要求。优化林草空间布局,按照造林绿化空间适宜性评估明确造林绿化空间安排,提出林草资源用途转换规则和监管要求。

(5)矿产资源保护利用　按照保护矿山地质环境,推动清洁能源、绿色矿山建设等转型升级,提高矿产资源利用效率的要求,优化矿产资源能源开采布局,明确重要矿产资源保护和开发的重要区域。

(6)海洋海岛与海岸线资源保护利用　结合海岸线修测工作,明确陆海边界。落实海洋生态红线划定成果,保护重要海洋生态功能区、海洋生态敏感区和海洋生态脆弱区。分类梳理海域、海岛、海岸线等各类海洋资源,提出结构优化、布局调整的重点、方向。承接上位规划制定的三类功能管控岸线,可逐段细化功能管控要求。在落实海岸线基本管控功能的基础上,合理安排海岸线游憩、港口、渔业和防护等功能。优化海域使用结构,统筹安排各有关行业用海,切实保障传统渔民用海,保障公共利益和国家重大建设项目用海,保障海上交通安全与国防安全。通过生态建设、产业联动发展、交通等基础设施体系建设、滨海景观建设等,实现陆海空间利用统筹。

9. 乡村振兴与建设

科学研判村庄发展趋势,依照乡村建设实际需要,划分重新编制、规划调整、通则管理、详规覆盖四种类型,分类推进村庄规划优化提升。合理保障和规范农村村民住宅用地、农村一二三产业融合发展用地(土地用途包括工业用地、商业用地、物流仓储用地等),明确各类农村建设用地的规模、结构和布局的引导要求。

提出农村产业在县域范围内统筹布局的引导要求。规模较大、工业化程度高、分散布局配套设施成本高的产业项目要进产业园区;具有一定规模的农产品加工业要向县城或有条件的乡镇城镇开发边界内集聚;直接服务种植养殖业的农产品加工、电子商务、仓储保鲜冷链、产地低温直销配送等产业,原则上应集中在行政村村庄建设边界内;利用农村本地资源开展农产品初加工、发展休闲观光旅游而必需的配套设施建设,可在不占用永久基本农田和生态保护红线、不突破规划建设用地指标等约束条件、不破坏生态环境和乡村风貌的前提下,在村庄建设边界外安排少量建设用地,实行比例和面积控制。

大力盘活农村存量建设用地,提出盘活目标和策略,确保农村人均建设用地逐步下降,支持农村一二三产业融合发展和乡村振兴。鼓励对依法登记的宅基地等农村建设用地进行复合利用,发展乡村民宿、农产品初加工、电子商务等农村产业。

10. 国土整治修复

(1)生态保护修复　明确县域生态保护修复的目标任务和策略路径,提出水生态修复、山体修复、林地修复、土地退化与污染修复、自然保护地生态修复、矿山生态修复、海洋生态修复等重点工程和实施区域。

(2)土地综合整治　明确本区域土地综合整治的目标任务和策略路径,提出城市更新、农用地整理、高标准农田建设、农村建设用地拆旧复垦、城乡建设用地增减挂钩等重点工程和实施区域。进行耕地后备资源评价和耕地恢复调查评估,划定耕地整备区范围,明确耕地开垦、水田垦造和耕地恢复的目标和重点工程。

11. 中心城区

(1)用地布局　明确中心城区用地发展方向和空间格局,优化中心城区城镇用地布局,提出各类用地结构调整和布局优化的重点与方向。

(2)居住与住房保障　合理布局居住用地,提出租赁住房、保障性住房配置要求。

(3)公共服务设施与社区生活圈　确定中心城区范围内各类公共服务设施的数量和空间布局。其中,市、县级公共服务设施应当明确边界,独立占地的街道/社区级公共服务设施应当明确布点。鼓励以混合用地落实街道/社区级公共服务设施建设,提出相应管控要求,落实社区生活圈划分标准，划定15分钟社区生活圈，结合绿色低碳社区建设要求，明确各级社区生活圈建设标准。

（4）城市绿地系统与开敞空间　确定中心城区范围内公园绿地的数量和空间布局。其中，城市公园应当明确边界，社区公园应当明确布点。保留、维护自然海岸、河道、湿地，确定通风廊道的格局和控制要求；建设结构完整、级配合理、均匀分布、功能完善的开敞空间与游憩网络。

（5）城市更新　结合产业重点发展、轨道交通场站综合开发和公共服务集中完善等区域，划定城市更新的重点区域，明确重点区域用地改造的控制要求。注重补短板、强弱项，优化功能布局和开发强度，传承历史文化，提升城市品质和活力，避免大拆大建，保障公共利益。

（6）地下空间　基于地质环境质量评价，统筹考虑地上开发和地下设施建设现状，结合人防工程，科学评价地质环境承载力和容量，提出地下空间的开发目标、总体规模、分层分区和协调连通的管控要求。以重点功能区、公共活动中心、轨道交通枢纽站点周边等区域为重点，提出地下空间的重点开发区域。

（7）城市设计与景观风貌　做好城市设计，加强对景观风貌的控制引导，明确整体景观风貌格局。划定城市设计重点控制区，明确其范围、框架性管控原则，确定城镇开发强度分区及容积率、建筑密度等控制要求，确定高度、风貌、视廊、天际轮廓线等形态控制要求。

（8）城市基础设施与综合防灾布局　道路交通布局要提出路网密度、公共交通出行比例等城市交通发展指标，统筹城市对外交通、城市轨道交通、客运枢纽、货运枢纽、物流系统等重大交通设施，提出城市交通发展策略；确定城市主干路系统，提出快速路、主干路的等级、功能、走向；明确常规公交、快速公交的发展目标和布局原则；提出城市慢行系统（步行、自行车等）规划原则和指引。市政基础设施布局要明确各类市政基础设施的建设目标，确定市政设施建设标准与设施容量、重大设施的用地布局及重要设施廊道走向，对城市水厂、污水处理厂、大中型泵站、城市发电厂、220 kV以上变电站及高压走廊、城市气源、城市热源、城市通信设施等重要市政基础设施及市政主干管网提出管控要求。根据城市实际，提出海绵城市、城市综合管廊、垃圾分类处理的布局建设要求。防灾减灾设施布局要明确防灾设施用地布局和防灾减灾具体措施，划定涉及城市安全的重要设施范围、通道以及危险品生产和仓储用地的防护范围。合理确定城市防洪标准和堤防等级，合理规划利用城市排涝河道，提高行洪排涝能力。

（9）划分规划片区　中心城区范围内应划分若干规划片区，传导总体规划要求，指导下层次详细规划编制。规划片区划定应以"功能完整、便于管理"为原则，依据行政管理边界，衔接控规单元，结合自然地理边界和主要道路进行修正，避免规划片区切割用地。对于涉及岸线占用、海域使用的区域，应根据利用情况将相邻海域和无居民海岛等纳入同一规划片区。规划片区一般可分为城镇类片区、生态类片区、农业农村类片区。此外，有条件地区可结合存量用地统筹划定城市更新片区。规划片区的传导内容一般主要包括底线管控、用地规模、用地布局、住房保障、公共服务、绿地系统、城市设计、综合交通、市政防灾等，农业农村类片区可增加乡村振兴、减量发展等要求，生态类片区可增加生态控制正负面清单以及准入类要求。

12. 实施保障措施

（1）提出规划实施传导路径　提出下层次规划指引，分解下达调控指标。明确国土空间专项规划编制目录清单，建立规划协调机制，提出指导和约束专项规划的要求。

（2）制定近期行动计划　衔接国民经济和社会发展五年规划，结合城市体检评估、年度重大项目建设安排等，对规划近期作出统筹安排，制定行动计划。依据上级和同级发展规划、重点专项规划的重点项目和年度重点项目计划，制定土地整治和生态修复、交通水利等基础设施、公共服务设施等重大项目清单，提出实施支撑政策，强化约束性制度对规划目标实现的保障作用。

（3）强化技术支撑和平台建设　强化城市设计、大数据、人工智能等技术手段对规划方案的辅助支撑作用，提升规划编制和管理水平。以“一张图”为支撑完善规划全生命周期管理和城市体检评估。

四、规划公示与报批实施阶段

此阶段主要包括规划方案论证与审查、公示与报批。

1. 规划方案论证与审查

（1）对规划成果组织进行方案论证　规划成果要形成通俗易懂的可视化中间成果，充分征求有关部门、社会各界意见，修改完善成果，形成规划草案。同时，还要进行环境影响评价和社会稳定风险评估。

（2）规划环境影响评价　以保障生态安全和改善环境质量为核心，充分利用生态环境分区管控方案、全国国土调查及国土变更调查、“双评价”、国土空间规划城市体检评估等现有工作成果，分析区域国土空间现有生态环境问题及原因，辨识规划实施的资源、生态、环境制约因素；评估规划实施对生态系统结构和功能、生态环境质量可能产生的影响及潜在的生态环境风险；明确减缓不良生态环境影响的对策措施和生态环境保护要求，促进国土空间集约高效利用和经济社会高质量发展。

（3）社会稳定风险评估　根据重大决策社会稳定风险评估的相关要求，需对总体规划进行社会稳定风险评估，并编制评估报告。通过对规划可能影响社会稳定的因素开展系统调查、科学预测、分析和评估，具体分析总体规划中的不稳定因素和风险点，制定风险应对策略和预案，有效规避、预防、控制实施过程中可能产生的社会稳定风险，确保规划顺利实施。

在规划方案论证阶段和成果报批之前，审查机关应组织专家参与论证和进行审查。规划方案审查要点分为全域和中心城区两个层次。

全域主要包括：①区域经济社会发展、国土空间保护开发、自然资源利用、人居环境建设等方面的突出问题识别情况；②落实上位规划国土空间开发保护战略、定位及目标、与国民经济和社会发展五年规划衔接、指标落实及分解情况；③主体功能区划分，国土空间开发保护总体格局与统筹安排，永久基本农田、生态保护红线、城镇开发边界等统筹划定情况；国土空间结构优化与布局调整情况，国土空间规划分区和用途管制规则；④乡村空间布局，保障粮食安全、促进乡村振兴的原则和要求；生态屏障、生态廊道和生态系统保护格局；城镇体系布局，城市群、都市圈等区域协调重点地区的空间结构；⑤重大基础设施网络布局，城乡公共服务设施配置要求，重大交通枢纽、重要线性工程网络、城市安全与综合防灾体系、地下空间、邻避设施等设施布局，城镇政策性住房和教育、卫生、养老、文化体育等城乡公共服务设施布局原则和标准；⑥体现地方特色的自然保护地体系、历史文化保护体系以及特色城乡风貌塑造；⑦土地整治、生态修复和城市更新的安排情况；⑧保障规划实施的政策措施；⑨对下级规划的指导和约束要求等。

中心城区主要包括：①城市用地规模和城市人口规模；②规划分区、建设用地结构和建设用地布局；③公共交通体系与交通设施布局，城市道路网结构和布局，重大公交枢纽和场站（含轨道交通）布局；④分区分级公共服务中心体系布局，公共服务设施用地总量和结构比例，中心城区范围内市级及以上重要公共服务设施规划用地的布局；⑤开发强度分区及容积率、密度等控制指标，高度、风貌等空间形态控制要求；⑥绿线和蓝线划定情况，结构性绿地、水体等开敞空间的控制范围、均衡分布要求和管控要求，城市环境保护的目标和要求；⑦紫线划定情况，历史文化街区、历史建筑和各级文物保护单位的保护范围和要求，特色风貌保护的重点区域，风貌重点管控地区控制指标及控制要求；⑧黄线划定情况，重要基础设施的规模和布局；重要防灾减灾设施、中心避难场所、应急救援通道等的规划布局；⑨居住用地结构和布局。

规划图件和数据库也要进行审查，规划图件参照制图规范进行审查，规划数据库按照数据库建库标准和汇交要求进行审查。

审查结束后，总体规划应当在上报审批前进行公示。公示的内容包括规划编制的依据、规划文本的主要内容和主要图纸等。上报审批前组织编制机关应当充分考虑专家和公众的意见，并在报送审批的材料中附具意见采纳情况及理由。公示可在规划馆、展示厅进行，也可采用政府网站、新闻媒体等发布，或采取听证会、论证会等方式。

2. 规划报批

经市县级人大常委会审议后，按规定做好规划成果的上报审批工作。省政府审批的市县总体规划，由省自然资源主管部门组织省国土空间规划委员会有关成员单位开展联合审查和专家论证后，按程序上报省政府，并及时做好成果报备及数据汇交工作。报国务院审批的总体规划成果，完成专家论证后，先征求自然资源部意见，经同级人大常委会审议后，再由省级人民政府呈报国务院。

总体规划编制完成后，要严格规划的实施监督管理。监督管理主要方式包括规划许可管理、规划与用地政策融合、规划全生命周期管理以及规划实施的监督检查等。

第三节　总体规划的模式

传统规划认为，规划就是编制规划方案，并画出一定期限内希望实现的某些最终状态的详细图景。二十世纪六十年代以来，现代规划理论认为，所有规划都是寻求妥善控制各有关系统的连续过程，监督各项控制，并根据其有效时间，还需要作进一步的修正。规划愈来愈趋向于一种过程，而不是一次性的（或最终状态的）规划方案。因此，从规划的发展历史来看，总体规划主要存在总体蓝图、指标控制、土地利用分区 3 种模式。近年来，我国国土空间规划模式的改革，结合国土空间现代化治理的要求，提出了综合上述 3 种模式的“三区三线”模式。

一、总体蓝图模式

蓝图规划模式是典型的传统规划模式，关注的重点是提出一个详细的未来土地利用的理想方案，画出详细图景。它源于建筑工程规划，即规划方案的依据是建筑师设计的蓝图，这个蓝图是建筑的初步规划，所有的施工细节都根据这个蓝图来安排。建筑工程规划以后扩展到城市规划，对整个城市发展实行宏观控制，其形象是稳定的和静态的，一旦编制出来并经批准后，就不允许随意改变。蓝图规划由专业技术人员编制，有其明显的机械性。在规划期限内，它要确定规划标准、投资和资金的分配。这种规划是近乎乌托邦式的理想主义的规划，希望通过规划目标来动员社会，采取一致行动，把规划的“理想”形象变为“现实”形象，“规划图”被视为“蓝图”，描绘了城镇未来的发展形态——一种总有一天将达到的终极状态。

1.总体蓝图模式的基本特征

(1)内容及深度　蓝图模式既要求完成对规划区域全面的土地质量评价、土地利用现状分析和土地需求量预测，同时也要求规划地区国民经济各个部门，如农业、畜牧、水利、交通、城镇、工矿企业等的远景土地利用规模、布局和大型骨干工程的空间配置规划，经协调、平衡以后，比较准确而详尽地反映在图面上。

(2)技术路线　总体蓝图模式的方案编制倾向于一个简单的顺序，即调查—分析—规划方案，对现状进行调查，根据调查分析后的结论，提出必须采取的措施，这些措施体现在既定的具体方案中。这是一个全局性的工作，一般需要规划领导小组统筹协调，并动员各系统、各部门的领导和专家参加，收集大量资料，进行数据处理和综合分析，反复协调平衡规划方案，并在图上表达最终成果。

(3)主要成果　它是规划区域的总体规划图和配套的规划数据与技术报告。

(4)实施手段　通过编制过渡计划和技术建议予以实施。

2.总体蓝图模式的主要特点

(1)资料要求　总体蓝图模式要求对规划区域所有的自然、社会、经济资料及发展战略进行综合分析和统一处理，同时还要求对各部门有关资料和需求进行相应的分析处理。

(2)工作量与完成周期　一般情况下需要组织较大的班子在1～2年内完成。

(3)实施方式　主要是总体规划图和相应的过渡计划。

(4)实施效果　总体蓝图模式最大的弱点就是容易失去现实性，由于社会、经济、自然等各项因素的发展受各种不确定的因素影响很大，所以原来的规划与设计内容可能很快会老化，又很难随时进行反馈修正，从而容易造成宏观上的失控。

(5)现实作用　总体蓝图模式作为一种传统的规划模式，在一定历史阶段的城镇总体规划中发挥了较大的作用。在市场发挥较大作用的阶段，自然、社会、经济及企业行为因素影响很大，蓝图模式就显示出缺乏弹性和应变能力的弱点，因而对土地开发、利用、整治、保护不能及时进行动态的控制、协调、组织与监督。

二、指标控制模式

指标控制模式是我国总体规划中普遍采用的规划模式，是在特定历史背景下形成的。这种规划模式源于自上而下的行政管理模式，关注的重点是依托于自上而下的行政流程，以指标体系的方式，逐级向下传导特定的战略目标、治理意图，可以视为一种“命令—控制”型政策工具。根据指标的属性，一般可分为目标导向型、问题导向型和治理导向型。目标导向型指标的侧重点是未来发展的目标；问题导向型侧重点为当地土地利用的重点问题或未来优先要解决的问题；治理导向型则是以贯彻上级治理意图为主。根据指标的管理性质，可分为约束性指标、预期性指标和可选性指标。约束性指标是指为实现规划目标，在规划期内必须实现或不得突破的指标；预期性指标是指按照社会经济发展预期，在规划期内努力实现或不突破的指标；可选性指标是指基于“因地制宜”原则，各地可根据实际情况选用的指标。

1.指标控制模式基本特征

(1)内容及深度　传统指标一般包括底线约束、空间结构与效率，后来增加了反映空间品质的指标。

(2)技术路线　指标控制模式采取宏观指标自上而下层层分解的方法，把具体的土地利用控制、协调、组织职能下达给有关的职能部门或基层政府去完成，因而可以更有效地发挥部门或地方的积极性。

(3)成果形式　指标控制模式的主要成果就是各级行政管理部门或基层政府必须遵照执行的土地或国土空间开发利用指标。

(4)实施手段　在指标控制模式下，总体规划的实施均以指标为依据。

2.指标控制模式的主要特点

(1)对原始资料的要求　只需要与制定规划指标有关的相应资料，对资料的需求量较少。

(2)工作量及完成周期　指标控制模式编制人员需求不多，任务完成周期较短。在这个意义上，指标控制模式具有较突出的优越性。

(3)实施方式　通过规划指标的下达上传予以控制实施。

(4)实施效果　指标控制在宏观控制土地利用上可以取得一定的效果。但是这种模式的弱点是有限指标的达成，不一定形成全局土地或国土空间开发利用的优化协调。由于只满足于控制指标的完成，所以缺乏对土地合理利用的统筹、协调、组织和监督职能，也缺乏空间布局的信息。

(5)现实作用　指标控制模式易于为基层管理部门接受和掌握，在自上而下行政体系中，针对特定目标能发挥较好的管控作用。在国土空间治理现代化过程中，面对多目标融合的治理要求，以及复杂多变的土地利用或国土空间需求，该模式必须与其他模式结合起来，才能更好地发挥管控作用。

三、土地利用分区模式

土地利用分区模式在渊源上是以产业革命后的工业发展为契机，为减少工厂产生的公害、保护居住区而产生的。土地利用规划本质上是空间规划，其核心是各类用途土地的空间布局。

1.土地利用分区模式的基本特征

(1)内容和深度　土地利用分区模式的中心内容是在土地利用现状调查、土地评价、土地生产潜力分析的基础上，根据不同地区的土地利用方式将规划地区分为不同的土地利用区域，并配合制定相应的土地利用方向和自然资源管理的行政、经济、法律和技术措施。

(2)技术路线　土地利用分区模式方案编制过程的突出特点是侧重于土地质量评价、土地经济评价、土地生产潜力研究、自然环境承载能力与国土空间适宜性研究、区域土地利用方式特征等有关土地的自然属性、经济属性和社会属性的研究上面，这样大大提高了总体规划的科学性和实用性，把土地资源或国土空间的开发利用保护由外延研究转向内涵研究。

(3)成果形式　土地利用分区是规划的主要成果，一般适用于编制不同层次的土地利用分区图供实施之用。此外，该模式还提出不同区域的土地利用方针和土地利用(空间)结构调整表，作为宏观控制的依据。

(4)实施手段　通过分区和各区土地利用方针进行宏观调控而予以实施。

2.土地利用分区模式的主要特点

(1)对原始资料的要求　本模式所需各类原始资料多以规划区内宏观资料为主，着重宏观分析。

(2)工作量及完成周期　由于在各项分析、预测工作中可以应用现代系统分析方法和计算技术,所以大大减少了工作量,缩短了编制规划的时间。

(3)实施方式和实施效果　本模式规划重点是对宏观土地利用活动进行控制,对保证土地利用战略目标的实现可以起到很重要的作用。不足之处是缺乏对部门微观土地利用活动的控制能力,因为靠土地利用基本方针很难控制具体的土地利用活动,如果土地利用微观活动的某种倾向发展到一定程度,就会造成宏观上实际失控。因此,分区模式往往要与详细规划中的"分区(zoning)"工具结合起来。

(4)现实作用　土地利用分区模式具有较大的弹性和应变能力,在土地利用的宏观控制、协调、组织与监督等方面可以起到重要作用,对保证现阶段规划战略目标的实现有重要作用。

第四节　三区三线

在构建"多规合一"的国土空间规划体系过程中,形成了"三区三线"模式,它具有传统蓝图模式、分区模式与指标控制模式相融合的特征。

一、基本概念

划分生产、生活和生态三大空间,划定永久基本农田、生态保护红线、城镇开发边界,是国土空间规划的基础工作,也是实现生产空间集约高效、生活空间宜居适度、生态空间山清水秀的基本保障。

2017 年《省级空间规划试点方案》提出"划定城镇、农业、生态空间以及生态保护红线、永久基本农田、城镇开发边界(以下称'三区三线')"。因此,一般所谓"三区"即农业、生态、城镇三个功能区,"三线"即永久基本农田、生态保护红线和城镇开发边界。

"三区"中的农业空间指以农业生产和农村居民生活为主体功能,承担农产品生产和农村生活功能的国土空间,主要包括永久基本农田、一般农田等农业生产用地和村庄等农村生活用地;生态空间指具有自然属性的、以提供生态服务或生态产品为主体功能的国土空间,包括森林、草原、湿地、河流、湖泊、滩涂、荒地、荒漠等;城镇空间指以城镇居民生产、生活为主体功能的国土空间,包括城镇建设空间、工矿建设空间及部分乡级政府驻地的开发建设空间。"三区"突出主导功能划分,"三线"侧重边界的刚性管控,国土空间规划的"三区三线"要服务于全域全类型用途管控,管制核心要由耕地资源单要素保护向山水林田湖草沙全要素保护转变。

《土地管理法实施条例》第三条规定:"国土空间规划应当细化落实国家发展规划提出的国土空间开发保护要求,统筹布局农业、生态、城镇等功能空间,划定落实永久基本农田、生态保护红线和城镇开发边界"。据此,"三区三线"成为规划的法定内容。国土空间规划体系改革以来,"三区三线"作为优化国土空间布局和实施国土空间用途管制的重要手段,是各级国土空间规划编制与监督实施的重要内容。

二、"三区三线"划定意义

划分"三区三线",对于推进我国生态文明建设,形成支撑高质量发展的国土空间开发保护新格局,具有重要的理论和现实意义。

"三区三线"事关国家安全。改革开放以来,我国经济社会发展取得了历史性的成就,但国土开发利用与资源环境承载能力不匹配问题日益突出。“三区三线”是统筹发展和安全，落实国家总体安全观的重要手段，需要通过“三区三线”划定，守住粮食安全、生态安全、水资源安全等的底线。

“三区三线”事关高质量发展。我国国土开发空间总体水平不高，竞争力不足，区域分化态势明显。国土空间是经济社会发展的物质基础，构建新发展格局，实现高质量发展和高品质生活，需要通过“三区三线”划定优化国土空间格局，引导重大基础设施、重大生产力和公共资源合理布局。

“三区三线”事关国家治理能力现代化。长期以来，我国各级各类各部门空间规划在各自管辖职责范围内，按各自需求编制规划，造成“规划打架”。国土空间的唯一性决定了空间底图的唯一性，需要通过“三区三线”划定确定国土空间开发保护格局的统一底图，以此协调解决各类空间冲突矛盾，实现以国土空间规划的一张底图作为共同基础和刚性约束，从机制上解决空间冲突，实现“多规合一”。

三、“三区三线”的结构关系

1. “三区”的相互关系

“三区”是一种国土空间基本分区方法，是从人类生存发展角度，对现实中存在的各种各样的空间开发保护活动作出的高度概括，是一种认识事物的方式，通常在不同层面表达方式有所不同。以功能视角划分国土空间，是遵循空间发展规律的内在需要，也是解决空间主要矛盾、强化空间管制的有效手段。

“三区”既相互独立，又相互关联，具有融合共生、约束对立的特点。“三区”在宏观、中观、微观层面一般用“格局、分区、用途”等方式来表达。其中，“格局”突出结构性、系统性，抽象出直观的空间形态；“分区”是以不同功能构成的空间要素为基础，划分相互作用、相互独立的空间范围；“用途”是按照土地的覆盖特征、使用方式、经营特点等相关因素，确定具体地块用地性质的空间边界。

2. 宏观层面：战略格局

“三区”在宏观层面表达为“宏观格局”，即城镇化、农业、生态安全三大战略格局，分别对应城镇空间、农业空间、生态空间相对集中和重要的区域，更多地体现对大尺度下中长期空间发展的战略引领。如站在全球和国家视角，长三角地区是国家城镇化战略格局的重要空间，以城市化功能为主，但不代表长三角地区仅有城镇空间，还包含大量农业空间和生态空间。

在国家、省级国土空间规划编制过程中，通过开展资源环境承载能力和国土空间开发适宜性评价，识别保障粮食安全、生态安全，以及支撑新型城镇化的重要区域，采取空间化的抽象表达方式，作为宏观规划的“三区”，体现为农业战略格局、生态安全战略格局和城镇化战略格局。如在国家层面，构建了以“七区二十三带”为基础的农业格局，以“三区四带”为重点的生态格局，以“两横三纵”为主骨架、多中心网络化开放式集约型的城镇格局。

3. 中观层面：主体功能区＋规划分区

“三区”在中观层面表达为“主体功能区＋规划分区”。在国家、省级空间战略格局指导下，按照充分发挥各地区比较优势、推动整体效益更优的思路，以市县为单元确定主体功能区方案，将原“4＋1”方案（即优化开发区、重点开发区、限制开发区、禁止开发区 4 类主体功能区和 1 个名录）调整为“3＋N”方案（即农产品主产区、重点生态功能区、城市化地区 3 类基本功能类型和能源资源富集区、边境地区、历史文化资源富集区等N个叠加功能类型),确定县级行政区主体功能定位,并通过划定“三区三线”,实施相关配套政策,推动主体功能区战略格局在市县层面精准落地。为更好地将主体功能区战略融入国土空间规划体系,可以乡镇为单元细化主体功能区,制定精细化配套政策。

市县级国土空间总体规划在编制过程中,要落实国家、省级空间战略格局,结合自身资源禀赋和发展方向,形成本级规划的生态、农业、城镇总体格局,作为中观层面的“三区”,并按照《市级国土空间总体规划编制指南》细化规划分区。其中:一级规划分区包括生态保护区、生态控制区、农田保护区、城镇发展区、乡村发展区、海洋发展区、矿产能源发展区等;根据空间安排深化细化的需要,可继续细化到二级规划分区。按此思路,规划分区与“三区”建立了对应关系,如生态空间对应生态保护区、生态控制区,农业空间对应农田保护区、乡村发展区、海洋发展区中的渔业用海区,城镇空间对应城镇发展区、海洋发展区中的海洋预留区。

4.微观层面:用途地类

“三区”在微观层面表达为“用途地类”,《国土空间调查、规划、用途管制用地用海分类指南》将各地块图斑和海域的具体规划用途分为24个一级类、106个二级类、39个三级类,实现每一寸土地都规划得清清楚楚,并作为实施规划许可等用途管制的依据。

乡镇国土空间规划和详细规划在编制过程中,要依据市、县级国土空间总体规划明确的规划分区,结合现状地块图斑边界和海洋调查数据,确定各地块和海域的规划用途,在这个尺度上实现规划用途的唯一性,通过规划用途建立与“三区”的对应关系。如耕地、园地等规划用途对应农业空间,湿地、林地等规划用途对应生态空间,居住用地、商业服务业用地等规划用途对应城镇空间。

四、“三区三线”划定与协调

2019年,中共中央办公厅、国务院办公厅印发《关于在国土空间规划中统筹划定落实三条控制线的指导意见》(以下称《意见》),第一次从政策层面对三条控制线的划定和冲突解决提出明确的指导意见。《意见》提出,要落实最严格的生态环境保护制度、耕地保护制度和节约用地制度,将三条控制线作为调整经济结构、规划产业发展、推进城镇化不可逾越的红线,夯实中华民族永续发展基础。要科学有序统筹布局生态、农业、城镇等功能空间,强化底线约束,优先保障生态安全、粮食安全、国土安全。要按照统一底图、统一标准、统一规划、统一平台要求,科学划定落实三条控制线,做到不交叉、不重叠、不冲突。要坚持陆海统筹、上下联动、区域协调,根据各地不同的自然资源禀赋和经济社会发展实际,针对三条控制线的不同功能,建立健全分类管控机制。

1.按照保质保量要求划定永久基本农田

永久基本农田是为保障国家粮食安全和重要农产品供给,实施永久特殊保护的耕地。根据耕地现状分布和耕地质量、粮食作物种植情况、土壤污染状况,在严守耕地红线基础上,按照一定比例,将达到质量要求的耕地依法划入。已经划定的永久基本农田中存在划定不实、违法占用、严重污染等问题的要全面梳理整改,确保永久基本农田面积不减、质量提升、布局稳定。

2.按照生态功能划定生态保护红线

生态保护红线是指在生态空间范围内具有特殊重要生态功能、必须强制性严格保护的区域。优先将具有重要水源涵养、生物多样性维护、水土保持、防风固沙、海岸防护等功能的生态功能极重要区域，以及生态极敏感脆弱的水土流失、沙漠化、石漠化、海岸侵蚀等区域划入生态保护红线。其他经评估目前虽然不能确定但具有潜在重要生态价值的区域也划入生态保护红线。对自然保护地进行调整优化，评估调整后的自然保护地应划入生态保护红线；自然保护地发生调整的，生态保护红线相应调整。生态保护红线内，自然保护地核心保护区原则上禁止人为活动，其他区域严格禁止开发性、生产性建设活动，在符合现行法律法规前提下，除国家重大战略项目外，仅允许对生态功能不造成破坏的有限人为活动，主要包括：零星的原住民在不扩大现有建设用地和耕地规模前提下，修缮生产生活设施，保留生活必需的少量种植、放牧、捕捞、养殖；因国家重大能源资源安全需要开展的战略性能源资源勘查，公益性自然资源调查和地质勘查；自然资源、生态环境监测和执法包括水文水资源监测及涉水违法事件的查处等，灾害防治和应急抢险活动；经依法批准进行的非破坏性科学研究观测、标本采集；经依法批准的考古调查发掘和文物保护活动；不破坏生态功能的适度参观旅游和相关的必要公共设施建设；必须且无法避让、符合县级以上国土空间规划的线性基础设施建设、防洪和供水设施建设与运行维护；重要生态修复工程。

3. 按照集约适度、绿色发展要求划定城镇开发边界

城镇开发边界是在一定时期内因城镇发展需要，可以集中进行城镇开发建设、以城镇功能为主的区域边界，涉及城市、建制镇以及各类开发区等。城镇开发边界划定以城镇开发建设现状为基础，综合考虑资源承载能力、人口分布、经济布局、城乡统筹、城镇发展阶段和发展潜力，框定总量，限定容量，防止城镇无序蔓延。科学预留一定比例的留白区，为未来发展留有开发空间。城镇建设和发展不得违法违规侵占河道、湖面、滩地。

三线划定过程中，协调解决冲突的方式如下。

(1)统一数据基础　以目前客观的土地、海域及海岛调查数据为基础，形成统一的工作底数底图。已形成第三次国土调查成果并经认定的，可直接作为工作底数底图。相关调查数据存在冲突的，以过去 5 年真实情况为基础，根据功能合理性进行统一核定。

(2)自上而下、上下结合实现三条控制线落地　国家明确三条控制线划定和管控原则及相关技术方法；省(自治区、直辖市)确定本行政区域内三条控制线总体格局和重点区域，提出下一级划定任务；市、县组织统一划定三条控制线和乡村建设等各类空间实体边界。跨区域划定冲突由上一级政府有关部门协调解决。

(3)协调边界矛盾　三条控制线出现矛盾时，生态保护红线要保证生态功能的系统性和完整性，确保生态功能不降低、面积不减少、性质不改变；永久基本农田要保证适度合理的规模和稳定性，确保数量不减少、质量不降低；城镇开发边界要避让重要生态功能，不占或少占永久基本农田。目前已划入自然保护地核心保护区的永久基本农田、镇村、矿业权逐步有序退出；已划入自然保护地一般控制区的，根据对生态功能造成的影响确定是否退出，其中，造成明显影响的逐步有序退出，不造成明显影响的可采取依法依规相应调整一般控制区范围等措施妥善处理。协调过程中退出的永久基本农田在县级行政区域内同步补划，确实无法补划的在市级行政区域内补划。

第五节　规划成果

规划成果包括规划文本、规划图件、规划说明、国土空间规划“一张图”信息平台及数据库、专题研究报告、其他材料等。

一、规划文本与说明

规划文本应当以法条化的格式表述规划结论，包括文本条文必要的表格。表述要准确规范，简明扼要。

规划说明主要阐述规划决策的编制基础、技术分析和编制内容，是规划实施中配合规划文本和图件使用的重要参考。

二、规划图件

总体规划图件须包含现状图和规划图两部分。

1. 现状图

主要现状图件：国土空间用地用海现状图；自然保护地分布图；历史文化遗存分布图；自然灾害风险分布图；中心城区用地用海现状图。

其他现状图件：反映自然地理、生态环境、能源矿产、区域发展、经济产业、人口社会、城镇化、乡村发展、灾害风险等方面现状与分析评价的必要图件。

2. 规划图

主要规划图件：主体功能分区图；国土空间总体格局规划图；国土空间控制线规划图；生态系统保护规划图；城镇体系规划图；农业空间规划图；历史文化保护规划图；城乡生活圈和公共服务设施规划图；综合交通规划图；基础设施规划图；国土空间规划分区图；生态修复和综合整治规划图；矿产资源规划图；中心城区土地使用规划图；中心城区国土空间规划分区图；中心城区开发强度分区规划图；中心城区控制线规划图（绿线、蓝线、紫线、黄线）；中心城区历史文化保护和城市更新规划图；中心城区绿地系统和开敞空间规划图；中心城区公共服务设施体系、道路交通、市政基础设施、综合防灾减灾、地下空间规划图。

其他规划图件：包括住房保障、社区生活圈、慢行系统、城乡绿道、通风廊道、景观风貌、详规单元等内容的规划图件。

根据需要，可将若干张图件合并表达，也可以分为多张图件表达。

三、其他成果

（1）国土空间基础信息平台，是以自然资源调查监测数据为基础，统一采用 2000 国家大地坐标系作为空间基准，以陆域优于 1∶10000、海域 1∶50000 精度纳入第三次全国国土调查现状数据和其他基础数据。规划成果数据及时纳入国土空间规划“一张图”，确保“发展目标、用地指标、空间坐标”一致。

（2）规划实施监督信息系统，为规划实施、监督、评估、预警提供数据支撑。

（3）专题研究报告。规划编制中研究形成的有关专题研究报告集。

（4）相关材料。包括人大审议意见、部门意见、会议纪要、专家论证意见、公众参与记录等。

参考文献

[1] 吴志强. 国土空间规划原理. 上海：同济大学出版社，2022.

[2] 日笠端，日端康雄. 城市规划概论. 祁志杰，等译. 南京：江苏凤凰科学技术出版社，2019.

[3] 郝晋珉. 土地利用规划学. 北京：中国农业大学出版社，2007.

[4] 彼得·霍尔，马克·图德琼斯. 城市和区域规划，5 版. 邹德慈，等译. 北京：中国建筑工业出版社，2014.

[5] 佐佐木公明，文世一. 城市经济学基础. 姜雪梅，等译. 北京：社会科学文献出版社，2012.

[6] 孙雪东. 国土空间规划体系中“三区三线”的基本考虑. 城市规划，2023，47(6)：51-56.

第五章 城镇空间规划

第一节 城镇空间规划概述

一、城镇空间规划背景

（一）生态文明的迭代与发展目标变化

1. 生态文明思想

生态文明是人类文明的一种形态，它以尊重和维护自然为前提，以人与人、人与自然、人与社会和谐共生为宗旨，以建立可持续的生产方式和消费方式为内涵，以引导人们走上持续、和谐的发展道路为着眼点。十八大报告指出，生态文明是人类文明发展的历史趋势。以生态文明建设为引领，协调人与自然关系，要解决好工业文明带来的矛盾，把人类活动限制在生态环境能够承受的限度内，对山水林田湖草沙进行一体化保护和系统治理。2022 年 3 月，新华社联合百度发布《大数据看 2022 年全国两会关注与期待》，生态文明位列第四位。

因此，城镇空间的未来发展要以生态文明思想为指导，以生态优先、保护环境为发展底线，以环境建设、构建城镇生态安全格局为布局原则，以绿色生产生活方式为发展模式，以低碳、绿色、生态为规划目标。

2. 新型城镇化发展要求

《中华人民共和国国民经济和社会发展第十四个五年规划和 2035 年远景目标纲要》和《国家新型城镇化规划（2021—2035 年）》，以及国务院批复的《“十四五”新型城镇化实施方案》（国函〔2022〕52 号），明确提出优化城镇化空间布局和形态，分类推动城市群发展；推动超大特大城市转变发展方式，积极破解“大城市病”，推动超大特大城市瘦身健体。提升大中城市功能品质；分类引导小城镇发展，坚持规模适度、突出特色、强化功能，因地制宜发展小城镇；支持大城市周边小城镇充分对接城市需求，加强规划统筹、功能衔接和设施配套，发展成为卫星镇；优化边境地区城镇布局，构建以边境地级市为带动、边境县城和口岸为依托、抵边村镇为支点的边境城镇体系；重点支持满洲里、宽甸、珲春、绥芬河、东兴、腾冲、米林、塔城、可克达拉等边境城镇提升承载能力。

3. 城镇发展目标变化

按照《“十四五”新型城镇化实施方案》，城镇发展目标包括以下 3 方面。

（1）新型人民城市建设目标　增加普惠便捷公共服务供给，包括义务教育学校、公立医院、公办养老机构、托育服务设施、公办幼儿园、适老化适幼化公共设施、无障碍环境等生活性服务业；完善城市住房体系。以人口流入多的大城市为重点，扩大保障性租赁住房供给，着力解决符合条件的新市民、青年人等群体住房困难问题；增强防灾减灾能力。规划布局高层建筑、大型商业综合体等人员密集场所火灾防控设施，在森林、草原与城镇接驳区域建设防火阻隔带；

加强生态修复和环境保护，坚持山水林田湖草沙一体化保护和系统治理；推动历史文化传承和人文城市建设，保护延续城市历史文脉，保护历史文化名城名镇和历史文化街区的历史肌理、空间尺度、景观环境，严禁侵占风景名胜区内土地。

（2）提升城市治理水平　根据水资源承载能力优化城市空间布局、产业结构和人口规模。优化居住、工业、商业、交通、生态等功能空间布局，适当提高居住用地比例。合理控制老城区开发强度，推动新城新区高质量高标准建设，统筹布局各类市政公用设施和公共服务设施，促进产城融合、职住平衡。严格控制新增建设用地规模，推动低效用地再开发。推广以公共交通为导向的开发（TOD）模式，打造站城融合综合体，鼓励轨道交通地上地下空间综合开发利用。

（3）推进城乡融合发展　推进城乡一体规划设计。统筹县域城镇和村庄规划建设，通盘考虑土地利用、产业发展、居民点建设、人居环境整治、生态保护、防灾减灾和历史文化传承，实现县乡村功能衔接互补。规范开展全域土地综合整治，合理推进农用地和建设用地整理，坚决遏制耕地“非农化”、严格管控“非粮化”，严禁随意撤并村庄搞大社区、违背农民意愿大拆大建。推进城镇公共服务向乡村覆盖。强化基本公共服务供给县乡村统筹，增加乡村教育、医疗、养老等服务供给。推进城镇基础设施向乡村延伸，统筹规划各类市政公用设施，推动供水供气供热管网向城郊乡村和规模较大中心镇延伸。促进城乡产业协同发展。发展县域经济，构建以现代农业为基础、乡村新产业新业态为补充的多元化乡村经济。

（二）城镇产业构成的变化与产业布局特征

1. 当代产业发展演进

产业演进就是产业在发展过程中结构和内容的不断变化过程，主要体现在结构和规模上，其空间投影体现在产业布局上，直接影响城镇空间结构。产业演进在空间结构上的变化，既有原地扩张，又有网络化甚至区域化布局。此外，受限于不同地域资源配置结构，产业演进也表现出多样化特征，既有同一性，又有差异性，其演进过程也是连续性与非连续性的统一。世界各国经济发展的经验表明，伴随着国民收入水平的提高和经济的发展，产业演进具有明显的规律性，但对于不同的国家和地区，由于各自的资源构成、社会制度、传统文化、发展的先后顺序等方面存在差异，其产业演进呈现出自身明显的特殊性。国内外学者的研究认为，城镇化与产业结构之间是相互促进的，也是相互关联的。城镇化进程要求优化产业结构，尤其是第二产业的工业和第三产业的现代服务业的进一步发展；而产业结构的调整与升级又会促进城镇化水平的提升。

我国当前产业发展战略选择主要包括：①继续强化现有的比较优势，巩固加工组装基地地位，提升产品的高科技含量和附加值，逐步实现由比较优势向竞争优势转变，体现在空间上就是加强区域型装备制造业基地的布局；②加快技术创新研发，发展高新技术产业集群，建设制造型产业基地，快速实现由后发优势向竞争优势转变，体现在空间上就是加强开发区产业转型，从开发区向科学城转型，主要分布在超大城市新城区，如北京市昌平、怀柔和中关村科学城；③优化产业布局，通过特大城市产业有机疏散实现区域化分工，形成城市群中大、中、小城镇联动的产业分工模式，提升区域竞争力。

2. 城镇产业构成分析

产业作为城镇空间的重要生产支撑，其发展变化直接影响城镇规模、布局和要素构成。当代城镇产业构成比例发生较大变化，以北京为例，根据《北京市统计年鉴》的历年数据，1978—2018 年，北京市第一、第二产业占比不断下降，第三产业占比从 1978 年的 23.9％提高到 2018

年的81.0%，提高了57.1个百分点，总体为上升趋势。1994年至今，第三产业占比一直为主导地位。三次产业结构由1978年的5.1∶71.0∶23.9变化为2018年的0.4∶18.6∶81.0，北京市产业结构格局由第二产业为主导的“二三一”转型为以第三产业为主导的“三二一结构”。2017年国务院批复的《北京城市总体规划(2016—2035年)》进一步强调了北京“四个中心”的城市战略定位，并明确“坚决退出一般性产业，严禁再发展高端制造业的生产加工环节”。这些政策措施的实施必将促使北京产业结构的新一轮调整。北京市正全力推动构建高精尖经济结构，积极培育形成“两个国际引领支柱产业、四个特色优势的‘北京市智造’产业、四个创新链接的‘北京市服务’产业以及一批未来前沿产业”，构建“2441”高精尖产业体系，打造高精尖产业2.0升级版。“两个国际引领支柱产业”为新一代信息技术产业、医药健康产业；“四个特色优势产业”为集成电路产业、智能网联汽车产业、智能制造与装备产业、绿色能源与节能环保产业；“四个创新链接产业”为区块链与先进计算产业、科技服务业、智慧城市、信息内容消费业；“一批未来前沿产业”为生物技术与生命科学、碳减排与碳中和、前沿新材料、量子信息、光电子、新型存储器、脑科学与脑机接口等。

城镇空间主要包含二产和三产，并且三产比重较大。根据《国民经济行业分类》(GB/T 4754—2011)，中国的三次产业划分是：第一产业是指农、林、牧、渔业(不含农、林、牧、渔服务业)；第二产业是指采矿业(不含开采辅助活动)，制造业(不含金属制品、机械和设备修理业)，电力、热力、燃气及水生产和供应业，建筑业；第三产业即服务业，是指除第一产业、第二产业以外的其他行业，包括：交通运输、仓储和邮政业，信息传输、计算机服务和软件业，批发和零售业，住宿和餐饮业，金融业，房地产业，租赁和商务服务业，科学研究、技术服务和地质勘查业，水利、环境和公共设施管理业，居民服务和其他服务业，教育，卫生、社会保障和社会福利业，文化、体育和娱乐业，公共管理和社会组织，国际组织等行业。现代城镇产业构成因城镇资源配置、性质、规模和定位而表现出差异化。一般而言，区域核心城市的二产中制造业比重大幅降低，逐渐转化为装备制造或智造产业，一般制造业向二线、三线城市转移，污染型重工业向西部、北部资源型城市转移。

3.城镇产业布局特征

城镇产业门类不同，空间布局要求不同。服务业在城镇空间中呈现点状集聚、面状分散的特征，产业发展以等级扩散为主，即沿城市中心—区级中心—组团中心—小区中心等级扩散和降级；制造业在城镇空间中则呈现面状集聚的特征，产业以接触扩散为主，主要集中在城郊开发区或新城中。随着城市功能转型也出现区域扩散现象，即核心城市制造业更倾向于向距离较近的周边城市转移和扩散；云计算、大数据、物联网等科技创新型产业以及数字经济、现代物流等信息服务业与研发机构、高端智库、研究型高效关联聚集，一般会围绕研发中心形成科学城、科技中心等城市功能区。绿色低碳为导向的现代产业体系要求各产业节能减排，加大工业废弃物的综合利用和无害化处理，城镇推出产业负面清单，一些产业退出城镇，另一些产业进驻循环型产业园。

例如北京的产业布局，在北京经济技术开发区和顺义区深入推进创新型产业集群示范区建设，积极承接三大科学城创新成果外溢，加快科技创新成果产业化，提升自主创新能力和产业能级，打造南北两个产业聚集带。北部地区对接三大科学城创新资源，推动海淀、昌平、朝阳、顺义等区打造研发创新与信息产业带；南部地区依托北京经济技术开发区，推动丰台、大兴、房山等区打造先进智造产业带。在通州区、石景山区以及生态涵养区发挥区域资源优势，聚焦细分领域，打造一批特色鲜明、具有国际竞争力的产业组团。另外，市域内“研发＋高端制造”跨区协同，重点支持“丰台区＋房山区”在轨道交通领域、“海淀区＋昌平区”在智能终端领域、“丰台区＋北京经济技术开发区＋大兴区”在航空航天领域、“朝阳区＋顺义区”在智能制造与装备领域加强协作等。

（三）社会需求的迭代与用地布局变化

社会需求反映了人们对物质和非物质资源的需求，包括基本物质需求（如食物、住房和衣服）和非基本物质需求（如娱乐和教育）。社会需求的大小受到许多因素的影响，包括社会结构、资源环境、经济发展水平、技术水平等。随着社会结构的变化，社会需求也会发生变化，进而间接映射到空间布局上。现阶段我国社会主要矛盾是人民日益增长的美好生活需要和不平衡不充分的发展之间的矛盾，现阶段国土空间用地布局的基本原则就是消除不平衡，实现均衡发展与共同富裕。

1. 当代社会结构变化

当前我国城乡人口结构发生根本变化。就整体社会结构来看，从 21 世纪初叶中国以农村人口为主体，变为当前的城市常住人口为主体的社会。2001 年中国城镇人口占总人口的 37.7％，2020 年城镇人口为 90199 万，占 63.89％。城镇发展的转型提质与乡村振兴成为国土空间当前面临的重要任务。由于多方位的政策持续调整，城乡之间的差异有了很大变化，很多农民开始到家乡附近的城市或城镇买房，从乡村生活转变为城市生活。而与此同时发生的一个巨大变化是，大城市、特大城市、超大城市与中小城市存在着巨大的分化，主要表现在职业多样性、文化融合性、发展机会的优先性、生活成本的差异性等。

2. 社会需求发展变化分析

我国从温饱到小康，社会需求多样化，在国土空间规划中不仅要分析城镇社会需求，还要分析农村社会需求。

首先是分析社会需求的现状变化及未来趋势，包括基本需求和日益增长的大宗需求变化。社会总需求包括两个部分：国内需求和国外需求。国内需求包括投资需求和消费需求。投资需求包括基本建设投资、企业库存品和国家物资储备等；消费需求包括居民个人消费和社会公共消费两部分，涉及基础设施、服务型产业和生产型产业的空间分布和布局。国外需求，即产品和劳务的输出，涉及对外贸易、国际物流和航空空间设计。乡村需求主要是居民生活服务需求，包括教育、医疗、保险等需求。

其次是构成分析，当掌握城乡不同的需求后，系统分析未来的需求变化，包括环境的需求、服务设施的需求以及生活方式的需求，从而确定城镇发展真正的空间需求和其原因。

最后是空间设计，要把所有满足城乡真正需求的可能性都罗列出来，从促进城乡发展的角度，找到最优的空间设计。如新时代城镇居民对公园绿地、广场等公共空间以及对养老、幼教等设施需求明显增加。

3. 城镇用地布局变化趋势分析

为应对社会需求的变化，城镇用地布局应衔接并相应调整：一是民生设施类，从区域不平衡分布向均衡布局调整，不仅是城镇空间内，还包括乡村空间；二是关注弱势群体，在近郊区配置经济适用住房、限价类政策房；三是拆迁安置房的布局，分就地安置和异地安置两种；四是基础设施线性布局安置，满足城镇发展需求；五是绿化用地布局，面向居民日常和节假日多样化需求,既要考虑存量空间更新中的见缝插绿,又要考虑增量空间的绿地比例;六是注重历史文化空间的保护、传承和活化利用,以及新文化空间的布局;七是关注全龄型服务空间分布,不仅要面向老年儿童,还应面向大众,即针对全市不同年龄、不同收入水平、不同区域、不同职业的人群,开展综合性(城乡公共设施建设、教育、科技、文化、卫生、体育、养老、娱乐等)和专业性相结合的公共服务需求调查。

(四)城镇治理模式及城镇形态改变

特定条件下的城市形态和结构,是城市空间的深层结构和发展规律的显相特征,是由物质形态和非物质形态两部分所组成的。城市形态是一种复杂的经济、文化现象和社会过程,既包含了城市的内部结构,也反映了城市外部状态,它比'形状'和'结构'的含义广泛得多。

1. 城镇发展的驱动力

不同视角下,城镇发展的驱动力不同,如社会历史视角——城市形态演变驱动力机制、政治经济视角——城市性质与功能理论、建筑视角——空间构图学理论以及其他内涵的驱动力,如生态驱动力、资源驱动力、环境驱动力等。

社会学的视角主要是用社会学的方法来看待问题,用社会学的调查研究方法对问题进行调查研究。社会学主要关注社会对个人的影响以及社会与个人之间的互动,社会历史相互作用,与城市形态的演化轨迹相伴存在。例如,欧洲古代城市形态驱动力——从神权到人权,导致古希腊城邦形态:广场为中心,方格网为道路骨架。米利都的希波丹姆模式,标志着神权向人权转化。人权出现分化,皇权、教权,多中心城市形态出现,城市形态多样化发展。象征人权和公众的中心剥离,多中心成为主要趋势。中国古代城市的典型格局表现出皇权中心的特征,如元大都、长安城等皇城的城镇布局形态。新时期,社会需求发生巨大变化,城镇发展的驱动因素随时间发生变化,如图 5-1 所示。

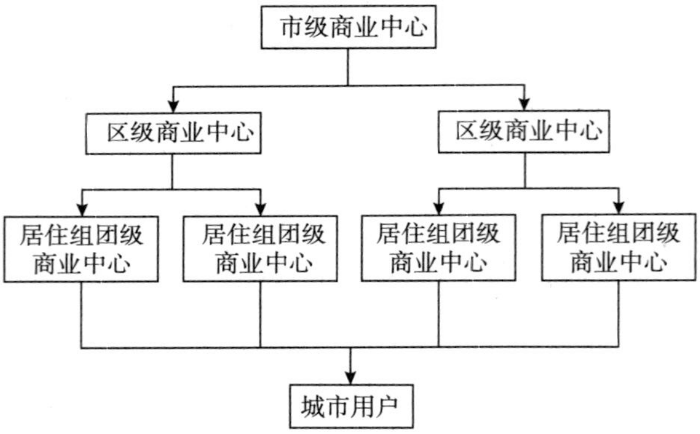

图 5-1　当代城市形态演变驱动力演化分析图

政治经济视角——城市性质与功能理论:通过确定城市性质、城市定位、城市形象、城市规模等内容,引导城市发展。城市性质是城市在一定地区、国家以至更大范围内的政治、经济、与社会发展中所处的地位和所担负的主要职能,是城市在国家或地区政治、经济、社会和文化生活中所处的地位、作用及其发展方向。城市定位是根据自身条件、竞争环境、需求趋势等及其动态变化,在全面深刻分析有关城市发展的重大影响因素及其作用机理、复合效应的基础上,科学地筛选城市地位的基本组成要素,合理地确定城市发展的基调、特色和策略的过程。城市形象是指城市以其自然的地理环境、经济贸易水平、社会安全状况、建筑物的景观、商业、交通、教育等公共设施的完善程度、法律制度、政府治理模式、历史文化传统以及市民的价值观念、生活质量和行为方式等要素作用于社会公众并使社会公众形成对某城市认知的印象总和。城市性质决定城市形态框架,城市定位决定城市未来形态变化,城市形象更多展现的是城市特点,如集中型形态、带型形态、放射型形态、星座型形态、组团型形态、散点型形态等。

互联网时代城市空间结构形态的演变发展趋势表现为大分散小集中,城乡界限变得模糊,城市空间结构的分散将导致城市的区域整体化，即城市景观向区域蔓延扩展。空间区位差异缩小，城市各功能单位的距离约束变弱，空间出现网络化的特征。城市用地从相对独立走向兼容。城市网络化重构也将出现多功能新社区。

建筑视角——空间构图学引导的城镇发展驱动力包括：城市意向、拼贴城市、轴向构图和几何构图，以及自然条件，如地形地貌、河流水系、地质条件；自然限制与自然保护上的制约；人工环境：高速公路、铁路、高压线；城市建设现状与城市形态结构：老城整体形态；规划及政策性因素：农田保护政策、文物保护政策；其他因素：土地产权、农民征地补偿等。

2. 城镇治理模式的变化

纵观近 20 年的城镇治理，治理模式日益倾向于均衡发展、社会需求和微观治理，如表 5-1 所示。

表 5-1　近 20 年城镇治理模式演进

提出时间	城镇治理模式	内涵
十七大	新型城乡基层治理模式	实现政府行政管理与基层群众自治有效衔接
十八大	新型城镇化战略引领模式	促进城市群建设，改善城市规模结构，优化城镇布局，农业转移人口市民化
十九大	城市管理精细化，城市群区域协同化治理模式	着力破解不平衡不充分的问题，促进京津冀、长三角、大湾区等区域协同发展
二十大	以人为核心的新型城镇化	坚持人民城市人民建、人民城市为人民，提高城市规划、建设、治理水平，加快转变超大特大城市发展方式，实施城市更新行动，加强城市基础设施建设，打造宜居、韧性、智慧城市

3. 城镇形态结构分析

城镇形态结构是城镇布局的基本架构，它承载着历史积淀的社会经济结构，城镇规划应在深入研究城镇形态结构的基础上进行空间布局安排，并作出城镇结构优化的方案。传统城镇形态结构模式，无论组团状、团状、带状还是连绵状都是以区域经济空间结构理论为基础，描述的是某种区域发展形势下的城镇形态结构状态。随着现代化交通、通信方式的改变，城市与城市间的距离缩短，差异减小，使区域逐步“城市”化，区域发展超越了传统的中心地理论模式；城市内部也从单中心向多中心，甚至网络—节点化结构转化。城镇各项用地布局也相应地发生变化。

（1）场所关联性减弱导致布局变化　传统城镇空间组织中，城市产业与各项服务设施布局面向就业居民或用户，一般辐射特定的地域空间范围，并按照交通能力的提升而表现出辐射地域规模逐渐扩大的特征，从而出现了城镇空间最小功能组成单元，以及城镇内部不同功能区规模差异和等级观念，如市级中心、区级中心和组团中心等梯次分布。社会结构、社会需求和生活方式的变化，网络经济的崛起，就地化服务日益弱化，场所组成要素间的关联减少，导致城镇要素构成和布局发生变化，如大型购物中心郊区化、小型物流中心社区化、办公中心综合化、新业态布局分散化等现象不断涌现。

（2）新集聚与新扩散特征促进传统城镇形态结构的功能空间重组　制造业管理和生产分离，研发和生产集聚，城市新城区出现各类聚合度较高的制造业中心，体现出城镇发展的扩散态势；老城市更新促进新、奇、小规模业态穿插式分布，推动老城区焕发新的面貌；城市作为巨量信息的复合体，多功能、高质量的协调、合作、决策和相关服务功能以及知识型经济在中心区逐渐融合，体现出集聚效益。

（3）区域的“城市”化引领城镇的错位发展　交通、通信模式的现代化也拉近了区域内部各节点之间的距离，特别是中心城市发展到一定规模后，城市内部交通所耗费的时间可能等于或大于到城市以外某节点的外部交通时间，从而使外部节点可能成为城市功能的组成部分，进而使区域变成“城市”。城市协同发展模式凸显，城市间由各自全面发展向协同互补错位发展转化。

二、城镇空间规划内涵与特点

（一）城镇空间规划内涵

1. 城镇空间规划概念

城镇空间是指城市或城镇内部的地理区域和空间组织，包括城市内部的各种用地类型、建筑物、街道、公共空间、自然环境等。城镇空间的内涵可以从以下几个方面来理解。

（1）经济活动空间　城镇空间是经济活动的重要场所，包括各种产业、商业、服务业等。这些经济活动在城镇空间中形成了不同的集聚区，如中央商务区、工业园区等。

（2）社会活动空间　城镇空间也是人们进行各种社会活动的场所，如居住、文化、教育、娱乐、体育、宗教等。这些社会活动在城镇空间中形成了不同的社区、文化场所、公共场所等。

（3）政治活动空间　城镇空间也是政治活动的场所，如政府机构、市政厅、议会等。这些政治活动在城镇空间中形成了不同的政治中心和行政区划。

（4）自然环境空间　城镇空间也包括自然环境，如河流、山脉、绿地、公园等。这些自然环境在城镇空间中形成了不同的生态系统和景观。

（5）交通空间　城镇空间是交通网络的重要组成部分，包括公路、铁路、地铁、机场等。这些交通设施在城镇空间中形成了不同的交通枢纽和通道。

综上所述，城镇空间是一个复杂而多元化的概念，它包括了经济、社会、政治、自然和交通等多个方面的内容，反映了城市或城镇的内在结构和功能特征。

2. 我国城镇空间规划发展历程及特征

在我国，城镇空间发展历程可以概括为以下几个阶段。

（1）古代城市发展阶段　以都城和州府城市为代表，城市规划和建筑设计遵循传统礼制，注重对称和轴线布局。我国古代城镇发展典范体现在规划布局、防御功能、经济发展、文化传承和社会治理等方面。这些特点共同构成了古代城镇的发展基础和独特魅力。

我国古代城镇的规划布局通常以宫殿为中心，遵循严格的对称和轴线布局，体现了统治者的权威和气势。同时，城镇内还设有市场、民宅、寺庙等公共设施，形成了完整的城市功能体系。古代城镇往往具有明显的防御功能，如高墙、城楼、护城河等，这些防御设施在保障城市安全的同时，也展示了统治者的实力。古代城镇是经济交流的枢纽，市场和商业活动十分繁荣。城镇的发展带动了手工业、商业等行业的兴起，促进了区域经济的繁荣。古代城镇是文化交流和传承的重要载体。寺庙、书院、戏台等文化设施在城镇内广泛设立，为居民提供了丰富的文化生活，也推动了文化的传播与交流。古代城镇的管理和治理体系也具有一定的典范意义。城镇内设有官府、衙门等行政机构，负责维护城市秩序和民生事务。同时，城镇内还有族规、民约等社会规范，形成了较为和谐的社会秩序。

(2)近现代城市发展阶段　鸦片战争后，我国开始接触西方城市规划理念。20 世纪 50 年代，国家开始实施有计划的经济建设，进行城市规划和建设。这一时期的城市规划注重工业布局和基础设施建设，城市空间结构逐渐呈现出明确的功能分区特点。随着工业革命的进行，城市人口急剧增加，城市规模不断扩大。近现代城市规划主要集中于解决城市拥挤、环境恶化、交通堵塞等问题，以适应城市化进程的需求。近现代城市规划强调城市功能的划分，如将工业区、居住区、商业区等不同功能区域进行合理布局，以提高城市的运行效率。近现代城市规划需要综合考虑城市发展的各个方面，如交通、基础设施、生态环境等，形成一个完整的城市规划体系。

(3)改革开放后的城市发展阶段　改革开放以来，我国城市发展进入快速增长期。城市规划理论不断创新，城市空间不断扩张，交通、基础设施、公共服务等设施得到快速发展。同时，城市发展过程中也出现了一系列问题，如城市病、土地资源紧张、环境污染等，需要通过新型城镇化和城市更新等手段加以解决。

在改革开放过程中，我国经济快速发展，城市化进程明显加快。大量农村人口涌入城市，推动了城市规模的扩大和城市人口的快速增长。我国城镇规划逐步摒弃了古代过于强调政治和军事功能的规划理念，开始注重城市发展的经济、社会和环境效益，强调人本、绿色、可持续发展等现代规划理念。我国城市规划体系逐渐完善，逐步建立了一套完整的城镇规划体系，包括城市总体规划、分区规划、详细规划等多个层次，形成了从宏观到微观、从战略到实施的全过程规划体系。城市功能分区逐渐由单一向多元化发展，更加注重产业、居住、商业、文化等功能的协调与融合，提高城市的综合效益。我国加大了基础设施建设的投入，提高了城市交通、供水、供电、通信等基础设施的水平，为城市发展创造了良好的条件。在城镇规划中，我国越来越重视环境保护和可持续发展，提倡绿色建筑、节能减排、循环经济等理念，努力实现人与自然和谐共生。我国城镇规划注重区域之间的协调发展，通过构建城市群、都市圈等区域发展格局，实现资源共享和优势互补，提高整体发展水平。

(二)城镇空间规划在我国规划体系中的地位

城镇空间规划在我国规划体系中具有重要地位，对城市发展和建设具有战略性、统筹协调、保护生态环境和法制化管理等多重作用。

1. 战略性规划

城镇空间规划是对城市发展和建设的长期、全局性战略部署，涉及城市的定位、规模、产业、基础设施、生态环境等多个方面。它为我国的城市发展提供了战略指导和规划框架。城镇空间规划作为战略性规划，能够为城市的发展提供全面、长期的指导，对城市的发展具有重要的引领和推动作用。

(1)提供发展蓝图　城镇空间规划为城市的发展提供了长期、全面的规划蓝图，明确了城市的发展目标、发展方向和关键任务，为城市的有序发展提供了指导。

(2)促进资源配置优化　城镇空间规划能够统筹安排城市的土地、基础设施、公共服务等资源，优化资源配置，提高资源利用效率。

(3)引导产业布局　城镇空间规划根据城市的产业基础、发展优势和市场需求，引导产业合理布局，促进产业结构优化，推动城市经济持续健康发展。

(4)保护生态环境　城镇空间规划注重城市生态环境保护，通过规划合理安排城市空间布局，保护自然资源和生态环境，实现人与自然和谐共生。

（5）促进区域协调发展　城镇空间规划关注城市与区域的相互关系，旨在促进区域之间的协调发展。通过规划，引导城市在区域内发挥优势，推动区域间的资源共享和优势互补，提高整体发展水平。

（6）保障社会公平　城镇空间规划充分考虑社会公平性，通过规划合理安排城市公共设施、公共服务等资源，保障居民的基本生活需求，促进社会公平和谐。

2. 统筹协调型规划

城镇空间规划需要综合考虑城市的经济、社会、环境和文化等多方面的因素，以实现各领域的协调发展。通过空间规划，可以统筹安排城市的各项建设任务，确保城市发展的有序进行。城镇空间规划需要综合考虑城市的经济、社会、文化和环境等多方面的因素，以实现各领域的协调发展。通过空间规划，可以统筹安排城市的各项建设任务，确保城市发展的有序进行。与土地利用和基础设施协调城镇空间规划能够统筹安排城市的土地、基础设施、公共服务等资源，优化资源配置，提高资源利用效率，统筹短期和长期发展协调。城镇空间规划既要考虑城市的短期发展需求，又要兼顾长期发展目标，以实现城市的可持续发展。城镇空间规划应充分考虑社会公平性，通过规划合理安排城市公共设施、公共服务等资源，保障居民的基本生活需求，促进社会公平和谐。

总之，城镇空间规划作为统筹协调型规划，能够实现城市发展中的各种要素和方面的协调，为城市的有序、和谐、可持续发展提供保障。

3. 保护生态环境

城镇空间规划重视城市生态环境保护，倡导绿色、低碳、可持续发展理念。通过规划，合理安排城市空间布局，保护自然资源和生态环境，实现人与自然和谐共生。城镇空间规划中保护生态环境的主要内容涵盖了目标制定、红线划定、空间布局优化、生态环境保护与改善、绿色发展、监测评估、提高环保意识以及制定并落实环保政策法规等，以确保城市发展与生态环境保护相协调。

首先，城镇空间规划制定生态环境保护目标，以指导和约束城市发展，确保城市发展与生态环境保护相协调。根据城市的自然资源和生态环境状况，划定生态保护红线，明确禁止开发和限制开发的区域，保障城市生态安全。制定城市绿化、水环境治理、大气污染防治等措施，保护和改善城市生态环境质量，提高城市生态环境的可持续性。

其次，城镇空间规划通过优化城市空间布局，合理安排城市产业、居住、公共服务等功能区，减少城市发展对生态环境的负面影响，提高城市空间的利用效率。促进绿色发展，提倡绿色建筑、绿色交通、绿色能源等绿色发展理念，降低城市发展对自然资源的消耗和生态环境的破坏。

最后，城镇空间规划中应建立完善的生态环境监测网络和评估体系，对城市生态环境进行实时监测和评估，为城市生态环境保护提供科学依据。在支撑体系中加强环保宣传和教育，提高居民的环保意识，引导居民积极参与城市生态环境保护工作。在政策措施中制定和落实相关环保政策法规，加强城市生态环境保护的法制化管理，确保城市发展与生态环境保护的协调进行。

4. 城镇空间开发的法制化管理依据

城镇空间规划是城市规划与管理的法定依据。我国通过建立完善的法律法规体系，规范城市规划的行为，保障城市发展的有序进行。城镇空间规划中的法制化管理是指通过建立健全法律法规体系，规范城镇空间规划的编制、实施、监督等各个环节，确保城镇空间规划的科学性、合理性和有效性。主要内容包括以下几个方面。

（1）法律法规体系　建立完善的城镇空间规划法律法规体系，包括国家法律、行政法规、地方性法规和规章等，明确各级法律法规的效力层级和适用范围，确保法律法规的统一性和协调性。

（2）规划编制　规范城镇空间规划的编制程序，明确编制主体、编制内容、编制方法等的要求，确保规划编制的科学性和合理性。同时，加强对规划编制过程的监督，确保规划编制的民主参与和公众参与。

（3）规划审批　明确城镇空间规划审批的程序、权限和时限，加强对审批过程的监督，确保审批结果的合法性和合规性。同时，强化审批主体的责任，规范审批行为，防止权力寻租和腐败现象的发生。

（4）规划实施　规范城镇空间规划的实施管理，明确实施主体、实施措施和实施时限等要求，确保规划实施的顺利进行。同时，加强对实施过程的监督，确保实施结果的合规性和有效性。

（5）规划修改　明确城镇空间规划修改的条件、程序和时限，加强对修改过程的监督，确保修改结果的合法性和合规性。同时，规范修改主体的行为，防止随意修改规划，损害公共利益。

（6）规划监督　建立健全城镇空间规划的监督机制，明确监督主体、监督内容和监督方法等要求，加强对规划编制、审批、实施和修改等环节的监督，确保规划执行的合规性和有效性。

（7）法律责任　明确违反城镇空间规划法律法规的行为及其法律责任，加大对违法行为的查处力度，确保法律法规的权威性和严肃性。同时，强化责任追究，对违法违规行为进行严格处理，以维护公共利益和社会秩序。

三、新发展理念下的规划要求

新型城镇化要更好实现“人”的聚集。大力提升城镇品质，营造优质的城镇宜居环境，打造特色化、高品质生活空间，逐步构建梯次分明、结构合理、功能完备的新型城镇体系。

（一）国土空间用途管制要求

自然资源部办公厅印发《国土空间用途管制数据规范（试行）》的通知（自然资办发〔2021〕48号），提出为规范开展国土空间用途管制信息化建设，构建“全域、全要素、全流程、全生命周期”的用途管制数据体系，按照“统一底图、统一标准、统一规划、统一平台”的要求，研究制定了《国土空间用途管制数据规范（试行）》（以下简称《规范》）。《规范》要求明确全域国土空间用途分区的准入条件，统筹、优化和确定“3条控制线”等空间控制线，明确管控要求，合理控制整体开发强度，确定开发边界内集中建设地区的功能布局，明确城镇主要发展方向、空间形态和用地结构，统筹安排县域交通等基础设施布局和廊道控制要求，明确重要交通枢纽地区选址和轨道交通走向，提出公共服务设施建设标准和布局要求，对城乡风貌特色、历史文脉传承、城市更新、社区生活圈建设等提出原则要求；明确县域镇村体系、综合交通、基础设施、公共服务设施及综合防灾体系，以县级城镇开发边界为限，形成县级集建区与非集建区，分别构建“指标＋控制线＋分区”的管控体系。

1. 城镇开发边界

城镇开发边界是指可以集中进行城镇开发建设、完善城市功能、提升空间品质的区域边界,是允许城市建设用地拓展的最大边界,是国土空间规划中应当明确的控制线。划定城镇开发边界是加强空间开发管制,控制城市和小城镇无序蔓延的重要措施。城镇开发边界,是国土空间规划中,永久基本农田、生态保护红线、城镇开发边界等"三区三线"划分的内容之一。它划定了城镇开发边界的范围,除国家重点项目,重要的基础设施项目,一般性的城镇建设项目必须要在开发边界以内布置,不得突破开发边界进行建设。

(1)总体要求 一是统筹发展与安全,坚持保护优先,在确保粮食安全、生态安全等资源环境底线约束的基础上,划定城镇开发边界,确保"三条控制线"不交叉、不冲突;二是坚持节约集约、紧凑发展,通过划定城镇开发边界,改变以用地规模扩张为主的发展模式,推动城市发展由外延扩张式向内涵提升式转变;三是因地制宜,基于自然地理格局和城市发展规律,结合当地实际划定城镇开发边界,引导促进城镇空间结构和功能布局优化,避免城镇开发边界碎片化,为城市未来发展留有合理的弹性空间。

(2)划定规则 ①守住自然生态安全边界。城镇开发边界不得侵占和破坏山水林田湖草沙的自然空间格局。②将资源环境承载能力和国土空间开发适宜性评价(简称"双评价")结果作为划定城镇开发边界的重要基础。避让地质灾害风险区、蓄滞洪区等不适宜建设区域。③贯彻"以水定城、以水定地、以水定人、以水定产"。根据水资源约束底线和利用上限,引导人口、产业和用地的合理规模和布局。④"三调"的现状城镇集中建成区应划入城镇开发边界。⑤落实生态保护红线划定方案和耕地保护任务,统筹推进永久基本农田核实整改补足和城镇开发边界划定工作。涉及长期稳定利用耕地的,以"开天窗"的形式予以标注,不计入城镇开发边界面积。⑥发挥好城市周边重要生态功能空间和永久基本农田对城市"摊大饼"式扩张的阻隔作用。重视区域协调发展,促进形成多中心、网络化、组团式空间布局。⑦划定城镇开发边界不预设比例,不与城镇建设用地规模指标挂钩,应基于城镇的发展潜力、用地条件、空间分布特点等划定城镇开发边界,体现城镇功能的整体性和开发建设活动的关联性。⑧对于近五年来城镇常住人口规模减小的、存在大量批而未建或闲置土地的市、县(区),预留的弹性空间应从严控制。⑨城镇开发边界由一条或多条连续闭合的包络线组成。边界划定应充分利用河流、山川、交通基础设施等自然地理和地物边界,形态尽可能完整,便于识别、便于管理。

2.各类城镇空间用途的管制要求

通过控规进行用途管制。通过街区单元或地块详细规划,确定控制要求,政府主管部门在招拍挂土地时附加控制条件,指令性要求开发商保证落实开发强度、公共空间及市政、交通等设施强制性控制要求,而其他具体的控制规定,如功能配比、建筑高度、建筑形式、密度、建筑退缩线、开发程序以及许多设计元素等也会有指导性指标约束,具有一定的弹性空间。

(1)城镇空间实施"五线"控制 "五线"管制制度属城市规划的强制性内容,适用于从城市总规到控制性详规等不同层面的城市规划。城市紫线,是指国家历史文化名城内的历史文化街区的保护范围界线,以及优秀历史建筑的保护范围界线。根据规定,在城市紫线范围内,禁止违反保护规划的大面积拆除、开发;禁止对历史文化街区传统格局和风貌构成影响的大面积改建;禁止损坏或者拆毁保护规划确定保护的建筑物、构筑物和其他设施;禁止修建破坏历史文化街区传统风貌的建筑物、构筑物和其他设施;禁止占用或者破坏保护规划确定保留的园林绿地、河湖水系、道路和古树名木等;禁止其他对历史文化街区和历史建筑的保护构成破坏性影响的活动。城市蓝线,是指水域保护区,包括河道水体的宽度、两侧绿化带以及清淤路。根据河道性质的不同,城市河道的蓝线控制也不一样。城市绿线,是指城市各类绿地范围的控制线。建设部出台的《城市绿线管理办法》规定,绿线内的土地只准用于绿化建设,除国家重点建设等特殊用地外,不得改为他用。城市黄线划定重大基础设施用地影响范围。凡是被划定的区域,城市建设不得随意侵占,区域内各项建设将受到严格控制。城市红线包括用地红线、道路红线和建筑红线,对红线的管理体现在对容积率、建设密度和建设高度等的规划管理。居住建筑退后道路规划红线的距离,在主干道两侧的不小于 5 m,在次干道不小于 3 m。

(2)用途转移管制　分为限制用途转移、鼓励用途转移和政策型转移 3 种。限制用途转移是指涉及民生、公共设施和环境类空间不得转为其他用途;鼓励用途转移是指工业用地、办公用地或居住用地在城市更新过程中,鼓励部分用地功能向公共空间或卫生、医疗、教育、福利院等民生设施用地转移;政策型转移是指存量空间的用途更新,如废弃工厂向新文化、创新产业、绿色空间或商贸类用途的转移,需要具体政策的支撑。

(3)混合使用发展　土地混合使用发展是将住宅、商店、办公、服务、娱乐等多种使用集中于一体的土地使用方式,其偏重于单栋建筑物或建筑复合体的混合使用。土地混合使用强调整体的发展规划,对规划范围内的土地使用种类、规模、密度等相关条件都有所规定,其混合使用需要具有相当功能上及实质上的联系,以促进土地的集约利用。

(4)开发许可制　它是指对土地的开发须经开发人申请并获得政府许可后才能实施开发利用行为的制度。政府部门根据空间规划和地方发展战略,基于公共利益而予以准许开发、附加条件开发、不准开发 3 种决定。这种先审查后开发的制度能够更好地确保环境的品质、土地资源的有效利用和达到城乡发展的规划目标。

(二)存量基础上的城市更新

从转型发展的特征来看,新型城镇化在根本上要求将从以增量为主、通过不断扩张空间实现的城镇化建设模式转向以提质增效为主的内涵式建设模式。城市需要从单一增长的逻辑回归以人的需求为核心的本源。回顾以往,在城镇化高速发展背景下,大量近一二十年内建成的区域由于并未完全以人的需求为核心、追求城镇化的速度甚于质量,出现了地的扩张快于人口的集聚、公共服务设施配置不足、城市建设的人性化欠缺等问题。随着这些区域的建成和投入使用,这些并不旧的城市建成区同样迫切需要解决城市品质提升的问题。因此,对现有建成区的“全面提质”与“合理增效”是当前城市更新的核心任务。一方面是部分建成区城市品质需要进一步提高;另一方面是部分用地的低效扩张问题突出。要对现有建成区在全面提升城市品质的基础上,重点针对存量空间资源进行合理“增效”。

1. 老城区城市更新

老城区城市更新在对物质空间产生改变的同时,也必然伴随着由此引发的原有社会关系的瓦解和新的社会关系的建立,即社会关系的重构。从以往及目前的城市更新的实践来看,在面对城市更新的复杂问题时,人们往往重视物质空间的改造与利用,进而实现空间资源价值最大化的目标,而忽视社会公平、传统文化、生态环境、社会网络等其他方面的问题。不同类型的城市存量空间资源在规划利用过程中,其涉及的城市产业集聚升级、民生服务保障、人文特色传承问题虽然各有侧重,但往往相互交织、错综复杂。单个地块更新改造的任务和目标需要置于城市整体优化调整的大背景下,在解决个体问题和公共利益之间寻找平衡点。而这需要站在城市全局角度,从宏观到微观进行系统研究和统筹安排。

从老城区更新方式来说，对于单个地块，可以采取“拆除重建”式的整体更新方式，而对于地上附着物或单栋建筑，也可以采用“整建维修”式的微更新方式和“功能改变”式的老瓶装新酒方式，并不局限于单一手段。单栋建筑、单个地块的更新手段的选择，应综合考虑空间资源本身的特征、产权主体的意愿和品质提升的核心任务，不应将物质空间形态的改变等同于品质提升，以单一改造方式替代多元更新手段。

从老城区品质提升的任务来看，区域面临人口密度大、基础设施欠缺、公共服务不足、环境品质低下等问题，并且无法依靠单个产权地块的更新改造得到完全解决，必须对市政、交通、园林、景观、公共安全等进行系统性优化与改善。因此，为了实现老城区品质提升这一目标，需要开展的工作类型较为广泛，既有单栋建筑、单个地块的更新改造，也有片区的整体提升。

2.工业区城市更新

伴随城市经济结构“退二进三”的转型，以及一般制造业的技术革新，城镇空间老旧工业厂房的功能调整、改造再利用备受关注。厂房旧改本质是对项目承载的产业功能进行转型、升级，以符合城市新的发展需求。目前主要形成了3种较为成熟的城市更新路径。

(1)工业用地转型为文创、商办、租赁住房等服务业用地　北京798、上海M50、8号桥至今仍是旧厂房改造文创园的标杆项目，并进一步催生创意产业园专业运营商的活跃。此后，随着工业旧改市场化进程加快，以社会资本为主体，进一步推动“工改商”模式的出现，形成集商业、办公功能的混合街区。2017年以来，国家鼓励租赁住房市场发展，推动“工改租”模式试点。广州、深圳、南京等12个城市被选为首批开展住房租赁试点的城市，出台了相应的地方政策，明确了具体要求，目前处于市场发展初期。长租公寓需求大，改造难度低，长期发展会形成一定的灰色空间。随着租赁住房政策法规的完善，市场有望规范化发展。

(2)工业用地升级为科研设计、新型产业等城市高效产业用地　通过将普通工业用地调整为新型产业用地、研发总部用地等方式，将旧工业区升级改造为新型产业园，使产品符合新兴产业办公生产需求。以天安数码、联东集团、合一城市更新集团等产业地产商为主，万科、越秀等地产商积极布局，部分高科技制造企业与房企合作对自有土地实施旧改。例如，深圳宝安·西成工业区项目为企业自用厂房更新，整治范围71279 m^2，原容积率1.69，主要以加工类厂房、员工宿舍为主，研发办公空间较少。城市更新通过对园区不同区块实施针对性的局部拆除重建、空地新建、保留升级等方式，在旧厂房基础上形成研发楼、研发生产楼、综合服务楼、人才公寓等多样化空间，转型为一个面向中小企业的产业孵化基地。

(3)工业用地调整为城市公共空间　超大、特大城市普遍面临老钢铁厂等大型重工业厂区的整体关停转型需求，如首钢之于北京、老合钢之于合肥，它们对市民来说是一个非常重要的群体记忆。东滩智库在中铁合肥带钢厂旧改项目中得出经验，这些占地动辄数十平方公里，内部工业遗迹众多的工业片区，从关停到彻底转型将经历漫长的时间，通常首先需要对核心工业遗迹进行改造，改建为以博物馆、美术馆、运动馆等主题性场馆为代表的城市公共空间，其余地块拆除重建。在传承群体记忆的同时以全新的形象向社会传达老工业片区在新时代的精神内涵。上海徐汇滨江曾经是聚集各大“铁、煤、砂、油”的大型工业仓储运输基地，滨江码头林立，腹地内龙华机场、上飞厂等重大项目众多。转型中充分利用重要工业遗迹规划了一系列文化场馆和城市开放空间，如余德耀美术馆利用原上飞厂机车车间，龙美术馆保留北票码头运煤轨道，油罐艺术中心将废弃航油罐改造为综合性展览空间，龙华机场跑道变身为跑道公园。

3. 历史文化街区城市更新

历史文化街区是指具有一定规模、保存较好、以传统文物建筑为主构成的区域，它作为城市记忆的载体，目睹了城市的发展过程，是城市中具有一定规模的代表性历史文化遗产。因此，对于历史文化街区及其内部的建筑遗址进行保护及更新，对于修复城市文脉、加强民众的自我认同感都是应有之举。美国人类学家克洛伯认为文化包括外显和内隐两种行为模式。内隐文化像是一种更为深层的驱动力量，这些文化所形成的记忆也制约着能反映在物质载体上的显性记忆，因此有重要的延续意义。

一是促进历史文化记忆的传承，梳理历史城区的格局、整体风貌、历史地标建筑，结合现状打造公共空间，繁荣市井文化。

二是历史记忆要素的整理与提取，即分析历史演变过程，挖掘历史故事和事件，研究空间结构，剖析街道肌理、空间节点、建筑及界面，提炼历史文化元素和文化记忆。

三是活化利用，结合新文化、媒体、创意型工坊，对历史文物空间进行活化利用。

历史文化街区作为城市公共记忆的重要载体，如何在实现传统风貌保护的同时满足现代生活的需求也成为重要议题。城市更新中在改善物质环境的同时，也注重了日常交往场所和记忆空间的营造。空间记录了人的行为、习惯和情感，城市中的每个角落都可能成为记忆中的某个场景。

4. 商业区城市更新

2021 年 8 月 11 日，中华人民共和国商务部流通发展司发布了一份《城市商圈建设指南（征求意见稿）》（以下称《指南》），文件中多次提及要将城市商圈更新改造与城市更新相结合，提出要控制总量和着力优化存量。《指南》提出，在常住人口超过 1000 万的超大城市，结合超大城市特点和城市更新改造，对标国际一流商圈和商业街，吸引国内外高端商业品牌和资源集聚，提升高端购物、文化旅游、金融商务等功能，打造一批世界顶级商圈。从城市整体建设层面来看，商圈是城市的重要载体，商圈提质则是推进城市更新的重要抓手。盘活闲置商业资源、探索差异化发展模式已成为商业地产开发商们的共同使命。在上海城市化进程中，老城七宝经历了几番更新，先是从城乡接合部的穷街陋巷，变成了古城商业街，再随着都市圈的发展扩张进化成了七宝商圈，将老街的古韵和购物中心的现代化融为一体。

（三）城镇增量空间的利用限制

资源环境条件是城镇增量空间发展的前提条件，交通模式、土地开发模式、住宅开发模式、城市主导产业等是城镇增量空间发展的关键因素。城镇化快速发展时期，居住型新城是城镇增量空间的主要组成部分；城镇化平稳发展时期，商业型、工业型新城逐渐成为城镇增量空间的主要构成。国际粮食安全、生态安全促进了永久基本农田和生态环境的保护，国土空间资源的开发利用受到限制；同时，人口和城镇化增长放缓，城市增量发展转入存量优化模式，在此背景下，城镇增量空间受到严格限制。

1. 新城类空间利用限制

新城类空间利用主要受到目标约束和底线约束，其中，目标约束包括五大发展理念的限制，即创新、协调、绿色、开放、共享的发展理念，也包括高质量发展的三个要求，限制新城空间功能的构成。习近平总书记强调，“高质量发展不只是一个经济要求，而是对经济社会发展方方面面的总要求；不是只对经济发达地区的要求，而是所有地区发展都必须贯彻的要求；不是一时一事的要求，而是必须长期坚持的要求”。限制城市性质和定位的确定，以及生态文明的指导思想，其核心是促进人与自然和谐相处，限制新城的结构和布局。

底线约束包括国家粮食安全、国家生态安全和资源环境承载力的限制。国家粮食安全促进永久基本农田的保护，限制新城选址；国家生态安全底线限制生态环境的格局保护和利用，限制新城开发的路径；资源环境承载力的底线限制新城规模，确定合理容量。

2. 产业类空间利用限制

产业类空间的利用受限于城市定位、城市环境和社会经济条件。城市定位引导城镇主导产业体系和产业发展战略，如产业新城、物流新城、商贸类新城、旅游类新城等；城市环境对产业的限制取决于本土生态环境的脆弱性，影响城市设施的支持能力，间接约束城市基础行业发展，同时影响选址的可行性，也会影响产业构成和发展规模；城市社会经济条件的约束主要体现在就业结构的支撑力、经济发展规模要求、传统产业构成及其融合包容度。

3. 商业类空间利用限制

商业类空间利用限制因素主要包括两类，一是城市社会结构与社会需求变化的影响，改变了商业空间的布局形式，如商业街、商业城、商业中心、复合型商业（＋文化、＋生态、＋贸易等）、商业网点；分化了商业类别，导致多样化商业空间分布，如汽车销售类空间在城市新城布局，综合型商业中心在城市郊区布局，家居类商业中心在大型居住区布局，超市类中小型化并进入社区网点。二是网络经济促进了新型购销方式，限制了城市核心区的商业用地规模、布局与构成。传统 CBD 的模式逐渐在衰退，其高房价、高物价在经济平稳或萧条时期难以为继，而高科技新业态的置换需要较长的时间周期。

4. 其他类空间利用限制

其他类空间也在不同领域受到限制，如交通模式的改变，导致了城市开发结构的变化，从单一集聚、单一扩散向中心集聚＋分散集聚结合模式转化；绿地系统从追求数量向追求数量与均衡分布转变；民生设施分化，从梯次型标准向适老型、儿童友好型乃至全龄型应用转化；产业分化导致居住人群分布多样化，居住空间分布多元化。

第二节　城镇空间规划

城镇空间范围是指城镇开发边界内的空间，其规划内容是指原城乡总体规划中的主城区规划，包括生活居住、商业服务、工业仓储、公共管理、广场绿地等用地类型。

一、城镇空间现实问题分析

随着社会结构、产业布局、新经济模式以及未来发展趋势的变化，城镇空间发生了较大的变化，出现了如城镇中建设用地低效利用、构成要素变化、空间用途调整等现实问题。

（一）城镇活力下降及发展衰减

1. 建设用地低效利用问题

2016 年原国土资源部出台的《关于深入推进城镇低效用地再开发的指导意见（试行）》（以下称《指导意见》）（国土资发〔2016〕147 号）明确规定，城镇低效用地是指城镇规划区内，经第二次全国土地调查已确定为建设用地中的布局散乱、利用粗放、用途不合理、建筑危旧的城镇存量建设用地，且权属清晰、不存在争议。其中可列入改造开发范围的包括：国家产业政策规定的禁止类、淘汰类产业用地；不符合安全生产和环保要求的用地；“退二进三”产业用地；布局散乱、设施落后，规划确定改造的老城区、城中村、棚户区、老工业区等。现状为闲置土地、不符合土地利用总体规划的历史遗留建设用地等不得列入改造开发范围。

由此可见，城镇低效用地已成为一种特定类型的存量建设用地。杨少敏根据《指导意见》，联系政府管理需求及各地实践经验，基于低效用地改造对象的土地用途分类，将其划分为低效城镇产业用地、低效城镇生活用地、低效村庄用地和其他低效用地 4 种类型。

2. 建设用地错位利用问题

城镇空间建设用地错位利用问题是指城镇土地利用结构和布局不合理。随着社会经济发展变化，在我国城镇用地中，出现了越来越多的布局不合理问题。一是传统工业用地布局分散、超大城市已经进入搬迁转型过程，而一些中小城市因经济财力而改动困难；二是商业用地不再适应网络经济模式，发生空间再分布的变化，城市郊区、城市中心区、城市社区的商业运营模式发生多元化变化，超大城市中心区趋向综合化，城市郊区出现大规模购物型城市化，如北京和天津之间的武清快速发展起来的佛罗伦萨购物小镇，城市社区由便民超市和小型物流配送点组成的商业网点；三是居住用地与就业空间不匹配，给通勤交通造成很大压力，老城区老龄化和新城区年轻化分布并存；四是绿化休闲空间分布不均衡，老城区规模偏低，分布不均衡，休闲空间较少；五是公共服务设施用地分布不均衡，老城区集中，新城区欠缺；六是仓储物流用地聚集在城市郊区，网购配送式运输造成城镇区域肩负较大的运输压力。

3. 建设用地过度利用问题

建设用地过度利用问题主要指超高容积率和建筑密度，一般存在于超大城市、省会城市或区域中心城市中。受建设用地稀缺，住宅、办公、商业等用地价格居高影响，开发商为了逐利，会按通风和采光的底线要求进行容积率最大化设计，尤其是城镇核心地段，造成局部地区人口密度大、人均绿化面积少、安全风险大，进而导致城镇交通压力、公共设施服务压力大等问题。特别是在旧城改造和城市更新过程中，因居民就地安置要求和开发商成本—收益需求的因素，容易出现超高容积率，前述各项问题更加严重。城镇规划中应翔实分析这类问题，并在规划成果中提出相应的完善方案。

（二）城镇构成要素改变及修补

城镇构成要素在不同历史发展时期表现不同，城镇规划中应及时优化调整或进行局部修补。

1. 城镇现状构成要素

城镇现状用地构成体现出不同历史时期的物质积淀，也是历史情景的空间投影与展现，因此，城镇现状构成要素包括以下内容。

（1）居住类　由城市近郊新居、城区拆迁安置区、老旧平房、危旧楼房、老旧小区和住宅型历史文化保护区构成。

（2）产业类　由现代产业园区、综合型商业服务中心、郊区商贸城、老旧厂房、传统商业设施、老旧低效办公楼宇以及产业型历史文化保护区构成。

（3）设施类　包括市政基础设施、公共服务设施、公共安全设施以及符合新时期发展要求的新增各类公共服务设施等。

(4)公共空间类　包括绿色空间、滨水空间、慢行系统、广场等开敞空间。

(5)其他类　包括快递物资配送网点、创意类新业态空间等。

2. 未来城镇构成预判

随着科技创新发展和城镇群协同发展，居民的生活方式将会发生较大改变，主要表现出智能化、网络化和科技化，部分产业功能与居住功能复合，混合型功能区越来越多。居民对居住空间的要求也会日益提高，追求绿色、大户型、节能型等特点，而对居住地的要求将会出现分化，既有城镇核心区的公寓式住宅，又有城镇郊区的院落式住宅，还有老城区的改造提升型住宅。此外，随着市郊铁路的建设，"铁路公交"概念带动人口向远郊区新城或城镇群内其他城镇聚集，尤其是不经常坐班的人群，如教师、医生、自由职业者、网络服务人群等。社会再分布带到商业服务业的分布分化和再分布。城镇由社会服务等级型向类似细胞排列的均衡分布型转化。未来城镇空间布局趋向区块链式、网络式兼顾老城区的多样化布局模式。

(三)城镇空间用途变化及更新

1. 居住类空间发展趋向

居住用地是指城市居民的居住区用地，按功能可分为住宅用地、为本区居民配套建设的公共服务设施用地(也称公建用地)、公共绿地，以及把上述 3 项用地连成一体的道路用地等 4 项用地，总称居住用地。居住空间分异现象是一个复杂的政治、经济、社会、文化过程，是城市社会经济在空间上分化的结果。改革开放后，伴随着经济社会制度的改革，我国的城市居住空间分异愈加明显。首先，收入分配体制改革产生了新兴的中产群体，"富裕阶层"的产生是居住差异化的开始，他们从传统的职住结合的多层式住宅迁出，进驻设施良好的初代居住小区，以小高层或高层为主，这种现象延续至今；其次，政府的土地制度和城镇住房制度成为城市居住空间分异的主要原因，特别是 1988 年城市土地与住房制度改革，家庭改善式住宅和年轻人自立门户式住宅需求相继从老城中脱离出来，置换到新城区，使得城市新旧"极化"现象表现突出，老城区老龄化严重，新城区设施欠缺；最后，城市快速发展，城市更新与拆迁的加速使得城市社会空间发生重构，导致新的居住空间分异，从老城区拆迁出来的居民向远郊区聚集。此外，个体择居选择也是影响居住空间分异的重要因素，社会空间资源，诸如教育、医疗设施等的不同会影响居民居住区位选择。例如，北京以教育设施水平著称的海淀区和西城区，其房价一直居高不下，远高于其他城区。城镇规划中应充分挖掘非均衡的分布因素，在规划布局中予以改善。

2. 商业类空间发展趋向

新商业模式发展变化：从实体购物到网络购物，从单纯购物到休闲体验，逐渐转变为日常网购＋周末休闲购物相结合的模式；商业布局模式从传统的等级扩散＋网络化模式转变为城市近郊综合性商业购物区＋城市商业网点，近郊综合性商业购物区满足休闲购物需求，城市商业网点起到城市生活物资存储功能，满足日常居民购物需求，包括网购和步行购物；传统的商业空间分布在各级中心地区(图 5-2)，呈等级扩散的特征，服务城市居民；现代的商业空间分布在城市近郊区和城市中小型购物网点(图 5-3)，近郊综合型商业区分布呈现接触扩散，服务城乡地区居民，城市商业网点服务城市居民，更体现出便民服务的特征。

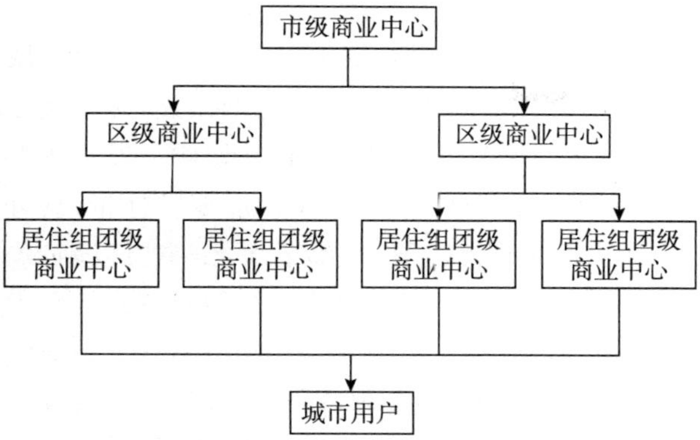

图 5-2　强调等级化中心性的传统布局模式

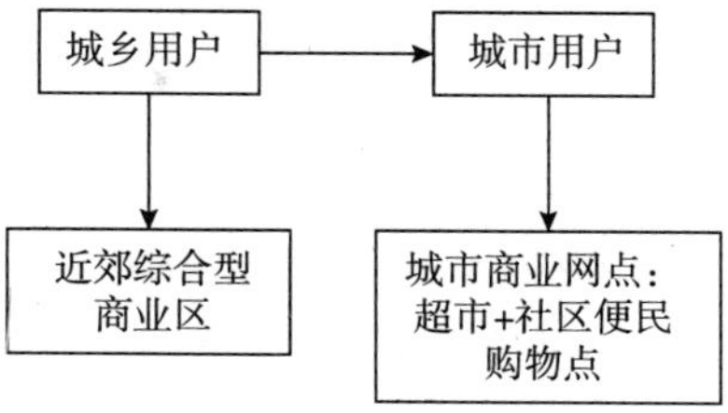

图 5-3　近郊和城市社区型商业网点布局模式

因此，随着新商业模式的推进，城市存量空间中的传统商业中心面临转型，传统商业功能向综合服务功能或办公功能转型。城镇规划中应具体分析后提出针对性布局建议。

3. *产业类空间发展趋向*

城镇产业空间的发展变化取决于产业结构的变化和政策性调整，产业分布的时空特征发生变化，产业结构从二三一到三二一转型，制造业外迁，服务业发生分化，依据服务对象和交通需求而出现多样化特征。在环境约束下，生产服务业与制造业进驻园区或开发区，生活型服务业依据其需求规模出现郊区、城市中心区、社区节点并存的空间分布特征。未来随着我国高质量发展目标、城镇群协同发展战略以及国内外环境变化、双碳目标约束等，产业类空间将会在以下方面发生变化。

(1)高质量发展推动城镇发展方式的转变　新发展理念即创新、协调、绿色、开放、共享的发展理念，是习近平总书记于 2015 年 10 月在党的十八届五中全会上提出的。创新发展注重的是解决发展动力问题，协调发展注重的是解决发展不平衡问题，绿色发展注重的是解决人与自然和谐问题，开放发展注重的是解决发展内外联动问题，共享发展注重的是解决社会公平正义问题。坚持新发展理念是关系我国发展全局的一场深刻变革。

(2)城镇群协同发展推进　区域产业结构一体化重构，大中小城镇协同发展；推进以人为核心的新型城镇化，如长三角城市群产业结构转型具有明显的多尺度特征，呈现出以上海、南京为核心，以杭州、合肥、泰州为辐射区的多极化空间分布格局。激发城镇间在创新能力、对外开放、政府调控能力、投资强度和经济水平等方面的竞争，引导不断变化的产业分布空间格局特征。

(3)国内外环境变化　在经济新常态时代，中国经济已经开始从速度向质量转变，追求更为稳定的发展。国内外环境变化既存在着不少有利条件，如我国经济的基本面良好，政策调整空间较大，也面临着一些挑战，如全球经济复苏呈现迟缓态势、我国内需增长面临多种因素制约、新一轮产能过剩开始显现。这些都会影响产业结构的调整，导致产业布局的空间变化。

(4)双碳目标的约束　2030 年碳达峰和 2060 年碳中和的双碳协定将影响城镇未来发展中的产业选择和传统产业转型，一方面考虑低碳型产业的引入和布局，另一方面考虑传统产业的降碳减污治理，并建立传统产业退出机制和新产业引入门槛。相应城镇空间中应进行分区划分和控制条件制定。

4.休憩类空间发展趋向

休憩类空间主要指绿色空间和开敞空间,包括园林绿地、广场、滨水空间等区域。随着城镇化进程不断推进,绿色空间在生态环境维护和生活品质提升等方面作用逐渐凸显,对区域绿色、协调、可持续发展具有重要意义。特大城市的绿色空间分布在快速城镇化影响下发生较大变化。例如,南京都市区绿色空间集中分布在远郊区与近郊区,中心城区少量零散分布,具有明显的空间梯度特征;总体规模呈减少趋势,近郊区减少最为剧烈,远郊区次之,主要以副城、新城的边缘式蚕食、中心城区及副城内敛式收缩为主,少量的新城穿孔式收缩和廊道式切割为辅。绿色空间格局变化受多种因素的共同驱动影响,产业发展、经济增长等经济驱动力是绿色空间减少的主导作用力,需求意愿等社会生长力的作用相对并不显著,而规划政策与公共投资等政府调控反而对绿色空间保护与建设具有一定的正向作用。北京也表现出类似的特征,即绿色空间集中在郊区,中心城区表现出新城多老城少的分布特征,在城市总体规划中提出增量空间留白增绿,存量空间见缝插绿的规划措施。

二、城镇空间构成要素

城镇空间是城市社会、经济、政治、文化等要素的运行载体,各类城市活动所形成的功能区则构成了城市空间结构的基本框架。城镇空间不同于乡村空间,它比乡村空间更复杂,包含的要素更多,空间要素之间的联系也更密切,这些社会、经济、政治、文化等要素共同支撑着城市正常协调地运行。

(一)城镇空间用地分类

参照国土空间调查、规划和用途管制用地用海分类指南(试行),用地用海二级类为国土调查、国土空间规划的主干分类。国土空间总体规划原则上以一级类为主,可细分至二级类;国土空间详细规划和市县层级涉及空间利用的相关专项规划,原则上使用二级类和三级类。具体使用按照国土空间规划编制相关要求执行。城镇空间用地包括居住用地、公共管理与公共服务用地、商业服务业用地、工矿用地、仓储用地、交通运输用地、公用设施用地、绿地与开敞空间用地、特殊用地、留白用地等十个一级地类。

其中,城镇居住用地包括城镇住宅用地和城镇社区服务设施用地两个二级类;公共管理与公共服务用地包括机关团体用地、科研用地、文化用地、教育用地、体育用地、医疗卫生用地和社会福利用地等二级地类;商业服务用地包括商业用地、商务金融用地、娱乐康体用地和其他商业服务业用地四个二级类;工矿用地中的工业用地分布在城镇空间;仓储用地包括物流仓储和储备库用地;交通运输用地包括铁路用地、公路用地、机场用地、港口码头用地、管道运输用地、城市轨道交通用地、城镇道路用地、交通场站用地、其他交通设施用地等二级地类;城镇公用设施用地包括供水用地、排水用地、供电用地、供燃气用地、供热用地、通信用地、邮政用地、广播电视设施用地、环卫用地、消防用地等二级地类;绿地与开敞空间用地包括公园绿地、防护绿地、广场用地等二级地类;特殊用地包括军事设施用地、使领馆用地、宗教场所用地、文物古迹用地、监教场所用地、殡葬用地和其他特殊用地等二级地类。留白用地是指城镇范围内暂未确定规划用途、规划期内不开发或特定条件下开发的建设用地。

(二)各类城镇空间用地规范要求

《中华人民共和国土地管理法》第二十一条规定:城市建设用地规模应当符合国家规定的

标准，充分利用现有建设用地，不占或者尽量少占农用地；城市总体规划、村庄和集镇规划，应当与土地利用总体规划相衔接，城市总体规划、村庄和集镇规划中建设用地规模不得超过土地利用总体规划确定的城市和村庄、集镇建设用地规模；在城市规划区内、村庄和集镇规划区内，城市和村庄、集镇建设用地应当符合城市规划、村庄和集镇规划。

2011 年住建部颁布的《城市用地分类与规划建设用地标准》(以下简称“标准”)，对主要城镇用地结构的规定为：居住用地、公共管理与公共服务用地、工业用地、道路与交通设施用地、绿地与广场用地等占城市建设用地比例分别为：25%～40%、5%～8%、15%～30%、10%～25%、10%～15%；并规定工矿城市、风景旅游城市以及其他具有特殊情况的城市，其规划城市建设用地可根据实际情况具体确定。

《标准》中对城市人均建设用地、主要地类人均值均做了规定：新建城市(镇)的规划人均城市建设用地面积指标应在 85.1～105.0 m^2/人内确定；首都的规划人均城市建设用地面积指标应在 105.1～115.0 m^2/人内确定；边远地区、少数民族地区城市(镇)，以及部分山地城市(镇)、人口较少的工矿业城市(镇)、风景旅游城市(镇)等，上限不得大于 150.0 m^2/人。规划人均居住用地面积指标按照建筑气候区划划分，第一、二、六、七气候区为 28～38 m^2/人，第三、四、五气候区为 23～36 m^2/人。实际应用中根据现状特点和地方发展迫切性在《标准》规定区间取值。如果地方指标普遍超标，例如草原城镇，则采用接近上限值；如果地方指标不足下限值，例如山区城镇，则在下限值附近取值。

《标准》规定规划人均公共管理与公共服务设施用地面积不应小于 5.5 m^2/人；规划人均道路与交通设施用地面积不应小于 12.0 m^2/人；规划人均绿地与广场用地面积不应小于 10.0 m^2/人，其中人均公园绿地面积不应小于 8.0 m^2/人。

三、城镇空间规划流程

(一)理论基础与技术路线

1.理论基础

城乡规划理论基础经历了 3 个阶段：一是源于本土的城乡规划理论，主要包括基于历史古都的建城思想集成，如“皇城中心、三套方城”的古都北京、“形胜”著称的南京、“里坊制”为主的古都长安，理念延伸至今，如行政中心与城市中心的重合；二是西方城乡规划理论，如霍华德田园城市理论、勒·柯布西埃的现代建筑学理论、马丘比丘宪章以及居住区、邻里、多核心、城市设计等理论思想；三是源于经济学、社会学、地理学、生态学、建筑学等学科的交叉和相关理论在城乡规划中的应用，如罗伯特·帕克的芝加哥学派、伯吉斯的同心圆理论、霍伊特的扇形理论、哈里斯和厄尔曼的多中心理论、列斐伏尔的空间生产理论、索亚的空间正义理论、城市化理论，城市发展理论，土地利用及地租理论，城市空间结构理论、生态位理论、场景理论等。

结合现有相关理论的发展以及城乡规划的实践，建立城乡规划语境下的理论框架(图 5-4)。

2.技术路线

如图 5-5 所示，城镇空间规划的技术路线一般分为 3 个阶段：调研分析阶段、构思设计阶段和布局成果阶段。

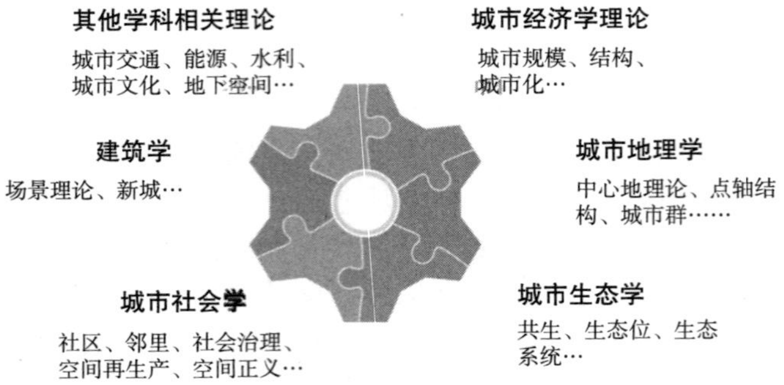

图 5-4 城乡规划语境下的理论框架

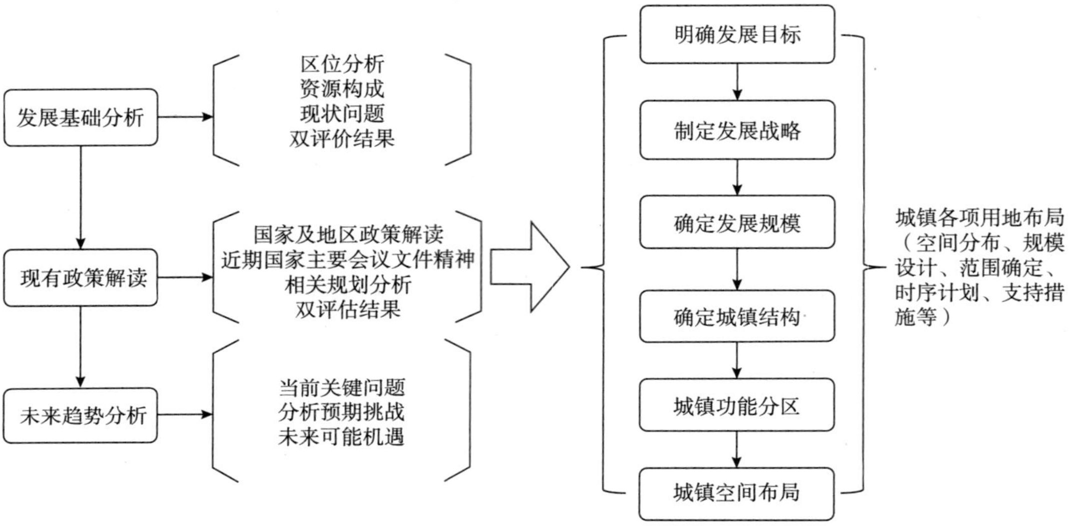

图 5-5 城镇空间规划设计技术流程图

（1）调研分析阶段　该阶段包括发展基础分析、现有政策解读和未来趋势分析。通过现场踏勘、文献分析、资料研究汇总，获取城镇一手资料，汇总区位特征、现状问题、资源结构等实际情况，并完善双评价结果，为确定城镇规模和制定开发边界奠定基础；翔实分析国家及地区政策、文件、会议精神，掌握政策导向，统筹相关规划内容，在双评估基础上分析关键问题、把握机遇，应对挑战，明确城镇发展目标、制定城镇发展战略。

（2）构思设计阶段　本阶段是对城镇规划内容的全面梳理，其中，城镇发展目标的确定，划分总目标和分目标，按城镇环境、经济和城建三类进行划分。定性与定量目标相结合。城镇发展战略的制定包括对城镇产业战略、交通战略、区域战略等的统筹设定。城镇发展规模的预测依据城镇化发展规律和双评价结果。城镇结构的确定是在城镇发展战略的指引下，依据城镇发展历史、城镇化特征和城镇空间现状确定，城镇功能分区依据城镇空间结构、发展战略和现状空间用途确定。在上述基础上确定城镇空间布局方案。

（3）布局成果阶段　本阶段着重落实生态保护红线、永久基本农田保护红线和城镇开发边界三线划定，以及各类用地空间统筹布局安排，包括生活居住、工业仓储、公共管理用地、商业服务、绿地和广场等用地，以及交通结构、给排水、电力电信、环保环卫、燃气、供热、综合防灾等基础设施和市政设施的规模预测和用地布局安排。

（二）城镇发展战略和目标研究

1. 城镇发展目标的确定

城镇空间规划的首要任务是确定城镇发展目标。城镇发展目标是在城市发展战略和城市规划中所拟定的一定时期内城市经济、社会、环境的发展所应达到的目的和指标。根据国家对城镇发展和建设方针、经济技术政策、国民经济和社会发展的长远规划，在区域规划和合理组织区域城镇体系的基础上，按城市自身建设条件和现状特点，合理制定城市经济和社会发展目标，为确定城市的发展性质、规模和建设标准，安排城市用地的功能分区和各项建设的总体布局，布置城市道路和交通运输系统，选定规划定额指标，制定规划实施步骤和措施等提供引领性依据。

城镇发展目标的确定方法是定性和定量相结合。其中，定性分析方法包括 SWOT 分析、政策分析、上位规划分析、案例分析、情景分析和质性分析等；定量分析方法包括趋势预测、对比分析、潜力分析和可行性分析等，城市经济目标一般用 GDP 增长率和增长水平表达，城市社会目标一般以民生设施水平（人均水平）表达，城市环境目标以水、气、声、渣处理水平表示；SWOT 分析是通过区域分析和当前情势分析获取地区发展的优势、劣势、挑战和机遇；情景分析是针对未来预期设定高、中、低 3 种情形方案，并推演相应的产业和空间布局，对应资源禀赋，总结最佳目标方案；质性分析基于复杂的社会想象，强调过程假设，后面证伪，需要不断修正，通过语言、图像，描述分析，结合参与式观察和田野调查等方法，归纳总结，自下而上的解释性分析，寻找解释性理解，从而确定城镇发展目标。

2. 城镇发展战略的制定

城镇发展战略的制定路径是在定位目标基础上，构建战略框架，规划支撑体系，如图 5-6 所示。

落实国家城镇发展战略，有序培育现代化都市圈。依托超大特大城市及辐射带动能力强的Ⅰ型大城市，以促进中心城市与周边城市（镇）同城化发展为导向，以 1 小时通勤圈为基本范围，培育发展都市圈。编制实施都市圈发展规划及重点领域专项规划，建立健全省级统筹、中心城市牵头、周边城市协同的同城化推进机制。提高都市圈交通运输连通性便利性，统筹利用既有线与新线，因地制宜发展城际铁路和市域（郊）铁路，有序发展城市轨道交通，构建高速公路环线系统，打通各类未贯通公路和“瓶颈路”，推动市内市外交通有效衔接和轨道交通“四网融合”，有序推进城际道路客运公交化运营。引导都市圈产业从中心至外围梯次分布、合理分工、链式配套，推动产业园区和创新基地合作共建。鼓励都市圈社保和落户积分互认，统筹布局新建大型公共服务设施，促进教育医疗资源共享。

区域发展基础是在国家区域发展战略基础上明确城镇分工，深入实施京津冀协同发展、长三角一体化发展、粤港澳大湾区建设等区域重大战略，加快打造世界一流城市群。积极推进成渝地区双城经济圈建设，显著提升经济实力和国际影响力。实施长江中游、北部湾等城市群发展“十四五”实施方案，推动山东半岛、粤闽浙沿海、中原、关中平原等城市群发展。引导哈长、辽中南、山西中部、黔中、滇中、呼包鄂榆、兰州—西宁、宁夏沿黄、天山北坡等城市群稳步发展。构筑城市间生态和安全屏障，构建布局合理、功能完备的城镇体系，形成多中心、多层级、多节点的网络型城市群结构。加强城市群对周边欠发达地区、革命老区、边境地区、生态退化地区、资源型地区、老工业城市等特殊类型地区发展的辐射带动。

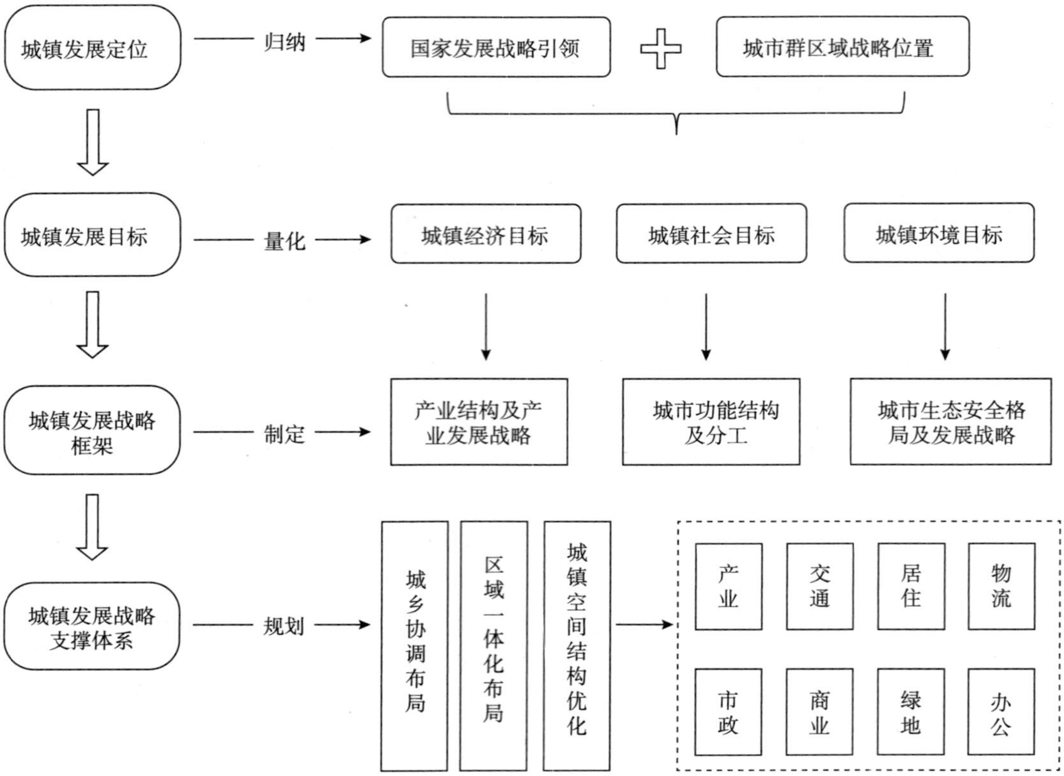

图 5-6　城镇发展战略制定路径图

城镇发展战略制定路径是在区域发展基础的研究上，梳理城镇发展问题、挑战和机遇，明确城镇发展目标和定位，从提升城镇发展竞争力、促进区域发展协同、把握当前阶段特征到建立战略发展机制。主要包括：搭建战略平台、设计战略工程、谋划战略项目、实施战略举措。其中，战略平台包括城镇空间结构、城乡功能分工、城镇空间布局等内容；战略工程包括交通工程、市政设施工程、绿化工程以及生态安全和修复工程；战略项目包括各项产业布局，如制造业、商业服务业、公共管理及公用事业；实施战略举措包括城乡协调、区域一体化、机制创新、固定资产投资等方面。

（三）城镇空间结构规划

1. 规划流程与方法

城镇空间结构规划流程包括城市形态分析、城市土地利用研究、城市功能分区和城市空间结构确定 4 个步骤。

（1）城市形态分析主要受限于自然地理环境，在社会、经济共同作用下，现状建成区域形成的外部形态主要有团块状、组团状和条带状（放射状）等形态，发展模式主要包括集聚发展、分散发展、组合发展 3 种模式，如表 5-2 所示。

表 5-2　城市外部形态分类表

城镇形态	团块状	组团式	条带状(放射状)
影响因素	平原地形地貌	河流水系、地形、交通线	水系、地形
主要优点	便于集中管理,设施利用率高,节约投资	城市环境宜居、城市污染较轻	顺应自然地形,展现自然肌理
主要缺点	易造成城市环境污染、交通拥堵、人口密度过高	用地分散,各组团联系不方便,市政建设投资较大,占地不集约	受限于地形限制,城市交通组织复杂,且运距很长
发展模式	集聚发展	分散发展	混合发展
城市案例	北京市、成都市,合肥市、美国华盛顿	湖州市、唐山市、浦东新区	兰州市、洛阳市、西宁市、宜昌市

(2)通过城市土地利用研究城镇内部结构,即城镇土地利用现状用途,包括生活居住用地、商业服务业用地、公共管理和公用事业用地、工业物流用地、道路交通用地、绿地和广场用地以及留白用地。各类用途的用地有不同的分布特征,如生活居住用地遍布城市中心、城市郊区和城镇片区中;商业服务业以等级扩散模式分布在城市中心、片区中心、组团中心;公共管理和公用事业用地主要分布在城市中心和各个片区中心;工业物流用地主要分布在城市郊区或新城;道路交通用地是承载城市空间结构的主要骨架;绿地和广场用地分布在各级中心,起美化环境作用,以及组团间、分区间,起功能分隔作用。此外,各类用途的土地利用具有一定的关联性,如生活居住用地与商业服务业、公共管理和公用事业、绿地和广场具有密切关联性;工业物流业用地与隔离绿地具有密切关联性;生活居住用地与工业物流业用地之间既具有隔离绿地要求,又有职业和住宅融合接近的要求。道路交通用地与城市土地利用相互作用并相互促进,城镇用地依托道路交通而扩张,道路交通依据城镇增长需求而调整,如路网结构、快速路设计、市政布线和路网密度等。因此,城镇内部机构就是各类城镇土地用途集聚分布的空间特征。

(3)城市功能分区　由于城镇土地相对有限、固定资产投资有限以及各地区交通通达性,城镇产生经济空间活动的竞争,导致同类经济活动在空间上高度集聚,从而形成城市地域功能区,连片分布且界限模糊。同一种社会经济活动对城市区位的需求是相同的,同一类经济活动在同一城镇区位集聚,形成各种功能区(图 5-7),如商业区、住宅区、行政区、工业区、物流区、休憩区、文化区、金融区等。这些功能区成为城镇结构中的主要组成要素。

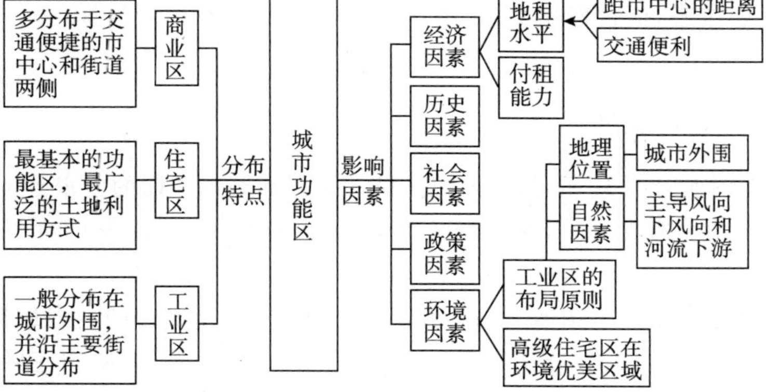

图 5-7　城市功能区分布特征和影响因素

(4)城镇空间结构的确定。城镇空间结构由各类功能用地、道路骨架、界限和自然环境要素构成。各类功能用地之间的关联成为城镇空间结构的主体;道路网是指城市内外的主要交通线,包括城市内的道路网、公路、铁路、河流航道等,是构成空间结构的基本骨架;界限是功能差异化分区的体现,是对城镇功能规划选择的限制;自然环境要素体现城镇发展模式和结构形成原因。在各类组成要素组织下提炼城镇形态,根据城镇发展战略和目标定位,预测城镇发展变化,最终确定规划城镇空间结构。在历史、经济、社会等因素等共同作用下,城市功能区分布与组合上往往形成各种不同的空间结构模式,如城镇中心、发展轴线、城镇功能分区等组合。

2. **都市圈城镇结构案例**

城镇结构规划不仅仅限于中心城区范围,而是包含整个行政辖区范围,甚至在区域一体化驱动下,战略确定都市圈甚至城市群的空间结构,更有利于推动区域发展。

例如,上海都市圈规划提出"3+1"的圈层。第一个圈层是上海 660 km^2 的中心城区或主城区;第二个圈层在主城区外围,即连接嘉定、青浦、松江、奉贤及南汇 5 个新城的空间范围;第三个圈层就是上海都市圈。这是"3+1"圈层中的"3","1"则是指上海市的市域范围。上海的城市空间结构从单中心向多中心演变,进而演化为典型的都市圈空间结构。上海都市圈是长三角一体化的重要组成部分。《长江三角洲区域一体化发展规划纲要》(以下简称《规划纲要》)指出:"推动上海与近沪区域及苏锡常都市圈联动发展,构建上海大都市圈。加强南京都市圈与合肥都市圈协同发展,打造中东部区域协调发展的典范。推动杭州都市圈与宁波都市圈的紧密对接和分工合作,实现杭绍甬一体化。"这里,提出了"上海大都市圈"的概念。上海大都市圈既指上海城市群,或沪苏("苏"主要指苏锡常及南通)城市群,同时,"大"意在强调上海是长三角世界级城市群的中心城市,上海都市圈是长三角世界级城市群的城市区域。

京津冀城市群总体结构采用"点—轴"发展模式,未来发展从"2+8+4"模式入手,包括北京市、天津市和河北省的石家庄、唐山、保定、秦皇岛、廊坊、沧州、承德、张家口 8 个地市,以及通州新城、顺义新城、滨海新区和唐山曹妃甸工业新域。京津冀城市群"点"的发展即以核心城市和次中心城市等为主要"节点":"轴"的发展就是城市群内外主要交通走廊和产业带的发展。"点"的具体发展构想是采用"2+8+4"模式,推进城市群"节点"城市发展,即推动两个核心城市、八个次中心城市及滨海新区、通州、顺义、唐山曹妃甸等新兴城市的发展;"轴"的发展构想是以京津冀城市群各城市之间的主要交通线以及沿交通线分布的产业带和城市密集带构成的。"轴"的发展将以中关村科技园和滨海新区等高新技术产业为依托,以快捷综合交通走廊为纽带,促进通州、廊坊、滨海新区城市群主轴的发展;以滨海临港重化工产业发展带和渤海西岸五大港口为发展核心,促进秦皇岛市、唐山市、天津市、沧州市沿海地区城市发展带的快速发展。

四、各类城镇空间规划

各类城镇空间因使用用途不同,对城镇区位的选择和城镇功能的要求也不同,在规划布局中针对各类土地利用的需求,分别进行问题分析、规模预测、用地指标和布局规划等内容研究。

(一)居住空间规划

居住空间主要用途是住宅用地,占地面积大,分布广泛,是城市的主要职能。依据住宅质量不同而分为一类、二类、三类住宅,分别对应别墅类高档住宅区、一般住宅区和棚户区;依据住宅建筑高度而划分为高层住宅区、多层住宅区和平房区;依据住宅建筑历史文化特征划分为历史文物保护区、旧城改造区。

1. **居住空间问题分析**

在居住空间规划中，首先要分析居住问题。居住空间问题包含规划实施问题和现状问题两类。规划实施问题主要指征而未用、用途转用和布局不合理等方面；规划现状问题主要包括传统民居保护、新增住宅区控制要求、旧城改造区域划定等方面。

(1)对于征而未用的住宅区，在规划中应充分调研，核实情况，与住建部门和开发部门敲定未来改变意向，可延续住宅功能或根据规划需要转变用途。

(2)对于用途转用的空间，由于违背了原规划的居住功能，应具体分析，根据城镇发展要求和当时用途转用背景确定转用后的用地功能。

(3)对于布局不合理的居住空间，应优化改善提升，如改善绿化环境、交通条件、设施水平等内容。

(4)传统民居区依据文物保护等级，划分保护区范围，在周边各类用地规划中做好空间衔接，去除消极影响的空间功能。

(5)新增住宅区根据城镇开发强度分区确定人口容量和绿地率。

(6)旧城改造区根据改造类别进行划分，如拆除重建区、局部修缮区、环境或设施改造区。

2. **居住规模预测与用地指标确定**

依托双评价确定城镇规模，即人口和用地规模；结合现状人口分布，确定居住人口空间分布；根据人地局部集聚，均衡分布的原则，匹配居住用地，划分多个居住分区，并图示标明各个分区的人口规模。居住分区的划分应按照居住人口数，而不是按照用地面积。以 100 万人口规模的城市为例，大致可以划分居住分区 20 个左右，平均每个居住组团 5 万人左右。中小城市的居住分区可以按 2 万～3 万人的规模划分。每个居住分区间的边界以城市道路或自然界限(如河流)划分，每个居住分区保障有一套完善的居民日常使用的配套设施，包括服务设施、绿地、道路等。参照城乡规划分类，规划人均居住用地面积指标见表 5-3。

表 5-3　规划人均居住用地面积指标

建筑气候区划	Ⅰ、Ⅱ、Ⅵ、Ⅶ气候区	Ⅲ、Ⅳ、Ⅴ气候区
人均居住用地面积/m^2	28.0～38.0	23.0～36.0

3. **居住用地布局规划**

生活居住功能是城市最基本的职能，在城镇土地利用中面积占 40%～60%。居住用地布局规划包括住房类型、空间布局、居住区规模及各项配套设施的配置，并为控规提供依据。居住区的规划布局形式包括居住区—小区—组团、居住区—组团、小区—组团及独立式组团和街坊式等多种类型。居住空间的基本要求包括安全卫生、物质舒适、精神享受、与城市相协调、具持续性和房地产产业化。

居住用地专项规划包括规划结构、配套服务设施、道路交通、住宅布置、绿地与景观、竖向、管线综合等多个方面。居住区规划空间结构类型一般分为内向型、开放型、自由型。

公共服务设施分为居住区、小区、组团三级；居住区道路(城市次干路或支路)包括小区道路(小区主路)、组团道路(小区次路)、宅间小路；住宅布置分为低层(1～3)；多层(4～6)和高层住宅；住宅群体空间形式包括行列式、周边式、点群式；居住区内绿地包括公共绿地、宅旁绿地、配套公建所属绿地和道路绿地。绿地率：新区＞30％，旧区改造＞25％；绿地规划设计条件包括可达性、功能性、亲和性，主要分为居住区公园、小区级绿地、组团绿地和宅间绿地；居住区市政工程分架空或地埋两种模式。

（二）公共管理与公共服务空间规划

在《国土空间调查、规划、用途管制用地用海分类指南（试行）》（以下简称《用地用海分类》）中，公共管理与公共服务用地主要包括机关团体、科研、文化、教育、体育、医疗卫生和社会福利用地，对应十六个小类划分，见表 5-4。

表 5-4　公共管理与公共服务用地分类表

08	公共管理与公共服务用地	0801	机关团体用地		
		0802	科研用地		
		0803	文化用地	080301	图书与展览用地
				080302	文化活动用地
		0804	教育用地	080401	高等教育用地
				080402	中等职业教育用地
				080403	中小学用地
				080404	幼儿园用地
				080405	其他教育用地
		0805	体育用地	080501	体育场馆用地
				080502	体育训练用地
		0806	医疗卫生用地	080601	医院用地
				080602	基层医疗卫生设施用地
				080603	公共卫生用地
		0807	社会福利用地	080701	老年人社会福利用地
				080702	儿童社会福利用地
				080703	残疾人社会福利用地
				080704	其他社会福利用地

公共管理与公共服务用地的主要问题是配套不足或分布不均衡，各类用地的关联不同，与生活居住用地关联比较密切的有文化用地、教育用地中的基础教育用地以及医疗卫生用地等类别。机关团体用地一般分布在城市或各区行政中心，高等教育用地与科研用地可结合布局，体育用地一般布局在城市各级中心。公共管理与公共服务用地规模依据人口规模确定，其用地比例一般来说，在城镇用地中占比 5％～8％。人均用地不小于 5.5 m^2/人，按照用地规模在城镇适应区域进行均衡布局，布局原则以节约土地、因地制宜和均衡利用为主；对于一些大型的公共服务设施，依据国家规范设计，如原国土部 2017 年 12 月 8 日发布的《城市公共体育场馆用地控制指标》是对城市公共体育场馆用地控制，如表 5-5 所示。

表 5-5　城市公共体育用地控制指标

座席数/座	40000～30000	29999～20000	19999～10000	9999～5000	4999 及以下
用地面积/m^2	207900～185200	185200～156100	86400～63400	63400～51900	51900

注：表中公共体育场的用地面积均为上限指标，当座席数在表中未显示时，其用地面积应采用插值法计算。计算公式如下：$S=S_2+(S_1-S_2)/(N_1-N_2)\times(N-N_2)$。式中，$S$ 为拟建座席数体育场用地面积；S_1 为拟建座席数上分档限用地面积；S_2 为拟建座席数下分档限用地面积；N 为拟建体育场座席数；N_1 为拟建座席数上分档限座席数；N_2 为拟建座席数下分档限座席数。

各类公共设施布局要求不同，医院、社区活动中心、派出所、消防站等设施布置倾向于服务对象人口到该设施距离最短化；全市性设施如市政府、图书馆、博物馆、科技馆等，通常位于市民便于到达的地点(例如城市中心地区)；占地规模较大的城市设施如体育馆、博览会展设施等，倾向于城市周边交通便捷的地段；各类大专院校由于占地规模较大，多位于城市周边交通较为便捷的地区。

公共管理与公共服务用地布局要求包括：①采用合理的服务半径，例如，小学的服务半径通常以不超过 500 m 为宜。②与城市交通系统相适应，位于城市中心的交通枢纽、换乘站、地铁车站周围通常是安排此类用地的理想区位，如城市干道两侧、交叉口附近、高速公路出入口附近。③考虑对城市景观的影响。高层建筑、造型独特的大型公共建筑是构成城市景观的主要因素。因此此类用地布局应考虑融合城市景观风貌特色。④与城市发展保持动态同步。既要考虑对现有同类用地的利用和衔接，又要与城市发展分期实施同步进行。因此，公共管理与公共服务用地主要选择包括城区中心地段、结合原中心及现有建筑布置、结合主要干道布置、结合景观特色地段布置、围绕中心广场，形成步行区或一条街形式。

(三)商业服务业空间规划

商业服务业功能占地面积小，呈点状或条状形态，经济活动最繁忙，人口数量昼夜差别大，建筑物密集，主要分布在市中心、交通干线两侧或街角路口。根据《用地用海分类》，商业服务业主要包括商业用地、商务金融用地、娱乐康体用地和其他商业服务业用地。

1. 商业服务业空间现状分析

随着社会经济快速发展，新技术、网络经济的创新发展，城镇空间中商业服务业用途空间布局相应发生了变化。

(1)消费结构加速升级，生存型消费逐步向发展型消费转变，居民恩格尔系数持续降低。消费内容由商品消费主导向商品消费、服务消费双向发展，居民在旅游、文化、教育、健康、家政、养老等方面的支出快速增加，服务消费日益成为扩大消费规模、拉动消费增长、促进消费结构升级的重要力量。

(2)直播带货、跨境电商、社群营销、云逛街、移动菜篮子等消费新模式快速发展。传统大型商贸流通企业积极拓展线上零售、跨界零售、数字门店等新业态布局，推动传统商业布局升级，促进消费升级，满足消费者多样化、个性化消费需求。

(3)流通基础设施不断完善，尤其是特大城市中以物流基地为支撑，各类物流中心、配送中心为补充的多层次商贸物流节点网络构建日趋完善，承担着储存、分拨、配送等分级节点的功能，为商业布局提供了良好的支撑条件。

(4)商业设施与居住人口空间匹配度有待提升，以往快速城镇化发展推动城镇空间扩张，新城新区商业设施布局普遍不足，区域分布不均衡。

2. 商业服务业空间规模预测

商业服务业空间规模取决于城市定位、发展目标、服务人口和消费需求等因素。城市定位决定了城市商业服务业的规模、档次和服务范围，从而间接影响到商业服务业各类功能的构成和用地规模。在城镇发展目标要求下，经济规模、城市规模、人口规模越大，相应的消费总量就越大，人均消费水平就越高，对城市级或者片区级商业服务业的规模要求就越多，档次就越高。

商业服务业分布的等级性和中心性特征导致不同等级的商业服务业在城市中的地位和承担的职能各不相同。城市级商业服务业和区域级商业服务业有不同的服务范围、服务人口规模，所需要的商业用地规模和营业面积也各有差异。商业服务业选址确定后，运用商圈理论，界定其服务范围，参考哈夫模型和雷利零售引力法则，测算服务人口规模，预测商业服务业用地规模。

此外，影响商业服务业用地规模的因素还包括微观层面的商业用地可开发强度、城市人均商业用地面积和人均商业营业面积。商业用地开发强度与城市人均商业用地面积和人均商业营业面积呈反比关系，商业用地开发强度越高，城市人均商业用地面积和人均商业营业面积越低，则所需要的商业用地规模越小，反之商业用地规模越大。

一般而言，商业零售业对交通区位敏感度较高，交通越便捷，商业价值越高，因此商业用地的开发强度不高，而且具有密度大，高度低的特点。经济社会发展水平越高，人均收入越高，城市人均享有商业营业面积就应相应提高，以适应不断增长的商业消费需求。

3. 商业服务业空间用地布局

1）商业服务业空间形态

城市商业服务业活动在城市中心区域、特定地段集聚，形成节点或结节地段，呈现了不同的空间形态。点状形态是指从事商品流通、为生产经营和生产服务的单体商业经营场所或在同一区域内统一开发、统一经营或统一管理的综合商业经营场所，包括零售商店、商品交易市场、餐饮店及其他生活服务设施等，主要分为传统小型商业服务业网点和现代大型商业服务业网点。带状商业街是一种传统的商业聚集形态，以交通通达性好、人口流量大的街道两侧顺街平行聚合分布。商业服务业集中区是指在一定地域范围内以商业服务业功能为主导，且商业设施分布呈连续性的区域，主要包括商业街区、广场商业中心等。

2）商业空间布局模式

（1）基于城市空间布局的商业服务业空间布局模式　在这种模式中，商业空间布局是以现代的多中心组团式网络型城市空间结构为依托，商业服务业中心的分布体现着相应的多中心性、等级性和分散性。中心城区的商业服务中心数量往往不止一个。

（2）基于城市交通布局的商业空间布局模式　城市交通的发展增加了区域之间的通达性，交通枢纽也往往成为人口、商业、娱乐等的集聚地，促进城市商业中心的产生和发展，成为枢纽型综合服务中心或商贸中心。因而交通枢纽布局以及交通的通畅性与可达性指向也是商业服务业选址与空间分布的有利条件之一。如北京房山、顺义、丰台等区域的奥特莱斯就是依附快速交通条件和近郊低廉地价而形成的商业中心。在交通条件支撑下，咨询类服务业与商业出现分化，咨询类服务业主要集中在城市各级中心区，临近生活居住区。

（3）基于城市人口布局的商业服务业空间布局模式　人口是商业空间的服务对象。随着城市人口的迁移变化，与其相关的购物、娱乐、休闲等公共服务设施也将随之迁移，城市用地功能格局将产生一定的变化。城镇规模越大，中心数量越多，呈多中心分布，表现为不同的商业服务业中心及综合中心，如综合行政中心、综合服务中心、综合贸易中心、综合文化中心等；城镇规模越小，中心数量越少，中心的复合度越高。

(4)基于大型公共设施布局的商业空间布局模式　在这种模式中，政府在要促进开发的地区有意识地进行大型社会公共设施以及某些商业型设施的建设，从而对期望集聚的要素产生巨大的吸引力，最后促进城市现代商业服务业空间体系的形成。

(5)基于城市历史特色的商业空间布局模式　一些城市的传统商业风貌区甚至是现代商业集聚区，是依附着城市历史上存在的"集""市"区域而经年累月地发展而来的。在规划中一般采取"保护＋传承＋赋能"的模式，以保护商业环境，传承商业文化，赋能新商业功能。

(四)工业物流空间规划

工业物流空间具有专业化程度高、企业之间协作紧密、布局成片的特征。由于工业生产过程的废气、废水、废弃固态物质以及噪声等对居民生活居住造成较大影响，因此，工业物流功能不断向城镇郊区迁移，工业和物流产品的运输依赖导致工业物流空间趋向于沿主要交通干线分布，如临近高速路出入口、铁路货运站或民航航运区域。

1. 工业用地空间规划

工业用地是承担工业职能和开展工矿业生产的用地，主要指工矿企业的生产车间、库房及其附属设施用地，包括专用铁路、码头和附属道路、停车场等用地，不包括露天矿用地(属城乡建设用地中的采矿用地 H5)。由于工业生产自身的特点，通常用作工业生产的用地必须具备一定的条件，可以分为以下几个方面：①地形地貌、工程、水文地质、形状与规模方面的条件。较为平坦的用地(坡度为 0.5%～2%)；具有一定的承载力(1.5 kg/cm；没有被洪水淹没的危险；地块形状与尺寸满足生产要求。②水源及能源供应条件：可获得足够的符合工业生产需要的水源及能源供应，这对于需要消耗大量水或电力、热力等能源的工业门类尤为重要。③交通运输条件：靠近公路、铁路、航运码头甚至是机场，便于大宗货物的低价运输。当货物运输量达到一定程度时(运输量≥10 万 t/年或单件在 5 t 以上)可考虑铺设铁路专用线。④其他条件：与城市居住区之间应有通畅的道路以及便捷的公共交通手段。此外，工业用地还应避开生态敏感地区以及各种战略性设施。

工业用地分为 3 类：①一类工业用地(M1)：对居住和公共环境基本无干扰、污染和安全隐患的工业用地，如电子业、缝纫工业、工艺品制造工业等用地。这类用地可布置在居住用地范围内；②二类工业用地(M2)：对居住和公共环境有一定干扰、污染和安全隐患的工业用地，如食品工业、医药制造工业、纺织工业等用地。宜布置在城市边缘的独立地区，布置时宜设 50～100 m 的环境保护带。③三类工业用地(M3)：对居住和公共环境有严重干扰、污染和安全隐患的工业用地，如采掘工业、冶金工业、大中型机械制造工业、化学工业、造纸工业、制革工业、建材工业等用地。这类用地宜布置在远离城市的地区或与城市保持一定距离，且应设置较宽的绿化带。

工业用地在城市中的布局要求包括 4 类：一是布局在居住区内部或边缘区的小型工业用地，用地面积较小、运输量小、无污染、与居民生活关系密切的工业，如成规模小型食品、玩具制作、仪表、手工艺品等(主要为一类工业)；二是布局在城市边缘地带的工业区，对城市环境有一定影响的工业区，布置在城市近郊区如机械制造区、纺织工业区；三是布局在城市外围地区的独立工业区。在大城市中，大型工业企业对城市的影响很大，应与城市有一定距离，用绿化隔离，包括放射性工业，重污染的钢铁、化工等，例如鞍钢(铁西)、北京燕山石化(房山区)、吉林石化(龙潭区)等；四是独立的工业城镇，位于大城市边缘，以开发区为主。

工业用地占城市建设用地的比例为 15%～30%，人均工业用地面积指标为：人均 10～25 m^2，设有大中型工业项目的中小工矿城市控制在 30 m^2 以下。

城镇规划可以通过对工业用地的合理布局来尽量减少对其他种类用地的影响，措施有以下几种。

(1)将易造成大气污染的工业用地布置在城市下风向　考虑主导风向、风速、季节、地形、局部环流等因素，排放大量废气的工业不宜集中布置，以利于废气的扩散，避免有害气体的相互作用。

(2)将造成水体污染的工业用地布置在城市下游　为便于工业污水的集中处理，规划中可将大量排放污水的企业相对集中布置，便于联合无害化处理和回收利用。

(3)在工业用地周围设置降低废气影响并阻隔噪声传播的绿化隔离带　绿化隔离带占地规模较大，可结合河流、高压走廊设置，其中可建设少量供少数人使用的非经常性设施，如仓库、停车场等，但严禁建设各种临时或永久性生产、生活建筑。

工业用地空间一般伴随研发创新、科技孵化、工业设计、软件信息、检验检测认证等与制造业紧密相关的生产性服务业用地。2022 年 11 月 16 日，自然资源部印发了《自然资源部关于完善工业用地供应政策支持实体经济发展的通知》，提出在国土空间规划中划定工业用地控制线，明晰工业用地用途转换负面清单，稳定工业用地总量。对于工业用地内部的调整，或调整为研发设计、产业孵化、产品中试等用地的，各省级自然资源主管部门要研究制定允许、兼容、禁止布局的产业类型转换目录和转换规则，推进工业用地提质增效。

2. 物流用地空间规划

物流业是融合运输、仓储、货运代理、信息等产业的复合型服务业，是支撑国民经济发展的基础性、战略性和先导性产业。物流用地是指用于物资储存、运输、配送、分销、中转、装卸、搬运、包装、流通加工、回收、信息处理、交易等场所用地，主要体现为物流园区、物流中心、配送中心、快递分拨中心、仓储设施等物流设施建设用地，是物流业发展的重要基础和支撑。

物流设施依托运输组织枢纽、交通枢纽布局建设，绝大多数位于交通枢纽中心地带，衔接陆运、空运、水运等运输方式，不仅具有交通连接的便捷性，而且在引导物流产业园区建设、优化城市用地结构、缓解城市交通拥堵等方面的作用逐步显现，有力地促进了物流业与城市交通可持续发展。

现代化特大城市物流园区类型丰富，包括货运枢纽型、商贸服务型、生产服务型、口岸服务型、综合服务型等 5 种类型。物流园区服务功能不断增强，仓储保管、运输配送、货运代理等物流基础服务功能不断提升，流通加工、现代包装、信息交易、物流金融等物流增值服务功能不断拓展，停车、餐饮、住宿、加油、汽车维修、物业、购物等配套服务功能，以及工商、公安、税务、海关、商检等政务服务功能和金融、保险、咨询、培训等商务服务功能不断完善。

经济社会的持续发展，将进一步拉动物流需求，物流量呈现大进大出格局，物流枢纽辐射带动作用进一步加强，物流业对国民经济发展的支撑作用进一步增强。物流需求发展对物流用地提出了新要求，如冷链物流发展对物流用地提出了新要求。2019 年 7 月，中共中央政治局会议明确提出实施城乡冷链物流设施建设工程，大型电商企业、商贸企业、快递物流企业开始在全国各地布局冷链冷仓。2018 年 12 月，国家发展改革委和交通运输部颁布的《国家物流枢纽布局和建设规划》提出，到 2020 年，布局建设 30 个左右的国家物流枢纽；到 2025 年，布局建设 150 个左右的国家物流枢纽。快递物流发展对城镇物流用地提出了新要求，快递物流园区、快递分拨中心急需网络化、均衡化布局以满足城市配送发展。

根据我国物流设施用地需求预测理论与实践，建立物流用地预测公式：

$$S=L\alpha U$$

式中，S 为城镇物流用地需求总面积（亩）。L 为城镇全社会货运量（万 t）。α 为城镇第三方货运量比例，是第三方货运量占全社会货运量的比例，可表示为现有运营的物流设施项目总货运量（万 t）/全社会货运量（万 t），即 $\alpha=\beta s/L$。式中，β 为物流设施项目单位面积作业量（万 t/亩），即物流设施项目货运量/物流设施项目占地面积；s 为现有物流设施项目总占地面积（亩）。U 为物流设施项目单位生产能力用地参数（亩/万 t），可表示为物流设施项目占地面积/物流设施项目货运量。

城镇物流产业空间布局，按照“物流园区（快递园区）—物流配送中心（快递处理配送中心）—末端网点（快递服务点）”三级城市物流网络规划。第一，布局城市区域协同物流节点网络，在高速路和快速路互通枢纽、河流港区、民航港区、铁路货运枢纽、口岸区附近布局综合性、专业性物流集聚区，结合农副产品批发市场、产业园区、经济开发区等衔接布局。第二，城市生产生活物流节点网络包括冷链物流中心、电商与快递物流中心、城市共同配送中心等，主要布局在分区枢纽节点，快递城市配送中心参照特大城市配送标准，按每个中心服务人口 30 万～50 万人、面积不低于 300 m^2 的标准设置。面向上下游客户的物流园区的“落地配”、面向零售门店的统一配送、面向生产制造企业和电商的全链条一体化配送，满足生产生活物资及快递末端网点的货物集散和快件集散需求。第三，城市终端配送服务网点网络，在大型商场、批发市场、专业市场，划定专门配送装卸区，设立专门的物流、快递配送停靠点，限时停靠装卸。对于没有停车装卸设施且位于交通较为拥堵地区的商业网点，可利用附近公共停车场或者部分路外停车区，用于非高峰时段商业配送、包裹快递专用车辆停靠和装卸货物。在社区、校区、厂区、商务区、政务区、住宅小区、住宅楼，规划配置快递服务网点，以及一体化智能快件箱、智能信包箱。灵活利用便利店、超市等作为配送代理点，形成智能化、标准化城市终端配送服务网点网络，破解城市配送“最后一公里”“最后一百米”瓶颈。对于新建的住宅总建筑面积 10 万 m^2 以上的住宅区，设置建筑面积不低于 70 m^2 的快递服务用房（可设置两个或两个以上快递服务场所，并合理设置相应面积）；5 万～10 万 m^2 的住宅区，设置建筑面积不低于 50 m^2 的快递服务用房；1 万～5 万 m^2 的住宅区，设置建筑面积不低于 40 m^2 的快递服务用房或设置智能快件箱；1 万 m^2 以下的住宅楼，设置建筑面积不低于 25 m^2 的快递服务用房或设置智能快件箱、智能信包箱。

（五）城镇绿地空间规划

城市绿地与广场用地指包括公园绿地、防护绿地、广场等的公共开放空间用地，强调居民日常公共活动需求属性。城镇规划分为三类，包括：①公园绿地（G1）。指向公众开放，以游憩为主要功能，兼具生态、美化、防灾等作用的绿地。②防护绿地（G2）。指具有卫生、隔离和安全防护功能的绿地。③广场用地（G3）。指以游憩、纪念、集会和避险等功能为主的城市公共活动场地（以交通集散为主要功能的广场用地属交通枢纽用地）。

规划人均绿地与广场用地面积不应小于 10 m^2/人，其中人均公园绿地面积不应小于

8 m^2/人。绿地与广场用地占城市建设用地比例宜为10%～15%。

城市绿地系统布局形态：点状绿地是指集中成块的绿地，如公园或块状绿地等；带状绿地是城市沿河岸、街道、景观通道等的绿色地带，也包括城市外缘或工业地区侧边的防护林带；楔形绿地是以自然的绿色空间楔入城区，便于居民接近自然，同时有利于城市与自然环境的融合；环状绿地是在城市内部或城市的外缘布置成环状的绿道或绿带，用以连接沿线的公园等绿地，或是以宽阔的绿环限制城市向外进一步蔓延和扩展等；混合式绿地是以上几种绿地形态的结合。

城市绿地布局的理论基础是景观生态学原理，即"基质—斑块—廊道"景观分析模式。"基质"是区域中大面积成片存在的生态景观；"廊道"为一个线性的狭长地带，如河流、道路、林带等；"斑块"是存在于基质内的面积相对较小的景观单元。城市绿地系统结构规划主要是建立"点—线—面"的绿地系统结构体系，"点"相当于"斑块"，就是指公园、街头绿地或者专有绿地等城镇内部的绿地，一般在5 hm^2 以下；"线"相当于"廊道"，指道路、河流两侧的绿化带；"面"相当于"基质"，指存在于城镇外部的大面积的山林、湿地、农田等大片自然生态系统，面积一般在50 hm^2 以上。

各类城镇用地占城市建设用地比例为：居住用地25.0%～40.0%，公共管理与公共服务设施用地5.0%～8.0%，工业用地15.0%～30.0%，道路与交通设施用地10.0%～25.0%，绿地与广场用地10.0%～15.0%，工矿城市(镇)、风景旅游城市(镇)以及其他具有特殊情况的城市(镇)，其规划城市建设用地结构可根据实际情况具体确定。规划人均道路与交通设施用地面积不应小12.0 m^2/人。

第三节　城镇空间规划的土地集约利用基础

一、城镇空间规划的节地技术

节地技术是指能够减少土地占用、提高土地利用效率的技术，其内涵包括节约用地和集约用地两个方面。其中，土地节约利用更强调"减量化"理念，尽量不用，能少用则尽量少用。

节约用地是相对于浪费用地而言的，指用地在数量上的省减，即尽可能用最少的土地满足人们生产生活的需要。节约用地具有以下含义：①珍惜每寸土地，做到惜土如金，防止浪费；②土地利用中，规划者和用地者都要精打细算，不能大手大脚用地，尽力用最少的土地资源达到最佳的用地目标和效率；③鉴于耕地资源的珍贵和稀缺，节约用地不仅在于尽可能减少土地占用量，也包括尽量少占或不占耕地(尤其是优质耕地)。

集约利用重在提高存量土地的利用效率，集约用地可带来节约用地。从实用性角度出发，节地技术指能提高土地利用效率，减少土地占用，遏制土地资源浪费的技术，包括直接节地技术和间接节地技术。从技术二元论角度看，节地技术可分为由物质载体实现的工程技术等"硬技术"与管理科学技术为代表的"软技术"，前者如生产工艺、生产设备创新，后者如规划方法、咨询设计等管理技术，二者都可产生节约集约用地效果。

近年来，国土资源系统不断完善土地供应政策和用地定额指标，出台了一系列土地控制标准，引导土地利用方式转变。社会上，面对资源硬约束，各行业大力推进适用于本行业的节地技术。但从总体来看，我国在节地技术的系统研究方面还比较薄弱，节地技术方法体系还不够

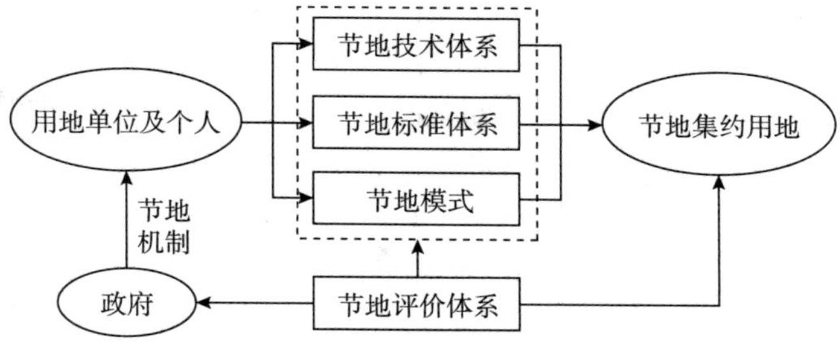

图 5-8　土地集约利用技术方法体系

健全,实施路径也不够清晰。抓紧构建我国的节地技术方法体系刻不容缓。土地节约集约利用技术方法体系的构建以提高土地资源利用效率,促进经济社会发展与土地利用相协调为目标,依据系统论,将各种节地技术、节地模式、相关标准规范和节地政策吸纳进来,包括节地技术体系、节地标准体系、节地模式、节地机制和节地评价体系 5 个部分,即“四节一评”(图 5-8)。其中,节地技术体系是基础,是核心。

1. 节地技术体系构建的目标

节地技术体系的构建,旨在将分散在各类建设和管理实践中的现有的、应有的和计划研究的节地技术汇总起来,经梳理、分类、归纳、提升后,建立一个多层次的技术体系。

2. 节地技术体系构建的原则

(1)实用性原则　即从我国实际情况出发,从便于相关人员使用,便于对节地技术进行选择、推广、应用的角度进行研究。

(2)关键性原则　重点强调对那些节地效果好、影响面广的先进节地技术的研发与推广。

(3)动态性原则　技术总是不断发展变化的,节地技术体系必须在土地节约利用的实践中不断修订完善。

(4)系统性原则　节地技术体系作为一个完整的系统,应该做到广覆盖;同时,节地技术应具有层次性。节地技术体系必须厘清各层次节地技术之间的逻辑关系。

3. 节地技术体系的构建方法

(1)技术分类法　技术有软技术和硬技术之分。按此,节地技术体系包括节地软技术和节地硬技术两部分。其中,软技术主要是管理类节地技术,包括规划(计划)引导和控制技术等。

(2)流程分类法　按照节地技术的实施与操作流程来分类。

(3)行业分类法。可按行业将节地技术分为农业节地技术、工业节地技术、第三产业节地技术。

(4)用途分类法　按《土地利用现状分类》(GB/T 21010－2017),将土地利用现状共分 12 个一级类 73 个二级类。

(5)区域分类法。若按城乡分,节地技术可分为城市节地技术、农村节地技术和城乡接合部节地技术。

二、土地集约利用评价技术

(一)评价指标确定与计算

1. 评价指标确定

开发区土地集约利用程度评价工作,应从土地利用状况、用地效益和管理绩效 3 个方面开展。程度评价指标体系包括目标、子目标和指标 3 个层次。

2. 评价指标计算

评价指标现状值的计算,应结合用地调查和评价指标确定开展。在管理绩效目标下的有关指标现状值计算中，截至评价时点累计有偿使用且已到期土地面积、累计闲置土地面积、累计应有偿使用土地面积或累计应通过招标、拍卖、挂牌方式出让的土地面积为0时，有关指标现状值直接赋值为100。

（二）评价指标权重确定

1.权重确定原则

评价指标的权重应依据评价的目标、子目标、指标对开发区土地集约利用的影响程度确定。评价目标、子目标、指标的权重值在0～1之间，各目标权重值之和、同一目标下的各子目标权重值之和、同一子目标下的各指标权重值之和都应为1。

2.权重确定方法

指标权重可以采用特尔斐法确定。特尔斐法通过对评价目标、子目标、指标的权重进行多轮专家打分，并按下式计算权重值：

$$w_i = \frac{\sum_{j=1}^{n} E_{ij}}{n}$$

式中，w_i 为第 i 个目标、子目标或指标的权重；E_{ij} 为专家 j 对于第 i 个目标、子目标或指标的打分；n 为专家总数。

实施要求：

（1）参与打分的专家应熟悉城市、开发区经济社会发展和土地利用状况，人数一般为10～40人；

（2）打分应根据评价工作背景材料和有关说明，在不相互协商的情况下独立进行；

（3）从第二轮打分起，应参考上一轮打分结果进行；

（4）打分一般进行2～3轮。

（三）评价指标理想值确定

1.理想值确定原则

理想值为开发区土地集约利用各评价指标在评价时点应达到的理想水平。理想值应依照节约集约用地原则，在符合有关法律法规、国家和地方制定的技术标准、土地利用总体规划和城市规划等要求的前提下，结合开发区实际确定。理想值原则上应不小于现状值。理想值确定时，应保证其测算空间范围与指标现状值空间范围相一致。采用相关技术标准作为理想值确定依据时，应保证指标理想值与相关技术标准在数据口径等方面相一致。

2.理想值确定方法

理想值确定可采用以下方法。

（1）目标值法　结合国民经济和社会发展规划、土地利用总体规划、城市规划等相关规划，以及有关用地标准、行业政策等，在分析土地利用现状的基础上，确定指标理想值。

（2）经验借鉴法　参考其他开发区土地节约集约利用先进水平，确定指标理想值。

（3）专家咨询法　选择一定数量（10～40人）熟悉城市、开发区经济社会发展和土地利用状况的专家，提供相关材料，咨询确定指标理想值。

各评价指标理想值可根据指标特点采用不同方法确定。

3. 指标标准化

指标标准化方法：评价指标标准化应采用理想值比例推算法，以指标实现度分值进行度量，按照下式计算：

$$S_{ijk}=\frac{X_{ijk}}{T_{ijk}}\times 100$$

式中，S_{ijk} 为 i 目标 j 子目标 k 指标的实现度分值；X_{ijk} 为 i 目标 j 子目标 k 指标的现状值；T_{ijk} 为 i 目标 j 子目标 k 指标的理想值。

指标实现度分值确定原则：评价指标实现度分值应在 0～100 之间，当大于 100 时，实现度分值记为 100。

（四）土地利用集约度分值计算

1. 子目标分值计算

开发区土地利用集约度各子目标分值按照下式计算：

$$F_{ij}=\sum_{k=1}^{n}(S_{ijk}\times w_{ijk})$$

式中，F_{ij} 为 i 目标 j 子目标的土地利用集约度分值；S_{ijk} 为 i 目标 j 子目标 k 指标的实现度分值；w_{ijk} 为 i 目标 j 子目标 k 指标相对 j 子目标的权重值；n 为指标个数。

2. 目标分值计算

开发区土地利用集约度目标分值按照下式计算：

$$F_{i}=\sum_{j=1}^{n}(F_{ij}\times w_{ij})$$

式中，F_i 为 i 目标的土地利用集约度分值；F_{ij} 为 i 目标 j 子目标的土地利用集约度分值；w_{ij} 为 i 目标 j 子目标相对 i 目标的权重值；n 为子目标个数。

3. 集约度综合分值计算

开发区土地利用集约度综合分值按照下式计算：

$$F=\sum_{i=1}^{n}(F_{i}\times w_{i})$$

式中，F 为土地利用集约度综合分值；F_i 为 i 目标的土地利用集约度分值；w_i 为 i 目标的权重值；n 为目标个数。

三、开发区土地集约利用潜力测算

（一）一般规定

开发区土地集约利用潜力分为扩展潜力、结构潜力、强度潜力和管理潜力 4 种类型。

扩展潜力是指截至评价时点，开发区评价范围内尚可供应用于建设的土地面积，包括尚可供应土地面积和尚可供应工矿仓储用地面积。

结构潜力是指开发区评价范围内已建成城镇建设用地中，通过用地结构调整可增加的工矿仓储用地面积。

强度潜力是指开发区评价范围内已建成城镇建设用地中，某项土地利用强度指标（工业用地综合容积率、工业用地建筑系数、工业用地固定资产投入强度、工业用地产出强度）现状值与相应理想值的差距换算形成的用地面积。

管理潜力是指通过处置有偿使用且已到期但未处置土地和应收回闲置土地，可增加的土地供应面积。在扩展潜力测算的基础上，推算尚可供地年数。

（二）潜力测算

（1）扩展潜力测算　尚可供应土地面积测算可根据下式计算：

$$Q_E = Q_Z - Q_D - Q_F$$

式中，Q_E 为尚可供应土地面积，单位为 hm^2；Q_Z 为开发区土地总面积，单位为 hm^2；Q_D 为已供应国有建设用地面积，单位为 hm^2；Q_F 为不可供应土地面积，单位为 hm^2。

尚可供应工矿仓储用地面积测算，在尚可供应土地中，统计工矿仓储用途的土地面积 Q_{E21}，单位为 hm^2。

（2）结构潜力测算　结构潜力根据下式计算：

$$Q_{SP} = Q_A \times (P_I - P_P)$$

式中，Q_{SP} 为结构潜力，单位为 hm^2；Q_A 为已建成城镇建设用地面积，单位为 hm^2；P_I 为工业用地率的理想值；P_P 为工业用地率的现状值。

（3）强度潜力测算　强度潜力根据下式计算：

$$Q_{IP} = Q_{A2} \times (I_I - I_P) / I_I$$

式中，Q_{IP} 为强度潜力，单位为 hm^2；Q_{A2} 为已建成工矿仓储用地面积，单位为 hm^2；I_I 为工业用地综合容积率、工业用地建筑系数、工业用地固定资产投入强度、工业用地产出强度的理想值；I_P 为工业用地综合容积率、工业用地建筑系数、工业用地固定资产投入强度、工业用地产出强度的现状值。

（4）管理潜力测算　管理潜力根据下式计算：

$$Q_{AP} = Q_{D22} + Q_{G1}$$

式中，Q_{AP} 为管理潜力，单位为 hm^2；Q_{D22} 为有偿使用且已到期但未处置土地面积，单位为 hm^2；Q_{G1} 为应收回闲置土地面积，单位为 hm^2。

（三）尚可供地年数测算

开发区尚可供地年数分为尚可供地年数Ⅰ和尚可供地年数Ⅱ。

尚可供地年数Ⅰ应根据尚可供应土地面积、尚可供应工矿仓储用地面积、前三年年均供应土地面积、前三年年均供应工矿仓储用地面积测算得出。尚可供地年数Ⅰ根据下式计算：

$$Y_{Ii} = Q_i / S_i$$

式中，Y_{Ii} 为 i 类用地尚可供地年数，单位为年；Q_i 为 i 类用地扩展潜力，单位为 hm^2；S_i 为前三年年均供应 i 类用地面积，开发区设立不足 3 年的，按照实际供地年份的年均供应 i 类用地面积计算，单位为 hm^2；i 为供地类型，分别指尚可供应土地、尚可供应工矿仓储用地。

尚可供地年数Ⅱ应根据尚可供应土地面积、尚可供应工矿仓储用地面积、前五年年供应土地面积最大值、前五年年供应工矿仓储用地面积最大值测算得出。尚可供地年数Ⅱ根据下式计算：

$$Y_{IIi}=Q_i/E_i$$

式中，Y_{IIi}为 i 类用地尚可供地年数，单位为年；Q_i 为 i 类用地扩展潜力，单位为 hm^2；E_i 为前五年年供应 i 类用地面积最大值，单位为 hm^2；i 为供地类型，分别指尚可供应土地、尚可供应工矿仓储用地。

参考文献

[1] 生态文明：人们对可持续发展问题认识深化的必然结果. 中国城市低碳经济网[引用日期 2012-09-14].

[2] 生态文明是人类文明发展的历史趋势，光明网.[引用日期 2021-10-19].

[3] 百度发布 2022 年全国两会大数据：社会保障、乡村振兴、教育改革等 10 大话题最受关注，百家号[引用日期 2022-03-04].

[4] 魏敏，胡振华. 城镇化演进与产业结构演变协调发展研究述评. 经济问题探索，2017，421(8)：178-184.

[5] 李华林. 构建现代产业体系重塑经济发展优势. 中国经济评论，2021，8(2)：34-35.

[6] 郭宇航，孔微巍. 产业结构升级对就业结构影响效应研究——以北京市为例. 哈尔滨商业大学学报(社会科学版)，2020，172(3)：117-128.

[7] 杨少敏，李资华. 城镇低效用地类型和认定标准探讨. 中国国土资源经济，2021，34(2)：42-48.

[8] 吴启焰，朱喜钢. 城市空间结构研究的回顾与展望. 地理学与国土研究，2001(2)：46-50.

[9] 张学波，宋金平，陈丽娟，等. 北京都市区就业空间分异与职住空间错位行业识别. 人文地理，2019，34(3)：83-90.

[10] 宋伟轩，吴启焰，朱喜钢. 新时期南京居住空间分异研究. 地理学报，2010，65(6)：685-694.

[11] 冯健，钟奕纯. 北京社会空间重构(2000—2010). 地理学报，2018，73(4)：711-737.

[12] 赵海霞，王淑芬，孟菲，等. 绿色空间格局变化及其驱动机理——以南京都市区为例. 生态学报，2020，40(21)：7861-7872.

第六章　农业空间土地利用规划

第一节　农业空间与农业空间规划概述

一、农业空间及其作用意义

（一）农业空间的概念界定、内涵和特征

自从有了人类农业就有了与之相对应的农业空间。直至 2020 年 1 月，自然资源部发布《省级国土空间规划编制指南（试行）》、《国土空间规划》才对“农业空间”作出定义，即“以农业生产、农村生活为主的功能空间”，包括耕地、园地、生态空间之外的草地、林地，农业设施建设用地等农业生产空间用地类型和村庄用地等农村生活空间的用地类型。农业空间的内涵可概括为社会基础性、需求人本性、功能多样性等 3 个方面。农业空间的特征是人类在土地自然特性基础上长期利用土地的过程中产生的，主要表现在尺度性、异质性、固定性、动态性等 4 个方面。

（二）农业空间的作用与意义

农业空间作用体现在：①明确农业空间规划的方向。②划出永久基本农田保护红线和农业空间。③协调农业空间的生产和生活问题。科学划定农业空间，有利于耕地红线的保护与粮食安全，走可持续发展之路；有利于优化城乡空间结构，促进城乡平衡发展；有利于从源头上整治修复乡村病，建设农业空间居业协同体；有利于制定区域性政策和绩政考核评估体系。

二、当代中国农业空间相关规划演进

（一）以耕地保护为重点的土地利用规划

耕地是土地的精华，保护耕地是中国的基本国策。20 世纪 50 年代到 60 年代，中央政府公布了一系列国家建设和农村宅基地的管理办法，强调非农用地尽量不占用耕地。进行耕地保护最有利的宏观手段就是土地利用规划。作为土地管理的重要手段，土地利用规划的重点就是保护耕地并科学合理地安排建设用地。通过对未来一段时期的土地开发、利用、整治、保护在时间和空间上作出科学合理的安排，使土地利用结构更加合理，土地利用效益更高，以满足人口增长与社会经济发展对土地的各种需求。1986 年以来，中国先后经历了 4 轮土地利用总体规划。通过土地利用总体规划，将耕地保护落实到各基层的利用分区上，便于实地稽查与监测，特别是采用“3S”技术等高新技术手段，使土地利用与自然、社会、经济发展相协调，从而达到持续利用的目的。土地利用规划是土地管理的龙头，是政府的“有形之手”。在耕地保护市场失灵的情况下，土地利用规划是耕地保护的重要手段，并协调各部门之间的用地矛盾。

（二）以农产品布局为重点的农业规划

农产品布局就是对一定区域农业资源和农业生产要素的空间配置进行优化布局，通过生

产要素与生产行为的空间转移和转换，达到“按比较优势布局”和“按市场需求布局”的根本目标。农业规划是推进区域农产品布局优化的重要手段。推进区域农产品布局优化，是现代农业结构在宏观尺度上追求的重要目标之一。客观上要求区域农产品布局优化达到“四个目标”，即促进比较优势的发挥，促进产业结构调整，促进农民收入的增长，促进农业和农村经济的可持续发展。这就要求通过农业规划引导，从抓优势农产品区域布局入手，加大培育优势农产品和优势产区的力度，大力推进农业产业结构的战略性调整。中国的农业规划始于20世纪50—80年代，侧重于自然属性的农业区划研究。21世纪以来，农业规划注重土地利用规模优化和空间布局优化。目前，中国区域农业规划研究趋向为：从统筹城乡发展角度进行区域农业规划研究；从利益协调角度进行区域农业规划研究。

（三）以农业发展为重点的主体功能区规划

国务院关于引发全国主体功能区规划的通知（国发〔2010〕46号文件）要求，以农业发展为重点划分的区域属于限制开发区域中的农产品主产区。主体功能区是对全国范围内的空间进行合理划分，而农业作为产业结构体系的重要物质生产部门，在融合主体功能区发展战略的背景下，结合现代农业的发展理念，形成了主体功能区农业发展的概念。即借助于主体功能区规划的空间管治理念，根据不同区域的现有务农人员密度、土地等生产要素的承载能力，按照区域主体功能定位和农业产业特点，划定具备主体功能的产业规划区域。根据不同类型的主体功能区划分方法，主体功能区农业可划分为优化开发区农业、重点开发区农业、限制开发区农业、禁止开发区农业。农业发展是关系国计民生的大战略，促进现代农业的产业发展战略和主体功能区区域发展战略的融合，强化现代农业产业发展政策区域化、主体功能区区域政策的产业化，有利于现代农业发展和形成主体功能区的双赢。

（四）以村镇建设为重点的城乡规划

为了克服1990年以来城市总体规划对于城市空间非理性的过度扩张控制不力的弊端以及村镇规划中存在的问题，中国于2008年1月1日起正式实施《中华人民共和国城乡规划法》。与原《中华人民共和国城市规划法》相比，其最大的不同就是强调城乡统筹，在国家层面的立法上明确将村镇纳入规划体系。城乡规划，包括城镇体系规划、城市规划、镇规划、乡规划和村庄规划。这意味着原有城乡二元的法律体系被打破。新法分离了城市规划和镇规划，重点提升了乡规划和村庄规划的地位，村镇建设有望得到加强。城乡规划研究趋势包括：①构建跨时空尺度的综合研究框架与基础数据库；②深入研究不同区域不同类型村镇聚落的发展规律，探索易于呈现和交流的表达方式，有效指导建设实践；③积极回应与对接当下规划设计与管理数字化、智能化的要求，提高规划的科学性。

（五）中国农业空间相关规划演进基本动向

随着新时期新型城镇化与乡村振兴战略深入实施，中国农业空间相关规划演进出现以下基本动向：①以耕地保护为重点的土地利用规划由偏重耕地保护向耕地保护并兼顾其他农用地的农业生产空间协同保护演变；②以农产品布局为重点的农业规划由偏重自然属性农产品布局向自然-社会-经济属性兼顾的优势农产品区域布局演变；③以农业发展为重点的主体功能区规划由产业无序发展向产业有序集群演变；④以村镇建设为重点的城乡规划由偏重城市规划向城乡兼顾的统筹协调演变。

综合上述各类农业空间相关规划，均呈现由单一要素向多要素融合的多尺度空间结构优化演变，各类规划彼此间相互补充完善，共同形成一个集农用地空间优化-农业产业优化-农业产业集群的生产空间与城乡融合的生活空间为一体的农业空间。

三、新时期中国农业空间规划体系

（一）农业空间土地利用规划的定位和作用

农业空间土地利用规划对象包括农业空间范围内全部的用地类型及其地上地下空间，其他用地类型宏观上包括农业生产用地和居民生活用地。农业空间土地利用规划依据农业空间演变规律，协调农业生产空间与农村生活空间。其本质是通过优化，调整与重新安排农业空间（农业生产空间与农村生活空间）的质量与秩序，助力“三农”问题解决，以实现乡村振兴。农业空间土地利用规划的作用体现在：①最终实施“多规合一”的规划平台；②确定每块土地的用途并实施管制；③构建乡村振兴和美丽乡村的建设蓝图。

（二）农业空间土地利用规划的原则目标、任务和内容

1. 农业空间土地利用规划的原则目标

（1）指导原则　坚持有回乡之路；尊重空间多样性；建设生命共同体；激发乡村发展活力。

（2）规划目标　①宏观方面，优化城乡空间结构，再生绿色文化基因，以形成乡村持续动力，促进城乡平衡发展；②微观方面，改善农村基础设施以补齐农业发展短板，系统整治修复乡村病，以建设居业协同体。

2. 农业空间土地利用规划的任务

农业空间土地利用规划的任务是根据“以图管地”和“图数相符”的原则，将规划确定的基本农田、农业其他生产性用地、村庄生活用地及其边界线精确地落实在适宜的农业空间上，确定每块土地的用途，科学配置农业空间土地相关联的基础设施，并合理地组织土地利用，以提高土地集约利用程度和利用效率。

3. 农业空间土地利用规划的内容

根据上述规划定位、原则目标和任务，可知农业空间土地利用规划的具体内容包括：①土地权属界线的确定和调整；②土地利用结构与布局；③农业生产空间布局；④农村生活空间布局；⑤土地利用综合平衡核算。

（三）农业空间土地利用规划的程序与方法

农业空间土地利用规划的程序包括准备工作阶段、规划编制阶段和规划实施阶段。农业空间土地利用规划的编制宜采用基于面积均衡性的综合法。其基本依据是：在农业空间土地总面积固定的前提下，各类用地面积和空间配置上存在消长关系和平衡关系，通过详细规划实现土地利用的动态平衡。编制规划应以地籍图为基础，编绘大比例尺（一般大于 1∶5000）规划底图，并应用图表作业法实现。具体包括：①土地数据的核实；②土地适宜性评价；③土地供需预测；④土地利用结构与布局调整；⑤各类用地详细规划设计。

（四）农业空间土地利用规划成果与实施

1. 农业空间土地利用规划成果

农业空间土地利用规划成果由规划图件、规划说明、数据、表格和管制规则组成。规划图件宜采用 1∶2000 比例尺或精度更高的数据制作，包括土地利用现状图、土地利用规划图，以及根据需要编制的其他规划图件。规划表格包括规划目标表、土地利用结构调整表、重点建设

项目表等。规划管制规则包括耕地、宅基地、设施用地、公益性设施用地、集体经营性建设用地等不同用途的土地使用与管制规则。

2. **规划实施**

做好农业空间土地利用规划实施工作，须注意：①坚持村民主体地位，切实保障农民的知情权、参与权、表达权和监督权；②规划后民主决策，规划过程中尽最大可能吸收农民群众积极参与，倾听他们的诉求和建议；③强化规划权威，健全用途管制制度，落实农业空间管制制度；④通过产权、税收等改革为规划实施赋能。

第二节　耕地和基本农田规划

一、耕地规划

（一）耕地概念及分类

耕地指种植农作物的土地，包括：熟地，新开发、复垦、整理地，休闲地（含轮歇地、轮作地）；以种植农作物（含蔬菜）为主，间有零星果树、桑树或其他树木的土地；平均每年能保证收获一季的已垦滩地和海涂。耕地中包括南方宽度<1.0 m，北方宽度<2.0 m 固定的沟、渠、路和地坎（埂）；临时种植药材、草皮、花卉、苗木等的耕地，以及其他临时改变用途的耕地。

耕地划分为水田、水浇地和旱地 3 个二级土地利用类型（表 6-1）。土地三调成果显示，截至 2019 年 12 月 31 日，全国耕地总面积为 12786.19 万 hm^2，其中：水田 3139.20 万 hm^2，占 24.55%；水浇地 3211.48 万 hm^2，占 25.12%；旱地 6435.51 万 hm^2，占 50.33%。

表 6-1　耕地分类与含义

一级类		二级类		含义
地类编码	地类名称	地类编码	地类名称	
01	耕地	—	—	指种植农作物的土地，包括：熟地，新开发、复垦、整理地，休闲地（含轮歇地、轮作地）；以种植农作物（含蔬菜）为主，间有零星果树、桑树或其他树木的土地；平均每年能保证收获一季的已垦滩地和海涂。耕地中包括南方宽度<1.0 m，北方宽度<2.0 m 固定的沟、渠、路和地坎（埂）；临时种植药材、草皮、花卉、苗木等的耕地，以及其他临时改变用途的耕地。
		011	水田	指用于种植水稻、莲藕等水生农作物的耕地，包括实行水生、旱生农作物轮种的耕地。
		012	水浇地	指有水源保证和灌溉设施，在一般年景能正常灌溉，种植旱生农作物的耕地，包括种植蔬菜的非工厂化的大棚用地。
		013	旱地	指无灌溉设施，主要靠天然降水种植旱生农作物的耕地，包括没有灌溉设施，仅靠引洪淤灌的耕地。

（二）耕地多功能

耕地是保障粮食安全、支撑现代农业发展的基础资源，也是保障区域生态安全与改善人居环境的基础要素。耕地多功能是指耕地系统提供产品、服务以满足人类生存与发展所需的能力，主要由粮食生产功能，调节气候与水文、维护生物多样性以及隔离建设发展的生态功能，为农民提供基础生计支撑的社会保障功能以及提供休闲观光、景观美学、保持传统农耕文化的景观、文化传承功能组成。从系统论来讲，耕地由自然生态子系统与人工社会经济子系统耦合而成，因此耕地功能在受到气候、水、土壤、岩石矿物等自然要素制约的情况下，还受到人类利用活动的影响，包括观念意识、社会经济制度等因素。

平衡耕地供给与需求之间的关系对土地资源的可持续利用和现代农业的稳定发展具有重要作用。随着我国快速的城市化、工业化发展带来的建设用地无序扩张，再加上生态退耕、农业结构调整、灾毁等原因，耕地数量大量损失，质量持续下降，并且耕地后备资源贫乏，质量低劣。在我国严格实施的耕地保护制度"刚性"要求下，面对人口增加和居民膳食水平提高导致的粮食需求增加，以及新时代生态文明建设的逐步推进，耕地供需矛盾突出，人地关系紧张，故耕地多功能的广泛应用对保障区域可持续发展具有重要意义。

（三）耕地规划的目的及意义

耕地规划是指在确定了耕地规模的前提下，合理地安排耕地利用布局。耕地规划是对耕作生产要素的系统配置和整体优化，包括耕作方式、地块、水系、田间道路和农田林网等的系统配置。

耕地规划主要依据耕地资源的自然特性以及人类需求的变化，在现状耕地空间布局的基础上进行科学的规划与布局，充分实现耕地的多功能性，以提高耕地资源的利用效率，维持耕地数量与质量在空间分布上的稳定性，从而正确解决耕地供需矛盾。耕地规划不仅对优化耕地空间布局，提升耕地生产能力十分重要，还对实施耕地数量、质量、生态"三位一体"保护，保障粮食安全与生态安全起着关键作用。故耕地规划的意义重大，具体包括以下 3 方面。

(1)耕地规划是耕地可持续利用的重要前提　耕地规划可以合理安排农作物的种植结构和空间布局，完善灌排设施，优化水分管理措施，做到用地养地相结合，是耕地可持续利用的重要前提。

(2)耕地规划是提高耕地利用效率，提升耕地生产能力的关键手段　耕地规划可以优化田、沟、渠、路、林布局，促进农田水利建设，改善农业生产条件，为耕地质量提升创造良好条件，从而提高耕地利用效率，提升耕地生产能力。

(3)耕地规划是耕地保护政策顺利实施的重要保障　耕地规划能够合理地规划耕地的数量、质量及生态空间布局，规避城镇发展、退耕还林、生态用地及其他因素的影响，保障耕地保护目标的顺利实现。

（四）耕地利用的组织形式

耕地的主要利用方式是进行农作物生产，一般分为大田生产用地、饲料地、菜地等。耕地合理利用的核心是既能提高耕地生产能力，保证经济的持续增长，又能实现耕地的可持续利用。耕地利用的组织形式是指在时间和空间上实行作物种植结构和轮作制度的耕地利用方式。因此，要对耕地利用的组织形式进行分类，需同时考虑作物的种植结构和轮作制度。

1.种植结构的确定

耕作制度是指农作物的种植制度以及与之相应的一整套技术体系。种植制度包括：①根据作物的生态适应性和生产条件，确定作物种植结构和布局，即种什么、种多少、种在哪里的问题；②复种指数高低，即一年种几次或几年种几次的问题，如一年两熟、二年三熟、一年多熟以及休闲地的利用问题；③种植方式的确定，即怎么种及其实施问题，如间作套种与单作，轮作与连作，直播与移栽等。与之相应的一整套技术体系是种植制度的基础与保证，大致包括农田基本建设、土壤培肥制度、水分管理制度、土壤耕作制度、病虫害杂草防治制度、生产工具及其农业机械化运用制度等。

作物种植结构是指一定地区或生产单位种植作物的种类、比例与结构。确定合理的种植结构必须综合考虑下列 4 项原则：①合理利用资源，提高光能利用率（用地原则）；②用地与养地结合（养地原则）；③因地种植，综合平衡（生态原则）；④经济实效（经济原则）。

确定种植结构的依据主要有以下方面。

1）农作物对生态环境条件的适应性

作物生态适应性反映作物与生态环境的关系，是作物长期自然选择和人工选择所形成的一种本性。同一作物的不同品种、不同生育阶段，在不同的生态环境下，它们的生态适应性是不同的。主要的生态因子有光照、气温、水分、土壤等，各生态因子之间不是孤立的而是相互联系的。确定作物种植结构一定要考虑农作物对生态环境条件的适应性。

2）当地的技术经济条件

（1）劳动力条件　劳动力数量和质量是作物生产的重要制约因素。在人力操作为主的条件下，劳动力充足与否对作物生产具有决定性的影响。不同作物所需的用工量之间的差异是很大的，除要求劳动力数量充足外，还要求有一定的劳动素养，有一定的农业技术经验；对技术性较强的经济作物，要求掌握专门的生产技术。

（2）农业技术装备程度　在手工劳动条件下，资本构成及机械化水平低，劳动效率也低，农田基本建设的速度受到很大的限制，不利于农艺水平的提高和作物布局的合理化。随着农业机械化、现代化的发展，农业中资本构成不断提高，农业劳动力将不断从农业中解放出来，既能促使生产部门的发展，也能促使农作物种植结构和农业布局的面貌发生变化。

（3）农业工艺技术　各项农业工艺技术如良种培育、作物栽培管理、水肥控制、耕作技术、防治病虫害等，对于作物结构的影响很大。随着现代科学技术的发展，改变作物植株外形以提高其产量和质量，改变作物对环境条件的适应能力以改变作物品种特性，以及培育优良新品种，都可以直接影响作物结构及其布局。

3）市场需求

在市场经济条件下，作物种植的种类与比例要视市场的需求而定。特别是在科学技术以及生产资料不断发展的条件下，许多不适于种植的作物，在市场需求急增的情况下，为获取较大经济利益，可以通过新技术、新材料的运用进行生产，如地膜覆盖延长生育期、保护地蔬菜生产等。

2. 确定种植结构的方法

1）常规方法

首先根据社会需要研究粮食和经济作物、主粮与杂粮作物、夏粮与秋粮作物、粮食与饲料和绿肥作物的比例，然后再根据具体条件研究确定各种作物的比例，最后确定各种需求指标。

我国人多地少，在目前生产条件下，农业自给性很强，确定作物种植结构应首先考虑粮食问题。先确定农业人口的口粮和饲料粮的保证程度，然后才能考虑提供的商品粮。因此，在确定作物种植结构时，首先要确定各地区的粮食消费水平和消费定额(包括口粮、饲料及其种子等其他用粮的平均定额)，再根据粮食积极自给率和当地粮食单产水平，计算应种植的粮食面积，然后再安排其他经济作物和相应的种植面积。

在市场经济体制下，具体种植的面积要根据对市场需求和经济效益要求的预测来决定，但是，作为国家和地方政府必须在宏观上对种植进行规划控制，作出相应的引导措施。

在确定作物种植结构的基础上，还必须依据自然条件，分析光、热、水、土地、地貌等与种植方式的关系，评价劳动力、机械化和施肥水平与种植方式的关系，最后通过对比，评价不同作物种植方式的生态效益和经济效益，从中选出最优种植方式，继而制定作物轮作换茬方式。

2)数学模型法

应用数学模型可以合理解决作物组合的选择、作物种植面积的合理构成及作物合理布局等问题。主要的模型如线性规划模型等。

3)计算机模拟

通过计算机建立决策支持系统，对作物种植结构、面积进行咨询决策。

3. 确定耕地利用组织形式

耕地利用组织形式是指实施作物种植结构和轮作制度的耕地利用方式。目前，我国耕地利用组织形式主要存在轮作区组织形式、耕作田块组织形式和其他组织形式。

1)轮作区组织形式

轮作区组织又称固定轮作或分区轮作，是把一定范围内的土地，根据轮作周期的年限划分成若干个面积相等、土壤肥力近似的轮作田区，在轮作田区之间按照一定的轮作换茬顺序，在时间和空间上轮换种植作物。实行轮作区组织形式的地区必须具备如下条件：①具备适合本地区的科学轮作制度；②单位种植比例比较稳定，作物组成与面积变动幅度不应超过5%～10%；③单位土地经营范围稳定，土地集中连片，农田基本建设标准高。

实际上，作物组成比例和面积都是经常变化的，特别是在市场经济体制下，农民种植作物的比例随着市场的变化而不断变化。为此，在实践中，常常不把全部耕地划入轮作区，而是从中划出一定比例的耕地作为非轮作区，或者在轮作区内有意识地预留1～2个田块作为机动，以便安排一些临时性的种植计划。配置小品种作物，也可以起到一定的轮作倒茬作用。

2)耕作田块组织形式

耕作田块又称分块轮作，即根据作物生长的要求和土壤、水利等情况，在耕地范围内划分作物种植区(如蔬菜区、棉花区、旱粮区、水稻区等)，再在种植区内划分耕作田块，轮换种植作物。作物换茬没有一定的次序，而是根据需要和作物前后茬口，每年每季在田块上具体落实。这种组织形式的不足之处是年际甚至每季作物种植比例不稳定，作物安排比较分散，不便于管理和机械耕作。目前我国农村主要采用这种组织方式，特别是在联产承包责任制体制下，耕地组织形式只能采用这种组织方式。

3)其他组织形式

(1)种植大户的耕地组织　在一些条件成熟的地区，为了扩大经营规模，除按人口分出口粮地外，其余土地进行承包经营，使经营规模扩大。各户在经营范围内，划分地块，分块种植，实行固定的轮作制度。

(2)统分结合的耕地组织　即将土地分作若干轮作区，在每个轮作区内划分地块，分配给农户，在不同的轮作区内，种植统一的作物，实行统一的轮作制度。此外，也有的地方采用大统

一、小自由，规定在某一轮作田块内不得种植某种作物。如种植棉花，病虫害是一项必须统一防治的工作，所以种植棉花必须种植在规定的范围内，非种植范围内不得种植。

4. 耕地规划单元（地块）的规划

1）耕地（利用）规划单元的概念和设计要素

耕地规划基本单元（简称耕地单元）是指由末级固定田间工程设施（如沟渠、林带、道路等）所围成的沟渠路林等设计要素齐备并协调配置，兼有田间耕作、灌排和作物轮作的基本单元的多种功能的综合地段。

耕地规划基本单元的设计包括两方面内容：一是耕地单元自身要素的规划，包括单元方向、边长、形状等；二是耕地规划单元地域范围内田间工程设施（灌排沟渠、护田林带、田间道路等）的规划。

2）耕地规划单元的方向确定

在一般情况下，单元的方向就是耕作与作物种植的方向，它也决定末级灌排沟渠、林带和田间道路的走向。确定单元方向时要考虑以下几方面的要求。

（1）有利于农作物的生长发育　常见的作物种植大多是实行条状种植，行距大，株距小，单元的方向通常与作物的行向一致。然而，作物的行向与作物的光照要求有直接的关系，为了充分满足作物的光照要求，单元方向应选择南北向。

（2）有利于田间机械作业　单元方向通常与机械耕作方向是一致的，单元方向不同，机械作业的地面坡度也就不同，而地面坡度的大小又直接影响到农业机械功率利用程度和耗油量。因此，为了降低机械作业的功率损失和燃料消耗，提高田间机械作业的质量，单元的方向应平行于等高线。

（3）有利于水土保持　当耕作方向与等高线走向相一致时，可以减少地面径流量和对土壤的冲刷量。等高种植是我国劳动人民在长期的生产实践中创造的一种科学的种植方式，但在水分过多的低洼地区，为了顺利地排除地表水，单元方向应垂直于等高线布置，不过其坡度仍应控制在 $1.5^\circ \sim 2^\circ$，以避免造成水土流失。

（4）有利于田间灌溉　在灌溉地区，单元方向要考虑地面灌溉的要求，因此单元方向通常也就是农渠的方向。在地形平坦（坡度 $<1\%$）地区，一般可将灌水方向沿地面最大坡度的方向布置，这样，单元方向应定为顺坡方向。而在一般条件下，单元以斜交等高线方向布置，临时渠大致垂直于等高线，以获得较好的水头灌地。但在坡度较大（$>1\%$）的地区，单元方向和灌水方向应选择横坡方向。

（5）有利于降低地下水位　在需要排水的地方，末级排水沟（农沟）应垂直于地下水流方向，以达到较好的排地下水效果。一般地下水流向通常与地面坡度相一致，所以，农沟布置常垂直于等高线。

（6）有利于防风　在风害严重的地区，根据防护林的设计要求，主林带应与主要害风风向垂直，一般设置在单元的长边上。而在一般地区，将耕地规划单元设置为方田，单元的四周均有林带，可以防来自任何方向的风，因此，可不考虑林带对单元方向的影响。

总之，确定单元方向时要考虑多方面的因素，但由于各地区的条件不同，在规划设计时不可能满足所有方面的情况，这就要求进行深入的调查研究，根据当地的情况，找出影响农业生产的主要因素，按主要因素的要求来确定单元的方向，并尽可能多地满足各方面的要求。

3）耕地规划单元的大小和形状

确定单元大小要涉及长度、宽度以及形状等 3 个方面。

(1)单元长度

单元长度通常要求根据机械作业、土地平整、农田灌溉和排水等的要求来确定。

从机械作业的角度出发，单元越长机械利用率就越高，因为长度越长机械转弯所消耗的时间就越少，因转弯而损坏的地头作物的比重也就越小，这就有利于提高机械的作业效率，减少机具磨损，降低作业成本，增加作物产量。但单元并非越长越好，如播种、施肥等机械作业要求能在地头上种、上肥；收获作物也要求在地头卸粮，因为种子、肥料、粮食等都要在地头通过道路来运输。

单元长度必须满足灌溉和土地平整的要求。单元长度过长，其面积相应增大，很难获得比较均匀一致的地形，土地平整工程量就会增加。另外，耕地单元过长，沿长边布置的灌溉农渠，其流量和按其坡降计算的流速就会随之增加，可能会引起渠线冲刷，还会增加输水距离和输水损失，造成单元上段作物受淹渍涝，而下段作物受旱。

从排水角度看，为了控制地下水位于临界深度以下，要求沟内水位保持在设计高程以下，来水尽快送到集水沟(斗沟)或输水沟(下支沟)，故沟不宜过长。

总之，确定耕地单元长度要因地制宜，以最大限制因子的条件来确定其适合的长度。一般单元长度为 300～500 m。在个体承包制下，单元长度还应考虑承包规模的大小。

(2)单元宽度

确定单元宽度时要考虑 3 方面的因素，即田间机械作业的幅宽、末级排水沟道的间距和林带防风的距离。

对于大型的机械化农场，必须考虑机械作业的幅宽，单元的宽度应该是幅宽的整数倍数。

为了适应灌溉的要求，单元宽度一般以 100～200 m 为宜。宽度太大往往造成单元内的小地形不均匀，增加平整土地的工程量。因为末级固定渠道(农渠)沿长边布置，单元的宽度往往是临时渠道的长度，所以确定宽度还应该考虑田间临时渠道最宜长度。

单元宽度要考虑排水沟的间距，末级固定排水沟的间距就是单元的宽度，而间距主要依据排水地区的自然条件、土壤条件、地面坡度和作物耐淹时间而定。

在有防风要求的地区，单元宽度要与林带防风距离相一致。

(3)单元的形状

为了适应田间机械作业的要求，单元理想的形状是正方形或长方形，其次是平行四边形或梯形，要求单元的两个长边相互平行，避免机械作业时留下狭长楔形地段而难以处理。在地形变化的地区，单元的两长边可设计成相互平行的折线，但其曲折度不宜小于 150°(图 6-1)。在靠近自然边界(如河流、深沟、山麓等)的耕地内，由于自然边界的曲折，应将自然边界设计在单元的短边上，并利用自然边界的实际曲线，这样设计既不影响机械作业，又能充分利用土地(图 6-2)。在单元的规划设计中要尽量减少三角形地块，也不应有多角形。总之，在设计单元时，要尽量能使单元的形状规整，避免或减少三角形的地块(图 6-3)。

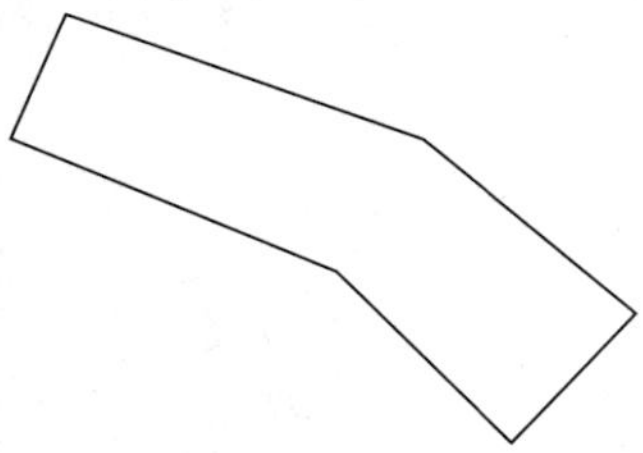

图 6-1　曲折形地块

图 6-2　单曲线形地块

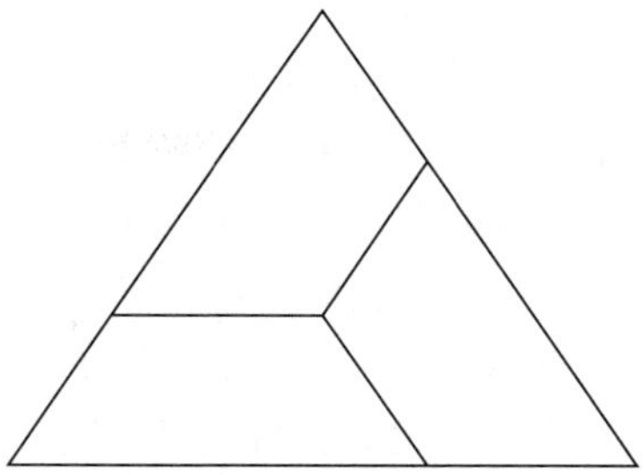

图 6-3　三角形地块

5. **田间工程的配置**

田间工程应包括耕地内部的灌排沟渠、道路、林带等各个基本建设项目及其附属物。

1)田间灌排渠道的配置

(1)固定灌排渠道的组合形式　灌溉渠系的田间工程主要指排灌渠系的斗、农两级，根据沟渠的作用和相对位置的不同，在平原区一般有以下 3 种形式。

①灌排相间布置。所谓灌排相间布置就是渠道向两侧灌水，排水沟承泄两侧的排水(图 6-4)。这种布置形式是把灌溉渠道设在高处，排水沟设在低处，在平坦或有一定起伏的地区比较适用。

②灌排相邻布置。所谓灌排相邻布置，就是把灌溉渠道和排水沟道相邻布置(图 6-5)。这种布置形式适用于有单一坡向的地形和排水方向一致的地区。

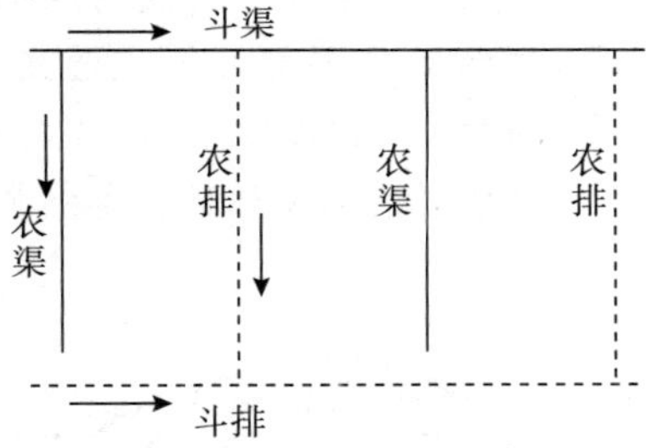

图 6-4　灌排相间布置

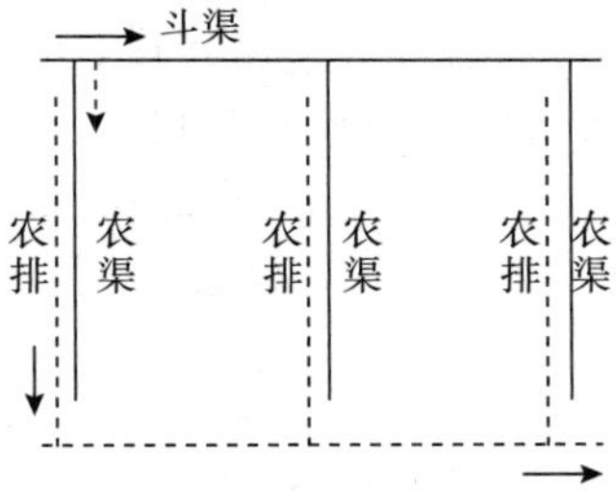

图 6-5　灌排相邻布置

③灌排合渠。所谓灌排合渠，就是灌溉和排水同用一条渠道。这种布置形式可以节约土地，在沿江和滨湖地区用得较多，但在广大旱作区不宜采用。因为这种布置形式不利于控制地下水位，影响农作物的高产稳产。

(2)临时渠道的布置形式　临时渠道的布置形式有两种。

①纵向布置(平行布置)。由毛渠从农渠引水，通过与其相垂直的输水沟，把水送到灌水沟或畦，毛渠的方向与灌水方向相同。这种布置形式适用于较宽的灌水地段。

②横向布置(垂直布置)。灌溉水直接由毛渠输给灌水沟或畦，毛渠的方向与灌水的方向相垂直。这种布置形式一般适用于较窄的灌水地段。

2)防护林带布置

农田防护林带在农田中可以起到防风、改善农田小气候、保证农田稳产高产的作用。在农田防护林建设中,要注意解决如下几个问题。

(1)林带方向　林带方向应根据地区的主害风风向而定。一般要求主林带垂直于当地主害风风向,因为这样才能使防风距离最大。为了便于耕作管理,主林带一般要沿田块的长边布置,副林带沿田块的短边布置。当由于某种原因主林带不能垂直于主害风风向时,夹角一般不要大于30°(图 6-6)。在平原农区,由于田块基本是方田,林带沿田块四周布置,可以防来自任何方向的风,实际上已没有必要划分主、副林带。

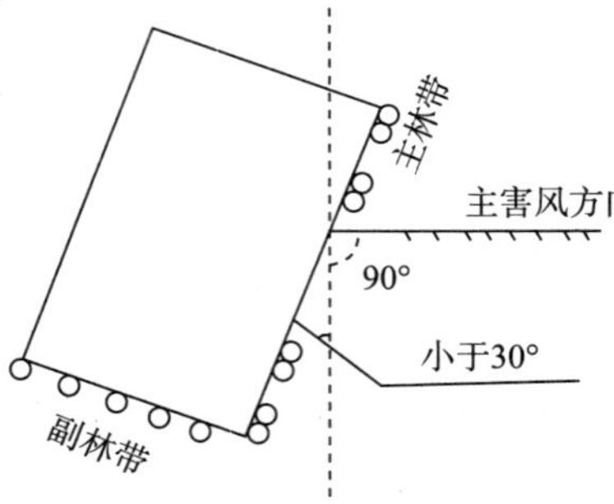

图 6-6　林带设置方向

(2)林带的结构　所谓林带结构是指林带的外形和内部构造,即林带的宽度、树种组成、种植密度和断面形式,一般分为紧密结构、透风结构和疏透结构 3 种形式。

①紧密结构(图 6-7a)。这是由多行树木组成的宽林带,一般由 3 层树冠组成,上下枝叶稠密,好像一道挡风墙,中等速度的风几乎不能透过,风遇到林带就会改变方向,从林带的上方越过。背风林缘的风速很小,但在离开背风林缘后风速迅速增加,很快恢复到原来的风速,防风效果较差。最小弱风区出现在背风面 1～3H(H 为防护林树高,下同)处,风速减少 59.6%～68.1%,相对有效防风距离为 10H。在 30H 范围内,风速平均降低 30.6%。

②透风结构(图 6-7b)。这是一种比较窄又没有灌木的林带,由单层或两层树冠组成,有透光的大空隙,林冠部分适度透风,树干部分大量透风,气流的主要部分经过透光空隙穿越林带。最小风速出现在背风林缘树高的 3～5H 处,而且风速降低的程度不大,相对有效防风距离为林带树高的 30H 范围内,以后风速就很快增大,但比紧密结构的林带增加缓慢,风速平均减低 24.7%。

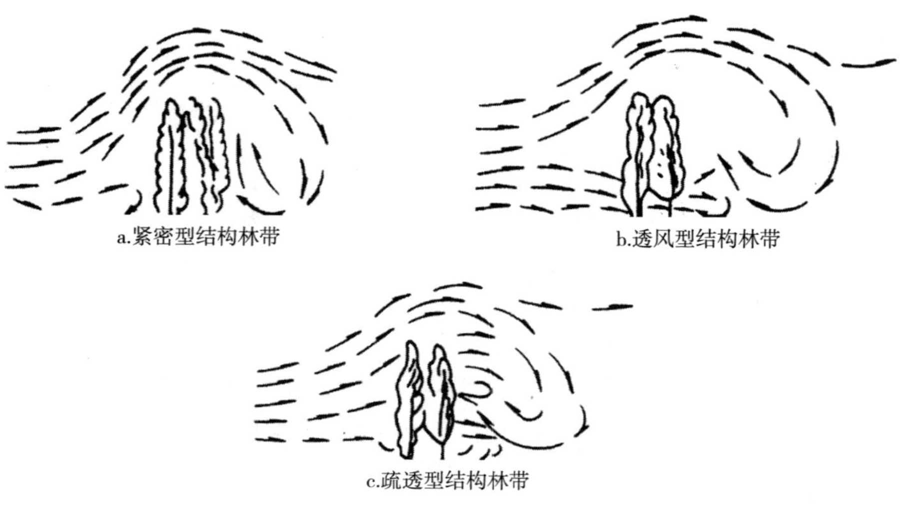

图 6-7　林带结构示意图

③疏透结构(图 6-7c)：由 2～3 层树冠组成，具有乔木和灌木。在乔木与灌木树冠层之间有不同的小空隙，空隙在断面上分布均匀，气流的主要部分从林带中穿过不改变其总的方向。最小风速出现在距背风林缘树高的 3～5 倍处，风速减低 53%～56%，相对防风距离为 25H(按减低旷野风速 20%计算)，在距林缘 47H 处风速恢复 100%。距林缘越远风速越大。在 30H 范围内，风速平均降低 56.5%。这种林带防风效果好。

(3)林带间距　林带的间距过大，林带间的农田不能全部受到保护；林带间距太小，又会多占耕地。林带间距应依据林带的有效防护距离来确定。一般林带的防护距离为树高的 20～25 倍，但是在 15～20 倍距离内才有明显的防风效果。不同的林带结构，防风距离不同。在风害严重的地区，应把林带间距缩小 15%～20%；在平原农区，林带的间距主要是由田块的边长来确定。

(4)林带宽度　防护林带的宽度应能保证树种生物学的稳定性和更好地生长，同时又能保证有足够的防风效果。一般来说，林带越窄，防风效果越差。在平原农区，为了节约耕地，充分利用土地，一般根据沟渠路两侧可以用于植树的土地宽度，来确定林带的宽度。

林带宽度可按下式计算：

$$林带宽度=(植树行数-1)\times 行距+2\times 田边到林缘的距离$$

行距一般为 1.5 m，由田边至林缘的距离一般为 1～2 m。

3)田间道路规划

农村道路按其作用和标准的不同一般分为 3 级：一级为村间路，是联系村庄之间和通往附近城镇的主干道路，为了便于大型运输工具以及农业机械的通行，路面宽度要在 6～9 m；二级路为村内交通路，也叫机耕路，应伸入田间地块，连接村内大部分主要田间路，为了便于机械往来通行，考虑调动农机具的需要，路面宽度≤6 m；三级路是供直接下地用的田间路，均沿生产田块一端布置，路面宽度 4 m 左右。

农村道路规划布置的基本原则：①道路布局要短而直，这样可以节约建设用地和工程投资，缩短运输距离，降低运输费用，同时可以减少运输时间和运输工具的磨损；②道路应选在地势平坦开阔和土质坚硬的地方，避免通过易被洪水淹没的地区；③道路要与排灌沟渠、田块、林带和村庄布局相结合，综合考虑，统一布置，避免道路和沟渠成锐角相交；④充分利用现有的道路、桥梁、涵洞和堤坝等各种工程建筑物，以节省基建投资。

4)沟、渠、路、林结合的配置形式

田间道路和林带一般沿斗、农级沟渠结合布置，其优点在于道路与渠岸一侧结合，节约用地，一般有如下几种结合形式(图 6-8)。

(1)沟-林-渠-路　道路布置在田块的上端，位于灌溉渠道一侧。这种布置的优点是：道路位置较高，不易受水淹；道路另一侧紧靠农田，人、畜、机械下地方便。但道路跨越下一级渠道，必须修建许多小桥或涵洞。林带布置在沟渠之间以及路渠之间，植树的行数应根据上述二者间的宽度确定。

(2)路-沟-林-渠　道路布置在田块的下端，位于排水沟的一侧。这种布置形式的优点是便于人、畜、机械下地生产。但由于道路位置较低，雨季容易积水，渠沟靠近，排沟边坡易受渠道渗水而滑坡。因此，林带应设在渠沟之间，以对渠坡予以固定。同时，道路穿过下一级排沟，需要修建较多的桥涵，还要在路旁修截水沟，以防道路被淹。

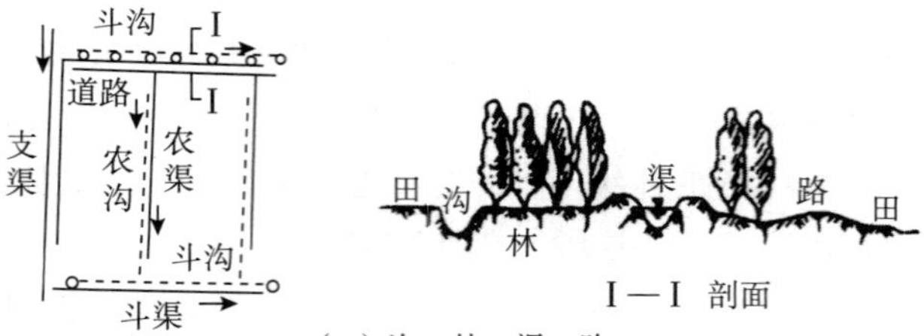

（1）沟—林—渠—路

（2）路—沟—林—渠

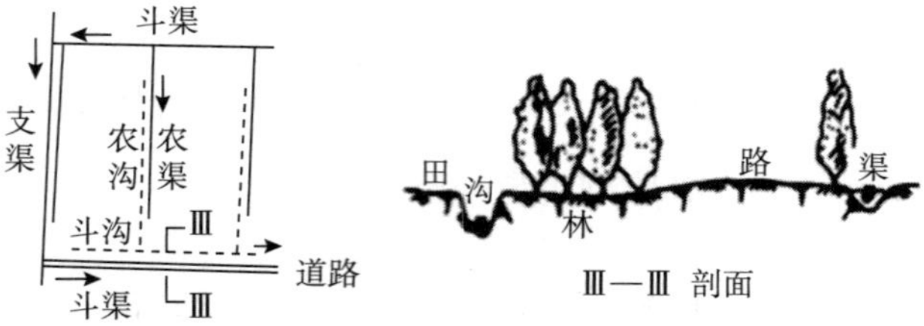

（3）沟—林—路—渠

图 6-8　沟渠路结合配置方式示意图

(3)沟-林-路-渠　道路处于灌水渠和排水沟之间，其优点是道路与下级灌溉排水渠系均不相交，灌排便利。但是，由于道路进入田间必须跨越渠道，要修较多的桥涵。另外，以后道路的拓宽也受到限制。

上述 3 种布置形式各有利弊，具体采取何种形式，要根据当地的具体情况来选择。

二、基本农田保护区规划

为保障国家粮食安全，保持社会稳定，解决我国人口多、耕地少，耕地后备资源不足等问题，我国将切实保护耕地确定为基本国策，并实施基本农田保护制度，对基本农田保护区内的耕地实行特殊保护。基本农田是耕地中的精华，承担了绝大多数的粮食生产任务，不仅是我国粮食安全的根本保障，还是我国主要区域重要的的生态空间，承担着重要的生态功能。基本农田对于促进我国农业生产和社会经济的可持续发展具有重要意义，基本农田规划与保护更是我国粮食安全、环境安全和生态文明建设的重要保证。

（一）基本农田有关概念及内涵

1. 基本农田

根据国务院 2011 年修正的《基本农田保护条例》(1998 年 12 月 27 日国务院令第 257 号发布)的规定，基本农田为："按照一定时期人口和社会经济发展对农产品的需求，依据土地利用总体规划确定的不得占用的耕地。"实践中基本农田主要是粮田(谷物)。下列耕地应当划入基本农田保护区，严格管理。

(1)经国务院有关主管部门或者县级以上人民政府批准确定的粮、棉、油生产基地内的耕地。

(2)有良好的水利与水土保持设施的耕地；正在实施改造计划以及可以改造的中、低产田。

(3)蔬菜生产基地。

(4)农业科研、教学试验田。

根据土地利用总体规划，铁路、公路等交通沿线，城市和村庄、集镇建设用地区周边的耕地，应当优先划入基本农田保护区；需要退耕还林、还牧、还湖的耕地，不应当划入基本农田保护区。

2. 基本农田保护区

划定基本农田保护区是从当地自然、社会经济条件出发，确定基本农田保护目标，采用划区形式，运用行政、法律、技术、经济手段，把基本农田保护起来。国务院 2011 年最新修正的《基本农田保护条例》(1998 年 12 月 27 日国务院令第 257 号发布)规定："基本农田保护区是指为对基本农田实行特殊保护而依据土地利用总体规划和依照法定程序确定的特定保护区域。"各级人民政府在编制土地利用总体规划时，应当将基本农田保护作为规划的一项内容，明确基本农田保护的布局安排、数量指标和质量要求。县级和乡(镇)土地利用总体规划应当确定基本农田保护区。

3. 基本农田保护区规划

基本农田保护区规划是土地利用总体规划的专项规划，是为了满足人口增长和国民经济发展的需要，对耕地进行客观控制与微观管理，切实保护耕地，稳定耕地面积，巩固农业基础地位，深化土地管理的一项重要措施。它是根据人口增长和国民经济发展对耕地的需求，定性、定量、定位地逐地块落实到乡、村，并通过法律、经济、行政、技术等措施，加以限制和保护的一项综合性科学管理土地的方法。

(二)基本农田保护制度的变迁

基本农田保护成败的关键取决于中央政府、地方政府与农户三者之间的协调。中央政府是基本农田保护制度的制定者，地方政府是执行者，农户是具体实践者。国家层面基本农田保护制度能否有效实施，必须要明确不同阶段耕地流失的主要矛盾及转化趋势，并及时调整相关政策，才能取得预期成效。因此，厘清基本农田保护制度变迁背后三者的利益关系和行动取向逻辑，是决定制度成败的关键。根据不同阶段基本农田保护的核心内涵和重心，基本农田保护制度可以划分为基本农田保护探索阶段(1963—1994 年)、基本农田保护区全面划定阶段(1995—2008 年)、永久基本农田划定阶段(2009—2017 年)、永久基本农田综合管护阶段(2017 年至今)。

(1)基本农田保护探索阶段(1963—1994 年)　我国"基本农田"一词的提出，可追溯至 1963 年黄河中下游水土保持工作会议，决议中有"通过水土保持，逐步建立旱涝保收、产量较高的基本农田"。直到 20 世纪 80 年代末，基本农田的中心内容仍是指生产能力高、抗灾能力强的高产稳产农田。改革开放后，随着城镇化、工业化进程的逐渐推进以及农业结构的大规模调整，我国耕地面积迅速下降，仅 1981—1985 年，我国就减少了 580 万 hm^2 耕地。在此背景下，以湖北荆州为发祥地，全国性的基本农田保护工作正式启动。1992 年 2 月，国务院批准《关于在全国开展基本农田保护工作的批示通知》，正式提出"基本农田保护"的内涵，明确划定基本农田保护区的意义,完成了从“耕地保护”到“基本农田保护”的历史转变。1994 年,国务院颁布《基本农田保护条例》,正式提出了基本农田概念。这一时期山东省也在省第八届人大常委会上颁布了《山东省基本农田保护条例》。

(2)基本农田保护区全面划定阶段(1995—2008 年) 20 世纪 90 年代,以划定基本农田保护区为主要形式,以保护农田面积为目标,我国在全国范围内全面展开基本农田保护工作。1996 年,国家先后发布《划定基本农田保护区技术规程》和《基本农田保护区环境保护规程》,规范基本农田保护区划定操作。1998 年,国务院对《基本农田保护条例》进行了修正,将基本农田内涵调整为根据经济社会发展对“农产品”的需求以及依据土地利用总体规划,这一内涵基本要义基本延续到今日。同年,基本农田保护写进《中华人民共和国土地管理法》,基本农田保护制度成为我国的一项基本制度。经过整体性的系统划定以及不断调整,到 2004 年原国土资源部和原农业部联合检查的数据显示,全国划定的基本农田保护区面积达 15.88 亿亩。

(3)永久基本农田划定阶段(2009—2017 年) 2008 年党的十七届三中全会提出“永久基本农田”的概念,即无论什么情况下都不能改变其用途,不得以任何方式挪作他用的基本农田。永久基本农田既不是在原有基本农田中挑选的一定比例的优质基本农田,也不是永远不能占用的基本农田。现在的永久基本农田就是基本农田。加上“永久”两字,体现了党中央、国务院对耕地特别是基本农田的高度重视,体现的是严格保护的态度。2009 年,原国土资源部、原农业部联合印发《关于划定基本农田实行永久保护的通知》,正式拉开永久基本农田划定序幕。2014 年两部委又联合下发《关于进一步做好永久基本农田划定工作的通知》,明确将城市周边、交通沿线易被建设占用的优质耕地优先纳入永久基本农田划定范围,同时将宜退耕还林、还草、还湖,自然损毁或污染的耕地以及不符合划定要求的地类退出永久基本农田保护范围。到 2017 年,全国各地永久基本农田划定工作总体完成,各地永久基本农田实现了“落地块、明责任、设标志、建表册、入图库”。

(4)永久基本农田综合管护阶段(2017 年至今) 党的十九大作出了中国特色社会主义进入新时代的伟大论断,提出并开始实施乡村振兴战略,永久基本农田保护进入综合管护阶段。2017 年中央 4 号文件《中共中央国务院关于加强耕地保护和改进占补平衡的意见》以及《国土资源部关于全面实行永久基本农田特殊保护的通知》,提出加快构建数量、质量、生态“三位一体”耕地保护新格局,建立健全永久基本农田“划、建、管、补、护”长效机制,明确永久基本农田是确保国家粮食安全,加快推进农业农村现代化的有力保障,是深化农业供给侧结构性改革,促进经济高质量发展的重要前提。2019 年 2 月,自然资源部、农业农村部下发了《关于加强和改进永久基本农田保护工作的通知》,要求按照“尊重历史、因地制宜、农民受益、社会稳定、生态改善”的原则,在确保谷物基本自给和口粮绝对安全、确保粮食种植规模基本稳定的前提下,对永久基本农田上农业生产活动有序规范引导;重点开展永久基本农田质量建设并建立永久基本农田储备区。

我国基本农田的内涵和工作重心呈现出坚守底线思维,管制手段和力度不断深化,内涵不断延伸的特征。面向新时代,保障区域口粮的绝对自给和国家粮食战略安全仍是基本农田的核心要义和所肩负的基本使命;同时,将城镇周边和交通沿线的优质良田划为基本农田保护区,还是防止城镇无序扩张,促进新型城镇化高质量发展的重要手段。另外,基本农田内的优质耕地包括科学试验基地和优质农产品生产基地还是满足人民需求,实现农业供给侧结构性改革的关键资源。

（三）基本农田保护区规划的原则

1. 切实保护耕地的原则

“十分珍惜和合理利用每寸土地，切实保护耕地”是我国的一项基本国策。划定基本农田保护区就是要保护耕地资源，以满足人民日益增长的生产、生活、生态需求，主要通过从数量和质量上制定切实可行的保障措施来实现。

2. 综合协调、统筹兼顾的原则

新时期我国耕地保护面临新压力，需构建数量、质量、生态三位一体的耕地保护新格局。因此，划定基本农田保护区时，既要保障粮食安全底线，又要考虑经济发展对非农建设用地的需求，还要严守生态保护红线。基本农田保护区规划应在土地利用总体规划控制下编制，对区域内的各类用地进行综合协调和统筹安排，基本农田的数量、分布都要与土地利用总体规划相协调，以保证总体规划的顺利实施，同时形成最佳的经济、社会、生态效益。

3. 双轨并行的原则

基本农田保护区划定必须遵循由上而下和由下而上相结合的双轨并行原则，基本农田保护控制指标由省、市、县（区）、乡（镇）逐级下达，以乡（镇）行政辖区为单位划区定界。基本农田保护区规划经上级人民政府审核后，基本农田保护区管理实行下级逐级向上级负责的方法，逐级签订基本农田保护责任书。

4. 区划完整性原则

为了便于农业生产机械化和耕地的规模化经营，以及方便对基本农田实行统一管理，划定基本农田保护区应尽量集中连片，并不宜打破村级行政界线。

（四）基本农田保护区规划的步骤

1. 准备工作

（1）组织准备　组建基本农田保护区领导小组和规划技术小组，领导小组负责规划的领导组织协调工作，由规划技术小组负责具体的规划编制工作。

（2）宣传工作　基本农田保护不仅关系到区域宏观经济和社会发展，而且关系到农户的利益。基本农田保护规划落实需要有群众的积极参与，因此应运用多种宣传方式，开展基本农田保护区规划的宣传教育，积极听取基层的建议，增强群众的参与意识和保护耕地的责任感。

（3）制定工作方案　工作方案包含以下内容：①县（市）、乡（镇）的基本状况；②规划编制的指导思想；③规划编制的内容；④规划编制的程序和方法；⑤组织实施的方法步骤；⑥时间安排和经费预算。

（4）资料收集与整理　编制基本农田保护区规划需要收集的图件资料有：1∶（50000～100000）[县（市）]、1∶（10000～25000）[乡（镇）]的土地利用现状图。其他图件有：地形图、行政区划图、土壤图、城市（村镇）规划图、土地利用总体规划图。文字资料有：各部门国民经济和社会发展计划、土地利用总体规划、城市规划（村镇）规划、农业区划、交通建设规划、水利建设规划、矿产资源开发规划及土地资源详查文字资料，各类农产品商品生产基地资料等。数据资料有：土地资源详查数据资料，国民经济统计年鉴，人口资料，主要农产品产量和商品化程度以及农产品的调入调出情况的统计资料。

2. 编制基本农田保护区规划方案

（1）规划基期耕地现状和耕地后备资源潜力分析　调查规划基期的耕地质量和数量，耕地质量从耕地的土壤质量、灌溉条件、水土流失情况、坡度大小、洪涝等灾害发生程度，低产田数量和分布、耕地生产力水平和集约化程度等方面分析。耕地后备资源潜力分析中，首先要根据区域的实际情况，分析耕地后备资源的种类，一般包括低产农田、四荒用地、空心村和废弃的工矿用地等；其次分析区域内各类耕地后备资源的数量、分布；最后分析在一定经济技术水平上可开发复垦的耕地后备资源的数量与分布情况。

(2)规划期内耕地需求预测

①人口预测

A. 在人口变动比较稳定的地区，可按以下公式计算：

$$P=P_0(1+K)^n \pm \Delta P$$

式中，P 为规划期总人口（人）；P_0 为规划基期总人口（人）；K 为规划期间人口自然增长率（%）；n 为规划年限；ΔP 为规划期间人口机械增长数（人）。

人口自然增长率应根据计划生育指标，分析人口年龄与性别构成状况予以确定。人口机械增长，应按平均增长法计算，根据公安部门统计的多年人口净迁入（出）量计算平均值，并分析影响机械增长的因素予以确定。

B. 在人口变动不稳定的地区，应分析影响人口变动的因素，采用不同方法测算。

人口自然增长率变化较大的，应分析人口自然增长趋势，按上述公式分段或逐年确定 K 值。

重大建设项目引起人口变动的，可按带眷系数法计算人口机械增长，计算公式如下：

$$\Delta P=A[W_c(1-W_{双}/2)]C+W_{单}$$

式中，ΔP 为新建项目人口机械增长数；A 为新建项目迁入职工总数；W_c 为带眷职工占职工总数的比例（%）；$W_{双}$ 为双职工占带眷职工的比例（%）；C 为带眷系数；$W_{单}$ 为单身职工占职工总数的比例（%）。

受资源、生态条件严重制约的地区，应按环境容量法确定适宜的人口规模。

②农产品生产用地需求量预测

A. 确定农产品的需求量：各类农产品需求量预测，包括粮食、蔬菜等农产品，计算公式如下：

$$T_i=L_i+R_i+F_i$$

式中，T_i 为第 i 种农产品需求量；L_i 为第 i 种农产品当地需求量，$L_i=P\times A_i$ 其中 P 为规划期总人口，A_i 为规划期第 i 种农产品人均占有量，单位为 kg/人，由国民经济发展计划确定；R_i 为第 i 种农产品国家定购量；F_i 为第 i 种农产品净调出（入）量。

B. 预测农作物播面单产：规划期内第 i 种农产品播种面积单产（Y_i）按以下公式计算。

$$Y_i=Y_i0\ (1+a_i)^n$$

式中，Y_i0 为规划基期年 i 种农产品播面单产（kg/hm^2）；a_i 为第 i 种农产品播面单产的平均增长率；n 为规划年限。

C. 预测耕地复种指数

分析当地的气候、灌溉条件和耕作制度，结合历年的实际变动情况，确定规划期耕地复种指数(M)。

D. 预测农产品生产用地需求量：规划期农产品生产用地需求量(C)计算公式如下：

$$C = \sum_{i=1}^{n} \frac{T_i}{Y_i \times M} (i = 1, 2, \cdots n)$$

式中，C 为农产品生产用地需求量，Y_i 为规划期内第 i 种农产品播种面积单产，M 为规划期内耕地复种指数，T_i 为第 i 种农产品需求量，n 为当地农产品的种类。

E. 根据当时实际存在的或当地的政府规划，预测名优特新、农业科研和教学试验田等农产品用地(S)。规划目标年，耕地需求总量就是 C 与 S 的和。

③耕地增减量预测：主要内容是预测从规划基期年到规划目标年，由于对后备耕地资源的开发、复垦所引起的耕地增加量和由于农业建设占用、自然灾害、农业内部结构调整、非农业建设占用所引起的耕地减少量。

(3)确定基本农田保护区面积　将规划目标年耕地的总供给量和总需求量进行平衡，确定区域内基本农田保护区的面积。当需求量大于供给量时，基本农田保护区的面积至少应同现有的耕地面积相一致；当需求量小于供给量时，基本农田保护区面积主要根据区域内耕地的供给量来确定。基本农田保护区面积还应该同土地利用总体规划相协调，根据上一级土地利用总体规划确定本区域的基本农田保护区面积控制指标。此外，基本农田保护区面积还要符合相关的法律、法规和政策的要求，例如，《中华人民共和国土地管理法》和《基本农田保护条例》中都规定："各省、自治区、直辖市划定的基本农田应当占本行政区域内耕地的百分之八十以上。"可见，要确定基本农田保护区面积需要综合考虑多方面的因素。

(4)基本农田保护区的布局　基本农田保护区由若干基本农田保护片、块组成，保护片、块可跨道路、沟渠(为农业生产服务设施)等，不跨行政界。基本农田保护片、块要尽量集中，一般不含其他类型用地(不包括为农业生产服务设施的用地)，但基本农田保护区内可含其他类型土地。

基本农田保护区以乡(镇)为单位划区定界，由县级人民政府土地行政主管部门会同同级农业行政主管部门组织实施。根据规划区内耕地质量、数量和分布情况，农作物种植结构和产量水平和其他用地发展需要等因素，通过实地勘察，落实基本农田保护片、块。

3. 制定基本农田保护措施

为了保证基本农田保护规划能够很好地落实，还应制定相应的基本农田保护措施。

(1)设置标志，落实责任　基本农田保护区划定后，要对划定的基本农田保护片、块和非农业发展用地进行编号和登记。登记内容包括四至、面积、权属线、利用类型、土地等级等。在登记的基础上，签订基本农田保护责任书，明确责任人的权利和义务。在保护片、块的界线上设置标志。保护标志应设在明显的地方。

(2)建立监督管理制度　《基本农田保护条例》中明确规定了违法占用、毁坏基本农田的行为和处罚办法。如在基本农田保护区内建窑、建房、建坟、挖沙、采石、采矿、取土、堆放固体废弃物或者进行其他破坏基本农田的活动，以及闲置、荒芜基本农田的行为都会受到一定的处罚。

经国务院批准占用基本农田的，当地人民政府应当按照国务院的批准文件修改土地利用总体规划，并补充划入数量和质量相当的基本农田。

(3)建立土地肥力保护制度　国家提倡和鼓励农业生产者对其经营的基本农田施用有机肥料，合理施用化肥和农药。利用基本农田从事农业生产的单位和个人应当保持和培肥地力。

4.规划成果整理和绘图

基本农田保护区规划成果包括：①绘制县(市)、乡(镇)、村基本农田保护区规划图，保护片、块的分布图，在图上要标出行政区的界线，基本农田保护区的编号和位置，其他各类用地的界线等；②绘制土地分等定级图；③基本农田保护区内的工程建设规划图；④编制基本农田保护片、块登记表和保护区面积汇总表、规划表；⑤编写基本农田保护区规划，乡(镇)和行政村基本农田保护区划定说明书。

5.规划上报审批和组织实施

规划完成后，首先邀请有关专家和有关部门的人员进行验收评审，根据评审意见对规划进行修改完善。将修改后的规划报规定部门审批。规划审批通过后，根据规划的实施要求，在上级部门的监督下，认真组织规划的实施工作。

第三节　果园内部规划

随着市场经济的发展以及城乡人民生活水平的提高，发展果树已经成为多数农区提高生产效益，发展经济的重要手段。

(一)果园用地和树种的选择

1.果园用地的选择

不同的果树品种对于用地的要求是不同的，总的来说，选择果园用地要遵循如下一些原则。

(1)在平原区应具有良好的排水条件，在丘陵地区，坡度不应超过 30°。

(2)坡向视地区气候特点而定，在北方宜选择阳坡，以便采光增温；在南方宜选择阴坡，以保持土壤湿润。

(3)土质条件，土层厚度应在 1～1.5 m 或 1.5 m 以上，底土宜疏松，以利果树根系发育。

(4)地下水位应距地表 1.5～2.0 m 或以上。地下水位太高会影响果树根系的生长发育。

(5)避免风害的影响，切忌将果园选择在风口上。

(6)果园附近有足够的水源，可以供灌溉和其他生产管理之用。

(7)果园要有比较便利的交通条件。

(8)除大型果树农场或有特殊需要的外，一般果园应尽量利用较为零散或居民点周围的边角土地，尽量不占或少占耕地。从土地利用的总体安排上，要把较好的土地用作粮食生产，而将果园用地安排在山坡、河滩等地块。

2.果园树种的选择原则

(1)适地适树　选用适合当地的果树品种，如乡土品种或经过试验并证明可靠的引进树种，力求抗逆性强，优质高产，经济价值高。

(2)种植规模和树种类型要适当　从经营性质和销售条件出发，对城郊附近的商品果园和一般自给性果园，果树品种种类宜多样化，以适应市场需求，延长水果供应期，丰富人民的生活；对交通不便的商品性果园，应重点选择 1～2 个树种的 3～5 个品种为宜，以利实行专业化管理。

(3)注意品种搭配 根据果树的生物学特性选择适当的品种,为异花授粉创造良好的条件,并使早、中、晚熟品种组合适当,既可合理利用劳力,又可增强果品市场的优势。

(4)与土地规划其他项目(如绿化、水土保持等)相结合进行,充分发挥果园的综合效益。

3. 主要果树树种的适生条件

(1)苹果树

适宜地区:一般冬季有 1～3 个月低于 9℃的低温地区均可种植;海拔高度的限制为 800 m。

坡度坡向:30°以下的阳坡和半阳坡。终年不见阳光的阴坡不适于栽种果树。

土壤条件:苹果树对土壤条件要求并不严格,但是,土层要深厚,对于过于黏重或沙砾很多的土壤则需要进行挖坑换土。另外,苹果树的抗盐能力弱,但轻盐碱土仍可栽植。地下水位应在地表 2.5 m 以下。

(2)梨树

适宜地区:常年绝对温度不低于－30℃的地区可以种植;海拔高度的限制为 700 m。

坡度坡向:30°以下的坡地均可。

土壤条件:表土深厚肥沃,土质疏松,含盐量不超过 0.3%,土壤潮湿但不能积水,对地下水位的要求不严。

(3)葡萄树

适宜地区:除过冷和盐碱过重的地区外,一般地区都能种植。

坡度坡向:30°以下的阳坡和半阳坡。

土壤条件:以沙质壤土为宜。耐酸、耐碱、耐瘠薄,抗盐能力强,pH 4～6,地下水位在 1 m 以下皆可。

(4)桃树

适宜地区:冬季温度在－23℃以上地区,海拔高度一般在 400 m 左右。

坡度坡向:20°以下的背风阳坡为宜。

土壤条件:以排水良好的沙质壤土为宜,避免腐殖质多和土壤黏重的土壤。地下水位要求在 1.5 m 以下。桃树不耐水淹,地表不能积水。pH 应小于 8.0。

(5)杏树

适宜地区:适应性较强,一般地区均能栽植。

坡度坡向:30°以下的阳坡和半阳坡皆可,但阳坡比阴坡好。

土壤条件:要求不严,只要盐碱度不高和有一定的土层厚度即可。杏树最不耐涝,地下水位要求在 1.5 m 以下,地表不能积水。

(6)枣树

枣树,特别是大枣的适应性较强,除过冷地区外均可栽植。海拔高度可达 2000 m。适合 30°以下的背风阳坡。土壤条件要求不严,除强盐碱土外均可栽植,地下水位高低不限,只要能排水即可。

(7)核桃树

核桃树的适宜地区大致与枣树相同。海拔高度可达 1000 m,30°以下的背风阳坡、半阳坡均可。地面不宜积水,地下水位要求在 1.5 m 以下。除重盐碱地外,具有一定土层的土壤均可栽植。

(8)板栗树

除过冷地区和石灰质土壤地区外，均可栽植。板栗树喜微酸性和中性土壤，切忌盐碱土，土层要求深厚。海拔高度一般可达 800 m。宜栽于 30°以下的背风阳坡。地下水位要求在 1.5 m 以下。

(9)柿树

海拔高度的限度为 250 m 左右。适宜的坡度为 5°～15°。柿树喜光，宜栽植在背风阳坡。对于土壤的要求不严，而且耐旱，以排水良好的黏质土壤或壤土为宜，并要求有一定的土层厚度。盐碱较重的土地或沙地都不宜种植。地下水位要求在 1.5 m 以下，地面不能积水。

此外，果树的种类还有很多，在规划时必须了解各种树的适生条件，以便做到适地适树。

4. 授粉树种的选择与配置

大多数果树都是自花不实或结果率很低。因此，为获得果园高产，必须选择适当的其他树种按一定比例进行配置，保证正常的异花授粉。

(1)选择授粉树的要求

①与主栽品种开花的物候期一致或稍早 1～2 d，结果期、果树成熟期也基本一致。

②花粉量多，且与主栽品种有良好的授粉亲和力。

③丰产优质，有较高的经济价值。

④能适应当地环境条件，管理要求与主栽品种一致。

常见的主要授粉树种见表 6-2。

表 6-2　常见的主要授粉树种表

树种	主栽品种	授粉树
苹果	祝光	红玉、红香蕉、倭锦、印度、翠玉
	黄香蕉	印度、红香蕉、红玉、红星、祝光、青香蕉、倭锦
	红香蕉	青香蕉、黄香蕉、红玉、旱生旭
	红星	黄香蕉、鸡冠、旱生旭、红玉
	青香蕉	红香蕉、祝光、印度、国光、倭锦、红星、黄香蕉
	国光	青香蕉、黄香蕉、印度、红玉、鸡冠、大国光
梨树	京白梨	状元梨、鸭梨、蜜梨等
	鸭梨	雪花梨、京白梨、香水梨、糖梨等
	油梨	笨梨等
	巴梨	鸭梨、蜜梨等
桃树	五月鲜	离桃、杭州水蜜桃、大久保等
	大久保	岗山 500 号、离桃等
	早生水蜜	大久保、离桃等
	蟠桃	五月鲜、扁桃等

授粉树配置数量的多少取决于授粉能力及其经济价值，少者可按 1∶3、1∶6、1∶9 安排，

多者可按授粉品种与主栽品种 1∶1 的比例安排。

（2）授粉树的配置方式

授粉树的配置方式常有如下几种：①等量式，按 2∶2 或 4∶4 相间栽种；②差量式，按 2∶1、3∶1 或 5∶2 相间栽种；③中心式，按 1∶8 相间栽种（图 6-9）。

0	0	0	0	×	×	×	×
0	0	0	0	×	×	×	×
0	0	0	0	×	×	×	×
0	0	0	0	×	×	×	×

a.等量式

0	0	×	0	0	×	0	0	×
0	0	×	0	0	×	0	0	×
0	0	×	0	0	×	0	0	×
0	0	×	0	0	×	0	0	×

b.差量式

0	0	0	0	0	0	0	0	0
0	×	0	0	×	0	0	×	0
0	0	0	0	0	0	0	0	0
0	0	0	0	0	0	0	0	0
0	×	0	0	×	0	0	×	0
0	0	0	0	0	0	0	0	0

c.中心式

图 6-9　授粉树的配置方式

（二）果园小区设计

果园内被道路、林带分割的耕作地块称为小区。果园小区是果园生产管理的基本单位。

1. 果园小区的设计原则

（1）小区布置要使道路、林带占地少，从而使果园土地利用率最高。

（2）小区的配置结构便于生产组织管理。

（3）小区的规格与走向有利于提高整体防风效能。

（4）小区的规格与走向要符合水土保持的要求。

（5）小区的形状和边长要有利于机械作业。

（6）果园小区的宽度至少为果树行距的 5 倍，以利于品种异花授粉。

（7）在灌溉地区，小区设计应服从灌溉渠系的设计要求。

（8）小区内土壤性质应尽量一致。

2. 果树小区设计内容

果树小区设计包括以下内容。

（1）小区的面积　视果园规模、机械化水平、地形条件、田间工程规格而定，可由几十亩到几百亩。在平原机械化水平较高的大型果园中，小区面积宜大一些。

（2）小区形状　除无风平原地区以正方形为宜外，其他地区均以长方形为宜。这是由于正方形小区有利于双向作业，长方形小区便于配置。在丘陵起伏区，也可沿等高线走向构成宽弯曲形状。

（3）小区的长度　小区的长度要兼顾机耕作业与人工管理两方面的要求，因而边长不可过长，一般以 300～400 m 为宜。

（4）小区的方向　应与果树栽植行向一致，在平原区以南北向为宜。在主害风严重的地区，小区长边应与主害风方向相垂直。

（三）果园田间工程规划设计

1. 果园防护林网

在干旱、半干旱、高寒以及受主害风侵袭的地区，都应配置必要的防护林网，以便为果树授粉以及正常生长创造良好的环境条件，林带还可防止害风吹落果实、吹干土壤，对防止早期冻害具有明显的作用。

果园林带基本上由以下两部分组成。

(1)果园区外围防护林带

设置果园区外围防护林带的目的是为了给果园局部有良好小气候创造条件。一般可栽种行距为 2～2.5 m 的速生林带 3～5 行,外侧再辅以灌丛 1～2 行。

(2)果园内部防护林网

一般果园小区边长和主林带的方向均与主害风方向相垂直布置。在较大的果园,每隔 1～2 个小区设置一条主林带。必要时,沿果园小区的短边设置副林带。在林带和果树行之间留有林缘带,可减少林带胁地的影响,同时也可做果园内部道路用,供机械转弯与通行。

在陡坡地区,每隔 50～100 m 栽种一行灌丛,以利于水土保持。

2. 果园内道路网

果园内道路网的布置应有利于果园管理,一般有两种形式:①在果园外围防护林内侧布置 5 m 宽的道路;②在果园内部防护林两侧配置道路(3～4 m),果园小区之间起主干道路作用的宽度以 5～6 m 为宜(两侧加设路肩 1～2 m)。

3. 果园水源及灌、排渠系规划

在果园移栽树苗、追施肥料、喷施农药及灌溉,都需要及时的水源供给。在平原果园,主要水源为河流及水井。一般应将水源设置在果园中心位置。大果园则需设数个水源。

在山地,水源(水库、蓄水池等)则应设在果园的上部,以便自流取水。

干渠比降在 1∶1000 左右,支渠比降为 1∶500 左右。支渠可沿果园小区短边布置,以利引水灌溉,灌水沟沿果园小区长边方向布置为宜。有条件的地区可规划固定式喷灌系统或滴灌系统。

在平原果园还应规划排水系统,以暗管排水系统为最佳。

4. 果园附属设施的配置

果园的附属设施包括给水站、作业站、库房(工具、肥料、农药)、果品库房等。这些建筑的布置应有利于田间作业,便于管理,故应选择在位置适中,对内、对外交通方便的地方。

(四)果树的种植方式

果树的种植方式主要指果树种植的株行距、密度及其排列形式。

株行距决定于果园小区的形状、方向、坡度、土壤肥沃程度以及各种果树树冠的大小和所需营养面积。果树行列的配置方式通常有长方形、正方形、棋盘形等几种(图 6-10)。

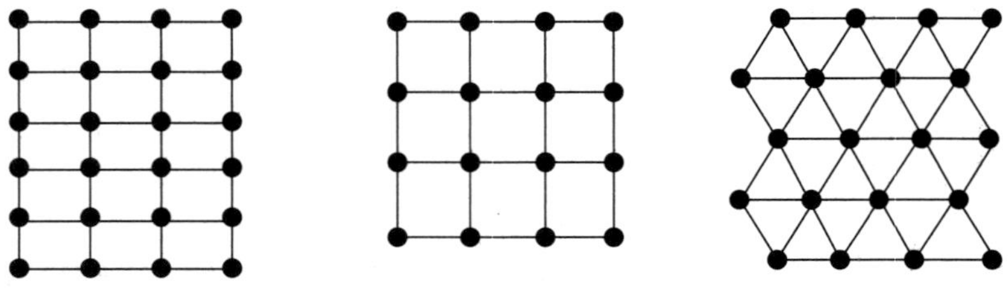

a.长方形配置　b.正方形配置　c.棋盘形配置

图 6-10　果树行列配置方式

长方形种植方式的特点是株距小,行距大,行内实行密植,有利于提高单位面积产量。树行宜沿等高线布置,以利于进行行间耕作。这是一种采用得较广的一种种植方式。缺点是果树的营养面积分布不够均匀。

正方形种植方式的优点是果树分布均匀，能得到充分的光照，营养面积也均匀，又便于纵横向的机械作业，适用于风小、地平的大型果园。

棋盘形种植方式的优点是能够充分利用土地，缺点是不利于耕作和通风透光。一般适用于小面积的陡坡地区。

双行式种植方式的优点是能起防风作用，也便于机械耕作，缺点是营养面积不均匀。它适用于风大的地区。

在果园规划中，应因地制宜地选用适宜的种植方式。

各种果树的定植规格见表 6-3。

表 6-3　各种果树的定植规格

树种	种植方式	平地果园		山地果园	
		株行距/m	每亩株数	株行距/m	每亩株数
苹果或梨	长方形	(5×7)～(6×8)	14～19	(4×6)～(5×7)	19～28
	正方形	(6×6)～(8×8)	10～18	(5×5)～(7×7)	13～27
	棋盘式				35
	双行式	4×(10+4)	24	4×(10+4)	24
		5×(8+5)	20	4×(7+5)	30
葡萄	篱架	(2×3)～(2×2.5)	111～133	(2×2.5)～(1.5×2)	133～222
	大绑架	(2×7)～(4×10)	17～41	2×7	47
	小绑架	2×(4～6)	56～83	2×(4～6)	66～83
桃树	长方形	(5×6)～(4×5)	22～33	(4×5)～(3×4)	33～55
	正方形	6×5	19	5×5	27
杏	长方形	(6×7)～(5×6)	16～22	(5×6)～(4×5)	22～33
枣	长方形	(4×7)～(5×9)	15～24	(3×5)～(4×7)	24～44
栗	长方形	(7×9)～(9×10)	8～10	6×8	14
柿	长方形	(5×7)～(6×8)	14～19	(5×6)～(6×7)	15～22
核桃	长方形	(7×8)～(8×10)	8～16	(5×6)～(7×9)	10～22
李	长方形	4×5	25～30		30～50
山楂		(5～7)×(5～7)		(4～7)×(4～7)	22～33

第四节　其他类型农业用地规划

第三次全国国土调查主要数据公报显示，我国共有林地 28412.59 万 hm^2，天然和人工牧草地 21375.27 万 hm^2，坑塘和水库水面 978.70 万 hm^2。林业用地、畜牧业用地和渔业用地均在农业用地中占有较大比重，是农业空间土地利用规划中需要重点关注的内容。由于林地兼顾生产与生态功能，故林业用地选址时既应考虑林业产品到消费地的交通运输条件等，也应对其生态保护重要性进行科学评价。畜牧业用地和渔业用地应在生态保护极重要区以外选址，并通过农业生产适宜性评价识别适宜区和不适宜区。其中，畜牧业分为农区畜牧业和牧区畜牧业，前者主要考虑饲料供给能力和环境容量等，后者主要考虑生产能力、自然灾害状况和地势条件等;渔业生产包括渔业捕捞和渔业养殖,前者主要取决于可捕获渔业资源、鱼卵和幼稚鱼数量、天然饵料供给能力等因素,后者主要取决于水域环境、自然灾害等因素。基于国土空间适宜性评价完成其他类型农业用地选址后,再依据规划原则和内容对各类用地的内部用地结构进行布局与设计。

一、林业用地规划

林业是通过培育和保护森林,以便取得木材和其他林业产品的生产部门,是国民经济的重要组成部分之一。林业产品既包括木材及各种木材加工制品等用材林产品,也包括木本油料、木本粮食等经济林产品,还包括由林木油脂转化而成的生物柴油或其他化工替代产品等能源林产品。在提升经济效益的同时,林业对于改善生态环境和满足人类精神需求也具有重要意义。

(一)规划原则和内容

1.规划原则

(1)坚持生态优先　除生产功能外,林业用地还具有显著且重要的生态功能。应按照国土空间规划编制要求,开展生态保护重要性评价,识别林业用地的生态系统服务功能重要性和生态脆弱性。对于生态保护红线内的林业用地,应规范管控对生态功能不造成破坏的有限林业生产活动,包括按规定对人工商品林进行抚育采伐,以提升森林质量、优化栖息地、建设生物防火隔离带等为目的的树种更新,以及依法开展的竹林采伐经营。同时,应将林地用地的生态效益、经济效益和社会效益相结合,使其在社会主义现代化建设中最大限度地发挥作用。

(2)因地制宜均衡发展　我国地域辽阔,不同地区的自然条件和社会经济状况有很大差异。制定林业用地规划时,必须根据不同地区社会发展对林业生产的要求,以及造林地的气候、土壤等立地条件,综合确定当地林业用地规划的主要目标。如山区、丘陵等立地条件差的困难造林地及重要生态功能区以发展公益林为主;立地条件较好的宜林地以发展商品林为主;平原区在完善农田林网的同时大力发展花卉苗木、特色经济林和速生丰产林及工业原料林。同时,合理利用当地资源,不断提高劳动生产率和土地生产率,充分发挥林业的多重效益。

(3)林业与其他产业密切配合　林业有助于促进其他产业发展,如其可为农业高产、稳产创造良好的生态环境。其他产业也有助于促进林业发展,如交通运输业可使各类林产品接近原料基地和消费基地,以节省生产成本。同时,林业与其他产业密切配合,有助于促进双方产业协同发展,如林业可为工业部门提供生产原材料,而工业可为林业生产提供所需要的电力、燃料、机械、肥料等生产资料。

2.规划内容

根据《中华人民共和国森林法》,森林按照用途可分为防护林、特种用途林、用材林、经济林和能源林。其中,以农业生产为主要目的的森林类型包括用材林、经济林和能源林,农业用地规划中的林地规划应主要以这三类森林为规划对象进行编制。其中,用材林是以生产用材(包括木材、竹材)为主要目的的森林,经济林是以生产果品、油料、饮料、调料、工业原料和药材为主要目的的森林,而能源林是以生产燃料为主要目的的森林。此外,苗圃作为固定的林木育苗地,也是林业用地规划中的一项重要内容。

（二）林业用地配置

1. 用地布局

（1）林地区域划分

为了更好地进行森林经营活动，需划分营林区、林班和小班。营林区是在林场内，为了合理进行森林经营利用活动，开展多种经营以及考虑生产和职工生活的方便，根据有效经营活动范围，特别是护林防火工作量的大小而划分的经营管理单位。其面积应根据地形地势、居民点分布、树种特性、火险等级、交通条件确定，其管理半径应以步行最远处不超过 1.5 h 为宜，其界线最好是自然结合物，如河流、沟谷、山脊等。

林班是营林区内具有永久性经营管理的土地区划单位，它是开展森林经营活动和生产管理的基本单位。其划定方法有：以方形或矩形开展划定为人工区划法，主要适用于平坦及丘陵地区；以自然界线及永久性标志开展划定为自然区划法，通常为"两山夹一沟"，主要适用于山区；综合上述两种方法开展划定为综合区划法。林班面积一般为 50～200 hm^2，小林场可在 50 hm^2 以下。林班应集中连片，外形力求规整，并对其进行统一编号。

小班是进行森林经营、组织木材生产的最小单位，也是调查设计的基本单位。综合考虑土壤、林种、优势树种、龄级、郁闭度、林型、地位级、出材率、林权等条件，划分为内部特征基本一致、相邻地段差异明显的若干小班。小班最小面积应以在规划图纸上能明显、准确反映为原则，并考虑图纸比例尺大小确定。当比例尺为 1∶25000 时，小班面积应在 3 hm^2 以上。

（2）附属设施配置

道路是森林资源开发利用的基本条件，应根据采伐、集材、营林、护林要求布置内部道路网，并与林外道路相衔接，尽量做到投资少、服务范围广、平均距离短、运营条件好等。此外，还应在林业用地中布置瞭望台、防火设施、贮木场、仓库、机械修理站、林业工人居住区、办公室、林科站等建筑物。

2. 树种配置

树种配置过程中，应考虑造林立地条件、树种生物学特性，坚持兼顾经济发展和生态保护的原则，明确植树造林的目的和要求。

（1）用材林　一般多选用速生、丰产、优质树种，如针叶树中的落叶松、马尾松、杉木等，阔叶树中的泓森槐、泡桐、水曲柳等。由于不同树种的生长环境及特点不同，选择造林树种时应做到因地制宜（表 6-4）。

表 6-4　不同树种的生长环境及特点

树种	气候	地势	土壤	分布范围
落叶松	喜光、耐寒	北向缓坡、丘陵地带	深厚、肥润、排水和通气良好	东北大、小兴安岭等地
马尾松	喜光、喜温	山地、丘陵	干旱、瘠薄的红壤、石砾土及沙质土，或岩石缝中，微酸性土壤	长江中下游等地
杉木	喜光、温暖湿润、多雾静风	山地、丘陵	深厚肥沃、排水良好的酸性土壤	长江流域及秦岭以南等地
泓森槐	温暖湿润	冲积平原或低山丘陵	棕壤、潮土及褐土	除青海、西藏外

续表 6-4

树种	气候	地势	土壤	分布范围
泡桐	喜光、不耐寒	低山、丘陵或平原地区	深厚、肥润、排水和通气良好的沙壤土或沙砾土	除东北北部、内蒙古、新疆北部、西藏等地区外
水曲柳	喜光、耐寒、抗风	海拔 700～2100 m 的山坡疏林中或河谷平缓山地	温度较低、含水率偏高	东北部、西北部部分地区

(2)经济林　经济林种植密度不宜过大，特别是以取用果实为目的的树种，如油茶、油桐、乌柏等，应以树冠发育的最大程度确定其密度。例如，漆树为 450～900 株/hm^2、油茶为 1050～1200 株/hm^2、千年桐为 150～300 株/hm^2、三年桐为 750～900 株/hm^2、乌柏以 225～300 株/hm^2 最适宜，使树冠能得到充分光照，从而保证丰产。

(3)能源林　能源林密度每公顷应在 6000～15000 株，密植能够充分利用太阳光能和土地潜力，促使树木的干枝向燃料价值高的干材增加(即营养多存于树干，少生枝叶)，提高林分群体的生物量，从而提升能源林质量。由于能源林要求高密度和较高的生物量，因而应选择生长迅速、生物产量高、樵采周期短和易于繁殖的树种。从立地条件方面来看，应选择适应性强，对旱、热、冷、瘠、湿、偏酸、偏碱等不良立地条件有较大忍耐性的树种。最好选用豆科或非豆科可改良土壤条件的树种，以及具备发火力强、燃料价值高且燃烧时不发生火花或有毒气体和有刺激气味的树种。根据不同立地条件，北方可选用油松、河北杨、刺槐、沙棘、胡枝子、柠条、竹柳、紫穗槐、辽东砾、臭椿等；南方可选用马尾松、枫香、砾树、木荷、胡枝子、紫穗槐、黄荆等，而南方滨海地区可栽植大相思树、大麻黄和新银合欢等。同时，最好选用具有多种用途的树种，即林地除提供能源之外，还可生产饲料、肥料(指绿肥)、木料和其他林副产品。

(三)苗圃地配置

1. 用地选址

苗圃地选址是否合理将会直接影响苗木的产量、质量和成本。因此，新建苗圃时须全面调查分析土地的自然条件和经营条件，综合考虑，慎重选择。苗圃地选址时应重点考虑以下几方面条件。

(1)土壤条件　苗木生长所需的水分、养分等主要来源于土壤，土壤还是苗木根系生长、发育的载体。苗圃地一般应选择比较肥沃的沙壤土或壤土，土层厚度 0.25～0.3 m。这类土壤结构疏松、透水和通气性能良好，保水、保肥能力强，有利于土壤微生物活动，且不易板结，幼苗易出土，有助于苗木根系的生长和发育，也便于土壤耕作和起苗工作。

(2)地形条件　苗圃应选在地势平坦且排水良好之处，坡度不宜超过 3°。对于地形起伏较大的地区，华北、西北地区以东南向坡为宜，因为干旱寒冷和西北风是该区域的主要问题，南向坡较为干旱，东向坡霜害较多，而东南向坡可免受西北风侵袭；南方地区以东南、东北坡为宜，因为南方温暖多雨，南向坡和西南坡受阳光直射，易造成幼苗灼伤。

(3)水文条件　苗圃地应尽可能具有灌溉条件，尤其对于干旱地区而言，最好选在水源充足、灌溉方便的河流、湖泊及水库附近。一般来说，沙壤土地下水位以 1.5～2 m 为宜，轻黏壤土地下水位在 2.5 m 以下为宜。

(4)病虫害情况 选择育苗地前要开展病虫害调查,如土壤中曾发生过根瘤病、紫纹羽、蛴螬、根瘤蚜等病虫害,或长期种植容易感染枯萎病作物(如棉花、马铃薯等)的地点,不宜用作苗圃地,或将土壤进行严格处理后才能考虑使用。

(5)交通条件 由于苗圃的用工量和运输量较大,苗圃选址应尽可能接近居民点并处于用苗范围的中心位置,避免苗木因长途运输,增加生产成本,降低苗木质量,影响栽植成活率。同时,苗圃地的立地条件与绿化地基本相似,也可使得培育出的苗木能很好地适应绿化地的环境条件。如不能实现“就地绿化,就地育苗”的要求,苗圃地则应选择交通较为便利之处,保证苗木和育苗所需要的原材料能及时运出和运进。

2.用地布局

苗圃地包括生产用地和辅助用地。其中,生产用地是直接用于培育苗木的土地,面积一般占苗圃总面积的75%~85%,大型苗圃可在80%以上;辅助用地指苗圃中的非生产用地,面积一般不超过苗圃总面积的20%~25%,大型苗圃一般在15%~20%,小型苗圃一般在18%~25%。

(1)生产用地 作业区为苗圃育苗的基本单位,一般为长方形或正方形。作业区长度取决于苗圃机械化程度,小型苗圃一般使用小型农机具,每一作业区的面积为0.2~1 hm^2,长度为50~200 m;大中型苗圃一般使用大型农机具,每一作业区的面积为1~3 hm^2或者更大,长度为200~300 m。作业区宽度,一般为40~100 m,具体取决于土壤质地与地形是否有利于排灌系统的设置、机械喷雾器的射程、耕作机械作业的宽度等。作业区方向取决于苗圃地的地形、地势、主风向、形状等,长方形作业区的长边一般为南北向。

作业区可划分为以下几类区域:①播种繁殖区。这是为培育播种苗而设置的生产区。由于播种育苗的技术要求较高,管理精细,投入人力较多,且幼苗对不良环境条件反应敏感,因而应选择自然条件和经营条件最好的区域。②营养繁殖区。这是为培育扦插、嫁接、压条、分株等营养繁殖苗而设置的生产区。培育硬枝扦插苗,要求土层深厚,土质疏松湿润;培育嫩枝扦插苗需要插床、荫棚等设施,可将其设置在设施育苗区;培育嫁接苗,需要先培育砧木播种苗,因而应选择与播种繁殖区条件相当的区域;压条和分株苗所需数量较少,应利用零星分散地块培育。③苗木移植区。这是为培育移植苗而设置的生产区,即将播种和营养繁殖区中的苗木进一步培养成大苗的区域。要求面积较大,地块整齐,土壤条件中等。由于不同苗木种类的生态习性不同,喜湿润土壤的苗木可设在地湿地段,不耐水渍的苗木可设在高燥且土壤深厚的地段,裸根移植的苗木选择土质疏松的地段,带土球移植的苗木不能设在沙性土质地段。④大苗培育区。这是为培育根系发达、有一定树形、苗龄较大、可直接出圃用于绿化的大苗而设置的生产区。该区域中苗木大且株行距大,因而占地面积较大。由于大苗抗逆性较强,对土壤要求不太严格,但以土层深厚、地下水位较低的整齐地块为宜。为便于苗木出圃,应选择便于运输的地段。⑤引种驯化区(试验区)。这是为培育、驯化由外地引入的树种而设置的生产区。须根据引入树种对生态条件的要求,选择有一定小气候条件的地块进行适应性驯化栽培。⑥设施育苗区。这是为利用温室、荫棚等设施进行育苗而设置的生产区。为便于用于、用电,应设置在管理区附近。

(2)辅助用地 主要包括以下几类区域:①道路系统。在保证运输车辆、耕作机具、作业人员正常通行的基础上,合理设置道路系统及路面宽度。其中,一级路一般设于苗圃中轴线上,连接管理区和苗圃出入口,可通行载重汽车和大型耕作机具,通常设一条或相互垂直的两条道路，路面宽 6～8 m，标高高于作业区 20 m；二级路是一级路连接各作业区的分支道路，能通行载重汽车和大型耕作机具，可根据作业区设置多条，并与一级路垂直，路面一般宽 4 m，标高高于耕作区 10 cm；三级路是作业人员进入作业区的道路，与二级路垂直，路面宽 2 m；环路设在苗圃四周防护林带内侧，供机动车回转通行，路面宽 4～6 m。大型和机械化程度高的苗圃道路通常分三级设置，中小型苗圃可少设或不设二级路，且环路路面可较窄。道路面积一般占苗圃总面积的 7%～10%。②灌溉系统。包括水源、提水设备和引水设施三部分。地表水取用方便，水温与土壤温度接近，水质较好，含有营养成分，可直接作为水源为苗圃灌溉；地下水矿化物较多，硬度较大，水温较低，应设蓄水池进行处理后再用于灌溉。一般使用水泵提取地表水或地下水，使用渠道或管道引地表水或地下水。③管理区。一般设有建筑用房，面积为苗圃总面积的 1%～2%。除此之外，辅助用地还包括排水系统、防护林带、晾晒场、积肥场等。

二、畜牧业用地规划

畜牧业是农业生产系统中一个十分重要的产业部门，在国民经济中占有重要地位。经济发达国家的畜牧业产值一般占农业总产值的 50%以上，许多优质衣食产品如肉类、蛋类、奶制品、皮革、毛纺织品，以及许多药品等均来源于畜牧业。畜牧业对于保障国家食物安全、繁荣农村经济、促进农民增收等具有重要意义。

（一）规划原则和内容

1. 规划原则

（1）自然资源最优利用　我国地域辽阔，各地自然资源条件差异较大，而各类畜禽所能适应的自然环境也不同，因而畜牧业生产应以自然资源最优利用为原则。我国不仅拥有广阔的草地资源，广大农区中存在的大量的秸秆、玉米及其他农副产品也是良好的畜禽饲料，各地可根据不同的饲草、饲料资源，发展畜牧业生产。此外，我国畜禽资源丰富，各地可通过挖掘潜力，发展特种畜禽养殖，使地方资源得到充分利用。

（2）食草动物与食粮动物相协调　过去，我国片面强调养猪业发展，造成了食草动物和食粮动物比例失调，不利于畜牧业发展。未来应根据具体资源情况，调整食草动物与食粮动物比例并使之相协调。在粮多草少的地区，重点发展猪、鸡等食粮动物；在草多粮少的地区，重点发展牛、羊、兔等食草动物；在粮多草多的地区，推进食草动物与食粮动物并举，并根据市场需求选择发展对象；在大中城市郊区，以鸡、猪、奶牛为重点发展对象。

（3）满足市场需求　计划经济体制下，畜牧业发展往往受到政府的直接干预。市场经济体制下，畜牧业发展应紧紧依靠市场需求，制定发展与用地规划。不考虑市场需求的畜牧业难以实现健康发展，如在农区，政府号召发展养牛业，但由于缺乏稳定的市场，产业发展极为缓慢。而近年来各地养鸡业发展迅速，主要就是市场需求发挥了重要作用。

（4）提高生产效益　目前，我国畜牧业生产的经济效益不高，在一定程度上制约着畜牧业发展。畜牧业发达的国家，生猪出栏率能达到 170%以上，每头猪出肉在 150 kg 以上，而 2021 年我国生猪出栏率为 149%，每头猪出肉 79 kg 左右。羊、牛养殖也同样存在出栏率低等问题。因此，应提高畜牧养殖集约化水平，提高出栏率和产肉率，以降低成本提升经济效益。同时，集约化养殖可在一定程度上提高土地利用效率，促进节约用地。

（5）综合发展原则　避免片面强调单一养殖，应将畜牧业生产纳入综合发展轨道。将农区农业生产与养殖业发展紧密结合，这既充分利用了当地资源，又可以使农产品得到转化增值，同时也可带动饲料加工、产品加工等产业的发展。

2. 规划内容

(1)畜禽产品需求量预测 综合考虑当地人民生活水平提升对畜禽产品需求量的影响程度、周围市场的需求情况,以及农业生产对肥料、役畜的需要等,对未来一段时期内的畜禽产品需求量进行预测。

(2)畜禽群规模确定 为便于管理,一般要将各类畜禽按性别、年龄和用途分成若干群。畜禽群规模一般根据畜禽种类和数量、劳动力和生产设备条件等确定。农区或城市郊区应发展多层次的畜禽养殖场,包括国营、集体和个体等。根据不同的经营规模、特点及市场需求,确定畜禽群规模。

(3)畜禽产品产量确定 畜禽产品产量取决于产品畜禽的头(只)数和每头(只)产品定额。应根据畜禽养殖规模和生产力水平,综合确定畜禽产品产量。

(4)畜禽养殖场规划 畜禽养殖场主要为发展农区畜牧业而建设,用地类型一般为设施农用地。畜禽养殖场规划包括养殖场选址和内部建筑物布局等内容。

(5)牧草地规划 牧草地主要为牧区畜牧业发展提供场所与饲草等。牧草地规划包括季节牧场划分、畜群放牧地段布局、轮牧小区设计、放牧地设施布局、割草地规划等内容。

(二)农区畜牧业用地规划

1. 畜禽养殖场选址要求

畜禽养殖场主要是集体或养殖专业户开展畜禽养殖的用地。为避免养殖场的臭气、污水影响生活区,此类用地应布设在离生活区较远的生产用地边缘;为便于饲料和畜禽产品运输,应布设在交通条件便利的位置,但与交通干线的距离不应小于 200 m,与一般道路的距离不应小于 100 m。另外,此类用地还应选择地势高燥、向阳、背风、土质良好,且具有较好地面排水条件的位置。

2. 畜禽养殖场建筑布局原则

(1)冬暖夏凉 畜禽舍内的气温对畜禽健康和生产性能有较大影响。气温过高,畜禽体温不易散发,常引起食欲下降,饲料利用率降低,甚至引发疾病;气温过低,畜禽体内的营养物质消耗增加,饲料用量增加,畜禽增重慢,畜禽产品产量随之降低。因此,畜禽舍应坐北朝南,夏季刮东南风或南风时,风直接吹入畜禽舍,舍内较为凉爽;冬季西北风无法直接吹入,且阳光可深入畜舍,舍内较为温暖。因地形限制,畜禽舍排列方向可与风向有一定夹角,但其不应大于30°。畜禽舍门窗的设计和建筑材料的合理选用,也是保证舍内冬暖夏凉的重要条件。在畜禽舍周围植树绿化也能调节舍内小气候,达到夏季防晒、冬季防风的目的。

(2)通风透光,空气干燥 畜禽舍内阴暗潮湿、通风不良、空气污浊,将会影响牲畜的生长发育。牲畜趴卧在潮湿地面上,易患感冒、起疥、腐蹄或其他疾病。同时,潮湿的地面失去了保温作用,牲畜在冷湿的棚舍里极易掉膘,夏季炎热时还会出现呼吸困难等明显的不适反应。畜禽舍通风透光有保干、保暖、保健和防病的作用。为了保持畜禽舍干燥,除应合理设计和选择地势高燥、排水良好的地点修建畜禽舍外,还要注意加强日常管理和改进饲喂方法,如勤垫圈、勤打扫、训练牲畜在指定地点排便等。

(3)利于经营管理 畜禽养殖场内的建筑物应整齐紧凑,以充分利用土地。各建筑物间联系方便,能够缩短供水管道和运输线路,有利于整个生产过程的流水作业,并能防止疾病传播和火灾等。如饲料库、饲养调制间、畜禽产品加工和储藏建筑等，都应与畜禽舍之间保持最近和最方便的距离。为防止道路灰尘侵入和机动车噪音干扰，保证良好的防疫，畜禽舍应尽可能布置在养殖场深处。为便于管理、对外联系并保证工作人员身体健康，办公室、宿舍、畜禽产品加工间等，应布置在养殖场的进出口处和上风向。

(4)利于防疫灭病　兽医室和病畜隔离舍应布设在地势低于畜禽舍的下风向，其距离应满足防疫卫生要求。厩肥堆积场应布设在下风向，但要避免接近水源或被水淹没。

3. 畜禽养殖场规划设计

(1)家禽养殖场　养鸭、养鹅应选择在靠近水源的地方建舍，充分利用稻田、水沟、河滩和湖泊等地区的自然饲料，但选址应做到地势高爽、阳光充足、交通便利并远离住宅区，以便保持环境卫生并利于防疫。家禽养殖场主要建筑物布局时应注意各种建筑物之间的有机联系和防疫要求。如为便于家禽的分运转群，孵化室和育雏室，育雏室和成禽舍应相互靠近；为便于出售种蛋、雏禽等，相关建筑应布置在对外联系较为便利的地方；为便于饲养管理并减轻劳动强度，饲养调剂间、锅炉房和水塔等应尽量靠近禽舍；兽医室、隔离室和粪坑等应布设在离禽舍较远的下风向(图 6-11)。

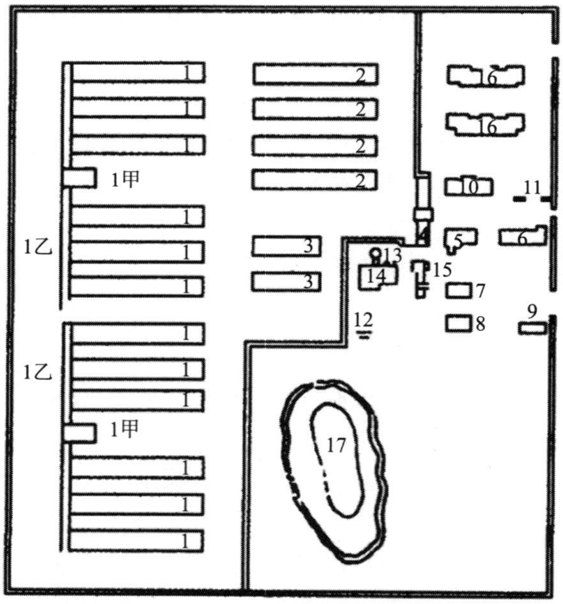

1. 蛋鸡舍(1 甲：集卵间 1 乙：集卵走廊)；2. 育成舍；3. 育雏舍；4. 洗涤消毒间；5. 食堂；6. 车库；7. 机修间；8. 病禽急宰间；9. 配电室；10. 办公区、宿舍；11. 传达室；12. 电井；13. 水塔；14. 锅炉房；15. 鸡笼消毒；16；家属宿舍；17. 污水池

图 6-11　养鸡场规划平面布置图

鸡舍一般分为普通鸡舍和密闭鸡舍两种。普通鸡舍造价低、设备投资少，通过门窗进行采光和通风，舍内温度随季节变换而升降。鸡由于受到自然气候的锻炼并能经常活动，适应性较强、体质较好。但由于鸡受外界条件影响较大，且鸡舍占地面积较大，鸡感染疾病的机会也较大。气候温和、温差不大、鸡病流行较少的地区，可采用普通鸡舍。密闭式鸡舍顶盖与四壁隔热良好、无窗且完全密闭，需进行人工通风和光照，使鸡舍内温度维持在适宜范围内。密闭鸡

舍造价较高，且必须供应全价饲料，适用于大型现代化鸡场。

(2)奶牛养殖场　以生产鲜奶为主的奶牛场，一般应布设在距城市 10～20 km 的地方，既便于鲜奶运输，又有利于饲料供应和卫生防疫，而商品性奶牛场应配有奶品加工设备。奶牛养殖场主要建筑物布局时应考虑防疫、卫生、管理、集约用地等。奶牛的某些疫病，如流产、肺结核和炭疽病等，为人畜共患的传染病，因而生产区应布设在生活区和管理区的下风向，以保证职工和家属健康；牛舍应平行整齐排列，两墙端之间距离不少于 15 m；数栋牛舍排列时，每栋前后距离应视饲养头数所占运动场面积大小确定，成乳牛每头一般为 20 m^2，青年牛和育成牛每头不少于 15 m^2，犊牛每头一般为 8～10 m^2；车库、料库、饲料加工设在场门两侧，便于出入；散放饲养时，成乳牛休息棚靠近挤奶厅(台)；奶库靠近成乳牛舍或挤奶厅(台)；兽医室、病牛舍建于其他建筑物下风向；配种室靠近成乳牛舍，并与兽医室相距不宜过远，以便于工作联系；青贮窖、干草棚建于安全、卫生、取用方便之处；粪尿、污水池建于场外下风向(图 6-12)。

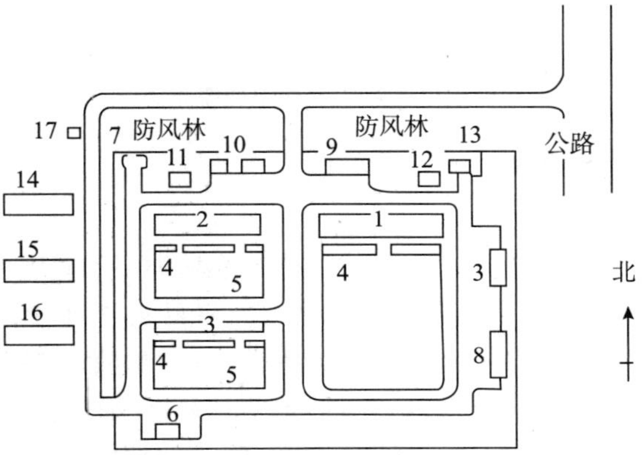

1. 成乳牛舍；2. 干奶、青年、育成牛舍；3. 产舍、犊牛舍；4. 补料槽；5. 运动场；6. 兽医室；7. 配种室；8. 饲料加工室；9. 办公更衣室；10. 宿舍；11. 变配电室；12. 锅炉房；13. 水塔；14. 水井；15. 青贮窖；16. 干草棚；17. 地秤

图 6-12　50 头奶牛场规划平面布置图

(3)养猪场　场址选定后，应合理安排养猪场内的全部建筑物。猪圈是猪场中的主要建筑物，应布设在养猪场中间或饲料房两侧，方向为坐北朝南或偏南向。每排猪舍前后之间距离应保持 5 m 以上，如设有运动场或肥料场，该距离应加大到 15 m 以上；各排左右之间距离应为 8 m 左右，以便出粪、运输和管理。炕面和运动场均应有一定的坡度，坡面朝向舍门或排水口，便于排水且冬暖夏凉。应根据猪群类别安排猪舍，一般将种猪舍和育肥猪舍布设在离猪场门口较远之处，以减少染病机会；将准备出售的断奶猪舍布设在猪场门口，便于向外运输仔猪；母猪舍远离断奶仔猪舍，避免母仔不安定，影响生长发育；公猪舍布设在远离母猪舍的上风向，避免公猪不安定和偷配；肥猪舍应布设在环境安静之处，以利于催肥。

其他建筑物，如办公室、宿舍和食堂，应布设在上风向并靠近猪场进出口，既便于对外联系，又可以保证宿舍区的环境卫生，还可以减少场外人员进入饲养区的机会，利于防疫；为便于运输，饲料调制间应靠近猪舍、仓库和青贮窖；病猪隔离舍、兽医室和厩肥堆积场应达到卫生防疫的要求(图 6-13)。

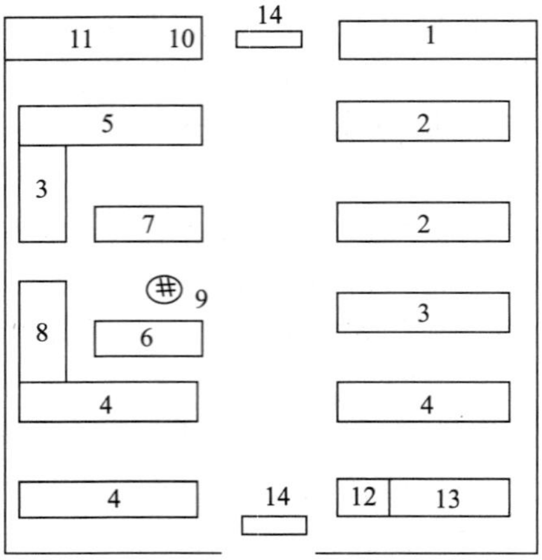

1. 断奶仔猪舍；2. 后备猪舍；3. 肥猪舍；4. 母猪舍；5. 公猪舍；6. 饲料调制间；7. 青贮窖；
8. 饲料库；9. 水井；10. 办公室；11. 职工宿舍；12. 兽医室；13. 病猪舍；14. 消毒池

图 6-13　猪场规划平面布置图

(三)牧区畜牧业用地规划

1. 季节性牧场划分

各地区牧草地的自然条件和利用习惯不同，季节牧场类型和轮牧方式也不同。其中，冬季牧场地形低凹、避风、向阳、植被覆盖度大，植株较高，不易被雪埋没，距居民点和饲料基地较近，便于管理，有较好的水源，并有一定的棚圈防寒设施；春季牧场基本同冬季牧场，且地形开阔、向阳、风小、植被萌发早；夏季牧场地势较高，通风凉爽，蚊蝇较少，有可靠水源，植被在夏季生长旺盛；秋季牧场地势较低，平坦开阔，植被丰富、多汁且枯黄较晚。划分季节性牧场时，应尽可能使牧草地集中连片，便于管理和畜群转移。

2. 畜牧群放牧地段布局

不同畜种、畜龄的牲畜对放牧饲料的数量和质量要求不同，各种牲畜的放牧制度也不同。因此，必须将家畜群编组，然后根据不同特点划分不同放牧地段，并予以固定。

(1)畜群规模确定　放牧期畜群组成及规模应综合考虑畜牧场规模，牲畜的性别、年龄和生产力水平、畜牧场的组织、管理水平确定。为便于管理，畜群不宜过大。牲畜采食均匀，有利于轮牧和保护草原。产量高的畜群和有围栏的牧场，畜群规模应减少。各种家畜的畜群规模可参考表 6-5。

表 6-5　各类家畜的畜群规模参考表

畜群种类	畜群规模/头	畜群种类	畜群规模/头
乳牛	＜100	放牧育肥牛	100～150
幼年牛(育成牛、1 岁以上牛)	100～150	牛犊(6 个月以上，1 岁以下)	＜50
群牧马	350～400	繁殖母马	100
幼驹(2 岁以上)	50～80	育成驹(2 岁到配种龄前)	100～200
羊群(母羊带羊羔或怀孕母羊)	200～300	半细毛羊	300～400
粗毛羊	500～600	细毛羊	200～300
去势羊	600～800		

(2)畜群放牧地段面积确定

计算公式为：

$$放牧地段面积=\frac{牲畜头数\times放牧天数\times每头牲畜每天食草量}{单位面积草地产草量}$$

各因素的确定原则:①放牧天数。过早放牧会损害牧草再生力和产量,过迟放牧会导致牧草营养价值降低并影响其再生时机,始牧期一般以牧草萌发后 15～20 d 为宜,也可根据牧草的高度确定,而终牧期同样不宜过早或过迟。根据牧草地的始牧期和终牧期,可计算出放牧期天数。②单位面积草地产草量。单位面积草原一定时期内实际生产的可食牧草为草原的基础生产力。当草原在不同月份产草量不一致时,应以最高产量为计算标准,而其他月份可辅以其他青饲料,避免造成产草高峰季节的饲草浪费。③每头牲畜每天食草量。与牲畜种类、饲养方式有关。当牲畜可以得到部分青贮饲料和其他多汁饲料时,每天需要的食草量相应减少。④牧草轮作的影响。在实行牧草轮作地区,需考虑不是所有草地都参加放牧,有部分草地处于非放牧休闲状态。

(3)畜群放牧地段配置

放牧场应尽可能有多种植物,以延长放牧期并保证饲草供应的均衡性;不同季节放牧地段不能相距过远,且放牧地段应相对集中;放牧地段应顺坡布置,保证每个放牧地段内植被类型多样,减少地表水下流导致病菌传染;土质黏重、土壤过湿、有机质含量高的土壤易受病源感染,不宜放牧;天然放牧地应尽量靠近水源、畜舍、饲料轮作地,以减少牲畜移动。不同类型畜群对放牧地段的要求不同,如牛群,喜食禾草、豆科草,且可觅食各种矮小杂草和灌丛草地,适于平坦谷底和河流沿岸地带;羊群适应崎岖地形,对水源要求较低,且觅食范围广;马群适于平坦宽阔或略有起伏的丘陵地,对牧草质量要求较严,适宜草类为中高型禾草及豆科草,与水源的距离可较远,一般可达 10 km。

3. 轮牧小区设计

轮牧小区是畜群放牧地段内进行轮牧的基本单位。实行分区放牧是提高牧场生产率的有效方法,同时符合放牧饲养的防疫要求。

(1)轮牧小区数目

按下列公式计算：

$$轮牧小区数=\frac{轮牧周期}{小区内放牧天数}+休闲小区数$$

式中,轮牧周期为放牧地段内,每个小区从第一次放牧到下一次放牧相隔的时间,轮牧周期=每小区放牧天数×分区数目;小区内放牧天数主要取决于牧草再生高度的限制,一般确定在 5～6 d。

(2)轮牧小区面积　确定分配给每个畜群的季节牧场面积,再除以小区数,即得小区面积。轮牧小区面积不能低于以下规模:100 头乳牛群为 4～6 hm^2;600 只绵羊群为 5～7 hm^2。

(3)轮牧小区形状　以矩形为宜。

(4)轮牧小区宽度　以满足畜群放牧往返回转的需要为准。一般放牧畜群要求横队前进,因而各种牲畜放牧行进的单程宽度是设计轮牧小区宽度的主要依据(表 6-6)。

表 6-6　几种牲畜放牧行进所需的最小宽度

牲畜种类		单头最小行走宽度/m
牛	成年牛	1.5～2.0
	1～2 岁牛犊	1.0～1.5
	1 岁以下牛犊	0.5～1.0
羊	母羊、未孕羊	0.4～0.5
	去势羊	0.3～0.4
马	成年马	1.5～2.0

(5)轮牧小区长度　轮牧小区长度须与牲畜每天往返行走的适宜距离相适应，并与牲畜两次饮水、挤奶、休息时间间隔相吻合。可按下式进行计算：

$$L=\frac{ST}{2}$$

式中，L 为小区长度；S 为畜群放牧时的行走的速度(乳牛为 400 m/h，羊为 350 m/h)；T 为昼夜几个主要时段内的放牧时间，与各牧场产草量有关。

(6)轮牧小区配置　轮牧小区应配置在同一类型草场上，各小区草层一致利于更好地利用放牧场；畜群移动方向最好与主风向相垂直，并尽量避免畜群逆光行走，将畜群空行减少到最低限度；从任何一个小区到饮水处或畜圈的距离不应超过一定标准；若以河流为饮水水源，则小区放牧顺序应自下游向上游排列，避免河水污染；各轮牧小区之间应设牧道联系；小区界线应尽量以自然地物为标志，有条件地区应设置围栏。

图 6-14 为几种轮牧小区的配置形式。

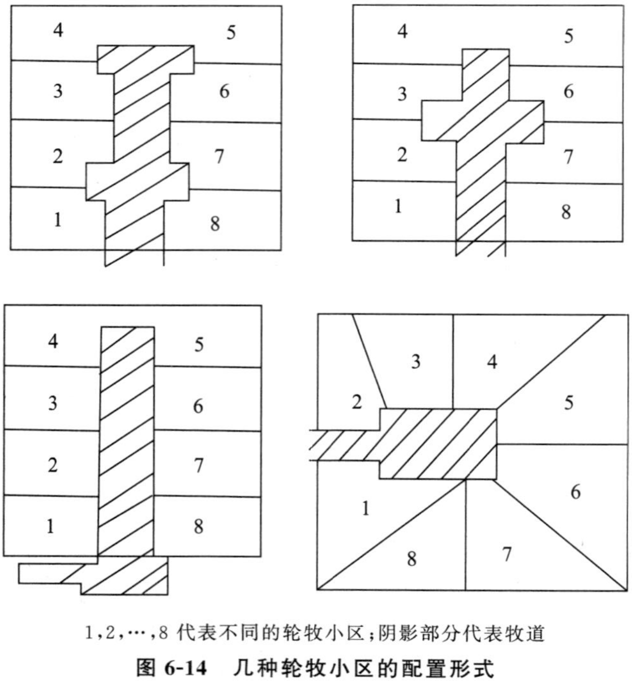

1,2,…,8 代表不同的轮牧小区；阴影部分代表牧道

图 6-14　几种轮牧小区的配置形式

4.天然割草地规划

天然割草地主要用于收割干草。有计划地建立一定数量的割草地，是牧区畜牧业用地规划中的一项重要内容。

(1)割草地的选择　天然割草地应由优良植被组成，草群组成以上繁草为主，上繁草最好由根茎禾草、疏丛禾草和高大的丛生豆科牧草组成。牧草除要求茎秆发育旺盛外，还应具备发育早和再生能力强的特点。杂类草在干燥过程中枝叶易脱落破碎，不易调制成良好的干草，不宜作为割草。有毒植物不应超过1%，应预先清除天然割草地的有毒植物，防止牲畜中毒。天然割草地应设在水土条件较好之处，不能设在陡峻地段，否则易造成水土流失，且不利于机械作业。

(2)轮割区划分　划分轮割区有利于合理利用和管理草地。轮割区数量主要取决于割草地面积、地形条件、机械化程度和劳动组织规模等，同时应考虑草地的保护和改良要求。为便于劳动管理，各轮割区面积应大致相等，其界线可用道路或其他天然地物为标志。

(3)贮草场设置　牧草收割后经自然风干，含水量降至15%～17%时便可长期贮存。贮草场应布设在平坦干燥、交通方便并接近畜圈之处。草垛分为长形和圆形两种。长垛一般长8～10 m、宽4.5～5 m、高6～6.5 m；圆垛一般直径为4～5 m、高6～6.5 m。草垛应尽量大些，以减少总损失。一般干草容重为50～80 kg/m^3。根据干草容重和每个草垛的容积，可计算出每个草垛的干草重。根据割草地面积和单产，可计算出收割干草的总重量和草垛数，从而确定贮草场的占地面积。草垛以成排布置为宜，为防火防潮，前后排草垛间的距离应不少于30 m，左右相邻草垛间距为5 m左右为宜。贮草场周围应有围栏，草垛与围栏的距离应为15 m左右，围栏的外侧应挖沟种树。

5.畜圈、畜道、水源配置

(1)畜圈配置　畜圈环境应满足以下条件：有良好的卫生条件和休息条件；位置适中，以缩短驱赶距离；便于组织管理；远离主干道路、死牲畜埋葬地、传染病病源区；地势高，有一定的坡度；有方便的入口和通道，有遮阳之处。

(2)畜道配置　设计原则包括驱赶距离短，占地面积小，道路宜多不宜宽，并定时更换畜道。畜道分为3类：主干牲畜道是连接放牧地段、饮水处、野营地、饲料轮作区等的道路；主要牲畜道在轮牧区内部，是保证各轮牧区之间与饮水处、野营地等联系的道路；临时牲畜道是在利用人工放牧地时，在饲料轮作的田区内部建立的道路，以保证由放牧地向野营地和饮水处驱赶牲畜时通行方便。

(3)水源配置　饮水点应具备以下条件：水质好、水量足，在参考各种牲畜的饮水定额并确保保证系数为1.3～2的基础上，计算需水量；每个饮水点服务一个放牧地段，并与人工放牧地、野营地、轮牧小区、畜道间联系方便；符合卫生条件，远离主干道路和沼泽洼地。

三、渔业用地规划

渔业是人类蛋白质食物的重要来源，人类食物蛋白质中有6%、动物性蛋白质中有17%来自渔业，同时其还可为食品工业、医药工业和饲料工业提供重要原料。我国是世界上水产面积最大的国家之一，有发展渔业生产的良好条件。大力发展渔业生产，对于改善人民生活，增加渔民收入，全面发展农业生产和实现农业现代化具有重要意义。

（一）规划原则和内容

1. 规划原则

（1）充分利用一切可利用的水面　我国淡水总面积超过2700万hm^2，其中河流约880万hm^2、湖泊约846万hm^2、水库约337万hm^2、坑塘约642万hm^2，可用于养鱼的淡水水面较大。我国从南到北都出产淡水鱼，尤其是地处亚热带的珠江流域和长江流域，淡水水面较大且鱼类可以全年摄食和成长。另外，还有大量稻田可以用于养鱼。各地农村中凡是水源充足和水质良好的水面，均可发展渔业生产。

（2）选择适于本地区生产要求的鱼种　我国的淡水鱼类有500余种，其中大型鱼和产量较高、具有经济价值的鱼类有几十种。我国幅员辽阔，地区差异大，水面类型多，养殖基地多样，选择鱼种时要重视本地区特产，并根据本地区养殖水面条件和鱼类生活习性选择鱼种。如水草较多的地区，适于放养草鱼；在底栖生物较多且较深的水域，可以放养鲤鱼；在流动的水域，可以放养鲢鱼等。

（3）渔业与农、林、牧、副业相结合　我国农民已积累了丰富经验，如稻田养鱼，由于鱼有消灭杂草和害虫、排粪肥田和疏松土壤的作用，一般可使稻谷增产10%左右；珠江三角洲的桑基鱼塘，在鱼塘边栽桑养蚕，蚕粪喂鱼，塘泥肥桑，桑叶养蚕，形成良性循环，是典型的生态农业；珠江流域的蔗基鱼塘，在鱼塘附近种植甘蔗，以甘蔗叶喂鱼，塘泥肥蔗，达到鱼蔗双丰收。另外，还有鱼菜结合、鱼猪结合、螺鸭结合等。渔业与农、林、牧、副业相结合，有利于解决饵料问题，并能相互促进、共同发展。

2. 规划内容

渔业用地规划的主要内容包括水产地调查、养殖水面选择、养殖种类确定、放养密度确定和混合放养搭配比例确定等。另外，还需根据不同类型规划对象，开展各种养殖设施的用地规划等，主要包括天然水面改良规划和人工鱼池规划等。

（二）水产地调查与评价

（1）水产地调查　查清水产地的数量、质量和分布情况，具体包括水面资源，即可利用水面的面积、季节变化、水深、水量、水质以及水生生物的种类和数量等；水产资源，即水域中各种经济动物、植物的种类和数量等；气象情况，即降水量、气温、冰冻期和冰层厚度等；渔业生产现状，即产量、质量、设备投资、劳力及经营水平等。

（2）养殖水面选择　从养、管、捕三方面对养殖水面进行全面分析与评定，使其满足鱼类对环境条件的要求。具体包括：有足够的光照；鱼生长季节水温在20～30°C，且水层不能过浅；水面大且水体流动，以提升水中溶氧含量；水体为中性、弱碱性，pH在6.5～8.5；水中饵料丰富，包括微生物、浮游生物、底栖生物、人工水草等；水底平坦，无障碍物，便于捕捞；可以建造拦鱼设备；无工业污染。

（3）养殖种类确定　取决于养殖水面的条件和鱼类或其他水产动物对水面的要求。由于不同鱼种在水中的栖息部位和食料不同，在同一养殖水面投放养殖几种鱼，不仅能充分利用水面，提高放养密度，增加单位水面产鱼量，还有利于促进各类鱼的生长。因此，可从合理利用水体空间进行考虑，根据鱼类的习性和水面条件确定鱼类搭配比例。

（4）放养密度确定　根据水面大小、水体深浅和水质肥薄等情况确定。3～4寸的鱼种，在水深1.5 m的池塘中，每亩可放养600～1000尾；在湖泊和河道中，精养可放养200～500尾，粗养可放养100～200尾；在水库中，每亩可放养100～200尾；稻田养鱼以鲤鱼为主，每亩可放养200～300尾。

(5)混合放养搭配比例　各种鱼类的分布习性和摄食习性不同，如青、草、鳊、鲂鱼等生活在鱼池中层，喜欢水草和陆草，食量大、粪便多，肥水作用强，能促进浮游生物繁殖生长，并为鲢、鳙鱼提供饵料；鲢、鳙鱼生活在水体上层，食浮游生物，可减轻水质的肥度，有利于草鱼生长；鲤、鲫鱼等杂食鱼类，以草、鳙、鲢鱼等吃剩的残渣及底栖动物为食。青、草、鲢、鳙4种家鱼不宜在同一鱼池中等比例混养，一般以花鲢或白鲢为主，搭配草鱼和鳙鱼，鲢、草、鳙鱼比例为5∶4∶1为宜。将几种鱼合理混养，利用鱼类在水中相互依存的条件，使之相互促进，彼此受益，有利于节约养殖水面和饵料，提高产量。

（三）天然水面改良规划

(1)池塘改造　一般来说，池塘只要常年有一定深度的积水，且水质无毒，就可以养鱼。为提高产量，必须实行精养和密养，因此需对不符合要求的池塘和其他天然水面因地制宜加以改造。改造措施包括：①浅塘改深塘。使水深达到2～3 m，而北方地区应达到3～5 m；②小塘改大塘。使常年积水面积达到0.3～0.7 hm^2；③漏水塘改保水塘。清除污泥杂草，用黏土夯实塘埂和塘底；④死水塘改活水塘，实现能注能排。

(2)湖泊、河道和水库改造　对于面积较大的湖泊，可在浅水港筑堤建坝，改大水面为小水面，改粗养为精养。部分敞口湖泊装置拦鱼设备，勤加管理，以防逃鱼。我国常见的湖泊拦鱼设备有竹箔、网箔、铅丝网和拦鱼棚等，此外还有各地就地取材，用其他材料制成的拦鱼设备。由于大的江河水域面宽、水深、流急，一般不适于人工养殖，但可试验推广网箱养鱼。小河流改造重点在于降低水的流速，以利于各种天然饵料的生长和繁殖并减轻其流失。利用水库养鱼要考虑防止逃鱼和安全越冬两个问题，因而应在水库放水口处装置拦鱼设备；若死库容不能满足越冬要求，应结合水库施工修建越冬池。

（四）人工鱼池规划

1. 场地选择

人工鱼池用地选择应考虑以下条件：①水源充足，水质适宜。对鱼无毒害的水一般都可使用，如河流、湖泊、水库和地下水，甚至工厂的冷却水。但水源须具有稳定性，避免有毒污水、有害矿水、酸碱性过大的水流入池塘。②地形平坦，土质良好。地面宜稍向东南方向倾斜，以较大面积接受阳光直射，光照强、水温高，有利于鱼类生长和水中天然饵料繁殖。同时，夏季东南季风引起水面波动，可以增加池塘溶氧量，利于鱼类生长。沙土透水性强，最好用保水性强的壤土和黏土修建鱼池。③交通方便，便于鱼苗和鱼种采购或鱼苗、鱼种和成鱼出售，以降低成本。

2. 鱼池布局

养鱼池总体布局可遵照以下原则：水源布设在最高处；场房、办公室、试验室、加工厂、抽水站等设施布设在养鱼场中心位置，并有公路相通；鱼池、产卵池、孵化设备距场房较近，以方便管理；鱼苗池靠近孵化设备，鱼种池围绕鱼苗池，外围为成鱼池，以便缩短鱼种搬运距离，减少鱼种损伤；鱼池送水应分池输送，不能串流，以免鱼病传染；鱼池走向尽量呈东西向，以增加鱼池日照时间；一般情况下，注水渠与排水沟应分别设置、各成系统（图6-15）。

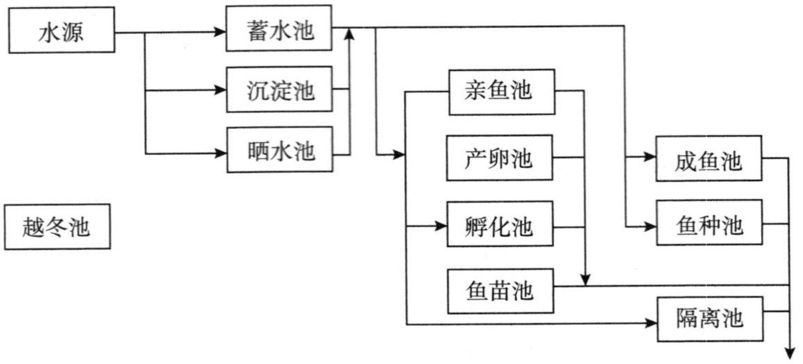

图 6-15　鱼池布置示意框图

3. 鱼池规格与设计

鱼池由堤坝和池底组成。其中，堤坝临水坡坡度视土质而定，一般为 1∶(1.5～2)，在堤高的 3/4 处设 1 m 左右宽度的栈道，供养鱼作业之用，同时可防止堤坝泥土冲至池底淤积；池底应平坦，从两侧堤脚向中部逐渐加深。排水口处挖坑状鱼潭，利于排水捕捞，从灌水口至排水口处池底应呈一定坡度(1/300～1/200)。

鱼池一般以长方形为宜，长宽比约为 2∶1 或 3∶2。规划时还要根据地形条件具体确定，尽可能做到整齐划一。鱼池大小和深浅根据鱼类生长发育时期和生产管理要求确定。鱼池面积不宜过大或过小，面积过大会导致管理和投饵不便，且一旦发生鱼病损失过大；面积过小会导致土地和劳动力浪费，且水质不稳定。适宜面积一般为：产卵池、孵化池 300～600 m^2，鱼苗饲养池 600～2000 m^2，饲养鱼种池 2000～3000 m^2，成鱼池 7000 m^2 以上。面积和长宽比确定后，可计算鱼池的长度和宽度。鱼池深度因作用不同而异，具体可参见表 6-7。

表 6-7　人工鱼池规格参考表

鱼池种类	面积/m^2	池深/m	水深/m	特点
亲鱼池	3000～7000	3～4	2.6～3.5	成鱼喜开阔深厚水面，过大过深不易捕捞
产卵池	300	1～1.2	0.5～1	可兼作孵化池(鲤鱼)
		2.5	2.0	草、青、鲢、鳙鱼
孵化池	250～350	1～1.2	0.5～1	
鱼苗池	600～1200	1.5～2	1～1.5	沿堤脚应有较宽的浅水地带
鱼种池	2000～3000	2～2.5	1.5～2	可再浅一些(1.5～2 m)
成鱼池	3000～7000	3～4	2.5～3.5	可兼作越冬池(2～2.5 m)
越冬池	1200～1000	3.5～4	＞3	经常有流水，北方寒冷地区保持水下有 1 m 水层，1 m^3 水体保证 0.15～0.25 kg 鱼越冬。生产季节，可作鱼种池或成鱼池
隔离池	300	2		为少数发病鱼类设置，要求池小水清
蓄水池				在季节性缺水或水量不足地区，为保证正常生产需要专门设置，其规格灵活

续表 6-7

鱼池种类	面积/m^2	池深/m	水深/m	特点
沉淀池	计算	1		体积 $V=QD(m^3)$。Q 为浊水在沉淀池内停留时间(h)；D 为需水量(m^3/h)。应分建数个，交替使用
晒水池	计算	<1		利用地下水、冰雪融水为水源时，须晒水以增温充氧。分设数个小池交替使用，晒、蓄、沉三池兼顾使用

第五节　农村居民点用地规划

农村居民点是农业空间的重要组成部分，指一定规模与从事农业生产密切相关的人群在一定地域范围内集中居住的形态，有时也被称作“乡村聚落”“村庄”等。农村居民点作为农村居民活动的中心，为农民提供了生活、休息和进行政治、文化活动的空间。第三次全国国土调查主要数据公报显示，我国共有村庄用地 2193.56 万 hm^2，占城镇村及工矿用地面积的 62.13%。农村居民点用地作为城乡建设用地的重要组成部分，其用地规模虽然充足，但却存在着建设布局散乱、用地粗放低效、公共设施缺乏、乡村风貌退化等一系列问题，从而导致乡村生活质量远落后于城镇地区。中国的城镇化率虽已达到 60%以上，但由于人口基数本身较大，按照 14 亿的现有人口规模来计算，即使城镇化率最终达到 80%，也将会有 2.8 亿人生活在农村地区。因此，合理规划农村居民点用地有助于优化乡村发展布局、统筹城乡发展空间，对于推进乡村振兴战略、实现全体人民共同富裕具有积极意义。

一、村镇体系规划

村镇体系是指在一定地域范围内，以建制镇或集镇为核心，由一系列不同等级规模、不同职能分工、相互密切联系的农村居民点组成的有机整体。村镇体系规划是在一定地域范围内妥善处理各农村居民点之间、单个或数个农村居民点与农村居民点群体之间及群体与外部环境之间的关系，为实现乡村地域在经济、社会、环境等方面的最佳综合效益而开展的规划。从性质上来看，村镇体系规划属于县级国土空间总体规划范畴，是以农村发展为重点的区域规划。村镇体系规划有助于推动区域内大量分散的农村居民点实现相互协调、共同发展，是农村居民点用地规划中不可或缺的内容。

（一）规划原则和内容

1. 规划原则

（1）城乡统筹，均衡发展　将区域内的村镇作为一个相互依赖、制约并存的有机整体，统筹考虑各村镇的资源环境条件、社会经济发展水平和历史文化传统等。整体优化村镇空间资源和生产要素等，可使各村镇充分把握自身优势，相互合作补足短板，促进乡村地域共同繁荣发展。

（2）因地制宜，适度集聚　通过对各村镇的实际情况进行综合分析，因地制宜制定规划方案，使规划目标与当地经济水平和群众需求等相适应，并充分体现各村镇的特色优势。同时，不切实际、盲目求大、过分集中可能会给农民生产和生活带来不便，但规划过程中也要避免为迁就现状而使村镇过于分散。

(3)节约资源，珍惜土地　统筹协调各镇村与所在区域内的产业布局、重大基础设施布局、土地利用布局等，坚决反对大拆大建，推进各项资源共建共享。同时，坚持耕地保护制度和节约用地制度，严格控制占用耕地和基本农田，严格控制农村居民点用地标准，推动经济社会可持续发展。

(4)保护遗产，突出特色　综合调查分析各村镇的物质文化遗产与非物质文化遗产，在规划方案中进行重点保护并突出当地独特的文化特色，这不仅有利于保存村镇文化脉络，还有助于带动村镇特色产业的形成和发展。

(5)生态优先，保护环境　在规划村镇经济社会发展的同时，还要注重环境保护，加强生态建设，合理开发利用自然资源，并将环境保护设施建设纳入规划，统筹安排，从而实现经济社会与人口、资源、环境的协调发展，并达到经济效益、社会效益和生态效益的统一。

2. 规划内容

村镇体系具有层次性，一般分为集镇型农村居民点、中心村和基层村等，各农村居民点在规模、等级方面具有差异，且具有带动村镇社会经济整体发展的中心镇，因而村镇体系规划的一项重要内容就是确定村镇等级结构。另外，村镇体系还具有横向性，各农村居民点之间应具有合理的分工与联系，以便各自发挥自身优势和作用，促进农村地区社会经济的整体发展，因而村镇体系规划的另一项重要内容是划分农村居民点类型。村镇体系规划一般在县域范围内进行编制。

（二）村镇等级结构

1. 村镇等级划分

(1)中心集镇确定　村镇体系中的中心镇是带动村镇社会经济整体发展的重要节点。中心镇不一定是县域的几何中心，一般是村镇体系中的带头集镇，其经济实力强、交通条件好，是在长期历史发展中形成的区域内的政治、经济、文化中心。中心镇一般为某级政府所在地，但村镇体系中常存在经济中心与行政、文化中心分离的状况，如县城一般是区域内的行政、文化中心，但若其经济实力不强，将很难带动全县经济发展。因此，除中心镇外，村镇体系规划中还要考虑是否有次中心镇或是否有必要建立次中心镇。

(2)农村居民点层次确定　费孝通教授根据行政地位和商品流通的过程，将村镇体系分为三层五级：第一层是县属镇，其中又分为县城和县属镇(片中心镇)两级。第二层是乡镇(乡政府所在地)，其中又按商品流通的地位分为两级，一级是商业人口接近县属镇水平，除乡属商业机构外，还有若干县属商业机构的派出部门；另一级是仅有乡一级的商业机构。第三层是村镇，在行政上并不附设商业管理机构，但有一些商品流通活动。实际上，各地所划分的村镇等级结构均有不同，一般包括中心城区、中心镇、一般乡镇、中心村、基层村等。

2. 村镇布局模式

依据村镇体系的性质、规模、辐射范围，以及所包含农村居民点的数量和农村居民点之间的联系程度等，村镇布局形式分为卫星式、条带式、块状式和自由式等。实际布局过程中，须考虑当地的各种客观条件，选择适宜的布局模式，或将多种模式进行结合。

(1)卫星式布局 此类布局体现了村镇体系的层级性、相关性和整体性等特点。若干小城镇、集镇、农村居民点围绕中心城镇布局,呈辐射状(图 6-16)。这些小城镇、集镇之间以及与中心镇之间,在功能上相互补充,有利于分担中心镇的某些功能,疏散中心镇的人口和工业,控制中心镇的规模、改善城镇环境,吸收农村剩余劳动力,繁荣农村经济,对生产力的合理布局等都起到重要作用。

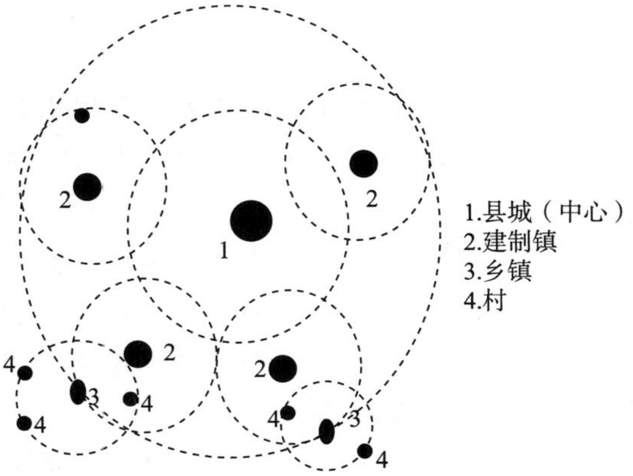

图 6-16 卫星式布局模式

实际上,由于各地的自然条件、人口分布密度及社会经济发展水平不同,不同层次城镇、集镇的服务半径有所差异,村镇布局形式只能与理想布局模式近似。例如,经济发达地区或平原地区,由于人口密度大、集镇数目多,因而服务半径较小。一般来说,县属镇的服务半径为 5 km 左右,乡镇为 3 km 左右,村镇为 1 km 左右。

(2)条带式布局 此类布局是一种较为原始的农村居民点布局方式。农村居民点主要沿着河流、铁路、公路沿线布局,形成带状,具有较好的交通条件或其他条件(如用水等)。如埃及的尼罗河沿岸分布着无数的大小城市,其既具有良好的水路交通条件,又能充分满足居民用水。我国也有典型案例,如长江沿岸、京广铁路线、沿海岸带等。

(3)块状式布局 此类布局多见于平原地区。该地区公路、铁路纵横交错,在各交通线的交汇点较易形成较大农村居民点或城镇,且其相互之间具有便利的交通联系,通常形成三角形、四边形、五边形等布局形式(图 6-17)。

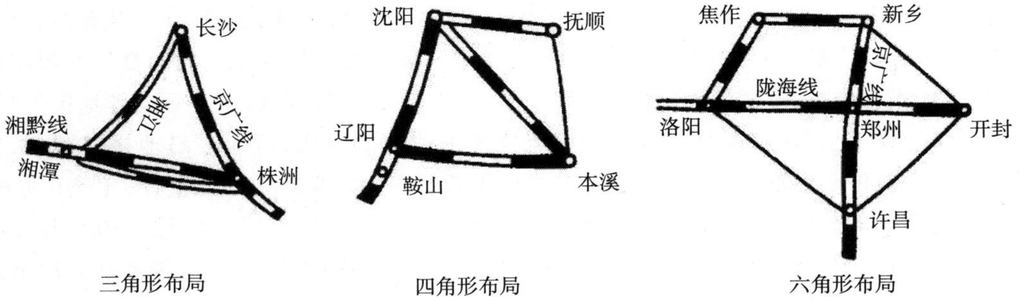

图 6-17 块状式布局模式

(4)自由式布局　此类布局通常受地形影响(如山区)。复杂的地形使得农村居民点需因地制宜地布局,依山就势,同时考虑交通条件,因此其分布相对零散。

3.村镇布局密度

科学确定村镇布局密度,有助于合理配置生产力,为农村地区社会经济的均衡发展奠定基础。一定地区内农村居民点之间的平均距离,可用下列公式进行计算:

$$P=(S/n)^{1/2}$$

式中,P 为平均距离(km);S 为区域总面积(km^2);n 为农村居民点数量。通过计算一定区域村镇体系内农村居民点间的平均距离,可为确定合理的服务半径提供参考。

(三)农村居民点类型

合理划分县域农村居民点类型,对于合理统筹农村居民点空间资源配置、有序实施乡村振兴战略具有重要意义。我国《乡村振兴战略规划(2018—2022年)》指出,应顺应村庄发展规律和演变趋势,根据不同村庄的发展现状、区位条件、资源禀赋等,按照集聚提升、融入城镇、特色保护、搬迁撤并的思路,分类推进乡村振兴,不搞一刀切。

(1)集聚提升类村庄　现有规模较大的中心村和其他仍将存续的一般村庄,占乡村类型的大多数,是乡村振兴的重点。科学确定村庄发展方向,在原有规模基础上有序推进改造提升、激活产业、优化环境、提振人气、增添活力,保护保留乡村风貌,建设宜居宜业的美丽村庄。鼓励发挥自身比较优势,强化主导产业支撑,支持农业、工贸、休闲服务等专业化村庄发展。加强海岛村庄、国有农场及林场规划建设,改善生产生活条件。

(2)城郊融合类村庄　城市近郊区以及县城城关镇所在地的村庄,具备成为城市后花园的优势,也具有向城市转型的条件。综合考虑工业化、城镇化和村庄自身发展需要,加快城乡产业融合发展、基础设施互联互通、公共服务共建共享,在形态上保留乡村风貌,在治理上体现城市水平,逐步强化服务城市发展、承接城市功能外溢、满足城市消费需求能力,为城乡融合发展提供实践经验。

(3)特色保护类村庄　历史文化名村、传统村落、少数民族特色村寨、特色景观旅游名村等自然历史文化特色资源丰富的村庄,是彰显和传承中华优秀传统文化的重要载体。统筹保护、利用与发展的关系,努力保持村庄的完整性、真实性和延续性。切实保护村庄的传统选址、格局、风貌以及自然和田园景观等整体空间形态与环境,全面保护文物古迹、历史建筑、传统民居等传统建筑。尊重原住居民生活形态和传统习惯,加快改善村庄基础设施和公共环境,合理利用村庄特色资源,发展乡村旅游和特色产业,形成特色资源保护与村庄发展的良性互促机制。

(4)搬迁撤并类村庄　对位于生存条件恶劣、生态环境脆弱、自然灾害频发等地区的村庄,因重大项目建设需要搬迁的村庄,以及人口流失特别严重的村庄,可通过易地扶贫搬迁、生态宜居搬迁、农村集聚发展搬迁等方式,实施村庄搬迁撤并,统筹解决村民生计、生态保护等问题。拟搬迁撤并的村庄,严格限制新建、扩建活动,统筹考虑拟迁入或新建村庄的基础设施和公共服务设施建设。坚持村庄搬迁撤并与新型城镇化、农业现代化相结合,依托适宜区域进行安置,避免新建孤立的村落式移民社区。搬迁撤并后的村庄原址,因地制宜复垦或还绿,增加乡村生产生态空间。农村居民点迁建和村庄撤并,必须尊重农民意愿并经村民会议同意,不得强制农民搬迁和集中上楼。

二、宅基地布局与建设

农村宅基地是农民居住和生活的重要场所，也是农村居民点用地的重要组成部分。一般来说，中心镇宅基地面积占比为30%～50%，一般镇宅基地面积占比为35%～55%，中心村宅基地面积占比为55%～70%。因此，宅基地布局与建设是农村居民点用地规划中的重要内容，对于促进农村土地合理利用，提升农村人居环境等具有重要意义。

（一）宅基地选址

考虑农民居住与生活的安全性、便利性、保健性和舒适性等，选择影响宅基地布局的主要因素并建立评价指标体系，综合确定宅基地选址区域。影响农村宅基地布局的主要因素有地质条件、水文条件、气候条件、地形条件以及生产与生活条件等。

1. 地质条件

（1）地基承载力　地层的地质构造和土层的自然堆积情况不一，其组成物质各不相同，进而影响地基承载力（表6-8）。

表6-8　不同质地土壤的地基承载力　　t/m^2

类别	承载力	类别	承载力
碎石（中密）	40～70	细沙（很湿）（中密）	12～16
角砾（中密）	30～50	大孔土	15～25
黏土（固态）	25～50	沿海地区淤泥、泥炭	4～5
粗沙、中沙（中密）	24～34		
细沙（稍湿）（中密）	16～22		

有些地基土常在一定条件下改变其物理性状，从而对地基承载力产生影响。例如，湿陷性黄土受湿后，其结构发生变化而产生下陷，将导致建筑的损坏；膨胀土"受水膨胀，失水收缩"的性能，将会给工程建设带来问题。沼泽地区由于经常处于水饱和状态，地基承载力较低，一般不宜用作农村居民点用地；如必须选用，可采取降低地下水位、排除积水等措施，提高地基承载力。此外，具有可溶性岩石（如石灰岩、盐岩、石膏等）的地质构造地区和因矿藏开采形成的地下采空区，常出现地面塌陷，将对地面建筑物和其他工程设施产生影响，应对地面沉陷的稳定情况以及该地区的地质条件进行勘查分析，以确定此类用地的使用条件和相宜的建筑与设施分布。

（2）冲沟　冲沟切割土地使其支离破碎，并带来水土流失问题，对土地使用造成不利，道路走向如受其影响会增加线路长度和跨沟工程。因此，应综合分析冲沟的分布、坡度、活动情况及发育条件等，采取相应治理措施如地表水导流或绿化等，防止水土流失。

（3）滑坡与崩塌　滑坡与崩塌会造成河道堵塞、道路掩埋、建筑损坏等危害，常发生于丘陵或山区。因此，应对区域的地形特征、地质构造、水文、气候以及土层或岩体的物理力学性质作出综合分析和评定，在选择农村居民点用地时应避开不稳定的坡面。

（4）地震　强烈地震的破坏性很大，波及面较广，选择农村居民点用地应尽量避开地震断裂带。

2. 水文条件

江河湖泊等地面水体,可作为农村居民点水源,同时还能在水运交通、改善气候、稀释污水、排除雨水及美化环境等方面发挥作用。然而,某些水文条件也可能对农村居民点带来不利影响,如洪水侵犯、年水量的不均匀性、流速变化、水流对河岸的冲刷以及河床泥沙的淤积等;农村居民点建设也可能对原有水系造成破坏,如过量取水、排水、改变水道和断面等。因此,应对水体的流量、流速、水位等水情要素资料进行调查分析,合理安排居民点用地。另外,地下水也是农村用水的重要来源,应勘明地下水资源的存在形式、含水层厚度、矿化度、硬度、水温及其动态等。

3. 气候条件

气候条件与居民生活环境之间有十分密切的联系,影响农村居民点布局与建设的气象要素主要有太阳辐射、风、降水等。

(1)太阳辐射　太阳辐射是预防疾病、增进人体健康不可缺少的自然因素之一,同时也是用之不竭的能源。太阳辐射的强度与日照率,在不同纬度和不同地区存在差别。分析研究区域的太阳运行规律和辐射强度,对于宅基地日照标准、间距、朝向的确定,以及建筑遮阳设施和各项工程的热力设计具有指导作用。

(2)风　风影响宅基地的防风、通风等工程设计,且风向与环境保护之间还具有密切关联。风向频率图是根据某一地区多年平均统计的各个方向吹风次数的百分数值,按一定比例绘制的。一般多用 8 个或 16 个罗盘方位表示,且图上表示的是风的吹向,即从外面吹向地区中心。为了减轻工业排放的有害气体对生活居住区的危害,工业区一般应根据当地盛行风向布局在居住区下风向(图 6-19)。另外,在盆地或峡谷区域,要特别注意微风与静风的频率,烟气滞留上空也能在水平方向扩散影响到邻近上风侧的生活居住区。

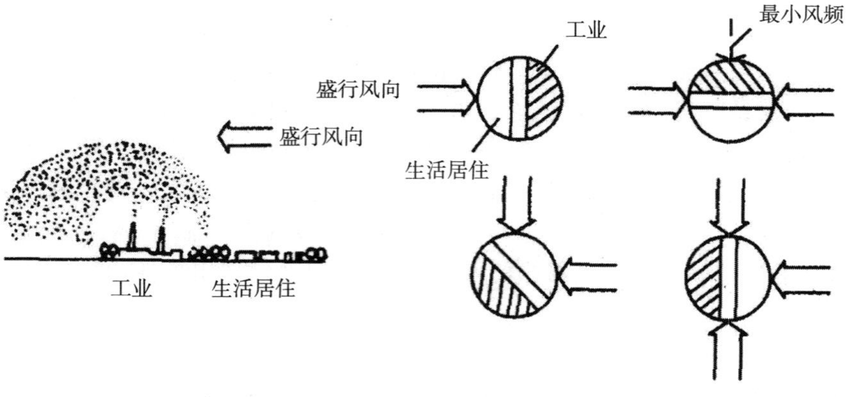

图 6-19　盛行风向与工业、生活居住用地布局的关系

(3)降水　雨量及降水强度影响宅基地排水问题,且其所带来的山洪和江河汛期等也会给影响宅基地选址或其防洪工程;相对湿度对居民的居住环境舒适度也有一定的影响。

4. 地形条件

地形条件对宅基地的轮廓、形态和面貌等均会产生影响。结合自然地形条件进行宅基地选址,对于节约用地、节省成本及提升居民生活便利性等均有重要意义。一般来说,宅基地建设对于用地坡度有较高要求,以 0.3°～10°为宜。

5. **生产与生活条件**

宅基地应尽量布局在农村居民点服务范围之内，并选择对外交通方便之处，但要避免行车密度较大的高等级公路沿线，减少其对农村居民生活的影响。

（二）宅基地布局模式

宅基地与城镇住宅类似，应按居住地段的地形条件、街道网格局等，组成大小不等的组群。组群内部应有一定空间，便于通风和居民活动；组群外缘应相对整齐，组群之间应有一定间隔。

住宅建筑群体平面布置的基本形式有：①行列式。住宅建筑平行排列，建筑的长轴方向不是沿着街道，而是根据朝向或其他要求布置。住宅建筑可布置为较好朝向，同时也能节约用地。②周边式。住宅建筑沿小区街坊或院落周围布置，便于组织公共休息、绿化园地，也有利于防风和减少积雪，但造价较高。③混合式。它是上述两种形式的结合，通常以行列式为主，以少量住宅或公共建筑沿道路或周边布局，形成半开敞式院落。④自由式。在考虑地形、日照、通风等要求的前提下，对住宅建筑作自由灵活的布置，适用于丘陵山区。

住宅建筑群体组合形式分为成团成组和成街组合两种。成团成组式由一定数量的住宅建筑（或结合公共建筑）成团成组地结合在一起，形成小区的基本组合单元，它可由若干同一类型或不同类型的住宅（或结合公共建筑）组合而成。住宅组团规模主要由住宅数型、建筑长度、层数、地形和现状条件等因素决定。该形式功能分区明确，各分区之间可用绿地、道路、公共建筑或自然地形分开，也有利于分期建设。成街组合形式是将住宅（或结合公共建筑）沿街成组成段进行组合，适用于农村居民点中心地段及山地丘陵地区。在城市规划中，有将住宅以街坊作为群体的基本组合。成团成组与成街两种形式相辅相成，应配合使用。

（三）宅基地规模

严格执行“一户一宅”政策，按照各省（区、市）宅基地管理办法确定的宅基地面积标准，确定规划期宅基地规模。规划新申请的宅基地，应优先利用村内空闲地、闲置宅基地和未利用地，并严格控制在规定标准以内。

我国31个省（区、直辖市）的《土地管理条例》《〈中华人民共和国土地管理法〉办法》等相关法律法规中，均对农村宅基地面积标准及其划定依据作出了规定（表6-9）。大多数地区以户为单位确定宅基地面积标准，少数区域在约束了最高户均宅基地面积的前提下，以人为单位确定宅基地面积标准。户均宅基地面积标准在20～800 m^2不等。划定依据主要包括区位条件、土地资源条件、家庭因素和特殊因素等，各地一般以其中一项或若干项组合的方式将宅基地面积标准划分为若干节点。

表6-9　我国31个省、自治区、直辖市农村宅基地标准及划定依据

省份	标准	划定依据
北京	0.25亩、0.3亩、0.4亩	城市区位、人均土地资源、有关政策时间节点
天津	城市居住区标准、167 m^2、200 m^2	城市区位、统一规划建设条件、人均耕地面积
河北	200 m^2、233 m^2、467 m^2	人均耕地面积、地形
山西	133 m^2、200 m^2、266 m^2	地形、人均耕地面积
内蒙古	250 m^2、300 m^2、400 m^2、500 m^2、600 m^2，牧区由旗县人民政府具体规定	城市区位、农业分区、人均耕地面积

续表 6-9

省份	标准	划定依据
辽宁	400 m^2、300 m^2、200 m^2	人均耕地面积
吉林	330 m^2、270 m^2、200 m^2	户口类型、土地规划用途分区、国有单位职工住宅用地
黑龙江	350 m^2、250 m^2	城市区位、省属农林牧渔场场部
上海	150 m^2、160 m^2、180 m^2、200 m^2，并同时规定了建筑占地面积	农业分区、家庭人口、城市区位
江苏	135 m^2、200 m^2	城市区位、人均耕地面积
浙江	125 m^2、140 m^2、160 m^2	占用土地类型
安徽	160 m^2、220 m^2、300 m^2	城市区位、地形、占用土地类型
福建	80 m^2、120 m^2，部分情形可适当增加 30 m^2	家庭人口、占用土地类型
江西	180 m^2、120 m^2、240 m^2	占用土地类型
山东	166 m^2、200 m^2、264 m^2、132 m^2	城市区位、地形、人均耕地面积、占用土地类型
河南	134 m^2、167 m^2、200 m^2	城市区位、人均耕地面积、地形、占用土地类型
湖北	140 m^2、200 m^2	占用土地类型、人均耕地面积
湖南	130 m^2、210 m^2、180 m^2	占用土地类型
广东	80 m^2、120 m^2、150 m^2	地形、城市区位
广西	100 m^2、150 m^2	地形、城市区位
海南	175 m^2	无
重庆	每人 20～25 m^2、20～30 m^2	城市区位、家庭人口
四川	每人 20～30 m^2	家庭人口
贵州	130 m^2、170 m^2、200 m^2	城市区位、地形、农业分区
云南	100 m^2、150 m^2，每人 20 m^2、30 m^2	城市规划区、人均耕地面积、地形、边疆少数民族地区
西藏	300 m^2、350 m^2、400 m^2、500 m^2	占用土地类型、人均耕地面积、家庭人口
陕西	133 m^2、200 m^2、267 m^2	城市区位、地形
甘肃	200 m^2、267 m^2、330 m^2	农业分区、人均耕地面积
青海	200 m^2、250 m^2、300 m^2、350 m^2、450 m^2	城市区位、占用土地类型、农业分区
宁夏	270 m^2、400 m^2、540 m^2	占用土地类型
新疆	300 m^2、400 m^2、500 m^2、600 m^2、800 m^2	人均耕地面积、占用土地类型

三、农村公共空间与设施配置

（一）道路交通设施

农村居民点内的道路交通设施主要包括对外道路、村内道路、停车场等，具有旅游业发展的村庄还可以适度安排旅游道路。道路交通设施的材料和照明应符合相关要求。

（1）对外道路　落实上位规划和交通专项规划中确定的区域性道路、交通设施建设要求。根据村庄发展需求，制定农村居民点与过境公路、高速公路，以及与乡镇和其他农村居民点之间的连接道路。

（2）村内道路　结合村庄现状，尽量利用原有路基和空闲地等，优化村庄道路布局，明确道路宽度、断面形式及建设标准，确定道路控制点标高。合理设置公交站位置、会让港湾等交通设施，保障道路通畅。对于新建、改建村庄，应尽量做到村内道路全部硬化。

（3）停车场　应结合村庄出入口、闲置用地、村民活动中心等设置停车场，严禁侵占农田、毁林填塘等行为。场地应平整、畅通，宜生态铺装。合理确定停车场规模，在不影响道路通行的前提下，适当采用路边停靠方式。

（4）旅游类村庄道路　有旅游等功能的村庄应结合旅游线路，并统筹考虑游人规模和环境容量，科学安排旅游道路网络、慢行系统（游览步道、登山步道、自行车道等）及停车设施（旅游停车场、自驾车营地、交通驿站等）。

（5）材料选择　车行道路宜采用混凝土或沥青为主的路面，其他道路可根据实际情况采用乡土化、生态型的铺装材料。历史文化名村和传统村落路面宜采用传统或与原有风格相协调的材料，保留和修复现状中富有特色的石板路、青砖路、石子路等传统街巷。

（6）照明设施　应设置路灯照明，并宜采用节能灯，在经济条件允许的前提下推荐采用太阳能等新能源灯具。因地制宜设置线杆、路灯，采用一侧或两侧交叉布置的方式设置；没有条件架设电线杆的路段，可结合建筑山墙布置照明设施。

（二）基础设施

农村居民点内的道路交通设施主要包括给水、排水、电力、通信、供热、环卫、物流设施等。应根据村庄自然条件，明确配置各类基础设施的原则、类型、标准、规模、时序，提出各类基础设施共建共享方案，确定重大基础设施布局和管控要求。对于区域性的各项基础设施，按上位规划或专项规划要求进行落实。

（1）给水设施　确定供水水源、供水方式，并与县乡农村安全饮水规划衔接。预测用水量，合理确定管材、管径，明确输配水管道敷设方式、走向、埋深。确定水源保护措施及水质监测管理措施，保证水源水质符合现行生活饮用水卫生标准。

（2）排水设施　因地制宜选择排水体制，有条件的村庄应采用雨污分流制。现状采用雨污合流制的村庄，远期应逐步改造为分流制。预测雨量、污水量，管沟宜采用重力流，标注排水流向、排水管管径或沟渠断面尺寸、坡度、高程。山地农村居民点应规划截洪沟，收集和引导洪水。

（3）电力设施　综合分析农村居民点所处地区的用电水平，合理确定用电量指标，预测村域范围内用电负荷。根据村庄实际条件选择电缆敷设方式，改造村庄供电线路，确定供电电源和变电站位置。

（4）通信设施　合理布局固定电话、互联网、有线电视、广播线路等设施，确定建设标准和敷设方式。优化现有通信设施，完善通信基站等设施。

(5)供热设施　以发展清洁能源、提高能源利用效率、循环再利用、绿色可持续发展为目标，根据地形地貌、资源禀赋、经济条件等因素，因地制宜确定供热形式和能源使用方式。使用燃气的村庄，应合理确定气源，预测农村居民点燃气需求量，明确燃气调压设施、位置及燃气管线走向和敷设方式，保障用气安全。

(6)环卫设施　结合村庄规模、集聚形态和发展实际，预测垃圾产生量，确定生活垃圾收集点和转运站位置、规模。推广村庄生活垃圾分类，实现生活垃圾分类收集和有机垃圾资源化。合理确定公共厕所位置。已实现集中供水的村庄，应采用水冲式厕所；缺水、寒冷地区村庄可采用环保节能型厕所。根据“厕所革命”要求提出户厕的改造方案。

(7)物流设施　交通方便的村庄可发展物流产业，明确物流设施等级、规模及位置。有条件的结合信息化发展，建设农村电子商务物流基地。

(三)公共服务设施

依据城乡基本公共服务均等化目标，确定农村居民点中包括行政管理、教育机构、文化科技、医疗卫生、社会保障、商业服务等在内公共服务设施的规模、位置及其空间组合形式。除小学、幼儿园、集贸市场外，宜将村委会、图书阅览室、老年活动室、健身广场、戏台剧场、农村小超市等进行集中布置，形成村民活动中心和公共开放空间。结合教育部门调整教育资源的要求，小学和幼托的设置可根据实际情况采取几个村合并建设。旅游资源丰富的村庄，应增加相关的服务设施。传统村落公共服务设施的设置应充分结合当地历史环境、建筑风貌和风俗民情。村庄公共服务设施分类及项目配置一般应依据村庄类型、人口规模和实际需求(表6-10)等。

表6-10　村庄公共服务设施分类及项目配置表

类别	项目	3000人以上	1000～3000人	1000人以下
行政管理	村委会	●	●	●
教育设施	小学	●	●	○
	幼儿园	●	●	○
文化科技	文化活动室	●	●	●
体育设施	健身广场	●	●	○
医疗设施	卫生室	●	●	●
社会保障	托老所	○	○	○
商业服务	农村小超市	○	○	○
	餐饮店、特产店	○	○	○
	民宿、旅馆	○	○	○

注：引自《河北省村庄规划编制导则(试行)》。

四、乡村风貌与文化保护

(一)景观风貌和绿化

村庄景观风貌和绿化应体现乡土特色、时代特征和工匠精神，遵循多样性、本土化、经济性的原则，在与农田种植相协调的前提下，确定村庄绿化景观格局，指导村庄整体风貌、公共空间、街巷空间、植物配置、景观小品等建设。

1. 景观风貌

(1)整体风貌　传承村庄文化底蕴,保护山水格局,延续街巷肌理,保持乡土景观风貌。结合地域特色,加强各类建设的风貌规划和引导,保护好村庄特色风貌。

(2)公共空间　着重在村庄入口、村民活动广场营造景观效果,设置人行步道、休憩设施和公告栏、文化墙等宣传设施,运用乡土材料和传统工艺,体现地方特色。

(3)街巷景观　对主要街道两侧建筑进行重点景观管控。细化沿街立面设计,沿街建筑应与街道绿化亮化、景观小品(标识牌、坐凳、围墙、垃圾箱、路灯等)结合,营造富有特色、简洁美观的沿街立面景观。

(4)文化标识　结合村庄文化、景观风貌、产业特征等,提炼村庄标识,用于村庄出入口、公共服务设施、景观小品、公交站牌等。村庄标识应力求形式简洁、色彩和谐、易于识别。

2. 村庄绿化

村庄绿化主要包括院落、广场和街巷空间绿化。院落绿化以经济树种和蔬菜为主,打造花果菜园式的生态经济型庭院;广场绿化可根据广场的功能、规模和周边环境进行设计,利于人流、车流集散;街巷空间可见缝插绿,乔灌花藤植物均可,或种植果树、蔬菜,形成乡土气息浓厚的路旁绿化景观。

(二)历史文化保护

村庄历史文化保护与传承应坚持村庄的历史性、原真性、延续性,将历史文化保护与乡村振兴、社区营造相结合,在保护传统格局和特色风貌的基础上,把新的经济活力和生活方式引入村落,促进村庄可持续发展。

1. 保护对象

历史文化保护对象包括自然山水环境、村庄整体格局、传统建筑风貌、历史环境要素等物质对象,以及非物质文化遗产等。

(1)自然山水环境　应积极利用农村居民点地形地貌,并协调农村居民点与周边山、水、林、田、湖、草、沙等重要自然景观资源的关系,形成有机交融的空间关系,塑造富有地域乡土特色的农村居民点风貌。

(2)农村居民点整体格局　应延续街巷肌理、建筑布局和院落空间尺度,提出对农村居民点传统形态、街巷走向与宽度、重要公共空间、景观廊道等要素的保护要求和整治措施。

(3)传统建筑风貌　应按建筑年代、质量材料、屋顶形式、建筑风貌等对农村居民点中的建筑进行分类,根据文物保护单位、历史建筑、传统风貌建筑、与传统风貌不协调的建筑等不同类型,提出分类保护措施和建设管控要求。

(4)历史环境要素　建立具有历史文化价值的楼阁亭榭、井泉堤桥、壕沟寨墙、石阶铺地、古树名木等历史环境要素保护清单,制定保护整治和展示利用方案。

(5)非物质文化遗产　通过传统元素融入设计、开展文化活动、建设村史馆等方式,建立非物质文化遗产保护与展示的空间载体,让人们记住“乡愁”。

2. 保护范围划定及保护要求

农村居民点历史文化保护范围包含核心保护范围、建设控制地带和环境协调区 3 个层次。

(1)核心保护范围　即农村居民点中历史风貌最为完整、传统建筑最为集中、保存状况最为完好的区域。应严格保护该区域内历史形成的空间格局和传统风貌，包括村落格局、街巷肌理、建筑群体环境、传统建筑等。对已破损的传统建筑，应在不改变其原有特征的基础上，根据相关资料进行修缮，以保护历史文化的真实性。该区域内禁止进行与保护无关的建设活动，但新建、扩建必要的基础设施、公益性公共服务设施除外。原则上不应新建民居建筑，确需重建、改建、维修的非传统建筑须在建筑形式、高度、体量、色彩、尺度、比例等方面与现有传统建筑相协调，以维护历史文化的整体性。

(2)建设控制地带　即核心保护范围周边对核心保护区在视线、景观上有直接影响的建设区域。该区域允许建设，但应对各类建设行为进行严格控制，对确需新建、改建、扩建的建筑，应在建筑形式、高度、体量、色彩、尺度、比例等方面与核心保护范围相协调，以保障历史文化的整体价值不被损害。

(3)环境协调区　即在核心保护区内向周边眺望的视线所及范围内的自然、人工景观。该区域内原则上不得进行新的建设活动，并应严格保护自然生态和地形地貌，以保护历史文化的完整性。同时，应严格控制包括各种环境污染在内的任何对环境有负面影响的建设活动，以延续农村居民点与田园风光、自然植被等的融合与共存关系。

参考文献

[1] 岳文泽，张晓雯，甄延临，等. 东部发达地区农业空间高质量优化的思考. 农业工程学报，2021，37(22)：236-242.

[2] 付海英，常瑞甫，何苗. 生态文明时代农业空间规划内涵及发展趋势. 农业工程学报，2021，37(14)：323-330.

[3] 郑小玉，刘彦随. 新时期中国“乡村病”的科学内涵、形成机制及调控策略. 人文地理，2018，33(2)：100-106.

[4] 陈端吕，彭保发，李际平. 植被水土保持效应尺度性研究综述. 湖北农业科学，2012，51(3)：433-437.

[5] 韩冬青，王恩琪. 镇江乡村物质空间环境的多样性与动态性解析. 乡村规划建设，2015(1)：12-22.

[6] 李宪文，林培. 国内外耕地利用与保护的理论基础及其进展. 地理科学进展，2001(4)：305-312.

[7] 柴焰.《“十四五”全国农业绿色发展规划》解读——加强耕地保护与质量建设. 农村实用技术，2022，243(2)：37-38.

[8] 农业部发布优势农产品区域布局规划(2003—2007 年)——优先发展的 11 种优势农产品及其优势区域布局. 中国农业信息，2003，4：5-8.

[9] 杜青林. 关于优势农产品区域布局的几个关键问题. 农村工作通讯，2002，8：6-9.

[10] 杜黎明. 我国主体功能区现代农业发展研究. 经济纵横，2010，293(4)：71-75.

[11] 徐沈. 中国主体功能区农业发展研究. 中国农业科学院，2014.

[12] 李旭，崔皓，李和平，等. 近 40 年我国村镇聚落发展规律研究综述与展望——基于城乡规划学与地理学比较的视角. 城市规划学刊，2020，260(6)：79-86.

[13] 中华人民共和国自然资源部，国务院第三次全国国土调查领导小组办公室. 第三次全国国土调查主要数据公报，2021.

[14] 张凤荣，张天柱，李超，等. 中国耕地. 北京：中国农业大学出版社，2021.

[15] OECD(Organization for Economic Cooperation and Development). Multifunctionality: Towards an analytical framework[R]. Paris: Organization for Economic Cooperation and Development. 2001.

[16] 宋小青，欧阳竹. 中国耕地多功能管理的实践路径探讨. 自然资源学报，2012，27(4)：540-551.

[17] 漆信贤，张志宏，黄贤金. 面向新时代的耕地保护矛盾与创新应对. 中国土地科学，2018，32(8)：9-15.

[18] 刘丹，巩前文，杨文杰. 改革开放 40 年来中国耕地保护政策演变及优化路径. 中国农村经济，2018，(12)，37-51.

[19] 中华人民共和国国土资源部. 关于全面实行永久基本农田特殊保护的通知[EB/OL](2018 年 2 月 13 日). http://g.mlr.gov.cn/201802/t20180226_1749199.html.

[20] 王玉奇，刘锦. 永久基本农田保护问题与对策探讨. 西部大开发(土地开发工程研究)，2018，3(2)：14-17.

[21] 陈百明. 耕地与基本农田保护态势与对策. 中国农业资源与划，2004(5)：4-7.

[22] 聂庆华，包浩生. 中国基本农田保护的回顾与展望. 中国人口·资源与环境，1999(2)：33-37.

[23] 中华人民共和国国家土地管理局、农业部. 关于印发《划定基本农田保护区技术规程(试行)》的通知[EB/OL](1996 年 3 月 19 日). http://blog.sina.com.cn/s/blog_540a77c20100rwah.html.

[24] 中华人民共和国农业部. 基本农田保护区环境保护规程[EB/OL](1996 年 9 月 6 日). http://www.law-lib.com/law/law_view1.asp? id=12722.

[25] 中华人民共和国国土资源部、农业部. 关于划定基本农田实行永久保护的通知[EB/OL](2009 年 12 月 2 日). http://www.wodefanwen.com/lhd_86og08d90u6tck19hlj0_1.html.

[26] 中华人民共和国国土资源部、农业部. 关于进一步做好永久基本农田划定工作的通知[EB/OL](2014 年 11 月 2 日). http://xxgk.bozhou.gov.cn/openness/detail/content/55483ea07f8b9af8787d9602.html.

[27] 中华人民共和国自然资源部、农业农村部. 关于加强和改进永久基本农田保护工作的通知[EB/OL](2019 年 1 月 3 日). http://www.zhangye.gov.cn/zwgk/gkml/bmwj/201902/t20190215_179232.html.

[28] 国务院第三次全国国土调查领导小组办公室，自然资源部，国家统计局. 第三次全国国土调查主要数据公报[EB/OL]. [2023-10-13]. https://www.gov.cn/xinwen/2021-08/26/content_5633490.htm.

[29] 中华人民共和国国务院. 基本农田保护条例[EB/OL](2011 年 1 月 8 日).

[30] 胡光伟. 土地利用规划学. 北京：中国建材工业出版社，2020.

[31] 河北省自然资源厅. 河北省村庄规划编制导则(试行)[EB/OL]. [2023-10-13]. http://zrzy.hebei.gov.cn/heb/gongk/gkml/gggs/tz/xxzx/101573818907815.html.

[32] 李京生. 乡村规划原理. 北京：中国建筑工业出版社，2015.

[33] 王楠. 生计转型背景下河北省农村宅基地整理模式与潜力研究. 北京：中国农业大学，2018.

[34] 中共中央，国务院. 乡村振兴战略规划(2018—2022 年)[EB/OL]. [2023-10-13]. https://www.gov.cn/zhengce/2018-09/26/content_5325534.htm.

第七章　生态空间土地利用规划

第一节　生态空间土地利用规划概述

一、生态空间的内涵与特点

1. 生态空间的内涵

生态空间指具有自然属性，以提供生态服务或生态产品为主体功能的国土空间，包括森林、草地、湿地等绿色生态空间，也包括河流、湖泊、滩涂、岸线、海洋、荒漠、戈壁、冰川、高山冻原、无居民海岛等其他生态空间。生态空间在维持生物多样性、防止自然灾害、保障人类福祉等方面都有重要作用。

不同尺度的生态空间具有不同的生态功能分类，因此其内涵也各有特点。厘清生态空间的内涵对于制定合理的生态空间土地利用规划至关重要。随着相关研究的深入，生态空间的内涵也逐渐变得更加明晰，可以归纳为以下两个方面。

(1)生态空间具有自然属性，由自然界的物质和能量构成，是自然规律和过程的体现　其自然特征不受人类干预的影响，包括各种生物，如动物、植物和微生物等，它们之间相互作用，形成复杂的生态系统，维持着生态平衡。此外，不同区域的生态空间之间具有相互连接性，包括生物迁移和营养循环等，这对于维持生态系统的稳定和健康至关重要。

(2)生态空间的主要功能是提供各种生态服务和资源，以满足人类的需求　这些生态系统服务包括供给服务、调节服务、支持服务和社会文化服务等。供给服务指的是生态系统直接或间接提供各种生态产品，如食物、水源、基因资源和原材料等。调节服务指的是生态系统对地表气候、水文和土壤等要素的维护、修复和调控。支持服务涉及支撑生物栖息、繁殖和能量循环的能力，包括生物多样性、光合作用和营养元素循环等。社会文化服务则包括为人类提供物质享受、精神体验和服务场所的能力，如休闲游憩和教育等。

2. 生态空间的特点

生态空间是一个自然整体，由生物群落和非生物环境相互影响、相互作用构成，并具备自我调节功能。其独特之处包括以下方面。

(1)类型的多样性　根据不同的分类标准，生态空间可以被归为各种类型。例如，地理位置不同可以划分为陆地和海洋生态空间；植被类型的差异产生森林、草地、湿地等不同类型的生态空间；自然地理特征的不同使山地、平原、高原等成为生态空间的不同表现形式。

(2)功能的复合性　生态空间的划分主要涉及功能分区，即将拥有相似生态系统服务主导功能的地理单元划归为同一类。然而，多种功能可能在同一空间中重叠或交叉，形成复合性。举例来说，农田不仅用于粮食生产，还提供生态服务。此外，不同生态系统服务主导的子空间也可能具备多种功能。

(3)价值的人本性　尽管生态空间是自然的一部分，其范围却是由人类划定的，基于对自然资源和生态功能的需求评估而界定。这表示生态空间与人类之间存在紧密联系，生态系统服务的价值被人类的需求和价值体系所决定。因此，生态空间既反映了生态系统与人类的互动，也反映了有益于人类福祉的需求导向。

二、生态空间土地利用规划的发展历程

生态空间土地利用规划以生态系统调查与评估为基础，旨在保护和恢复生态功能。应通过科学方法制定策略与规划，统筹安排生态资源、生态用地和生态功能。生态空间土地利用规划在土地利用规划中占据重要地位，也是实现生态文明建设的重要途径。

生态空间土地利用规划的发展历程可从国际背景和中国进程两个方面探讨。

1. 国际背景

生态空间土地利用规划的兴起与全球对生态环境问题的关切及应对措施密切相关。20世纪中叶以来，伴随着人口、工业化和城市化的迅猛增长，全球面临一系列生态环境挑战，包括资源枯竭、环境污染、气候变化、生物多样性丧失等。国际社会在联合国的引领下，形成了一系列国际共识与主张，如1972年的《人类环境宣言》、1992年的《里约宣言》和2015年的《2030年可持续发展议程》。这些文件都强调了保护和恢复自然生态系统的重要性，并提倡以生态系统为基础的管理和规划理念。

同时，世界各国根据自身国情和需求，探索了不同形式和层次的生态空间土地利用规划实践。例如，欧洲自20世纪80年代起开始制定欧洲空间规划，并于1999年发布《欧洲空间发展战略》。这一战略强调在空间和环境影响评价的基础上管理自然资源，充分挖掘生态保护区和环境敏感区的经济潜力，进行综合资源规划，减少CO_2排放，保护土壤。美国在20世纪60年代开始采用基于地理信息系统(GIS)技术的景观规划，强调从自然生态的角度出发进行规划。1999年，美国提出了“绿色基础设施”概念，将其定义为“自然生命支撑系统”，旨在通过构建绿色基础设施网络来实现生态、社会和经济的协调和可持续发展。日本自20世纪70年代起实施第三次国土综合开发规划，逐渐将国土开发重心转向综合居住环境，包括自然环境、生活环境和生产环境。2008年，日本发布了《国土形成规划》，提出构建具有多样性和韧性的国土结构，以实现超强抗灾能力和美丽国土。

2. 中国进程

中国作为一个人口众多、人均资源相对匮乏、经济社会快速发展的大国，面对生态环境问题时积极探索了适合自身特点的生态空间土地利用规划路径。中国的生态空间土地利用规划历程可以概括为以下几个关键阶段。

(1)20世纪80年代至90年代初期　这一阶段主要以区域或专项为导向的分散规划实践为主。当时中国正处于改革开放后的高速经济增长时期，也面临环境治理的迫切需求。为解决突出的环境问题，中国相继制定了一系列区域性或专项性的环境保护规划或方案，如1984年的《长江武汉江段污染防治规划研究报告》和1993年的《长江干流九江—南京段水资源保护规划研究》等。此外，一些城市也开始制定城市绿地规划，例如1990年的《合肥绿地系统规划》和1993年的《北京市绿地系统规划》。然而，这些规划虽然具有可操作性，却缺乏整体性的生态空间概念。

(2)20世纪90年代后期至21世纪初期　这一阶段主要以生态基础设施规划为特点。中国加入世贸组织后，继续深化改革开放，提出可持续发展战略和生态文明建设思想。为了协调

经济、社会和环境的发展，中国借鉴国际上的生态基础设施理念，并将其应用于规划实践，例如北京市的城市生态基础设施规划等。这些规划强调城乡建设控制、绿化和生态建设要求，取得了一定成果。

(3)21 世纪初期至今　这一阶段主要以国土空间规划为核心。中国城市化和工业化迅速发展，带来了区域性生态退化和风险。生态空间类规划逐渐成为城乡规划的一部分，如北京市的限建区规划、深圳市的基本生态控制线规划、上海市的基本生态网络规划、成都的生态守护控制规划等。这一阶段也是中国全面推进生态文明建设，提出美丽中国目标和乡村振兴战略的时期。中国构建了"三区三线"国土空间规划体系，其中"三区"包括生态空间、农业空间和城镇空间，"三线"包括生态保护红线、永久基本农田和城镇开发边界。这一体系的目标是从源头保护自然资源，根据不同功能区域制定用地管控措施，实现人与自然的和谐共生。

三、生态空间土地利用规划与其他规划的关系

生态空间土地利用规划是一种新型、综合性、系统性的规划，是在土地利用规划、传统城市规划和国土空间规划等基础上发展而来的。相较于其他规划类型，它更注重保护和修复自然环境与生态系统，以实现人与自然的和谐共存。

1. 与国土空间规划的关系

生态空间土地利用规划与国土空间规划处于不同层次。国土空间规划是总体性规划，根据国家和地方的经济社会发展战略、自然资源条件、环境容量、社会需求等因素，对国土空间各用途进行合理配置、科学布局、有效管控。生态空间土地利用规划则是在国土空间规划基础上，专注于具有重要生态功能和价值的区域，制定专项规划，旨在保护和修复生态系统、维护国家生态安全、促进绿色发展。

生态空间土地利用规划是国土空间规划的重要组成部分，为国土空间规划提供了科学依据和技术支持，有助于实现国土空间开发与保护的平衡和协调。

2. 与城市规划的关系

生态空间土地利用规划是传统城市规划的重要组成部分。在城市规划中，生态空间土地利用规划涵盖了生态环境保护和建设，通过保护、修复和建设城市生态系统，改善城市的生态环境，提高城市的宜居性和竞争力，增强城市的形象和美誉度。

生态空间土地利用规划与城市空间规划相互促进。城市规划需要考虑如何避免城市扩张对生态空间的侵蚀，同时也需要考虑如何利用城市绿地和水域改善城市环境。生态空间土地利用规划也需要考虑城市发展的需要，如何为城市提供足够的空间和生态系统服务，以支持城市的经济和社会发展。

在实践中，需要对生态空间土地利用规划和城市规划进行权衡，需要综合考虑生态环境、社会需求和经济发展等因素，以达到平衡点。例如，在城市更新和改造中，需要保护历史文化遗产，同时也需要改善城市生态和社会条件；在城市交通规划中，需要减少交通污染，同时也要满足城市的交通需求和经济效益。

第二节　生态空间土地利用规划理论基础

一、景观生态学相关理论

1. 景观生态学概述

景观生态学(landscape ecology)一词最早由德国地理学家特洛尔(Carl Troll)于 1971 年在研究东非土地问题时提出。特洛尔的贡献在于奠定了地理学向生态学方向发展的基础,并将景观生态学定义为"地理学和生态学的有机组合"。景观指的是具有高度空间异质性的区域,由相互作用的景观元素或生态系统按一定规律组成。根据形状和功能的差异,景观元素可分为斑块、廊道和基质。

基质是指景观中面积最大、相对同质且连通性最强的背景地域,如广阔的草原、沙漠或连片分布的森林等。基质在很大程度上决定了景观的性质,对景观的动态具有主导作用。基质的判定标准包括相对面积、连接性和功能性。当某一要素所占的面积远大于其他要素、在空间上与其他同类要素相连或相邻、在生态过程中起主导或支配作用时,这种要素可以被认为是基质。例如,在一个森林景观中,森林可能是基质,因为它覆盖了大部分区域,并与其他森林斑块相连,在生态系统中发挥着重要作用。

廊道是指与周围景观基质不同的线状或带状景观要素。根据不同的分类标准,廊道可以分为多种类型,包括环境资源廊道、干扰廊道、残存廊道、种植廊道、再生廊道等。廊道具有多种重要的生态功能,如促进物种的迁移和扩散、维持种群的遗传多样性和稳定性、连接不同的生境斑块、提供边缘效应等。

斑块是指与周围环境不同、相对均质的非线性区域,包括环境资源斑块、干扰斑块、残存斑块和引入斑块。它们具有不同的功能和结构,可影响水质保护、河流网络的发展、生态系统的内部和边缘生境、自然干扰的缓冲能力等。

景观生态学着重研究景观中的这些要素之间的相互关系以及它们对生态系统的影响,以更好地理解和管理复杂的生态系统。

2. 景观尺度理论

在景观生态学中,尺度一词是指在研究某一物体或现象时所采用的空间或时间单位,同时也可指某一现象或过程在空间和时间上所涉及的范围和发生的频率。尺度可分为空间尺度和时间尺度,通常以粒度(grain)和幅度(extent)来衡量。空间粒度是指景观中最小可辨识的单元所代表的特征长度、面积或体积,例如样点或像元。时间粒度则表示某一现象或事件发生的频率或时间间隔。幅度指的是研究对象在空间或时间上的持续范围或长度,即研究区域的面积或研究项目的持续时间。

尺度在景观生态学中有两个重要维度,即空间尺度和时间尺度。大尺度对应于大范围的空间或时间尺度,通常关联着小比例尺和低分辨率。小尺度则对应于小范围的空间或时间尺度,通常与大比例尺和高分辨率相关。这两种尺度反映了不同级别的观察和分析。

不同的研究对象和问题需要在不同的尺度下进行研究。在景观生态学中,已经形成了对不同研究对象和尺度的普遍认知和对应关系,以便更好地理解和解决复杂的生态系统问题。图 7-1 为不同等级上的时间与空间尺度。

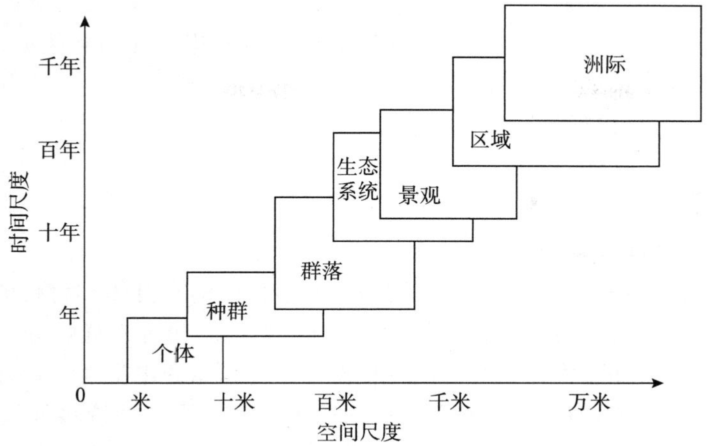

图 7-1　不同等级上的时间与空间尺度

3. 景观格局与过程理论

景观格局是指在一定尺度下，由不同景观要素组合形成的空间分布形态。它综合反映了景观结构，对生态景观流动和景观稳定性产生重要影响。景观格局研究旨在通过分析景观空间结构，识别与景观稳定性密切相关的基本结构特征。这方面的研究内容包括景观格局的时间变化规律、控制要素、对干扰扩散的影响、生态功能度量、变化预测模型、尺度转换规律等。

不同于景观格局，景观生态学强调了事件或现象的发展过程和动态特征。景观生态学研究的生态过程包括了种群动态、种子或生物体的传播、捕食者和猎物的相互作用、群落演替、干扰扩散和养分循环等。景观生态过程研究的主要任务是研究景观要素之间的联系方式和相互作用机制，例如动植物的物种迁移与扩散，以及生态系统内部物质流、能量流和信息流等。

建立景观格局与过程之间的相互联系是景观生态学应用研究的关键任务。景观格局是各种复杂因素作用的结果，影响和决定了各种生态过程。例如，斑块的大小、形状和连接程度等特征会影响景观内物种的多样性、分布、种群的生存和抗干扰能力。因此，建立景观格局与过程之间的关联是景观生态学研究的一个核心问题。

4. 景观生态理论在生态空间土地利用规划中的指导作用

生态空间土地利用规划以区域景观生态系统整体格局优化为核心目标，并借鉴了景观生态学原理及相关学科的理论方法。在生态空间土地利用规划中，景观生态学发挥了关键作用，具体体现在以下几个方面。

(1)提供理论基础和方法指导　景观生态学引入了一系列重要的理论概念和定量方法，如尺度、景观异质性、景观破碎化、斑块、廊道、基质等。这些理论框架和分析工具为生态空间土地利用规划提供了科学的支持和方法论基础。

(2)揭示空间格局与生态过程关系　景观生态学强调了景观空间格局对生态过程和功能的重要影响，包括信息流、物质流和能量流的传递，物种的分布和多样性，以及土地利用和覆盖的变化。这为生态空间土地利用规划提供了关键的评估指标和优化目标。

(3)考虑人文因素和美学理论　景观生态学认识到人类活动在塑造景观变化方面的重要性。同时，人类也是景观的感知者和评价者。因此，在生态空间土地利用规划中需要综合考虑人类需求、偏好以及景观的美学价值和文化内涵。

(4)促进跨学科和跨尺度协作　景观生态学跨多个学科领域，如土地科学、地理学、生物学、水文学和土壤学，为生态空间土地利用规划提供了多元化的视角和数据来源。同时，景观生态学关注不同尺度层次的相互联系，包括全球、区域、局部等，这为生态空间土地利用规划提供了多尺度的参考和综合考量。

二、生物多样性理论

1. 生物多样性的基本概念

生物多样性(biodiversity)是指一定范围内多种多样活的有机体(动物、植物、微生物)有规律地结合所构成的稳定的生态综合体。它包括遗传多样性、物种多样性和生态系统多样性3个层面。遗传多样性关注生物体内基因的多样性和遗传信息的丰富性。物种多样性集中在不同物种的数量和多样性上，包括区域和群落层面的多样性。生态系统多样性关注各种生态系统和生境类型的多样性。这些层面相互作用，反映了生物与环境之间的复杂关系，以及各种生态过程的总和。生物多样性的维护和理解有助于保护地球上丰富的生命资源。

2. 生物多样性理论的指示意义

(1)生物多样性与生态系统稳定性密切相关　随着物种数目的增加，生态系统的生产力和抵抗外部干扰的能力通常会增强。高生物多样性意味着更丰富的物种，导致更复杂的相互作用、食物链和食物网。当生态系统面临环境变化或内部种群波动时，高生物多样性使其拥有更强大的内在反馈机制，从而提高系统稳定性。此外，高生物多样性的生态系统具有更多的能量通道和途径，因此当某些通道受到干扰时，其他通道可以弥补损失，增强系统的抵抗力和恢复力，促使系统更加稳定。

(2)保护生物多样性即保护生产力　生物多样性不仅直接为人类提供食物、材料和药物等有用资源，还提供重要的间接价值，如维持水源、保持土壤、抑制沙漠化、净化水质、调节气候和改善环境等。此外，尚未充分了解和开发的物种具有巨大的潜在价值。相关研究表明，我国生物多样性的总价值每年达到40万亿元，其中直接使用价值1.8万亿元，间接使用价值37.31万元，潜在使用价值220亿元(表7-1)。因此，保护生物多样性对社会经济的可持续发展至关重要，是保护生产力的关键。

表7-1　中国生物多样性经济价值初步评估　　万亿元

直接使用价值	产品及加工品年净价值	1.02
	直接服务价值	0.78
	小计	1.80
间接使用价值	有机质生产价值	23.30
	CO_2固定价值	3.27
	O_2释放价值	3.11
	营养物质循环与储存价值	0.32
	土壤保护价值	6.64
	涵养水源价值	0.27
	净化污染物价值	0.40
	小计	37.31

续表 7-1

潜在使用价值	选择使用价值	0.09
	保留使用价值	0.13
	小计	0.22

3. 生物多样性理论在生态空间土地利用规划中的指导作用

(1)在自然保护区规划中的指导作用　生物多样性在区域生态空间土地利用规划中扮演关键角色，特别是在自然保护区的规划中。自然保护区的建立有助于维护关键生态作用和珍稀生物物种，重点应放在保护处于濒危状态的生物物种上。在规划和建设自然保护区时，需充分考虑与目标物种相互依存的其他生物物种和生境多样性的保护，以实现整个区域的生物多样性保护目标。

(2)在生态系统结构与功能设计中的指导作用　生物多样性对于提高生态系统的自我调节和抵御干扰的能力至关重要。因此，在人工设计生态系统的结构和功能时，应积极应用生物多样性原理。系统的设计应包括适宜的生物多样性水平，以最大限度地利用生态位的多样性和时间生态位的作用。这有助于增强生态系统的适应性、生产力和多功能性，实现多种生态服务的提供。

三、生态系统服务功能理论

1. 生态系统服务功能的概念

生态系统服务(ecosystem services)是指生态系统与生态过程所形成及所维持的人类赖以生存的自然环境条件与效用，它不仅给人类提供生存必需的食物、医药及工农业生产的原料，而且维持了人类赖以生存和发展的生命支持系统。与传统经济学意义上的服务不同，生态系统服务只有一小部分能够进入市场被买卖，大多数生态系统服务是公共物品或准公共物品，无法进入市场。

2. 生态系统服务功能的类型

生态服务功能类型可归纳为生产功能、调节功能、文化功能和支持功能 4 个大的功能组。生产功能是指生态系统生产或提供的产品；调节功能是指调节人类生态环境的生态系统服务功能；文化功能是指人们通过精神感受、知识获取、主观映像、消遣娱乐和美学体验从生态系统中获得的非物质利益；支持功能是保证其他所有生态系统服务功能提供所必需的基础功能，如植物的初级生产、花粉传播、土壤形成等功能。

根据生态系统服务功能的特点，又可将其细分为以下 17 个方面的具体服务项目：①气体调节，即大气化学成分调节；②气候调节，即全球温度、降水及其他由生物媒介的全球及地区性气候调节；③干扰调节，即生态系统对环境波动的容量、衰减和综合反应；④水调节，即水文流动调节；⑤水供应，即水的储存和保持；⑥控制侵蚀和保持沉积物，即生态系统内的土壤保持；⑦土壤形成，即土壤形成过程；⑧养分循环，即养分的储存、内循环和获取；⑨废物处理，即易流失养分的再获取，过多或外来养分、化合物的去除或降解；⑩传粉，即有花植物配子的运动；⑪生物防治，即生物种群的营养动力控制；⑫避难所，即为常居和迁徙种群提供生境；⑬食物生产，即总初级生产中可用为食物的部分；⑭原材料，即总初级生产中可用为原材料的部分；⑮基因资源，即独一无二的生物材料和产品的来源；⑯休闲娱乐，即提供休闲旅游活动的机会；⑰文化，即提供非商业性用途的机会。

3. **生态系统服务功能理论在生态空间土地利用规划中的指导作用**

生态系统服务功能对生态功能分区、生态价值评估、生态补偿价格的确定、生态环境保护措施制定、生态空间土地利用规划方案的实施等方面均具有重要的指导意义。

(1)有助于提高生态空间土地利用规划者、管理者与公众的生态环境意识　生态系统服务功能理论可以帮助生态空间土地利用规划者、管理者和公众更好地理解生态系统服务的价值，从而提高他们的生态环境意识。这有助于公众更全面地认识生态系统服务的重要性，促进对生态空间土地利用规划方案的理解和支持。

(2)有助于进行客观与科学的生态经济评价　现行的国民经济核算体系未能全面反映生态系统服务的间接价值，生态系统服务功能价值评价填补了这一不足。这有助于客观、科学地评估生态系统服务的经济价值，纠正了可能导致错误导向的经济社会发展和自然资源利用的偏差。

(3)有助于进行区域的生态功能定位，并制定科学的生态功能区划和生态建设规划　定量研究区域内不同类型生态系统的服务功能，可以确定各种生态系统的重要性、敏感性以及空间分布特征。这为确定优先保护的生态系统和区域提供了科学的依据，有助于制定合理的生态功能区划和生态建设规划。

四、生态适宜性理论

1. **生态适宜性理论概述**

生态适宜性(ecological suitability)是指某一特定生态环境对某一特定生物群落所提供的生存空间的大小及对其正向演替的适宜程度。所有生物的生长和发育都受到生态环境条件的限制和制约，只能在一定的环境梯度范围内生存(生态幅)。因此，生物通常会选择最适合其生存和繁衍的生境，并占据特定的生态位。在这种最适宜的生态环境条件下，生物种群能够维持最高的生命活力、生产力和稳定性。生态适宜性是自然界的一种普遍规律，它反映了生物对生态环境适应的客观表现。生物种的耐受性限度图解见图 7-2。

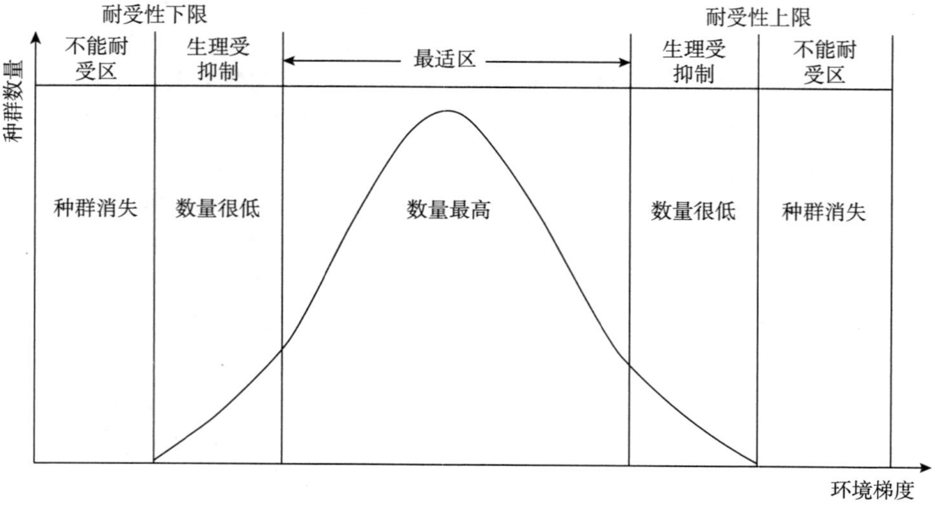

图 7-2　生物种的耐受性限度图解

2. 生态适宜性理论在生态空间土地利用规划中的指导作用

(1)生态适宜性理论有助于评价生态空间的功能和价值,包括供给服务、调节服务、支持服务和社会文化服务,关联了生态系统与人类福祉,是符合生态文明理念的重要工具。

(2)生态适宜性理论支持生态空间的布局和结构优化,考虑自然资源与环境特点以及资源利用要求,划分资源与环境的适宜性等级,为规划提供基础。

(3)生态适宜性理论协调和平衡生态空间与其他空间的关系,包括自然、经济和社会文化适宜性,综合考虑生态系统的服务功能、经济效益和社会效益,实现协调发展。

(4)生态适宜性理论指导开发和利用生态空间的优势,通过诊断与辨识特色资源,设计符合当地特点的生态资源环境与社会经济文化相适应的特色项目或产业,实现资源的优化配置。

五、可持续发展理论

1. 可持续发展的基本概念与内涵

可持续发展是指满足现代需求而不损害未来世代利益的发展方式,该概念首次在 1987 年世界环境与发展委员会《我们共同的未来》的报告中提出,并得到国际社会的广泛认同。

可持续发展是一个综合性概念,涵盖了经济、社会、文化、技术和自然环境等多个领域。它依赖于 3 个基本原则:公平性、持续性和共同性。这一理念旨在解决人口、资源、环境和发展等核心问题,通常被称为 PRED 问题。

可持续发展的核心思想是要协调人类社会中人口、资源、环境和经济发展之间的关系,以确保不损害他人和未来世代的利益为前提,追求可持续的发展。这一概念的目标是确保全球各国、地区和人民都有平等的发展机会,以及为子孙后代提供相同的条件和机会。同时,可持续发展要求我们与自然和谐相处,承担对自然、社会和子孙后代的道德责任。

2015 年 9 月,193 个联合国会员国在可持续发展峰会上正式通过成果性文件——《改变我们的世界:2030 年可持续发展议程》。这一涵盖 17 项可持续发展目标(简称 SDGs)和 169 项具体目标的纲领性文件旨在推动未来 15 年内实现 3 项宏伟的全球目标:消除极端贫困、战胜不平等和不公正以及保护环境、遏制气候变化。17 大目标分别为:①在全世界消除一切形式的贫穷;②消除饥饿,实现粮食安全,改善营养和促进可持续农业;③让不同年龄段的所有人都过上健康的生活,促进他们的安康;④提供包容和公平的优质教育,让全民享有终身学习机会;⑤实现性别平等,增强所有妇女和女童的权能;⑥为所有人提供水和环境卫生并对其进行可持续管理;⑦每个人都能获得价廉、可靠和可持续的现代化能源;⑧促进持久包容性的可持续经济增长,促进充分的生产性就业,促进人人有体面工作;⑨建设有抵御灾害能力的基础设施,促进具有包容性的可持续工业化,并推动创新;⑩减少国家内部和国家之间的不平等;⑪建设包容、安全、有抵御灾害能力的可持续城市和人类住区;⑫采取可持续消费和生产模式;⑬采取紧急行动,应对气候变化及其影响;⑭保护和可持续利用海洋和海洋资源,以促进可持续发展;⑮保护恢复和促进可持续利用陆地生态系统,可持续管理森林,防治荒漠化,制止和扭转土地退化现象,遏制生物多样性的丧失;⑯创建和平、包容的社会以促进可持续发展,让所有人都能诉诸司法,在各级建立有效、负责和包容性机构;⑰加强实施手段,重振可持续发展全球伙伴关系。

2. 可持续发展理论在生态空间土地利用规划中的指导作用

在进行生态空间土地利用规划时,必须兼顾现实基础与未来发展目标的平衡。这意味着我们不应忽视自然资源承载能力，以避免设定过高或超前的社会经济发展目标，也不应因过分侧重生态环境保护而压低未来社会经济发展水平。因此，在制定生态空间土地利用规划的不同时间段，包括近期、中期和远期规划时，都必须充分遵循可持续发展原则，确保规划的持续性，避免制定不可持续的发展规划。

此外，在进行生态空间土地利用规划时，应考虑区域公平性原则，不仅关注规划区内各地区之间的公平问题，还要考虑规划区与周边地区的生态资源环境利用和社会经济协调发展问题。具体而言，需要确保生态空间土地利用规划与其他地区发展规划以及部门发展规划之间的协同，以及与规划区周边地区相关规划之间的协调。

最后，在进行生态空间土地利用规划时，要充分考虑区域共同性和参与性原则。可持续发展需要各地区、各部门以及公民的共同参与，因此，在规划过程中应采用公众参与的方法，如开展问卷调查、与规划区领导和居民进行座谈，听取他们的意见和建议。这样制定的规划将更具可操作性和广泛的社会支持。

六、资源环境承载力理论

1.资源环境承载力概述

资源环境承载力是指在一定时期和区域范围内，在维持区域资源结构符合持续发展需要、区域环境功能仍具有维持其稳态效应能力的条件下，区域资源环境系统所能承受人类各种社会经济活动的能力。资源环境承载力包括资源承载力和环境承载力两个方面。从评价主体看，资源环境承载力研究既包括单项分类研究，也包括综合集成研究。狭义上讲，资源环境承载力是指在保证自然生态环境不受危害并维系良好的生态系统前提下，一定地域空间的资源禀赋和环境容量所能承载的人口与经济规模。

为适应可持续发展的要求，资源环境承载力研究已经从单一要素(如土地和水资源)的研究扩展到综合研究，包括资源、环境、生态等多个方面。20 世纪 70 年代，随着全球工业化和城市化的加速，传统的单一资源环境承载力研究已无法解决新问题，因此，资源环境综合承载力研究成为了关注的焦点。

从 20 世纪 90 年代开始，资源环境承载力研究学者们试图从不同角度，如自然资源支持、环境生产支持以及社会经济技术水平等，构建综合评价模型来评估区域资源环境承载力。

随着时间的推移，资源环境承载力研究逐渐实现了从分类到综合、从静态到动态、从定性到定量、从基础到应用的转变。但仍然存在一些挑战，表现在如何界定承载力的阈值、确定关键参数、标准化评价和综合计量等方面。为了比较不同要素，人们尝试将它们折算成能量、货币或其他度量标准。因此，从 20 世纪末到 21 世纪初，学者们发展了基于生态足迹、水足迹和能值分析的综合评价理论与方法，这些方法在推动资源环境承载力研究的跨世纪发展方面发挥了重要作用。

2.资源环境承载力评价在生态空间土地利用规划中的作用

资源环境承载力评价是国土空间规划编制的前提和基础，是对自然资源和生态环境本底相对客观的评价，目的在于全面摸清并分析国土空间本底条件，为统筹优化生态、农业、城镇空间布局提供支撑。其在生态空间土地利用规划中的作用主要体现在以下两个方面。

(1)明确生态空间的底线约束　资源环境承载力评价的主要目的之一是全面了解和分析国土空间的基础条件，尤其是自然资源和生态环境的现状。这为生态空间土地利用规划提供了必要的支持。通过评价,可以确定国土空间中生态系统服务功能至关重要和生态非常敏感的区域,进而划定生态保护的红线,以确保生态安全和生态文明建设。同时,评价还可以根据土地、水资源和环境等要素的数量、质量、结构以及分布特征,明确农业生产和城镇建设的最大合理规模和适宜空间。这有助于避免过度开发和利用,以免超出资源环境的承载能力。

(2)指导规划实施与监管　资源环境承载力评价不仅为生态空间土地利用规划提供了基础数据和科学依据,还为规划的实施和监管提供了指导。它可以用于制定空间用途管制政策和生态保护修复计划的参考标准,也可以通过建立资源环境承载能力的监测和预警机制,及时了解国土空间开发利用对资源环境承载能力的影响,发现问题并采取相应的措施。这有助于推动生态空间土地利用规划的实施,促使其朝着以生态优先和绿色发展为导向的高质量发展方向前进。

七、自然资源价值重建理论

(一)自然资源价值重建理论概述

自然资源价值的重建理论旨在弥补传统价值观的误区,以适应未来可持续发展的需求。传统价值观存在三个主要误区,即对资源无限性的错误观念、忽视生态系统服务价值以及认为环境容量无限的错误观念。这些误区导致了对资源和环境的过度开发和破坏,引发了全球性问题。传统的自然资源价值观已经无法满足可持续发展的要求,因此需要对自然资源的价值观进行重新构建。

随着社会经济的发展和人口、资源、环境问题的凸显,人们对自然资源的认知和利用方式发生了重大变化。自然资源不再仅仅被看作是生产要素,其提供的其他生态系统服务功能也变得越来越重要。因此,自然资源的价值变得多元化,重建自然资源价值体系被认为是实现可持续发展的基本前提。

经济合作与发展组织(OECD)在1996年发布的《环境项目和政策评价指南》中,对资源价值构成进行了重新审视。他们将传统的继承价值和存在价值与使用价值的不同层面并列,作为非使用价值的组成部分。在使用价值方面,也包括了间接使用价值和选择价值,这丰富了自然资源价值的内涵,使其更加准确和全面(图7-3)。

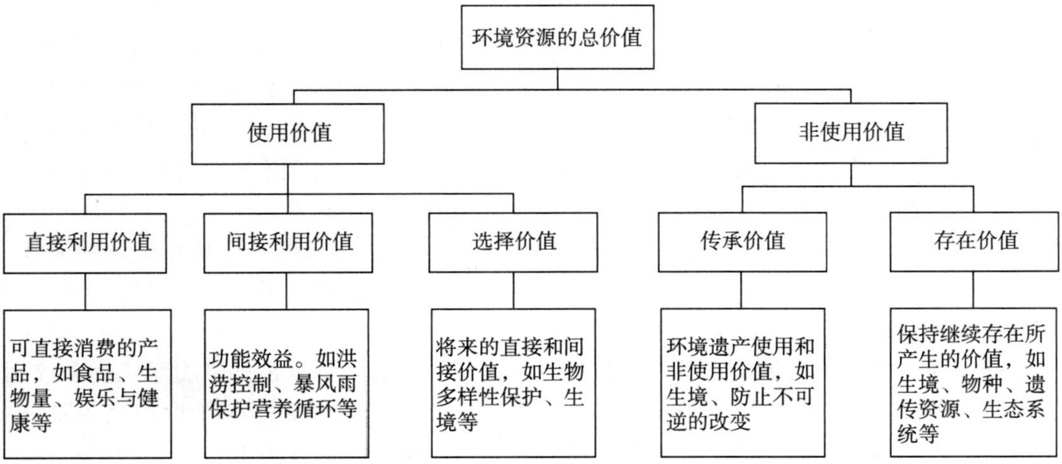

图7-3　经济合作与发展组织资源价值构成系统

(二)自然资源价值重建理论在生态空间土地利用规划中的作用

自然资源价值重建理论可以通过提高资源的价值和功能,对资源进行更加有效利用和保护,实现资源的可持续发展。在生态空间土地利用规划中,资源价值重建理论有以下作用。

(1)指导生态空间土地利用规划的目标和原则　资源价值重建理论强调要以生态文明建设为导向,坚持人与自然和谐共生的理念,实现国土空间的优化配置和高效利用,保障国家生态安全和人民生态福祉。这为生态空间土地利用规划提供了明确的目标和原则,要求在规划中充分考虑资源的生态价值、经济价值、社会价值和文化价值,平衡好生态保护、经济发展、社会公平和文化传承的关系,实现资源价值的最大化。

(2)指导生态空间土地利用规划的内容和方法　资源价值重建理论强调要以系统思维和科学方法进行资源的评估、核算、定价、交易和补偿,建立健全资源资产产权制度和法律法规,完善市场化、多元化的资源价值实现机制,推进资源总量管理、科学配置、全面节约、循环利用。这为生态空间土地利用规划提供了丰富的内容和方法。比如,要求在规划中运用多学科、多层次、多尺度的综合分析,采用定性与定量相结合的评估手段,制定符合地域特征和发展阶段的规划方案,构建适应不同类型区域和功能区域的管理体制和激励机制等。

(3)指导生态空间土地利用规划的实施和监督　资源价值重建理论强调要以精准施策和系统治理为手段,推动绿色发展、促进人与自然和谐共生,这为生态空间土地利用规划提供了有效的实施和监督手段。比如,要求在规划实施中因地制宜、分类指导、协同推进,采取适合不同区域和功能区域的生态保护修复措施,加强对国土空间开发利用保护修复情况的监测评估,及时调整完善规划方案,确保规划目标的实现。

总之,资源价值重建理论是生态空间土地利用规划的重要理论基础,有助于推动我国国土空间治理体系和治理能力现代化,促进经济社会的发展绿色转型。

第三节　生态空间土地利用规划的内容与方法

一、生态空间土地利用规划的内容

(一)生态空间土地利用规划的目的与任务

生态空间土地利用规划是一种以生态系统为基础,以生态安全为目标,以生态功能为导向,以生态效益为评价标准的国土空间规划。不同的学者和机构对生态空间土地利用规划有不同的理解和定义,但完整的生态空间土地利用规划应该包含以下几个方面的内容:①保障人类健康,营造适于人居的环境条件;②优化土地资源、水资源、矿产资源等自然资源的利用方式,提升其可持续利用水平;③维护自然生态系统的多样性和完整性。

基于此,生态空间土地利用规划的目的可以概括为:遵循生态控制论和系统论的原理,协调系统内部各种不合理的生态关系,提高系统的自我调节能力,在有限的外部投入条件下,通过各种技术和行政手段实现因地制宜的可持续发展。

生态空间土地利用规划的基本任务是探索不同层次生态系统发展的动力学机制和控制论方法,识别系统中局部与整体、眼前与长远、环境与发展、人与自然之间的矛盾冲突关系,寻找调和这些矛盾的技术手段、规划方法、管理工具。具体包括以下 3 个方面。

(1)充分了解自然环境特征、自然资源属性,以及自然生态过程规律和与人类活动的相互作用。

(2)使系统的发展立足于具体的社会经济条件和自然资源的潜力,形成系统社会经济功能与生态环境支持服务功能的互补与协调,突出系统优势。

(3)追求系统总体关系的协调,强调系统发展的高效和持续性,改善和提高系统的自我调控和自我发展能力。

(二)生态空间土地利用规划的基本原则

(1)整体性原则 强调规划目标与区域总体发展目标的一致性,以追求社会、经济和生态环境的整体效益。

(2)趋适开拓原则 以环境容量、资源承载力和生态适宜度为依据,寻求最佳的区域或城乡生态位,充分发挥生态系统潜力,促进可持续发展的生态建设。

(3)协调共生原则 强调不同子系统之间和各生态要素之间相互影响、相互制约,追求资源利用效率的提高,维持系统内部和系统与周围环境的协调、有序和相对平衡。

(4)区域分异原则 考虑到不同地区生态系统的结构、功能和规划目的的不同,需要在深入研究区域生态要素功能的基础上进行规划。

(5)高效和谐原则 建设高效和谐的社会-经济-自然复合生态系统,以自然为规划基础,以经济发展为目标,以人类社会对生态的需求为出发点。

(6)可持续发展原则 强调满足当代需求并且不危及后代发展需要的原则,促进资源的合理开发和保护,以实现人类社会的公平可持续发展。

(三)生态空间土地利用规划的步骤

生态空间土地利用规划编制工作一般按下列步骤进行。

(1)确定任务 当地政府应委托具备相应资质的单位编制区域生态空间土地利用规划,并明确具体的规划要求,包括规划的范围、时限,以及关注的规划重点等。

(2)收集资料和信息 规划编制单位应获取编制规划所需的当地生态环境、社会、经济等方面的资料和信息。这包括社会经济发展规划、区域建设总体规划,以及农业、林业、水资源等领域的发展规划等相关资料。在必要的情况下,还需要进行专门调查或监测,特别是对于生态敏感地区、代表地方特色的地区、需要重点保护的区域、受环境污染和生态破坏严重的地区,以及其他需要特殊保护的区域。

(3)制定规划大纲 生态空间土地利用规划大纲应根据所获得的资料和信息,对规划区的自然生态环境、区域特点、资源开发和利用状况等进行详尽分析。这有助于识别现有和潜在的主要生态环境问题,并基于社会经济发展规划和其他相关规划,预测规划期内社会经济发展和相应的生态环境变化趋势,从而明确规划的目标和侧重点。

(4)进行规划大纲评估 环境保护行政主管部门应组织对规划大纲进行评估,也可以咨询专家的意见。规划编制单位根据评估意见对规划大纲进行修订,以作为制定规划的基础。

(5)编制规划方案 按照生态空间土地利用规划大纲的要求,编制规划的文本和附图。规划文本通常包括总论、规划区的基本概况、现状调查与评估、生态功能区划、生态空间土地利用规划方案的制定、可行性分析以及实施方案等内容。

(6)进行规划审查 环境保护行政主管部门应组织对规划进行审查,规划编制单位根据审查意见对规划进行修订和完善,形成规划报批稿。

(7)规划的批准和实施 规划报批稿经县级以上人大或政府批准后,由当地政府组织实施。

（四）生态空间土地利用规划的内容

1.生态调查

生态调查的主要目的是获取规划区域内的自然、社会、人口和经济等各方面的资料和数据，以深刻了解规划区域的生态过程、潜力和制约因素。由于规划的性质和目标各异，因此所涉及的因素广泛而深入。因此，生态调查的方法和手段需要具备灵活性和多样性。

（1）实地调查　实地调查是最直接的数据收集方式，特别适用于小区域和大比例尺规划，可以直观地了解规划区域的自然条件、生态系统结构和功能、资源利用情况，以及环境质量等方面的信息。

（2）历史调查　人类活动和自然环境相互作用并长期影响，导致了资源枯竭、土地退化、环境污染和生态破坏等问题。这些问题通常是人类不适当活动的历史遗留问题。在生态调查中，历史调查可以提供有关人类活动和区域环境问题之间关系的线索，同时还可以为规划者提供借鉴和警示。

（3）社会调查和公众参与　生态空间土地利用规划强调以人为本，注重公众参与。因此，通过社会调查，可以了解区域内不同社会层面的人们对发展的需求和关注的重点问题，这些信息可以在规划中充分体现公众的期望。同时，配合专家咨询和座谈，将专业知识与规划相结合，提高规划的科学性和可行性。

（4）遥感调查　近年来，遥感技术的快速发展提供了高效的方法来获取区域空间特征数据。结合地理信息系统的使用，遥感调查已成为生态空间土地利用规划的重要数据来源。遥感调查可以迅速获得土地利用类型、植被覆盖、水系密度等区域内的空间信息，为规划提供重要的基础数据和分析工具。

2.生态空间评价

生态空间评价主要应用生态系统和景观生态学理论及方法，对规划区域的系统组成、结构、功能和过程进行详细分析和评估，以深入了解规划区域的生态潜力和限制因素。生态空间评价包括以下几个方面的内容。

（1）生态格局评价　生态格局评价主要通过分析规划区域内的景观类型、斑块大小、形状、分布和连通性等指标，以反映区域内的景观结构和功能特征。人类长期的活动使得区域内的景观结构和功能带有明显的人工痕迹。不同类型的景观，如农田、城镇、自然河道等，构成了区域的景观格局。特别是自然斑块的保留对于维护区域的生态条件和生物多样性具有重要意义。

（2）生态过程评价　生态过程评价主要通过分析区域内能量、水分、养分等物质在不同景观类型之间的流动和转化来反映生态系统对外部干扰和变化的响应和适应能力。生态过程是由生态系统的类型、组成和功能决定的，是生态系统和其功能的宏观表现。在生态空间土地利用规划中，关注的重点是人类活动对生态过程的影响，尤其是与区域发展和环境密切相关的生态过程，如能量流动、物质循环、水循环、土地承载能力和景观格局等，需要进行综合分析。

（3）生态潜力评价　生态潜力评价狭义上指单位面积土地可能达到的第一性生产力，是综合反映区域的光、温、水和土地资源的定量指标。它通常表示了该区域农业、林业和牧业生态系统的生产力上限。广义上的生态潜力涵盖了区域内所有生态资源在自然条件下的生产和供应能力。对生态潜力的分析，可以找到制约发展的主要生态环境因素。

(4)生态适宜性评价 生态适宜性评价是生态空间土地利用规划的核心,也是最广泛研究的领域之一。其目标是根据区域的自然资源和环境性能,按照发展需求和资源利用要求,划分资源和环境的适宜性等级。生态适宜性评价方法多种多样,尤其是随着地理信息系统技术的发展,评价方法得到了进一步发展和完善。

(5)生态敏感性分析 在复杂的生态系统中,不同的子系统或景观斑块对人类干扰的响应不同。有些生态系统具有较强的抵抗力,有些具有较强的恢复力,而有些则非常脆弱,容易受到破坏且难以恢复。因此,在生态空间土地利用规划中,必须分析和评价不同因素对人类活动的响应敏感性。生态敏感性分析通过分析不同景观类型或斑块在受到人类活动干扰后的变化程度和恢复能力,以确定它们对人类活动干扰的敏感程度。这包括水土流失评价、自然灾害风险评价、特殊价值生态系统和人文景观评价、重要集水区评价等。

3.规划决策

生态空间土地利用规划的根本目标是制定区域发展的策略与路径。规划决策基于生态空间评价,根据规划主体的发展需求、资源环境以及社会经济条件,选择符合生态经济原则的发展方案和措施。规划决策的内容包括以下方面。

(1)生态功能区划与土地利用布局 对于范围较大且存在空间异质性的区域,根据区域复合生态系统的结构和功能,进行生态功能分区,将区域划分为不同的功能单元,研究其结构、特点、环境承载力等问题,为各区提供管理对策。土地利用布局应以生态适宜度分析结果为依据,考虑政策、法规、技术和经济可行性,划定各类用地的范围、位置和面积。

(2)规划方案的制定、评价和选择 在前述分析和评价的基础上,根据发展目标、需求和资源环境的适宜性,制定具体的生态空间土地利用规划方案。这些规划包括生态空间总体规划、环境保护规划、国土整治与修复规划、绿地系统建设规划等。规划方案的制定要综合考虑各区的生态环境现状、问题、发展趋势以及生态适宜性,提出合理的布局方案,最终目标是促进社会经济发展、改善生态环境条件并增强区域的可持续发展能力。

二、生态空间调查方法

(二)自然环境与自然资源状况调查

1.地貌特征调查

地形地貌是自然地理环境的基本组成部分,通过影响地表能量和物质的分布和转化,对生物的生长、发育及其空间分布产生重要影响。因此,在自然环境野外调查时,识别、描述和定量测量地形地貌是基础而必要的工作。地形地貌的形成和演化受自然和人为因素影响,各种地貌类型反映了不同的地貌发育和水文过程,需从动力学、形态学和功能学等角度进行综合研究,同时参考已有的地形图和遥感影像进行综合分析。

2.地质基础调查

地质基础是地形地貌和生态环境形成的物质基础。野外地质状况调查通常包括岩石矿物组成、岩石类型、岩层产状、构造类型、构造活动和构造应力等内容。这些因素构成了区域地质的背景和特征。对地质构造状况的调查对于深刻理解特殊地貌的形成机制及相关生态现象具有重要意义;还可以综合分析各种地质因素的特点和规律,收集和利用各种地质图,获取有关区域的岩性、层序、构造、变质、沉积等信息。

3. **气候条件调查**

气候条件是主导性的生态环境因子，不同的气候类型直接影响生物的生长、生物种类和数量及其分布，同时控制和影响能量平衡、水循环、土壤侵蚀、物质循环、生态过程等，对自然环境、生态系统和人类的生产和生活都有重要影响。因此，在自然环境调查中，加强气候数据的收集与分析具有十分重要的意义。气候因素调查包括气温、降水量、蒸发量、风速、相对湿度等常规气象要素，以及极端气象事件（如高温、低温、干旱、洪涝等）。

4. **水文条件调查**

水体是地球上重要的生态系统，水对水生生物和生态环境具有重要影响。水文条件调查包括河流水系的流量、流速、洪枯变化，以及水体的理化性质（如水温、光照强度、透明度、浊度、pH、溶解氧等），同时需要关注极端水文条件（如干旱、洪水、寒冻等）。

5. **土壤条件调查**

土壤是地球陆地表面的一层不断演变的自然客体，对陆地植物的生长和区域生态环境具有重要影响。土壤条件调查包括土壤物理性质（如含水量、温度、容重、质地、孔隙度、紧实度等）、化学性质（如有机碳、全氮、全磷、全钾、酸碱度、速效氮磷钾、铵态氮、硝态氮等）、酶活性（如蔗糖酶、纤维素酶、脲酶、碱性磷酸酶、过氧化氢酶等）以及微生物性质（如群落丰富度、多样性指数以及微生物碳和氮等）的调查和测定。

6. **植物群落调查**

植物群落是指在一定时间内，在一定空间范围或生境条件下，由各种植物种群所构成的集合体。植物群落的野外调查包括植物群落的空间结构（垂直结构和水平结构）、时间结构（群落的季节变化和演替过程）、功能结构（群落的能量流动和物质循环）以及多样性分析等内容。植物群落的多样性可以采用 Shannon-Wiener 多样性指数、Simpson 多样性指数、Pielou 丰富度指数和均匀度指数等方法进行分析。

（二）生态环境质量状况调查

生态环境质量状况调查是评价和分析研究区域的自然和人工环境的生态功能和效益的过程，是制定生态空间土地利用规划的重要基础。人类活动的不断增加和扩展，如人口增长、工业化和城市化等，对生态环境造成了压力和挑战，导致生态系统的退化、生物多样性减少、资源枯竭和污染、气候变化等问题。因此，了解研究区域的生态环境质量状况对于合理规划生态空间、保护和恢复生态系统、实现可持续发展至关重要。然而，由于不同调查目的、对象和尺度的差异，生态环境质量状况调查的内容也各不相同。在乡村生态空间土地利用规划中，调查主要侧重于乡村自然环境、人工环境、经济结构和社会结构等方面，更关注与乡村发展相关的生态问题和影响因素。而在大区域的全面生态环境质量状况调查中，则需要考虑更全面和系统的调查内容。

（三）社会经济状况调查

社会经济状况调查有助于系统观察、分析和解释社会现实，并预测和评估社会发展变化。在当今人类活动与环境相互关联日益紧密的背景下，社会经济状况调查也有助于研究人类活动对环境的影响程度和方式，以及人们如何应对环境变化。根据研究对象和目的的不同，社会经济状况调查采用不同的调查设计和技术。

社会经济状况调查内容包括社会经济基本指标（如人口、国内生产总值、产业结构、人均可支配收入、单位 GDP 能耗、单位 GDP 耗水量等)、土地利用现状、工矿开发状况、生态示范区建设与管理等。这些内容反映了地区或国家的社会经济发展水平和特点,以及对自然资源和生态环境的利用和保护情况。

(四)重点生态区调查

重点生态区包括需要特殊保护的区域,如饮用水源保护区、自然保护区、风景名胜区、生态功能保护区、基本农田保护区、水土流失重点防治区、森林公园、地质公园、世界遗产区、重点文物保护单位、历史文化保护地等。此外,还包括生态敏感与脆弱区,如沙尘暴源区、荒漠中的绿洲、严重缺水区、珍稀动植物栖息地或特殊生态林、热带雨林、红树林、珊瑚礁、鱼虾产卵地、重要湿地和天然渔场等。社会关注区也在重点关注范围内,包括人口密集区、党政机关集中办公区、疗养地等。

三、生态空间评价方法

生态空间评价是综合运用复合生态系统的观点以及生态学、环境科学、系统科学等跨学科理论和技术方法,对评价对象的组成、结构、生态功能、主要生态过程、生态环境的敏感性与稳定性以及系统发展演化趋势等进行全面评估与分析。这个过程有助于深入了解系统发展的潜力和制约因素,同时也能够评估不同政策和措施可能产生的效果。生态空间评价在协调复合生态系统的发展与环境保护之间发挥着关键作用,也为制定生态空间土地利用规划提供了基础。它贯穿整个生态空间土地利用规划过程,内容包括对历史和现状进行评价,找出差异的原因,对规划结果进行评估,预测未来,进行对比分析,最终综合各方案的目标与效益,以便选择最合适可行的方案。

(一)生态服务功能评价

2005 年,联合国千年生态系统评估(millennium ecosystem assessment,MA)指出:生态系统服务功能是指人类从生态系统获取的效益,生态系统服务功能的来源既包括自然生态系统也包括人类改造的生态系统,包含了生态系统为人类提供的直接的和间接的及有形的和无形的效益。生态服务功能类型可以归纳为产品供给服务、调节服务、文化服务和支持服务 4 个大的功能组。产品供给功能是指生态系统生产或提供产品的功能;调节功能是指调节人类生态环境的生态系统服务功能;文化功能是指生态系统为人们提供精神感受、知识获取、主观映像、消遣娱乐和美学体验等非物质利益的功能;支持功能是保证其他所有生态系统服务功能提供所必需的基础功能,如植物的初级生产、土壤形成、生境提供等(图 7-4)。

生态服务功能的评价方法主要分为 3 类:物质量评价法、价值量评价法和能值分析法。

1. 物质量评价法

这种方法从物质量的角度对生态系统提供的各项服务进行定量评价。生态系统的结构和过程直接影响生态系统服务功能的物质量水平。在评估区域生态系统服务的可持续性时,通常使用物质量评价法。如果生态系统提供的服务的物质量在一段时间内不减少,那么可以认为该生态系统处于理想状态,具有可持续性。这种方法可用于评估土壤保持能力等服务功能。

2. 价值量评价法

价值量评价法则从货币价值的角度对生态系统提供的服务进行定量评价。这种方法考虑了直接使用价值(如具有市场价格的食品和旅游服务)、间接使用价值(无法商品化的生态服务

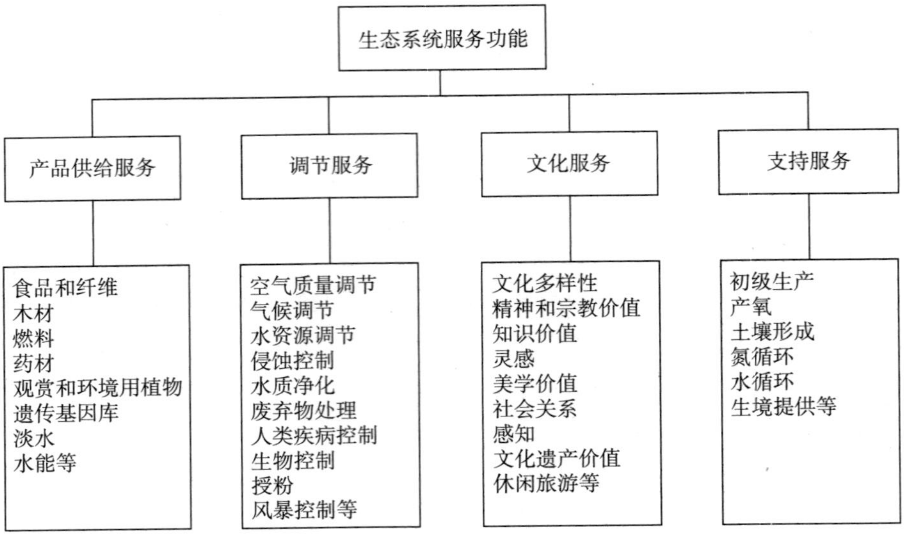

图 7-4　联合国千年生态系统评估生态系统服务功能分类

功能，如气候调节和生物多样性保护）以及存在价值、选择价值和遗产价值。货币量的评估，可以比较不同生态系统的服务功能，并引起人们对这些功能的关注。这种方法还有助于将生态系统服务功能纳入国民经济核算体系，实现绿色 GDP 的计算。

3. **能值分析法**

能值分析法将不同类型的能量用太阳能焦耳值表示，以衡量生态系统服务功能的真实价值。这种方法可以将各种服务功能转化为同一标准，从而进行定量比较。能值分析法将生态系统与社会经济系统统一起来，有助于调整生态环境与经济发展之间的关系，科学评估和合理利用生态资源，制定生态保护计划，以及对未来地球系统的预测。

（二）生态适宜性评价

生态适宜性评价是确定规划区内生态因素对土地利用方式的适宜程度，或者确定生态环境条件的最适宜生态利用方向的过程。这是生态空间土地利用规划的核心任务之一。生态适宜性评价的目标是将景观生态类型作为评价单元，基于区域资源和生态环境的特点，分析区域发展与生态系统的敏感性与稳定性之间的关系，了解自然资源的生态潜力以及可能对区域发展施加的制约因素。此外，它还研究不同生态类型对资源开发的适宜性和限制性，并根据这些分析结果划分适宜性等级，为生态空间的合理规划和生态环境建设策略的制定提供依据。

生态适宜性评价的一般步骤如下。

（1）生态因子选择　正确选择生态因子对于生态适宜性评价至关重要。因子的选择需要充分考虑生态环境变化以及用地生态适宜性的主导因素。应特别关注那些对生态环境具有较高影响的生态限制因子。

（2）单因子分级评价　在选择了分析因子后，首先需要对每个因子进行适宜性分级和逐一评价。在进行单因子分级评分时，需要考虑生态因子对给定土地利用类型的生态作用，同时也要充分考虑用地的生态特点。

（3）综合适宜性分级　它是基于各个单因子的分级评分，对各种用地类型进行综合适宜性分析。这个步骤将考虑多个因素，以确定不同用地类型的最终适宜性等级。

（三）生态承载力评价

生态承载力是在一定时期内，在资源的合理开发利用和生态环境良性循环发展的前提条件下，一定区域生态系统可持续承载的人口数量、经济强度及社会总量的能力。资源承载力是生态承载力的基础条件，环境承载力是生态承载力的约束条件。

对于承载力的量化，国内外提出了许多直观的、较易操作的定量评价方法及模式。

（1）自然植被净第一性生产力测算法　该方法用于评估植被净第一性生产力，这是植物与环境互动的结果。它对于评估生态系统结构、功能以及人口承载能力至关重要。此外，它还提供了地区和全球生物生产力的知识，可用于估计粮食资源分布、提高生产力水平、了解区域生态系统的最大容量等。

（2）供需平衡法　这种方法反映了一定时间和区域内的生态环境系统对社会经济发展和人类需求的满足程度。它通过比较区域现有的生态环境质量与人们所需的生态环境质量之间的差异来衡量生态承载能力。正差值表示可持续的承载能力，零差值表示临界状态，负差值表示超载。

（3）状态空间法　状态空间法是一种时域分析方法，不仅描述了系统的外部特征，还揭示了系统的内部状态和性能。它使用三维状态空间轴表示人口、经济社会活动和区域资源环境，以表示区域在一定时间尺度内的不同承载状态。状态空间法还用原点与系统状态点的矢量模数来表示区域承载能力大小，并构建承载曲面来分析承载状态。

（4）模型预估法　承载力研究引入各种数学模型，从早期的线性规划模型到现代的系统动力学模型、模糊目标规划模型和层次分析模型等。这些模型提高了研究的定量水平和精确度，推动了承载力研究的综合和深入。

（5）生态足迹分析法　生态足迹用于衡量资源消耗和废物产生的生态占用，可以把它比喻为人类在地球上留下的生物生产土地的脚印。生态足迹的计算基于两个假设：人们能够追踪自身的资源消耗和废物产生，并能够将它们转化成所需的生物生产面积。生态足迹与地区生态系统的生产力面积进行比较，正值表示生态盈余，负值表示生态赤字。

（四）生态安全评价

生态环境系统受到多种因素的影响，包括自然和人文因素。生态安全是区域可持续发展的目标，也是一个不断演进的过程。它涵盖国土安全、水资源安全、环境安全和生物安全 4 个方面，构成一个动态的安全体系（图 7-5）。

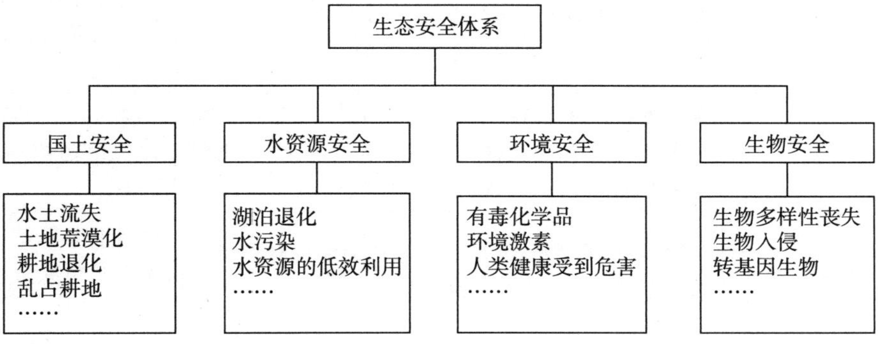

图 7-5　生态安全体系构成

生态安全评价是通过选定指标和标准，运用适当的方法，对生态环境系统的安全状况进行定量评估的过程。它旨在评估生态环境或自然资源受到威胁因素影响后，其生态安全性和可能出现的不利生态后果的概率。这可为国家的经济和社会发展战略提供科学依据。

生态安全评价包括评价主体、评价对象、评价目的、评价指标和评价方法等5个相互关联的要素。评价主体负责实施评价工作，评价对象是评价系统的客体，评价目的是为了评估生态系统的危险性和不利后果的严重程度，以寻求最佳的系统安全状态，从而保护生态系统的服务功能和可持续性。

生态安全评价方法分为定性和定量两种。定性评价可以使用少量的定量信息来评估效应和影响，从而为决策提供多层次的信息。定量评价方法包括暴露-响应分析、综合指数法、模糊综合评判法、层次分析法、聚类分析法、生态足迹法、能值分析法、生态模型模拟法和景观分析法等。综合指数法是最常用的方法之一。随着模型分析方法的发展，将成熟的生态模型应用于生态安全研究也成为重要的发展方向。生态安全评价的主要方法与案例见表7-2。

表7-2　生态安全评价的主要方法与案例

评价模型	代表性方法	特点	案例
数学模型	综合指数法	体现生态安全评价的综合性、整体性和层次性，但易将问题简单化，难以反映系统本质	海南岛生态安全评价（肖荣波等，2004）
	层次分析法	评价指标优化归类，需要定量化数据较少，但存在随意性，难以准确反映生态环境及生态安全评价领域实际情况	旅游地生态安全评价研究——以五大连池风景名胜区为例（董雪旺，2003）
	聚类分析法	适用于指标选取、指标权重的计算及指标阈值的确定等各个环节，但当指标数量较少，指标数值变化较小时，将会影响聚类结果	内蒙古锡林浩特市生态安全评价与土地利用调整（卢金发等，2004）
	模糊综合法	考虑了生态安全系统内部关系的错综复杂及模糊性，但模糊隶属函数的确定及指标参数的模糊化会掺杂人为因素并丢失有用信息	中小型水库库区生态安全性综合评价（张继等，2005）
	灰色关联法	对系统参数要求不高，特别适合尚未统一的生态安全系统，但分辨系数的确定带有一定主观性，从而影响评价结果的精确性	首都圈怀来县生态安全评价（陈浩等，2003）
	物元评判法	有助于从变化的角度识别变化中的因子，直观性好，但关联函数形式确定不规范，难以通用	城市生态安全评价指标体系与评价方法研究（谢花林等，2004）
	主成分投影法	克服了指标间信息重叠问题，客观确定评价对象的相对位置及安全等级，但未考虑指标实际含义，易出现确定的权重与实际重要程度相悖的情况	主成分投影法在生态安全评价中的应用（吴开亚，2003）
生态模型	生态足迹法	表达简明，易于理解，但过于强调社会经济对环境的影响而忽略其他环境因素的作用	西昌市生态空间占用及其生态系统安全评估（方一平等，2004）

续表 7-2

评价模型	代表性方法	特点	案例
景观生态模型	景观生态安全格局法	景观生态安全可以从生态系统结构出发综合评估各种潜在生态影响类型	生物保护的景观生态安全格局(俞孔坚,1999)
	景观空间邻接度法	在空间尺度上特别适应生态安全研究,主要着眼于相对宏观的要求	绿洲景观空间邻接特征与生态安全分析(角媛梅等,2004)

(五)生态风险评价

生态风险评价是研究可能导致不利生态效应的一种或多种压力形成的概率的过程。其主要目的在于帮助人们理解和预测外部生态影响因素与生态后果之间的关系,以促进环境保护决策的制定。生态风险评价被认为有助于预测未来可能出现的生态不利影响,或评估过去因素对生态变化的可能性。

生态风险评价是一个预测人类活动可能对生态系统结构、过程和功能造成不利影响的过程,它为发现和解决生态环境问题提供了决策基础,也是生态空间土地利用规划评价的重要组成部分。生态风险评价通常包括以下 5 个主要步骤:风险评价规划、问题识别、数据分析、生态风险表征和风险报告。

(1)风险评价规划　在此阶段,风险管理者与评价者需明确评价的目标、范围、时间,并确定有效资源的需求,并确定必要性。此外,还需要综合考虑生态系统、法律法规要求以及公众的反馈等信息,以解释评价的目标。

(2)问题识别　问题识别阶段是生态风险评价的基础,其目标是建立风险评价的目标,确定存在的问题,并制订数据分析和风险表征计划。

(3)数据分析　此阶段主要涉及技术研究,对数据进行分析,总结生态暴露和压力与生态效应之间的关系。数据分析包括暴露表征、分析和描述压力数据、环境中压力的贡献、生态受体对压力的关联和协同作用等。

(4)生态风险表征　该阶段使用了数据分析阶段的结果,估算了在先前的分析计划中确定的评价终点所面临的风险。这一阶段的任务是解释风险估计结果,报告风险。生态风险表征应提供明确的信息,供风险管理者参考;如果不能充分定义生态风险,可以选择进行新一轮的风险评价过程。

(5)风险报告　风险表征完成后,评价者可以估算生态风险,指出风险估计的置信度,列出支持风险估计的证据,解释风险的危害等,然后将这些信息写入生态风险评价报告中。报告要求清晰、明确、合理且一致,应包括评价计划、概念模型和评价终点的概述、数据来源和分析程序的讨论、压力-效应和暴露框架的描述,以及风险估计和危害研究的评估与总结。此外,报告还需讨论主要不确定性、方法使用、不确定性程度、主要数据缺陷以及增加数据收集对风险估计置信度的影响等内容。

(六)生态敏感性评价

生态敏感性评价是指生态因子在不损害环境质量的前提下对外界压力或干扰的适应能力。对符合生态系统的敏感性进行分析,可以为未来区域发展规划和环境整治提供科学依据,建立合理的环境保护和生态建设对策框架,为区域可持续发展提供指导。

由于不同的生态系统处于不同的发展阶段，受到自然、社会和经济环境的影响程度各异，因此生态敏感性评价的指标、尺度和目标也各不相同。通常，生态敏感性评价采用定性与定量相结合的方法。鉴于评价对象、范围和内容的多样性，采用的评价方法和手段也会有所不同，但这些方法通常相互交叉和相互借鉴。

生态敏感性评价的方法包括以下几种。

（1）地图叠加法　最初的生态敏感性评价采用地图叠加法，即根据评价因子的分布，建立各因子的单因子专题图，然后将它们叠加生成复合图。这种方法相对直观，但它将各个评价指标平均看待，没有考虑到不同因子对生态系统的影响程度不同，实际上是一种等权叠加法。

（2）加权叠加法　目前，生态敏感性评价倾向于使用加权叠加法，通常在 ArcGIS 等地理信息系统的支持下进行。该方法首先对各评价因子进行分级，确定它们的相对权重。然后，利用地理信息系统的空间叠加分析功能，对各因子进行综合评价，最终生成生态敏感性分布图。这种方法易于理解且操作相对简单，因此在实践中得到广泛应用。不过，这种方法中各因子通常是被视为相互独立的，且选择因子和确定权重需要评价者具备较高的专业知识和经验。

（3）生态因子组合法　生态因子组合法将各因子进行分类组合，然后进行生态敏感性分析。这种方法分为层次组合法和非层次组合法。层次组合法首先将生态因子进行组合，然后将这些组合因子视为新因子，与其他因子再次进行组合，最终确定各评价单元的等级。非层次组合法则将所有生态因子一起组合来判断各评价单元的等级。不过，目前这种评价方法尚不成熟，相关理论研究有限，尚未形成完整的评价体系。

四、生态空间土地利用规划方法

（一）基于底线管控与约束的生态空间土地利用规划

在城市作为复杂巨系统的发展和运行过程中，各种自然资源如水、土地、能源等，是维持生产和生活的原生动力，而环境质量则是城乡高质量发展的外部制约因素。生态系统则是城乡生态空间的基本组成部分。生态空间土地利用规划基于底线管控与约束的框架体系，根据特定区域和发展阶段的资源基础、环境质量和生态功能，对国土生态空间的各要素进行综合评估和系统分析。这包括明确生态系统所提供的不同产品和服务类型以及它们的价值，对各类生态功能和效益进行评估。这一过程有助于确定需要重点底线管控的生态要素类型和规模，明确国土空间开发利用中不可逾越的生态约束边界。

在实现自然资源的合理利用，保障环境质量和提升生态功能的过程中，我们可以从以下 4 个方面组织这一框架。

（1）国土生态空间格局分析　这一步骤旨在形成一张全面的生态空间土地利用规划底图，主要涉及生态空间类型和范围的识别以及格局演变的分析。

（2）自然资源资产评估与核算　这一步骤是推进自然资源资产管理和产权制度改革的科学基础，主要包括各类自然生态资源的实物量分析（如农、林、牧、渔、水、能源等）、生态系统服务价值的核算，以及自然资源资产负债表等内容，以反映自然资源资产的状况。

（3）资源承载力评估　这一步骤旨在表征国土空间在特定功能指向下的资源承载能力。它包括自然资源开发利用现状评估、专项资源（如水、土地、大气）承载力评估、资源环境综合承载力评估，以及承载力情景模拟和预测等相关内容。

（4）生态空间综合评价　这一步骤涉及反映生态因子特征及其对区域发展可能产生的制

约作用。它包括生态系统服务功能评价、生态敏感性评价、生态适宜性评价、生态安全评价、生态风险评价等，以及在这些基础上的生态空间综合重要性分级等内容。

（二）面向生态保护与修复的生态空间土地利用规划

城市化和人类活动对自然生态系统构成了严重威胁，导致生态系统的退化和生态系统服务的损失，这是城市生态环境问题的主要原因之一。生态空间土地利用规划为保护和恢复生态系统提供了一种有效的空间治理方法。面向生态保护与修复的框架体系，基于国土生态空间的“要素-格局-过程-服务”级联框架考虑了全域的相互关联，并结合实际规划需求，着重关注生态保护、生态建设和生态利用等核心内容。这一框架综合了相关方法、软件和模型，旨在为“区域型”的生态保护规划、生态修复规划，以及以水资源和绿地为核心的“要素型”专项规划提供科学的量化支持。

以下是按照上述逻辑组织的 4 个层面的框架内容。

（1）生态保护规划　这一部分包括山水林田湖草沙等生态要素的结构和区划分析，重要生态保护空间的识别和功能区划，以及通过构建生态安全格局来引导生态空间布局等内容。

（2）生态修复规划　这一部分着重考虑从对象评估到修复分区再到效益反馈的全过程规划决策支持。它包括生态系统演变规律的分析、受损生态空间的辨识（基于生态风险、生态胁迫和生态健康等评价方法）、生态系统退化程度和影响因素的明确，以及结合社会经济适应能力进行生态修复分区划定和生态修复效益评估等内容。

（3）蓝色生态空间土地利用规划　这一部分综合考虑了水资源、水环境、水生态和水安全等方面，规划包括水文水资源评价（如流量、基流）、地表和地下水环境质量评价、水生态健康评价、水生态环境功能区划，以及基于水生态过程分析的重要水生态空间的划定等内容。

（4）绿色生态空间土地利用规划　这一部分综合考虑了植被和绿地的结构、规模、质量和布局。规划内容包括绿色空间的水平和垂直格局及结构分析，基于绿量、绿容率和绿视率等指标的绿色空间规模评价，基于植被指数和净初级生产力等指标的绿色空间质量分析，以及基于可达性分析和绿色基础设施构建的绿色空间布局优化引导等内容。

（三）促进人与自然协调发展的生态空间土地利用规划

促进人与自然协调发展的框架体系旨在体现人与自然和谐共生的规划理念，强调面向整体生态系统的协调和全局优化。这一框架要兼顾生态文明建设的要求，推动生态平衡的实现，同时满足高质量发展的需要，促进自然资源的可持续利用。框架的设计遵循了生物多样性、生态系统功能、生态系统服务和人类福祉之间的关系链条。生物多样性被认为是所有生态系统服务的基础，因此，我们强调通过强化生物多样性保护来提供优质的生态产品和服务，以满足人类多层次的生态需求和幸福感。此外，过去采用的国土空间开发方式通常较为粗放，导致了一系列不利的生态环境影响，特别是极端天气事件和雨洪灾害等气候变化问题已经成为当今社会面临的主要挑战之一。因此，碳源和碳汇的优化管理以及海绵城市的建设都被纳入生态系统优化的重要目标。

这一框架可从以下 3 个层面组织。

（1）生物多样性保护网络规划　这一部分包括对遗传、物种和生态系统 3 个层面的生物多样性进行摸底性评估，同时对生物栖息地类型、分布和保护状况等方面进行综合评估。此外，也会筛选和优化生物廊道和重要的生态节点。

（2）城市生态系统碳源和碳汇规划　这一部分包括对湿地、林业、草地、农田等生态系统碳汇的评估，以及对农业生产、土地利用和其变化等碳源的评估。这些评估有助于明确碳源和碳汇的收支平衡动态状况，并进行碳源碳汇情景分析。

(3)海绵城市建设规划　这一部分涉及雨洪风险的水安全评估、水环境评价(基于水质指标)、以循环利用为导向的水资源评价、以功能为基础的水生态空间评价，以及基于这些评价的海绵设施建设目标和分区等相关内容。

五、重要类型生态空间的规划设计

(一)森林空间规划设计

1.森林自然保护区设计

森林是陆地生态系统的重要组成部分，是人类赖以生存的基础物质条件之一。由于森林直接关系着人类的生存和发展，所以保护森林资源具有非常重要的意义。但在当前经济的快速发展过程中，人们对森林资源进行肆意的破坏，无限制的采伐、采摘、捕捞等，导致我国现存的原始天然林面积在不断地减少，破坏了森林生态系统的平衡。因此，为了有效地保证森林资源的自然发展规律，需要对森林资源进行合理利用，所以加强森林自然保护区的设计与管理工作具有迫切性和必然性。

森林自然保护区是保护自然环境和自然资源，拯救濒于灭绝的生物物种和进行科学研究的重要基地，对促进科学技术、生产建设、文化教育、卫生保健等事业的发展具有重要意义。森林自然保护区的主要任务：一是保护森林资源及动植物，保护森林自然环境，不进行人为干涉，使其自然地演替和变化；二是对森林自然保护区进行多学科、多方位、多层次的科学研究，把森林自然保护区作为一个科学研究基地。

森林自然保护区设计是指根据森林生态系统的特点和保护目标，科学规划和划定森林自然保护区的范围、功能区、管理措施等，以实现森林生态系统的保护和合理利用。森林自然保护区设计的步骤与方法主要包括以下方面。

(1)分析现状和问题　对森林自然保护区的自然环境、生物多样性、社会经济状况、管理体制等进行全面调查和评价，分析存在的主要问题和威胁，如生境破碎化、外来物种入侵、人为干扰、资源过度利用等。

(2)确定保护目标和功能区划　根据森林自然保护区的保护对象、生态价值、社会需求等，明确保护目标和功能定位，划分核心区、缓冲区、实验区等功能区，并制定相应的管理规范和措施。

(3)制定保护措施和行动计划　根据保护目标和功能区划，制定具体的保护措施和行动计划，包括生态修复、物种恢复、监测评估、科研教育、社区参与、生态补偿等，明确责任主体、时间节点、预算资金等。

2.城市森林公园设计

森林公园是具有一定规模和质量的森林风景资源和环境条件，可以开展森林旅游，并按法定程序申报批准的森林地域。城市森林公园是位于市内或市郊有一定面积、森林覆盖率较高的自然风景。城市森林公园是以保护为前提，利用森林多种功能为人们提供各种形式的旅游服务和进行科学文化活动的经营管理区域。城市森林公园拥有良好的森林植被，森林野趣突出，可以满足广大市民回归自然和假日郊游等户外活动需求，等同于城市园林绿地，是城市社会公益性开发型的公园。

城市森林公园的设计需要考虑众多因素，以下是一些基本的设计步骤。

(1)确定公园用途　设计首先需要确定公园的用途，例如，是用于休闲、户外活动，还是用于生态保护、环境改善等。公园的用途决定了公园的功能和特色，也影响了公园的规模、形式和风格。如果公园主要是用于休闲、户外活动，那么可以设计一些供人们休息、娱乐、运动的设施和场所，如草坪、花园、水景、游乐场、步道、自行车道等；如果公园主要是用于生态保护、环境改善，那么可以设计一些利于提高生物多样性、减少污染、调节气候的设施和场所，如湿地、森林、草原、花卉园、生态廊道等。公园的用途也可以多元化，可以结合不同的功能和特色，创造一个综合性的城市森林公园。

(2)选择公园位置　设计还需要考虑公园周边的居民数量、交通便利程度、自然环境等因素。公园的位置决定了公园的受众和影响范围，也影响了公园的建设成本和效益。如果公园周边有较多的居民，那么可以选择一个方便人们到达和使用的位置，如城市中心或居民区附近，以满足人们对绿色空间的需求和期望。如果公园周边有较少的居民，那么可以选择一个远离城市喧嚣和污染的位置，如郊区或山区附近，以保护和恢复自然环境，并吸引更多的游客。公园的位置选择可以适当灵活，可以根据不同的条件和目标，选择一个合适的位置，如将闲置或废弃的土地或建筑物，改造成一个城市森林公园。

(3)制定公园设计方案　设计需要根据公园用途，结合公园自然环境、地形地貌等因素，设计公园布局、景观、建筑物等细节。公园的设计方案决定了公园的美观和实用性，也影响了公园的氛围和品质。如果公园主要是用于休闲和户外活动，那么可以设计一个开放式或半开放式的布局，以增加空间感和视野感，并设置一些有趣和吸引人的景观和建筑物，如雕塑、亭台楼阁、桥梁等；如果公园主要是用于生态保护与环境改善，那么可以设计一个封闭式或半封闭式的布局，以减少外界干扰和破坏，并设置一些自然和生态的景观和建筑物，如水源、岩石、树木等。公园的设计方案可以根据不同的自然环境和地形地貌，设计出不同的风格和主题，如山地公园、水域公园、森林公园等，并在其中融入一些创新和特色的元素，如艺术品、互动设施、教育展示等。

(4)重视生态保护　城市森林公园设计中需要重视生态保护，包括保护原有生态环境，培育新的生态系统，实现城市绿化、空气净化等目标。公园的生态保护设计决定了公园的可持续性和社会责任，也影响了公园的生态价值和效益。如果公园原来有较好的自然环境，那么可以尽量保留和利用原有的植被、土壤、水源等资源，并尽量减少对其造成影响和损害；如果公园原有自然环境较差，那么可以尽量改善和恢复原有的生态状况，并尽量增加其生物多样性和生态功能。可以通过种植不同类型和功能的植物，建设不同形式和规模的水体，创造不同层次和结构的森林，形成一个多样化和稳定的生态系统，并为人们提供一个清新和健康的环境。

3. 生态防护林设计

生态防护林是依据当地自然地理特征、土地资源利用情况和主要自然灾害等情况，在指定的自然区域或范围中，结合当地居民点、道路、水利和植被情况，在当地生产、生活发展的总规划基础上，通过布局配合经济林、速长生产用材林等各林种的综合利用，合理配置并规划形成的防护林的综合体。

生态防护林设计是指根据防护林的功能、地形、土壤、气候等因素，合理选择树种、配置林型、确定造林方式和管理措施，以达到防风固沙、水土保持、水源涵养等生态效益的一种林业工程设计。以下是生态防护林的基本设计步骤。

(1)确定防护林的类型和功能　防护林的类型和功能是设计的基础和依据,不同类型的防护林有不同的目标和要求,需要根据实际情况进行选择和确定。防护林的类型和功能也是对设计的评价和检验的标准,需要根据预期效果和实际效果进行监测和评估,并根据变化情况和发展需求进行修改和完善。

(2)选择防护林的位置和范围　防护林的位置和范围是设计的重要内容,直接影响到防护林的生态效益和经济效益,需要根据地形地貌、土壤条件、气候特点等因素进行分析和选择。它不仅受到土地利用、资源供给、社会需求等因素的限制,还需要根据政策法规、利益相关者、可行性分析等因素进行协商和确定。防护林的位置和范围对于周边环境和人口活动有着重要影响作用,要根据生态安全、社会公益、经济效率等因素进行评价和优化。

(3)制定防护林的结构和布局　根据防护林的类型和功能,确定防护林的结构,如单层或多层、单种或混交、带状或片状等;同时,要确定防护林的布局,如纵向或横向、连续或间断、密集或稀疏等。防护林的结构和布局也可以根据不同目标和条件进行变化和调整,如根据风向、地形、土壤等因素进行适应性调整,或根据功能、景观、经济等因素进行优化性调整。防护林的结构和布局还可以根据新技术、新材料、新理念等因素进行创新和改进,如利用容器育苗、飞机播种等新技术提高造林效率,或利用艺术品、互动设施等新元素提高景观效果等。

(4)选择防护林的树种和搭配　防护林的树种和搭配是设计的关键内容,直接影响防护林的生长发育和功能发挥,需要根据生态适应性、经济价值、生物多样性等因素进行选择和确定。树种和搭配可以根据不同地区和不同类型的防护林进行差异化和个性化的选择和确定,如参考各区域防护林主要营造树种,或结合当地特色和需求进行选择和确定适生适用的树种,如乡土树种或外来树种。同时,要考虑树种之间的搭配,如乔灌草相结合、各种类型相互补充等。

(5)确定防护林的造林方式和管理措施　防护林的造林方式和管理措施也是设计的保障内容,需要根据规范标准、监督检查、评价考核等制度进行执行和落实,以确保防护林的质量和效益;需要根据防护林的类型和功能,选择合适的造林方式,如人工造林或飞播造林。同时,需要制定科学的管理措施,如灌溉施肥或修剪疏伐等;还需要根据反馈信息、经验教训、新知识等因素进行总结和改进,以提高防护林的水平。

4.生态经济林设计

生态经济林是以林木为主体,在林下不同生态位配置适宜的资源植物,从时间的连续性和空间的多层性进行众多类型的组合而形成的多种人工群落的总称。它是通过人工生态经济林的培育,以期充分持续、稳定地利用林地光、热、水、肥等立地资源,提高总体的生态经济效益。

生态经济林经营类型众多,各种类型也不是一成不变的。采用什么样的经营类型或模式,是由社会经济、自然条件、文化和科学技术水平、经营习惯及市场情况等多种因素决定的。在具体进行规划设计时,必须考虑以下基本原则。

(1)坚持生态经济学的基本原理　建设生态经济林,是运用生态经济学原理,在建立生态良性循环体系的基础上,使之达到群落生态效益与经济效益同步增长,即促使生态效益与经济效益呈正相关关系。

(2)坚持以林为主、多种经营的原则　在设计和建设人工生态经济林的过程中,必须坚持以林为主的农林或牧林复合群落,以农、牧产品为龙头,兼种其他有中、短期收益的资源植物,形成多种多功能的人工生态经济林类型。

(3)坚持适地适树、互惠共生的原则　对构成生态经济群落的主要目的树种,尽可能选择经济价值较高的、与立地条件相适应的种类；各生态位生物种群的配置，在适地适树的基础上，注意发挥物种间相互依存、相互促进，互惠包括偏惠关系共生的优势，使总体综合功能的效益大于各部分功能效益之和，总体经济效益大于各部分效益之和。

（二）草地空间规划设计

1.草地自然保护区设计

草地生态系统是陆地生态系统中重要的子系统，一方面为人类生存和发展提供了重要场所和产品，另一方面在生物多样性保护、全球气候调节、水源涵养、保障国家食物安全，以及社会美学文化功能等诸多方面具有重要的作用和意义。草地自然保护区对于保护草地生物多样性、维护草地生态环境等意义重大，还能为生物资源方面的科学研究提供极为重要的基地。为了让草地自然保护区发挥持续稳定的生态和服务功能，需要对自然保护区内的植物资源进行深入细致了解，从而制定出合理科学的经营管理措施。

草地自然保护区设计就是在草地生态系统中划定一定的区域，实施整体保护和差别化管理，以保护草地生物多样性，实现生态功能和文化价值的规划和实施过程。草地自然保护区设计应该根据草地生态系统的类型、分布、功能和问题，合理确定保护目标、范围、等级和措施，协调好草地生态保护与合理利用的关系，促进草原生态修复与畜牧业高质量发展的有机融合。草地自然保护区的一般设计步骤如下。

（1）开展草地资源调查评价　通过野外调查、遥感监测、文献资料等方式，获取草地资源的基本信息，包括类型、分布、面积、质量、功能等。同时，评价草地资源的保护价值和利用潜力，分析草地资源面临的主要威胁和影响因素，确定草地资源保护的优先级和紧迫性。

（2）确定草地自然保护地的类型和范围　根据国家自然保护地体系的要求，将草地自然保护地划分为国家公园、自然保护区和自然公园3大类，并根据不同类别的目标和标准，选择具有代表性、完整性和稳定性的草地生态系统作为候选区域。同时，结合实际情况，确定各类草地自然保护地的具体范围和边界。

（3）制定草地自然保护地的管理规划　根据不同类别和等级的草地自然保护地的目标和要求，将其分为核心区、缓冲区和试验区等不同功能区，并制定相应的管理措施和规范。同时，明确各级各部门的职责和协作机制，建立健全规划实施监测评估机制。

（4）实施草地自然保护地的保护管理　根据不同功能区的管理措施和规范，加强对草地自然保护地的巡护监测、生态修复、生物多样性保护、防火防灾、科学研究、环境教育等工作，防止和制止一切破坏草地生态系统的行为，提高草地自然保护地的保护水平和管理效能。

（5）促进草地自然保护地的协调发展　充分尊重和保障当地居民的合法权益，积极推动草地生态补偿、生态扶贫、生态移民等政策落实，引导和支持当地居民参与草地自然保护地的保护管理，发展与草地生态系统相适应的绿色产业，提高当地居民的生态意识和获得感。

2.生态畜牧业草地规划设计

生态畜牧业草地规划设计是指根据当地的自然条件、畜牧资源、市场需求等因素，合理安排草地的种类、面积、分布、利用方式等，以实现草地的高效利用和保护，提高畜牧业的生产效率和生态效益。具体的规划设计方法可以因地而异。

生态畜牧业草地规划设计的意义是为了实现草地的高效利用和保护，也是贯彻新发展理念，建设生态文明，实现现代畜牧业绿色生态发展的重要手段。一般可选取如下的设计方案。

（1）实行草地改良　对地势相对平坦、条件较好的天然草地，进行人工草地改良。根据当地的气候、土壤选择适宜的牧草品种进行混播，改良后的草地能充分有效利用土地，改善土壤结构，提高牧草产量和质量，除去有毒有害和产量、质量不高的野生牧草，实行轮牧放养，增加草地载畜量，充分有效利用天然草地，保护自然生态，减少水土流失，防止石漠化，达到草、畜、生态共同发展。

（2）推广林草结合模式　对于适于林下种草的林草地，有效利用适于种草林地空间发展种草养畜业，在交通便利、群众积极性高、集中成片林地林下种草、配套养畜，对于增强草地的适应性和抗病虫害能力，提高牧草的产量和品质，增加土壤肥力，促进树木生长，延长草地使用年限，促进草地、畜牧、林业共同发展具有重要意义。

（3）加强人工种草　因地制宜，充分利用土地。可充分利用田边地角、石漠化或沙化地块、坡度较大不宜放牧的土地种植牧草，提高土地利用率，防止水土流失，改良土壤结构，改善土地沙化或石漠化；同时提高饲草及饲料产量，为草食家畜提供充足的饲料来源，增加草食家畜存栏量，扩大养殖规模。种植优质牧草可为草食家畜提供更高效、更经济、更优质的饲料来源，在同等的土地上增加动物性食品的产出；同时，可弥补草食家畜饲草料中粗蛋白不足，从而促进草食家畜生长，改善肉的品质，提高饲料利用率，增加养殖户收入。

（4）加强青贮饲料技术推广运用　充分利用种植的牧草和玉米秸秆进行青贮加工，减少出现夏秋季节牧草产量过剩和秸秆焚烧现象。青贮加工制成的青贮饲料，适口性好、品质高，可长期存放，解决了畜禽冬春季节饲草料缺乏问题，为养殖业发展提供了充足的饲料来源。同时，减少了秸秆焚烧造成对大气的污染，减少了火灾的发生，实现了过腹还田，促进了草畜共同发展。

（5）南方加强冬闲田种草推广力度　冬闲田种草在南方有悠久历史。利用冬闲田种草，可解决草食家畜冬春季青绿饲料缺乏的现象，保障草食家畜营养需要，防止饲草料供应不足而生长缓慢，增强畜体抵抗能力，减少因饲草不足影响畜禽生产性能。冬闲田的充分利用，提高了土地利用率和产出率，改良了土壤结构，提供了大量青绿饲料，解决了畜禽冬春季节饲草料不足的问题，增加了养殖户的收益，为养殖业的发展奠定了坚实的基础。

3.退化草地恢复设计

退化草地恢复设计指的是根据退化草地的类型、程度和原因，制定合适的恢复目标、措施和方法，以促进草地生态系统的结构和功能的恢复和提升。退化草地恢复设计需要考虑以下几个方面。

（1）退化草地的分级、分类、分段　即根据草地退化的严重程度、表现形式、发生阶段，确定不同的恢复等级、类型和时段。

（2）退化草地的恢复目标　即根据草地生态系统的生态功能和生产功能，确定恢复的主要指标和标准，如生物多样性、植被覆盖度、土壤碳库、生产力等。

（3）退化草地的恢复措施　即根据不同类型和程度的退化草地，选择合适的恢复技术和方法，如围栏封育、人工补播或播种、可持续放牧利用、刈割、施肥、火烧管理等。

（4）退化草地的恢复效果评估　即根据恢复目标和措施，定期监测和分析恢复过程中草地生态系统的变化和响应，如植被组成和结构、土壤性质和肥力、生物群落和相互作用等。

4.退化草地恢复设计的步骤

退化草地恢复设计是一个具有系统性、动态性和长期性的工程，需要根据草地生态系统的特点和规律，综合考虑自然因素和人为因素，实现草地生态系统的可持续发展。其基本步骤如下。

(1)建立基础数据库系统　基础数据库系统包含影响生态环境适宜度状况的自然地理和社会经济、政治等基本要素，如气象气候、地质地貌、地表和地下水分布、地下水埋深、降水量分布、土地利用及规划分布、土壤基质与类型、植被类型和盖度、行政区划、人口密度分布、人均年纯收入分布、第一、第二、第三产业状况等。

(2)生态环境适宜度评价　生态环境适宜度决定了植被恢复方案中植物种的选择和布局。生态环境适宜度的计算过程为：①确定生态环境适宜度评价指标体系，即参与评价的各自然地理与社会经济要素；②以栅格单元网格为单位，计算各自然地理和社会经济要素的适宜度；③参考专家意见，确定各要素对植物种选择和布局的权重；④在每个网格上进行各因子适宜度层面的加权空间叠加，通过多级加权求和模型计算出各网格上的综合适宜度，得到生态环境综合适宜度分布层，并对生态环境适宜度划分等级。

(3)建立植被恢复方案　根据生态环境综合适宜度等级分布，结合专家知识和经验，设定植物分布的综合适宜度阈值，选择适宜的乔木、灌木和草本植物及其相应的组合方案和生产技术措施，生成植被恢复工程设计的空间布局方案。

(三)湿地空间规划设计

1.湿地自然保护区设计

按《国际湿地公约》定义，湿地指不论其为天然或人工、常久或暂时之沼泽地、湿原、泥炭地或水域地带，带有静止或流动、或为淡水、半咸水或咸水水体者，包括低潮时水深不超过 6 m 的水域。潮湿或浅积水地带发育成水生生物群和水成土壤的地理综合体，是陆地、流水、静水、河口和海洋系统中各种沼生、湿生区域的总称。湿地是地球上具有多种独特功能的生态系统，它不仅为人类提供大量食物、原料和水资源，而且在维持生态平衡、保持生物多样性和珍稀物种资源，以及涵养水源、蓄洪防旱、降解污染、调节气候、补充地下水、控制土壤侵蚀等方面均起到重要作用。

湿地自然保护区是指为了保护湿地生态系统和生物多样性，经国务院或者省、自治区、直辖市人民政府批准设立的，对湿地及其周边区域实施特殊保护的区域。湿地自然保护区的主要功能是保护湿地的生态功能、景观特征、水资源、野生动植物等，同时也可以开展科学研究、环境教育、生态旅游等活动。

湿地自然保护区总体设计是自然保护区长远发展的技术纲领，是保护区的保护、管理和科研等一系列工作的理论依据。湿地自然保护区的设计是一项涉及多方面因素的复杂工程，需要考虑湿地的生态功能、景观特征、水资源管理、野生动植物保护、社会经济效益等。在进行设计时，需要注意以下几个方面。

(1)湿地自然保护区的设计应遵循“保护优先、合理利用、科学管理”的原则，尊重湿地的自然规律，维持湿地的生态完整性和动态平衡。

(2)湿地自然保护区的设计应根据湿地的类型、功能、现状和问题，制定具体的目标和措施，包括湿地的划分、划界、功能分区、保护等级、监测评估等。

(3)湿地自然保护区的设计应采用保护性设计、恢复性设计等现代科学的设计理念，运用生态工程技术，尽可能减少人为干扰，最大限度利用湿地的天然潜能，体现出湿地的景观能动性。

(4)湿地自然保护区的设计应充分考虑水资源的短缺和竞争问题，合理配置水资源，优化水文节律，提高用水效率，建立水市场或水权交易机制，实现水资源的可持续利用。

(5)湿地自然保护区的设计应注重与周边环境和社会经济的协调发展,兼顾湿地保护与合理利用,开展湿地教育、科普、旅游等活动,提高公众对湿地价值和意义的认识和参与度。

2. 城市湿地公园设计

城市湿地公园是一种独特的公园类型,是指纳入城市绿地系统规划的、具有湿地的生态功能和典型特征的,以生态保护、科普教育、自然野趣和休闲游览为主要内容的公园。城市作为一个以人的行为生活为主要承载的一个地方,只要是城市中的湿地都会被城市中人类的行为干扰,城市湿地因此具有显著城市化特点而区分于自然湿地。目前对于城市湿地公园分类方法较多。例如,按城市与湿地关系划分为城中型、城郊型、远郊型;按城市湿地形成原因划分为自然型、半自然型和人工湿地公园;按游憩内容划分展示型、仿生型、自然型、恢复型、污水净化型、环保休闲型。

城市湿地公园设计是指在城市绿地系统规划中,利用具有湿地生态功能和特征的土地,进行的以生态保护、科普教育、自然野趣和休闲游览为主要内容的公园设计。在城市湿地公园设计中需要遵循以下原则。

(1)保护湿地的生物多样性　为各种湿地生物的生存提供最大的生息空间;营造适于生物多样性发展的环境空间,对生境的改变应控制在最小的程度和范围内;提高城市湿地生物物种的多样性并防止外来物种的入侵造成灾害。

(2)保护湿地生态系统的连贯性　保持城市湿地与周边自然环境的连续性;保证湿地生物生态廊道的畅通,确保动物的避难场所;避免人工设施的大范围覆盖;确保湿地的透水性,寻求有机物的良性循环。

(3)保护湿地环境的完整性　保护湿地水域环境和陆域环境的完整性,避免湿地环境的过度分割而造成环境退化;保护湿地生态的循环体系和缓冲保护地带,避免城市发展对湿地环境的过度干扰。

(4)保持湿地资源的稳定性　保持湿地水体、生物、矿物等各种资源的平衡与稳定,避免各种资源的贫瘠化,确保城市湿地公园的可持续发展。

(5)合理利用的原则　合理利用湿地动植物的经济价值和观赏价值;合理利用湿地提供的水资源、生物资源和矿物资源;合理利用湿地开展休闲与游览;合理利用湿地开展科研与科普活动。

(6)协调建设原则　城市湿地公园的整体风貌要与湿地特征相协调,要体现自然野趣;建筑风格应与城市湿地公园的整体风貌相协调,体现地域特征;公园建设优先采用有利于保护湿地环境的生态化材料和工艺。

3. 人工湿地设计

人工湿地是一种由人工建造和监督控制的、与天然湿地类似的生态系统,它充分利用了基质—微生物—植物这个复合生态系统的物理、化学和生物的三重协同作用来实现湿地的生态功能。

人工湿地内部组成主要包括基质、植物、水、动物和微生物。在人工湿地的设计中,基质、植物和水是设计的主要因素。这 3 种主要因素的选择就成为人工湿地设计的关键所在。

(1)人工湿地基质　基质又称填料,是人工湿地中植物和微生物生长的载体,主要通过吸附沉降、基质表面生物膜和微生物共同作用去除废水中的污染物。它是根据需要将不同粒径的材料,按照一定的厚度铺设成人工湿地床体。土壤、沙和砾石是传统的人工湿地基质,近年来沸石、石灰石、页岩、明矾、塑料和陶瓷等具有优秀性能的材料也被广泛应用。

基质是影响人工湿地中水力性能、植物生长和系统堵塞的重要因素。影响基质选择的因素包括基质粒径、孔隙率、水力传导率、化学特性等。粒径越大的基质，其孔隙率和水力传导率也越大。在实际设计中，应针对不同污水水质和基质本身特性，本着就近取材的原则选用适当的基质。

（2）人工湿地植物　根据植物的生长形式，可以将人工湿地中的植物分为浮水植物（浮萍、风信子、凤眼莲等）、挺水植物（芦苇、香蒲、小叶樟等）和沉水植物（菹草等）。国内外最常选用的人工湿地植物种类是灯芯草、香蒲和芦苇。

不同植物种类在营养吸收能力、根系深度、氧气释放量、生物量和抗逆性等方面存在差异，并且不同季节的植物以及植物的收割次数对污水的净化能力也是不同的。很多学者提出了筛选植物的原则，可以概括为以下几点：①植物的适应性强。植物耐受污染物和高度富营养化水体的能力强，抗逆性强（抗冻、抗热和抗病虫害能力强），并以乡土植物为主。②植物的生长力强。在湿地环境中，植物要能够繁殖、建群、扩展和生长，生物量较大，生长周期长，根系发达。③景观性。选择的植物应能与周围的景观融合为一体，具有观赏价值。④多样性。尽量设计多种植物组合去污，做到物种间的合理搭配。⑤经济性。种植经济价值高的植物。⑥易于管理。选用易于管理的植物，避免造成二次污染。

（3）人工湿地水流方式　人工湿地中，水流流态会受到布水方式、出水高度、填料粒径及铺设状况等诸多因素的影响。对于人工湿地系统整体的水流方式大致可分为表面流、水平潜流和垂直流。目前，对于人工湿地中水流方式的设计，主要以 3 种基本方式为基础，在此基础上进行改进创新。不同水流方式的人工湿地具有各自的结构特点，在实际设计中应正确选择，以使人工湿地更好地发挥作用。

4. 小微湿地设计

2018 年 2 月，中国政府在斯里兰卡召开的国际湿地公约第十三届缔约方大会预备会上首次提交了《小微湿地保护与管理》的决议草案，引发了国际社会广泛的兴趣。小微湿地因此成为全球瞩目的焦点。各国对于小微湿地有不同的称谓和定义。在欧洲，被称为“池塘”（pond）、“水塘”（pool）或“小湖”（lochan）；美国则称之为“小湿地”（small wetland）；而中国则称之为“小微湿地”（small and micro wetland）。

小微湿地是指在长期演变过程中形成的小型、微型湿地，通常呈现为塘田、沟渠、堰井、溪流等不同形态，总面积不超过 8 hm^2。这些湿地可以包括稳定的小型湖泊、水库、坑塘、人工湿地，以及宽度小于 10 m、长度不超过 5 km 的小型河道、沟渠等。

小微湿地的主要特征在于面积相对较小，分布不均匀，常常因自然地理或人为干扰而呈现出分散的斑块状。这些斑块之间联系较少，缺乏完整的水系结构。一般来说，小微湿地以明水面为中心，以林地、农田、塘埂、石坡、道路等作为边界，呈线性或块状分布。

小微湿地可以分为两大类，即自然型湿地和人工型湿地。自然型小微湿地由自然演变而成，包括小湖泊、河湾、池塘、沟渠、坑塘、河滩、季节性水塘、壶穴沼泽、碟形洼地、壶型泡沼泽、溪流、泉眼、丹霞湿地等。自然型小微湿地具有面积小、生物多样性丰富、梯度变化大和对环境变化敏感的特点。人工型小微湿地则是受人为因素干扰而形成的孤立湿地景观板块，或者是人类模拟自然湿地，经过设计和建设，由基质、植物、微生物和水体组成，主要包括农田中的低洼地、雨水湿地、湿地污水处理场、城市小型景观水体、养殖塘、水田等。人工型小微湿地在弱化自然属性的同时强调了人文属性，具备显著的景观、休闲娱乐等社会服务功能。

相对于大型湿地，小微湿地具有更高的周长-面积比，为湿地生物如植物、昆虫、两栖动物、鸟类等，提供更多适宜的浅滩栖息地，是良好的生物庇护所。此外，小微湿地的蒸散速率更高，能更有效地减少地表径流，进而实现洪水的调蓄功能。它们还具有更大的水体接触面，有助于更有效地去除水体中的氮、磷等营养污染物质。

小微湿地设计是在较小范围内，根据湿地动植物的栖息需求，构建结构完整、自我维持能力强的小型湿地生态系统，可发挥水质净化、蓄滞径流、生物多样性保护、景观游憩和科普宣教等多重功能。

小微湿地设计的步骤如下。

(1)明确湿地的目标和功能，根据现场条件和需求选择合适的类型和规模。湿地类型包括自然型、人工型、复合型等，根据功能划分为生态型、景观型、休闲型等。湿地规模应根据场地的特征，通常不超过 8 hm^2。

(2)进行现场调查，分析地形、水文、土壤、气候、植被、动物等自然环境，评估湿地建设的可行性和效益。不同环境因素影响湿地形状、深度、坡度、岸线、水源、排水等要素的设计。

(3)设计湿地的形态要素，包括形状、深度、坡度、岸线、水源和排水系统，以满足功能需求。形状可采用不规则或曲线形式，以增加水岸线和水体表面积；深度应满足生态和水质要求；坡度根据水流速度和侵蚀程度确定；岸线设计注重景观和亲水性；水源通常采用雨水收集或城市中水利用；排水方式应保持水体循环和净化。

(4)选择适应性强的本土湿地植物，根据水深和水位变化配置不同的植被带，形成多层次的植被结构。湿地植物通过多种机制净化水质，提供生境服务。选择本土或乡土植物以确保适应性和可持续性，配置多种植被带，如浮叶植被带、沉水植被带、挺水植被带、湿生植被带等。

(5)保护和吸引湿地动物，为其提供食物、遮蔽和繁殖场所，促进生物多样性。动物对湿地的调节作用很重要，可提高其观赏和教育价值。根据自然和人文环境，保留原有动物种群或引入适合湿地生活的物种；提供充足和多样化的食物来源，如花蜜、种子、昆虫等；提供安全和舒适的遮蔽场所，如岩石、洞穴；提供适宜和多样化的繁殖场所，如水草、浮岛、鸟巢。

第四节　自然保护地规划

一、自然保护地概述

(一)自然保护地概念与类型

1. 自然保护地概述

自然保护地是指为了实现自然资源和相关生态系统服务、文化价值的长久保护，通过法律或其他有效途径得到明确界定、许可、投入和管理的特定地理区域。1872 年，美国创立了黄石国家公园，这是现代保护区建设的开端。此后，包括北美、大洋洲、澳大利亚和非洲的许多国家，相继建立了保护区。自 20 世纪初以来，全球对保护区的需求急剧上升，保护地的数量和范围不断扩大，逐渐成为国家文明和进步的象征。截至 2019 年 5 月，陆地保护区覆盖了地球陆地面积的近 12.8%，而 1992 年签署《生物多样性公约》时，这一比例约为 10%。

中国拥有丰富的生物多样性，是世界上生物多样性最丰富的国家之一，但也经历了保护和发展需求之间激烈的冲突，环境政策也逐渐变化。自 1956 年建立第一个保护区以来，截至

2018 年底,中国的自然保护地多达 1.18 万个,陆域自然保护地总面积约占国土面积的 18%以上。其中,自然保护区共有 2859 个,总面积达 147.94 万 km^2,占陆地国土面积的15.09%,占自然保护地总面积的 80%以上。这些保护区在保护生物多样性、保留自然遗产、改善生态环境质量以及维护国家生态安全方面发挥着重要作用。2017 年,中国政府发布了《国家公园开发与管理总体规划》,标志着中国的保护区体系正式向国家公园转型。

2. 自然保护地的类型

自然保护地是经过明确定义的地理区域,通过法律或其他有效方式正式承认、承诺和管理,以实现对自然环境及其所提供的生态系统服务和文化价值的长期保护。这些自然保护地存在多种类型,根据其主要保护对象的不同,可以分为 3 大类:生态系统类型保护地、野生生物类保护地和自然遗迹类保护地。

(1)生态系统类型保护地致力于保护特定地区的典型生态系统。例如,广东鼎湖山自然保护区专注于亚热带常绿阔叶林的保护,而甘肃连古城自然保护区则保护沙生植物群落,吉林查干湖自然保护区则保护湖泊生态系统。

(2)野生生物类保护地专门保护珍稀的野生动植物物种。例如,黑龙江扎龙自然保护区致力于保护丹顶鹤等珍贵水禽,福建文昌鱼自然保护区则保护文昌鱼,广西上岳自然保护区则保护金花茶等物种。

(3)自然遗迹类保护地的主要目标是保护具有科研、教育或旅游价值的地质、化石、火山口、岩溶地貌等特殊自然遗迹。例如,山东的山旺自然保护区保护生物化石产地,湖南张家界森林公园则保护砂岩峰林风景区,黑龙江五大连池自然保护区则保护火山地质地貌。

此外,根据保护区的性质,自然保护地可以分为科研保护区、国家公园、管理区和资源管理保护区 4 种类型。另外,根据其管理级别的不同,可以将自然保护地分为国家级自然保护地和地方级自然保护地。不论其类型或级别如何,总体要求是以保护为主,同时在不损害保护目标的前提下,将科学研究、教育、生产和旅游等各项活动有机地融合在内,以最大程度地发挥自然保护地的生态、社会和经济效益。

根据自然生态系统的原真性、整体性、系统性和内在规律,以及管理目标和效能的要求,我国将自然保护地分为 3 类,分别是国家公园、自然保护区和自然公园。

①国家公园是由国家批准设立并主导管理的,其主要目的是保护具有国家代表性的大面积自然生态系统,实现自然资源的科学保护和合理利用,涵盖陆地和海洋区域。

②自然保护区的功能是保护典型的自然生态系统、珍稀濒危野生动植物物种的分布区,以及具有特殊意义的自然遗迹的区域。

③自然公园旨在保护重要的自然生态系统、自然遗迹和自然景观,具有生态、观赏、文化和科学价值,并可持续利用。

(二)自然保护地建立的条件

自然保护地的划定需要具备以下条件:①具备自然生态系统的保护价值,包括物种多样性和生态系统完整性。②实施保护措施具有实际可行性,可以达到保护目标。③确认划定保护地的必要性,包括对生态环境破坏的预防、对区域生态系统稳定性的保障、对当地生态文化的维护等方面的考虑。④有关政府部门或者行业组织与当地社会群体、相关利益方进行了广泛的沟通与协商。⑤地方社会经济发展要与生态保护协调发展,划定保护地应该在考虑到当地社会和经济发展的前提下进行,并逐步实现可持续发展。

2019年我国出台的《关于建立以国家公园为主体的自然保护地体系的指导意见》表明，自然保护地是由各级政府依法划定或确认，对重要的自然生态系统、自然遗迹、自然景观及其所承载的自然资源、生态功能和文化价值实施长期保护的陆域或海域。我国自然保护地应符合以下条件。

(1)具有重要生态、科学、文化和观赏价值的自然生态系统、自然遗迹、自然人文景观和生物多样性分布的区域。

(2)由各级政府依法划定或确认、认定，边界清晰、权责明确。

(3)保护区域相对集中、完整、连片，面积不低于100 hm^2，以特殊保护对象为目标的保护地面积可适当缩小。

(4)以生态保护为主导功能，可实施长期保护、永久治理和可持续利用的陆域或海域。

根据2020年出台的《国家公园设立规范》，我国建设国家公园应同时满足国家代表性、生态重要性和管理可行性3项条件。

(1)国家代表性　具有国家代表意义的自然生态系统，或中国特有和重点保护野生动植物物种的集聚区，且具有全国乃至全球意义的自然景观和自然文化遗产的区域。

(2)生态重要性　生态区位极为重要，能够维持大面积自然生态系统结构和大尺度生态过程的完整状态，地带性生物多样性极为富集，大部分区域保持原始自然风貌，或轻微受损经修复至自然状态的区域，生态服务功能显著。

(3)管理可行性　在自然资源资产产权、保护管理基础、全民共享等方面具备良好的基础条件。

根据《中华人民共和国自然保护区条例》，我国自然保护区划定条件包括以下区域。

(1)典型的自然地理区域、有代表性的自然生态系统区域，以及已经遭受破坏但经保护能够恢复的同类自然生态系统区域；

(2)珍稀、濒危野生动植物物种的天然集中分布区域；

(3)具有特殊保护价值的海域、海岸、岛屿、湿地、内陆水域、森林、草原和荒漠；

(4)具有重大科学文化价值的地质构造、著名溶洞、化石分布区、冰川、火山、温泉等自然遗迹；

(5)经国务院或者省、自治区、直辖市人民政府批准，需要予以特殊保护的其他自然区域。

(三)自然保护地的功能分区

自然保护地的功能分区是指根据自然资源特点和保护目标划分的不同管理区域，确定每个区域的合理利用方式和保护措施，这样可以保障自然资源的合理利用，同时避免对生态环境的破坏。

1. 国家公园功能分区

根据《国家公园功能分区规范》，国家公园可划分为严格保护区、生态保育区、传统利用区和科教游憩区。

(1)严格保护区　该区域的主要功能是保护完整的自然生态地理单元、具有国家代表性的大面积自然生态系统、国家重点保护野生动植物的大范围生境、完整的生态过程和特殊的自然遗迹。该区域严禁人为干扰和破坏，以确保其自然原真性不受影响。

(2)生态保育区　该区域的主要功能是对退化的自然生态系统进行恢复，维持国家重点保护野生动植物的生境，以及隔离或减缓外界对严格保护区的干扰。该区域以自然力恢复为主，必要时辅以人工措施。

(3)传统利用区　该区域主要为原住居民保留，用于基本生活和开展传统农、林、牧、渔业生产活动的区域，以及较大的居民集中居住区域。

(4)科教游憩区　该区域的主要功能是为公众提供亲近自然、认识自然和了解自然的场所，可开展科研监测、自然环境教育、生态旅游和休憩康养等活动。

2. 自然保护区功能分区

自然保护区功能区划是保护自然保护区的重要手段，是实施生态保护的重要基础。在进行保护区内部区划时一般分为 3 部分，即核心区、缓冲区和实验区。

(1)核心区　自然保护区内保存完好的天然状态的生态系统以及珍稀、濒危动植物的集中分布地，应当划为核心区，禁止任何单位和个人进入；严禁任何狩猎与砍伐。其主要任务是保护基因和物种多样性。除特别需求并经批准外，也不允许进入从事科学研究活动。

(2)缓冲区　缓冲区一般应位于核心区的周围，可以包括一部分原生性的生态系统类型和由演替系列所占据的受过干扰的地段。缓冲区一方面可防止对核心区的影响与破坏，另一方面可用于某些实验性和生产性的科学研究。但在该区进行科学实验不应破坏其群落生态环境。

(3)实验区　缓冲区外围划为实验区，可以进入从事科学实验、教学实习、参观考察、旅游以及驯化、繁殖珍稀、濒危野生动植物等活动。

二、自然保护地评价

(一)生物多样性及优先保护评价

生物多样性包括地球上的所有植物、动物、微生物种类及其基因，它们与生态系统及其过程之间的相互关系构成了人类生存和发展的基础。这种多样性分为遗传多样性、物种多样性和生态系统多样性 3 个层次。政府、社会和科学界都认同投入资源以建立自然保护区和推进生物多样性保护工作的重要性。在不同空间尺度上，科学评估生物多样性保护的优先级是有效配置和利用有限人力和物力资源的关键途径。

生物多样性保护优先级评估需要进行综合分析和判断，并选择敏感且概括的参数作为评价指标。根据科学性、层次性、全面性、代表性和实用性等原则，在参考生物多样性评估方法和指标体系的研究成果以及专家意见的基础上，提出了区域特征相关的物种和生态系统层次的生物多样性评价指标，以不同的层次和角度反映生物多样性的状况。物种层次的指标通常包括脊椎动物丰富度、脊椎动物特有性、维管植物特有性、濒危脊椎动物丰富度和濒危维管植物指数。生态系统层次的指标包括自然生态系统的 Shannon-Wiener 多样性、自然生态系统的濒危性、归一化植被指数和净初级产能(NPP)指数。

(二)自然保护地生境适宜性评价

生境是指动植物个体种群或群落在其生长、发育和分布的地段上，考虑各种环境因子的综合作用。物种对生境的选择是特异且非随机的，生境质量与适宜性程度直接关系到资源利用的数量和质量，同时也塑造了种内和种间的相互作用。协同进化等理论表明，物种在漫长的进化过程中会尽可能选择适宜度最高的生境，并在这一选择基础上形成了种间竞争或生态位分化。因此，生境适宜性分析对于了解物种与其生境的相互适应程度，以及种群生存所需的环境资源具有重要的指导作用，特别是对于珍稀濒危物种的保护和生境管理而言，其意义更为重大。

生境适宜性评价是以被保护物种的生境为基础，综合考虑物种分布区内的相关环境因子，并对影响物种生存和繁衍的关键环境因子进行筛选和评估，以确定适宜物种生存和分布的空间，以期更有效地制定物种及其生境的保护和管理策略。最初，研究者仅采用了定性描述的方法来研究物种的生境适宜性评价。然而，随着研究的深入，发现物种对适宜生境的选择是一个复杂的过程，生境资源的可获得性与物种的偏好程度不一定呈正相关，而且物种对生境的利用也会随时间和地域的变化而有所不同。因此，仅仅依赖一些描述性数学参数的统计方法无法准确地预测物种的生境适宜性。

1987 年，Morrison 等学者首次提出将多元线性回归分析方法应用于水鸟栖息地选择和利用的研究中，这一方法改进了该领域传统的研究方法，将其提升到了数学模型的统计分析和预测水平上。随着对物种栖息地研究的深入，回归模型、生态位模型和机理模型是现今最广泛使用的 3 类生境评价模型。在科研和实践中，发现生态位模型的预测结果表现最佳。因此，一些生态位模型得到了广泛应用，其中包括最大熵模型（MaxEnt）、生态位因子分析（ENFA）、基于规则的遗传算法（GARP）、广义线性模型（GLM）、逻辑斯蒂回归模型（LR）等。许多专家学者利用生态位模型来分析物种的空间分布，评估栖息地的适宜性，并预测变化趋势，以更好地为生物多样性保护提供准确的科学依据。近年来，许多学者成功地将 MaxEnt 模型应用于濒危物种多样性保护的研究中，取得了显著成果。

（三）自然保护地保护价值评价

自然保护地保护价值评估最早由 Margules 等（1988）提出，用于确定保护地位置选择，其广泛应用于澳大利亚等国。在建立保护区之前，首要任务是对选址进行评估，明确各地点的保护价值，以选择建立具有更高保护价值的地点。常用的保护标准包括多样性、稀有性、生态系统状态和代表性。多样性涵盖物种和生态系统，多样性越大，保护价值越高。稀有性指的是物种和栖息地的稀缺程度，越稀缺，保护价值越高。面积标准用于衡量保护地点的空间范围，一般而言，地点的面积越大，其保护价值越高。生态系统的自然程度越高，受人类活动干扰越小，保护价值越高。代表性标准要求保护区或系统包含的生物群反映地区生物多样性的变化范围，以反映地区景观和生态系统的代表性。代表性越强，保护价值越高。

我国自然保护地建设发展迅速，自然保护地的保护价值评价成为热门话题。自然保护地的大小不仅是建立的评判标准，也决定了是否应优先建设。指标体系评价法是主要的评价方法。由于生态系统类型多样，成分复杂，受多种因素影响，构建自然保护地保护价值评价指标体系应采用系统分析方法，在科学合理的前提下选择指标建立体系，以确保评价过程合理、简洁、便捷且可操作。

在收集了样本的量化数据后，采用频度分析法，通过科考资料统计可获得的数据因子，计算各因子的出现频度。随后，在专家咨询的基础上筛选自然保护地保护价值评价指标，构建森林类型自然保护区保护价值评价指标体系。指标体系研究采用归类法，将筛选出的指标按其属性分为 4 个层次：目标层、系统层、准则层和指标层，以便更好地进行评价。

以森林自然保护区保护价值评价为例，指标体系包括生态系统保护价值、珍稀濒危物种保护价值、生境安全性保护价值、地理代表性保护价值 4 个方面，共计 29 个指标（表 7-3）。

表 7-3　森林类型自然保护区保护价值评价指标体系

目标层(T)	系统层(S)	准则层(C)	指标层(I)
森林类型自然保护区保护价值	生态系统保护价值(S_1)	植被多样性(C_1)	植被型数(I_1)
			植被群系数(I_2)
			植被垂直带谱数(I_3)
		植被代表性(C_2)	地带性植被面积比例(I_4)
		植被自然性(C_3)	天然林面积比例(I_5)
			过成熟林面积比例(I_6)
		植物多样性(C_4)	维管束植物物种数(I_7)
			大型真菌物种数(I_8)
		动物多样性(C_5)	陆生脊椎动物物种数($_{1}9$)
			昆虫类动物物种数(I_{10})
		食肉兽类多样性(C_6)	食肉兽类动物种类(I_{11})
			食肉兽类动物种群数量(I_{12})
	珍稀濒危物种保护价值(S_2)	植物稀有性(C_7)	国家重点保护植物种类(I_{13})
			濒危植物种类(I_{14})
			特有植物种类(I_{15})
			关键森林植物种类(I_{16})
		动物稀有性(C_8)	国家重点保护动物种类(I_{17})
			濒危动物种类(I_{18})
			特有动物种类(I_{19})
			关键森林动物种类(I_{20})
	生境安全性保护价值(S_3)	生境安全性(C_9)	保护区总面积(I_{21})
			保护区内有林地面积比例(I_{22})
			核心区面积比例(I_{23})
			缓冲区面积比例(I_{24})
			核心区内人口密度(I_{25})
			缓冲区内人口密度(I_{26})
			实验区内人口密度(I_{27})
	地理代表性保护价值(S_4)	保护区代表性(C_{10})	占三级区内森林类型自然保护区总面积比例(I_{28})
			占四级区内森林类型自然保护区总数量比例(I_{29})

三、国家公园规划

(一)国家公园概述

国家公园是以保护具有国家代表性的自然生态系统为主要目的，实现自然资源科学保护和合理利用的特定陆域或海域，是自然生态系统中最重要、自然景观最独特、自然遗产最精华、生物多样性最富集的部分，保护范围大，生态过程完整，具有全球价值、国家象征，国民认同度高。国家公园由国家批准设立并主导管理，以保护具有国家代表性的大面积自然生态系统为主要目的，实现自然资源科学保护和合理利用的特定陆地或海洋区域。其首要功能是重要自然生态系统的原真性、完整性保护，兼具科研、教育、游憩等综合功能。

自1872年美国黄石国家公园建立以来，国家公园的理念逐渐受到世界各国的关注和认可。我国国家公园的发展相对较晚，但近年来我国一直在探索适合本国国情的国家公园发展模式。2013年，我国正式提出了国家公园体制的建立；2015年，开始了国家公园体制的试点建设；2017年，发布了《建立国家公园体制总体方案》，标志着我国国家公园体制建设工作正式启动；2019年，中共中央办公厅和国务院办公厅共同印发了《关于建立以国家公园为主体的自然保护地体系的指导意见》，充分肯定了国家公园在我国自然生态系统中的资源价值；2021年，我国宣布正式设立首批5个国家公园，开启了国家公园建设的新篇章。总的来看，我国国家公园作为贯彻生态文明思想的重大举措，其建设历程与我国"五位一体"布局、生态文明思想、美丽中国建设等新时代可持续发展战略密切相关，国家公园体制改革也成为生态文明体制改革任务中进展最快、成果最显著的综合性改革之一。

（二）国家公园规划的概念与体系

国家公园总体规划是对国家公园建设与管理的规范性文件。它针对具体的国家公园，通过综合调查、评估和综合分析国家公园内的资源、环境、社会经济和管理经营等，来明确定义国家公园的范围和管控分区，确定国家公园的发展思路、方向和目标。总体规划根据主体功能要求和建设原则，在空间和时间上进行整体安排和布局，以科学保护和合理利用国家公园资源。

国家公园总体规划体系包含多个规划类型，这些规划类型在时间和空间上具有明显的层级关系，构成了一个有机整体。

在国家宏观层面，国家公园规划体系包括国家公园发展规划和系列专项规划。发展规划与国家的社会经济发展规划、主体功能区或空间规划、自然保护地体系规划等相互衔接，指导实体国家公园的建设和管理。同时，它也与自然资源保护利用规划、生态环境保护规划、自然文化遗产保护规划等横向相连，实施国家公园体系的战略目标、战略布局、战略任务和战略举措。

在实体国家公园规划层面，共有4级规划：总体规划、专项规划、管理计划和年度实施计划。总体规划是国家公园空间管理和建设的纲领性文件，具有综合性和概括性，也是"多规合一"的基础，其他规划应遵循并根据总体规划进行修编和调整。专项规划、管理计划和年度实施计划则针对具体问题和时间段，制定可操作的项目和活动计划，逐渐细化和实施管理目标、建设任务、公共服务和特许经营等方面的计划。

（三）国家公园规划的内容

1. 国家公园发展规划

国家公园发展规划是在国家范围内对国家公园建设和管理作出的长期计划，具有战略性、前瞻性和指导性的特点，在国家公园建设和管理中发挥重要引领作用。该规划的主要任务包括确定国家公园未来的战略定位，明确中长期战略目标，协调国土空间规划，规划国家公园的空间布局，拆分和实施战略目标，建立国家公园中长期发展的战略任务体系，选择在现有或未来条件下实施目标的策略和措施等。

2. 国家公园总体规划

国家公园作为关键的自然生态区域，管理任务多样复杂，需要编制总体规划以平衡保护与合理利用之间的关系，满足不同功能需求。国家公园总体规划可用作确定国家公园边界、指导建设和项目决策、明确生态资源保护管理目标、计划和任务、治理结构、人员编制、投资和财政支出的基础。

3. 国家公园专项规划

国家公园专项规划是战略规划和总体规划在特定领域的具体细化，也用于领域发展和政府项目批准、预算分配、政策制定。编制专项规划应满足3个要求：①与战略规划或总体规划一致，具体化相关领域的目标、任务和路径，关注国家公园功能和管理目标的具体措施；②深度充分，能提供充分的依据、理由和合理的测算指标，任务、规模、地点、范围、标准、投资明确；③可执行可操作，政策条件、组织方式、实施单位、流程和时间表明确。

4. 国家公园管理计划

管理计划是支持保护管理活动的关键文件，用于规范管理行为。国家公园应借鉴国内外最佳实践，编制和执行计划，作为总体规划实施的一部分，逐步实现总体规划设定的管理目标，同时也是协调和指导国家公园日常保护管理的重要工具。

5. 国家公园年度实施计划

年度计划是按年制定的工作计划，是决定国家公园战略目标和任务是否能够落实和实施的关键因素。一份良好的年度计划应具有高度凝聚力，以引导物流、资金流和人力资源流的方向和程度。

（四）国家公园规划的实施保障

1. 遵循国土空间规划理念

国家公园规划管理在完善过程中需秉持国土空间规划理念。首先，要符合国土空间总体规划要求，确保自然资源保护与有效利用的总体任务。这需要规划管理部门时刻关注国家政策方向，深入研究相关指导意见，并明确国家公园规划目标。其次，必须根据当地自然特征、经济情况和文化建设的实际情况，结合国家公园的具体情况编制可行性详细规划。此外，对于与地方政府其他建设部门可能存在冲突的规划内容，规划管理机构应主动与相关部门协调和科学论证，寻找有效解决方案。符合国土空间规划理念，意味着要深入理解国土空间规划要求，分析国家公园未来发展方向，并从管理体系、规划目标、具体措施等多个方面构建清晰的国家公园规划体系，以推动国家公园与国土空间规划相关工作的进一步完善。

2. 确立法治保障机制

在国土空间规划背景下，建立国家公园规划管理的法治保障机制至关重要。首先，需要将国家公园规划管理的各项工作系统地规定为法律法规，确保其必要执行。其次，应进一步明确国家公园规划管理机构的责权范围，与国土空间规划、城市建设和政府部门的职责分开，以确保相关部门的责权一致性。同时，应充分借鉴国内其他地区和国外的先进经验，结合区域国家公园建设实际情况，制定更详细的法律法规，并在具体实施过程中不断调整。此外，应广泛征集公众意见，以进一步完善国家公园规划管理工作内容。

3. 促进公众参与

公众参与是国家公园公益性质的重要体现，也是吸纳公众意见和完善国家公园功能的关键途径。国家公园规划管理部门应在法律允许的范围内，通过与相关利益方和周边居民进行沟通，提高规划管理制度和效果的公众认可度，增进公众对国家公园项目的理解和关注。此外，规划管理机构还应重视社会组织的作用，扩大信息征集范围，吸引社会各界对国家公园项目的关注。应公示非机密信息，并与相关专业社会组织建立联系，以可视化方式展示和定期更新国家公园规划管理的非机密建设现状和相关内容，便于专业人士提供更精准的判断和专业性的建议。

四、自然保护区规划

（一）自然保护区规划的理论基础

1. 岛屿生物地理学理论

1967 年，MacArthur 和 Wilson 首次提出了“岛屿生物地理学”理论。该理论主要指出，岛屿的大小与生境多样性呈正相关，隔离程度与物种迁入率呈负相关。岛屿的面积增加可减小物种的灭绝率，增加物种丰富度；而高隔离度则导致物种迁入率降低，相应地物种丰富度减少。此外，大面积且低隔离度的岛屿有助于维持平衡物种丰富度，而小面积或高隔离度的岛屿则物种周转率较高。由于保护区通常可视为被人类活动包围的“生境岛”，因此岛屿生物地理学理论一直被视为保护区规划设计的主要理论基础。根据该理论，保护区规划设计应遵循以下原则。

①保护区的面积应尽可能大。

②相对于分散的小保护区，连片的大保护区更为有利。

③对于特定生境和生物群落，物种间的距离宜缩小。

④保护区之间最好建立通道以促进物种迁移。

⑤为避免“半岛效应”，保护区宜呈圆形。

岛屿生物地理学理论引发了一些争议，尤其是对于原则②的争论较多。已有实践表明，相对于等面积的大保护区，分散的小保护区可能具有更高的物种丰富度。因此，岛屿生物地理学理论在保护区规划设计中的应用仍需进一步研究和探讨。

2. Diamond 等的保护区设计原则

1975 年，Diamond 等基于岛屿生物地理学理论的种-面积关系和平衡理论，提出了最大程度保护生物多样性的设计准则。

（1）优先选择大型保护区　首先，大型保护区更为优越。这有两个原因：一是在大保护区内，物种的迁入速度与灭绝速度趋于平衡，因此拥有更多的物种；二是大保护区内物种的灭绝速率较低。

（2）确保同质性的栖息地　如果必须将保护区分成不相连的部分，那么应尽量减少这些分割，使它们保持靠近。这样做有利于提高物种迁入率，降低物种灭绝率。

（3）平均分配不相连的保护区　对于不相连的保护区，应均匀排列它们，以便物种可以在多个保护区之间迁移和重新定居。相比于线性排列，这种方式可以减少物种重新定居的限制，因为线性排列的两端的保护区距离较远，物种迁移较难。

（4）建立连接廊道　如果存在多个不相连的保护区，建立连接廊道可能会显著提升保护效果。这是因为廊道可以促进物种在保护区之间的扩散，而无须穿越不适宜的地区。

（5）追求近似圆形的保护区形状　在条件允许的情况下，保护区的形状应力求接近圆形，以减少保护区内物种的扩散距离。如果保护区呈过长的形状，在发生物种灭绝时，物种从中间区域向边缘区域扩散的速度会很慢，无法有效防止岛屿效应引发的局部灭绝。

3.最小存活理论

1981年,Shaffer首次提出了最小存活种群概念。这一概念旨在考虑遗传特性、环境因素以及种群内部随机变化的影响,以确保种群在1000年内能够生存下来的概率至少有99%。这个概念直接将种群大小与灭绝速率联系在一起,如今已成为保护区面积规划设计的重要理论基础。按照这一理论,确定保护区的最小面积需要经过3个关键步骤:首先,要明确目标物种或关键物种;其次,要确定这些物种的最小存活种群规模;最后,要根据种群密度和最小存活种群规模来确定保护区所需的最小面积。

4.景观生态学理论

从景观生态学角度看,保护区由多个不同的景观类型组成,包括各种斑块和廊道。这些景观要素的类型、数量和形状的变化直接影响了保护区景观的结构和功能。因此,在保护区规划设计中,需要最大限度地增加景观组分之间的连通性,以避免种群隔离,提高种群内部的变异和遗传多样性。最理想的保护区形状应包括一个大的核心区域,其边界呈弯曲状,并呈与周围生态流动方向一致的狭窄开裂形延伸。大的核心区有助于保护内部资源,弯曲的边界有利于多种栖息地物种的生存和躲避捕食者,而狭窄的开裂延伸则为物种重新定居和向其他斑块扩散提供了条件。

(二)自然保护区总体规划的基本内容

自然保护区总体规划文本一般包括以下几个方面。

(1)前言　前言涵盖国家级自然保护区总体规划的要点,包括该自然保护区的基本特征、历史演变、法律地位,以及总体规划的编制和实施目的、重要性等关键要素。

(2)基本概况　基本概况通过科学考察数据和现有信息提供了翔实的描述和评估,不足之处需进行信息补充和完善。评价需以科学为依据,以确保结论的客观性和公正性。具体内容包括:①区域自然生态和生物地理特征,以及人文社会环境状况;②自然保护区的位置、边界、面积、土地权属,以及自然资源、生态环境、社会经济状况;③自然保护区的保护功能和主要保护对象的定位和评估;④自然保护区的生态服务功能和社会发展功能的定位和评估;⑤自然保护区功能区的划分、适应性管理措施和评价。自然保护区可划分为核心区、缓冲区和实验区。核心区应是最具保护价值或在生态进化中发挥关键作用的保护区域,面积不得低于总面积的1/3,而实验区的面积不得超过总面积的1/3。划分这3个区域不应人为地破坏自然生态的连续性,可充分利用山脊、河流和道路等地理特征作为区域的界线;⑥自然保护区管理的进展和评价。

(3)自然保护区保护目标　保护目标是自然保护区创建的根本目的的简洁表述,是对保护区永恒价值观的表达和永恒不变的追求。

(4)影响保护目标的主要制约因素　包括以下几个方面:①内部自然因素,如土地沙漠化、生物多样性指数下降等;②内部人为因素,例如过度开发、城市化趋势等;③外部自然因素,如区域生态系统劣化、孤岛效应等;④外部人为因素,例如公路穿越、水源截流、非法捕猎等;⑤政策和社会因素,例如缺乏足够关注、处境被动等;⑥社区和经济因素,例如社区对资源的高度依赖或存在污染等;⑦资源获取因素,例如管理经费的不足、人员培训的缺乏等。

(5)规划期目标　规划期目标是自然保护区总体规划目标的具体描述,是保护区发展的不同阶段。

（三）自然保护区的规划设计

1.保护区的面积和形状设计

（1）面积规划

保护区的面积需依据所保护对象和建立目的综合考虑，以避免灭绝风险。物种-面积关系、生态系统多样性与稳定性等理论可作为面积确定的依据。通常，较大的保护区相对于小型区域更有益，因其可更好地保护生态系统和物种，而小型区域易导致特别是大型脊椎动物的物种灭绝。此外，面积需考虑生境质量，低质量生境需要更大的面积以维持有效种群。从生态演替角度看，保护区宜包括代表性生态系统类型及其演替序列，以维护生物多样性和生态系统稳定性。

（2）形状策划

保护区形状设计应兼顾核心区面积、边缘效应和成本考量。圆形保护区较优于矩形或狭长形保护区，易于确保内部有足够核心区，并在外围受到破坏时减小内部核心区受损。相较之下，狭长形保护区有较多边缘，加剧了边缘效应，也增加了成本。圆形保护区有助于核心区保护，因外来干扰主要发生在外围，对内部的影响较小。相反，狭长形或矩形保护区难以建立真正的核心区，且即使在矩形保护区，边缘破坏也直接影响核心区。

2.保护区功能分区设计

自然保护区兼具多项职能，包括保护、科研、教育、资源开发与生态旅游等。因此，必须根据以下因素对保护区进行分区规划，包括保护对象的空间分布、保护管理的目标和需求，以及经营管理的内容和方法。根据“人与生物圈计划（MAB）”的理念，一个科学合理的保护区可分为 3 个关键功能区域，即核心区、缓冲区和实验区。

（1）核心区　它是保护区的核心部分，其面积、形状和边界需满足对保护对象的基本需求，以确保自然完整性和典型性。最好选择自然未受破坏的生态系统作为核心区，但如果无法满足这一条件或面积不足，也可选用曾受人类干扰的区域，以绝对保护某一生物种类。在这样的核心区中，为了尽快提高生态质量，可能需要采取一些人工干预措施来恢复原始景观。

（2）缓冲区　它的作用在于隔离外部人类活动对核心区的影响，并为保护核心区的生物提供替代、后备和补充栖息地。缓冲区最好位于半天然景观区内，特别是易受外部人类活动干扰的地方，以保护天然景观区作为核心区物种的备用栖息地。在可能的情况下，半天然景观区应实施人工干预，进行原始生态景观的恢复工程。

（3）实验区　应按照资源适度开发的原则对实验区进行开发，同时实验区与核心区和缓冲区应保持一定的协调性和一致性。

3.保护区网络规划设计

由于自然条件的异质性以及人类活动引发的生境破碎化，单一保护区难以充分反映整个地区的特征，也无法实现全面的保护工作。因此，必须建立一个跨区域的保护区网络，以确保生物多样性得以有效保护。Noss 等提出的区域生物多样性保护区网络模式可以提供有力的指导。

一个地区的保护区网络应包括若干核心区，也被称为节点，这些节点在地区内具有特别高的保护价值、丰富的生物多样性、高度濒危的物种或关键资源。然而，由于自然条件和社会经济发展的限制，节点的面积是有限的，难以维护和保护所有的生物多样性。因此，必须建立生境走廊，将各个节点连接起来，形成一个完整的网络。这些走廊具有两个主要目的：①为生物提供适宜的生存环境；②作为生物迁徙的通道。

此外，节点和走廊的外围还需要建立多功能缓冲带，可以分为内缓冲带和外缓冲带，以满足各种需求。这样的综合保护策略可以更好地维护生物多样性，确保生态系统的健康和稳定。

参考文献

[1] 王光军，项文化. 城乡生态规划学. 北京：中国林业出版社，2014.

[2] 刘康. 生态规划理论方法与应用. 北京：化学工业出版社，2004.

[3] 曹祺文，黄晓春，阳文锐，等. 国土生态空间规划决策支持框架体系研究. 城市发展研究，2022，29(10)：40-49.

[4] 傅伯杰. 景观多样性分析及其制图研究. 生态学报，1995，15(4)：345-350.

[5] 封志明，杨艳昭，闫慧敏，等. 百年来的资源环境承载力研究：从理论到实践. 资源科学，2017，39(3)：379-395.

[6] 王云才. 景观生态规划原理. 北京：中国建筑工业出版社，2007.

[7] 章家恩. 生态规划学. 北京：化学工业出版社，2009.

[8] 徐卫华，罗翀. MAXENT 模型在秦岭川金丝猴生境评价中的应用. 森林工程，2010，26(2)：1-3+26.

[9] 李霄宇. 国家级森林类型自然保护区保护价值评价及合理布局研究. 北京：北京林业大学，2011.

[10] 彭隆，陈圣宾，彭培好. 县域生物多样性保护优先性评价指标体系构建与应用——以甘孜藏族自治州为例. 水土保持研究，2014，21(4)：127-132.

[11] 雷泽锋. 盐城自然保护区丹顶鹤越冬生境适宜性评价及盐城湿地保护空缺分析. 哈尔滨：东北林业大学，2020.

[12] 国政，西南地区天然林保护工程综合效益评价研究. 北京：北京林业大学，2011.

[13] 邹亚琛，魏雨萌. 我国国家公园可持续发展研究现状、热点与内容综述——基于 CiteSpace 可视化分析. 经营与管理，(录用定稿).

[14] 唐小平，张云毅，梁兵宽，等. 中国国家公园规划体系构建研究. 北京林业大学学报(社会科学版)，2019，18(1)：5-12.

[15] 车生泉，张凯旋. 生态规划设计——原理、方法与应用. 上海：上海交通大学出版社，2013.

[16] 刘星彤，曹福存，王曼琦. 生态文明理念下城市森林公园规划设计研究. 现代园艺，2021，44(15)：132-133.

[17] 郭颖娟. 渭河杨凌段河堤路生态防护林带规划设计研究. 杨凌：西北农林科技大学，2012.

[18] 黄其三，李秋. 兴义市草地生态畜牧业发展新途径. 草学，2019(4)：85-86.

[19] 蒙荣，袁清，杨劼. 退化草地植被生态恢复系统工程设计. 中国草地，2001(2)：8-12.

[20] 施惠. 城市湿地公园游憩空间结构研究. 成都：西南交通大学，2013.

[21] 城市湿地公园规划设计导则(试行). 风景园林，2006(1)：32-33.

[22] 曹笑笑，吕宪国，张仲胜，等. 人工湿地设计研究进展. 湿地科学，2013，11(1)：

121-128.

[23] 城市湿地公园规划设计导则(试行). 风景园林,2006(1):32-33.

[24] 黄宝荣,马永欢,黄凯,等. 推动以国家公园为主体的自然保护地体系改革的思考. 中国科学院院刊,2018,33(12):1342-1351.

[25] 侯鹏,杨旻,翟俊,等. 论自然保护地与国家生态安全格局构建. 地理研究,2017,36(3):420-428.

[26] 高吉喜,徐梦佳,邹长新. 中国自然保护地 70 年发展历程与成效. 中国环境管理,2019,11(4):25-29.

[27] 高吉喜,刘晓曼,周大庆,等. 中国自然保护地整合优化关键问题. 生物多样性,2021,29(3):290-294.

[28] 李博炎,李俊生,蔚东英,等. 国际经验对我国国家公园立法的启示. 环境与可持续发展,2017,42(5):20-23.

第八章　基础设施用地规划

第一节　概　述

交通运输是区域社会经济发展的基础，是经济和社会其他项事业发展的重要纽带，在促进区域资源和产业布局的优化和区域发展过程中起到重要的基础与先导作用。同时，社会经济的发展为交通运输发展提供支撑并产生新的交通运输需求。二者相互促进，相互影响，密不可分。当前我国正处于社会经济高速发展的重要时期，需要完善的综合交通运输体系来支撑，相应地就要有适量的交通运输用地作保障。

水是人类社会赖以生存和发展的重要物质基础，同时也是维系地球上生态平衡、决定环境质量状况最活跃的自然要素之一。水作为一种自然资源，具有维持人类生命、维持工农业生产和维持良好环境的作用，是其他自然资源不可替代的。因此，水资源开发以及水利工程规划，不仅是一种重要的土地利用类型规划，而且也是所有土地利用类型规划的重要基础和依据。

本章重点围绕交通运输用地与水利工程用地两部分进行用地规划。

第二节　交通用地规划

一、交通运输与用地

（一）交通运输方式与特点

交通运输的基本方式主要包括铁路运输、水路运输、公路运输、航空运输和管道运输等，各种运输方式采用不同的交通工具，对用地和建设工程的布局有不同的要求。

1. 铁路运输

铁路运输速度快，运量大，连续性强，受气候条件影响小，运行速度高于汽车和轮船，特别是随着我国高铁运输的快速发展，其速度快这一特点更加突出。除特别恶劣天气外，一年四季和昼夜均可正常运营，运价也相对较低。但铁路的造价高，占地面积大，短途运输成本高。在交通运输网中，铁路起着骨干性的总干线作用，对其他交通线的布局有着极大的影响。

2. 水路运输

水路运输具有3个特点：一是载运量大，一艘船可装载成千上万吨，甚至几十万吨，这是其他运输工具不能比拟的。二是耗能少，成本低。据相关资料，水运能耗仅为铁路的60%左右，运输成本也只相当于铁路的1/2～1/3。三是建设投资少，占用土地少。但水运受自然条件的限制大，速度慢，运输线的布局受水域条件的限制，较适合于速达性要求不高的物资运输。

3. 公路运输

在综合运输体系中，无论是客运还是货运，公路运输都发挥着其他运输方式所无法替代的作用。公路运输具有较高的适应性，机动灵活，是城乡的重要运输方式。与其他运输方式配合，可承担客货运的集散联运，在中短途运输中具有明显的优势。但其载运量小，耗能大，成本高。在用地方面，会占用较多的土地，甚至是永久基本农田。

4. 航空运输

速度快、航程长、效率高是航空运输的突出特点，它能够到达地面运输方式难以到达的地区。除起止点的飞机场等用地外，航空线路不占用土地。但其载运量相对较小，即使是大型的波音 747 客机，也只能装载 76 吨，而且投资大、成本高。

5. 管道运输

管道运输是管道输送气体或液体物资的一种运输方式，主要由大型钢管、泵站和加压设备等组成。管道运输可长期连续稳定运行，运输量较大；为密闭运输，过程损耗少，安全可靠；运输管道大部分埋于地下，占地少。但限于单向、定点、大量运输，且运输对象受限。

在一定区域内究竟采用哪一种或几种运输方式，要根据当地的条件而定。就大多数地区来说，公路运输是最主要的运输方式。河网多的地区，水运则是主要运输方式。随着社会经济的发展，运输量将急剧增加，运输方式及其载运能力也必须作出相应的布局与规划。

（二）交通运输用地

交通运输在社会经济发展中起到重要的作用，交通运输设施占据着一定的空间，而土地又作为交通运输的重要空间载体，因此交通运输用地是区域土地利用结构的重要组成部分。根据自然资源部办公厅关于印发《国土空间调查、规划、用途管制用地用海分类指南(试行)》的通知(自然资办发〔2020〕51 号)，用地用海分类采用三级分类体系，共设置 24 种一级类、106 种二级类及 39 种三级类。其中，交通运输用地主要包括铁路用地、公路用地、机场用地、港口码头用地、管道运输用地、城市轨道交通用地、城镇道路用地、交通场站用地、其他交通设施用地。其分类为区域自然资源统一管理的实施及国土空间规划、用途管制等起到重要作用。

二、远景交通量预测

交通运输的基本职能是实现人和物有目的的空间位移，在交通运输职能实现的过程中产生重要的向量，即运输流量与流向。交通用地布局与规划，要在区域交通现状调查的基础上，根据区域社会经济发展需求，运用定性与定量相结合的方法开展远景交通流量、流向的预测与设计。在此基础上，结合区域具体实际情况，作出相应的规划与用地安排。

在预测交通量时，可采用总量交通量预测与折算交通量汇总等方式。其中，折算交通量汇总方式是根据公路的等级具体确定设计交通量预测年限，交通量换算以小客车为标准车型。根据我国交通运输部发布的《公路工程技术标准》(JTG B01—2014)，代表车型及车辆折算系数如表 8-1 所示。

表 8-1　代表车型与车辆折算系数

汽车代表车型	车辆折算系数	说明
小客车	1.0	座位≤19 座的客车和载质量≤2 t 的货车
中型车	1.5	座位>19 座的客车和 2 t<载质量≤7 t 的货车
大型车	2.5	7 t<载质量≤20 t 的货车
汽车列车	4.0	载质量>20 t 的货车

(一)交通现状调查

交通现状调查是规划与用地布局的基础,在调查的基础上分析交通量、运输量等相关基础系数,作为远景预测的基础资料。交通现状调查的内容主要包括运输方式类型,主要交通线路布局,区内外各主要交通点之间的距离及客货交通数量、运输量、交通工具类型等,可将调查成果分别编制成起讫点调查表(OD 表)(表 8-2)。

表 8-2　交通情况调查表(OD 表)

			终点						起点计
			区内				区际		
			A	B	C	D	E	F	
起点	区内	A	tAA	tAB	tAC	tAD	tAE	tAF	tA
		B	tBA	tBB	tBC	tBD	tBE	tBF	tB
		C	tCA	tCB	tCC	tCD	tCE	tCF	tC
		D	tDA	tDB	tDC	tDD	tDE	tDF	tD
	区际	E	tEA	tEB	tEC	tED	tEE	tEF	tE
		F	tFA	tFB	tFC	tFD	tFE	tFF	tF
终点计			tA'	tB'	tC'	tD'	tE'	tF'	$\sum t$

注:t 为交通量,tAB 表示起点为 A,终点为 B 的出行数。tA 为以 A 为起点的出行总数,称发生交通量。tA'为以 A 为终点的出行总数,称吸引交通量。$\sum t=tAA+tAB+tAC+\cdots\cdots tFF$,是各区内和区际的全部出行总数,称生成交通量。

(二)交通量的预测方法

1. 函数模式法

这种方法是用函数来表示交通量与影响因素之间的关系,借以预测远景交通量,常用的模型为回归模型。影响交通量的因素较多,如区域人口、社会经济发展指标、区域发展政策与战略等。根据选取的因素数量,可以采用一元回归或多元回归模型。

一元回归模型:
$$y=a+bx$$

式中,y 为远景交通量预测值;x 为影响因素;a,b 为模型中参数,常数。

或多元回归模型:
$$y=a+b_1x_1+b_2x_2+\cdots+b_nx_n$$

式中,$x_1,x_2,\cdots,x_n$ 为远景交通量影响因素;$a,b_1,b_2,\cdots,b_n$ 为模型中参数,常数。

2. 计算单位法

这种方法是在上述多元回归分析的公式中,设 $a=0$,设常数 $b_1,b_2,\cdots,b_n$ 为单位土地面积或单位人口的交通量,设自变量 $x_1,x_2,\cdots,x_n$ 为各类土地面积或各类需用交通工具的人口数,然后计算出与交通量 y 的相关系数,确定计算单位之后,根据远景的土地利用面积或人口数估算出交通量。

3. 重力模式法

这种方法将自然科学中牛顿定律用于分析区域交通活动。其原理是假定区域中两个区间的交通量与两个区间交通需要量的乘积成正比,而与两区间距离的 a 次方成反比。

其计算公式为：

$$F_{ij}=K(P_i \cdot P_j)/\ D_{ija}$$

式中，F_{ij} 为交通量（区间出行次数）；P_i、P_j 分别为 i 区和 j 区的人口；D_{ij} 为区间距离；K、a 为常数。在计算中，常数 K 和 a 根据以往数据用最小二乘法计算得出。常数确定后，依据远景人口规模推算出远景交通量。

（三）远景交通量的预测程序

远景交通量包括基本交通量和增长交通量。远景交通量的预测是在假定发生交通量与人口、经济指标、土地利用等的关系不变的前提下进行的，主要包括远景发生交通量、分布交通量与分配交通量等环节。其程序如下。

(1)根据区域内交通起讫点调查表（OD 表），计算现时交通量与人口及各种经济指标、土地利用之间的关系；

(2)根据远景人口、各种经济指标、土地利用的数值等，来推算远景的发生交通量；

(3)根据起讫点调查及未来区域内交通小区出行特点等，分析交通量在各地分布的比率，并以此推算远景的分布交通量；

(4)根据运输对象和交通特点，确定各运输线路的交通量。

三、公路线路用地布局

公路是连接城镇、乡村和工矿基地之间，按照一定技术标准修建的道路，是区域路网中的骨架，在区域发展中起到重要的作用，是我国城乡主要的交通运输设施。公路是一种线形工程构筑物，主要由路基、路面和桥梁、涵洞、隧道以及防护工程（如护栏等）、排水设施（如边沟）等组成。

（一）公路分级

根据《公路工程技术标准》(JTG B01—2014)，公路分为高速公路、一级公路、二级公路、三级公路、四级公路 5 个技术等级。

1. 高速公路

高速公路为专供汽车分向、分车道行驶并全部控制出入的干线公路。一般情况，高速公路的年平均日设计交通量在 15000 辆小客车以上。高速公路设计服务水平不低于相应的三级水平。设计时速总体范围为 80～120 km/h；受地形、地质等条件限制时可选用 80 km/h，特殊情况的局部路段可选用 60 km/h。

2. 一级公路

一级公路为供汽车分向、分车道行驶，可根据需要控制出入的多车道公路。一级公路的年平均日设计交通量宜在 15000 辆小客车以上。设计服务水平应不低于三级；一级公路用作集散公路时，设计服务水平可降低一级。

3. 二级公路

二级公路为供汽车行驶的双车道公路，年平均日设计交通量宜为 5000～15000 辆小客车，设计服务水平应不低于四级。

4. 三级公路

三级公路为供汽车、非汽车交通混合行驶的双车道公路，年平均日设计交通量宜为 2000～

6000 辆小客车，设计服务水平应不低于四级。

5. **四级公路**

四级公路为供汽车、非汽车交通混合行驶的双车道或单车道公路。一般能适应按车辆折合成小客车的年平均日设计交通量为：双车道 2000 辆以下，单车道 400 辆以下。

（二）公路等级的选用

公路等级选用应根据公路网的规划，从全局出发，按照公路的功能、任务和远景交通量综合确定。一条公路，可根据交通量等情况分段采用不同的车道数或不同的公路等级。各级公路远景设计年限在考虑交通需求的同时，要兼顾公路投资和结构物使用年限。一般情况，高速公路和一级公路设计交通量预测年限为 20 年，二级、三级公路为 15 年，四级公路可根据实际情况确定。主干线公路应选高速公路，次要干线公路应选二级及以上公路，支线公路宜选三级、四级公路。

对于不符合标准规定的现有公路，应根据需要与可能的原则，按照公路网发展规划，有计划地进行改建，以达到相关等级公路标准的规定。

（三）公路的主要技术指标

1. **一般规定**

（1）设计车辆　公路设计所采用的各种设计车辆的基本外廓尺寸应符合《公路工程技术标准》（JTG B01—2014）中设计车辆外廓尺寸的基本规定，主要包括总长、总宽、总高、前悬、轴距、后悬的尺寸。如小客车总长 6 m、总宽 1.8 m、总高 2 m、前悬 0.8 m、轴距 3.8 m、后悬 1.4 m。

（2）设计速度　设计速度是公路规划设计中的主要指标和依据，应根据公路的功能与技术等级，结合地形及沿线土地利用性质等因素综合确定。

高速公路设计速度不宜低于 100 km/h，受地形、地质等条件限制时可以选用 80 km/h；作为干线、集散的一级公路，设计速度宜分别采用 100 km/h、80 km/h，受地形地质等条件限制时可分别采用 80 km/h、60 km/h；作为干线、集散的二级公路设计速度，宜分别采用 80 km/h、60 km/h，受地形地质等限制时可分别采用 60 km/h、40 km/h；三级、四级公路设计速度宜分别采用 40 km/h、30 km/h，受限时可分别采用 30 km/h、20 km/h（表 8-3）。

表 8-3　各级公路设计速度　　km/h

公路等级	高速公路			一			二		三		四	
设计速度	120	100	80	100	80	60	80	60	40	30	30	20

2. **路线**

（1）行车道宽度　行车道宽度是由汽车车厢宽度、行车时的横向摆动幅度，以及车辆间的安全距离等因素确定的。一般情况下，行车道宽度为 3～3.75 m。八车道及以上公路在内侧车道（内侧第 1、2 车道）仅限小客车通行时，其车道宽度可采用 3.5 m。以中小型客车为主且设计速度 80 km/h 及以上公路，可采用 3.5 m。设置慢车道的二级公路，慢车道可采用 3.5 m。需要设置非机动车道和人行道的公路，其宽度根据实际情况确定。

（2）中间带　中间带由两条左侧路缘带及中央分隔带组成，路缘带设置应起到诱导视线等作用。高速公路及一级公路整体式断面应设置中间带。总体上，高速公路和干线一级公路，分隔带宽度要根据分隔带功能确定。作为集散一级公路，应根据中间隔离设施的宽度确定。一般情况，左侧路缘带宽度应不小于表 8-4 中的规定。

表 8-4　左侧路缘带宽度

速度/(km/h)	120	100	80	60
左侧路缘带宽度/m	0.75	0.75	0.50	0.50

(3)路肩　各级公路的路肩宽度，一般规定如表 8-5 所示。在特殊情况下，如设爬坡车道、变速车道及超车道路段，以及受地形、地物等条件限制路段及多车道公路特大桥，可考虑采用最小值。高速公路和干线一级公路以通行小客车为主时，宽度可用括号内数值。高速公路和一级公路采用分离式断面时，应设置左侧硬路肩。

表 8-5　各级公路路肩宽度

<table>
<tr><td colspan="2">等级</td><td>高速公路</td><td>一级公路
(干线)</td><td colspan="2">一级公路(集散)、
二级公路</td><td colspan="3">三级公路、四级公路</td></tr>
<tr><td colspan="2">设计速度/(km/h)</td><td>120、100、80</td><td>100、80</td><td>80</td><td>60</td><td>40</td><td>30</td><td>20</td></tr>
<tr><td rowspan="2">右侧硬路
肩宽度/m</td><td>一般值</td><td>3.00(2.50)</td><td>3.00(2.50)</td><td>1.50</td><td>0.75</td><td>—</td><td>—</td><td>—</td></tr>
<tr><td>最小值</td><td>1.50</td><td>1.50</td><td>0.75</td><td>0.25</td><td>—</td><td>—</td><td>—</td></tr>
<tr><td rowspan="2">土路
肩宽度/m</td><td>一般值</td><td>0.75</td><td>0.75</td><td>0.75</td><td>0.75</td><td rowspan="2">0.75</td><td rowspan="2">0.50</td><td rowspan="2">0.25 或
0.50</td></tr>
<tr><td>最小值</td><td>0.75</td><td>0.75</td><td>0.50</td><td>0.50</td></tr>
</table>

(4)错车道　四级公路当采用单车道时，应适当设置错车道。错车道应设在有利地点，并使驾驶人员能看到相邻两错车道间开来的车辆。设置错车道路段的路基宽度不小于双车道路基宽度。一般情况下，有效长度不小于 20 m。

(5)视距　汽车在公路上行驶时，驾驶员在离地面一定高处(驾驶员视点高度小客车为 1.2 m，载重货车为 2.0 m)发现前方路面上的障碍物，从开始刹车至到达障碍物前安全停止所需的最短距离，称为停车视距。为了确保汽车行驶的安全，应使驾驶员能看到前方一定距离的公路路面，以便出现路上障碍或迎面来车时，能在一定的车速下及时刹车或避让。各级公路停车和超车视距，不应小于表 8-6 中的规定。有会车要求的公路，一般应满足会车视距的要求，会车视距的长度不应小于停车视距的两倍。

表 8-6　各级公路停车与超车视距

公路等级	高速公路			一			二		三		四	
设计速度/(km/h)	120	100	80	100	80	60	80	60	40	30	30	20
停车视距/m	210	160	110	160	110	75	110	75	40	30	30	20
超车视距/m							550	350	200	150	150	100

(6)圆曲线半径　圆曲线最小半径是汽车行驶在公路曲线段时，产生的离心力等横向力不超过轮胎与路面的摩擦阻力所允许的界限。公路线形设计时，应结合沿线地形及前后线形协调性等情况，合理选用不小于最小值圆曲线半径。公路圆曲线半径小于不设超高最小半径时，应设圆曲线超高。各级公路的最小圆曲线半径规定见表 8-7。

表 8-7 各级公路最小圆曲线半径

公路等级		高速公路			一			二		三		四	
设计速度/(km/h)		120	100	80	100	80	60	80	60	40	30	30	20
最大超高	10%	570	360	220	360	220	115	220	115	—	—	—	—
	8%	650	400	250	400	250	125	250	125	60	30	30	15
	6%	710	440	270	440	270	135	270	135	60	35	35	15
	4%	810	500	300	500	300	150	300	150	65	40	40	20
不设超高最小半径/m	路拱≤2.0%	5500	4000	2500	4000	2500	1500	2500	1500	600	350	350	150
	路拱>2.0%	7500	5250	3350	5250	3350	1900	3350	1900	800	450	450	200

(7)纵坡 各级公路应采用合理的平均纵坡，以提高纵坡路段的通行能力和运行安全。一般情况下，各级公路的最大纵坡，不应大于表 8-8 中的规定。当高速公路受地形条件或其他特殊情况限制时，经技术经济论证，最大纵坡可增加 1%。公路改扩建时，利用原有公路的路段且设计速度为 40 km/h、30 km/h、20 km/h 时，经论证最大纵坡值可增加 1%。

表 8-8 各级公路最大纵坡

公路等级	高速公路			一			二		三		四	
设计速度/(km/h)	120	100	80	100	80	60	80	60	40	30	30	20
最大纵坡/%	3	4	5	4	5	6	5	6	7	8	8	9

3. 路基

(1)路基宽度 路基应依据公路的功能、技术等级及交通量，结合沿线地形、地质等自然条件进行设计，以保证其具有足够的稳定性与耐久性。公路路基宽度为行车道与路肩宽度之和。当公路设有中间带、变速车道、爬坡车道等时，应包括这些部分的宽度。

(2)路基高度 路基高度的设计应使路肩边缘高出路基两侧地面积水高度。在设计时，应考虑路基所在处地面条件、地下水位、基底和路基填料的毛细水、冰冻作用等，以保障路基的强度和稳定性。

一般情况，无中央分隔带的公路，路基设计标高应为路基边缘高度。有中央分隔带的公路，应为中央分隔带外侧边缘的高度。沿河及受水浸淹的路基设计标高，应高出表 8-9 中规定的设计洪水频率的计算水位加壅水高、波浪侵袭高和 0.5 m 的安全高度。

表 8-9 路基设计洪水频率

公路等级	高速公路	一	二	三	四
设计洪水频率	1/100	1/100	1/50	1/25	按具体情况确定

4. 路面

(1)路面等级 路面等级一般按表 8-10 中的规定选用。同时，要对路面结构设计使用年限作出规定。

表 8-10　路面等级

公路等级	高速公路	一	二	三	四
采用的路面等级	高级	高级	高级或次高级	次高级或中级	中级或低级

(2)路面结构　路面结构一般由面层、基层、底基层与垫层组成。路面结构层材料应满足强度、稳定性和耐久性的要求。高速公路、一级公路基层,应采用水泥稳定粒料、石灰粉煤灰稳定粒料、沥青混合料和级配碎砾石等材料铺筑。高速公路、一级公路底基层和二级及二级以下公路基层和底基层,除上述类型材料外,也可采用水泥稳定土、石灰稳定土、石灰粉煤灰稳定土、石灰工业废渣、填隙碎石等或其他适宜的当地材料铺筑。当需要设置垫层时,一般可采用水稳性好的粗粒料或各种稳定类材料铺筑。

(3)路面排水　路基路面排水可减少路面水损害,保护路基路面安全。各级公路应根据当地降水与路面的具体情况设置必要的排水设施,保证行车安全。高速公路与一级公路的路面排水,一般由路肩排水与中央分隔带排水组成;二级及二级以下公路的路面排水,一般由路拱坡度、路肩横坡和边沟排水组成。

(四)公路选线

1. 选线原则

路线设计应根据公路的等级及其使用任务和功能,合理地利用地形,正确运用技术标准,保证线形的均衡性。不同的路线方案,应对工程造价、自然环境、社会环境等重大影响因素进行多方面的技术经济论证,在条件许可时,应尽量选用较高的技术指标。总体上,结合区域路网规划,遵循技术标准,满足交通运输的要求,同时考虑自然条件的适宜性和经济的合理性。同时,选线时要避开区域基本农田保护区,避免占用永久基本农田和耕地,确实无法避让的必须依法办理相关手续。

2. 选线方案的技术经济论证

在道路规划中,由于各种因素的影响,可能会有多个选线方案。不同选线方案的线路长短、工程难易、占用土地类型、建设投资、运输费用等均有差别。即使在同一自然地理条件下也会有不同的选线与设计方案,如道路跨越沟谷河流时,是修桥还是绕道,这就存在一系列的社会、经济等综合效益的权衡问题。同时,不同的线路路段在路面质量、道路宽度、纵向坡度等方面,均可能有不同方案,这些均要在符合技术标准的前提下,从综合效益上加以判断。

为了从不同线路选线方案中选择适合当地条件的最优方案,一般通过投资额、折旧费、管理费、运输费等数量指标对不同方案进行分析对比。此外,还有一些非数量指标,如工程技术要求的满足程度等。

四、其他交通用地的布局

除公路运输外,交通运输中的水路运输和铁路运输在许多地区占有一定的比重。随着我国现代化交通运输的发展,航空运输也将成为一个重要的运输方式。因此,在进行土地利用规划时,要因地制宜地综合考虑各种交通干线的布局,合理安排用地。

(一)水运航道用地布局

1. 航道等级

根据中华人民共和国航道法,航道是我国领域内的江河、湖泊等内陆水域中可以供船舶通航的通道，以及内海、领海中经建设、养护可以供船舶通航的通道。航道包括通航建筑物、航道整治建筑物和航标等航道设施。

其中，内河航道按照《内河通航标准》(GB 50139—2014)，依据可通航内河船舶的吨级划分为Ⅰ～Ⅶ 7 级，其中，通航 3000 t 级以上船舶的航道列入Ⅰ级航道(表 8-11)。

表 8-11　航道等级

航道等级	Ⅰ	Ⅱ	Ⅲ	Ⅳ	Ⅴ	Ⅵ	Ⅶ
船舶吨级/t	3000	2000	1000	500	300	100	50

2. 航道工程规划

我国水资源丰富，河网密布，为充分发挥我国内河水运优势，适应交通运输快速发展的需要，应积极开展航道工程规划、建设与管理。结合航道的航行条件和要求，根据航道等级，确定航道宽度、弯曲半径等技术指标。天然和渠化河流航道尺度见表 8-12。

表 8-12　天然和渠化河流航道尺度

航道等级	代表船型尺度/m (总长×型宽×设计吃水)	航道尺度/m			
		水深	直线段宽度		弯曲半径
			单线	双线	
Ⅰ	驳船 90.0×16.2×3.5 货船 95.0×16.2×3.2	3.5～4.0	125	250	1200
			100	195	950
			70	135	670
Ⅱ	驳船 75.0×16.2×2.6 货船 90.0×14.8×2.6	2.6～3.0	100	190	810
			70	130	560
			40	75	550
Ⅲ	驳船 67.5×10.8×2.0 货船 85.0×10.8×2.0	2.0～2.4	55	110	720
			45	90	500
			30	60	480
Ⅳ	驳船 45.0×10.8×1.6 货船 67.5×10.8×1.6	1.6～1.9	45	90	500
			40	80	340
			30	50	330
Ⅴ	驳船 35.0×9.2×1.3 货船 55.0×8.6×1.3	1.3～1.6	35	70	280
			22	40	270
Ⅵ	驳船 32.0×7.0×1.0 货船 45.0×5.5×1.0	1.0～1.2	15	30	180
Ⅶ	驳船 24.0×5.5×0.7 货船 32.5×5.5×0.7	0.7～0.9	12	24	130

3. 港口规划

(1)港址的选择　为适应内河运输事业的快速发展，提升河港的社会经济效益，应科学、合理地开展港址的选择。

一般情况，港址选择时要考虑的因素包括：①港址应满足区域发展的需要，与国土空间规划、防洪规划、环境保护与其他相关规划相协调；②港址宜具备良好的地质条件，要结合区域自然、社会条件综合论证；③港址宜选在河势、河床及河岸稳定、水流平顺、水深适宜，并且水域面积、陆域用地能够满足要求的区域；④应考虑现有和规划的临河、跨河、拦河建筑物等对河床冲淤和港口作业条件的影响，也要考虑港口对河势、防洪等的影响。

（2）港口水域的规划　港口应结合自然条件，根据客货运量、货种、流向、集疏运方式等合理划分港区和港口作业区。其中，港口作业区水域布置应满足船舶安全靠离码头、装卸作业、掉头、进出港和锚泊等要求。

船舶顺靠码头时，码头前沿停泊水域宽度应为设计船型宽度加富裕宽度。船舶停靠码头时，前沿停泊水域宽度为船舶离岸端至码头前沿线的距离与富裕宽度之和。一般情况，富裕宽度宜取 1.0 倍设计船型宽度。

要结合水域条件和航道通航密度，开展船舶回旋水域的布置，要有足够的水深和水域面积。一般情况下，沿水流方向的长度不宜小于码头设计船型长度的 2.5 倍，沿垂直水流方向的宽度，内河船舶不宜小于 1.5 倍。

（3）港口陆域的规划　港口陆域是港口的重要组成部分，主要包括生产区、辅助生产区等。总体上，港口作业区陆域要与建港的外部协作条件相协调，陆域平面布置应综合考虑装卸工艺、自然条件、安全、环保、防洪和节约用地等因素。另外，陆域功能区内部布置应紧凑、合理，功能分区相互协调，货流与人流组织合理、相互干扰少。港口陆域生产建筑物及主要辅助生产建筑物宜布置在陆域前方的生产区，其他辅助生产建筑物则布置在后方的辅助生产区。

（二）铁路线路用地的布局

铁路线路由路基、桥隧建筑物（包括桥梁、涵洞、隧道等）和轨道（包括钢轨、连接零件、轨枕、道床、防爬设备和道岔等）组成。

铁路线路设计应贯彻绿色协调发展理念，落实现代综合交通运输发展要求，充分结合铁路网规划和综合交通规划，合理确定主要技术标准和线路走向。

1. 铁路等级

根据我国《铁路线路设计规范》（TB 10098—2017），铁路等级应根据其在路网中的作用、性质、设计速度和客货运量分为高速铁路、城际铁路、客货共线铁路、重载铁路（表 8-13）。客货共线铁路分为Ⅰ、Ⅱ、Ⅲ、Ⅳ级。

表 8-13　铁路等级

铁路等级	高速铁路			城际铁路			客货共线Ⅰ级			客货共线Ⅱ级			重载铁路	
设计速度/(km/h)	350	300	250	200	160	120	200	160	120	120	100	80	100	80

2. 铁路主要技术标准

铁路主要技术标准包括铁路等级、设计速度、正线数目、限制坡度、最小曲线半径、牵引种类、机车类型、最小行车间隔、到发线有效长度和闭塞类型等。这些标准是确定铁路运输能力大小的决定因素，对设计线路的工程造价和运营质量有重大影响。铁路主要技术标准应根据其在铁路网中的作用、运输需求、输送能力、地形和地质条件等因素，按系统优化的原则综合比选确定（表 8-14）。

表 8-14 铁路主要技术标准

铁路等级		高速铁路			城际铁路			客货共线Ⅰ级			客货共线Ⅱ级			重载铁路	
设计速度/(km/h)		350	300	250	200	160	120	200	160	120	120	100	80	100	80
正线数目(新建)		双线			双线			双线(旅客)	—	—	—	—	—	双线(年运量≥60 Mt)	
平面最小曲线半径/m	一般	7000	5000	有砟轨道:3500、无砟轨道:3200	2200	1500	900	3500	2000	1200	1200	800	600	800	
	困难	有砟轨道:6000、无砟轨道:5500	有砟轨道:4500、无砟轨道:4000	有砟轨道:3000、无砟轨道:2800	2000	1300	800	2800	1600	800	800	600	500	600	
最小线间距/m		5.0	4.8	4.6	4.2	4.0	4.0	站内正线间5.0,三线及四线区间的第二线与第三线间5.3,第一、二线间根据设计速度确定(4.0、4.2、4.4)。							

注:限速地段另行规定。

3. 路基

路基是铁路线路承受轨道和列车荷载的基础结构物。按地形条件及线路平面和纵断面设计要求，路基横断面主要有路堤、路堑和半路堑 3 种基本形式。路基顶面的宽度，根据铁路等级、轨道类型、道床标准、路肩宽度和线路间距等因素确定。

路基面的形状分有路拱和无路拱两种。非渗水的路基面往往做成不同形式的路拱，以便排水。为保证路基的整体稳定性，路堤和路堑的边坡都应根据有关规定筑成一定的坡度。

为了消除或减轻地面水和地下水对路基的危害，使路基处于干燥状态，须采用排水措施，将降落或渗入路基范围的地表水、地下水拦截、汇集并排离路基。排水设施主要有侧沟、截水沟、渗(暗)沟等。

4. 铁道线路的选线

铁路选线在铁路建设中具有重要的作用，不同的选线方案会产生不同的影响。铁路的选线受自然、社会、政治、经济等诸多因素的制约。铁路选线应结合区域地形、地质条件，统筹考虑线路所经区域城镇发展和产业布局、工程条件、环境敏感点分布等因素，经技术经济比选后确定线路走向。

铁路选线设计总体上要遵循以下原则：①要结合区域地形、水文与工程地质条件，避开各类不适建地质体，统筹考虑区域环境保护、水土保持、防灾减灾的要求。②铁路行经主要城市和重要城镇，宜与城镇化发展和产业布局相协调。高速铁路宜经县级及以上城市，城际铁路要考虑重要城镇及城市主要组团，兼顾机场、港口及其他综合交通方式的联运。重载铁路宜经主要经济区，利于大宗货物集散。③要考虑土地的节约集约利用，尽量避免占用优质耕地，特别是永久基本农田。铁路宜与其他交通方式共用走廊，减少土地分割，不宜挤占河道湖床。城区地段应结合城市功能与城市景观的要求等合理选择线路敷设方式。④要符合军事设施和国防的要求，同时应避开自然保护区、风景名胜区、水源保护区和文物古迹等。

在技术方面，铁路线路设计应结合路段设计速度、速差、舒适度及维修等因素，重视线路平面和纵断面的线型协调。

(三)航空交通用地的布局

1. 航空交通线的布局

航空运输是一种现代化的交通运输方式，除了承担客货运输外，还有多种专业性用途。飞机是在空中完成运输作业任务的，其交通线一般不受地面条件的限制，在空中线路上没有交通设施，主要是地面导航设施。因此，航空运输的布局与规划主要是各地起止点的飞机场布局与规划。

2. 机场布局与规划

(1)机场的等级规模

机场按不同的属性可划分为不同的类型。依据我国《运输机场总体规划规范》(MH/T 5002—2020)，机场按航线性质可分为国际机场和国内机场，按规划年旅客吞吐量规模可分为超大型机场、大型机场、中型机场、小型机场(表 8-15)。

表 8-15　机场分级表

规模类别	年旅客吞吐量/万人次
超大型机场	≥8000
大型机场	2000～8000
中型机场	200～2000
小型机场	≤200

机场规划应明确机场类别与功能定位，可按年旅客吞吐量规模对机场进行分类，指导机场各功能区、设施、系统的配置。

飞行区是机场的重要组成部分，根据拟使用飞行区的飞机特性分级。飞行区指标分为Ⅰ级和Ⅱ级，其中飞行区指标Ⅰ是使用飞行区飞机的最大基准飞行场地长度的分类，共分 4 类（表 8-16）；根据拟使用飞行区的飞机的最大翼展，形成指标Ⅱ。

表 8-16　飞行区指标Ⅰ

飞行区指标Ⅰ	1	2	3	4
飞机基准飞行场地长度 /m	≤800	800～1200	1200～1800	≥1800

(2)机场的用地选择和布局

为适应我国航空运输需要，保障航空运输的高效运行，运输机场选址工作要求规范，具有系统性和科学性。

机场的选址与建设应满足区域经济及社会发展需要，符合国民经济和社会发展规划、民航行业发展规划等；应与所在区域的国土空间规划、综合交通体系规划等相协调。在机场选址与布局上应考虑下列要求：①机场场址地质条件要好，应避开发震断层和有泥石流、流沙、严重滑坡等直接危害的地段；②机场场址应与主要服务城市（或景区等）距离适中（以 10～20 km 较为适宜，最好不要超过 40 km），既要考虑减少干扰、保证净空要求，又要便利旅客来往和货物转运。③场址应避开各类禁区和各类限制区，应与易燃易爆、产生大量烟雾以及电磁干扰等设施保持必要的安全距离；④场址应满足生态环境及文物保护要求，应尽量不占用耕地，特别是不占用永久基本农田；尽量减少拆迁量，使工程投资经济合理。

第三节　水利工程与用地规划

水是人类社会赖以生存和发展的重要物质基础，同时也是维系地球上生态平衡、决定环境质量状况最活跃的自然要素之一。水作为一种自然资源，具有其他自然资源不可替代的 3 种作用，即维持人类生命、维持工农业生产和维持良好环境。因此，水资源开发及水利工程规划，是一种重要的土地利用类型规划，也是所有土地利用类型规划的重要基础和依据。

一、水资源及其开发

（一）土地利用与水资源开发

1. 水与水资源

从地球上原始生命——蛋白质的形成，到人类的出现与进化，都与水有着密切的联系。医学研究表明,人体中70%～90%是水。水具有输送养分、维护肌体养分平衡、吸收养分、排泄废弃物、调节体温等作用。一个人几天不吃食物尚可维持生命,若几天不喝水,生命就会停止。人类为了生存还需种植粮食作物和蔬菜等,同样离不开水。试验证明,生产1 kg小麦需水0.5～1.0 m^3,生产蔬菜、水果需水量更大。发展畜牧业也需大量的水,一头羊每天需水0.015～0.020 m^3,一头牛每天需水0.050～0.080 m^3,同时还需考虑草场、饲料地的灌溉用水问题。渔业生产更离不开水。除了农业、牧业、林业耗水之外,发展工业,如冶金、电力、化工、交通、造纸、纺织、食品等各行各业也需要耗用大量的水。有些天然地下水中富集有稀有元素盐类,可以成为具有工业价值的液体矿床或具医疗保健价值的矿泉水。温度较高的地下水,是一种干净的热能资源,可用于发电、城市供热、建立农用温室等。具有一定水位高差的地表水又是水能资源,可用于水力发电。地表水体还可载舟航运。正因为如此,把水作为一种自然资源加以利用和开发,是人类自古以来利用和改造自然的一种重要的实践活动。

水在地球表层分布呈连续圈带状,称为水圈,包括海洋水、陆地水、大气水与地下水。地球上的水在热力、地心引力等外力作用下,不断运动,在自然状态下进行着三态循环。受质量守恒定律支配,水的运动保持连续性,从动态上看处于不断循环过程中,称为水循环;从质量上看保持某种平衡,称水平衡。水循环与水平衡是考察地球上水分运动变比同一问题的两个方面或两种不同的研究角度。自然界的水循环系统可用图8-1来表示。

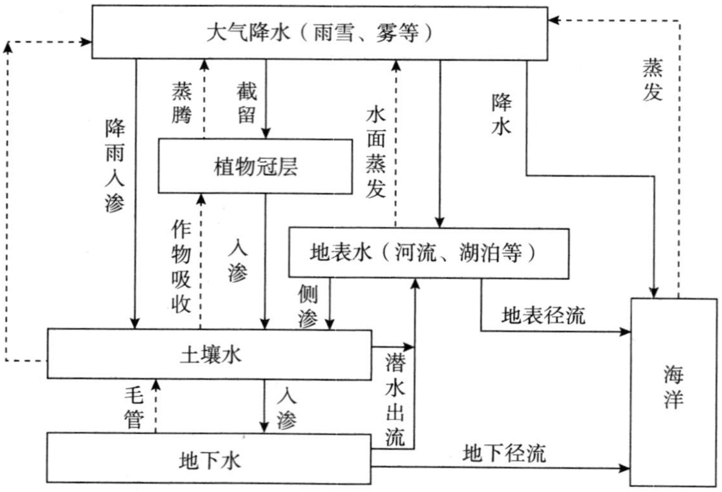

图8-1 水循环示意图

水并不等于水资源,真正的水资源在数量上只占地球系统中水量的十万分之三,约47万亿 m^3,数量是十分有限的。关于水资源的定义目前尚不统一。《大不列颠百科全书》中对水资源下的定义是:"自然界一切形态(气态、液态、固态)的水";联合国教科文组织和世界气象组织(WMO,1988)给出的定义为:"作为资源的水应当是可供利用或有可能被利用,具有足够数量和可用质量,并可适合某地水需要而长期供应的水源"。《中国大百科全书》(大气科学·海洋科学·水文科学卷)中指出:"水资源是地球表层可供人类利用的水,包括水量(质量)、水域和水能资源,一般指每年可更新的水量资源……;对人类最有实用意义的水量资源,是陆地上每年可以更新的降水量、江河径流量或浅层地下水的淡水量。"《中华人民共和国水法》规定:"水资源,是指空中水、地表水和地下水,包括水源、水量、水质、水温、水体、水能、水运、水产和旅游等资源”。黑龙江省水文总站主编的《区域水资源分析计算方法》一书中指出:广义的水资源是地球水圈内水的总体,狭义的水资源是大气降水参与水循环过程剩下来的陆地产水量,即人们经常利用并且可以得到恢复和更新的淡水量。

上述提法各不相同,但大体上都反映了水及其与人类利用间的相互关系,即水的自然属性与资源属性。水的自然属性决定于水在自然界存在、分布、运动的状态。水是自然界最活跃的因素之一,在热力、重力作用下发生三态变化,使其处于不断循环、变化、更新之中,是一种可恢复、可更新资源。水的资源属性反映了它与人类利用的密切关系。所谓资源,系指生产资料、生活资料的天然来源。水资源是人类生存、生活的物质基础,是国民经济持续发展的重要条件。用水部门主要有生活、农业、工业、养殖、航运等。

目前多数人接受的看法是:水资源与水的概念不同,水资源通常是指一定技术经济条件下可以被人类利用的水量(质量)、水域和水能资源。

2. 水资源的功能

水资源,就资源类别而言,包括作为物质来使用的水量(质量)资源、作为能量来使用的水能资源和作为空间和载体来使用的水域资源。就地域类型来看,包括海水资源和陆地水资源(地表水和地下水),其中海水主要是从中提取某些盐类和化学元素,以及海水淡化;陆地水主要是指优质淡水,潮汐能和水能都已是重要的能源。就开发利用情况来分,包括水能资源、水运资源、淡水渔业资源与海水养殖资源、旅游资源、水量资源和海水化学资源等。

(1)水量功能　水是人类赖以生产生活和生存繁衍不可缺少的物质基础,没有水就没有一切,人们总是以水作为衡量其他星球有无生物生命的依据。水量的功能主要是工农业供水、城市居民和农村人畜用水,是人们生活中不能欠缺的,又是不可替代的。水作为农业供水,面广量大,是国民经济基础的基础;作为工业供水,经济效益大,是国民生产总值的主要组成;作为生活用水,紧密联系着社会的发展与稳定,在国民经济与社会发展中占有十分重要的地位。当今世界上水量的多寡不但影响着一个国家在世界上的政治经济地位与国力的强弱,而且关系着全球的前景与人类的命运。随着水的供需矛盾日趋紧张,如何合理利用和充分发挥水量功能以及如何节约用水已成为迫在眉睫的重大课题。

(2)水质功能　水中的不同溶解物与浮悬物的数量和类别,形成不同的水质,体现其对人们生产生活的不同利用价值。无论是农业灌溉用水、工业冷却用水,还是生活用水,都必须有相应的质量要求。水的质量随着水量的利用而被利用,其总体数量与水量交织在一起,难以划分。我们说没有水量水质就不存在,也说如果不具备可资利用的水质,水量的供水功能也就降低或消失,例如被污染的水域、水量,人们是不会利用的,所以说水质的最大功能是保证水量的利用价值。

(3)水域功能　水域历来是人类集中居住和城市建设的依托,既可向周边辐射,又有沿河延伸的作用,对社会经济发展起着极为重要的作用。水域具有运价低廉的特点,是内陆交通运输网络的重要组成部分。水域也是淡水养殖的场所,在国家水产比值中占有重要地位,如有些国家和地区人均获得的蛋白质总量中有40%来自鱼类。

(4)水能功能　能源被称为人类社会的生命线,人类的生产生活都离不开能源。水电是能源的重要组成部分,而且因为费用低廉,常是国家或地区发展的启动产业,起龙头作用,既可以带动内部资源开发,又可以吸收外部资金。当环境问题越来越受到人们重视的时候,水能因其不但不污染空气,而且在一定程度上有美化环境的优点,其利用价值大为提高,加速发展势在必行。

(5)环境功能　水既是自然资源也是环境要素。生态用水是指维护生态环境不再恶化并逐渐改善所需要消耗的水资源总量。从广义上讲，维持全球生物地球化学平衡诸如水热平衡、源汇库动态平衡、生物平衡(鱼类洄游、基因保护、植被建设或保护等)，维持河流水沙平衡、维持陆地水盐平衡、保护和维持河流生态系统的生态基流、回补超采地下水所需水量，以及城市绿地用水等都是生态环境用水范畴。狭义的生态环境用水指维护生态环境不再恶化并逐渐改善所需要消耗的水资源总量，即“改善水质、协调生态和美化环境等的用水”。改善水质，即对于河流，应保证枯水期的最小流量，使其得到一定的污径比，以改善水质；协调生态用水，即水生物受外界非生物环境的影响，一般可根据不同鱼类区系、鱼类组成及生理习性来考虑维持鱼类生态环境用水。为了防止入海河口泥沙淤积，维护河口地区生态环境，需要保持一定的河道径流水量；美化环境用水，即对于旅游区的水库、湖泊和河流，应考虑旅游景观和通航要求，保持一定的湖面和水深。在城市，主要应根据各地气候条件和水源条件，考虑城市的净化、绿化，即公园湖泊等用水要求。此外，还有为控制地面沉降的回灌用水、为减轻咸潮倒灌而加大枯水季河道水量用水等。

3.水资源开发历史与现状

我国水资源的开发利用历史悠久，早在公元前16世纪，农田沟洫已经有了文字记载。到公元前11世纪，西周的农田沟洫工程就更加发展了。春秋战国时代开始出现了规模较大的渠系工程。淮河流域的芍陂、海河流域的引漳十二渠、长江流域的都江堰、黄河流域的郑国渠等都是在这个时期兴建的。到了公元前1世纪，宁夏的河套灌区、新疆的坎儿井、江浙的海塘工程，都是十分壮观的。尤其是经过历代施工，开凿的贯通钱塘江、长江、淮河、黄河、海河水系的南北大运河，更是可与万里长城相媲美的伟大工程。

但是，长期以来，中国处在封建王朝统治下，特别是新中国成立前，处在封建主义、帝国主义、官僚资本主义三座大山的压迫下，社会生产力发展很慢，水利失修，水、旱灾害频繁。中华人民共和国成立前，我国河川径流的总利用量只有1200亿m^3左右。

新中国成立以来，全国兴建了大量蓄水、引水、提水工程，目前河川年径流引到河道以外的利用量约4200亿m^3，地下水年开发利用量约400亿m^3，两项合计4600亿m^3。当前我国年径流利用率(年径流利用量占年径流总量的百分数)为17%。全国大中小型水库86000多座，其中大中型2500多座，总库容4080亿m^3。每年平均拦蓄水量，大中型水库约1200亿m^3，小型水库加塘坝、湖泊约1050亿m^3，合计2300亿m^3，占河川径流量的8.5%，这表明现有蓄水工程对河川径流的调节能力还很低。虽然我国总库容占年径流量的百分数仅次于美国和俄罗斯，但相对于我国人口和水资源的特点，要满足工农业日益增长的用水需要，相差还很远。全国各区域发展极不平衡，各片年径流利用率，黄淮海流域片最高，达52%；如果包括地下水利用量，则利用率可达70%左右。如果分开河系看，则海河流域与辽太浑诸河利用率最高，已达60%以上，黄河、淮河40%左右，内陆河35%，长江、珠江、松花江15%左右，西南诸河则不到1%。地下水利用集中在北方平原地区，开采量约占平原地下水资源的30%左右。但各流域也不平衡，海河流域已开发利用70%，辽河流域30%，淮河流域20%。

我国水能资源的全部蕴藏量约6.8亿kW，水能资源与河川径流量相似，也存在着年内、年际变化和地区间的不平衡。按地区分布，西南最大，占全国的70%；华北、东北最小，占全国的1.8%。从水系看，长江最大，占全国的40%；淮河最小，占全国的0.2%。20世纪80年代初期，已建装机容量占全国可能开发量（8亿kW）的5%左右，年发电量占全国可能发电量的3%上下。当前，我国的水能开发利用率还很低。

我国农业年用水量约4000亿m^3，占全国各部门总用水量的85%左右。农田灌溉面积由解放初期的0.16亿hm^2，增加到现在的0.47亿hm^2左右，占全国总耕地面积的48%，平均每公顷农田灌溉用水为8250～9000 m^3。南方水稻用水一般每公顷均在15000 m^3以上，北方旱作一般每公顷为3000～4500 m^3。

我国工业用水量占全国各部门总用水量的6%～8%，比重较低。我国城市生活用水占全国各部门总用水量的1%～2%，平均每人每天100 L左右，也处于比较低的水平。

根据1998年的统计，全国年总来水量3.40万亿m^3，年总供水量5470亿m^3，占全年水量的15.1%，其中地表水80.8%，地下水18.8%，其他0.4%。全国人均年用水量435m^3，万元GDP用水量683m^3，农业灌溉用水量每公顷5120 m^3。

新中国成立以来兴建了大量蓄水、引水、提水工程，总供水能力5800亿m^3，占多年平均水资源总量的20.5%。1998年全国水能装机6400万kW，发电量20000亿kW·h，为全国可开发量3.78亿kW的17%左右。统计年用水量的增加量，1980年以前为100亿m^3，1980年以后为75亿m^3，这既包括了节约用水因素，也是当前工农业缺水的原因之一。

（二）水资源类型与开发方式

水的气态、液态与固态3种物理形态可以相互转化，天空中的水气在一定温度与成雨条件下，可以转化为雨水，人们利用这一特点可以进行“催云化雨”。固体的冰雪在气温影响下可以融化为地表径流，作为某些地区河川径流的主要来源。雨水、地表水和地下水3种不同水源之间的转化极为频繁，雨水既可转化为地表水，也可渗入地下转化为地下水；地表水与地下水之间的关系更为密切，彼此之间可以互相补给，因此在天然水量平衡和水资源的利用上，都要作为整体统一考虑。

根据水交替期的长短可将水资源分为静态水资源与动态水资源。①静态水资源，包括冰川、内陆湖泊、深层地下水资源等，更新慢，水循环交替期长，开采利用困难，一旦利用，难以恢复，故有时也称不可恢复水资源。②动态水资源，包括大气降水形成的地表水、土壤水、浅层地下水，更新快、交替期短，属可恢复水资源，是人们关心、研究的重点。

降水资源、地表水、地下水是人类开发利用的3大水资源类型。根据水源的不同，水资源取用方式也不同。除雨水就地利用和地下水的自喷或抽取利用外，地表径流分为河道内用水与河道外用水。

1. 雨水就地利用方式

雨水对雨养农业、森林牧草的生长，对环境生态、绿化景观用水起着十分重要的作用。目前全球雨养农业为15亿～20亿hm^2，占耕地面积的80%以上。全球林草生物覆盖面积约1亿hm^2，占全球陆地面积的75%，也靠雨水维持生存。雨水对干旱缺水地区和沿海岛屿的人畜饮水具有重要意义，这部分用水数量不多，但作用很大。长期以来，人们对此积累了不少经验，但是就地利用的方式既受地形、土壤和地面覆盖物的制约，又受降雨强度、降雨历时和前期雨量的影响，故有一定局限性。近年来由于科学技术的发展，人们利用建筑物，采取一系列措施，将雨水收集、储存与净化，其利用水平有了很大提高，前景看好。

2. 地表水的利用

地表水的河道外利用，首先是在农业方面，大量水量用在农田灌溉、冲咸洗碱和池塘养殖。

在以农业为主的国家,农业用水一般都在50%～60%,最高达90%。其次是工业用水,工业中的冷却用水,量大消耗少,工艺用水和锅炉用水,质高数量少。最后是城市生活、公用事业和农村人畜用水,要求质高量稳,数量不多,但性质重要。这些水在取用之后,一般都有一定数量的回归水。回归水的质与量与原供水相比都有一定程度的变化,处理后可以再度被利用。虽然从大气中的蒸发降雨循环讲水量可以周而复始、年复一年地永恒利用,但是河道外用水的水源深受流域自然条件和人类活动的影响,也不是取之不尽、用之不竭的。造成供需矛盾的主体常是这部分用水。

河道内用水不但实施其水域功能,同时还有水能功能,对水力发电、内河航运、冲淤冲污、淡水养殖、鱼类洄游、保持生态平衡都有显著功效。河道内用水既包括连续的水域和相对稳定的水体,也包括与河道外用水有联系的人工运河和池塘养殖。河道内用水具有连续性和流动性的特点,水能可以组成一系列的梯级电站,电站水量基本不消耗,可以重复利用;航运从上游到下游,从支流到干流,随着水系形成网络,并直接与海洋贯通,成为海防联运的通道。河道内外水量的分配,因时因地而异。有些专家认为,为了维持原有河道生态,任何一条河的最终入海水量应不少于原有河流的1/3～1/2,否则将对河道及沿河生态环境造成不良影响。

3. 地下水利用

地下水的利用常与地表水相配合成为水量功能的主体,既用于干旱地区的农业灌溉,也用于城市生活和工业需水。地下水有质高量稳的优点,特别是含有多种矿物元素的优质矿泉水,具有很高的生活饮用和医疗卫生价值。我国地下水利用具有悠久历史,干旱缺水地区井灌是发展农业的主要水源,在低凹涝碱地区进行井渠双灌,优势互补,也是我国农灌的又一重要方面。20世纪80年代末期我国北方17省份井灌面积为0.111亿 hm^2,其中井渠双灌占1/3,配套机井250万眼,装机2500万kW,其中干旱缺水的冀鲁豫三省占70%以上。地下水常保有一定的温度与热量,是温泉、浴场、旅游、文娱活动的场所,并可利用地热发电,它的利用范围同样是广泛的。

无论何种类型的水资源开发,都必须依靠一定的水利工程。特别是农业用水是用水的大户,尤其在干旱、半干旱地区没有水利就没有农业,实现稳产高产必须有高度发达的水利设施及水源作为保证。

(三)水利工程规划的内容

水利规划的基本任务有两个方面:①根据水资源在地区间、年份间和季节间分布不均匀的情况,解决供水与需水在地理上和时间上的矛盾;②保证工农业用水和人民生活用水,并协调水利工程用地和其他用地的矛盾。

水利工程规划基本内容包括:①开辟水源、调节水量。包括截流引水、兴建水库等。②修挖输水渠系,合理用水。包括骨干输水工程和各级灌溉渠道及相应的工程建筑物的规划。③防洪排涝、改良土壤。包括各级排水渠道和工程建筑物的规划。④开发利用地下水。如井灌渠建设规划。⑤其他。如抽水站、水电站的规划、喷滴灌系统的规划、水土保持规划、盐碱土治理规划等。

二、水资源评价与供需水平衡分析

(一)区域水资源评价分析

水资源评价是在水资源调查的基础上,按流域或地区对水资源的数量、质量、时空分布特征和开发利用条件作出全面的分析估价。水资源评价主要包括水量评价和水质评价。一般来说，水质评价是水量评价的前提，水量评价是水资源评价的核心。通常所说的水资源评价往往是就水量评价而言的，所以又称水资源数量评价。水资源数量评价主要包括水资源时空分布规律、地表水与地下水资源量、各种水量计算与资源归属分析、水资源总量评价与可利用量分析等内容。

1. 地表水资源量评价

地表水资源量评价的具体内容包括：①查清评价区地表水的形成、分布规律，计算降水、冰雪消融水、泉水和地下水泄流对地表河流、湖泊的补给量；调查各水文要素在空间和时间上的分布状况及均匀程度。②计算评价区地表水资源量的多年平均值，丰水、平水、枯水年出现的频率及相应的水量，初步确定适合不同用途的地表水资源量。③初步提出地表水资源开发利用的工程措施和备选方案。④对开发利用后发生的变化和可能出现的问题，作出预测分析。⑤根据自然条件和人为活动情况，提出防止水源污染和保护环境的相关建议。

1)降水量及其评价

降水是流域水资源的主要来源，在某些地区甚至是唯一的来源。一个地区年降水量的大小，对该区水资源的形成具有重要影响。降水量评价指标主要包括以下几方面。

(1)降水量　指在一定时段内降落到一定面积上的水体积，一般用降水深度来表示，即将降水总体积除以对应的面积，以 mm 为单位。降水量的表示与时间有关，通常有两种：一种是指在给定的时段内降落到某一面积上的总降水量，如日降水量、月降水量和年降水量；另一种是指某一面积上一次降水的总量，称为次降水量。

(2)降水量过程　表示降水量随时间的变化过程。它是以时段降水量为纵轴、时段次序为横轴绘制而成的。以日、月降水量为纵坐标绘制的降水量过程线，可以反映降水量一年内逐日、逐月的分配情况，常用直方图表示。年降水量过程线表示测站历年降水量的变化。

(3)等雨量线　它是根据多个相邻测站降水量资料绘制的图件，表示某地区或流域降水量的平面分布状况。绘制等降水量线时，需要有一定数目的控制性的雨量点，也要考虑降水特征和地形对降水的影响。

2)地表径流及其评价

地表径流是指降水沿着地面或地下汇流至河道后，向流域出口断面汇集的全部水流。所谓河川径流实际上是由地面径流和地下径流两部分组成的。通常径流的评价指标包括以下几方面。

(1)流量 Q　即单位时间内通过过水断面的水量称为流量，常以 m^3/s 计。按分析时段的不同，流量有瞬时流量、日平均流量、月平均流量、年平均流量和多年平均流量之分。

(2)径流总量 W　即河流在时段 T 内通过流域出口过水断面的总水量，以 m^3 计。按分析时段的不同，有洪峰径流总量、月径流总量和年径流总量之分。计算公式为：

$$W=Q\cdot T$$

(3)径流深度 R　一定时段内的径流总量平铺在相应流域面积上的平均水层深度称为径流深度，以 mm 计。计算公式为

$$R=W/1000F$$

式中，F 为流域面积（km^2）。

（4）径流模数 M　单位流域面积上产生的平均径流量称为径流模数，以 $m^3/(s \cdot km)$ 计。计算公式为：

$$M=Q/F$$

（5）径流系数 α　同一时段内的径流深度 R 与降水量 P 之比称为径流系数，以小数或百分数计。计算公式为：

$$\alpha=R/P$$

径流系数显示了流域降水量转化为径流量的比率，综合反映了流域内自然地理因素对水形成径流的影响。α 值一般在 0～1 之间，若 α 趋于 1，表明降水大部分转化为径流；若 α 趋于 0，则说明降水形成径流的能力非常小，降水量主要消耗于蒸发和入渗。

（6）径流变率 K　又称模比系数，是指同一时段内某一年的径流量（Q_i）与多年平均径流量（Q 平均）之比值。按分析时段的不同，有月径流变率与年径流变率之分。计算公式为：

$$K=Q_i/Q$$

平均年径流变率反映了这一年的径流量偏丰（$K>1$）或偏枯（$K\leqslant1$）的程度。

3）年正常径流量及其计算

河流年径流量的多年平均值，称为多年平均年径流量 Q。当实测资料年份相当长时，多年平均年径流量是个逐渐趋于稳定的数值，该值称为年正常径流量 Q。年正常径流量表征在天然条件下河流上某断面能泄出的平均流量，是河流水资源可利用的稳定水量。它是取水水源选择、区域水资源规划、水污染综合防治、水利水电等工程都必须使用的基本水文资料。

实际上，河流的径流量观测是不可能无限长时间的，只能是采用有限年份的观测资料来推算多年径流量的算术平均值，以此来代表年正常径流量。多年平均流量的推算，根据资料的多少，可采用以下几种方法。

（1）有长期实测资料情况下多年平均径流量的计算

所谓有长期实测资料，就是指系列足够长，并包括有丰、平、枯水年的观测资料，由它计算的多年平均值基本是稳定的。在这种情况下，就可根据下式计算多年期间年径流量的算术平均值，以此值代表多年平均径流量。即：

$$Q_{平均}=\frac{1}{n}\sum_{i=1}^{n}Q_i$$

一般要求实际观测年数 n 在 20 年以上。

（2）有短期实测资料的多年平均径流量的计算

若只有短期实测资料，系列长度小于 20 年，用上法计算，误差太大。在这种情况下，为了提高计算精确度，保证计算结果的可靠性，必须首先对实测径流系列进行相关展延，然后再用上法计算。目前，常用的相关展延有以下两种方法。

①利用径流资料插补展延系列。该方法是在本流域上下游、干支流或自然地理条件相似的邻近流域上，选择具有长系列实测年径流量的测站作为参证站。经过分析后，如果证明它们之间同期的年径流量关系密切，则可用两者的相关图解或相关方程插补展延研究站的短期年

径流量资料系列。

②利用降雨资料插补延展系列。如果在研究站的上、下游或邻近地区找不到具有长系列径流量资料的参证站，而在研究站邻近有较长年降水资料的测站，则可选择降雨量作为参照变量与研究站短期的实测径流量资料建立相关关系，然后利用较长实测年降雨量资料进行插补延展研究站的径流量资料系列。

(3)缺乏实测资料时年平均径流量的估算

当某些河流缺乏实测径流量资料时，可采用一些间接手段估算年平均(年正常)径流量。目前，常用的方法有以下几种。

①等值线法。该法是以各省(区)编制的手册中本省(区)的多年平均径流量深度和各种频率的年径流深度等值线图为依据。先在等值线图上勾画出所求河段设计断面的控制流域面积，即圈定流域分水线，并确定流域面积重心(或形心)位置。然后根据等值线用直线内插法确定出重心处的多年平均年径流深值。该值乘以设计断面控制的流域面积就作为设计断面的多年平均(年正常)径流量的估计值。

②水文比拟法。该法是选择一个气候、下垫面条件与研究流域相似的参证流域，把参证流域的水文特征值移用于研究流域上来的一种方法。具体移值时，如果个别因素有差异，可以适当修正。

③经验公式法。经验公式的常用形式如下：

$$Q_0 = KF^n$$

式中，Q_0 为多年平均年径流量(m^3)；F 为流域面积(km^2)；K、n 分别为地区性参数，取值可查水文手册。

2. 地下水资源量评价

地下水资源数量评价应在获取评价区下列资料的基础上进行：①地形地貌、地域地质、地质构造及水文地质条件。②降水量、蒸发量、河川径流量。③灌溉引水量、灌溉定额、灌溉面积、开采井数、单井出水量、地下水实际开采量、地下水动态、地下水水质。④包气带及含水层的岩性、层位、厚度及水文地质参数，岩溶地下水分布区还应有岩溶分布范围、岩溶发育程度。地下水资源数量评价应符合下列要求：①根据水文气象条件、地下水埋深、含水层和隔水层的岩性、灌溉定额等资料的综合分析，正确确定地下水资源数量评价中所必需的水文地质参数，主要包括：给水度、降水入渗补给系数、潜水蒸发系数、河道渗漏补给系数、渠系渗漏补给系数、渠潜入渗补给系数、井灌回归系数、渗透系数、导水系数、越流补给系数。②地下水资源数量评价的计算系列尽可能与地表水资源数量评价的计算系列同步，应进行多年平均地下水资源数量评价。③地下水资源数量按水文地质单元进行计算，并要求分别计算、评价流域分区和行政分区地下水资源量。地下水资源量评价包括地下水补给资源量、储存资源量、可开采资源量的评估和开采利用条件的分析。

1)计算补给资源量

地下水补给资源量的计算应以地下水系统为单位来进行。补给资源量是在天然条件或人为开采状态下，地下水系统从外界获得的有补给保证的水量；也就是开采利用后，能够通过现代水文循环予以补充的水量，属于地下水资源中可再生的部分。其数量用地下水系统各项补给量总和的多年平均值表示。在未开发地区，地下水系统往往处于纯自然的宏观稳定状态，其多年补给量大体等于多年的排泄量。当某些补给项不易求得时，可用排泄量的多年均值替代，作为补给资源量。在开采条件下，地下水系统的天然补、排均衡关系会受到干扰，此时，不能以排泄量推算补给量。主要评价指标有以下几个。

(1)大气降水入渗补给量

大气降水入渗补给地下水是一个复杂的过程，入渗补给量的大小不仅与降水强度、降水在时间上的分配、地形、植被的情况有关，而且与潜水的埋深、包气带岩性，以及降水前包气带的含水量等有关。为简化起见，通常采用下式计算：

$$Q=\alpha \cdot F \cdot P$$

式中，α 为降水入渗系数(无量纲)；F 为接受降水入渗的地表面积(m^2)；P 为多年平均的年降水量(降水深)(m/年)。

降水入渗系数是一个常数。而事实上，不同时段的雨强及其发生频率是不同的，超渗产流及蒸发状况也会不同，它们都会影响降水入渗系数的大小。

(2)地表水渗漏补给量

地表水渗漏补给量计算包括河流、湖泊(水库)、渠道渗漏等多种形式。这里主要介绍河流、渠道渗漏量计算的断面流量差法。若均衡区有河流或渠道穿过，可在均衡区的上、下游边界处各选一个测流断面，分别测定其流量，并确定断面之间的距离、测流开始与结果的时间间隔、河渠的水面宽度、水面蒸发量，然后用下式计算：

$$Q_{漏}=(Q_1-Q_2)\Delta t-BLZ$$

式中，$Q_{漏}$ 为河道或渠道在 Δt 时段的总渗漏量(m^3)；Q_1、Q_2 分别为河渠上、下游测流断面平均流量(m^3/s)；Δt 为计算时段(换算成秒)；B 为河渠的水面宽度(m)；L 为两断面的距离(m)；Z 为 Δt 时段水面蒸发深度(m)。

2)计算储存资源量

与补给资源量相类似，储存资源量同样是针对一个地下水系统的多年平均状态而言的。由于不同年份降水的丰、枯变动，储存量也有丰水年、平水年、枯水年的数量差异，而且还受人为开采的影响。作为储存量多年平均值的储存资源量，在计算时应充分考虑地下水动态的变化。计算储存量的方法目前主要为体积法。

对于潜水或无压含水层而言，地下水的释出会引起水位下降，而在非开采条件下，补排量的天然变化会使地下水位有升有降，但这种升降仅限于一定的变动带内(季节变动带或多年变动带)，变动带以下的水量可以视为储存量并称为容积储存量。计算公式如下：

$$W_1=\mu \cdot V=\mu \cdot F \cdot \overline{M}M$$

式中，W_1 为潜水含水层的储存量(m^3)；μ 为含水介质的重力给水度(无量纲)；V 为变动带以下潜水含水层的体积；F 为潜水含水层的分布面积(m^2)；$\overline{M}$ 为变动带以下潜水含水层的平均厚度(m)。

承压含水层除包括容积储存量以外，还有弹性储存量，一般可用下式计算：

$$W_2=\mu_e \cdot h \cdot F$$

式中，W_2 为承压含水层的弹性储存量(m^3)；μ_e 为承压含水层的储水系数；h 为自承压含水层隔水顶板起算的压力水头高度(m);F 为承压含水层的分布面积(m^2)。

承压含水层的储存量($W_{承}$)应为弹性储存量和容积储存量之和,即:$W_{承}=W_1+W_2$,计算 W_1 时,含水层的体积以承压区的实际体积为准。

3. **区域水资源总量评价**

水资源总量是指某一区域内,当地降水形成的地表和地下的产水量。地表产水量指地表径流量,包括坡面流和壤中流,而不包括河川基流量;地下产水量指降水入渗对地下水的补给量,应为河川基流、潜水蒸发、地下潜流等 3 项之和。

根据降水、地表水、地下水的转化和平衡关系,区域水资源总量可用下式计算:

$$W=P-E_s=R_s+U_p$$

或

$$W=R+E_g+U_g$$

式中,W 为水资源总量;P 为降水量;E_s 为地表蒸发量,R_s 为地表径流量,U_p 为降水入渗对地下水的补给量,R 为河川径流量,E_g 为潜水蒸发量,U_g 为地下潜流量。

上面 2 式剔除了地表水和地下水互相转化的重复水量——河川基流量(R_g),原则上适用于山地、丘陵、平原等各种类型区的水资源总量计算,可根据评价区的水文、水文地质特性和资料条件加以选用。例如,在半干旱半湿润地带的平原区,降水入渗补给量占产水量的比例较大,且有地下水位动态资料作为计算依据,通常采用 $W=P-E_s=R_s+U_p$ 计算水资源总量;在山区和丘陵区,河川径流量是产水量的主要组成部分,有水文站的流量观测资料作为计算依据,则宜采用 $W=R+E_g+U_g$ 计算水资源总量。

水资源总量评价应在地表水和地下水资源数量评价的基础上进行,主要内容包括"三水"(降水、地表水、地下水)关系分析、总水资源数量计算和水资源可利用总量估算。"三水"转化和平衡关系的分析内容应符合下列要求:①分析不同类型区"三水"转化机理,建立降水量与地表径流、地下径流、潜水蒸发、地表蒸散发等分量的平衡关系,提出各种类型区的总水资源数量表达式。②分析相邻类型区(主要指山丘区和平原区)之间地表水和地下水的转化关系。③分析人类活动改变产流、入渗、蒸发等下垫面条件后对"三水"关系的影响,预测总水资源数量的变化趋势。

总水资源量分析计算应符合下列要求:①分区总水资源数量的计算途径有两种(可任选其中一种方法计算),一是在计算地表水资源数量和地下水补给量的基础上,将两者相加再扣除重复水量;二是划分类型区,用区域总水资源数量表达式直接计算。②应计算各分区和全评价区同步期的年总水资源数量系列、统计参数和不同频率的总水资源量;在资料不足地区,组成总水资源数量的某些分量难以逐年求得,则只计算多年平均值。③利用多年均衡情况下的区域水量平衡方程式,分析计算各分区水文要素的定量关系,揭示产流系数、降水入渗补给系数、蒸散发系数和产水模数的地区分布情况,并结合降水量和下垫面因素的地带性规律,检查水资源总量计算成果的合理性。

综上所述,要合理地计算一个流域或一个地区水资源总量,就应当在地表水与地下水相互转化调查研究的基础上,考虑水量的重复部分,予以扣除。重复水量包括:①山区河川基流量,为山区地表水和地下水之间的重复量;②平原区河川基流量,为平原区地表水和地下水之间的重复量;③河道渗漏、渠系渗漏、灌溉回归等补给地下水的水量,为河川基流量转化为平原区地下水的总量;④山前潜流量,为山区流入平原的地下径流量,属于地下水本身的重复计算量;

⑤井灌回归量,属于平原区地下水的重复利用量。

4.**水资源可利用量分析**

所谓水资源的可利用量是指在社会经济技术条件下可以开发利用的水资源量。可利用水资源量不是一个常数,它随社会经济技术水平而变化。可利用水资源一般需通过工程设施来开发,这些工程设施必须在技术上可行、经济上合理。人类对水资源的最大开采利用量不仅不能超过自然界所提供的水量,而且要确保生态平衡,不造成环境退化,还需扣除生态用水量。也就是说,人类对水资源的可开采利用量不能超过水资源的补给量,在一定的时空范围内,对水资源的开采速率应小于或等于其恢复更新的速率,并且要确保对环境不产生不良影响。

水资源可利用量的大小,一方面取决于自然因素,另一方面取决于人为因素。自然因素主要包括地理位置、气象、水文、地形地貌、土壤、植被等。人为因素主要包括由社会发展阶段的经济、技术所决定的筑坝蓄水、跨流域调水、循环重复用水、减少水分无效蒸发、咸水淡化及相关处理技术等。人为因素的影响可在一定程度上增加水资源的可利用量,可化水害为水利。如修筑水库,既能在一定程度上拦水蓄水,调节水量,减少洪涝旱灾,又能利用水能发电稳定工农业供水,发展渔业和水运业,从而减少水资源的无效流失,提高水资源的可利用性。

1)地表水资源可利用量估算

地表水资源可利用量估算应符合下列要求。

(1)地表水资源可利用量是指在经济合理、技术可能及满足河道内用水并顾及下游用水的前提下,通过蓄、引、提等地表水工程措施可能控制利用的河道外一次性最大水量(不包括回归水的重复利用)。

(2)某一分区的地表水资源可利用量不应大于当地河川径流量与入境水量之和再扣除相邻地区分水协议规定的出境水量。地表水资源可利用量估算方法包括水均衡分析法、基流量分割法与径流典型年法。

2)地下水可开采资源量的评估

地下水资源量是地下水系统的资源拥有量的底数,由于受各种条件的限制,这些水量不可能全部开采出来。为了指导各种采供水活动,制定开采利用规划,在区域水量评价中还需对各地下水系统可供开发利用的水量作出进一步的估计和论证,这就涉及所谓可开采资源量的问题。决定可开采资源量大小的因素有很多,其中地下水系统的供水功能(包括地下水资源的数量、分布、埋藏条件)及人为采水的技术能力都是重要的因素。除此之外,能够取出的水量并非都是允许的。在许多地区,稍大的开采强度就会引发明显的环境效应,如地面沉降、地面塌陷、海水入侵及生态退化等。可见,可开采资源量的大小还受环境条件的制约。

3)水质评价与水环境质量评价

水质评价是按照评价目标,选择相应的水质参数(指标)、水质标准和计算方法,对水质的利用价值与水的处理要求作出的评定。水资源用途广泛,而且水又是一种环境要素,所以,水质评价的目标及要求也是多种多样的。而水环境质量评价是环境质量评价工作的重要组成部分。它与常规水质评价既有联系,又有所不同。常规水质评价虽然同样涉及水质预测及防止水质恶化的有关问题,但工作的重点往往放在现状评价上,评价的对象和水的用途也较具体明确。与之相比,水环境质量评价的内容更为丰富,除了常规水质问题,还要求阐明各种自然水是否受到污染,污染的程度如何,污染区的分布状况,以及造成污染的原因及可能的发展趋势。也就是说,水环境质量评价不仅要查明水环境演变的历史和现状,还要分析人类活动对水环境的影响所带来的不利于人类发展的负效应，以便合理规划水资源的开发、利用，采取有效的预防措施，避免污染，保护水环境，确保可持续发展。

（二）区域需水部门及其需水预测

一个地区的发展与生存都离不开水的保证，任何部门都是如此。供水必须对本地区所有部门的需水情况进行预测。需（用）水部门可分为河道外用水和河道内用水。河道外用水主要指农业、牧业、林业、工业及城市生活用水、农村人畜用水等，河道内用水主要指水力发电、航运、养殖、放牧、河道冲淤及维持生态环境用水等。河道外用水要消耗部分水量，河道内用水基本上不消耗水量。河道外用水是供需平衡分析的重点对象。可归纳为如下几类。

（1）农业用水　农业用水包括灌溉用水、农村居民饮用水、牲畜饮用水等。

（2）工业用水　各类工业生产如冶金、钢铁、化工、造纸、机械等的用水。

（3）城市生活用水　指居民生活用水、公共设施用水和第三产业用水。

1. 农业用水量

农业用水包括农业灌溉，林、牧、渔业用水，农村人畜生活用水等。其中灌溉用水占90%以上。因此农业用水基本上随灌溉面积和灌溉定额的增长而增长。

（1）灌溉用水需求量　灌溉用水需求量取决于灌溉面积的发展、灌溉用水定额，以及采取的节水技术。

在确定灌溉用水时，要制定农作物灌溉制度。所谓灌溉制度，是指在一定气候、土壤和农业技术条件下，为了保证农作物丰产、满足农作物在其各个生育阶段对水分的要求所规定的适时、适量灌水制度，其中包括灌水定额、灌水时间、灌水次数和灌溉定额。

灌水定额：是在单位面积上灌溉一次水所需用水量（单位：m^3/hm^2）。

灌水时间：作物生长发育期间，每次起水适宜的时间。

灌水次数：作物在全生育期内，为满足作物需水要求而应灌水的总次数。

灌溉定额：作物在全生育期内，单位面积上应灌溉的用水总量（单位：m^3/hm^2），公式为：

灌溉定额＝作物生育期田间需水量—生育期内有效降水量＝灌水定额×灌水次数

我国北方地区几种主要旱作物的灌溉制度见表8-17。

表8-17　我国北方地区几种主要旱作物的灌溉制度

作物	生育期灌溉制度			备注
	灌水次数	灌水定额/（m^3/hm^2）	灌溉定额/（m^3/hm^2）	
小麦	3～6	600～1200	3000～4500	干旱年份
棉花	2～4	450～600	1200～2250	
玉米	3～4	600～900	2250～3750	

（2）农村饮用水量　农村饮用水量取决于农村人口的增长、生活用水定额，以及乡村上水道发展水平。

（3）牲畜用水量　牲畜用水量取决于牲畜发展头数、饮用水定额（表8-18）以及牧区水源建设情况。

表 8-18　生活及其他用水定额参考表

项目	用水种类	用水定额
饮用水	生活用水	缺水地区：20～30 L/(d·人)
	牲畜用水	富水地区：30～60 L/(d·人)
	大牲畜	30～50 L/(d·头)
	猪	20～40 L/(d·头)
	小家畜及家禽	1～8 L/(d·只)
工副业用水	制砖厂	每千块砖 0.7～1.2 m^3
	榨油厂	每吨油 7～10 m^3
	豆制品加工	每 50 kg 1.5～2.0 m^3
	拖拉机站	80～120 L/(d·辆)

2. 工业用水量

工业用水量是指工矿企业在生产过程中用于制造、加工、冷却、净化、洗涤等生产和企业内职工的生活用水。

工业用水量增长要适应国民经济和社会发展计划的需求，也应考虑工艺技术水平和水的重复利用率的提高。工业用水量计算方法通常有趋势法、产值相关法和重复利用率计算法。

(1)趋势法　用历年工业用水增长率来推算未来的工业用水量。此法关键是合理确定未来不同水平年的年平均用水增长率。

(2)产值相关法　用工业用水增长率和工业产值增长率相关关系推算工业发展的用水量。

以上两种方法都必须具有较长的历史资料，而且工业发展和用水比较稳定，没有急剧的变化。如果出现工业结构调整，或节水技术措施有突破性进展，按上述两种方法进行预测就会有较大的偏差。

(3)分行业用水的重复利用率提高法　一般将工业分为十八个行业(表 8-19)进行预测，它是目前广泛应用且较成熟的方法。根据水量平衡原理，总用水量可按下式计算：

$$W=W_1+W_2+W_3$$

式中，W 为生产过程中的总用水量(m^3)；W_1 为生产过程中的消耗水量(m^3)，包括由产品带走的水量和生产过程中蒸发、渗漏的水量，其数量较少，一般只占总用水量的 2%～5%；W_2 为生产过程中排出的水量(m^3)；W_3 为生产过程中的回用水量(m^3)，即重复利用水量。

式中的总用水量 W 和通常所说的用水量不同，后者是实际取用水量，又称补充用水量，令其为 W'，则有：

$$W'=W-W_3$$
$$W=W'+W_3$$

衡量一个地区或一个部门用水是否合理，目前普遍采用的指标是重复利用率 η，其数值等于重复用水量占总用水量的百分比，即

$$\eta=\frac{W_3}{W}\times 100\%$$

表 8-19　工业生产运营用水分类表

类别名称	包括范围
采掘业	煤炭采选业、石油和天然气开采业、金属矿和非金属矿以及其他矿和木材、竹材采选业的用水
食品加工、饮料、酿酒、烟草加工业	粮食、饲料、植物油加工业、制糖业、屠宰及肉类禽蛋加工业、水产品加工业、盐加工业和糕点、糖果、乳制品、罐头食品等其他食品加工业、酒精及饮料酒制造业、软饮料制造业、制茶业和其他饮料制造业、烟草加工业的用水
纺织印染服装业	棉、毛、麻、丝绢纺织、针织品业、印染业、服装制造业、制帽业、制鞋业和其他纤维制品制造业的用水
皮、毛、羽绒制品业	皮革制品制造业、毛皮鞣制及制品业、羽毛(绒)制品加工业的用水
木材加工、家具制造业	木材加工业、木制品业和竹、藤、金属、塑料家具制造业的用水
造纸、印刷业	造纸业和纸制品业、印刷业的用水
文体用品制造业用水	文化用品制造业、体育健身用品制造业、乐器及其他文娱用品制造业、玩具制造、游艺器材制造业和其他文教体育用品制造业的用水
石油加工及炼焦业	原油加工业、石油制品业和炼焦业的用水
化学原料及化学制品业	基本化学原料、化学肥料、有机化学产品、合成材料、精细化工、专用化学产品和日用化学产品制造业的用水
医药制造业	化学药品原药、化学药剂制造业、中药材及中成药加工业、动物药品、化学农药制造业和生物制品业的用水
化学纤维制造业	纤维素纤维制造业、合成纤维制造业、渔具及渔具材料制造业的用水
橡胶制品业	轮胎、再生胶、橡胶制品业的用水
塑料制品业	塑料膜、板、管、棒、丝、绳及编织品、泡沫塑料以及合成革、塑料器具制造业和其他塑料制品业的用水
非金属矿物制品、建材业	水泥、砖瓦、石灰和轻质建筑材料制造业、玻璃及玻璃制品、陶瓷制品、耐火材料制品、石墨及碳素制品、矿物纤维及其制品和其他非金属矿物制品业的用水
金属冶炼制品业	黑色金属、有色金属冶炼、加工、制品业的用水
机电制造业	机械制造业、各类专用设备制造业、交通运输设备制造业、武器弹药制造业和电机、输配电控制设备、电工器材制造业及修理业的用水
电子、仪表制造业	通信设备、广播电视设备、电子元器件制造业、仪器仪表、计量器具、钟表和其他仪器仪表制造业及修理业的用水
其他制造业	工艺美术品、日用杂品和其他生产、生活用品等制造业的用水

3. 城市生活用水量

城市生活用水一般用于居民生活、商业、医疗卫生、文化娱乐、旅游、环境保护及消防等部门。城市生活用水标准通常以每人每天用水量来表示。国外大城市用水标准一般为人均日用水量 300 L 以上，我国目前城市生活用水标准不高，人均日用水量在 85 L 左右。根据我国各地初步调查资料分析，一般大城市人均日用水量为 100～150 L，最高为 200～250 L，北方城市用水标准较低，最低的只有 30 L。随着城市建设发展、人口增长和人民生活不断改善，今后城市生活用水标准将不断提高。

现状城市生活用水可以根据城市人口总数与人均用水定额相乘来推求。即以现状用水量为基数，根据人口增长率及未来提高的用水定额，预测未来的用水量。计算公式为：

$$C=M_0\ (1+a)^N K/100$$

式中，C 为城市的日生活用水量(t/d)；M_0 为起始年份人口数；a 为人口年计划增长率；N 为计算年数；K 为该城市在计算水平年拟定的人均用水定额(L/d)。

在缺乏资料情况下，我国人均用水定额可参照国家城乡建设总局拟定的不同发展阶段生活用水标准(表 8-20、表 8-21)并结合具体情况酌予选定。

表 8-20　不同发展阶段人均生活用水标准　　L/d

城市规模及人口/万人	时间	
	1990 年	2000 年
大城市>100	120～140	140～200
中等城市 50～100	80～100	90～150
小城市 10～50	70～90	90～100
县城<10	60～70	70～90

表 8-21　城市居民生活用水量标准

地域分区	日用水量/[L/(人・d)]	适用范围
一	80～135	黑龙江、吉林、辽宁、内蒙古
二	85～140	北京、天津、河北、山东、河南、山西、陕西、宁夏、甘肃
三	120～180	上海、江苏、浙江、福建、江西、湖北、湖南、安徽
四	150～220	广西、广东、海南
五	100～140	重庆、四川、贵州、云南
六	75～125	新疆、西藏、青海

注：1. 表中所列日用水量是满足人们日常生活基本需要的标准值。在核定城市居民用水量时，各地应在标准值区间内直接选定。

2. 城市居民生活用水考核不应以日作为考核周期，日用水量指标应作为月度考核周期计算水量指标的基础值。

3. 指标值中的上限值是根据气温变化和用水高峰月变化参数确定的，一个年度当中对居民用水可分段考核，利用区间值进行调整使用。上限值可作为一个年度当中最高月的指标值。

4. 家庭用水人口，由各地根据本地实际情况自行制定的管理规则或办法计算。

5. 以本标准为指导，各地视本地情况可制定地方标准或管理办法并组织实施。

(三)水资源科学分配与水土平衡

根据各类工程的可供水量和各用水部门的需水量，即可进行供需平衡计算，以分析区域内水资源的余缺程度，采取对应措施。

供需平衡分析是在一定区域、一定时段内，对不同水平年(如现状水平年或未预测的未来水平年)及某一保证率的各部门进行供水量和需水量的平衡关系分析，其实质是在考察区域水资源可利用水量及其变化基础上，进行可供水量、需水量及其盈亏分析。具体包括：①查清水资源的开发利用现状；②分析未来水平年天然水资源及供水能力；③分析未来各需水部门的需水量和实际耗水量；④分析未来水资源的余缺及供需问题。

规划区域的水量供需平衡计算是一项复杂而细致的工作，往往贯穿于规划的始终。水量的反复平衡是逐步渐进的。起初通过现有的水量调节计算，满足各部门的需水要求，从而求得区域水量的余缺情况，为进一步挖掘水源的潜力，确立新的水量调节措施打下基础。而新的调节措施，又是提高本区土地资源的合理利用，满足农业远景发展规划的可靠保证。水量平衡计算，包括来水和用水两个方面。来水包括规划地区内可利用的一切水源，用水主要是满足城市、工矿业用水和农业灌溉用水。来水和用水量可通过实际调查、典型测试加以确定，或参考有关定额计算。计算结果填入平衡表内，把用水总量与来水总量相比较，即可以看出水量的余缺情况。据此考虑工程用地结构、作物比例等，以求来水与用水均衡。在来水量有余的情况下，也应统一考虑调整，如何根据当地季节、劳力等具体情况，扩大灌溉面积，调整作物布局和轮作制度，提高复种指数和土地利用率。

三、水源工程用地规划

水源工程包括水库、水坝、抽水站和机井。在利用河流径流作为灌溉水源时，为提高水位壅水入渠，要在河流适当的地段修筑拦河坝；在利用当地地面径流作为水源时，需修筑水库或蓄水池；在利用地下水作为水源时，需打井或打井群。

（一）水库规划

水库是进行水量调节的蓄水工程。水库对径流调节的作用有两种：一种是为了提高枯水期的供水量，满足灌溉、发电、给水和航运等用水要求，进行兴利径流调节；另一种是为了削减洪峰流量，防止下游河水泛滥引起洪涝灾害，进行洪水径流调节。水库这种调节天然径流的能力决定于水库的库容大小和水库的控制运用方式。按其容量大小可分为：大型水库（蓄水 1 亿 t 以上）、中型水库（1000 万～1 亿 t）、小型水库（10 万～1000 万 t）。大中型水库属区域的国家工程，由国家水利部门专项进行规划，本节不作过多的讨论。在这里只介绍小型水库规划的基本内容，主要包括水库选址、库容确定和水库建筑物等。

1. 库址选释

库址选择要遵循如下原则。

(1)地形要口小肚大　修建水库的优越地形是谷底要宽广、平缓，蓄水量多；而谷口狭小可以筑短堤，省工料，省人力，工程经济。

(2)水源丰富，有足够的集水面积　小型水库的主要水源是靠地面径流，集水过小，则会造成水源不足；集水面积过大，则洪峰流量大，溢洪道的工程量加大。库址最好选择在常年流水的溪泉的地方。

(3)筑坝的地点地质条件要好，要不漏水　基础稳固筑起坝来才不会沉陷，便于蓄水。在靠近坝址附近，要有适于开挖溢洪道的山坳；坝址附近要有足够数量的建筑材料（黏土、石料、沙等）。

(4)库址距离灌区要近，地形要高　便于修筑较短的引水渠道，使沿渠水量损失小，且建筑物小，并能保证自流灌溉农田。

(5)水库淹没损失要小　淹没农田、村庄和交通设施要少。

库址的选择是直接关系水库的经济合理和安全使用的大问题，一定要切实做好库址的地质勘探工作，以保证国家和人民生命财产免受不必要的损失。

2. 库容确定

1)库容的种类

所谓库容,就是水库可以蓄水的容积,一般以立方米数表示(图 8-2)。

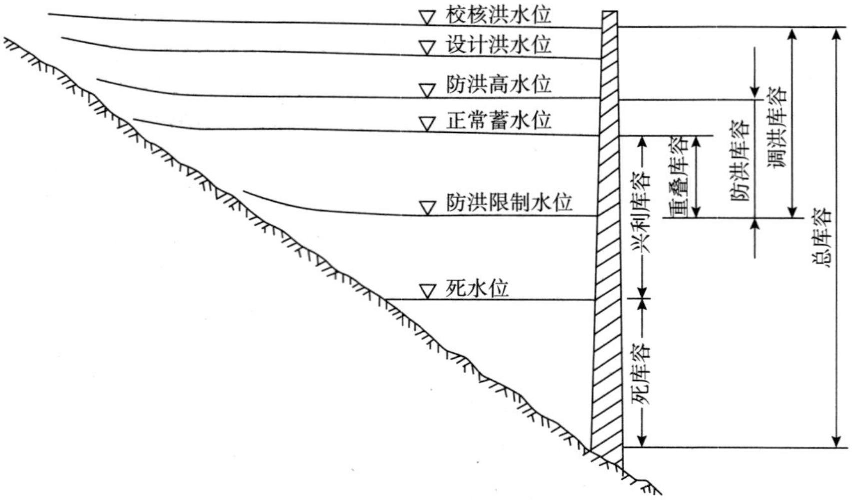

图 8-2 水库库容设计示意图

(1)死库容 自流灌溉、发电、航运、渔业等各水利部门,均要求水库运行的最低水位不能低于某一水位高程,这一水位通常称为死水位(也称为设计低水位)。死水位以下的库容称为死库容(也称垫底库容),是为了养鱼、沉淤泥沙、防止库底冻裂或晒裂、提高灌溉水头而预留的库容。决定死库容大小的主要依据,一是泥沙淤积量的多少,二是灌区自流灌溉所要求的水位。对自流灌溉来说,死水位主要由灌区高程来确定。对于结合发电的水库,死水位的确定还要考虑发电所需最小工作水头。死水位愈高,电站出力愈大,但兴利库容相应减小,从而影响水库的调节能力。

(2)有效库容 也称灌溉库容、调节库容或兴利库容,是指水库死水位以上到正常蓄水位之间的库容。为满足各兴利部门枯水期的正常用水,需要在丰水期蓄满一定库容,以提高枯水期的流量。这部分库容称为兴利库容(或称有效库容)。兴利库容在死库容以上,力求在丰水期末蓄满。兴利库容蓄满后相应的水位通常称为正常蓄水位(或称设计蓄水位)。从设计蓄水位到死水位之间的深度,称为消落深度或工作深度。

(3)防洪库容 也称滞洪库容、调洪库容。它是在汛期为了防止水库下游洪水灾害,达到拦蓄洪水、削减洪峰流量,在水库设计中预留的一部分库容。这部分库容应在汛前腾空,准备洪水到来能及时拦蓄洪水;一次洪水过后要立即放空,以便拦蓄下一次洪水。在汛前腾空的防洪库容的相应水位称为汛前限制水位(简称汛限水位),也称汛期限制水位或防洪限制水位。当发生设计洪水时,水库一方面尽量泄水,一方面蓄水,最后水库达到的最高水位称为设计洪水位。当发生校核洪水时,水库达到的最高水位称为校核洪水位。汛前限制水位到设计洪水位之间的调洪库容称为设计调洪库容。汛前限制水位到校核洪水位之间的调洪库容称为校核调洪库容。通常在水库的集水面积小于 15 km^2 时,由于洪水量不会很大,也可以不设计防洪库容。

校核洪水位到库底的全部库容称为水库的总库容。正常蓄水位与汛前限制水位之间的库容，既是兴利库容又是调洪库容，因此称为共用库容或重叠库容。

2)库容计算

一个水库的水面面积和容量是随着水位的变化而变化的，水库面积曲线和库容曲线在水库规划、设计时就应作出，但水库蓄水后，库区可能发生显著的地形变化，因此必须校核或重新绘制水库面积和库容曲线。

计算库容有如下一些方法。

(1)地形图法　水库的库容与坝高有直接的关系，水库的坝越高，库容就越大。水库在不同水位时的水面面积，可在库区地形图上用求积仪或数方格法求得。某一水位的水面面积等于相应水位高程的等高线与大坝轴线所包围的面积。以水库水位为纵坐标，水面面积为横坐标，点绘水库水位与水面面积关系曲线，即得水库面积曲线。再用两相邻水面面积的平均值乘以间距，就是这两条等高线之间的容积(图 8-3)。其计算公式为：

$$V=\frac{(A_1+A_2)}{2}\cdot\Delta h$$

式中，V 为容积；A_1、A_2 分别为两条相邻等高线所包围的面积；Δh 为两条等高线之间的垂直距离(高差)。

由水库面积曲线和上式可以推得水库容积曲线(又称库容曲线)。从库容曲线上即可查取任何一定水位的库容。

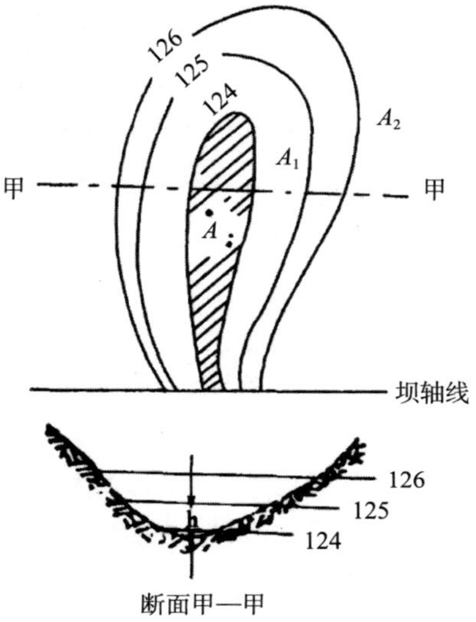

图 8-3　地形图法计算水库库容

(2)估算法　有些小水库，若没有地形图，可以用估算法估算库容。其计算公式为：

$$V=\frac{1}{3}\cdot L\cdot D\cdot H$$

或

$$V=\frac{1}{4}\cdot L\cdot D\cdot H$$

式中，V 为水库的库容；L 为水面平均长度；D 为水面平均宽度；H 为水库平均深度。当库底平坦时，可采用 1/3 系数；库底起伏较大时，则采用 1/4 系数。

(3)断面法　即根据水库的横断面和纵断面图计算库容。首先算出整个横断面的面积和相邻横断面间的水平距离，然后把相邻横断面的面积相加减半，再乘以水平距离即为相邻横断面间的库容；把相邻横断面间的库容相加，便是总库容。

3)库容确定

(1)有效库容的确定　水库需要蓄多少水，决定于灌溉水量的多少；水库能蓄多少水，则决定于来水量的多少。如来水量大于用水量，则以用水量确定有效库容；如果来水量小于用水量，则以来水量来确定库容。因此，在具体确定水库的有效库容时，应首先计算来水量和用水量的多少。

①水库来水量计算。水库来水量是指在一定设计保证率下，一年内由集水面积流入水库

的总水量。它取决于库区的集水面积、年降水量和年径流系数。计算水库来水量的方法有很多,这里仅介绍一种径流系数法,运用这种方法必须具有水库地区的多年平均降水资料,其计算公式如下:

$$W_{来}=1000P\cdot\alpha\cdot F$$

式中,$W_{来}$为水库来水量(m^3);P为库区多年平均降水量(mm);F为水库的集水面积(km^2)可从地形图上量算;α为库区年径流系数,为年径流深与年降水量之比,它随地面坡度、土质、植被情况等因素不同而异,一般为0.3~0.5,土质黏重、降水多地区取大值,反之取小值。

②水库用水量计算。一般小型水库用水量主要是灌溉用水量。灌溉用水量的多少及其在多年和年内的变化情况,与各种作物的灌溉制度、灌溉面积以及渠系输水和田间灌水的水量损失等因素有关。计算公式为:

$$W_{灌}=\frac{S\cdot M}{\eta}\cdot\alpha$$

式中,$W_{灌}$为灌溉需水量(m^3);S为灌溉面积(亩);M为灌溉土地综合灌溉定额(m^3/亩·年);η为渠系水利用系数,一般采用0.7~0.85;α为计入水库蒸发、渗漏损失后的加大系数。它与水库的水面大小、气候条件和库区地质好坏有关,一般采用1.1~1.2。

除灌溉用水外,水库容积中还应包括居民生活用水、畜牧业用水、工副业用水,以及航运、发电等。因此,水库用水量计算公式为:

$$W_{需}=W_{灌}+W_{供}$$

③有效库容的确定。由于水库库容不是一次蓄满的,通常是边蓄边用,这样就产生了一个库容调节系数的问题。也就是说,由于边蓄边用,水库不必像上面所计算的结果那样,修那么大。一般来说,库容调节系数(n)为0.7~0.9。水量多的地区取大值,水量少的地区取小值。因此,有效库容的计算公式为;

$$W_{有效}=n\cdot W_{计算}$$

(2)死库容的确定　死水位一般高于库底1~2米。根据这个死水位就可以在水位—库容曲线上查得死库容量($W_{死}$)。

(3)防洪库容的确定　当小型水库的集水面积大于15 km^2时,由于来水量较大,为保证下游安全,应设有防洪库容($W_{防洪}$)。一般小型水库多采用溢洪道上0.5~2.0 m的过水深度作为设计洪水位。设计洪水位与正常蓄水位之间的库容,即是防洪库容,库容量可以从水位—库容曲线上查得。

(4)总库容的确定　将有效库容、死库容和防洪库容相加,即得总库容,即:

$$W_{总}=W_{有效}+W_{死}+W_{防洪}$$

3. 水库建筑物规划

拦水坝、溢洪道和放水涵洞是水库的主要建筑物(图8-4)。

图 8-4　小型水库示意图

1)拦水坝

拦水坝是横贯河道的拦水建筑物,用以拦蓄水量,抬高水位。坝体设计应包括坝高、坝宽和坝坡等。

(1)坝高的确定　坝顶高程为正常蓄水位即水库设计水位、溢洪道水深、风浪高和安全超高之和(图 8-5)。计算公式为:

$$H_{坝高} = H_{正常} + H_{溢洪道} + H_{风浪} + \Delta H$$

式中,$H_{坝高}$ 为坝顶高程;$H_{正常}$ 为水库设计水位高程;$H_{溢洪道}$ 为溢洪道上最大水深;$H_{风浪}$ 为风浪高,它与风力大小和从坝到对岸的最大直线距离有关;ΔH 为超高,一般值为 0.5～1.00 m。

(2)坝顶宽度的确定　坝顶宽度应根据坝高和交通要求加以确定(表 8-22)。

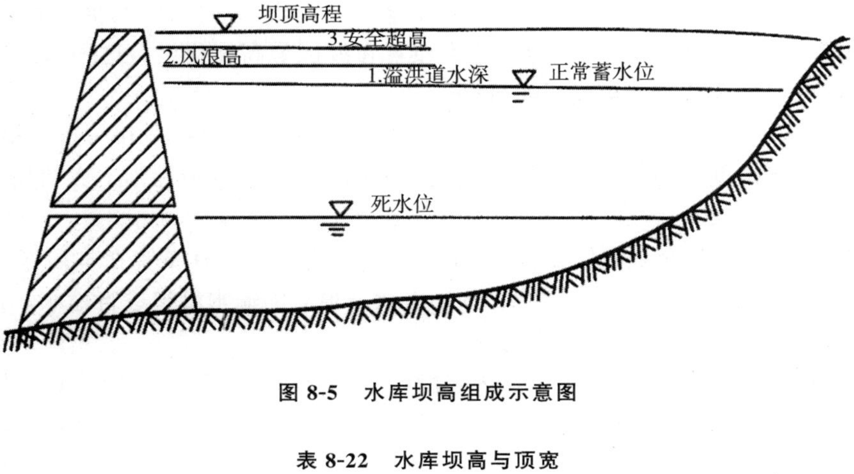

图 8-5　水库坝高组成示意图

表 8-22　水库坝高与顶宽　　m

坝高	5～7	8～9	10～12	13～16	17～20
坝顶宽	3.0	3.5	4.0	4.5	5.0

此外,坝顶宽度还要考虑到施工、构造、防风抢险等。

(3)边坡的确定　拦水坝的边坡与坝高、坝型、土料和基础等情况有关。坝体低、土质好,坡度可以陡一些;反之,边坡宜缓一些。迎水坡要比背水坡缓一些。

2)溢洪道

溢洪道是水库排泄过量洪水,确保水库安全的建筑物。(图 8-6)。

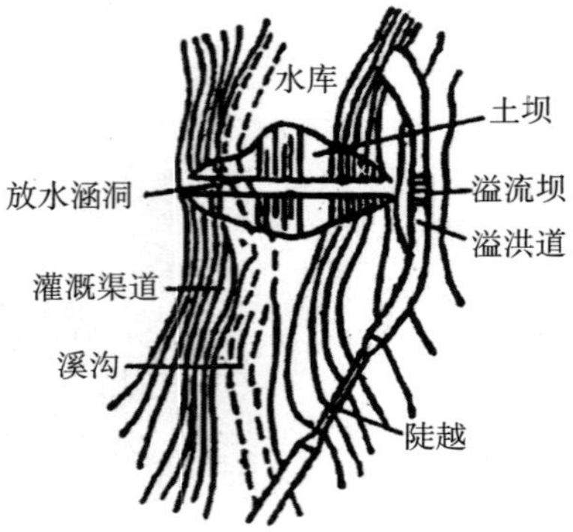

图 8-6　溢洪道和放水涵洞布置图

溢洪道位置的选择很重要。如果水库周围有天然山坳,高度和蓄水高度相近,下游又有泄水的地方,这是开挖溢洪道比较理想的位置。如果不具备这种有利地形,可在坝的两端较平缓的山坡开挖。溢洪道要尽量避免设在坝上,应该与其有一定的距离。一般来讲,溢洪道的进口要距坝端最少 20 m 以上,其出口至坝脚距离不小于 60 m。

溢洪道的断面尺寸的确定是关系到水库工程造价的重要因素,其尺寸大小与暴雨强度、集水面积、地面坡度、植被覆盖情况等有关,必须根据当地条件因地制宜决定。

3)放水涵洞

放水涵洞是从水库放水的建筑物。一般由两部分组成,即控制放水量的建筑物和输水涵洞。

(二)抽水站规划

小型抽水站,按其作用可分为灌溉抽水站、排涝抽水站和排灌结合抽水站;按其动力的种类分为电灌(排)站和机灌(排)站。抽水站的作用在于将低处的水抽往高处。

1. 抽水站的布置和站址选择

1)抽水站的布置形式

灌溉抽水站和渠系布置形式,一般来讲有以下 4 种。

(1)集中供水　全灌区有一个抽水站和一条干渠控制全部灌溉面积,抽水站 A 从进水池经过压力管道 B 一次扬水至灌区最高点,干渠布置在灌区最高高程上。这种形式适用于地形平坦的小型灌区。支渠垂直于等高线布置(图 8-7)

(2)分级供水　全灌渠分为若干小灌区,每个小灌区由一个抽水站和一条子渠控制,由若干个小抽水站逐级由低向高供水。这种形式适用于地形坡库较陡或地形上有明显台地等变化的地方(图 8-8)。

(3)高低渠供水　全灌区分为几个小灌区,每个小灌区均设有布置在本灌区最高处的干渠,由同一个抽水站向全部灌渠集中供水,分别由相互独立的输水管道进行输水。这种形式适用于沿供水方向为长条形,但水源集中的地方(图 8-9)。

(4)分散供水　全灌渠分为几个小灌区,分别有几个独立的、互不连接的抽水站供水,每个小灌区有其独立的抽水灌溉系统。这种形式适用于沿水源流向呈长条状,坡度大,取水又不能集中的地方(图 8-10)。

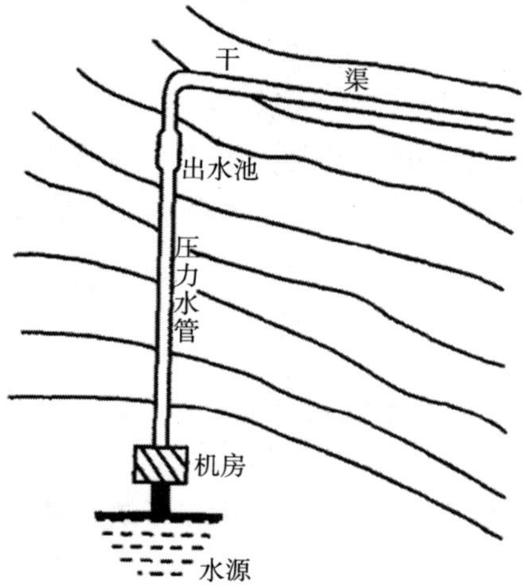

图 8-7　集中供水示意图

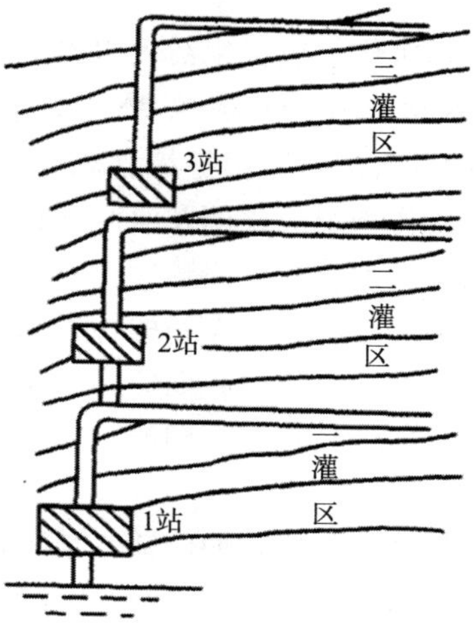

图 8-8　分级供水示意图

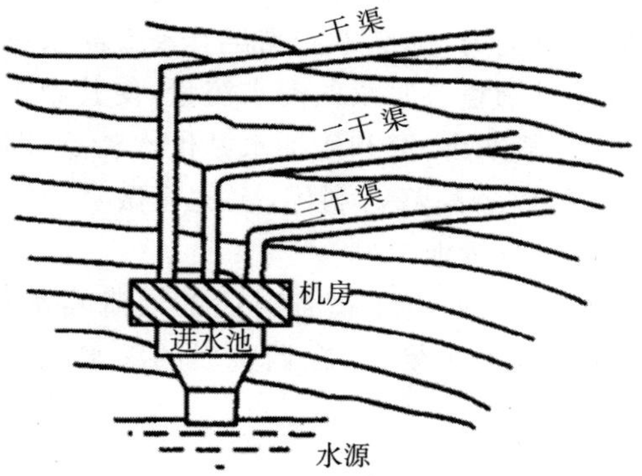

图 8-9　高低渠供水示意图

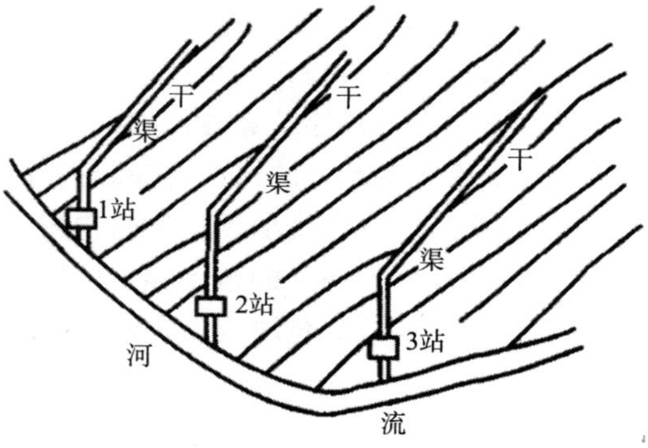

图 8-10　分散供水示意图

2)站址的选择

确定抽水站站址,应依据下列原则。

(1)抽水站位置应选择便于排灌的适中的位置。从灌溉角度考虑,站址最好选在灌区最高的地方,并靠近容泄区,以便加大控制面积。

(2)站址地形要使抽水站工程和灌排渠系布置方便,经济合理、靠近水源、水源充足、水质宜于灌溉。

(3)灌溉取水口或排涝出水口最好设在不冲不淤的稳定平直的河段上,基础应坚实稳固,避免流沙或淤泥层。机房基础最好在地下水位以上。

(4)站址应选择在交通便利,靠近村庄的地方,以便施工、维修和管理。电力排灌站站址应靠近电源,以使输电线路较短,引进方便。

3)抽水站的内部组成

一般小型抽水站由以下几个部分组成。

(1)水工建筑物　包括引水枢纽、引水渠、进水池、机房、管道、出水池等。

(2)机电设备　包括水泵、动力设备、真空泵、配电变电设备、高低压线路等。

(3)管理机构　包括生活用房、仓库和修理间等。

2.抽水站装机流量的确定

抽水站装机流量是根据灌溉流量和排涝流量来确定的。灌溉流量受气象条件、作物种类及其需水量、作物组成比例及灌溉面积和水库调节作用等各项因素所制约。当抽水站的灌溉面积确定以后，即可按下列顺序计算灌溉流量。

(1)确定灌溉区种植作物的种类和种植组成比例。

(2)分析设计作物生育期的降水量。

(3)计算各种作物生育期的旬需水量与设计年份相应的旬降水量之差，即得到各种作物生育期所缺的水量。

(4)将各种作物生育期的缺水量乘以作物组成比例，即为灌溉作物综合缺水量。这部分缺水量主要由地面径流(塘库蓄水)和建站抽水来供给，但在规划中必须进行地方径流的调节计算，首先考虑地方径流的充分利用，即可得出在作物生育期塘库能供给的水量，其余部分均由抽水站供水。

(5)若将最大灌水量时段内的流量作为装机容量，配备机电设备则在其他时段里设备能力不能充分利用；若采用灌水流量最低值来确定抽水的设备能力，则又不能满足其最大灌水量的要求。因此，在规划时，要在满足灌溉要求的条件下，尽量调整各时段的需水流量，使其趋于平衡。为了削减缺水过程线的高峰影响，减小装机容量，一般来讲，可利用抽水站供水特点，即根据需要随时泄水来削减高峰，可在高峰时段前预灌塘库，以备高峰时利用，但这样做会给管理上带来麻烦，往往会发生气象预报上的差错而将一部分水量废泄。

此外，也可在生产任务的范围内，适当调整作物种植比例，以平衡各时段的灌溉需水量。总之，规划抽水站装机流量时应作周密考虑，必须兼顾上述诸项要求，在调整后的灌水流程图上合理选定。

3.扬程的确定

扬程通常指总扬程，又称为水头。总扬程(H)由进水池水面到出水池水面的高差(净扬程$H_{净}$)加上水流通过管道的水头损失(损失扬程ΔH)。即

$$H=H_{净}+\Delta H$$

净扬程又分为吸水扬程$H_{吸}$和压水扬程$H_{压}$。吸水扬程是指进水池水面到水泵轴线之间的垂直高度，压水扬程是指水泵轴线至出水池水面之间的垂直高度。即

$$H_{净}=H_{吸}+H_{压}$$

管道的水头损失(损失扬程ΔH)包括吸水管和压力水管的管路损失及局部损失。管路损失与管子的长度、粗糙程度、管径、流量等有关。局部损失是指由于水管进口形状、弯头、底阀、止逆阀和闸阀等所产生的阻力损失。

小型抽水站设计扬程(H)，可按下列经验公式估算：

$$H=K\cdot H_{净}$$

式中，H为抽水站设计扬程；K为系数，水泵进口直径在15 cm(6英寸)以下时，$K=1.3$；15 cm以上时，$K=1.2$；$H_{净}$为净扬程。

（三）机井规划

在地面水比较缺乏，而地下水很丰富的地区，为了建设旱涝保收、高产稳产的农田，应积极开发利用地下水，发展井灌，为此要进行机井的布局规划。

1. 机井布局

机井布局要坚持如下原则。

（1）地面水与地下水联合利用　要充分利用地面水，合理开发地下水；根据地面水和地下水资源的分布情况，进行统一规划。

（2）兼顾除害兴利　在地下水位较高的盐渍化地区，发展井灌不但能解决农田灌溉，而且还有降低地下水位，防止土壤盐渍化的作用，所以开发地下水可以和治理盐渍化相结合。

（3）机井数目和平面布局合理　要防止机井密度过大，造成损失浪费和机井平面布局不合理给田间机械作业带来的不良影响。最好能打破行政单位界限，在较大范围进行机井规划，以便根据地下水的分布情况，合理布局机井。

（4）充分发挥旧井作用　在老井灌区布井，要优先考虑旧井的改造利用，不要轻易废除旧井造成浪费。

（5）水量水质合乎要求　凡是要发展井灌的地区，地下水的储藏必须丰富，且水质必须合乎灌溉水质标准。

2. 井位选择

应根据已确定的井距，结合规划地区的具体情况，深入现场，逐步落实。具体确定井位时应注意下列要求。

（1）井位布置要服从农田基本建设的总体安排，一般应靠近沟渠路布置，多设在田块的地角上。

（2）与架设输电线路的规划相合；低压线路应顺路架设以利于检修；变压器的位置应设在电力负荷中心，并使低压线路呈放射状，避免一条线路上带几部电机。

（3）应把井位选在田块高处，以利于输水和控制较大的面积。

（4）为了提高单井出水量，井位应选在富水带，如在河道沿线。

（5）在渠井结合灌区，要使井位与渠灌渠系很好结合，以便多井汇流，扩大灌溉效果。

（6）为了便于拦截地下水，机井应成行排列，并尽量与地下水流向垂直；前后机井要错开，以免影响出水量。

3. 机井规划设计

机井规划主要是要解决下列问题。

1）摸清地下水的情况

主要摸清可供开采的地下水资源的储量和分布情况。可通过有关部门进行了解，或通过现场调查方式取得规划区地下水资源调查和评价资料，为合理规划机井提供科学依据。

2）确定机井数目

在一定范围内，应该打多少机井，必须根据地下水源的情况而定。一般来说，在地下水丰富的地区根据单井灌溉面积和控区的耕地面积，就可计算出应打机井的数目；但在地下水不太丰富的地区，要根据地下水的分布进行确定。但不管何种情况，单井灌溉面积越大，井数就越少。

单井灌溉面积计算公式如下：

$$S_{单}=\frac{Q \cdot T \cdot t \cdot \eta}{m}$$

式中，$S_{单}$为单井灌溉面积（亩）；Q 为单井出水量（m^3/时）；T 为轮灌天数（天）；t 为每天灌溉时间（小时）；η 为渠系水利用系数；m 为灌溉定额（方/亩）。

设计机井数计算公式如下：

$$N=\frac{S_{总}}{S_{单}}$$

式中，N 为设计机井数；$S_{总}$为灌区控制面积（亩）；$S_{单}$为单井控制面积（亩）。

3）井距确定

机井井距确定是机井合理布局的重要环节，但确定机井井距，除了要注意单井出水量和可开采地下水资源及地下水补给条件等外，还要考虑当地的地质条件和灌溉制度。

（1）按单井灌溉面积确定井距　在地下水资源丰富，补给比较充分的情况下，机井井距由单井出水量和能灌溉的面积来确定。为此，在计算出单井灌溉面积后，如以正方形网状布井，可按如下公式计算：

$$D=\sqrt{667S_{单}}=\sqrt{\frac{667QTt\eta}{m}}$$

式中，D 为井距（m）；667 为换算系数；Q、T、t、η、m 含义同上。

（2）按单井影响半径确定井距　机井在抽水时，水位下降，井周围附近含水层的水向井内流动，形成一个以抽水井为中心的水位下降漏斗，这个水位下降漏斗的半径叫影响半径。井距应等于两个影响半径之和。各地区的土壤不同，影响半径也就不同。影响半径要通过试验或根据调查来定。在缺乏资料时，也可以参考表 8-23。

表 8-23　影响半径参考表

含水层类型	影响半径/m
细沙	100～200
中沙	200～400
粗沙	400～800
沙砾及卵石	800～1200

4）井深设计

在进行水利规划时，应充分利用地面水，积极开发地下水。在干旱地区，由于水源分布不均匀，往往上游地区地面和地下水都比较丰富，而下游地区既缺乏地面水又缺乏地下水或者开采不易，在这种情况下，应在上游地区大力开发地下水，把地面水引到下游灌溉，以达到全局范围内的水土平衡。在开发地下水时，由于浅层水补给容易，开采方便，应优先开发利用；深层水补给困难，工程投资大，应适当开发利用。

按开采的水层状况和成井深度不同，机井可分为深井、中井和浅井 3 种类型。划分界限依据各地具体条件，不尽一致，一般 60 m 深度以内为浅井；60～200 m 为中井；200 m 以上为深井。

在同一地区，为了减少机井间的干扰，往往分层开采，3 种机井类型以不同的比例进行规划。

四、灌排渠道规划

为了建设旱涝保收和稳产高产农田，以及保证区域内各部门用水，必须搞好灌溉和排水工程，建立一个完整的灌溉排水系统。完整的灌排系统应包括如下内容。

（一）灌排输水系统

灌排输水系统包括取水枢纽、输水配水渠道、临时渠道、排水泄水沟道和相应的工程建筑物。

1. 取水枢纽

取水枢纽位于渠道的上方，通过它把灌溉用水引入干渠。排灌站是平原地区的排水和取水枢纽，塘坝是丘陵山区的取水枢纽。

2. 输水配水渠道（固定渠道）

输水配水渠道一般分为干、支、斗、农 4 级。农渠是最末一级固定输水渠道。在灌区范围大、地形复杂的情况下，固定渠道可增加总干渠、分干渠、分支渠等几级，而在灌区范围较小时，则可减少 1～2 级。

干渠直接从水源引水，并下接支渠；支渠从干渠引水向斗渠配水，在大型灌区，支渠控制的灌溉面积通常达万亩以上；斗渠上承支渠，下接农渠，灌溉控制面积一般在 3000～5000 亩；农渠从斗渠中引水配水入毛渠或直接送入田间灌水垄沟，控制的面积一般为 300 亩左右。

3. 临时渠道

临时渠道是田间进行灌水时开挖的临时性渠道，包括毛渠、输水沟、灌水沟等。

4. 排水泄水沟道

农田排水系统由临时排水沟、固定输水沟及相应的建筑物和容泄区等几部分组成。固定排水沟一般分为干沟、支沟、斗沟和农沟等几级。这与灌溉渠道的划分是一致的。为了便于区分，灌溉渠道称为“渠”，排水渠道称为“沟”。灌溉系统中把水的来源称为水源，而在排水系统中把水的出路称为容泄区。

5. 灌排渠系工程建筑物

灌排渠系工程建筑物按其功能分为引水建筑物、节制建筑物、交叉建筑物、连接建筑物等，包括倒虹吸管、渡槽、隧洞、涵洞和跌水等，它们的任务是保证渠道顺利输水。

（二）灌排渠道系统的布局要求

灌渠规划布局应考虑如下基本原则。

1. “居高临下”自流原则

水往低处流。在渠道规划时，应根据水流位置和灌区内的地形，将灌溉渠道布置在高地或分水岭，并使干、支、斗、农各级渠道的高程依次逐级下降，以尽可能实现自流灌溉。排水沟要尽量布置在地势较低部分或利用天然沟道。排水沟的沟底高程应按农沟、斗沟、支沟、干沟及容泄区的顺序逐级下降；上一级沟与下一级沟之间要有一定的落差，以避免下级排水沟或容泄区产生壅水倒流现象，必要时应采取抽水措施进行排水。

2. 降低工程费用，减少渠道输水损失

沟渠规划要根据地形条件的可能范围，使渠道既短又直，以减少工程量和输水损失。同时

还要考虑地质条件，力求渠道稳固，施工方便，因此，渠道要避免穿过渗漏大、易塌方或有大填方、大挖方的地段。

3. 统筹兼顾，上下协调

上下级渠道之间、灌渠与排水沟之间、渠路之间、渠道与田块之间都要统筹兼顾，妥善配合。上级渠道要为下级渠道的合理规划和土地规划及其他项目的合理规划创造良好条件，上下级渠道尽可能相互垂直。排水沟应与灌溉渠相结合考虑，并采用适当的布置方式，使二者协调一致，避免沟渠的交错紊乱。

4. 沟渠选线要节约用地

沟渠选线应尽可能少占或不占耕地，把开挖渠道和新选农田结合起来，扩大农田面积，保证较高的土地利用率；在老灌区要把新开渠道和利用老废渠道相结合，改造和利用现有的渠系。

5. 避免纠纷，利于管理

渠系规划要考虑土地利用的权属，以便于灌溉用水及渠道管理；要使各个用水单位有相对独立的进水口和完善的内部渠系。支渠以下渠道宜控制灌溉一个行政单位。但渠系布置也不能完全迁就土地利用范围的现状，当个别插花地界影响渠系布置时，可根据具体情况进行插花地的调整，以保证渠系规划的合理。

6. 综合利用原则

渠系规划要根据当地的具体情况，综合考虑渠系的利用，如水面养殖、旅游观光、水运以及水能利用(小型发电站)等。

(三)灌排沟渠的流量设计

渠道的设计必须先设计流量，也就是要先求出单位时间内流经渠道过水断面的水量。

1. 灌溉渠道设计流量的计算

灌溉渠道设计流量与渠道所控制的灌溉面积、作物组成及灌溉制度有关，它是确定渠道横断面面积和渠系建筑物尺寸的主要依据。

灌溉渠道设计流量有不同的计算方法，常用的有两种。

1)灌水天数法

用计算公式表示：

$$Q_{设}=\frac{MS}{86400T\eta}$$

式中，$Q_{设}$为渠道的设计流量(m^3/s)；M为灌水定额(m^3/亩)；S为渠道控制的灌溉面积(亩)；T为灌水延续天数(d)；η为渠道水有效利用系数(%)；86400为换算系数(1 d内的秒数)。

灌水定额是每亩地灌水1次所需的水量，常以每亩地平均水深9～10 cm来计算。渠道水有效利用系数的大小，与渠道长度、土质条件、防渗措施和管理水平等条件有关。一般来说，渠道水有效利用系数为70%～90%，水稻区比旱作区高，下一级渠道比上一级渠道高，黏壤土的渠道比沙壤土的渠道高。

2)灌水模数法

所谓灌水模数，是灌区单位面积上每次灌水的流量，常以每万亩m^3/s计算。用计算公式表示为：

$$Q_{设}=q_{毛}\ S$$

式中，$Q_{设}$ 为渠道设计流量（m^3/s）；$q_{毛}$ 为毛灌水模数[$m^3/(s \cdot 万亩)$]；S 为渠道控制的灌溉面积（万亩）。

各地气候、土壤和农作物的不同，灌水模数也不同。以旱作为主的灌区，毛灌水模数为 0.35～0.5 $m^3/(s \cdot 万亩)$；以水稻为主的灌区，毛灌水模数为 0.7～1.2 $m^3/(s \cdot 万亩)$。

如果渠道来水不稳定，为了农作物灌溉的需要，就要来水多时多灌一些，为此就要适当加大渠道的设计流量。

2. **排水沟设计流量计算**

排水沟设计流量是排水沟断面设计的依据。对于控制面积较小（<50 km^2）的排水沟，在不超过作物允许的耐淹条件下，可以允许地面径流在短时间内漫出沟槽。因此允许的排水设计流量不必根据设计暴雨产生的最大流量或最大排水模数来计算，而是按照排水面积上的净雨在规定的排水时间（通常以作物耐淹天数控制）内的平均排水量或平均排水率加以确定，公式为：

$$q=\frac{\alpha P}{86.4T}$$

$$Q=\frac{\alpha PS}{86.4T}$$

式中，q 为设计排水模数[$m^3/(s \cdot km^2)$]；Q 为设计排水流量（m^3/s）；S 为排水面积（km^2）；α 为径流系数；P 为设计降雨量（mm）；T 为规定排除积水时间（d）；86.4 为单位换算系数（1 d＝86400 s；1 km^2＝1000000 m^2；1 m＝1000 mm）；故

$$Q=\frac{\alpha \frac{P}{1000}S\times 1000000}{86400T}=\frac{\alpha PS\times 1000}{86400T}=\frac{\alpha PS}{86.4T})$$

所谓排水模数，是指单位面积上的最大排水流量，以 $m^3/(s \cdot km^2)$ 计。排水地区的径流系数，随地区而异，有的地区的水文手册载有此项资料，可以查用。规定的除涝天数，因不同作物的耐涝时间而异。各地区不同频率、不同历时点的暴雨量，可以从各省编制的水文手册中查用。例如，曲周试验区 20 年一遇的最大降雨量为 204.3 mm，从《水文手册》也查得相应的径流深为 87.8 mm，耐淹天数按 1.5 d 计算，即可算得平均排水率为 0.68 $m^3/(s \cdot km^2)$。

（四）灌溉渠系的布置与断面设计

各地自然条件不同，灌渠系的组成和布置有很大差异，在规划时要因地制宜，合理布局。

1. **灌溉渠道的平面布置**

1）干渠

干渠的布置方式通常有两种：第一种是干渠沿等高线布置，采用较小的纵坡，支渠则垂直于等高线布置。这种形式常见于地形呈一面倾斜的地区（图 8-11）。第二种是干渠垂直于等高线布置，其纵坡视地面坡度而定；支渠自干渠两侧分出，形如马鬃。这种形式常见于地形呈脊状隆起的浅丘岗地（图 8-12）。以上两种布置形式，前者由于纵坡较小，渠道平稳，基本上没有跌水建筑物，但交叉建筑物（如桥梁、渡槽等）可能较多；后一种布置方式则相反。

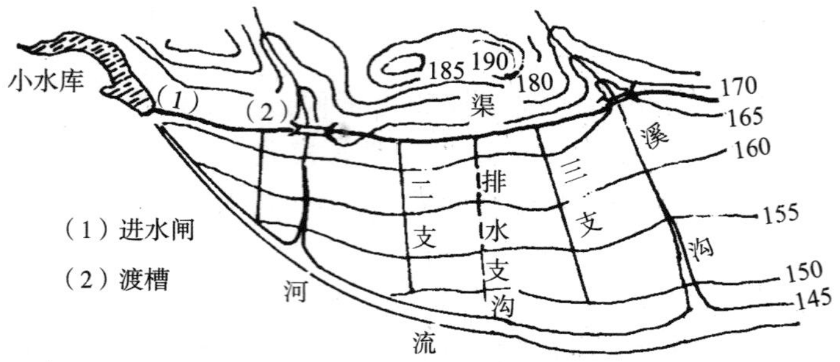

图 8-11　干渠沿等高线布置

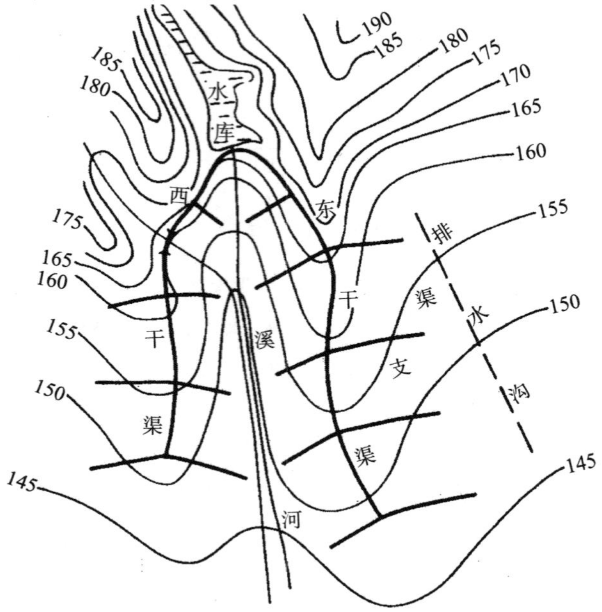

图 8-12　干渠垂直于等高线布置

在地形复杂的山区、丘陵区，干渠多为环山渠道，工程艰巨，应慎重考虑各种可能的干渠布置方案。

2)支渠

支渠的布置应在干渠走向的基础上，沿灌区内的次高地或者次分水岭确定走向。支渠与干渠的夹角以 60°～90°为宜，要避免间距小而流程长的平行布置，更不能有支渠间的交叉，一条支渠要控制至少两条斗渠。

3)斗渠

在支渠的基础上，斗渠一般沿条田的短边布置。两条斗渠间的距离即为条田的长度。一条斗渠通常控制 2～10 条农渠，长度以不超过 3000 m 为宜。

4)农渠

一般沿条田的长边布置。农渠的布置有两种形式：一种是在地形坡度向一侧倾斜时，农渠向一侧灌水，一条农渠灌溉一个条田；另一种是在地形横向起伏的条件下，农渠垂直于等高线布置在田区的脊梁上，农渠向两侧灌水。一般一条农渠灌溉两个条田。

2. 灌溉渠系的横断面设计

渠道横断面通常采用梯形断面形式，它由底宽、水深、边坡、超高和堤顶等几部分组成，其中底宽、水深、边坡是构成渠道断面的三要素。

1)渠道流速

渠道横断面设计的要求是先要确定断面各个部分的数值。在一定的流量条件下，横断面的大小与流速有密切的关系(流量＝流速×断面)，而流速的大小又取决于渠道的坡降，二者成正比例关系。此外，流速的大小还与渠床糙率、水力半径有关。

渠道坡降的要求是不冲不淤，根据这个要求，渠道坡降可参考表 8-24 中的经验数值。

表 8-24　渠道的适宜坡降

流量/(m^3/s)	渠道坡降
<0.5	1∶(200～1000)
0.5～1	1∶(1000～2500)
1.0～5.0	1∶(2000～5000)
5.0～10.0	1∶(4000～10000)

渠道要达到不冲不淤的良好状态，就必须使渠道流速小于最大允许流速和大于最小允许流速。渠道最大允许流速的大小决定于不同的土壤和护坡条件(表 8-25)。

表 8-25　渠道最大允许流速　　m/s

不同土壤和护坡		最大允许流速
土壤类型(干容重 1.3～1.7)	轻壤土	0.6～0.8
	中壤土	0.65～0.85
	重壤土	0.7～1.0
	黏土	0.75～0.95
混凝土护坡		6～8
块石铺砌		2.5～5.0

渠道的最小允许流速，其大小与水流中的泥沙性质有关，一般可通过下列公式计算：

$$V_k = C\sqrt{R}$$

式中，V_k 为最小不淤流速(m/s)；R 为水力半径；C 为系数(表 8-26)。

表 8-26　*C* 值表

泥沙性质	*C* 值
粗沙质黏土	0.65～0.77
中沙质黏土	0.58～0.64
细沙质黏土	0.41～0.54
极细的沙质黏土	0.37～0.41

在断面设计确定以后，可根据上述流速计算公式和要求进行测算和评价，如果达不到要求，应对坡降和断面设计进行修改。

2)渠道边坡

渠道边坡常用 1：M 表示，1 表示渠道斜坡的垂直距离，M 表示斜坡的水平距离（M 也称为边坡系数）。M 越大则边坡越缓，M 越小则边坡越陡，当渠道断面为矩形时，M 为零。

渠道边坡应根据土壤性质决定，土壤坚实时可陡一些，土质松软时应缓一些（表 8-27）。

表 8-27 不同土壤质地渠道边坡设计

土质	边坡	土质	边坡
黏壤土	1：1	坚石	1：(0～1.05)
壤土	1：1.75	软石、黏土	1：(1.05～1)
沙壤土	1：1.5	湿土及沙	1：2

渠道在修建时有填方、挖方的不同，因此，渠道修建的土质状况就不同，由此对渠道边坡的要求也就有所不同。当渠道挖方深度小于 5 m，水深不到 3 m，且正常水位在地面 0.2 m 以下时，边坡可参考表 8-28 中的数值。

表 8-28 挖方渠道的边坡

土质	渠道水深		
	1 m 以下	1～2 m	2～3 m
稍胶结的卵石	1：1	1：1	1：1
夹沙的卵石和砾石	1：1.25	1：1.5	1：1.5
黏土、重黏壤土、中黏壤土	1：1	1：1	1：1.5
轻黏壤土	1：1.25	1：1.25	1：1.25
壤土	1：1.5	1：1.5	1：1.25
沙土	1：1.75	1：1.75	1：2.25

当渠道填方不超过 3 m，正常水位高于地面 0.2 m 以上时，渠道边坡可参考表 8-29。

表 8-29 不同流量渠道边坡设计

流量/(m^3/s)	<0.5		0.5～2		2～10		>10	
	内坡	外坡	内坡	外坡	内坡	外坡	内坡	外坡
黏土、重黏壤土、中黏壤土	1：1	1：0.75	1：1	1：0.75	1：1	1：1	1：1.25	1：1
轻黏壤土	1：1	1：1	1：1.25	1：1	1：1.25	1：1	1：1.5	1：1.25
壤土	1：1.25	1：1	1：1.5	1：1.25	1：1.5	1：1.25	1：1.75	1：1.5
沙土	1：1.5	1：1.25	1：1.75	1：1.5	1：1.75	1：1.75	1：2.25	1：2

3)渠道超高

为了保证用水安全，渠堤顶应高出渠道水位一定高度，这一高度称为超高。超高多少与渠道级别、流量和水深有关，通常为水深的三分之一，但不小于 0.25 m。表 8-30 是不同流量渠道堤顶的通常超高值，可供设计参考。

表 8-30　不同流量渠道堤顶超高

渠道流量/(m^3/s)	堤顶超高/cm
10～20	45
2～10	40
1～2	30
<1	25

如果是填方渠道，应另加填方总高度的 10%～30%。

4)渠堤顶宽

渠堤顶宽度应按渠堤高度及流量大小而定，一般在 0.5～1.5 m(表 8-31)。如果堤顶兼作道路时，则以道路宽度要求而定。

表 8-31　不同流量渠道堤顶宽度设计

渠道流量/(m^3/s)	堤顶宽度/m
<0.5	0.5～0.8
0.5～1.0	0.8～1.0
1.0～5.0	1.0～1.25
5.0～10.0	1.25～1.50

5)渠道的底宽与水深

在一定的流量和比降下，水深与底宽是相互影响的，水深数值大则底宽数值就小，水浅则要求底宽大。在进行横断面设计时，可首先根据设计流量计算出渠道的水深，然后确定渠道的底宽比值，最后计算出底宽。

渠道横断面的设计计算是比较复杂的，为了简化计算手续，对于一般小型渠道，可直接从有关断面设计参考表内查取。

3. 渠道纵断面设计

渠道纵断面设计的要求是具体确定渠道的坡降。在设计中，一方面要根据自流灌溉的要求，计算确定各级渠道及分水处的水位高程；另一方面要根据地面的实际坡降，确定渠线的具体高程。

为了使各级渠道能有效地控制需要灌溉的土地，又达到渠道工程和农田平整工程最省，在渠系设计中必须正确计算各级渠道的水位线，保证渠道水位能满足自流灌溉的要求。确定各级渠道水位的办法一般从农渠开始，由下级向上级逐级推算，直至渠首或水源。推算公式如下：

$$H = A_0 + h + \sum L \cdot i + \sum \varphi$$

式中，H 为推算末端(渠首或分水闸)的高程；A_0 为渠道控制的灌溉面积内最高地面参考点高程，参考点可在最下一条农渠控制田块内选择；h 为灌水深度，一般为 0.05～0.1 m；L 为各级渠道的长度；i 为各级渠道的渠底坡降；φ 为水流通过渠系建筑物的水头损失。一般分水闸的水头损失为：斗渠为 0.05～0.1 m，支渠为 0.1～0.15 m，干渠为 0.1～0.2 m；节水闸为 0.07 m；渡槽为 0.07 m；倒虹吸为 0.3 m；公路桥为 0.03 m。

推算出的渠首水位如果低于水源水位，即说明可以实行自流灌溉；如果高于水源水位，应自上而下进行渠道坡降调整。如果调整后的渠首水位仍高于水源水位，则需考虑提水措施进行灌溉。

干渠的纵坡以 1∶(2000～5000)较为适宜，在地形平坦的地区，也可以采用 1∶(5000～10000)。干渠的过水量纵坡太大会引起渠床冲刷，纵坡太小会引起泥沙淤积。支渠的纵坡以 1∶(1000～3000)较为适宜，斗渠的适宜坡度为 1∶(300～1000)。

(五)排水沟的布置与断面设计

1. 排水水位设计

1)日常水位设计

日常水位是排水沟需要维持的水位。在我国北方地区，日常水位主要由控制地下水位的要求来确定，即排水沟的日常水位应低于农田要求的地下水。同时，为了保证各级输水沟道流水通畅，除各自需要一定的水位比降外，各级沟道衔接处必须具备一定的水位差。如对于排水干沟，为了满足最低处低洼农田控制地下水位的要求，其沟口水位应以最远处具有代表性的地面高程为标准，依据降低地下水深度的要求和各级沟道比降及其建筑物的水头损失，自上而下逐级推算，公式为：

$$H_{日常} = H_0 - H_{农} - \sum L \cdot i + \sum \Delta h$$

式中，$H_{日常}$为日常水位；H_0 为距干沟最远的地面高程；$H_{农}$为农沟日常水位离地面的距离；L 为各级沟道长度；i 为各级沟道纵坡；Δh 为各级沟道沿途局部水头损失。

排水沟的比降取决于排水土地的地面坡度、外河水位情况、土质和排水量大小等。支沟的比降通常要大于 0.0004，如地形平坦，比降可取 0.0003；干沟比降不得小于 0.0002，一般以 0.0005～0.001 为宜。

2)最高水位设计

最高水位为各级沟道的排水设计水位。各地区外河水位条件不同，确定最高水位的方法也不同，基本分以下两种。

(1)在自流外排情况下，为保证排水畅通，干沟出口处最高水位至少与外河设计洪水位相平，其余支沟、农沟的最高水位按比降逐级上推。这种情况下，沟道最高水位往往高出地面，因此沟道两岸常筑堤束水，形成半挖半填的断面。设计水位一般由省地或县水利局根据更大范围的地区规划确定。

(2)在外河水位很高，无法自排的情况下，降水后主要靠机械扬排，此时最高水位一般要求不超出地面，以离地面 0.2～0.3 m 为宜，最高可与地面齐平，以利排渍和防止漫溢。

2. 排水沟深度和间距确定

排水沟的深度和间距直接影响排水速度和地下水位的埋深。沟深和沟距之间存在着密切的关系。排水沟的间距相同，沟越深，地下水下降速度就越快，反之就慢。为了达到一定的排水定额，可加大沟深，或者缩小间距。

排水沟间距最好在当地通过实地调查和试验来确定，也可参照邻近类似地区的设计资料。如无实测资料，可用下列经验公式确定沟距：

$$L=\frac{78}{r}\cdot\delta\cdot h\cdot T\sqrt[2]{i}$$

式中，L 为设计排水沟间距(m)；r 为糙率(耕地 1～5，沼泽地、生草地 5～10 等)；δ 为径流系数；h 为设计降雨强度(mm/h)；T 为作物允许淹没历时(h)；i 为地面坡度。

对于有控制地下水水位要求的地区，排水沟间距可参考表 8-32。

表 8-32　不同土壤质地排水沟间距　m

沟深	沙性土壤 块状黏土	轻沙黏土	中壤土	重壤土	黏土
1.0～1.2	>150	120～150	65	25	30
1.5～1.7	>250	200～250	130	70	60
2.0～2.2	>400	300～400	180	120	100

排水沟深度主要由地下水临界深度 ΔH，排水地段中部地下水位与排水沟水面的高差 Δh_1 和排水沟设计水深 Δh_2 3 部分组成。对于一般地区来讲，Δh_1 是比较固定的，可采用 0.2～0.3 m；排水沟设计水深变动也不大，通常在 0.2～0.5 m。排水沟深度可用下式表示：

$$D=\Delta H+\Delta h_1+\Delta h_2$$

3. 排水沟横断面设计

排水沟的横断面设计方法与灌溉渠道是基本相同的，但也有其特点。边坡系数的选择要比灌溉渠道缓，这是因为沟坡容易坍塌。土壤质地越轻，排水沟越深，所选用的边坡系数就越大。排水沟边坡系数可参考表 8-33。

表 8-33　排水沟边坡系数参考表

土质	边坡系数/m	
	挖深小于 1.5	挖深 1.5～3.0
沙土	2.0	2.5～3.0
沙壤土	1.5	2.0～2.5
壤土、黏土	1.0	1.5～2.0

五、水利工程用地概算与预测

在各类土地利用类型中，水利用地占土地总面积的相当比例。如河北省曲周县 1991 年水利工程用地为 3926.13 hm²，占全县总面积的 5.80%。土地利用中必须充分考虑到水利工程的用地。水利工程用地规划是土地利用规划的重要内容，如何概算(预测)工程用地是规划工作必不可少的。

(一)地形图量算法

此法适用于平面占地较大的工程用地的概算，如水库等。在选定水库库址后，根据库容设计来求算水库库区的用地面积。在地形图上画出坝轴线，与坝高相同的等高线和坝轴线相围成的区域即是库区的占地面积，这样就可以用方格网法或求积仪法量算出水库用地的平面面积。

对此面积进行坡度校正即可得到实际水库用地面积。计算公式为：

$$S=\frac{S'}{l}\cdot\sqrt{h^2+l^2}$$

式中，S 为水库用地面积；S' 为水库库区平面面积；l 为最低点与最高点之间的水平距离；h 为最低点与最高点之间的高差。

（二）水利工程规划法

在已进行水利工程规划的地区，可以根据水利工程规划图上各种规划内容进行占地面积的概算。此法适用于线状工程的规划。

从水利工程规划图上，分别量出各类渠道的长度，再根据各级沟渠的设计占地宽度求算各级沟渠的占地面积。计算公式为：

$$S=\sum L_i\cdot W_i$$

式中，S 为沟渠占地面积；L_i 为第 i 级沟渠的长度；W_i 为第 i 级沟渠的宽度（W_i＝渠道上口宽＋2×堤顶宽＋2×护坡底宽）。

在具体实践中，实际占地宽度应根据具体情况来判断，如在渠道一侧为道路的情况下，渠道实际占地宽度即为：W_i 为渠道上口宽＋堤顶宽＋护坡底宽。

（三）比较法

对于已有大量规划案例的地区，可以选择与规划对象条件相同或相近的规划作为参照，经过修正，进行本规划区的水利工程用地的预测。计算公式为：

$$S=S_{总}\cdot S'$$

$$S'=\frac{参照区水利工程用地面积}{参照区土地总面积}$$

式中，S 为规划区水利工程用地面积；$S_{总}$ 为规划区总面积；S' 为参照区水利工程用地比例。

此外，也可根据本地区具有代表性样点的水利工程用地比例，推算全规划区水利工程标准用地面积，然后加以修正，扣除已有的水利工程用地面积，即为预测水利工程用地面积。

（四）发展趋势法

根据历年灌溉面积发展以及历年水利工程用地面积增长速率资料，并按照规划期内灌溉面积扩大的面积，预测规划期内水利工程用地面积。

第四节　其他基础设施用地规划

以风电、光伏项目为代表的新能源项目普遍占地范围较大，且涉及土地类型复杂，用地目的多样，给新能源项目的开发建设带来了不少合规性风险。

作为基础设施建设项目，新能源项目应遵守《中华人民共和国土地管理法》所确定的基本用地原则。根据《中华人民共和国土地管理法》第四条的规定“国家编制土地利用总体规划，规定土地用途，将土地分为农用地、建设用地和未利用地。”新能源项目用地应当按照功能分区分类管理。通常而言，风电、光伏项目升压站、综合楼及风电项目风机基础的用地应按建设用地进行管理；光伏项目的光伏阵列、检修道路等用地不改变原用地性质的，可通过租赁的方式解决用地；风电、光伏项目的进场道路、外送线路用地，严格而言均应符合建设用地的要求，不过实践中也存在利用农村道路或其他现有道路，或按照要求通过“以偿代征”的方式解决相关用地的；如果项目用地涉及林地、草地、永久基本农田、生态保护区等各类特殊用地的，还需先行履行相应的审批手续。

（一）风机基础、升压站、管理用房的用地方式

1. 风机基础、升压站、管理用房所涉及用地的基本要求

一直以来，我国的项目建设需要使用土地的，均须依法申请取得建设用地使用权[①]。涉及农用地转为建设用地的，应当办理农用地转用审批手续和征地审批手续。因此，对于风机基础、升压站、管理用房等永久用地部分，原则上均应按照建设用地进行管理。

2. 风机基础、升压站、管理用房所涉及用地的取得方式

对于风机基础、升压站、管理用房等永久用地的取得流程见图 8-13。

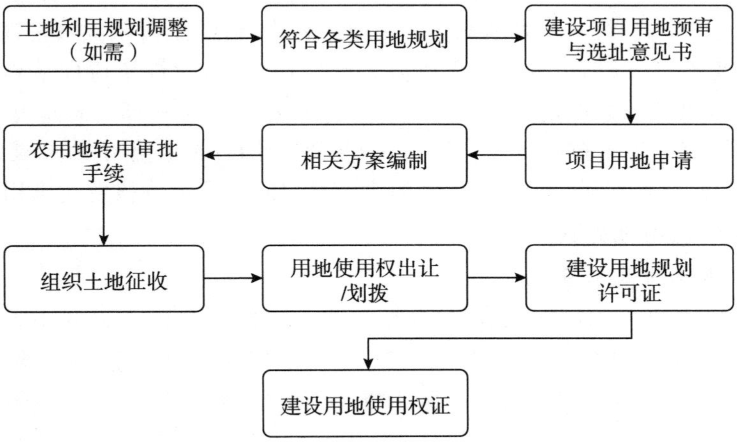

图 8-13　项目永久用地取得流程

1)项目用地应符合土地利用规划

根据《国土资源部关于严格土地利用总体规划实施管理的通知》(国土资发〔2012〕2 号)的规定，凡不符合法律规定和土地利用总体规划的，不得通过建设项目用地预审。因此，若项目用地不符合土地利用总体规划、城市总体规划、村庄和集镇规划及其他专项规划等事项，则需报经原批准单位批准后，相应调整土地利用规划。

2)项目选址和用地预审是项目核准/备案阶段的重要文件

对于风电项目而言，项目建设单位在申报核准项目时，必须附省级国土资源管理部门用地预审意见；没有用地预审意见或预审未通过的，无法核准项目。对于光伏项目而言，其用地同样需要取得用地预审意见，并作为后续取得其他用地手续的前提要件。因此，若未办理用地预审意见的，则风电项目可能无法获得核准，且会对风电、光伏项目的合法用地造成阻碍。

在《国务院办公厅关于全面开展工程建设项目审批制度改革的实施意见》(国办发〔2019〕

① 2020 年 1 月 1 日施行的《中华人民共和国土地管理法》已经允许集体经营性建设用地入市，因此目前项目建设除申请使用国有土地外，还可以尝试利用集体经营性建设用地。

11号)(以下简称"11号文")实施后,用地预审已经与选址意见书合并,由自然资源主管部门统一核发建设项目用地预审与选址意见书,不再单独核发建设项目选址意见书和建设项目用地预审意见。

3)可通过划拨或出让方式取得项目用地

除了常见的出让方式外,《关于支持新产业新业态发展促进大众创业万众创新用地的意见》(国土资规〔2015〕5号)(以下简称"5号文")规定,新产业项目用地符合《划拨用地目录》的,可以划拨供应。发(变)电主厂房设施及配套库房设施、新能源发电工程电机,厢变、输电(含专用送出工程)、变电站设施,资源观测设施等被纳入《划拨用地目录》。因此,风电、光伏项目永久用地部分,也可以采用划拨方式获得土地使用权。

4)应完成建设用地批准手续并取得建设用地规划许可证

通常而言,根据《建设用地审查报批管理办法》等规定,用地批准文件是项目永久用地合法性的首要证明及重要节点,项目公司应至少在取得用地批准文件后,才能实际动工用地,否则将构成未批先建,违法用地。目前,在"11号文"公布后,自然资源主管部门已将建设用地规划许可证和建设用地批准书合并,统一核发新的建设用地规划许可证,不再单独核发建设用地批准书。

就其取得流程而言,以划拨方式取得国有土地使用权的,建设单位向所在地的市、县自然资源主管部门提出建设用地规划许可申请,由市、县自然资源主管部门向建设单位核发建设用地规划许可证和国有土地划拨决定书。以出让方式取得国有土地使用权的,建设单位在签订国有建设用地使用权出让合同后,市、县自然资源主管部门向建设单位核发建设用地规划许可证。

(二)光伏阵列的用地方式

1.承包租赁用地的基本要求

"5号文"规定,光伏、风力发电等项目使用戈壁、荒漠、荒草地等未利用土地的,对不占压土地、不改变地表形态的用地部分,可按原地类认定,不改变土地用途,在年度土地变更调查时作出标注,用地允许以租赁等方式取得。国土资源部、国务院扶贫办、国家能源局《关于支持光伏扶贫和规范光伏发电产业用地的意见》(国土资规〔2017〕8号)(以下简称"8号文")又进一步明确:光伏复合项目场内道路用地可按农村道路用地管理;利用农用地布设的光伏方阵可不改变原用地性质;采用直埋电缆方式敷设的集电线路用地,实行与项目光伏方阵用地同样的管理方式。

因此,从光伏项目角度而言,若光伏项目涉及农用地承包、租赁的,项目公司应首先对项目性质进行认定,确保项目系光伏复合项目,且已经体现于备案文件之上。须注意的是,部分地区(如宁夏)还明文要求光伏复合项目必须编制土地复合利用方案,并经项目所在地发改、自然资源部门报备。同时,光伏复合项目应当在运营中对农用地进行返租或通过其他方式保证农业生产,避免项目所涉农用地抛荒、撂荒。项目完成后不再使用农用地的,还应及时组织复垦,确保被压占土地恢复原土地使用现状。

2.承包或租赁用地的具体方式

1)直接发包

直接发包,即由村集体直接向项目投资方进行发包的一种用地方式。因此,项目公司需要明确所涉土地的所有权人,并且与正确的发包方签订土地承包合同,避免仅与当地政府或其他不享有土地权利的主体签署承包合同,除非该主体已经取得书面授权。

同时,项目公司还需要根据《中华人民共和国农村土地承包法》第五十二条的规定,要求发包方履行相应的民主决策程序，取得村民会议成员或村民代表三分之二以上的同意，并明确表示放弃优先权。否则，未经过民主决策程序即对外发包的，项目用地将存在瑕疵，可能会导致土地发包无效。

2)租赁(转包)方式①

当项目土地已经被村集体发包给集体内的村民或单位后，项目投资方可以通过租赁的方式取得项目土地的经营权。

对于租赁方式，项目公司应确定土地承包人并与之签署相关协议。若涉及的主体较多，可以考虑采用授权委托村集体统一流转承包土地的方式。项目公司应核查承包人出具的书面委托，其中须载明委托事项、权限和期限，并有承包人的签名与盖章。若承包人系将转包、出租方式流转而得的土地实行再流转的，项目公司还应当要求其取得原承包方的同意。

在签订土地租赁合同过程中，项目投资方应注意租赁期限不应长于 20 年，否则超过 20 年的部分存在无效的风险。在达成租赁合意后，项目投资方作为受让主体，应按照分级审查审核的原则，分别向乡(镇)人民政府农村土地承包管理部门或者县级以上地方人民政府农业农村主管(农村经营管理)部门提出申请，并提交流转意向协议书、农业经营能力或者资质证明、流转项目规划等相关材料，由主管部门依法组织相关职能部门、农村集体经济组织代表、农民代表、专家等就土地用途、受让主体农业经营能力，以及经营项目是否符合粮食生产等产业规划等进行审查审核。审查审核通过的，由项目投资方作为受让主体与承包方签订土地经营权流转合同。否则，若未按规定提交审查审核申请或者审查审核未通过的，不得开展土地经营权流转活动。土地经营权流转合同签署后，项目投资方还应及时向发包方和乡(镇)人民政府的农村土地承包管理部门备案，并申请登记以对抗第三人。

(三)进场道路、送出线路的用地方式

1. 项目进场道路的用地要求与风险

风电、光伏项目的进场、检修道路是项目整体不可或缺的部分，就进场与检修道路而言，大体可以分为项目场内与场外两部分，场内道路还包含光伏方阵场内道路、风电场内道路和其他场内道路。道路所处的位置不同，用地规则也不相同。

以光伏项目为例，一般而言，项目场内及进场用地的分类管理见图 8-14。

1)光伏方阵场内道路属于光伏方阵用地

根据《光伏发电站工程项目用地控制指标》第 3.1 项“光伏方阵用地包括组件用地、逆变器室及箱变用地、方阵场内道路用地等”的规定，光伏方阵场内道路属于光伏方阵用地。因此，光伏方阵场内道路应适用光伏方阵用地的规定。②

2)光伏方阵外的其他场内道路应按照项目性质区分管理

根据“8 号文”的规定，对于普通项目而言，光伏阵列区以外的道路原则上均应当按照建设用地管理并办理相关的手续，而光伏扶贫项目与光伏复合项目场内道路可按农村道路用地管理。根据《土地利用现状分类》的规定，农村道路属于农用地，故无须另行办理建设用地转用手续。

---

① 《农村土地经营权流转管理办法》于 2021 年 3 月 1 日正式施行后，对之前的规定进行了变更. 并未对出租、转包作出明确区分。

② 根据《国土资源部关于发布＜光伏发电站工程项目用地控制指标＞的通知》(国土资规〔2015〕)。

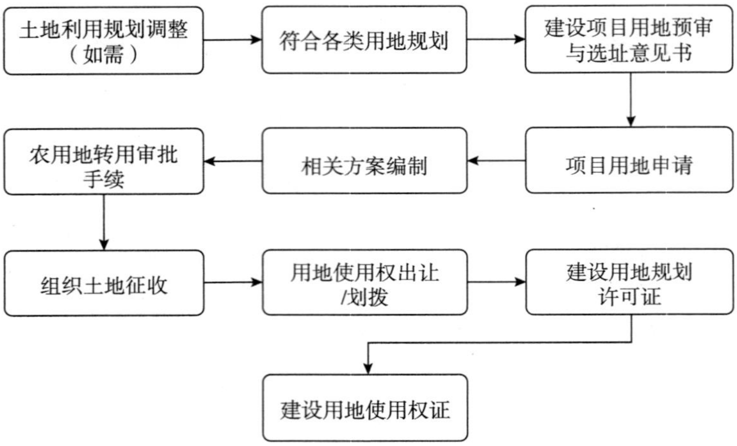

图 8-14　项目场内及进场用地的分类管理

3)进场道路尽量使用原有农村道路,合作共建时须关注道路性质

根据《中华人民共和国土地管理法》及《光伏发电站工程项目用地控制指标》《电力工程项目建设用地指标(风电场)》等规定,风电、光伏项目的进场道路、运营期检修道路等严格来说应为永久用地,需要按照建设用地进行管理。不过,实践中较多采用租用、共用农村道路、防火通道等作为进场、检修通道的做法。根据《土地利用现状分类》(GB/T 21010—2017)的规定,农村道路为农用地,故使用原有农村道路时,仅需支付相对应的使用费,但项目投资方应注意核查农村道路手续是否完备,签订道路使用协议的主体是否享有权利等。

如项目进场道路采用新建道路的方式,则首先需要明确道路的性质。若为农村道路,其权利主体通常为村集体,项目公司应当与村集体签署合作共建协议,并由其按照《国土资源部关于促进农业稳定发展农民持续增收推动城乡统筹发展的若干意见》的要求办理设施农用地备案手续。若为农村公路,则权利主体一般为乡级人民政府或县级人民政府交通局等有关部门,项目公司应与其签署合作共建协议,并及时核查农村公路项目的审批文件和权属资料。此外,建设农村公路可能涉及征地问题,项目公司应确保政府部门已针对公路用地完成征地工作。

2. 项目送出线路的用地要求与风险

根据《中华人民共和国土地管理法》及《光伏发电站工程项目用地控制指标》《电力工程项目建设用地指标(风电场)》等规定,风电、光伏项目送出线路杆、塔基础用地为永久用地,应按照建设用地管理,其面积按基础外轮廓尺寸计算。

不过,由于风电、光伏等输电项目存在一定的公益属性,因此各地可能还存在相关规定,明确项目可以采用“以偿代征”的方式取得项目用地,即对于杆、塔基础占用的土地不再实行征地,转而由项目公司对土地权利人给予一次性经济补偿,从而豁免其征地流程。例如《甘肃省电网建设与保护条例》第十七条第二款、《江苏省电力条例》第十八条第一款等地方性法规均有类似规定。但是,采用此种模式的前提是项目当地须存在明确的规定,或项目地发改、国土部门明确以书面函件的方式予以确认或批复。

(四)涉及林地、草地、敏感区域的用地问题

1. 涉及林地、草地的用地要求与风险

1)林地

根据《中华人民共和国森林法》《中华人民共和国森林法实施条例》等相关规定,风电、光伏项目涉及林地的,包括临时使用林地的,均应先行取得省级林业部门核发的使用林地审核同意书,并按照规定的标准预交森林植被恢复费后,再向国土部门提出用地申请。未办理林地批复擅自占用林地的,不仅可能遭受行政处罚,还可能承担刑事责任。

就审核内容而言,则需分析项目拟用林地是否涉及限制或禁止占用的林地类型。根据《建设项目使用林地审核审批管理办法》第四条的规定,对不同保护等级林地的限制使用情况总结如下(表 8-34)。

表 8-34　不同保护等级林地的限制使用情况

保护等级	限制情况
Ⅰ级	项目不得使用Ⅰ级保护林地
Ⅱ级	一般除国务院有关部门和省级人民政府及其有关部门批准的基础设施、公共事业、民生建设项目外,不得使用Ⅱ级保护林地,且项目送出线路等线路工程不得使用Ⅱ级保护林地中的有林地
Ⅲ级	项目送出线路等线路工程在国务院确定的国家所有的重点林区内的,不得使用Ⅲ级以上保护林地中的有林地
Ⅳ级	无重大限制

另外,《国家林业局关于光伏电站建设使用林地有关问题的通知》(林资发〔2015〕153 号)规定:“光伏电站的电池组件阵列禁止使用有林地、疏林地、未成林造林地、采伐迹地、火烧迹地,以及年降水量 400 mm 以下区域覆盖度高于 30%的灌木林地和年降水量 400 mm 以上区域覆盖度高于 50%的灌木林地。”《国家林业和草原局关于规范风电场项目建设使用林地的通知》(林资发〔2019〕17 号)规定:“风机基础、施工和检修道路、升压站、集电线路等,禁止占用天然乔木林(竹林)地、年降水量 400 mm 以下区域的有林地、一级国家级公益林地和二级国家级公益林中的有林地。”

2)草地

根据《中华人民共和国草原法》《草原征占用审核审批管理规范》等相关规定,风电、光伏项目涉及草地的,则应先行取得省级草原行政主管部门核发的使用草地审核同意书,之后再向国土部门提出用地申请;未办理草地批复擅自占用草地的,不仅可能遭受行政处罚,还可能承担刑事责任。

就审核主体而言,根据《中华人民共和国草原法》《草原征占用审核审批管理规范》的规定,具体权限划分为:①征收、征用或者使用草原超过七十公顷的,由国家林业和草原局审核;②征收、征用或者使用草原七十公顷及其以下的,由省级林业和草原主管部门审核(表 8-35)。

表 8-35 光伏、风电项目涉及草地时，就审核主体而言，具体权限划分

占用草原事项	审核主体
征用、使用草原超过七十公顷的	国家林业和草原局
征用、使用草原超过七十公顷及其以下的	省级人民政府草原行政主管部门

2. 涉及其他敏感区域的用地要求与风险

对于各类敏感区域，国家层面均有针对性地出台了相关规定，对项目选址、审批手续等事项提出了要求。

对于基本农田而言，《中华人民共和国土地管理法》第三十五条规定，“永久基本农田经依法划定后，任何单位和个人不得擅自占用或者改变其用途。国家能源、交通、水利、军事设施等重点建设项目选址确实难以避让永久基本农田，涉及农用地转用或者土地征收的，必须经国务院批准。禁止通过擅自调整县级土地利用总体规划、乡（镇）土地利用总体规划等方式规避永久基本农田农用地转用或者土地征收的审批。”

对于湿地而言，风电、光伏建设项目应当不占或者少占湿地，经批准确需征收、占用湿地并转为其他用途的，必须按照“先补后占、占补平衡”的原则，依法办理相关手续。对于湿地公园而言，我国明确禁止擅自征收、占用国家湿地公园的土地，确需征收、占用的，应当在征求省级林业主管部门的意见后，方可依法办理相关手续，由省级林业主管部门报国家林业局备案。

对于自然保护区而言，在自然保护区的核心区和缓冲区内，不得建设任何生产设施。在自然保护区的实验区内，不得建设污染环境、破坏资源或者景观的生产设施；建设其他项目，其污染物排放不得超过国家和地方规定的污染物排放标准。在自然保护区的实验区内已经建成的设施，其污染物排放超过国家和地方规定的排放标准的，应当限期治理；造成损害的，必须采取补救措施。在自然保护区的外围保护地带建设的项目，不得损害自然保护区内的环境质量；已造成损害的，应当限期治理。

对于风景名胜区而言，在风景名胜区范围内进行禁止范围以外的建设活动，应当经风景名胜区管理机构审核后，依照有关法律、法规的规定办理审批手续。

此外，针对其他敏感区域进行风电、光伏项目建设，国家还专门出台了相关规定予以规范。根据《国家林业局关于光伏电站建设使用林地有关问题的通知》的规定，各类自然保护区、森林公园（含同类型国家公园）、濒危物种栖息地、天然林保护工程区以及东北内蒙古重点国有林区，为光伏电站禁止建设区域。根据《国家林业和草原局关于规范风电场项目建设使用林地的通知》的规定，自然遗产地、国家公园、自然保护区、森林公园、湿地公园、地质公园、风景名胜区、鸟类主要迁徙通道和迁徙地等区域以及沿海基干林带和消浪林带，为风电场项目禁止建设区域。

3. 风电场工程规划

为促进风电事业发展，合理开发利用风能资源，确保风电场建设的有序开展，应编制风电场工程规划。

1）规划原则

风电场工程规划应贯彻统一规划、分期实施、综合平衡、讲求效益、合理开发、保护资源的原则，同国民经济发展规划及电力发展规划保持一致，并与土地利用和环境保护等相协调。

2)编制依据和任务

风电场工程规划应贯彻执行国家的有关政策，符合行业的有关规定。

编制任务：确定规划目标、规划范围、规划水平年和实施年份。

3)规划阶段的主要内容和基本任务

(1)对规划风电场的建设条件进行调查，取得可靠的基础资料，并进行分析归纳，作为规划的依据。

①收集规划风电场及周围比例尺不小于 1∶50000 的地形图，地形图范围应在风电场范围基础上向四周延伸 10 km。

②收集规划风电场附近长期测站气象资料、灾害情况、长期测站基本情况(位置、高程、周围地形地貌及建筑物现状和变迁、资料记录、仪器、测风仪位置变化的时间和位置)，以及近 30 年历年各月平均风速。

③收集已有的风能资源普查及风电场选址成果。如有条件，应收集规划风电场场址处或附近已有连续 1 年的现场实测数据和已有的风能资源评估资料。

④收集规划风电场场址区工程地质资料。

⑤收集规划风电场所在地区交通运输条件资料。

⑥收集规划风电场所在地区电网地理接线图，电力系统概况及发展规划等。

⑦收集规划风电场所在地区土地利用规划，已查明重要矿产资源分布、自然环境保护、军事用地、文物保护等敏感区的资料。

⑧收集规划风电场所在地区国民经济和社会发展规划资料。

(2)根据风能资源普查成果及土地利用规划等初步选定各规划风电场场址。

(3)对各规划风电场的风能资源、工程地质、交通运输及施工安装等建设条件进行分析。

(4)初步估算各规划风电场的装机容量。

(5)提出各规划风电场的接入系统方案。

(6)对各规划风电场进行环境影响初步评价。

(7)对各规划风电场进行投资匡算。

(8)经综合比较确定规划风电场的开发顺序。

4)编制内容和技术要求

简述本地区自然地理概况、社会经济状况、交通情况、电网及负荷情况、能源资源和电源结构等。

(1)风电场选址

①根据本省(自治区、直辖市)风能资源普查成果及其他有关资料，简述本地区风能资源及其分布特点。

②根据各省(自治区、直辖市)风能资源普查成果，在本地区风能资源分布图基础上，按照《风电场场址选择技术规定》的要求，初步拟定本地区具有开发潜力的各规划风电场场址，并绘制各规划风电场在全省的位置图。

③各规划风电场场址应未压覆已查明的重要矿产资源，符合有关自然环境保护规定，并纳入当地土地利用规划。

(2)风电场建设条件

①风能资源

a.根据收集的各规划风电场附近长期测站资料和有关风能资源普查成果，分析该地区风况年变化及季节变化规律，对当地的风况特征和风能资源作出分析和评价，并绘制附近长期测站连续20～30年的风速年际变化直方图和附近长期测站风速年变化直方图。

b.尽量收集各规划风电场现场或场址附近的实测测风资料，对风电场场址的风况特征和风能资源作出分析和评价，同时推算预装风电机组轮毂高度的风况特征，并绘制风电场测站全年的风速和风功率密度日变化曲线图，风电场测站全年的风向和风能玫瑰图。

②工程地质。收集有关工程地质勘查资料和地质灾害评估成果，简述各规划风电场所属区域地质概况，岩土物理力学性质和对风电机组基础的影响等主要工程地质问题的结论。

③交通运输及施工安装条件。简述各规划风电场的交通运输及施工安装条件。

(3)风电场规划装机容量

①综合考虑各规划风电场的风能资源、工程地质、交通运输及施工安装条件，在1∶50000地形图上分析具备风电开发价值的区域，拟定各规划风电场场址范围并绘制各规划风电场场址范围图。

②对场址非常平坦、地形简单的规划风电场，本阶段可暂按照5000kW/km^2来估算风电场装机容量，即风电场规划装机容量(万kW)＝0.5×风电场场址范围面积(km^2)。对复杂地形风电场，应根据风电场风能资源、交通运输及施工安装条件选择合适单机容量的风电机组，并在拟定的风电场场址范围内根据风况特征，结合地形条件初步布置风电机组，估算风电场规划装机容量。

(4)风电场接入系统初步方案

①电网现状。简述各规划风电场所在地区电力系统的用电要求、负荷特性、网络结构、电源组成、供电经济指标等。②负荷预测及电源建设。根据本地区经济发展规划及电力发展规划，概述电力系统负荷预测、电源建设，以及风电发展与系统的关系。③接入电力系统初步方案。风电规划应与电力规划协调发展，应根据当地相应规划水平年电源和电网的发展规划，结合各规划风电场规划装机规模，初步提出各规划风电场与电力系统的连接方式、输电电压等级，初步拟定配套风电场升压变电所的规模，并绘制各规划风电场工程接入电力系统地理位置接线图。

(5)环境影响初步评价

①收集各规划风电场地区环境现状资料，进行初步现场调查、分析、识别，筛选出主要环境要素，作为环境影响评价的重点。

②对各规划风电场场址主要环境要素的影响进行初步预测评价，对主要不利影响提出初步对策措施。

③进行环境影响总体评价，提出各规划风电场对环境影响的差异和风电场选择意见。对近期工程从环境角度初步分析工程建设的可能性。

④规划风电场位于环境敏感区域，并对环境敏感目标有较大影响时，须征求其主管部门对建设风电场的意见。

(6)投资匡算

①匡算各规划风电场工程静态投资及分年投资。

②各规划风电场投资匡算应采用统一的价格水平年。价格水平年可暂按照规划报告提交的年份。

(7)风电场开发顺序

根据各规划风电场前期工作进展、建设条件、接入系统条件等，经综合比较，对各规划风电场建设顺序进行排列，列出开发顺序技术经济比较表，并提出风电场开发顺序。确定开发顺序主要因素如下。

①各规划风电场的前期工作进展情况。其中，列入近5年发展计划的风电场工程项目必须有半年以上的现场实测测风资料。

②风能资源情况。

③风电场接入系统条件。

④工程地质、交通运输及施工安装条件。

⑤工程投资情况。

⑥其他。当地政府及有关部门的积极性等因素。

(8)其他

①根据本地区社会经济发展，结合各规划风电场开发顺序提出风电场工程近5年发展计划及近15年发展规划，并提出促进风电发展的有关政策和措施。

②对下一步工作进行初步安排。如布置风电场工程测风方案、安排风能资源测量和评估工作等。

参考文献

[1]《水利工程建设标准强制性条文》编制组. 水利工程建设标准强制性条文(2020年版). 北京：中国水利水电出版社，2020.

[2] 胡光伟. 土地利用规划学. 北京：中国建材工业出版社，2020.

[3] 自然资源部办公厅. 市级国土空间总体规划编制指南(试行). 2020.

[4] 中华人民共和国水利部. 水利工程设计概(估)算编制规定(水总[2017]116号). 2017.

[5] 中华人民共和国住房和城乡建设部，国家市场监督管理总局. 城市居民生活用水量标准(2023年版). 北京：中国建筑工业出版社，2014.

第九章　土地整治与生态修复规划

第一节　概　述

一、土地整治的发展历程

中国的土地整治已有悠久的历史，可以说是世界上开展土地整治最早的国家。从公元前西周时期的井田制，到后来的秦汉屯田制、西晋占田制、北魏隋唐均田制等，我国劳动人民始终未曾间断过与土地整治相关的活动。然而，在新中国成立后，土地整治才成为真正的一门学科和一项技术工作。新中国成立后不久，即在借鉴苏联的模式与经验的基础上，开展了以土地整理为主要内容的试点工作，具体包括调整用地单位之间的插花、飞地，调整渠道系统，兴建道路网，合理安排农、林、牧用地等，使土地便于集中管理、土地利用环境条件得到改善，种植面积进一步扩大。20 世纪 40 年代末至 50 年代，我国通过废除封建土地所有制、实行农民土地所有制，实现了“耕者有其田”，极大地激发了广大农民开荒造田的积极性；同时，广大解放军官兵响应“屯垦戍边”的号召，前往广袤无垠、人烟稀少的沙漠戈壁、沼泽荒原安营扎寨，兴水利、造农田，变戈壁为绿洲、化“北大荒”为“米粮仓”。20 世纪 50 至 60 年代，我国在土壤普查的基础上，进一步开展人民公社土地整理工作，以平整土地、合并田块、兴建新村、整理沟渠和道路来组织土地利用。20 世纪 60 至 70 年代，“农业学大寨”运动的浪潮在全国逐步掀起，土地整理转向以大搞农田基本建设为主，以促进粮食产量的提高。20 世纪 80 年代，土地整理以推行农村联产承包责任制及兴办乡镇企业为主线，用地方式及结构均发生了巨大的变化。自 20 世纪 90 年代起，国民经济迅速发展，城镇面积扩张，耕地面积锐减，土地整理由此转到以编制土地利用规划来增加耕地面积、提高耕地质量、挖掘土地利用潜力、改善生产生活生态条件的主方向。

二、现代土地整治的概念嬗变

回顾土地整治工作的历史，可以发现其初衷主要是通过整理农地，解决农业生产中的土地利用问题，改善农业用地的生产条件并提高其利用率和产出率。随着社会经济的不断发展，对土地资源的利用逐渐由单一的管理转化为综合性的开发利用，土地整治的内容不断增加，其作用和重要性也日益提高。中国现代意义上的土地整治经历了土地整理、土地整治、全域土地综合整治与生态修复 3 个概念与内涵的转变和发展阶段。

（一）土地整理阶段

改革开放以来，“以经济建设为中心”成为中国特色社会主义发展的基本路线，城镇建设与工业生产开始大面积占用耕地，一系列的土地问题由此产生。为平衡经济发展与土地开发之间的矛盾，我国通过借鉴国外先进经验，进行土地整理框架体系的构建，“土地整理”的概念逐渐显化。1997 年发布的《中共中央国务院关于进一步加强土地管理切实保护耕地的通知》（中发〔1997〕11 号）中提出，要“积极推进土地整理，搞好土地建设”，并明确了土地整理的内涵，土地整理的概念第一次被正式写入中央文件。1998 年修订的《中华人民共和国土地管理法》中，明确提出“国家鼓励土地整理”，这是我国立法史上第一次把土地整理纳入法律中，并作为保护耕地的主要措施之一。2003 年发布的《全国土地开发整理规划（2001—2010）》中指出，“土地开发整理”包括土地整理、土地复垦和土地开发 3 项内容。2006 年发布的《中共中央关于制定国民经济和社会发展第十一个五年规划的建议》中指出，要“加强农田水利建设，改造中低产田，搞好土地整理”。

（二）土地整治阶段

2008 年，中共十七届三中全会提出要“大规模实施土地整治”，在耕地资源保护提升的基础上部署开展了建设用地整理工作，以解决土地资源紧缺、发展用地空间不足等问题，土地整治开始被纳入国家层面的战略布局；2012 年，《全国土地整治规划（2011—2015 年）》经国务院批准正式颁布实施，通过选择“土地整治”这一术语进行了概念统一，并明确了“十二五”期间土地整治的五项主要任务：统筹推进土地整治、大力推进农用地整治、规范推进农村建设用地整治、有序开展城镇工矿建设用地整治、加快土地复垦。2015 年，《中共中央关于国民经济和社会发展第十三个五年规划的建议》中提出，要“大规模推进农田水利、土地整治、中低产田改造和高标准农田建设”，持续强调土地整治的重要性。

（三）全域土地综合整治与生态修复阶段

在全域土地综合整治方面，2017 年，党的十九大提出了乡村振兴战略，农村土地综合整治成为补齐农村发展短板、推进农业农村供给侧结构性改革、优化城乡发展空间格局的重要途径。2018 年，浙江“千村示范、万村整治”工程被授予联合国最高环境荣誉“地球卫士奖”，中央要求深入学习推广浙江经验，推动农村人居环境整治，建设美丽宜居乡村。同年，《乡村振兴战略规划（2018—2022 年）》中提出了实施农村土地综合整治，开展土地综合整治示范建设的行动。在此基础上，2019 年，自然资源部印发的《关于开展全域土地综合整治试点工作的通知》（自然资发〔2019〕194 号）中指出，要按照乡村振兴战略部署要求，在全国范围内开展全域土地综合整治试点工作，要求到 2020 年全国全域土地综合整治试点不少于 300 个，我国的全域土地综合整治从局部实施走向全国推广。

在生态修复方面，2017 年发布的《中共中央 国务院关于加强耕地保护和改进占补平衡的意见》（中发〔2017〕4 号）提出了“数量、质量、生态”三位一体的保护理念，引领土地整治朝绿色方向发展。同年发布的《全国土地整治规划（2016—2020 年）》提出“在生态空间范围内，开展土地整治活动应着重加强土地生态修复和建设”。2019 年，《中共中央 国务院关于建立国土空间规划体系并监督实施的若干意见》（中发〔2019〕18 号）提出要“推进生态系统保护和修复”。2020 年，国家发改委、自然资源部联合发布的《全国重要生态系统保护和修复重大工程总体规划（2021—2035 年）》，是生态保护修复领域的首个综合性规划，对全国生态修复工作具有重要引领作用：在继承传统土地整治以问题为导向的“重点区域-重大工程-保障机制”主线条的基础上，发展了以目标为导向的国土空间优化、生态服务提升等重点任务，明确了土地综合整治作为陆域全部重大工程主攻方向的重要作用。

我国共编制实施了 3 轮土地整治专项规划，逐步树立了资源保护、资源节约、生态优先的目标任务体系，建立了与国土空间规划体系协调统一的“全国—省—市—县”四级规划体系及“土地整治分区-重点区域-重大工程（项目）”的管控体系。作为国土空间治理体系的重要组成部分，土地整治与生态修复的本质都是从源头上解决我国在不同发展阶段中最为紧迫的资源瓶颈问题。二者一脉相承，土地整治主要从法律依据、规划管控、实施抓手等多个方面为生态修复融入自然资源管理提供基础平台和工作接口；生态修复则更加注重维护社会经济发展与生态环境保护之间的平衡，从理念上对以资源高效利用和有效供给为核心的土地整治进行升级。当前，经济发展与生态保护的矛盾依然突出，地方长期以来因"重发展、轻保护"而积累的生态环境问题日益显现，因此需要将生态修复放在更加突出的位置。各地编制的国土空间生态修复规划，应依托现有的土地整治规划体系，将规划体系建设作为落实生态修复的重要一环，构建自上而下、统一衔接、功能互补、全域覆盖的规划传导机制。

第二节　土地整治规划

一、土地整治规划的概念、内容与层次

（一）土地整治规划的概念

土地整治规划是指在同级国土空间总体规划的指导和控制下，对规划区内未利用、暂时不能利用或已利用但利用不充分的土地，确定实施开发、利用、改造的方向、规模、空间布局、时间顺序等。土地整治规划对规划区内的土地整理、复垦、开发等土地利用活动进行总体部署和统筹安排，是重要的国土空间专项规划，是实现国土空间总体规划的重要措施与手段。

（二）土地整治规划的内容

土地整治规划是对国土空间总体规划的深化与补充，其内容主要包括：分析土地整治现状及存在问题，进行土地整治潜力分析，确定土地整治的目标和任务，确定土地整治的规模、布局和项目，分析评价土地整治的预期投资和效益，制定实施土地整治规划的措施等。

（三）土地整治规划的层次

土地整治规划体系层次分明，包括"全国—省—市—县"四级，因此县级及以上地方人民政府应组织编制和实施本区域土地整治规划。乡（镇）、村可结合实际，组织编制本区域土地整治规划，将土地整治任务落实到项目和地块。

（1）全国规划　作为指导全国土地整治工作的纲领性文件，主要阐明国家土地整治战略，明确未来五年土地整治的指导思想、基本原则、目标任务和政策措施，统筹安排土地整治重点区域、重大工程和示范建设等，是规范有序开展土地整治工作的基本依据，是各地大规模建设和保护旱涝保收高标准基本农田的重要依据。

（2）省级规划　作为指导全省土地整治活动的纲领性文件，需要阐明全省土地整治战略，提出规划期内省域土地整治的指导思想、基本原则、目标任务和政策措施，确定土地整治的重点区域、重点工程、重大项目、示范建设和投资方向等，是稳妥推进土地整治工作的基本依据，是大规模建设高标准基本农田的重要依据。

（3）市级规划　它是指导市级行政区土地整治活动的政策性文件，在规划体系中具有承上启下的作用，需要阐明全市土地整治战略，提出规划期内市域土地整治的规模、结构和布局方案，确定土地整治的重点区域、重点项目和资金安排等，是落实省级规划的重要依据，是深化地级市国土空间总体规划的重要手段。

(4)县级规划　它是指导县级行政区土地整治活动的基本依据,需要提出规划期内县域土地整治的目标任务,确定土地整治的项目、布局、时序和资金安排等,是落实市级土地整治规划和县级国土空间总体规划的重要手段。

二、土地整治规划的目标与原则

(一)土地整治规划的目标

为保证合理利用土地资源,满足社会经济发展对土地资源的要求和现代意义上的土地整治要求,土地整治规划应有机融合生产、生活、生态,通过应用"三生"理念,持续提高土地利用率和生产力。土地整理规划的目标主要包括以下方面。

(1)以农用地整治为根本,保障粮食生产安全　以大规模建设旱涝保收高标准基本农田为重点,加强基本农田保护区、粮食主产区、基本农田整备区的耕地整理力度;构建基本农田保护奖励机制,增加高产稳产的基本农田的比重;推进中低产田改造,提升水利灌溉条件,完善农田生产配套基础设施建设;合理开发耕地,增加耕地数量,并不断提高耕地质量。

(2)以建设用地整治为重点,推进土地节约集约利用,以满足社会经济发展的用地需求　加大农村建设用地整治力度,加强对旧城区、城郊村、城中村、地质灾害易发区村庄等的整治,合理进行迁村并点,建立健全农村宅基地退出机制;强化农村基础设施与公共服务设施的配套建设,保障农村产业发展,改善农业生产及农民生活条件;规范城乡建设用地增减挂钩试点,盘活农村非农用土地和城镇存量建设用地;推进城镇和工矿建设用地整治,充分利用城镇闲置土地,提高土地集约利用程度,转变与改进土地利用和管理方式。

(3)以生态环境整治为途径,提升土地整体环境质量　坚持以改善生态环境为目标,适度开发宜农未利用土地,进一步加快土地复垦;持续优化土地利用格局与生态环境,充分发挥耕地的生态功能,保持林地、水网的完整性;因地制宜,尊重生态规律,积极构建土地生态网络体系,恢复或重建退化土地生态系统,加快绿色基础设施建设。

(4)以土地综合整治为平台,统筹协调城乡土地利用　对田、水、路、林、村进行综合整治,改善农业农村生产、生活、生态条件,提升农村土地经济价值;建设城乡土地使用联动机制,形成城乡土地互动,实现城乡土地高效利用。完善土地整治的工作机制与制度规范,使得科技支撑有力、公众参与充分、监督管理有效,保障土地整治的持续长效推进。

(二)土地整治规划的原则

土地整治规划应在保护耕地和生态环境的同时,加强农村基础设施建设并促进城乡一体化发展,应根据区域特征进行全域规划、全域设计、全域整治、整体推进,并注重维护农民权益、尊重农民意愿,使得土地整治工作能够稳妥有序开展。土地整治规划的原则主要包括以下方面。

(1)立足耕地保护,保障粮食安全　把适当增加耕地面积、提高耕地质量、增强粮食综合生产能力放在首要位置,着力开展基本农田保护区、粮食主产区、基本农田整备区的土地整治,确保建设占用耕地占补平衡,保障国家粮食生产安全的土地资源基础。

(2)优化生态环境,增强防灾御灾能力　尊重生态规律,坚持因地制宜,实现土地资源的可持续利用。保护自然、人文景观和生态环境,保留农村传统农耕文化和民风民俗特色风貌,建设"望得见山,看得见水,记得住乡愁"的独具特色的现代化新农村。

(3)加强农村基础设施建设,改善农民生产生活条件　充分发挥土地整治在新农村建设和城乡统筹发展中的基础平台作用,完善农村基础设施与公共服务设施的配套建设。推进农村土地整治重大工程建设，使得优质耕地集中连片，促进农业规模化、产业化。将土地整治作为国家扶贫政策的主要发力点，促进实现农民增收、农业增效、农村发展。

(4)促进城乡一体化建设，提高土地集约利用度　以城乡建设用地增减挂钩试点为抓手，加强散乱、废弃、损毁、闲置、低效建设用地的集中整治，加强旧城区、城中村的土地综合整治力度，合理开展存量非农用地整理和村庄整治，缓解城镇经济发展用地需求的压力。

(5)全域规划、全域设计、全域整治、整体推进　根据区域间差异及相互关联，统筹区域土地利用发展，防止出现重复建设、产业结构趋同等问题，充分发挥各地区的比较优势，实现区域间的合理分工与协作，促进区域经济、产业、人口发展与土地利用相协调。

(6)维护农民权益，尊重农民意愿　在充分征求土地整治项目所在地群众的意见并获得理解和支持后，再稳妥有序地开展土地整治各项活动，同时注意严格控制整治规模。做到整治前农民愿意，整治中农民参与，整治后农民满意。

三、土地整治规划的程序与成果

(一)土地整治规划的程序

土地整治规划程序见图 9-1。

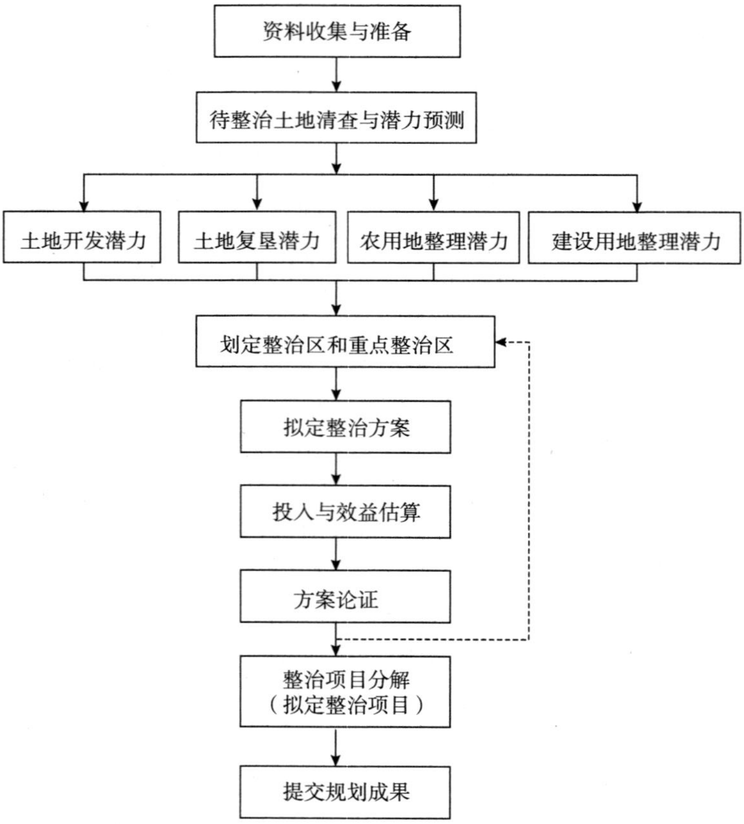

图 9-1　土地整治规划程序

1. **资料收集与准备**

在制定土地整治规划前，应在同级人民政府规划领导小组的领导下，成立土地整治专项规划组。土地整治专项规划组负责土地整治规划的具体编制和指标分解下达，制定工作计划（包括土地整治规划的指导思想、工作内容、人员配备、工作经费等），编制技术方案（包括规划依据、规划内容与方法、技术路线、成果要求等）和资料收集整理等。

主要收集资料包括：同级国土空间总体规划；上级下达的土地整治分解指标和要求；各有关部门涉及的国土空间专项规划资料；规划区土地利用现状资料；土地整治潜力调查资料；土地评价资料以及当地的自然生态环境、人口和社会经济发展、农业普查资料等。

2. **待整治土地清查与潜力预测**

查清各类可供整治的土地资源的类型、数量、质量和分布，绘制有关图件、量算面积，进行适宜性评价和整治潜力预测。

土地整治潜力包括农用地整理潜力、建设用地整理潜力、废弃地复垦潜力和未利用地开发潜力。

（1）农用地整理潜力　包括平坟、填沟、零星宅基地和各类废弃闲散地的复垦、零星未利用土地的开发等的潜力；完善田间道路、林网配套、沟渠（包括明渠改暗渠，建设喷灌）等的土地整理潜力；改造中低产农田、园地、林地、草地和水面，建成现代化高标准农田，提高土地利用率和产出率的潜力。

（2）建设用地整理潜力　包括通过旧城镇、村改造，盘活土地存量，加强集约利用可以挖掘的土地潜力；通过零星分散的自然村向中心村和乡镇集中，分散的乡镇企业向工业小区集中而进行撤并改造的潜力。

（3）废弃地复垦潜力　包括在矿产资源的开发、电力和建材等工业生产建设和交通、水利等基础设施建设过程中，由于对土地的直接挖损、地表塌陷和废弃土石、灰渣、尾矿的堆积及压占等原因而形成的大量废弃地复垦利用潜力。

（4）未利用土地开发潜力　包括大片荒地、滩涂、盐碱地、沙地等后备土地资源根据目前科技水平、经济实力和生态环境建设的要求而可以开发利用的潜力；位于整理区的小片荒地和闲散地结合土地整理统一进行开发利用的潜力。

3. **划定整治区和重点整治区**

土地整治区包括土地单项整理区、土地综合整理区、土地复垦区和土地开发区。土地整治区的划区要求包括以下方面。

（1）土地整治区的划定应根据土地整治潜力分析，确定整治区类型、规模、位置、目标与时序等，并注重确定近期重点整治区。

（2）土地整治区界限要尽量结合自然地形，同时尽可能兼顾行政管理界限。

（3）在较大的农用地整治区，应安排主次干路、主次干渠、主次干沟、主次林带、高压电线以及相应场站，并在整治规划图上标出。

（4）如有条件，应尽量采取综合整理办法划定土地综合整理区，按照国土空间总体规划，对田、水、路、林、村进行综合整治，提高土地产出率。

（5）土地整治区的划定要有利于集约利用土地、提高土地质量和土地适度规模经营。

（6）土地整治区的划定要注重改善生产、生活、生态的条件和环境，提高农村现代化水平。

4. 拟定整治方案

根据同级国土空间总体规划的土地整治指标和要求进行调整落实，提出土地整治规划方案，必要时可提出两个以上方案供选择。土地整治规划方案内容应包括土地整治区的类型、规模、分区布局、投入产出量和综合效益评估等。

(1)农用地整理方案　包括农用地调整、农用地改造、地块规整、基础设施配套、零星农宅的迁并等。

基本要求：农用地整理要使土壤和地形适于作物的生长发育，适于田间机械作业，适于灌排工程布设，适于防风固沙；要尽量避免湿地开发、毁林毁草和围湖造地，对过度开垦、围垦土地要有计划有步骤地还林、还草、还湖；要逐步将25°以上的陡坡地退耕还林、还草，25°以下的坡耕地应因地制宜实现梯田化或退耕；要从实际出发，因地制宜讲求实效，充分应用生物、工程与农艺等方面的科学技术，工程的设计、施工和管理严格按国家有关标准执行；要与农业经营机制完善联系起来，逐步做到土地适度规模经营。

(2)建设用地整理方案　包括农村居民点的归并调整改造，确定居民点的等级数量、用地规模、用地布局和调整时间；城镇(包括旧区)建设用地的挖潜改造和调整利用；工矿用地的布局调整、用地范围的确定、用地边界的整合与发展用地的选择；公路、铁路、河道、电网和农村道路、排灌干渠以及厂站、水坝、堤防的调整和土地复垦等。

基本要求：建设用地整理要与国土空间总体规划以及其他有关专项规划相衔接；要根据用地定额充分利用土地，并满足地上、地下工程管线铺设的要求；要符合建设用地规律，依据整理地段的地形、地质、水文、风向等，做到布局合理、利于生产、方便生活、美化环境；要统筹规划，合理安排用地，保持良好的生态环境条件，做到土地资源可持续利用。村镇用地整理要与城镇化发展水平相适应，因地制宜、循序渐进地向中心村、镇归并集中；应尽量结合现有基础做好村镇的改建、扩建，注意节约土地、少占耕地，用地标准要符合国家标准。独立工矿用地除必须现场作业的企业外，应逐步向工业区和工业园区集中。交通、水利设施新建工程应尽可能和土地整理相结合，以做到土方量平衡、节约用地，少占或不占耕地。

(3)废弃地复垦方案　包括农用地中的废弃地和工矿、交通、水利、城镇建设中因挖损、塌陷、压占形成的闲散地、荒地的复垦利用。

基本要求：废弃地复垦要因地制宜，以生态效益、社会效益、经济效益并重为原则，确定复垦的方式和规模，最大限度发挥综合效益；要与国民经济和社会发展计划与国土空间总体规划确定整理的目标、方向、方法、进度等相一致。

(4)未利用土地开发方案　指通过一定的技术或经济手段，对尚未利用但具有利用潜力和开发价值土地的开发利用。

基本要求：未利用土地开发要统一规划，要特别注意保护生态环境，严禁在生态脆弱的地区进行盲目开发；根据开发地区的地域特点和土地适宜性以及国土空间总体规划，确定土地的适度开发规模和用途；以规划为依据，经过充分论证，对水土资源好、潜力大、投资少、见效快的地区，应优先进行开发。

5. 可行性分析论证

可行性分析论证主要包括经济效益分析、环境效益分析、社会效益分析等。若分析论证结果表明项目方案可行，则可提交成果进行验收；若不可行，则需要对土地整治区的选择及项目方案进行重新审查修正直至可行。

(1)经济效益分析　对土地整治的投入量、预期产出、产投关系等进行评价。

土地整治投入量:分类型列出宜农荒地开发、废弃地复垦、农用地整理、农村居民点迁建、沟渠、林、路等各类整治土地的面积或规模;以土、石方量、投工量、工期等量化指标反映工程量;根据土地整治规模和工程量及有关定额标准,匡算土地整治所需资金,包括直接投资和投劳折资。

预期产出量:计算土地整治后净增加的耕地面积及其可创造的产值、土地整治改造中低产田后可增加的产出量、土地整治后其他农用地的产出量。

投入产出对比:计算农用地整治每百元投入的产出量;或计算土地整治前后土地价格的增加值,分析土地整治投入在经济上是否可行。

(2)环境效益分析　采取定性或定量的方法评估土地整治的环境影响。

定量评价:山区主要计算森林覆盖率(或植被覆盖率)和水土流失治理面积。平原地区需要计算农田防护林网密度、农田污染改善程度、防洪除涝改善程度等。

定性分析:根据上述指标以及土地整治可能产生的其他后果,分析土地整治对环境的综合影响。

(3)社会效益分析　可根据当地实际采取合适的指标并结合定性分析进行。

6.整理项目分解与实施措施制定

为落实规划方案,应根据国家和地方整治项目立项的要求以及组织实施的基础条件,将规划方案分解为若干整治项目并排出优先系列,并纳入土地管理计划逐步实施。制定规划实施保障措施,保障土地整治规划的顺利实施。

在选定土地整治项目和编制项目规划设计时,要依据或符合当地的土地整治规划;要建立土地整治专项基金,对按土地整治规划进行土地整治有贡献的单位和个人予以表彰和奖励;按土地整治规划整治后的土地,应及时进行权属调整和登记。

(二)土地整治规划的成果

土地整治规划的成果包括规划文本、规划说明、规划图件、规划附件。

1.规划文本

主要内容包括:①前言。简述规划的目的、任务、主要依据和规划期限。②基本概况。简述整治地区的总人口、总面积、城市化程度、自然地理概况、土地利用简况等。③土地整治潜力分析。简述拟整治土地资源的类型、数量、位置、适宜性及开发前景和存在问题。④土地整治的目标和方针。简述远近期规划目标和整治方针。⑤土地整治规划方案。⑥规划实施措施。⑦附表、附图。文本后应附必要的简表和土地整治规划、土地潜力分析两张示意图。

2.规划说明

主要内容包括:①编制规划的简要过程;②规划编制原则和指导思想;③主要规划内容的说明;④规划的可行性分析和多方案比较;⑤规划的协调情况和不同意见的处理。

3.规划图件

主要内容包括土地整治规划图和土地潜力分析图。比例尺一般应与同级国土空间总体规划一致,特殊情况可适当变通。①土地整治规划图应以国土空间总体规划图作为底图.用重色绘制土地整治规划内容。包括:各类整治区界线;县、乡、村行政界线;村、镇、独立工矿及占地面积大的用地单位的规划用地范围;沟、路、林、渠等的规划走向和位置等。规划图图例要符合相应的规范。②土地潜力分析图应在土地利用现状图上加工绘制,主要内容有:待开发的未利用土地；各类废弃地和其他闲散土地；拟调整改造的农村居民点及城镇工矿用地；拟调整的沟、路、林、渠；县、乡、村行政界线等。潜力图图例要符合相应的规范。

4. 规划附件

主要内容包括：①专题研究报告。调查研究和规划编制协调过程中形成收集的专题报告，包括未利用土地资源开发、废弃地复垦、村镇体系布局、基础设施布局等；②基础资料。规划编制过程中收集的各种资料和图件，有关的法规文件、规程、标准等；③工作报告。内容包括规划的组织领导、参加人员、编制方法、工作体会和存在的问题等。

四、土地整治项目的规划设计程序与成果

为落实土地整治规划，必须对选定的土地整治项目进行规划设计。规划设计要根据规划任务书的要求，依据国土空间总体规划和土地整治规划，编制土地整治项目规划和工程设计。

（一）土地整治项目规划设计的程序

1. 收集整理资料

资料要具备真实性、完整性、时效性，并具有法律效力。

主要包括：①项目区基本概况。包括行政辖区、地理位置、四至、总面积、覆盖范围、区内人口等。②自然条件。包括项目区地形、地貌、土壤、水文、气候、地质、植被、自然灾害等情况。③自然资源。包括土地资源、水资源、生物资源、光热资源、矿产资源等。④社会经济条件。包括经济状况、市场状况、人民生活水平情况、民族与文化情况等。⑤土地利用现状。包括各类用地的数量、布局、土地利用的有利及不利因素、土地权属状况等。⑥土地利用潜力状况。包括待整治土地的数量、质量、生产潜力、整治潜力及布局等。⑦基础设施与农田工程设施现状。包括水利、交通、电力等设施的数量、布局与状况。⑧土地政策、法规及相关的规定、标准等资料。包括涉及土地利用有关行业的规划资料，涉及城建、林业、环保、水利、交通、能源、牧业、水产等的规定和标准。

2. 土地利用现状分析及评价

对确定为整治项目区的土地进行利用现状分析，确定土地的适宜用途和适宜程度。

3. 确定土地整治项目的目标、任务和要求

根据规划任务书的要求及项目所在区域的自然条件、社会与经济建设需求、技术水平等，确定土地整治项目规划的目标、任务和要求。

4. 确定土地整治项目的总体布局

根据项目区的自然条件、资源状况、社会经济条件、交通水利设施状况以及土地适宜性评价结果，确定主干交通线路、水利干沟渠等重点整治工程设施的位置和规模、村镇的位置和发展方向等。

5. 规划设计与方案编制

根据项目规划目标和总体布局，当地的社会、经济、自然和技术条件、土地的适宜用途等，合理确定各类用地的数量、各项工程设施和生物措施的位置和用地规模，将其落实到具体地块，并根据工程设计标准进行各类工程设施的工程设计。

6. 规划方案评价

（1）技术可行性分析　包括项目规划的技术可行性分析和实施项目规划拟采用技术的可

行性分析。项目规划的技术可行性分析应对规划所采用的各项技术参数和指标是否准确可靠、规划是否符合国土空间总体规划、土地整治规划要求以及规划方案能否完成规划目标、任务和要求等方面进行分析；实施项目规划拟采用技术的可行性分析应对在土地整治中投入的人力、物力、技术保障体系[如道路修筑、土地平整、表土处理、排灌工程及其建(构)筑物修筑、生物措施等]以及项目规划目标实现的保障程度等方面进行分析。

(2)社会效益评价　指评价项目规划对社会发展的保障和促进作用。效益指标包括农产品人均占有量、农产品商品率、城乡居住和就业条件、交通水利等基础设施改善程度、单位面积耕地供养人数等。

(3)经济效益评价　指分析物质技术要素组合和利用的经济性，分析可能实现的经济目标和实效性。效益指标包括土地利用率、耕地面积增加率、投入率、产出率、技术措施增产率等。

(4)生态效益评价　指评价项目规划对生态环境的改善程度。效益指标包括森林覆盖率、水土流失治理面积、土地沙化治理面积、土地污染治理面积、人均绿地面积等。

7. 规划方案确定

组织有关专家对规划方案进行论证修改，确定最佳规划方案，提交规划文本、规划说明、规划图件和规划附件。

8. 上报审批与实施

土地整治项目规划应由具有土地整治项目批准权的单位审查批准。经批准后的项目规划方可按照规划要求对项目组织实施。项目规划的实施应有利于保证工程安全、降低工程成本，优先安排防洪、排涝等对生产建设有重大影响的重点工程及道路、水利、电力等基础工程。农用地整治项目应注意不违农时，优先安排不影响农作物生长或影响不大的工程，其他工程尽量安排在农闲季节。

(二)土地整治项目规划设计的成果

土地整治项目规划设计的成果包括项目规划设计报告、图件和项目预算书等。

1. 项目规划设计报告

主要包括项目规划、项目规划说明和项目工程设计说明。

1)项目规划

项目规划文本主要包括以下内容。

第一章　前言：介绍项目来源、项目建设目的、对项目可行性研究报告立项的批复情况、项目规划的任务和依据等。

第二章　项目概况：介绍项目区简况；项目区地理位置、范围、自然和社会经济条件、种植情况；项目区基础设施(水利、电力、道路等)现状、对项目建设的影响；土地利用现状(类型、面积、结构和土地权属、项目区土地利用中存在的主要问题)；土地适宜性分析(确定土地利用布局方案)；水资源平衡分析(确定灌排方法和技术)；新增耕地(依据项目建设目的而定)潜力分析。

第三章　规划目标和方针：确定规划目标(围绕项目建设目的和第二章中的分析，指出规划要解决的主要问题，如确定土地利用方向、各项工程的配套建设等)；根据目标确定规划原则(各项工程的综合布局原则、技术原则、经济原则等)。

第四章　规划方案：规划标准(工程防洪标准、道路建设标准、灌排标准)；土地利用布局

(根据土地利用现状、适宜性评价和项目目标配置各类用地);土地利用工程布局(土地平整工程、道路工程、农田灌排水工程、农田防护工程以及不同类型、等级工程的建设数量);土地利用结构调整(根据土地利用布局和工程布局,初步计算各类用地数量);土地权属调整(由于土地分配是土地整治后期工作的重点,涉及各权利主体的切身利益,因此,规划方案只提权属调整的基本原则、程序、注意的问题等,暂不提出各村、组具体分配的土地数量);投资规模估算和资金筹集使用(投资规模依据有关标准计算)。

第五章　规划方案评价:社会效益(对项目区农业、农村社会产生的直接和间接影响,如新增耕地面积、生产条件、就业、收入分配,以及土地利用的合理性、利用率、生产力、土地利用方式的可持续能力等);生态效益(绿色植物覆盖率、减轻水土流失程度、解决土壤退化效果、灌溉水质改善程度等);经济效益(新增耕地产值、原有耕地质量提高后的产量增加、项目经营成本和收入、经营成本节约、投入产出率、投资回收期等)。

第六章　实施规划的措施:项目领导机构、项目实施管理、项目资金管理等。

2)项目规划说明

项目规划说明文本的主要内容包括:①项目规划过程(各个阶段的主要工作内容);②项目调整情况(经过项目实地踏勘和有关部门批复,项目所做的位置、规模等的调整);③主要资料来源和引用(项目规划中所采用基础图件、关键数据资料,如地下水情况、灌溉定额等。所引用资料必须注明资料编写、出版单位,时间);④规划标准与有关技术问题(规划标准必须与当地社会经济发展状况相适应,所使用的技术必须考虑维护管理方便性和使用的长期性,且能够为当地农民所接受);⑤与有关部门规划(部门意见)的协调处理;⑥规划方案的选择(各主要可能方案的优缺点);⑦其他需要说明的问题。

3)项目工程设计说明

项目工程设计说明文本主要包括以下内容。

第一章　项目工程简介:项目位置、建设规模、水文、地质、地形等特点(对工程设计有直接影响的因素)。

第二章　工程设计:①设计任务(项目规划要设计的工程类型、数量)、依据(相关行业技术规范);②土地平整工程(依不同地形设计田块高程,尽量减少土石挖填工程量并保持挖填基本平衡。不同项目片区地形变化较大时,通过典型田块分别推算挖填方工程量);③农田灌排水工程(依据项目规划、不同等级渠道控制的灌溉面积、土地利用方式、作物种植情况、灌溉制度等,计算渠道流量、断面形状、尺寸。土石挖填工程量大且地形变化明显的渠沟应绘制纵断面图);④电力工程设计(根据电力设备总容量、受载系数和同时率计算负荷量。合理布设变电器,确定主变容量、电压等级、负荷分配及保护方式等;输配电和低压线路布设要与排灌、道路等工程设计相结合);⑤道路工程设计(根据确定的道路类型设计路面结构、确定建筑材料);⑥建筑物、构筑物工程设计(包括桥、涵、闸、倒虹吸等,涉及承重建筑物和生命安全的建筑物、构筑物必须经过严密计算);⑦农田防护工程设计(防护林工程设计立面图和平面图,护坡、防洪堤坝设计断面图);⑧典型田块设计(不同地形情况下,应分别设计典型田块,包括剖面图和平面图);⑨分类工程量详细统计表(各类工程的土石方挖填量、用材量)。

第三章　施工组织:施工组织与管理(明确承担单位、项目实施方式等);施工条件分析(土壤、地质、气候等条件对施工的影响);施工计划与程序(工程内容的每月进程、各项工程施工的基本步骤等)。

2.图件成果

1)项目区土地利用现状图

(1)基本要求　包括土地利用现状图,要求既能反映项目区土地利用现状,又能显示出项目区地形地貌,以满足土地整治项目规划设计之需要。

(2)上图要素　包括线状地物(农村道路、田间道路、生产路、沟、渠、主要田埂、田坎);其他地物(村庄、已有相关工程建筑物);水系(河流、坑塘、湖泊);权属界线(各行政村土地所有权界线);地类图斑;等高线等。

2)项目规划图

(1)主要内容　包括各类用地的布局(以地类符号或不同颜色表示);各地块设计高程;道路、渠道(流向)、排水沟(流向)、防护林、机井、农桥、闸、涵、电力线路、跌水及其他有关建(构)筑物的位置;居民点位置;项目区外附近的重要地物,如道路、干渠、河流、排水承泄区等。

(2)比例尺　指依据项目区地形复杂程度和项目规模决定具体比例尺。丘陵山区一般采用1∶2000;平原地区一般采用1∶5000,但图幅不能过小。

3)项目工程设计图(册)

主要包括各类工程如道路、渠道、排水沟、防护林、机井、农桥、闸、涵、电力线路、跌水及其他有关建(构)筑物等的纵横断面设计图等。

4)其他图件

主要包括国土空间总体规划图、土地整治专项规划图、项目区位图等。

3.项目预算书

项目预算书包括预算说明、总表、项目分片分项工程预算表等。

第三节　生态修复规划

一、生态修复的概念

(一)生态修复的定义

所谓生态修复,是指生态系统不再受到人类的干扰,应用生态系统自组织和自调节能力对环境和生态本身进行的修复,以生态系统自我恢复为基础,在此基础上再辅以人工措施,使受损的生态系统逐步恢复或使被迫害生物的生境地得以改善或恢复以还原生态系统的本来面目,是解决生态环境问题的重要手段;同时,还要通过一些技术手段将受到破坏的土地重新改造为适合植物生长的地方,从而使得植被能够正常地成长、发育,或使动物恢复到合理的生活环境,从而较好地修复生态系统。

在我国,与生态修复相近的一个定义为"生态恢复",两者都有"恢复与发展"的含义。"生态恢复"是指以人工方法进行的恢复,根据自然规律,运用生态系统自我恢复能力,还原自然与原有生态系统。欧美国家主要应用生态恢复这种叫法,而生态修复的叫法主要应用在日本和我国。恢复(restoration)就是指干扰或者受损生态系统尽量恢复到原状;修复(reclaimation)是指对受到干扰和破坏的生态系统进行修复,使原来的物种重新定居或者修复到生物适宜的生存环境。生态修复可以协助生态系统进行恢复,但能否让生态系统完全恢复成原始状态,以及生态系统恢复到何种程度,只有等到修复完成后才能做判断。另外,生态系统自我恢复能力会自发地使自己逐步恢复到受损前的状态。也就是说，生态修复是人类主动干预的行为，重点是干预生态系统过程和生态系统服务；而生态恢复则是生态系统自我恢复，强调之前存在的生物群，即回到原来的发展轨迹。《加快推进生态文明建设的意见》(2015)也明确提出：在生态的建设与修复中要把自然恢复与人工干预共同作用，以自然恢复为主，人工修复为辅。总的来说，恢复，即主要依靠生态系统本身的自然恢复力得到恢复，使其恢复到原始状态；修复，即对原有受到破坏或者发生退化的生态系统进行修复，主要强调的是恢复其生态功能与生存环境，并不要求完全恢复到原来的自然状态。

（二）传统生态修复与国土空间生态修复的尺度范围

传统的生态修复研究，大多针对单一栖息地或单元素恢复。而目前的国土空间生态修复主要是指遵循生态系统演替规律和内在机理，依据国土空间规划，对生态功能退化、生态系统受损、空间格局失衡，开展生态恢复、生态治理、生态重建、生态康复等，使生态系统逐步恢复。部分研究者将生态修复分为陆地生态修复、水域生态修复、森林植被修复、土壤修复、湿地生态修复、工业废弃地的生态修复、海岸带生态修复、矿山荒地生态修复和景观水体生态修复等，目的是让国土空间生态系统的“疮疤”得到系统修复。

现在的国土空间修复与传统的生态修复相比尺度更大。国土空间生态修复又可理解为全域性生态修复，即在全域范围内，以生态空间修复为主线，对生态系统进行保护和修复。中国先后发布的《全国重要生态系统保护和修复重大工程总体规划(2021—2035 年)》和《山水林田湖草生态保护修复工程指南(试行)》，践行“山、水、林、田、湖、草、沙”生命共同体理念，以便于为国土空间生态系统保护修复提供实践经验。这是保障国家和地区生态安全的需要，是增强农田生态功能、改善城市生态品质的重要措施；是促进生态系统稳定、提高生态系统的质量和固碳能力、优化国土空间格局、生产生态产品的重要手段。生态文明建设有利于构建人与人、人与自然、人与社会的和谐相处。

二、理论基础

（一）干扰理论

干扰，就是在特定的地理位置出现的，给生态系统结构或者功能带来不持续或者破坏的事件。干扰是一种非连续性事件，它阻碍了原有生态系统的演化过程，也会改变景观组分以及生态系统结构和功能，但也有可能对种群、群落有促进作用，甚至可以助力生态系统乃至整个景观格局发生动态变化。

干扰具有不连续性与规律性、多源性与相关性、干扰量与效应的不一致性等的特点。干扰现象分自然干扰和人为干扰。常见的干扰现象有火干扰、气候干扰、土壤物理干扰、生物干扰、污染干扰等。

1. 自然干扰

对生态系统产生的影响比正常发生时更强烈，会引起生态系统结构和动态以及相应环境的改变，导致生态系统发生变化的各种自然因子，叫作自然干扰因子。

自然干扰因子主要包括地质因子、地貌因子、气候因子和水文因子，人为干扰因子主要包括环境污染、挖损、压占、占用和塌陷。因此，在进行生态恢复过程中必须首先考虑这些因素。自然影响是指由于人类活动(如农业、林业和畜牧业)或其他生物的干扰所产生的效应。例如，人为破坏了森林，使树木枯死；人工开垦荒地，致使土壤板结等，都会造成不同程度上的天然干扰，从而导致生态系统功能失调。

(1)火干扰　指火因子引起的生态系统变化。

(2)气候干扰　指各种气候因子引起的生态系统变化。

(3)土壤干扰　指各种土壤因子引起的生态系统变化。

(4)生物干扰　指由动物、植物等生物因子引起的生态系统变化。

(5)污染干扰　指由各种污染物引起的生态系统变化。

描述干扰的特征因子随干扰种类不同而有所变化，但通常有4个：①干扰频率；②恢复速率；③干扰事件影响的空间范围；④干扰所在的景观范围。

Turner用这4个因子构筑了时间参数（干扰频率/恢复速率）和空间参数（干扰影响范围/景观范围），并根据这2个基本参数建立了模型来说明干扰强度与恢复速度之间的关系。

2. 人为干扰

人类在自然界中的位置，是任何生物都无法与之相比的。人作为自然中最活跃的因素，与自然环境有着密切的关系。人类通常通过自己的活动极大地干扰生态系统体系。生态修复与自然地理过程、社会经济环境密不可分，而人类活动作为社会和自然的重要驱动因子，也是生态修复的直接参与者、实施者及利益相关者。

因此，人类干扰不同于其他任何自然干扰。人为干扰是指人类的生产活动对自然生态系统造成的影响。人为干扰的方式多种多样，影响的空间范围也可大可小。它具有4个非常突出的特点：①干扰方式具有相似性，作用时间具有同步性；②干扰时间具有长期性，作用程度具有深刻性；③干扰范围具有广泛性，作用方式具有多样性；④干扰活动范围小，作用后果影响大。

生态系统在一定程度范围内具有自我调控和自身适应的能力，但除自然干扰在湿地生态系统发育、演变过程中起一定的作用外，随着社会发展而日益增多的人为干扰已经成为生态系统良好发展的制约因素。对生态系统产生作用的主要人为干扰因素包括农业开垦、城市开发、水利工程、采矿采油、工厂施工、道路和桥梁的修建、人工堤坝、道路、围垦耕地等，这些干扰通过改变植物群落内部的环境情况、物种组成条件来改变群落结构和功能，进而影响其演替方向。

干扰研究对生态学有很大意义。干扰的后果对生态系统或者生物生存可能是正面的，也可能是负面的。正面干扰利于保持生物组分或者生态系统整体稳定，负面干扰会阻碍生态系统的演化。所以一个关键问题就是要识别哪些扰动是负面的以及哪些干扰是正面的，同时也要关注干扰规律、范围和后果等，从而有效地采取生态或工程措施进行防治与修复。目前，干扰理论研究在恢复生态学中已经得到了广泛运用，在生物多样性减少、生态监测预警与灾害防治的内容中也逐渐成为热点。

(二)景观学理论

1. 等级理论和时空尺度

等级是一个由若干个单元组成的有序系统，每一层次都由不同的亚系统组成，亚系统又由各自的亚系统组成，往下依次类推直到最低层。高层次通常可以对低级进行制约，并以大尺度和慢节奏的形式进行自然演替，而低层次通常以小尺度和快节奏进行生态演变。

(1)景观学尺度　它是研究区域在空间上的度量，称为空间尺度；研究区域在时间上的度量称为时间尺度。

(2)空间尺度　它是研究区域空间大小的度量,一般用面积单位表示。可分为部分地区,局部地区,大部分地区。

(3)时间尺度　它是指研究区域发生某种现象所持续的时间。

(4)组织尺度　它是指生态学组织层次定义的研究范围和空间分辨率,如个体、种群、群落、生态系统、景观组成的生物组织等级结构系统。不同的组织层次对应不同的空间尺度。

(5)尺度效应　它是指生态学系统的结构、功能及其动态变化在不同时空尺度表现不同而产生不同的生态学效应。

2. 景观结构与功能理论

(1)景观结构　景观结构是指景观要素(斑块、基质、廊道)在景观中的异质性分布结果。景观结构一旦形成,构成景观的景观要素的大小、形状、数目、类型和外貌特征等对生态客体的运动(生态流)特征将产生直接或间接的影响,从而影响景观的功能。在自然条件下,景观能达到某种平衡,从而达到某种非平衡稳定态,若景观结构受损,还应对景观结构进行生态修复。

(2)景观功能　景观功能是指景观要素之间的相互作用所形成的各种效果,包括:景观的供给功能(植物通过光合作用提供氧气等);景观的审美功能(自然景观供人类观赏);景观的精神价值功能(优美的景观可以让人心情愉悦,身心放松);景观的生态功能(固定二氧化碳等);景观的调节功能(稳定大气、调节气候等);景观的支持功能(提供生境)。在坚持景观生态学的原则下,应合理运用生态修复理论,正确处理好斑块、廊道、基质等景观结构之间的生态关系,构建蓝色和绿色生态廊道,增加居民和游客的休闲体验,尽可能保证其自然修复能力,最大限度地发挥景观的生态效益,增强生态活力。

(三)可持续发展理论

该理论实际上主要涉及3个方面的可持续性:一是自然的可持续性;二是经济的可持续性;三是社会的可持续性。可持续发展不单是经济问题、社会问题或生态问题,而是三者互相影响的综合体。

脆弱生态系统的生态资产有限,人类活动对于资源的不合理利用导致生态系统严重退化,当地居民为维持基本生计对自然资源进一步的开发或者人类活动空间扩张导致生态的负面边缘效应不断增加,使区域陷入了不可持续发展的恶性循环。

可持续发展是人类以自身生存为中心、以自身延续为目的、以依存协同为手段的存续方式,以实现经济发展、社会稳定和生态安全。在资源供给有限的情况下,如何合理保障人类的生存需求是实现可持续发展的关键要求。在经济发展落后的地区,自然条件不适合大规模的人类居住,其生产方式简单落后,高度依赖开采和利用自然资源。由于经济效益低,这种方式只能满足民生需求,无法恢复和改善自然生态,导致生态资产减少。任何产业的可持续发展,都以创造经济-社会-环境的综合价值为根基,发展是为了让生物生活得更好,而一旦人类赖以生存的环境出现了问题,那所有的发展都失去了其本质意义。因此要保护好自然环境,若当生态环境出现问题时,要及时进行生态修复。

(四)恢复生态学理论

恢复生态学是研究如何恢复受损生态系统,实现生态平衡的学科,最早由英国学者在20

世纪80年代提出，主要用于研究生态恢复。生态恢复本质上是使被破坏的生态系统往有序的方向进行演化或者使受迫害的生物回到适宜的生存环境，这使得恢复生态系统的原始状态成为可能。然而，因为自然环境具有复杂性及人类社会对自然资源也有影响，所以生态恢复并不能保证所有要恢复的生态系统都可以恢复到原始状态。生态修复的目标是恢复生态系统的功能或者实现生态系统合理的生存环境。生态恢复是在满足于自然规律和社会需求的前提下以及在生态修复理论指导下，通过物理方法、化学方法和生物方法，使生态系统的结构和功能得到恢复或使系统达到自我维持状态。

恢复生态学研究中常用的生态学理论有生态因子作用（包括最小因子定律、耐性定律等）、演替（生态恢复是帮助生态系统实现自己的演替）、竞争等。

1. 生态因子作用

生态因子是指直接或间接影响环境中生物的生长、发育、繁殖、行为和分布的环境因素，如光、温度、土壤、水、二氧化碳、食物和其他相关生物。作用于生物的每一个生态因子都有其特殊的功能和对生物都有同等重要作用。在植物生长发育过程中，各种生态因子不可能孤立存在，各因素的相互作用使生物获得相似或相等的生态效益。

（1）最小因子定律　是指每种植物都需要某种类型和一定数量的养分。如果环境中缺乏其中一种营养物质，植物就会发育不良，甚至死亡。如果这种营养物质含量少，植物就长得少。

（2）耐受性定律　是指任何生态因素在数量或质量上的不足或过剩，都会使生物衰落或无法生存。对任何一种环境因素都有一个容许范围，生物体在这个范围内正常生长和发育。任何接近或超过有机体耐受极限并阻止其生长、发育、繁殖或扩张的生态因素都是限制因素，就成为限制因子。

2. 生物群落演替原理

生物群落的演替是群落自身与外界环境中多种生态因子共同作用的结果。群落的自然演替方式奠定了恢复生态学的理论基础。群落与环境之间经常处于相互矛盾中，这些矛盾导致适应这个环境的生物存活下来，不适应的被淘汰。也就是优胜劣汰，从而使群落不断地演替。生态恢复过程比较关键的就是通过人工调控促使退化生态系统和生物群落进入自然的演替过程。因此，生物群落演替理论是生态恢复学最重要的基本理论之一。

生物群落演替分为以下几类。

（1）顺行演替（progressive succession）　指沿着顺序阶段向顶极群落的演替。

（2）逆行演替（regressive succession）　指由顶极群落向先锋群落的退化演变。

顺行演替与逆行演替的联系与区别如下。

联系：逆行演替的结果是产生退化的生态系统，而恢复退化生态系统的关键在于促使退化生态系统的演替方向发生转变，即变逆行演替为顺行演替。

顺行演替与逆行演替的区别见表9-1。

表9-1　顺行演替与逆行演替的区别

顺行演替	逆行演替
群落结构逐渐复杂	群落结构简单化
最大限度地利用生产力	利用生产力不充分

续表 9-1

顺行演替	逆行演替
最大限度地利用地面	利用地面不充分
群落的生产力增加	群落生产力降低
在同植物环境进行生存竞争占优势	在同群落环境进行生存竞争占优势
群落中生化	群落旱生化和湿生化
强烈改造群落环境	轻微改造外界环境

(3)原生演替(primary succession) 指从原始裸地开始的群落演替。

(4)次生演替(secondary succession) 指发生在次生裸地上的群落演替。

(5)水生演替(hydrorarch succession) 通常在水域和陆地交界的环境里进行,多在淡水湖中进行。

(6)旱生演替(xerarch succession) 旱生演替通常是从干燥的环境或旱沙地开始的。

通常,原生演替根据原生质地的不同可分为水生演替和旱生演替。原生演替的过程中会发生物种变化,其变化规律常被作为生物生态恢复过程中调控的参考框架。次生裸地是由于人为或自然干扰对原有生态系统造成灾难性影响而产生的,但通常不是所有的原始植被都被破坏。次生演替通常倾向于恢复到破坏前的植被状态,并倾向于重建顶极群落,这一过程被称为复活或再生。次生演替的过程又称为植被的自然生态恢复过程。

在自然条件下,如果群落遭到干扰或者破坏,虽然可以得到恢复,但恢复的时间具有不确定性。按照演替的顺序,先锋物种通过入侵、定居和繁殖使合适的物种得以生存,并同时不断取代较低级的物种,直到群落恢复到原始的生存环境和物种组成。例如植物群落会逐渐发生自然演化,在时间的作用下最终会变得相对稳定。

3. 竞争和生态位原理

生态位是指个体或种群的生存位置。它表示生态系统中每种生物生存所必需的生境最小阈值,即每一种生物占有各自的生存空间,同时也具有各自的营养位置和由于温度变化、湿度变化、酸碱度变化等所居的环境变化位置。若两种生物的血缘关系越近,则相互之间的竞争就越剧烈;如果它们分布在同一区域,必然会由于相互竞争而导致生态位的分离。大多数生态系统会分布着各种生态位的物种,不仅避免了相互之间的竞争,同时又提供了多条能量流动和物质循环途径,有助于生态系统的稳定性。因此在进行生态修复时,要尽可能使各个物种的生态位错开,这种方式不仅可以避免物种之间竞争,还会保持生态系统中的生物多样性。

4. 生态适宜性原理

生态适宜性是指某一特定生态环境对某一特定生物群落所提供的生存空间的大小和使其发生正向自然演替的过程。生物或种群的生存和生长发育都只能生活在最适宜的环境范围内,在这种生态环境条件下,生物种群保持着最大的生命活力、生产力和稳定性。生物与环境的协同进化,使得生物在生存和发展中离不开生态环境。应根据当地的气候、土壤等来选择最适合当地环境生存的生物物种或者找出与当地环境相适宜的物种,以便于生物物种和环境相适宜。

5. 自我设计理论和人工设计理论

这是唯一起源于恢复生态学的理论。自我设计理论认为,只要有足够的时间,在时间的推移下，退化的生态系统会根据环境条件逐渐进行正向演替，从而最终改变生态系统的结构、功能和组分。人工设计理论认为，可以通过人工采取措施（工程技术手段、化学手段和生物手段）来恢复退化的生态系统。

为适应人类需求的生态系统的过程，在人为设计过程中，必须依赖于4个方面的重要理论的指导：①脆弱性理论。只有充分理解退化生态系统的脆弱性，才能理解系统为何退化，从而指导生态恢复的设计。②生态系统服务与管理理论。只有充分理解生态系统能够为人类提供什么样的服务，以及这些服务具有多大的价值，才能结合人类的生存发展需求对生态系统进行合理设计；而只有掌握科学的生态系统管理方法，才能更好地融合自然和人类的发展需求，更好地指导可持续的人为设计生态修复。③生态工程学理论。只有基于生态工程学理论，将生物结构原理、功能过程原理与系统工程的优化方法结合，才能使生态系统获得尽可能大的经济效益和生态效益。④景观相关原理。由于一般的生态恢复是以生态系统层次为基点的，在景观尺度上来设计与表达，只有充分理解景观层面上的基本原理，才能更好地落实人为设计方案。这4个方面相辅相成，前两者是我们形成可持续的、为人类福祉服务的人为设计方案必须遵循的基本原则，生态工程学理论为融合自然、社会和经济发展及形成最优化的人为设计提供了理论与技术指导，而最后的景观相关理论则从更具体的实践层面为人为设计提供了切入点和技术支撑。

生态修复的过程中应首先考虑自我设计的原理，利用自我恢复能力进行生态系统的恢复，其原理核心为生态系统恢复层面上由环境因素决定的自然恢复过程。因此，自我设计的修复内容局限为环境因素所决定的群落。当自我设计原理无法满足当前修复需求时，应考虑人为设计原理，即利用工程技术等人为干预手段进行生态系统的恢复，其原理核心为生态恢复的各个不同的构成因子，如群落恢复中物种的生活习性的构成因子，因此人为设计的修复内容包含的内容更加广泛。

三、方法与步骤

（一）湿地生态修复方法与步骤

1.湿地生境修复方法

在生态学理论的指导下，湿地生境恢复的总体目标是通过生态工程措施，恢复和重建受损的栖息地以提高生境的稳定性，使其结构和功能恢复到生态平衡的状态。

1）湿地基底恢复技术

湿地基底具有助力湿地植被生长以及维持湿地生态平衡的作用。湿地基底恢复处理主要有湿地清淤、生境重建、水土流失控制等技术。

（1）湿地清淤技术　湿地沉积物是湿地植物的营养来源与支撑物，其结构和肥力直接影响湿地植物的生长质量。但是，过多的泥沙积累会导致泥沙淤积。所以，对湿地进行清淤处理不仅可以修复受损的湿地，还可以维持湿地的稳定，促进湿地生态系统的恢复。

（2）湿地基底生境重建处理　它是通过人工措施创造适宜生物生长的环境条件，以此改善湿地土壤环境和植被覆盖度。付文超等以生物恢复为目的，选取滇西北高原典型退化湿地建湖进行了基底和植被恢复，在被污染的湖泊里种植适当的植物以及根据湖泊的净化程度来调整植物种植的类型。2年之后不仅湿地景观得到优化，水质的净化程度也明显得到改善。

（3）湿地水土流失控制技术　主要指对河岸带和海岸带控制技术，因为河岸带和海岸带是湿地与陆地生态系统的过渡地带，具有缓冲水土流失和稳定湿地的作用。对水土流失进行控制还可以通过过滤污染物以提高水体自净能力。

2)湿地水文恢复技术

湿地水文条件与湿地植被的分布和自然演替直接相关，同时也控制着湿地生态环境的物理化学性质和养分的输入输出。水文的恢复主要是通过筑坝改造地形(高程改造和坡度改造)来实现的。

(1)地形高程改造修复　当现状地形高程小于目标滨海盐沼湿地生物生长所需的适宜地形高程阈值时，则需要利用回填土进行滩面抬升工程。回填土的各项土壤指标(粒径大小、营养盐含量、重金属指标等)应满足目标湿地生物的正常生长需求，因此应选择与原生基底理化性质相当的土源作为回填土。一般来说，研究区域及其附近的相邻区域土源的理化性质相当，且运输成本低廉，最适合作为回填土的备选土源。当现状地形高程大于目标湿地生物生长所需的最适地形高程阈值时，则需采用疏浚技术进行滩面降低工程。通过滩面高程的适当降低，消除湿地内高营养盐含量的表层沉积物与营养物质集合成的絮状胶体、浮游藻类以及残枝落叶，既能使滩面降低到适合目标生物生存的适宜高度，还能在一定程度上降低湿地内的内源污染。

(2)地形坡度　它是湿地微地形改造需要考虑的另一个重要因子。通过地形坡度的设置与改造，可以模拟天然潮滩坡度，同时在滩面较窄时可以满足多种不同湿地生物的生长高程需求。地形坡度的改造跟地形高程改造的原则一样，即根据目标生物生长所需的最适地形坡度阈值进行确定。

3)湿地水污染控制技术

湿地水污染控制技术是采用物理手段、化学手段和生物手段，从源头上减少水体恶化和富营养化，以便改善湿地水质。湿地水污染控制技术分为外源技术和内源技术。外源技术可以通过人工措施来阻断和拦截污染物；内源技术是通过物理措施(引水稀释、机械清淤等)、化学过程(添加氧化剂、除磷剂等)和生物过程(种植植物、引入微生物、生态截流、人工浮岛等)进行水质的净化。

4)湿地土壤处理方法

湿地土壤修复技术包括土壤污染控制和土壤肥力恢复。可采用沸石、石膏等盐碱改良剂来提高土壤肥力，维持土壤能量流动和物质循环，以此进行土壤修复。

2.湿地生物修复技术

湿地生物修复技术是利用生物体的新陈代谢功能来分解污染物的治理技术。生物修复技术包括微生物修复、植物修复、动物修复技术。这里以微生物修复技术为例说明如下。

微生物修复是指通过投放特殊的微生物种群或群落来恢复湿地的微生物群落，同时利用微生物降解湿地内的污染物、改善湿地生态环境的生态修复技术。目前，微生物修复更关注的是其对湿地内污染物的降解作用。因此，对于微生物修复而言其最重要的过程是判别污染物类别，并根据污染物的类别选择相应的微生物。一般首先选择具有较强降解能力的本土微生物种类，以避免外来物种入侵风险；其次选择降解能力强且没有物种入侵风险的微生物种群(选择之前应做好相应的外来物种入侵分析，确保不会造成物种入侵)。

根据湿地污染物的种类，可以将微生物分为降解有机污染物的微生物及降解重金属污染的微生物(表 9-2)。

表 9-2　微生物分类

降解有机污染物的微生物						降解重金属污染的微生物
降解石油类污染的微生物		降解农药残留类的微生物		降解持久性有机污染物的微生物		
Terra-Zy-me TM	PF32	假交替单胞菌 HS-10	*Klebsiella pnuemoniae*	*Achromobacter xylosoxidans Ns*	丝状真菌 *Aspergillus flavus*	*Penicillium janthinellum*
有效降解重油的高效降解菌种	高效降解甲基对硫磷	降解氯氰菊酯、溴氰菊酯	降解硝基芳烃	降解硝基酚	降解 Pb^{2+}，Cu^{2+}	吸附 Cd^{2+}

3. 湿地生态修复的步骤

湿地生态修复步骤见图 9-2。

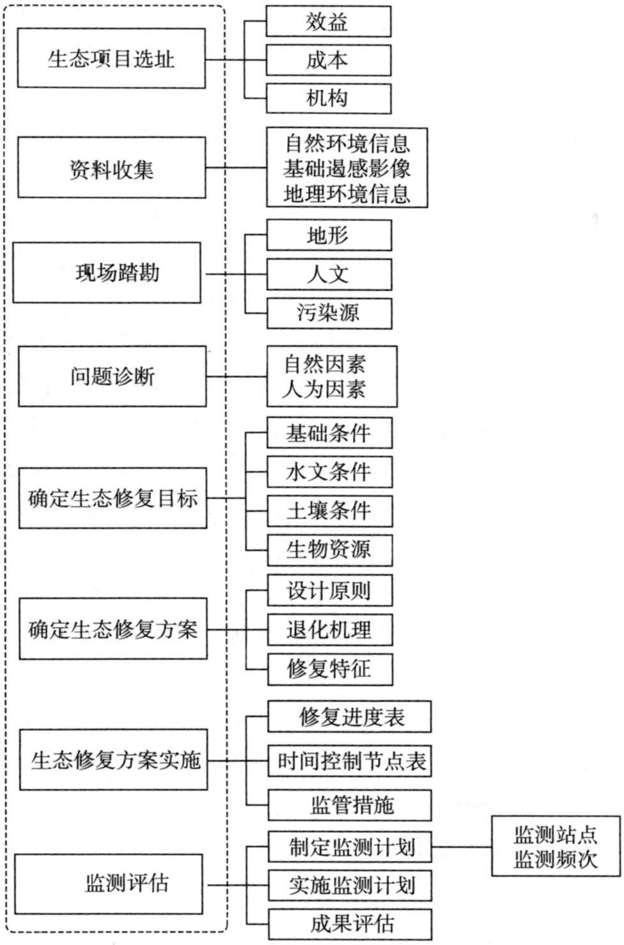

图 9-2　湿地生态修复步骤

(1)生态项目的选址　根据是否可以产生效益，生态修复的成本是否可行，是否受到组织和机构的帮助来选址。

(2)资料收集　主要是收集工程区域所处的自然环境信息(如气温、降水量等气候条件)、修复区不同历史时期(即退化前后的)的基础遥感影像与地理环境信息数据(当退化前的历史数据无法获得，可以收集或实地调查拟选取的参照系统进行替代)、相关区域规划、社会经济概况等。

(3)现场踏勘　主要是在拟要修复的区域开展现场环境踏勘，了解拟修复区域的现状，开展必要的水文水动力、地形地质、海洋环境质量、生物资源、污染源情况等方面的现状调查，为项目实施方案设计提供必要的基础数据资料。

(4)问题诊断及分析　从修复区域形态与属性改变、生态功能退化、环境质量恶化、景观破坏、防灾减灾能力减弱等问题分点展开退化分析。分析时可以从自然因素及人为因素两个角度对该修复区所在地存在的各项问题进行具体分析，研究判定其主要影响因素与影响机理，评估退化程度及其对生态环境保护、生产生活等的影响。

(5)生态修复目标确定　应根据不同湿地的具体情况(如当地的自然环境、相关规划发展)，将总体的生态修复目标细化。总的来说，一般的滨海盐沼湿地的预期基本目标效果可以细化为：①修复基底条件；②修复的水文条件；③修复土壤条件；④修复植被及其他生物资源。

对这些目标应数字化与具体化，并细化形成相应的定量指标。比如，对于总体修复目标，可以细化为修复的湿地面积数、修复的自然岸线公里数等；对于水文情况的修复，可以细化为修复后水深的控制区间、流速的控制区间等；底质条件情况的修复，可以细化为修复后各项营养物质(氮磷)及重金属含量的区间标准；植被及其他生物资源的修复可以细化为增加的植被面积、植被覆盖率、其他生物资源的种类及数量、种群密度等。

(6)生态修复方案设计　当湿地的受损程度超过湿地的自我恢复能力时，需要制定一些人为工程措施方案辅助进行湿地的生态修复。生态修复方案设计是整个湿地生态修复的重中之重，当前需要修复的湿地基本上都需要一定程度的人为辅助措施辅助进行湿地的生态修复工作，以加快湿地生态修复的速度。以湿地生态修复目标为导向，以前期资料收集及外业调查的数据资料为基础，根据生态修复规划设计的基本原则，针对湿地的退化机理及特征，制定科学合理的湿地修复方案与工程措施。

(7)生态修复方案实施　明确生态修复项目的施工工艺、技术要求及主要工程量，制定滨海盐沼湿地生态修复项目实施计划进度表和时间控制节点表，提出针对滨海盐沼湿地生态修复的合理监管措施。

(8)生态项目监测评估　项目竣工后，依据生态修复目标、工程内容与考核指标等，开展必要的评估调查与监测，编制项目监测与评估报告。验收合格后，整理项目所有资料与成果，分纸质和电子两种形式归档。生态项目监测评估可以分为三个阶段：制定监测计划(监测参数的确定、监测站点的设置、监测频次的选择)、实施监测计划、进行成效评估与数据成果共享。

(二)大气环境修复

大气中的污染物是颗粒与气态的混合物，它会严重影响人类的生存环境及健康。大气环境污染包括物理性大气污染、生物性大气污染和化学性大气污染等，通常采用植物修复来改善大气污染。植物修复是通过植物来吸附大气污染物，再通过转化而降解大气污染物。

1. 物理性大气污染的植物修复

扬尘污染属于物理空气污染，绿色植物对低空扬尘可以有效控制。由于留尘量与植物种类和种植密度密切相关，因此在利用植物修复大气时，要尽量选取叶面积大，叶表面有大量绒毛，还能分泌油性物质等的植物，以便于吸附污染物。若种植区域较大，还可以形成防尘林。

2. 生物性大气污染的植物修护

空气中含有多种生物细菌和一些病毒型微生物，这些病原体可以附着在尘土或者液滴中，也可以随着空气循环传播，它们统称为生物污染。由于绿色植物具有滞尘和分泌杀菌物质的作用，所以可以减少吸附着病原体或者细菌的灰尘，以此减少传播的可能性。

3. 化学性大气污染的植物修复

化学性空气污染是指大气中存在多种有毒的化学污染物，是现在空气污染的主要来源，植物可以通过光合作用净化空气，吸收有毒物质。

吸附是大气污染清除的第一步。植物具有亲脂性，所以有机污染物可以被植物叶片表面吸附，因此通过植物处理去除亲脂性有机污染物是最有效的。

分解污染物是第二步。植物能够通过自身的代谢降解污染物或者通过自身产生的物质酶进行污染物的分解。

（三）海洋与海岸带生态系统的修复

海岸带作为海洋与陆地相互作用、衔接、过渡的地带，自然资源丰富，人类活动频繁，生态环境脆弱。中国政府从立法、规范、规划、标准、资金等多个层面展开系列行动，促进海岸带及海洋生态修复。修复对象逐渐多元化，已涵盖了牡蛎礁、盐沼、红树林、珊瑚礁、海草床、海藻场等多种典型生境。

1. 红树林的生态修复

围海造田、围塘养殖、旅游业、城市化、工业化等的发展对红树林的砍伐破坏与污染，以及外来物种与有害生物的威胁，造成全球红树林面积急剧减少，生物多样性与生态系统稳定性大幅降低。

国家自然资源部和国家林草局于 2021 年发布了《红树林生态修复手册》，针对我国退化红树林和红树林迹地的生态修复，规定了红树林生态修复的原则、修复目标与修复方式确定等工作。虽然近几十年，由于我国各级政府对红树林保护的重视程度不断提高而情况有所好转，但我国红树林的保护和修复任务依然十分艰巨。红树林的生态修复方法有自然恢复和人工辅助修复。

1）自然恢复

红树林的繁殖能力较强，受到干扰后红树林可通过自然再生实现自我修复，不需要实施人工修复措施。需对退化的红树林实行封围或采取其他管理措施，消除引起退化的干扰因素等。采用的措施包括限制民众在红树林采集渔获物或红树果实，禁止红树林区废水排放、禁止红树林区家禽养殖、防治轻微的病虫害和清理海漂垃圾等。

如红树林存在严重的威胁因素（如敌害生物暴发）而出现死亡，或生境条件退化不再满足红树林自然生长的要求，只依靠保护和管理不能实现红树林的自然恢复时，可以通过消除威胁因素并修复生境条件后，在原地利用生态系统再生能力，或者进行少量干预（如补种等）促进生态系统自然恢复。

红树林生态修复评估指标中的生物指标有红树林植被生长情况、生物多样性和生态系统功能。

2)人工辅助修复

(1)林地的选择　红树林生态修复的关键是林地的区域确定,由于人为、自然以及社会条件等的影响会改变局部宜林地的性质(温度和盐度等),可能会影响到修复红树林。

(2)筛选与培育优良的红树植物种子或种苗　重点关注生长在不同区域和种苗的耐寒性、速生性等生长指标,根据气候、生境等环境因子的相似性,可以培育推广造林的优良种源。

(3)育苗　人工育苗是先对红树植物的繁殖体进行一段时间的人工育苗。具体做法是把繁殖体放入薄膜袋,在苗圃培养。对红树植物培育时要注意繁殖方式、育苗方式、对温度和盐度的监测、季节性防冻防寒等。

(4)引种栽培

①直接移植法。直接移植法是从生长良好的红树林区挖取天然苗直接在造林地种植的方法。

②胚轴移植法。胚轴移植法是从野外采集红树植物的胚轴直接在造林地种植的方法,是目前国内最常用的栽培技术。胚轴的插入深度为胚轴自身长度的1/3～1/2,体型较小的繁殖体插植后容易被潮水冲走,因而胚轴移植法一般适用于繁殖体较大的树种。

2. 珊瑚礁生态修复技术

珊瑚礁生态修复技术主要分为生物修复和生境修复。

1)珊瑚礁生物修复方法

(1)珊瑚移植　珊瑚移植的研究主要有两类:生物群体片段的移植和整个珊瑚礁生物群体的移植。珊瑚移植即将生物群体片段或整个珊瑚礁生物群体移植到所需的环境中。但移植方法存在着潜在不足之处,如可能出现移植生物群体的生产能力下降,移植生物群体的死亡率和存活率发生变化等。

(2)人造珊瑚礁框架　人造珊瑚是人为制作的仿真珊瑚,通过为珊瑚虫以及其他附着生物提供合适的栖息地或者为鱼类和无脊椎动物提供遮蔽物和避难所来促进海岸带的修复。

人造珊瑚的制作方法有两种(表9-3)。

表9-3　人造珊瑚制作方法

方法	优点	缺点
水泥沙石堆砌造型,面层仿真处理	造价较低 造型随意	自重很重 对建筑承载力要求较高 对水质的影响较大
真实珊瑚礁玻璃钢翻模	表现力真实细腻 生态环保自重轻 对建筑物承载力无过高要求	造价高

珊瑚礁架构:珊瑚礁架构包括支柱和梁体,支柱中心设置沿长度方向贯穿的安装孔,梁体上也设置若干安装孔;梁体上设置有通孔,通孔的尺寸与苗托相匹配,从栅格移栽的苗托可以直接插入通孔中。

珊瑚礁架构的施工:预制的支柱和梁体运输至浅海浅礁区域,支柱与梁体之间通过在安装孔插入杆体的方式快速装配，梁体与梁体之间通过在安装孔插入螺栓的方式快速装配。

人造珊瑚礁对材料的要求：材料必须足够牢固以便阻挡可能的飓风和海流。作为人造珊瑚礁的材料也需以铁或混凝土为主，以防有毒物质污染水源。这样看来船只无疑是一种完美的人工珊瑚礁基材。人工珊瑚礁对环境水质的要求与自然珊瑚礁相同，也就是说人工珊瑚礁只能在水质优良的海床上加快珊瑚礁的成型。

(3)珊瑚养殖　在一些地区，珊瑚季节性产卵的时间是可以预测的，利用珊瑚接合体进行珊瑚培育可趁着这样的机会展开。同时，少数种类的珊瑚幼虫是可以成功进行人工饲养的。国内基本没有形成比较有规模的养殖场，国外一般是投放到海域饲养或室内养殖。

针对珊瑚的饲养，首先必须考虑的是水质，其次是光照、水流等因素。珊瑚礁(成群的密集珊瑚)主要是依靠海水的各种元素成长为珊瑚群的，并通过定期定量换水来补充微量元素。

2)生境修复方法

对珊瑚礁所在区域地形地貌的修复，可 采用工程手段对退化区域水下的地形地貌进行修复，改善基底环境，便于珊瑚虫附着和生长。对于基底的细沙碎石，可以直接搬走，也可以将大卵石覆盖在沙石之上或者用水泥胶合这些细沙碎石。因特殊事件损伤的珊瑚礁可以采取局部修补，如用水泥和石膏对开裂的珊瑚礁进行黏合。

3. 海草床

海草大面积聚集生长的区域可称之为海草床。海草床作为三大典型海洋生态系统之一，其生态系统服务价值远高于红树林和珊瑚礁。全球气候变化(全球变暖、海平面上升、海洋热浪和海洋酸化等)对海草的分布、生产力与群落组成都将产生影响。目前，国内大规模的、成功的海草床修复项目主要有移植法和生境修复法。以下以移植法为例进行说明。

移植法是在适合海草生存的环境中，将海草的幼苗一根或几根茎连同固定材料移入新的环境中，让其在新的环境中存活和繁殖，从而形成新的海草床。根据移植单元类型，移植法分为草块法和根状茎法。在某些情况下，甚至可以直接移植海草床草皮。

(四)矿山地质环境生态修复工程

1. 稳定化处理方法

稳定化处理方法可分为物理方法和化学方法。物理方法是指利用石头或混凝土进行基底防渗、边坡的加固和坑道的填筑。在生态修复前期通常使用这种方法，例如采石填充基底等。化学方法是在矿山表面使用一种或多种化学稳定剂，使其快速成膜来防止其他物质侵蚀。目前主要使用物理方法与植被恢复方法联合进行生态修复，化学稳定剂不但成本高还污染环境。

2. 生物修复方法

采用植被恢复的方法对矿山废弃地的生态环境进行重建。植被恢复有两种方式，即直接植被和覆盖植被。采用哪种方法取决于废弃地的物理条件、营养条件、土壤毒性和物种的适应性。

直接植被是最简便、成本最低的方法；覆盖植被是一种有效的、普遍的生态恢复方法，易于为大多数矿山企业所采用。太厚的土壤覆盖成本太高，太薄则无效。为了成功恢复植被，有时需要进行基质改造和先锋物种选择等试验。在研究和借鉴国内外经验的基础上，首先要找到被污染的化学元素，然后分析土壤的理化生化性质，弄清楚土壤 pH、透气性、土壤氮和土壤温度，其次进行植被的种植。

(五)土地生态修复

污染土地的生态修复技术见图 9-3。

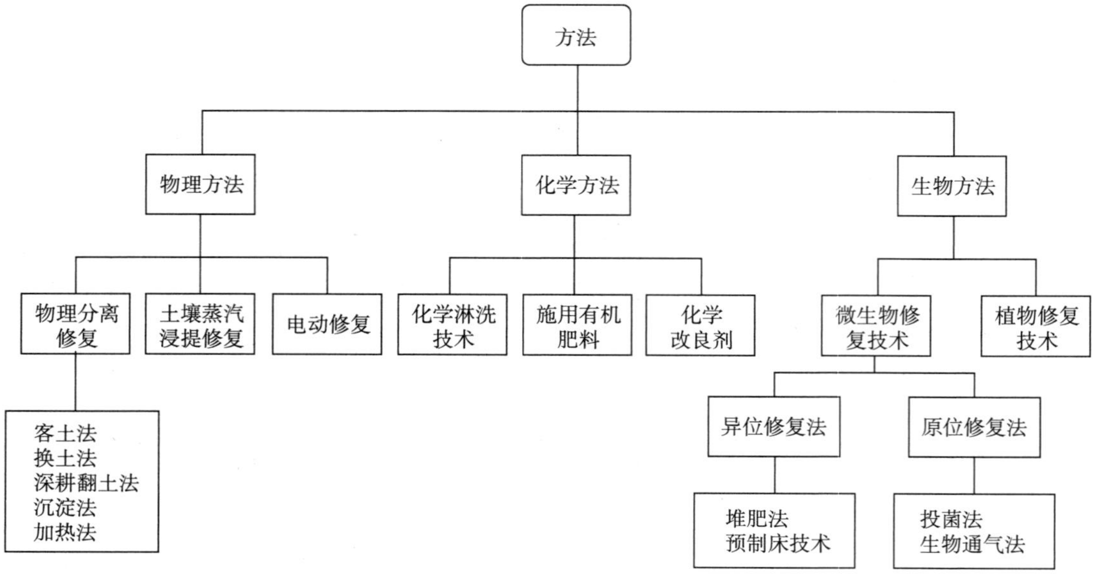

图 9-3　污染土地的生态修复

1)物理修复技术

(1)物理分离修复技术　主要是基于土壤与污染物的物理性质不同而采用不同的处理方式,使土壤与污染物发生机械分离。物理分离修复技术主要应用于土壤的无机污染物,特别是重金属污染的修复治理上。

对于污染程度较轻的土壤,可以采取客土法、换土法、深耕翻土法等方法进行修复。

①客土法指的是将别处无污染的土置换到被污染的原生土中并混合,以此来减小污染浓度。

②换土法指的是将被污染的土除去,再添加未被污染的优良土。

③深耕翻土法指的是使用工具将此区域的深层土壤与表层土壤混合以降低表层土壤的污染浓度。

对于污染程度较重的土壤,主要通过将污染元素提取出来而使土壤恢复正常功能,主要包括沉淀法和加热法去除污染程度较重的土壤。

①沉淀法。在静置状态下使用沉淀分离法去除 Pb、Hg 等,用过滤法去除 Au 和 Ag。

②加热法。采用加热的方法,对土壤中的挥发物进行处理,并对其进行回收和重复使用。

(2)土壤蒸汽浸提修复技术　指的是通过降低土壤空隙和化合物之间的蒸汽压,以蒸汽方式去除土壤中有机化合物的修复技术。

(3)电动修复技术　电动修复技术是指在污染土的两端设置双电极,并设置一个低电压的直流电场。由于带电特性的差异,在外加电场的影响下,水溶液中和土颗粒上的多种污染物会朝不同的电极方向运动,从而将重金属、有机质等污染物分别吸附到电极的两端,并对其进行富集。

2)化学修复技术

(1)化学淋洗技术　指将清洗液注射到被污染的土壤表层中,溶解污染物,然后从土壤中提取含有污染物的溶液进行分离和处理。该技术的核心是如何选择既不会破坏土壤结构，也不会对土壤造成二次污染的清洗液。常用的清洗液有水、无机酸、无机盐等化合物。

(2)施用有机肥料 可以改善由于自然或人为原因造成的土壤退化、沙化和荒漠化，主要特征是使土壤质地比较疏松干燥，肥力明显降低等。有机肥富含作物生长所需的有机质和养分，可以改善土壤质量，培育和保持土壤肥力，提高土壤生产力。也可以通过向土壤施用适量的有机肥，包括动物粪便、粪肥、堆肥、绿肥、饼肥来解决土壤退化问题。

(3)添加化学改良剂 包括熟石灰、碳酸盐、硅酸、硅酸锌钙等，改良剂的使用量依据土壤的污染程度来确定。当受污染土壤的酸碱度呈酸性时，可通过向土壤中添加石灰性物质或碳酸氢盐等进行酸碱中和；当土壤酸碱度呈碱性时，可通过采用石膏、硫酸等酸性试剂对土壤进行改良。另外，生物炭(一般呈碱性)的表面具有空隙，因此可以有效改良土壤结构，增加土壤肥力；同时，生物炭的阳离子交换量(CEC)也可以间接影响土壤的保水保肥能力。

3)生物修复技术

(1)植物修复技术 植物修复技术指将植物种植在被金属污染的土壤中，通过植物的吸附和降解转化等方式对受污染的土体进行生态修复，主要应用在被金属污染的土体中。植物本身可以直接对有机重金属进行吸收和自身调节；土壤中重金属含量高时，植物可以通过吸收和积累将污染物传递到根茎叶中；植物的根系不仅可以对重金属污染物进行降解，还可以通过根系将污染物排出体外。

(2)微生物修复技术 它是基于微生物对被污染的土体进行生态修复的技术。微生物依靠从土壤中吸收一些物质(有机物质或者无机物质)来给自身提供养分以便生存，从而使土体中的污染物降低。细菌、真菌等对于土壤有机污染物具有降解和去毒能力，微生物可通过改变土壤污染物的分子组合结构，从而降低土壤中的污染物毒性浓度，但生成反应物时也有可能对土体造成二次污染。

(六)山水林田湖草景观生态修复

生态修复模式是提高区域斑块的功能，降低斑块破碎而产生的影响，增加斑块的平均面积和斑块的均匀程度，营造生态环境。一方面，以现场实地修复技术为主；另一方面，通过一系列的生态工程和景观生态修复措施，优化区域内的生态环境，丰富生物多样性。另外，可充分利用积水区的优势，在生态修复过程中建立立体的景观生态系统，丰富水陆生态互补的景观空间。

1)山体修复

(1)工程修复技术

在山体打孔，用水泥埋设螺纹钢作支架，码放植入草籽和紫穗槐种子的植生袋，在螺纹钢上焊接钢筋网等罩住植生袋，浇水促进种子发芽生长，从而恢复山体；也可以依山体浇筑钢筋混凝土框架，框架中码放植入草籽和紫穗槐种子的植生袋，植生袋外罩钢筋网，浇水促进种子发芽生长，从而恢复山体。上述方法存在的主要问题是，岩石上没有与地下相通的土壤，地下水不能沿毛细管上升，导致植物仅靠养护时喷透植生袋土壤的水分生存，植物根系不能深入岩石缝隙内，一旦停止浇水后植物就会因缺水而干枯，常常导致短期内山体修复效果良好，但是需要长期的人工维护，否则 1 年或几年内即回复至修复之前，无法达到真正意义上的山体修复。工程修复主要包括步骤：①在岩石山体上打孔；②孔中注满 1∶3 水泥砂浆；③在孔中的水泥中插入基础钢筋，基础钢筋伸出岩石山体外一定长度，以基础钢筋为中心浇筑水泥框架或不浇筑水泥框架；④依岩石山体的岩石坡铺设上下连续的种植土层，种植土层包括依岩石坡码放的植生袋以及用于填充空隙的填充土；⑤种植土层的外表面包覆并与基础钢筋固定连接，以固定植生袋的钢网，钢网由若干钢丝彼此交叉构成，植生袋与钢网之间可设有或不设有加固植生袋用的小孔径钢丝网；⑥对植生袋浇水养护。

2)林草地生态修复

(1)自然恢复　以林草地生态系统自身演替为主，把目标区域内的草地和林地围起来，并将其封闭一段时间。在这段时间内，禁止对林草地进行任何开发，让其积累充足的养分并逐步恢复生产力，推动其自然更新和自然恢复。通过林草地自身调整和微量人为干预(如使用径流林业技术，即把林草地周围的地表水汇集起来，以此创造丰富的水环境)，从而使生态系统处于一个相对稳定的自然演替状态。

(2)人工改造　人工改造的具体措施包括封育改造、补植改造、间伐改造等，通过增植原生树种来增加种群稳定性和多样性，构建地带性本地群落模式。其中，补植改造主要针对林草地的密度低、植物种类少或景观差，通过补充新的物种来增加群落的多样性与景观的协调性。

森林修复的根本问题在于需要扩大林草地规模，实现景观尺度的修复，这需要平衡经济的发展。利用明确的空间规划工具和林草地保护政策、奖励措施，是平衡生态系统恢复和经济发展，实现林草地景观尺度上生态修复的关键。

3)耕地景观生态修复

耕地景观生态修复要以扩大基底和增加廊道为主，即扩大基底和打通廊道，提高生态的连通度和优势度。可采用适当的工程学与生物学方法，在初期首先要对土壤进行改良，然后种植几种具有抗逆能力的植物，后期逐渐利用各种生态修复措施来提升生态环境的质量，保持耕地景观生态系统的稳定。可以参考土壤修复方法来改善农田或耕地修复。

4)生态修复步骤

生态修复步骤见图 9-4。

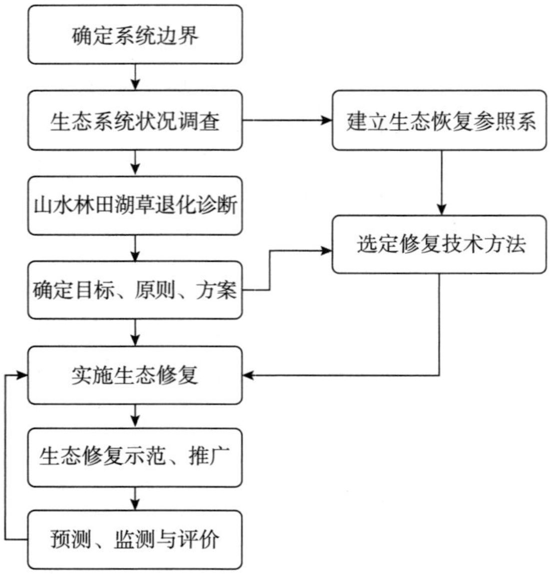

图 9-4　生态修复步骤

四、生态修复规划编制

(一)总则

1. 编制原则

(1)战略优先,整体设计　落实国家、区域和省级重大战略,科学编制生态修复规划。坚持人与自然和谐共生,坚持节约优先、保护优先、自然恢复为主,统筹安排规划期内生态修复工作。

(2)科学编制,因地制宜　立足市域自然地理格局、生态系统状况和主体功能定位,识别突出生态问题,研判生态风险和挑战,坚持问题导向、目标导向、结果导向,制定规划目标,明确需要解决的重大问题和重点任务,确定生态参照系,因地制宜提出基于自然的生态修复途径和措施,突出地域特点、文化特色、时代特征。

(3)统筹兼顾,人需为本　坚持山水林田湖草沙一体化保护和系统治理,统筹考虑自然生态系统及其与社会、经济、文化系统之间的协同性,统筹相关领域和部门生态修复任务,注重国土空间的整体性、系统性,体现综合治理,突出整体效益,以修复项目为平台,强化治理方案的空间落地性。

(4)充分论证,公众参与　坚持行政逻辑与技术逻辑相结合,广泛征求专家学者、企事业单位、社团组织、社会公众等的意见,在规划编制的各阶段进行充分论证,确保生态修复方案合理科学。

2. 规划定位

国土空间生态修复规划是落实市级国土空间总体规划和省级国土空间生态修复规划关于生态修复目标任务等内容的重要规划,是一定时期内市域国土空间生态修复工作的总体安排。市级国土空间生态修复规划具有承接性、协调性、实施性、指导性,需落实国家级、省级国土空间生态修复规划的目标指标、空间布局、工程项目安排等要求,同时也是指导县级国土空间生态修复规划编制的必要依据,在国土空间生态修复规划体系中发挥承上启下的作用。

3. 国土空间生态修复规划的编制依据

(1)生态修复相关法律法规,政策文件;《中共中央关于制定国民经济和社会发展第十四个五年规划和二〇三五年远景目标的建议》;《中国共产党第十九届中央委员会第五次全体会议公报》等。这些法律法规、政策文件,从环境保护与改善、生态保护修复、生态环境保护科技创新及国际合作等方面阐述了"十四五"生态环境保护重点任务与实现路径,重点从构建和优化国土空间开发和保护格局、推动绿色低碳发展、推进清洁生产和加强污染治理等4方面介绍环境保护与改善的任务与路径,着重分析了划定并严守生态保护红线、构建以国家公园为主体的自然保护地体系、推动山水林田湖草一体化保护修复、科学开展生态系统评估等生态保护修复重点任务与路径。

(2)国家和区域重大发展战略,如全国重要生态系统保护和修复重大工程总体规划(2021—2035年)。

(3)全国重要生态系统保护和修复重大工程总体规划及其专项建设规划,省级国土空间规划、生态修复规划及其相关区域发展规划,市级国土空间总体规划、国民经济和社会发展规划及其他相关规划等。

(4)有关国家、地方和行业标准规范，如《省级国土空间生态修复规划编制技术规程(试行)》等。

(二)准备工作

1.组织准备

(1)建立协调机制　负责制定工作方案，落实工作经费，及时调整工作中遇到的重大问题。

(2)组建编制团队　负责技术方案的制定、调查分析、专项研究、成果编制，包括编制工作的指导思想、基本原则、目标任务、技术路线、专题设置、进度安排、成果建议。

(3)工作组织和经费保障等内容　保障实施生态修复过程中经费充足与人员工作的稳定。

(4)强化咨询论证　充分听取相关领域专家和学者的建议。

2.技术准备

(1)拟定工作方案　要认真落实《全国重要生态系统保护和修复重大工程总体规划(2021—2035年)》《自然资源部办公厅关于开展省级国土空间生态修复规划编制工作的通知》。

(2)收集基础资料

①自然环境资料。包括第三次全国国土调查(以下简称“三调”)成果，年度国土变更调查数据、自然资源监测数据，以及地形地貌、地质、气候、水文、土壤等自然地理基础条件等数据。

②监测数据。包括历史多期全市主要生态系统调查监测数据，以及生物多样性、水土流失、矿山地质环境、石漠化、荒漠化、沙漠化、冰川、海岸带和海岛海域等专项调查与研究成果等数据、生态环境监测数据。

③社会数据。包括人口、经济、历史文化、城镇建设、农业发展等基本情况和历史演变数据等。

(3)确定底数底图　在“三调”成果的基础上，采用规划基准年的年度国土变更调查现状数据作为规划现状底图和底数基础，以其他各类调查监测成果为补充，统一采用2000国家大地坐标系和1985国家高程基准作为空间定位基础。

(4)评估既往工作

(三)基础分析

1.调查评价

(1)自然条件分析　因地制宜分析气候(气温、降水等)、地形地貌、水文、土壤、植被等自然地理要素的空间分布及综合格局特征；分析自然和人工生态系统的类型、规模、质量、分布及演替规律，结合社会经济因素，明确生态本底空间分布及其演替特征。

(2)生态系统状况分析　围绕地域实际，利用资源环境承载能力评价和国土空间开发适宜性评价中生态系统服务功能重要性和生态脆弱性评价结果，因地制宜分析水源涵养、洪涝调蓄、水土保持、固碳释氧、防风固沙、海岸防护、生物多样性维护、休闲游憩等多项生态系统服务状况。参考《资源环境承载能力和国土空间开发适宜性评价指南(试行)》，评价生态系统服务重要性及其空间分布，识别评价单元内的主导服务类型；分析水土流失、石漠化、荒漠化、土地沙化、盐渍化、海岸侵蚀及沙源流失等生态系统脆弱性状况，识别生态系统受损、退化程度和敏感胁迫性问题。

(3)水资源分析　重点分析江河湖泊及水库、饮用水水源地等水量、水质和水生生物等状况，以流域为单元分析水资源在各生态系统间的分布、匹配情况，以及水资源变化对生态系统的影响。

（4）生物多样性分析　将现场本底调查成果与历史调查资料比较，深入分析物种资源变化因素，评估主要濒危物种和生态系统的受威胁状况，掌握生物多样性状况及变化趋势，科学制定物种资源保护和利用规划建议，提出生态系统和生物物种的保护对策，为区域内生物多样性保护、管理和决策提供科学依据，全面提升生物多样性保护水平和监管能力。

2. 问题诊断

（1）全域系统性问题分析　分析人类开发利用活动对生态空间的侵占和胁迫，以及由此导致的生境破碎化、生态连通性差、边缘地带缺少缓冲过渡等问题；认识山上山下、岸上岸下、上游下游、陆域海域等区域之间的关联性影响问题；剖析不尊重自然地理格局、过度人工干预、突破水资源刚性约束等违背自然规律的生态修复科学性问题；研判生物多样性下降、外来物种入侵等问题。

（2）生态空间生态问题诊断　识别陆域和海域典型生态系统面积减少、质量下降、结构受损、功能退化、脆弱化等问题的分布、程度，从自然和人为两方面研判问题的主要胁迫因素、成因机制及关联性；识别生态保护红线内矿山生态破坏等问题的分布、程度、趋势；诊断重点生态功能区生态问题严重程度和障碍因子；识别生态问题分布聚集或生态问题关联性大的关键区域。

（3）农业空间生态问题诊断　识别农用地破碎化、退化和生境质量下降等问题，从自然和人为两方面研判主要胁迫因素、成因机制；识别农村居民点、农田周边矿山生态破坏造成的土地损毁问题；分析耕地撂荒抛荒、过度放牧、樵采和围垦养殖等对生态的破坏；识别人居环境恶化、生态基础设施不足、乡村自然风貌和景观文化破坏等问题。

（4）城镇空间生态问题诊断　分析城镇内部及周边山体和河湖水系生态破坏问题、矿山生态破坏和土地损毁问题、城内外蓝绿网络连通性问题、城镇内蓝绿空间生态品质问题、城市内涝及热岛效应等问题，分析城市建设、基础设施建设等对生物栖息地、迁徙通道的破坏，评估城镇生态空间的游憩利用等社会服务效益。

（四）专题研究

应结合地方生态实际和生态问题，按需设置专题研究。

（1）重大生态问题及恢复力评价　①国土空间生态修复存在不确定性，尤其是对于生态系统服务功能的恢复程度难以衡量和把握。②国土空间生态修复的尺度难以确定，包括空间尺度和时间尺度。国土空间生态修复应在一个完整的国土空间生态系统中进行，这个完整的生态空间科学确定，受到自然地理和行政区域范围等的影响。此外，生态系统修复的时间到底要持续多久同样难以确定，显然不是生态工程实施完就可认为是修复完成，还有后期管护问题，目前的科学研究还不能准确回答。③国土空间生态修复的多要素科学统筹问题。国土空间生态修复不仅要考虑生态系统本身，还需要将社会、经济、人类活动等统筹考虑，而如何合理统筹具有较难的操作性。④生态系统人工修复与自然的正向演替都是使生态系统向理想状态转变的动态过程，两者有时很难完全区分开。

（2）国土整治　核心是改造建设。它需要按照自然、社会、经济、生态、文化规律的要求，综合运用开发、整理、复垦、修复和防护等措施，包括工程和非工程措施，对国土空间进行结构优化和改造建设，以提高国土空间的效率、品质和整体功能。这是解决“如何做”以及达到“何种程度”的问题。

(3)生态网络与生态廊道　以斑块、廊道、保护区为重点，基于山形水系框架，以各类保护区为支撑，以河口海湾为核心，以重要湖库为节点，以自然山脊及入海河流为廊道，以生态岸段和海域为支撑，以保护和修复生态系统为主要内容，构建网络生态安全格局。严格实施自然保护区、森林公园、湿地公园等管控措施，扩大水源涵养林、沿海防护林、陆域和海域动植物的天然空间，保护海岸线、河流和林带的开放特性，加快形成生态廊道。

(五)规划重点内容

1.规划目标

围绕生态文明建设总体部署，衔接国家、省级和市级相关规划目标及任务要求，综合考虑市域生态问题治理需求和紧迫性，以山水林田湖草沙一体化保护修复为主线，分别提出近期、远期国土空间生态修复目标。

坚持上下衔接、统分结合、简明适用、定性与定量相结合的原则，依据规划目标，围绕生态安全底线维护、生态质量提升、生态结构优化、生态品质改善等，合理提出规划指标体系及分阶段指标目标值。

2.生态修复分区与修复策略

生态修复分区要求：以自然地理格局为基础，以重点流域或乡镇行政区为基础单元，突出自然地理和生态系统的完整性和连通性，在省(市)级国土空间生态修复规划分区基础上，划定市级国土空间生态修复分区，做到全覆盖、不交叉、不重叠。

衔接省级国土空间生态修复规划和市级国土空间总体规划确定的生态修复重点区域，基于生态修复总体布局和修复分区，依据主要生态胁迫问题分析诊断结果，识别市域生态安全有重大影响的关键地区(如重要山脉、河流、湖泊、河口、海域等)、跨县域边界的生态问题突出区、重要生态廊道、关键生态节点，以及生态系统服务高值区、生态脆弱区等区域，结合国家、区域发展战略，并统筹各相关部门生态修复任务区域，确定生态修复重点区域。

第四节　土地整治与生态修复项目规划

一、“增减挂钩”型土地综合整治规划

(一)“增减挂钩”型土地综合整治规划由来及意义

在我国很多农村地区，山区面积大、地块分散、耕地后备资源开发难度大，农村建设用地地块、工矿废弃地、空闲地、废弃建设用地等低效用地未得到充分利用。与此对应的是，我国正处于快速发展的工业化、城镇化阶段，需要大量的建设用地，土地供需日益严峻，用地矛盾问题凸显出来。基于上述矛盾，国家一方面严格土地管理，严控新增建设用地，守住18亿亩耕地红线，要求“耕地占补平衡”，另一方面积极寻求“耕地占补平衡”的办法，解决城市化、工业化对建设用地的需求。

2004年10月，国务院下发《关于深化改革严格土地管理的决定》(国发〔2004〕28号)文件，提出“鼓励城乡建设用地整理，城镇建设用地增加要与农村建设用地减少相挂钩”，第一次提出了增减挂钩政策，为实现“耕地占补平衡”找到了一条具体途径。2006年4月，山东、天

津、江苏、湖北、四川五省市被列为城乡建设用地增减挂钩第一批试点，2008 年，又有 19 个省新纳入增减挂钩试点。

目前，城乡建设用地增减挂钩土地综合整治主要以整治项目的方式实施。城乡建设用地增减挂钩项目的实施可以提高土地资源利用率，可以将土地进行规模化管理，加快经济增长速度；可以使项目区建设用地变成农业用地，改善当地的生态环境，推动土地生态环境的良性发展；为当地创造更多的经济效益，减轻当地经济压力；可以改善当地的基础条件，使当地居民生活水平得以提高。

（二）“增减挂钩”型土地综合整治规划设计的主要内容

在进行“增减挂钩”型土地综合整治规划设计前，需要进行土地利用现状调查、土壤属权调查、搬迁意愿调查以及土地市场状况调查。在进行土地综合整治规划设计时，需要编制 2 个方案：增减挂钩项目实施方案和农民集中居住项目实施方案。

在乡镇确定拆旧、建新地块后，设计单位开始正式编制增减挂钩项目实施规划。规划内容主要包括以下 8 项：搬迁补偿安置方案分析、拆旧建新地块布局分析、拆旧建新地块土地利用结构分析、项目区分析、与尚未规划及相关政策的衔接、周转指标测算、资金平衡分析测算、整理复垦方案及权属调整方案分析。其中，选取的拆旧地块须位于城市开发边界外，同时须位于总规暨土规和郊野单元规划的近期减量范围内，拆旧地块中的宅基地须纳入农民集中居住专项规划。已验收的地块不能纳入拆旧范围中，已立项未验收地块纳入拆旧范围时，拆旧地块须与已立项地块边界一致。建新地块主要位于城市开发边界内，对于少量位于城市开发边界外的，须位于总规暨土规等上位规划的有条件建设区内。项目区须满足指标平衡和资金平衡，资金来源明确。纳入拆旧区的村庄，农户签约率应占全部户数的 90％以上；须出具由所在镇政府签署鉴证意见的农民自愿参与宅基地置换决议书。同时，所在镇政府须签订保证资金到位、保证完成整理复垦工作和确权登记工作的承诺书。

在增减挂钩实施规划方案稳定后，可同步编制农民集中居住项目实施方案。农民集中居住项目实施方案主要将增减挂钩项目实施规划中的拆旧地块（宅基地部分）、安置地块和部分出让地块（满足资金需求）纳入项目区。规划内容主要包括 3 项：项目区分析（拆旧建新地块情况分析、整理复垦潜力测算、周转指标测算、农民意愿征询情况）、安置方案（农民集中居住安置房建设方案、拆旧地块整理复垦方案、节余土地开发方案、补偿安置方案、土地权属调整方案、被征地人员就业和社会保障方案、农民集中居住区域社会管理方案、集体资产管理相关办法和措施、安置房及公建配套用房登记特殊约定）和资金平衡方案。其中，农民集中居住的申报条件为：安置房位于镇区（或新城）等城镇化地区，用地为镇区（或新城）国有建设用地，安置房型为节地型（节地比例达到 50％或容积率达到 1.6 以上）。编制农民集中居住项目实施方案阶段，须落实安置基地的开发单位（图 9-5）。

（三）“增减挂钩”型土地综合整治规划程序

对城乡建设用地增减挂钩试点项目区进行规划编制时，通常要遵循以下步骤：前期专项调研、项目区初筛、实地调查评价、现场调查、项目区设置、项目区规模的控制、项目区规划方案的论证等（图 9-6）。

（1）前期专项调查　查清试点地区土地利用现状、权属、等级，人口资源情况、自然与社会经济状况、产业现状和农民集中居住比例，重点分析试点地区农村建设用地整理的基础条件、可行性、复垦的潜力、制约因素和城镇建设用地需求，了解当地群众的生产生活条件和参与挂

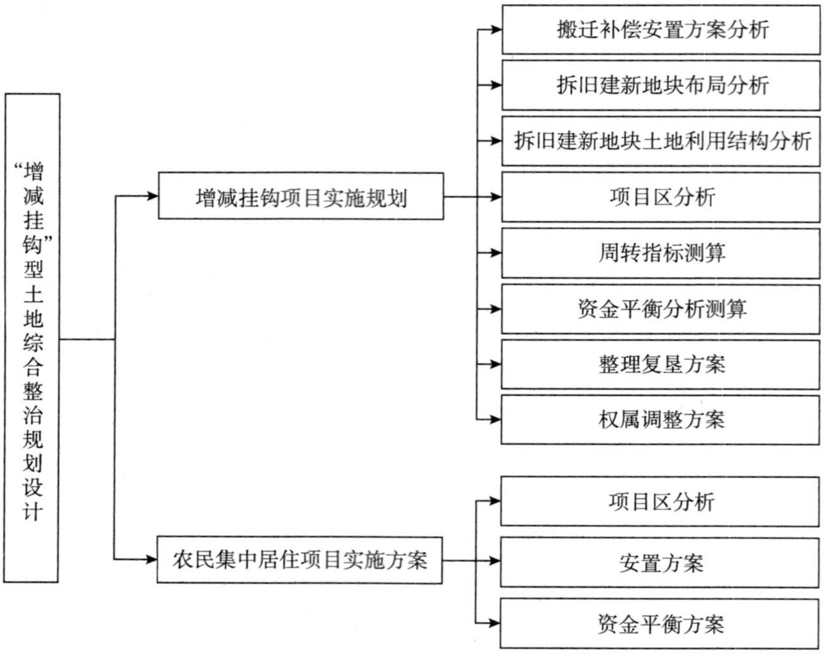

图 9-5 “增减挂钩”型土地综合整治规划设计内容

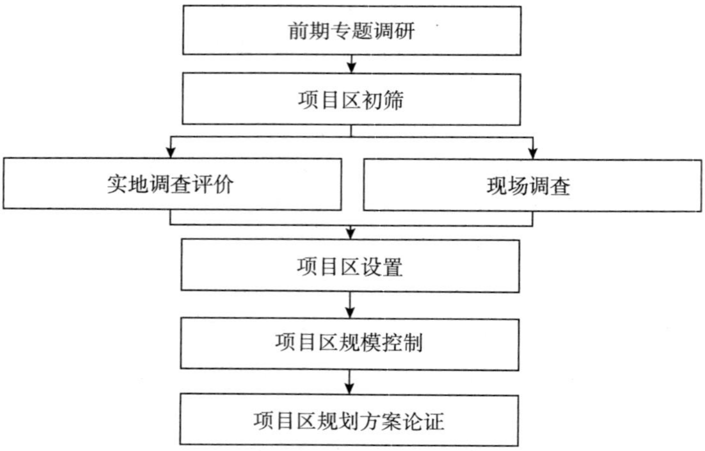

图 9-6 “增减挂钩”型土地综合整治规划设计流程

钩试点的意愿。

(2)项目区初筛　在前期专项调查成果的基础上，根据土地利用总体规划、城市规划、村镇规划和产业布局规划，通过分析区域内的土地利用现状，农村建设用地整理潜力，社会、经济、基础设施条件和国民经济发展计划，进行项目初选，确定开展挂钩试点的项目区。

(3)实地调查评价　对项目区的土地利用现状、基础设施进行实地调查评价，重点是对农村集体建设用地的调查，摸清项目区农村建设用地整理的基础条件、可行性、整理潜力和制约因素。对拆旧区土地适宜性、土地利用限制因素、水土资源平衡、地质灾害危险性、环境影响进行分析，并对项目区新增耕地的面积、质量和效益进行预评估。

(4)现场调查　结合实地调查评价成果,入户调查项目区农户拆迁意愿。对拆旧区的田、水、路、林、村的综合情况进行调查分析,确定整治范围与规模。在现场调查中要充分征求当地农民意见,坚持农民自愿申请参与的原则。

(5)项目区设置　项目区内建新区和拆旧区原则上在同一个县(市、区)级行政区域内安排,参与整理的拆旧区应尽量集中连片,以行政村为单位推进。建新区选址必须符合土地利用总体规划和城市规划、村镇规划,禁止占用基本农田,避让地质灾害等危险点。农民集中居住区的规划选址应充分征求项目区农民群众的意见,城镇建新区应设置在土地利用总体规划安排的有条件建设区内。

(6)项目区规模控制　项目区规模适度,挂钩周转指标规模原则上控制在 50 hm^2 以内。挂钩周转指标专项用于项目区内建新区的面积规模控制,要求在规定时间内用拆旧区复垦出来的耕地面积归还,归还的耕地面积数不得少于下达的挂钩周转指标。除拆旧区已确权登记的农村宅基地、采矿用地等农村建设用地外,其他地类整理复垦的耕地不能用于核定归还指标。建新区使用挂钩周转指标规模必须小于拆旧地块总面积,剩余面积计入该项目新增耕地有效面积。建新区中用于农民集中居住区建设的土地面积应低于原占用面积,建新区中建设用地的集约利用水平应高于现有存量建设用地。

(7)项目区规划方案的论证　项目区选点布局应当举行听证、论证,充分吸收当地农民和公众意见;规划方案制定后,应对规划方案进行比较论证。论证内容:项目区设置的合法性、合理性论证;农民集中居住区及配套设施论证;权属调整方案论证;拆旧区农民安置补偿方案论证;农民集中居住区地质灾害危险性评估。

此外,在规划编制过程中,需要关注以下关键环节与技术方法:项目区基础条件分析、项目区用地整理潜力分析、拆旧区农民安置、资金的管理、土地权属调整方案、实施规划保障措施等。

二、"全域"型土地综合整治与生态修复规划

(一)"全域"型土地综合整治与生态修复规划缘起及意义

党的十八大报告中明确提出将生态文明建设纳入"五位一体"的总体布局中,制定了统筹推进总体布局的战略目标。十八大以来,全域土地综合整治与生态修复工作以"人与自然是生命共同体"作为指导思想,在各区域内逐步推进。"全域土地综合整治+生态修复"的系统性整治模式主要通过优化农业用地与建设用地的布局、改善农村景观生态设计、提高各类工程建设的水平,寻找全域土地综合整治与生态修复最优结合点,将在实施土地综合整治过程中对生态环境的影响和破坏降至最低,以保护区域内生物的原始栖息地,恢复原生生物群落,提高和保障土地生态涵养与服务的综合能力。

实施生态修复作为全域土地综合整治的重中之重,通过科学优化"山水林田湖草"各类生态用地的综合布局,协调生态用地与建设用地,统筹生态系统保护、修复与全域土地综合治理的关系,结合小城镇环境综合整治以及美丽乡村建设等工作,高效地推进全域土地综合整治工程,全面提高乡村生态环境质量,改善居民的生活水平。生态修复是全域土地综合整治不可或缺的内涵,保护生态系统环境、推进环境可持续发展是构建生态型土地整治的重要内容。

(二)"全域"型土地综合整治与生态修复规划涉及的主要内容

全域土地综合整治与生态修复规划作为国土空间规划背景下的新课题,包含内容多,涵盖面

广，跨多学科融合度高，研究主要内容包括土地综合整治与生态修复两大部分。

土地综合整治主要分为农村土地综合整治和城镇土地综合整治两大方面内容，其中农村土地综合整治包括农用地综合整治和农村建设用地整治，城镇土地综合整治包括城镇低效用地整治和老旧小区、旧工业区、城中村改造等方面。在土地资源潜力分析和国土空间总体格局的要求下，制定土地综合整治的目标、策略路径、重点项目分区。

生态修复主要包括土壤污染治理和水生态修复、矿山环境整治修复、海洋生态保护和修复，以及生态环境综合修复等 4 方面主要内容。土壤污染治理和水生态修复包括调研现状土地污染情况和查清源头，采取源头控制、隔离缓冲、土壤改良等措施，对农业污染进行治理、改良土地品质、进行农田生态建设和污染土地无害化利用，改善土地污染状况。同时对水域进行污染治理，以持续改善河湖水质为目标，在县市国土空间格局上提出重点水源、岸线修复、流域治理、水系连通、库湖调蓄、农田水利等重点工程，对水域进行生态修复。矿山环境整治修复规划应明确矿产资源综合整治的空间布局、类型和规模，提出矿山废弃地开发利用的可能与方向，推行绿色矿山建设，对废弃矿山建设用地可采用复垦或者改变用途等方式，取得最大的综合效益。海洋生态保护和修复应明确海岸线及海域范围，对入海口、海岸线、海岛、海水养殖区等重要单元进行重点生态修复。生态环境综合修复主要是对集中连片、破碎化严重、功能退化的生态系统进行修复和综合整治，使其逐步恢复生态系统功能。

（三）“全域”型土地综合整治与生态修复工程项目规划设计

“全域”型土地综合整治与生态修复项目规划一般包括以下几个方面。

（1）基本情况　包括工程项目区土地利用现状、人口、产业、村庄建设、基础设施、环境地质条件和地质灾害等情况（工程项目区涉及多个行政村的，土地利用现状与人口分村进行统计）；工程项目区内土地利用、村庄建设、基础设施、产业发展、农业生产、生态环境等方面存在的问题；实施全域土地综合整治与生态修复工程的可行性分析（重点从发展基础、群众意愿、整治潜力、生态修复能力等方面阐述）。

（2）工作目标　主要包括耕地和永久基本农田保护、村庄建设、基础设施和公共服务设施建设、产业发展、生态保护、环境整治等方面的目标，各项目标设定要因地制宜，科学合理，可量化、可统计、可考核。

（3）土地利用功能分区情况　划定土地利用功能分区（根据村土地利用规划、当地自然条件差异、土地利用现状、经济社会发展和产业特色，对农村生产、生活、生态空间进行优化，合理划分农业生产、村庄建设、产业发展和生态保护等功能分区，促进农业适度规模经营和农村一二三产业融合发展）；明确各功能分区重点整治内容（明确各土地利用功能区重点整治内容，合理划分整治分区，明确整治任务和目标）。

（4）统筹安排项目　包括：土地整治项目安排（统筹安排高标准农田建设、旱地改水田、耕地质量提升、农村建设用地复垦、宜耕后备资源开发等项目，明确各项目主要建设内容）；各类建设项目安排（对新农村建设、农村新产业新业态发展、现代农业及一二三产业融合发展、公共服务配套设施与基础设施建设、农村拆违治违、村庄环境整治、交通、水利等具体项目进行安排，明确各项目主要建设内容）；生态修复项目安排（对损毁土地复垦、土壤污染防治、废弃矿山治理以及其他生态修复工程等具体任务进行安排，明确各项目主要建设内容）。

（5）实施期限及进度计划　①实施期限，原则上不超过 3 年。②进度计划，对分年度实施计划进行安排。

(6)项目实施保障措施　包括:①组织保障措施。阐述项目所在县(市、区)人民政府组织领导、协调、工作落实等举措。②资金保障措施。项目投资总额、资金来源以及资金平衡情况等。③生态环境保护措施。阐述工程实施生态保护防治措施以及后续管护措施等。④项目监管措施:阐述工程质量、工程进度、资金使用等方面的监管措施等(图 9-7)。

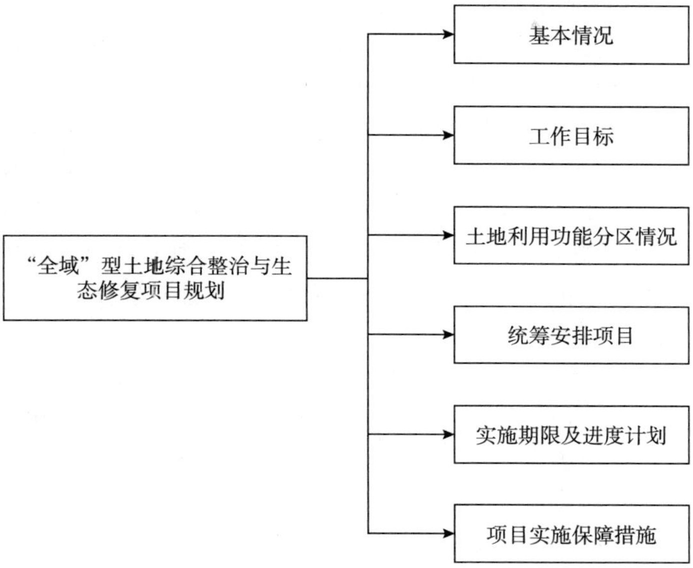

图 9-7　"全域"型土地综合整治与生态修复项目规划内容

三、项目规划设计

(一)盐碱地治理——吉林省白城市盐碱地治理和示范项目

1. 概况

白城市位于吉林省西部黑土区中心地带,农业资源优势明显、特色鲜明,是全国重要商品粮基地、杂粮杂豆和油料主产区、全国八大牧区之一、吉林省水田第一大市、"中国弱碱地稻米之乡"。全市耕地面积 1755 万亩,未利用土地 739 万亩,可开发未利用土地 491 万亩,其中盐碱地 138 万亩,发展粮食生产潜力巨大。

由于气候干旱、地力瘠薄、人类活动等多重因素的综合交互影响,吉林西部盐碱地生态脆弱,天然草地和湿地植被退化严重,农田生产力一直处于较低水平,严重制约了区域经济、社会发展,已成为制约国家乡村振兴战略实施的短板。

2. 生态修复技术要点

在盐碱水田方面,创建苏打盐碱地以稻治碱、改土增粮关键技术为核心的治理模式;创建物理化学同步快速改土技术,破解了高 pH 重度苏打盐碱地脱盐降碱慢,有水也难以成功种植水稻的难题;培育出水稻耐盐碱高产优质品种东稻系列,解决以稻治碱主导品种迫切需求的难题,推动了抗逆品种的更新换代。

在盐碱旱田方面,系统开展覆沙造旱田和喷淋洗盐、优质高产饲草作物选育及栽培技术,选育栽培苏丹草、高丹草作物;在盐碱旱田开展 324 玉米种植模式、垄沟玉米种植模式及膜下滴灌根茬还田技术;轻度盐碱旱田上,结合喷淋,开展"1 年 2 季、双季双优"的小冰麦＋燕麦草种植模式。

在盐碱草地方面，创建以羊草植被恢复为核心的重度盐碱地羊草植被快速恢复技术模式，系统地研究和解决适应性羊草品种选育、羊草种子繁殖、重度苏打盐碱土改土种植羊草等关键技术问题。

在盐碱湿地方面，对严重退化的芦苇湿地进行了生态恢复研究与示范，揭示芦苇生长的需水关键过程，建立退化苏打盐碱芦苇湿地"两灌两排"的水文调控措施、碱斑地芦苇快速恢复技术；在苏打盐碱化芦苇湿地，创建以苇田养蟹(鱼)技术、重度盐碱地种稻技术为核心的苇—蟹(鱼)—稻复合生态模式，湿地生物多样性、水文调控等功能显著提升，社会、经济与生态效益显著。

在盐碱区遥感方面，运用自主研制的微波辐射计和探地雷达，配合光谱测量，在吉林西部盐碱地开展苏打盐碱土的微波特性与光谱特性研究，揭示了盐碱地纹理结构对光谱曲线的影响机制；运用双频介电常数差法确定了该地区的盐碱地含水量、含盐量的反演方法；开发了田块尺度土壤耕层盐分快速获取技术和样区尺度土壤盐分低空遥感快速获取技术。

3. 成效

白城市实现了"八百里瀚海"变绿洲的生态重塑，盐碱地面积从 585 万亩减少到 396.5 万亩，新增绿地 39 万亩、耕地 120 万亩，土地盐碱化、荒漠化得到了有效遏制，昔日一片片白花花的盐碱地，变成了绿油油的青草地和一望无际的水稻田。现如今，全市水稻种植面积达到了 315.7 万亩，跃居吉林省第一，特色种植业蓬勃发展，奏响了生态立市、富民强市的最强音。

4. 启示

当地政府编制生态保护与建设总体规划，率先出台《关于全面加强生态环境保护工作的意见》，启动生态保护与建设五年行动计划，实现从单项分散规划到整体设计转变、从局部治理到系统全面治理转变；建立起"管发展必须管环保、管生产必须管环保"的生态环境保护工作责任体系；始终将加快盐碱地治理工作作为一项良心工程，纳入每个年度重点工作目标责任制考评体系，定期督查督办，推动工作有效落实。

(二)山水林田湖草沙一体化保护与修复——娄底冷水江锑煤矿区山水林田湖草系统治理

1. 概况

冷水江锑煤矿区位于湖南省娄底市，地处湘江流域中下游，横跨冷水江市、新化县、涟源市，总面积约 803 km^2。该地区主要有锑、煤及其他有色金属等矿产资源，其中锑产量占全球的 60%，煤炭地质储量 5.5 亿 t，占全省已探明储量的 1/6，为湖南省重要的有色金属、煤开采集中区，是世界上最大的锑产品生产、贸易、研发基地，素有"世界锑都"之称、"江南煤海"美誉。

冷水江锡矿山锑煤矿区开采历史达 120 余年，冷水江市 2009 年被国务院批准为第二批资源枯竭型城市。因长时期、粗放式的矿业开发，严重制约了当地的可持续发展，生态环境问题十分突出，如废渣堆占土地，山体植被荒芜，石漠化严重，动植物多样性退化，水体污染，溪流水系生态严重破坏，多处地面沉陷，房屋、耕地受损。

2. 措施

(1)整治矿山企业　2010 年以来，锑煤矿区通过实施多轮矿产资源整顿，煤矿从原来的 171 家减少至目前的 15 家，锑矿从原来的 5 家整合至现有的 2 家，锑冶炼企业从原来的 91 家整合至现在的 9 家，督促企业达到行业准入条件和绿色矿山建设标准，加强环保检查和执法力度。

(2)治理污染水体　对锡矿山地区约5200万t野外混合渣进行集中填埋，并覆土绿化；对约2200万t砷碱渣进行无害化处理；对受污染的河道进行清淤、生态护岸。

(3)治理裸露山体　对主体灭失矿山和石漠化山体进行植被恢复，通过改良土壤、修建引水灌溉工程，以乔、灌、花、草混种的方式进行修复；部分区域结合当地产业发展，种植黄桃、金银花等经济作物，累计植树造林2万余亩，栽植乔木4万余株，灌木9万余株，藤类2万余株，撒播花草籽3.5万m^2。

(4)治理荒废田地　对矿区4.5 km因废渣淤积的河道进行疏浚、护岸，防渗加固35口山塘；通过除草、翻耕、培肥、蓄水等措施，对2400余亩田土进行了综合整治。

(5)治理地质灾害　对矿区4处地质灾害隐患点进行有效治理，维修加固矿区受损房屋约1000栋，建设搬迁避让安置小区，同时科学利用搬迁后的土地，矿区破败风貌极大改观，矿区群众安居乐业。

(6)挖旅游资源　坚持因地制宜的原则，对锡矿山特有地质遗迹、工矿遗址进行保护和开发，并融入其独有的工矿文化、红色文化，集旅游观光、地质科普教学、红色教育于一体的生态景观已初具规模。

3.成效

(1)生态环境指标持续好转　监测数据表明，冷水江锡矿山地区青丰河、涟溪河水质持续改善。2020年青丰河万民桥断面砷、锑平均浓度分别比2013年下降了98.7%、86.1%，砷已达标。涟溪河民主桥断面2020年锑浓度比2013年下降了84.5%，砷稳定达标。2021年以来，青丰河、涟溪河锑浓度进一步下降，铅、镉、铬、汞等11项重金属指标均稳定达标。

(2)积极探索矿山生态修复新模式　通过系统生态修复，昔日满目疮痍的矿区变成了百姓争先向往的生态游园。充分挖掘矿区的资源禀赋，将碎片化分布的"羊牯岭碉堡""采矿演示场""中共第一个工矿企业党支部诞生地""革命烈士纪念碑""锡矿山展览馆"等丰富的旅游资源串联起来，合理开发矿山遗迹、溶蚀地貌、构造岩体等地质资源，探索出"生态观光＋矿业文化＋地质研学＋红色教育"的新模式。锡矿山获得全国首批地质文化镇筹建资格，为全国传统老矿区生态修复提供了可借鉴的经验。

(3)生态修复助力乡村振兴　荒废的2000多亩农田，经过修复后进行流转，由当地合作社承包种植水稻和稻田养鱼，预计每年可增加租地收入约60万元。废弃的矿场整治后，当地老百姓种植了金银花、黄桃等经济作物，预计每年可创收约1000万元。随着锡矿山生态旅游的不断开发，将会带动周边经济发展，预计可增加当地1000～3000人的就业机会。

4.启示

此项目矿区土地复垦方向为林地。土地复垦工程实施先根据勘查区内土壤情况对土质进行改良，再根据区内地形地貌、边坡坡度及土质情况等选择合适的植被修复工艺。工程主要利用林地修复、耕地修复、引水工程、生态环境承载能力调研、搬迁避让及房屋维修等手段，最终实现治山、治水、治林、治田、治灾的目的。

(三)矿山生态修复案例—委内瑞拉古里采料场生态修复

1.项目概况

古里工程位于委内瑞拉东南部的卡罗尼河上，1967—1986年兴建了水电站工程、土坝和堆石坝，工程需要从离大坝不远的森林中、面积约700 hm^2的采料场采运4000万m^3的防渗材料。1980 年开始对兴建古里水电站右岸土石坝期间使用过的采料场进行生态环境恢复计划。该恢复计划是在采用这些地区现有的自然资源、农林技术和提倡采用的合适工程以及与森林形成有关的自然过程(植物演替)后提出来的,目的在于为该地区的生态恢复提供一种自然的方法。该计划的主要目的是将受影响地区与周围地区的生态系统结合起来,增加野生生物保护区的有效面积。

2. 生态修复技术要点

选择本地主要的植物物种和一些引进的植物物种作为植被,在温室条件下大量种植本地茁壮的树木,将具有抵抗力的禾本豆科类种子与证明能适应采料场生态气候条件的种子混合种植(每年雨季禁止种植),实施与 3 年后种植期相适应的保护计划。施用生物肥料和低化学肥料,在有雨水和大坝渗漏水的平坦低洼地内设立小型氧化塘。

3. 生态恢复规划的构成

该项目的生态恢复规划计划主要分为引发阶段、恢复阶段和持续处理 3 个阶段,详细情况见表 9-4。

表 9-4 生态恢复计划的构成

阶段	持续时间	目标
引发阶段	1980—1990 年	兴建滞洪堤、控制冲刷以及撒播受影响区原有植物的种子等措施使采料场的植物重新生长
恢复阶段	1991—2001 年	确定引发阶段的有效性,使就地种植的领先技术生效,并对 1990 年以前未恢复区的种植工作加以控制
持续处理阶段	2020 年至今	确保加快这一过程的必要条件,确保引发恢复步骤的形成,并使人类活动与生态系统协调一致

4. 项目特色

委内瑞拉首次使用水草种植技术,确保在无须使用黑土和植物层的情况下,以极低的成本快速、有效地形成植被,对古里水电站右岸土石坝采石场实施生态恢复,并在应用水草种植技术方面走在前列。

(四)土壤污染修复——清远市龙塘镇农田重金属土壤修复项目

1. 概况

修复标的地位于清远市龙塘镇金沙村和吉岭村,受电子垃圾污染农田面积约 80 亩。该地土壤酸化严重,pH 为 3.99～4.58;土壤主要受 Cu、Cd 和 As 污染,其平均含量分别为 73.5 mg/kg、0.40 mg/kg 和 45 mg/kg,分别是国家土壤环境质量二级标准值的 1.47、1.33 和 1.5 倍。修复目标是所生产出的农产品符合国家食品卫生标准,形成一套重金属污染农田重金属污染控制技术长效应用体系。

2. 生态修复技术要点

在对修复地块进行采样分析监测的基础上,针对不同程度重金属污染,分别采用农田土壤表层淋洗-深层固定技术、深耕翻土技术、植物修复技术、固定钝化技术,以及化学-生物联合修复技术。

3. 生态恢复规划

本生态恢复规划计划分为工程准备阶段、主体工程修复阶段、二年期植物修复阶段等几个阶段实施(表 9-5)。

表 9-5 生态恢复规划

阶段	内容
工程准备阶段	三方(设计、施工、监理)会审,技术交底会议及现场确认,现场宣传标语,部分器材进场就位
主体工程修复阶段	项目周边配套工程建设阶段主要包括电子垃圾清理、修建排污渠
主体工程修复阶段	物理化学主体修复工程阶段主要包括土地翻耕、钝化固定淋洗
二年期植物修复措施	修复植物种植

4. 项目特色

针对龙塘镇金沙村因电子垃圾处置引起的农田土壤重金属污染,通过比较不同修复技术对金沙村受电子垃圾处置污染农田重金属修复治理效果,获得适于本地的且经济高效的土壤重金属污染修复治理方案,为龙塘镇乃至广东省重金属污染土壤治理修复工作提供有力的技术支撑,起到示范带头作用。

(五)水土流失治理——长汀县水土流失综合治理与生态修复

1. 项目概况

长汀(古称汀州),地处福建省龙岩市,是闽、粤、赣三省边陲要冲。全县辖 18 个乡(镇),总人口 53 万,土地面积 3099 km^2。由于人类活动、地形地貌、气候变化、历史变迁等原因,长汀县水土流失非常严重,生态环境急剧恶化。早在 20 世纪 40 年代,长汀县和陕西长安、甘肃天水并列为全国三大水土流失区,其历史之长、面积之广、程度之重、危害之大,均居福建省之首。1985 年遥感普查显示,长汀县水土流失面积达 974.67 km^2,占全县面积的 31.5%,土壤侵蚀模数达 5000～12000 t/(km^2 · 年),植被覆盖度仅 5%～40%,生物多样性面临严重退化,维管束植物不到 110 种,鸟类不到 100 种,珍稀野生动物逐渐濒危消失。

2. 生态修复技术要点

(1)山地植被恢复模式　一是草灌乔混交治理。采取以工程促生物,以生物环保工程、人工客土施肥,以及先种草灌、再种乔木的多树种草灌乔混交模式,为生态修复创造条件,加快了植被恢复。在治理技术路线上,大力实施“等高草灌带种植”、陡坡地“小穴播草”等行之有效的新技术。二是“老头松”施肥改造。在立地条件较差的中、轻度水土流失山地,马尾松林分密度在 120 株/亩以上的林地,通过抚育施肥改造,促进“老头松”生长,促长其他伴生树草,达到植被恢复目的。三是封育管护治理。对高山远山人为活动较少的有林地进行补植施肥,严格执行“十个禁止”封山育林县长令,实行“林长制”,建立燃料补助制度,优先解决封禁区群众生活上的后顾之忧,从源头上杜绝了对植被的破坏。

(2)茶果园生态治理模式　一是草牧沼果循环种养模式。在低矮山丘陵地,以油茶、果、牧、畜为主体,以草为基础,沼气为纽带,形成植物、动物与土壤三者链接的良性物质循环和能源结构，沼液作果树肥料，达到零排放、无污染。二是茶果园坡改梯工程。对顺坡种植及梯田平台不达标的茶果园进行改造，做到前有埂、后有沟，并在田埂种草覆盖，田面套种豆科植物，达到泥沙不下山，雨水不冲埂的效果。

（3）崩岗综合整治模式　对山体比较稳定的崩岗采用“上截、下堵、中绿化”的办法进行综合整治，即顶部开截水沟引走坡面径流，底部设土石谷坊拦挡泥沙，中部种植林草覆盖地表；积极探索崩岗开发治理模式，通过“削、降、治、稳”等措施，套种大豆、金银花等季节性作物，使生态效益、经济效益和社会效益同步实现。

（4）生态清洁小流域系统治理模式　以小流域为单元，山水林田路村系统综合治理，实施村旁、宅旁、水旁、路旁等“四地绿化”，因地制宜选取具有生态、景观、亲水功能的沟渠和河道进行综合治理，河道周边网路建设生态休闲观光道路，构建“绿水相间、绿带成网、绿环村庄”的美丽乡村。

（5）生态提质提效模式　一是实施森林质量提升工程。对已治理水土流失区，树种结构单一，生物多样性缺乏，抵御自然灾害能力较弱的林地，进行树种结构调整和补植修复，实施阔叶化造林，构建以水源涵养为主的复合生态系统。二是实施生态产业培育工程，积极引导农民发展大田经济、林下经济、花卉经济等生态农业。

3. 成效

（1）生态治理见成效　2020 年，长汀县累计减少水土流失面积 760.84 km^2，水土流失率降为 6.78%，森林覆盖率提高到 80.3%，森林蓄积量提高到 1779 万 m^3，湿地面积达 3513 hm^2，空气环境质量常年维持在Ⅱ级标准以上，国、省控断面水质和饮用水源地水质达标率均为 100%。

（2）生物多样性恢复　生物多样性得到恢复，维管束植物从治理前的 110 种增加到 340 种；茂密的植被涵养了水源，也为各种野生动物提供了栖息地和庇护所，鸟类从不到 100 种恢复到 306 种，消失多年的白颈长尾雉、黄腹角雉、苏门羚、豹猫等珍稀濒危野生动物也纷纷重新回到山林。

（3）绿色产业促发展　2020 年，通过生态观光、森林旅游、绿色休闲等共接待游客 100 万人次，实现年产值 11.66 亿元，农民人均可支配收入达 18149 元，年均增长 10.7%，2017—2020 年连续四年荣膺“福建省县域经济发展十佳县”称号。

4. 启示

在长期实践中，长汀始终把生态文明建设理念融入发展的各个领域、各个环节，走出一条“绿水青山就是金山银山”的可持续发展之路，实现了“荒山—绿洲—生态家园”的历史性转变，总结出“党委领导、政府主导、群众为主体、社会参与、多策并举、以人为本、持之以恒”的做法与经验，为我国其他地区持续推进水土流失治理和生态文明建设提供了样本与借鉴。

（六）土地整治规划——金华市婺城区土地整治规划

1. 项目概况

婺城区为金华市辖区，位于浙江省中部，地处金衢盆地腹部，是上海经济区、沿海发达地区和内陆腹地的接合部。“十三五”期间，婺城区垦造耕地、旱改水、建设用地复垦、高标准农田建设 4 种类型项目执行率低，随着农用地的整治和耕地后备资源的持续开发，田块破碎度较高、土地整治潜力较大的农田已基本整治，预留宜耕资源紧缺。全区垦造耕地潜力主要是园地、未利用地、开发边界外可腾退建设用地，其中园地潜力 5400 hm^2，未利用地 393 hm^2，且多位于生态红线范围内。扣除生态红线范围内不能造地的区域，全区开发垦造耕地潜力仅为 2153 hm^2。依据婺城区初步腾退复垦流量测算，农村居民点用地腾退复垦中方案配合工矿用地高方案仅可以做 813 hm^2 复垦潜力。

2. 土地整治技术要点

(1)垦造耕地潜力分析　按照“宜农则农、宜林则林、宜建则建”的原则，因地制宜，有计划地合理利用有限的后备资源。土地开发利用，需要根据各地不同情况，与水利设施配套、农业综合开发、农业示范园区建设、标准农田建设、村庄整治与新农村建设等项目相结合，切实提高开发的质量和利用的实效，提高规划科学性和可操作性。科学开发利用，尽可能避免对生态环境的破坏，尤其是水源地、湿地公园、地质公园等需重点保护地区。已开发的要做好相应的保护工作。根据经济社会发展的实际需要，结合产业带建设、耕地保护和城乡规划等相关规划的实施，以及宜耕后备土地资源区位条件、资源禀赋、经济基础和开发利用方向，统筹安排开发项目和时序，循序渐进、先易后难、尽力而为、量力而行，避免一哄而上、无序开发。

(2)旱地改水田潜力分析　旱地改水田的潜力分析原则与垦造耕地类似，首先扣除生态红线、坡度 25°以上、城镇开发边界、水土流失预防区、农转用等各类限制要素，再扣除各类已实施土地整治项目，同时旱地改水田资源潜力须充分考虑地块周边水源情况，且单个地块规模需大于 30 亩或周边有集中连片耕地。

(3)建设用地复垦潜力分析　根据金华市国土空间规划，“十四五”实施期间，以上位规划为指导，合理有序开展建设用地复垦。通过综合考虑建设用地的集约程度、位置分布、拆迁安置安排以及相关规划，结合乡镇调研等情况，充分结合村民实施意愿，分析实施难易程度废弃采矿用地，合理分析复垦整治空间，统筹确定“十四五”期间婺城区农村宅基地复垦可能性较大的潜力面积为 273.31 hm^2，工作主要包括 3 个方面：整体搬迁规划区、下山脱贫及地质灾害点搬迁、废弃采矿用地。

3. 成效

以土地整治资源潜力、区域发展需求以及各乡镇主要职能为主要依据，土地整治“十四五”任务定为 333.33 hm^2。其中，根据婺城区“十三五”用地情况和“十四五”国民经济和社会发展规划，垦造耕地目标任务定为 180 hm^2，旱改水目标任务定为 80 hm^2，建设用地复垦目标任务定为 73.33 hm^2。具体的经济效益、社会效益、生态效益如下。

(1)经济效益　通过开展土地整合项目，实现补充耕地指标、城乡建设用地增减挂钩指标、标准农田指标等各类指标，从而实现指标效益。按照各类指标价标准进行核算，婺城区“十四五”期间通过完成整治任务，可实现指标收益 34.20 亿元，可为婺城区经济社会发展提供有力保障。

(2)社会效益　①促进农业发展。土地整治的开展，可有效增加耕地面积，提高农田质量，增加农产品供给。②促进乡村振兴。土地整治项目从立项、设计到施工、后期验收等一系列过程中，提供了大量就业机会，可解决一部分人员就业问题；土地整治投资，将部分非农土地收益间接转移支付给农村与农业，促进了农村经济发展；土地整治，改善了农业生产条件，提高农业劳动生产率，提高了农民收入。③促进产业培育。土地整治项目的创建实施，尤其重大项目的开展，为优质产业入驻提供了良好的平台，可促进农业新技术、新方法的传播，促进“农业＋”产业的孵化，带动与辐射作用较强，有助于整治区域整体质量和品质的提升。

(3)生态效益　通过土地整治项目实施,一方面,现状耕地基础设施得到改善,新增大量生态沟渠、生态护坡等生态设施,加强了农田生态循环的自洁净能力,大幅降低了农业生产污染问题;另一方面,原破碎耕地整治后集中连片,流转给种粮大户统一管理种植,在施肥、打药等工作上能精准把握使用量,减少污染源。

4. **项目特色**

婺城区依托浙江省千万工程项目,打造“千村精品、万村景区”工程。根据村庄规划设计,完善村庄规划设计层级体系,推进乡村振兴精品村、景区村、美丽宜居示范村和少数民族特色村寨创建;明确景区村庄建设清单与实施计划。

参考文献

[1] 胡振琪. 土地整治学. 北京:中国农业出版社,2017.

[2] 孙施文. 治理・规划Ⅱ. 北京:中国建筑工业出版社,2021.

[3] 汤怀志,郧文聚,孔凡婕,等. 国土空间治理视角下的土地整治与生态修复研究. 规划师,2020,36(17):5-12.

[4] 刘双良. 土地整治规划. 天津:天津大学出版社,2011.

[5] 严金明. 土地整治规划设计研究. 北京:科学出版社,2016.

[6] 郝晋珉. 土地利用规划学. 北京:中国农业大学出版社,2007.

[7] 焦士兴. 关于生态修复几个相关问题的探讨. 水土保持研究,2006,13(4):127-129.

[8] 曹宇,王嘉怡,李国煜. 国土空间生态修复:概念思辨与理论认知. 中国土地科学,2019,33(7):1-10.

[9] 袁兴中,陈鸿飞,扈玉兴. 国土空间生态修复:理论认知与技术范式. 西部人居环境学刊,2020,35(4):1-8.

[10] 高铁军. 恢复生态学的理论分析及发展. 企业家天地(理论版),2011(5):168-169.

[11] 任海,王俊,陆宏芳. 恢复生态学的理论与研究进展. 生态学报,2014,34(15):4117-4124.

[12] 王成. 从自然干扰看人类干扰的合理性. 吉林林学院学报,1998(4):39-43.

[13] 江彦. 滨海生态退化区红树林修复策略及生态价值提升评估. 国土资源导刊,2022,19(4):9-14.

[14] 张韫,廖宝文. 我国红树林湿地生态修复技术研究现状分析. 中国科学基金,2022,36(3):412-419.

[15] 吕剑,骆永明中国海岸带污染问题与防治措施. 中国科学院院刊,2016,31(10):1175-1181.

[16] 陆健健. 中国滨海盐沼湿地的分类. 环境导报,1996(1):4-5.

[17] 吴霖,欧阳玉蓉,吴耀建,等. 典型海洋生态系统生态修复成效评估研究进展与展望. 海洋通报,2021,40(6):601-608+682.

[18] 冯雪,冯蕾,高培培. 衡水湖滨水带景观生态修复策略研究. 现代农村科技,2022,(6):61-62.

[19] Hofmann L C,Heiden J,Bischof K,et al. Nutrient availability affects the response

of the calcifying chlorophyte *Halimeda opuntia* (L.) JV Lamouroux to low pH. Planta, 2014,239(1):231-242.

[20] McKenzie L J, Yoshida R L. Over a decade monitoring Fiji's seagrass condition demonstrates resilience to anthropogenic pressures and extreme climate events. Marine Pollution Bulletin,2020,160:111636.

[21] 范葛芹,史争光,于艺婷.林地生态修复设计——以广西桉树林生态修复工程为例.绿色科技,2020(1):99-101.

[22] 吴次芳,肖武,曹宁,等.国土空间生态修复.北京:地质出版社,2019.

[23] 彭少麟,周婷,廖慧璇,等.恢复生态学.北京:科学出版社,2020.

[24] 谢俊奇,郭旭东,李双成,等.土地生态学.北京:科学出版社,2014.

[25] 王美仙,贺然,董丽,等.美国矿山废弃地生态修复案例研究.建筑与文化,2015(12):99-101.

[27] 杨海涛.全域土地综合整治与生态保护修复策略及路径研究.济南:山东建筑大学,2020.

[28] 李荣佳.乡村振兴背景下会理市城乡建设用地增减挂钩的案例研究.成都:电子科技大学,2022.

[29] 杨海涛.县级国土空间规划编制的几点思考.城镇建设,2019(3):65.

第十章　土地利用规划实施管理

第一节　概　述

规划实施管理是土地利用规划管理的一项主要工作。所谓“三分规划，七分管理”，形象地强调管理工作在土地利用规划工作中的重要性，其所指的管理主要是土地利用规划实施管理。规划编制所提供的土地利用规划方案和文本，只有经过法定程序批准后才具有法律效力，才能成为土地利用规划实施管理的依据。规划实施管理工作面广量大，矛盾复杂。土地利用规划能否有效地实施，与规划实施管理工作关系十分密切。规划实施管理，就是按照法定程序编制和批准的土地利用规划依据国家和各级政府颁布的土地利用规划管理有关法规和具体规定，采用法治的、社会的、经济的、行政的和科学的管理方法，对城市的各项用地和建设活动进行统一安排和控制，引导和调整城市的各项建设事业有计划有秩序地协调发展，保证土地利用规划的目标得以实现。

在总体规划方面，加强规划实施管理，其实就是在实际工作中如何有效落实土地利用规划，既包括在实践中实施和运用规划，也包括采用各种具体的、可操作性强的法律、行政、经济、社会、科技等综合手段和配套机制等管理手段，按照加强和改进土地用途管制的要求，研究进一步发挥规划、计划对用地规模、结构和时序调整和引导作用，提出确保规划有效实施的政策、制度、机制和办法（图 10-1）。

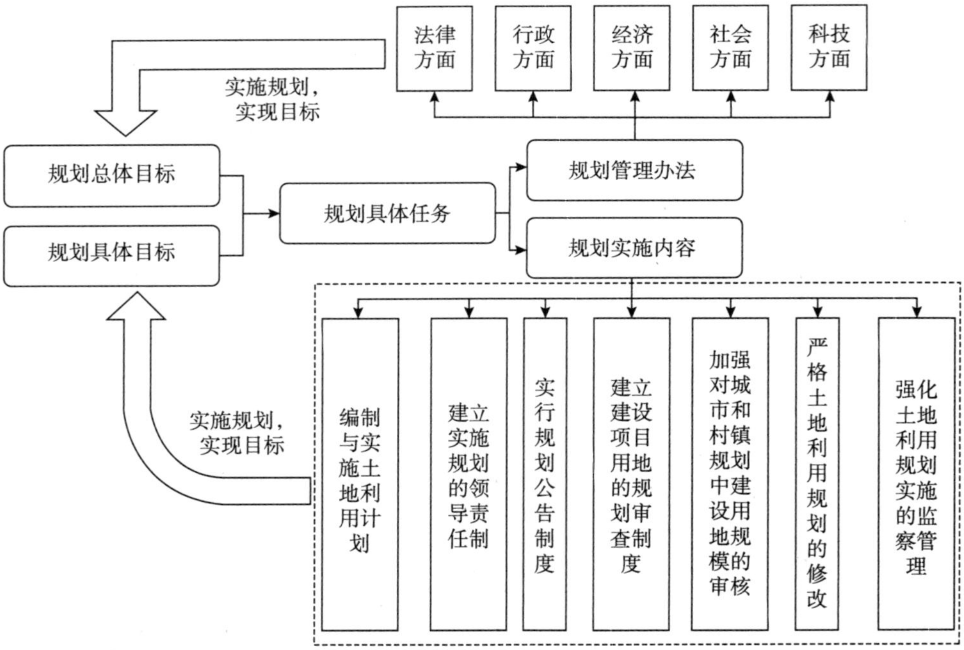

图 10-1　规划实施管理

第二节　规划实施监测、评估与预警

一、概述

土地利用规划是区域土地利用和管理的纲领性文件，是实现土地资源合理利用的重要依据。在土地利用政策施行和规划实施过程中，需要对区域土地开发利用和资源保护情况进行长期监测、定期评估和及时预警，并依此对承担土地利用政策执行和规划实施的责任主体进行绩效考核，实现对土地利用规划的监督实施。土地规划监督就是服务于土地利用规划实施监督工作，基于国家级—省级—市县级的土地利用规划实施评估指标体系，定期对规划实施情况进行实时监测、定期评估和及时预警，并依此对承担土地利用规划实施的责任主体进行绩效考核。

土地利用规划监测评估与预警是开展规划实施监督的具体手段，对规划实施过程与状态的监督主要从监测、评估、预警三个方面展开，即通过构建针对重要控制线与重点区域的监测评估预警指标和模型，实现土地利用规划实施的动态监测、定期评估与及时预警。动态监测的重点在于监测的实时性，尤其是对重要管控边界以及约束性指标而言，需要快速广泛地采集多源数据，为动态分析土地利用要素变化提供支撑；定期评估的重点在于评估的精准性与常态化，针对土地利用规划“中期评估，末期评估”的体检评估需要，能够对底线管控、结构效率等多维度的规划评估指标进行精准分析评估，便于掌控土地利用开发保护现状与实施情况；及时预警的重点在于及时性，尤其是对潜在可能违反重要控制线与约束性指标警情的提前预判告知，是遏制规划偏离现象的重要手段(图 10-2)。

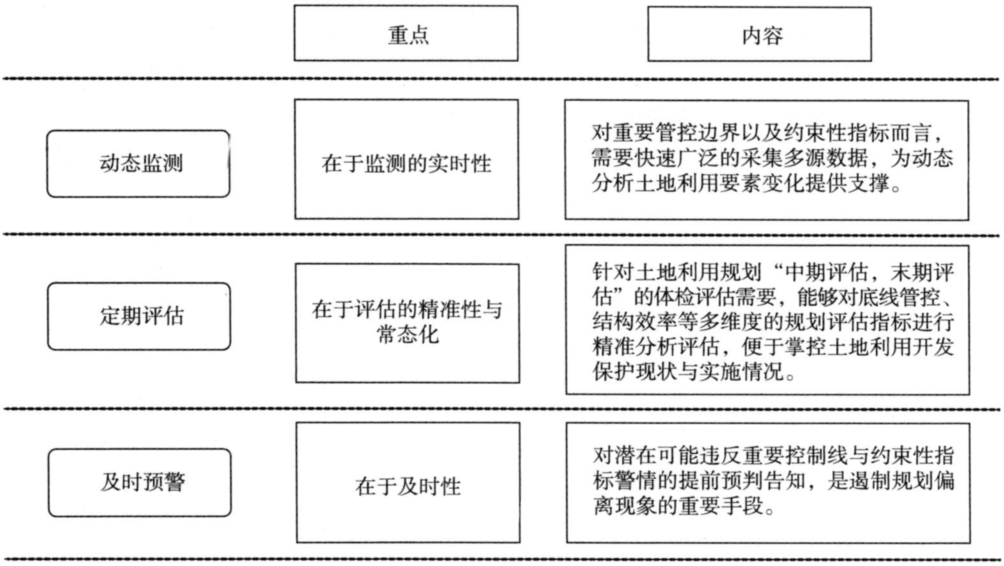

图 10-2　规划实施监测、评估与预警重点及内容

综上所述，土地利用规划监测、评估和预警都是规划实施监督不可缺少的技术环节。监测是土地利用规划监督监管的基础，通过多样化的信息采集手段，实时获取国土空间诸多要素的变化，从而实现对土地利用保护和土地开发利用行为的全流程监管。因此，监测本质上是对土地利用空间的感知，而感知的目的则是为了更好地评估与预警。一方面，通过获取长时间序列的动态监测信息，对土地开发利用现状以及规划实施成效、目标等进行动态评估，从而精准判断规划是否合乎预期，为土地利用规划编制动态调整完善、底线管控等提供依据。另一方面，监测与评估的相关成果，又进一步为土地利用规划及时预警奠定了前置基础，通过对监测到的土地利用要素变化情况或规划评估的状态分析，结合一定的预警规则，对有突破重点管控边界或约束性指标风险的情况及时预警，便于部署相应的行动决策。通过持续的监测评估预警，形成土地利用规划监督监管闭环，亦即从规划“感知”到“决策”的行动路线，助力“可感知、能学习、善治理、自适应”智慧规划目标的实现（图 10-3）。

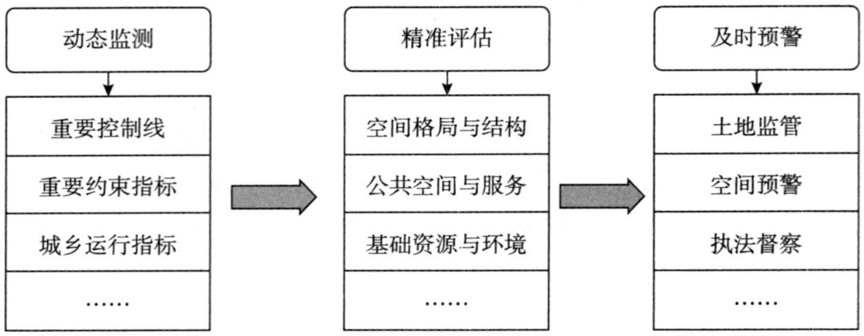

图 10-3　土地利用规划监测、评估和预警

二、土地利用动态监测

土地利用动态监测是指运用遥感、土地调查等技术手段和计算机、监测仪器等科学设备，以土地详查的数据和图件作为本底资料，对土地利用的动态变化进行全面系统反映和分析的科学方法。土地利用动态监测主要内容包括：区域土地利用状况监测、土地政策措施执行情况监测、土地生产力监测、土地环境条件监测（图 10-4）。

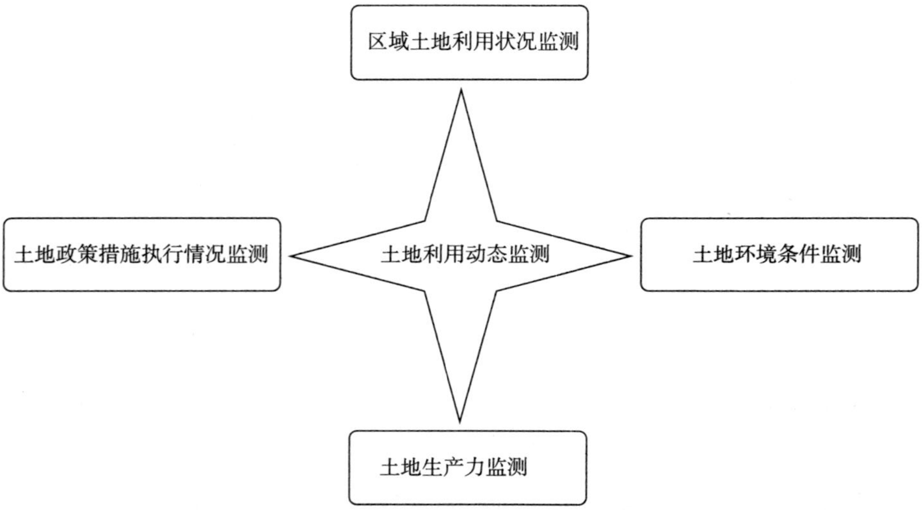

图 10-4　土地利用动态监测主要内容

土地利用规划监测的核心是对土地空间信息的感知，当前以大数据、人工智能、移动互联网、物联网、高性能计算、虚拟仿真等为代表的一系列信息技术，已逐渐在规划相关工作中崭露头角。其中，由人工智能（artificial intelligence）、大数据（big data）、云计算（cloud computing）构成的较为完整的技术体系（图 10-5），对监测评估预警具有重要支撑作用。以卫星遥感、航空摄影、物联网、互联网等典型技术为主构成的“天—空—地—网”一体化监测网，是空间信息感知体系的关键组成部分，这些技术已被运用到规划监测，如利用遥感影像与机器学习算法对违法建设行为进行动态监测，或基于街景影像、城市兴趣点（POI）、交通刷卡、手机信令等大数据分析人类时空活动特征，监测城乡运行动态、区域联系强度等。

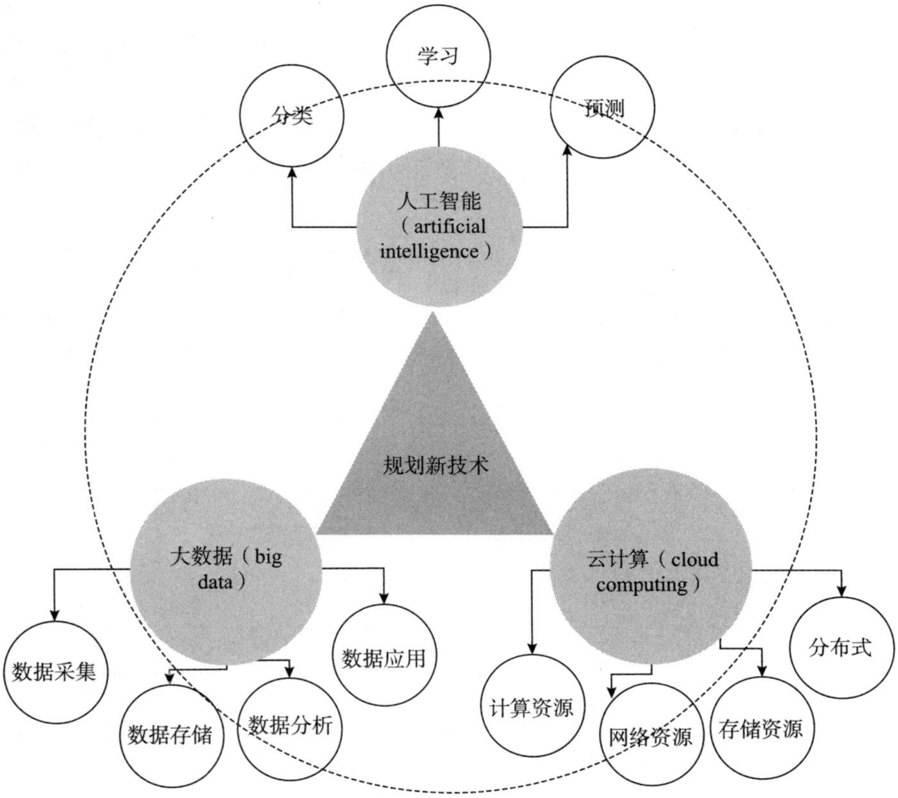

图 10-5　规划新技术

各类土地利用规划监测方法总体上可以概括为：通过土地空间信息感知手段采集多源时空数据，并基于此构建应用分析模型，最终实现对自然空间或人类活动状态、规律的监测。一方面，在监测过程中要根据监测目标与对象的不同，选取合适的数据感知手段。对于永久基本农田、生态保护红线等自然空间管控要素的监测，可充分发挥卫星遥感、航空摄影等方法监测范围广、数据周期短、数据信息丰富的优点，定期采集多时相遥感影像，提取地表信息变化；对于人口活动强度、区域联系度等人类活动信息的监测，可采用手机信令、交通刷卡、互联网等可以反映人口时空结构、情感变化规律的数据，从人的活动、感受等维度监测城乡运行体征。另一方面，要充分运用大数据、机器学习、深度学习等技术，结合监测对象的表现形式与变化特征，构建融合多源大数据的空间信息动态感知与快速识别模型体系。模型体系由土地空间信息智能提取模型与城乡运行体征监测模型两类模型构成。其中，土地空间信息智能提取模型主要以遥感影像数据为基础，对水体、植被、耕地、建筑等要素进行高精度提取，用于土地利用规划中对重点管控边界与要素的监测；城乡运行体征监测模型是以新兴大数据为基础，通过融合空间分析、定量分析、语义分析等分析方法，从多源异构的人类活动监测数据中挖掘人类活动特征规律。两类模型互为补充，实现对国土空间自然信息与人类活动信息的全面监测，为土地空间保护与开发利用监测提供支撑。土地利用规划监测模型体系架构如图 10-6 所示。其中，土地空间信息智能提取模型是以随机森林、支持向量机等机器学习算法以及卷积神经网络、全卷积网络、生成式对抗网络等深度学习算法为支撑，通过对遥感影像纹理、特征的学习训练，进而具备精准识别地表要素的能力，从而辅助自然资源与土地利用空间要素的快速监测。而对于城乡运行体征监测模型，其更多是通过对海量人类活动与城乡运行数据的综合分析与挖掘，运用空间分析、语义分析、对比分析等分析手段来实现对人类活动空间规律、变化趋势特征的识别分析。总体而言，构建融合多源大数据的空间信息动态感知与快速识别模型体系，是实现土地利用规划动态监测的必要前提，尤其是在土地利用空间底线管控要素方面，需要充分应用人工智能手段，实现智慧监测。

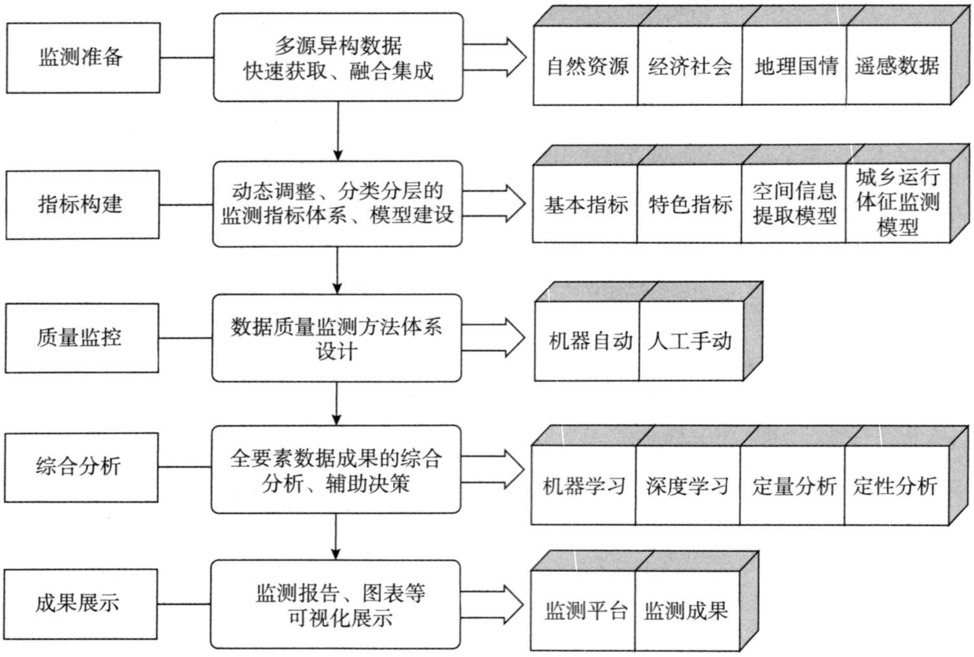

图 10-6　土地利用规划监测

三、土地利用规划评估

土地利用规划评估是监测评估预警的核心工作，主要包括中期评估与实施评估，其重在评估规划实施成效与规划目标之间的差距。传统的规划评估主要为土地利用总体规划实施评估，受限于数据获取范围小、技术方法落后等问题，评估方法以定性分析为主，难以保证评估的客观性与科学性，致使评估结果往往流于表面，无法准确地反映规划实施的真实成效。

随着规划评估理论与方法的不断成熟以及新兴技术的发展完善，规划评估方法逐渐由“定性”走向“定性”与“定量”相结合。当前规划评估主要有 3 种方法：指标体系法、GIS 分析法以及社会影响调查法等，各类方法应用基础广泛，各有优劣。但无论是侧重指标构建的指标体系法、侧重空间分析的 GIS 分析法，还是侧重公众意见搜集的社会影响调查法，在评估过程中都需要庞大的数据资源做支撑，这是开展定量评估的基础。此外，规划分析评估也有赖于定量化算法模型提供技术支持，以保证评估结果的科学性与客观性。

当前海量的多源时空大数据、丰富的地理空间分析方法，以及社会公众对空间规划关注度的提升，都为动态精准的国土空间规划评估提供了有力支持。新时代的土地规划评估应将传统的指标体系法、GIS 分析法以及社会影响调查法等融合，在充分考虑物质空间与人本空间的基础上，以动态更新、种类丰富的多源大数据为支撑，基于大数据分析、空间分析、人工智能等技术方法，构建耦合人类活动和自然环境作用的综合评价模型体系，进而科学客观、精准智能地实现土地利用规划现状评估与实施评估。耦合人类活动和自然环境作用的综合评价模型体系如图 10-7 所示。在基础支撑分析方法上，以 GIS 空间分析以及专项主题分析为主，前者通过叠加分析、差值分析、空间自相关分析等分析手段支撑各类空间类评估模型的构建与运算，后者则主要以情感分析、社会网络分析、图片分析等支撑对人类活动情感、规律的分析。

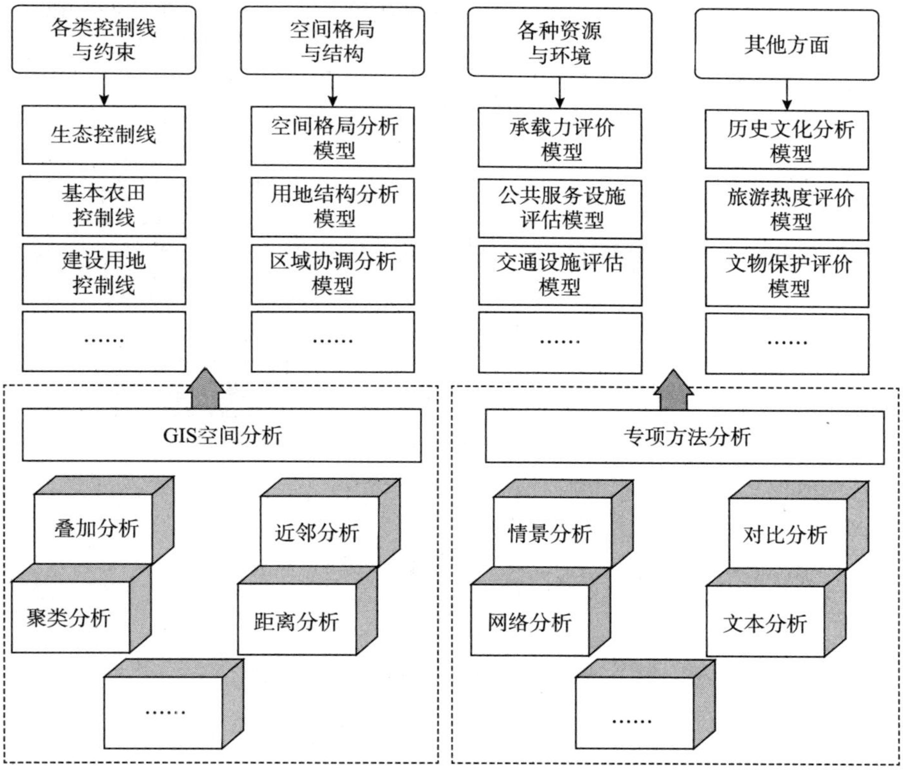

图 10-7 土地利用规划综合评价模型体系

在评估模型上，以两大分析方法为基础，根据国土空间规划编制重点内容，从空间格局与结构、公共空间与服务基础资源与环境、底线管控与约束以及自然与历史文化 5 个方面，构建涵盖人口、交通、产业、用地、环境等多个维度的规划评估模型，从而实现对国土空间开发利用现状、规划实施成效的全面评估。

(1)土地利用总体规划中期评估

土地利用总体规划中期评估由自然资源部统一安排部署,国家、省、市三级同步开展。土地利用规划已经执行若干年,伴随着我国经济社会快速发展,城镇化、工业化步骤加快,国家扩大公共投资,着力加强基础设施建设,一些区域提出城镇"三年大变样""三年上水平",推进新农村建设,改善农村居住环境,打造相关产业带行动,城乡建设及基础设施用地迅速增加,占用了大量优质耕地,部分地区规划城乡建设用地规模不足,区域耕地后备资源匮乏,耕地占补平衡难以为继,土地管理形势严峻。所以,迫切需要对土地利用规划前期实施情况进行评估,分析规划对经济、社会发展变化产生的影响,规划实施取得的成效以及存在的问题,为今后规划的实施、修改和调整提供科学依据和技术支撑。

中期评估为土地利用规划执行到一定时期后,对规划执行情况的评估。通过评估,判断本轮规划是继续执行还是进行规划修改,甚至于规划修编(图 10-8)。

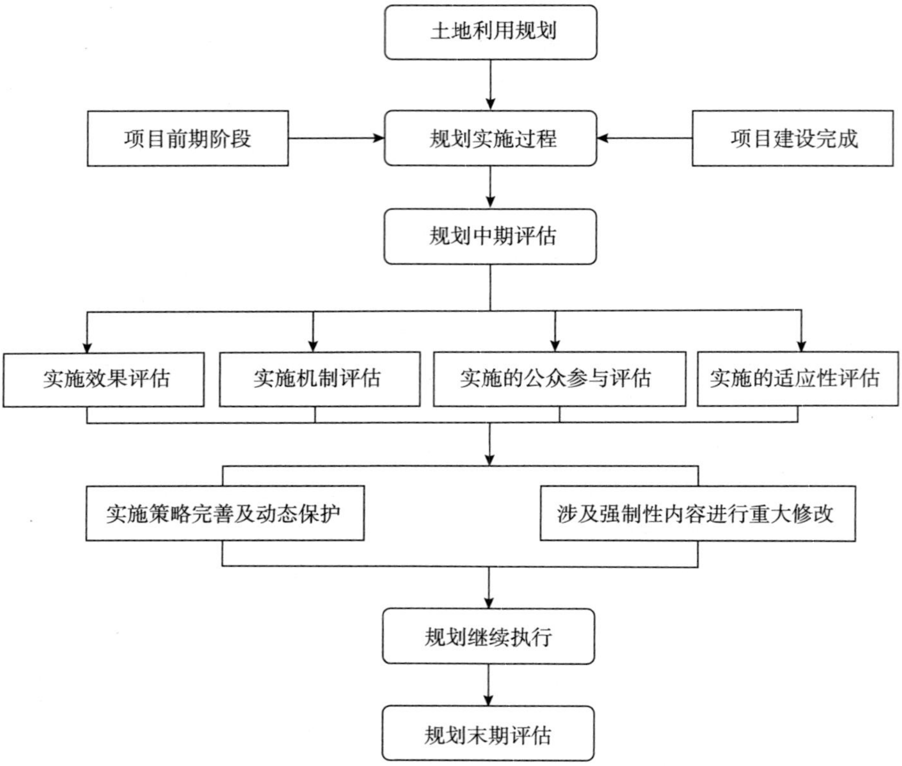

图 10-8　土地利用规划中期评估流程图

规划评估程序主要分为工作准备、调查研究、分析评估、成果编制、审查报备等步骤(图 10-9)。

(2)规划实施评估

规划实施评估是确保规划从静态的蓝图规划向动态的政策规划转变,确保规划有效实施的重要环节,既有助于加强规划实施过程中的管理和督导,提高规划的指导性,强化规划的约束性,也有助于及时发现规划实施过程中出现的问题,找出产生问题的原因,提出解决问题的方法,及时进行宏观调控。土地利用规划评估的核心是对规划实施效果进行评估,引导规划适

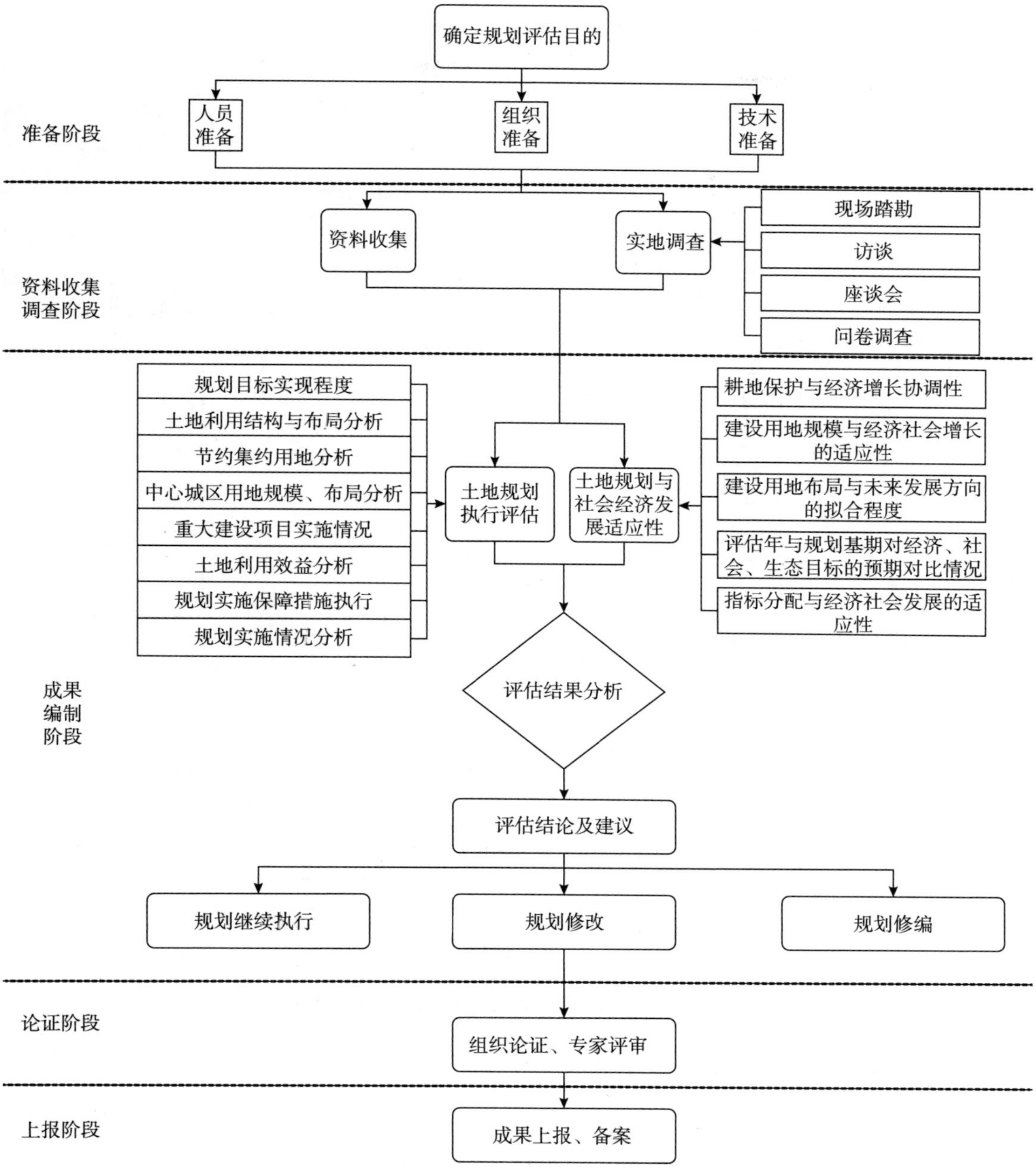

图 10-9 土地利用规划评估基本流程

应新形势,目标精准,逻辑简明。

规划实施评估采用定量评估和定性评估相结合的方法,选取能反映县级利用总体规划实施情况的评估指标,建立合理评估指标体系,量化评估结果,并对现行规划空间布局进行定位分析,对现行规划与未来发展趋势的协调性进行定性分析,分析规划实施中存在的问题。根据评估结果,提出现行规划调整完善的建议与预备方案,申请启动规划调整完善的程序,提出完善规划实施管理的建议(图 10-10)。

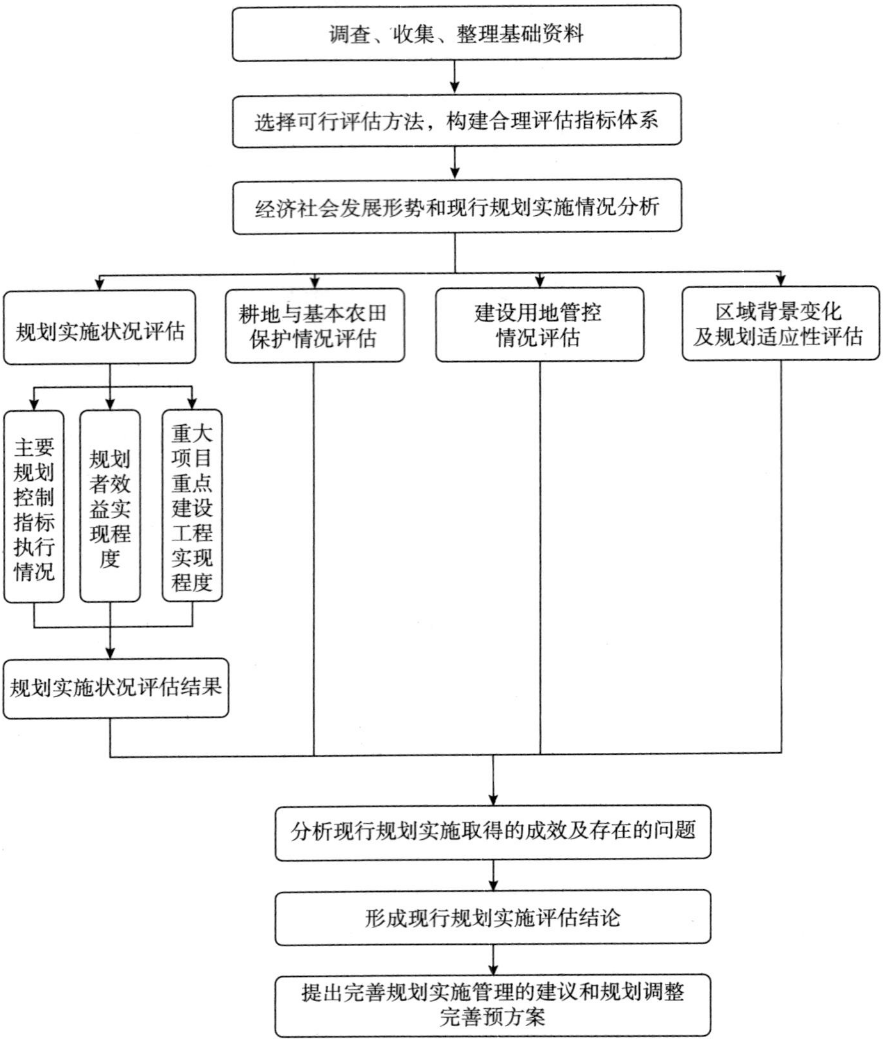

图 10-10　土地利用总体规划实施评估技术路线

四、土地利用规划预警

土地利用规划预警是监测评估预警工作的最后一环，不同于监测评估主要是面向空间规划发展现状的持续性监测以及阶段进展的评估分析，规划预警是以当下监测数据评估结果等为依据，实现对违反空间开发保护利用要求行为的预警，通过事前预判与防御，防止破坏土地空间安全的现象发生。传统规划实施监管中，对于违法用地监管多为对违法事件的事后处置，缺乏对违法现象的精准识别与预判能力，只能在违法现象发生后，做补偿性的处置措施，既增加了规划监管的成本，又无法保证规划实施的成效。事实上，面对土地空间开发利用管控预警的需要，已有大量学者围绕城镇扩张、耕地保护、粮食安全、生态环境安全、土壤污染防治等领域开展了以土地利用变化为主的预警方法研究。研究方法包含时间序列分析法、灰色预测法、回归分析法、系统动力学模拟、贝叶斯网络模型等。总体上，多数预警方法都是通过运用相应的预测分析模型，对未来一定时期的土地空间发展结构、形态、规模等进行模拟，再结合特定的预警规则，实现对土地开发利用情况的警示预警。这些方法研究都对构建情景模拟预测模型体系，以辅助对规划重点管控要素变化的及时预警起到较强支撑作用。情景模拟预测模型是以情景分析、机器学习、深度学习等技术为主，通过对土地类型特征、变化影响因子，以及其历史演变规律的分析，预测土地未来变化趋势，从而实现对未来土地利用变化的模拟推演。当前使用较为广泛的情景模拟模型包含马尔科夫模型、元胞自动机、系统动力学模型、CLUE-S 模型、FLUS 模型、FLUS-UGB 模型，以及 Multi-Model 模型等。如 FLUS-UGB 模型是一种耦合了人工神经网络、系统动力学、元胞自动机等算法的城镇空间发展模拟模型，通过综合考虑自然条件、社会经济、政策规划等影响城镇发展的驱动与限制因素，动态模拟城镇空间时空演变过程，预测一定时期内城镇空间形态与结构。该模型可用于辅助判断城市增长侵占生态保护红线、基本农田控制线等管控区域的可能性，从而支撑重要控制线的变化预警。基于人工智能的国土空间模拟预测模型体系如图 10-11 所示。总体上，通过耦合各类机器学习与深度学习算法，构建以土地利用变化模拟为代表的国土空间多情景模拟模型，可以支撑生态保护红线、永久基本农田等重要控制线的管控预警，相关分析模拟结果也可用于辅助土地利用规划约束性指标、资源开发利用限制的趋势预警，通过结合国土空间规划监测信息，构建相应的预警规则，进而对土地利用空间开发强度、土地资源利用压力等指标和内容变化进行严格的管控，从而更好地辅助国土空间用途管制与底线管控。

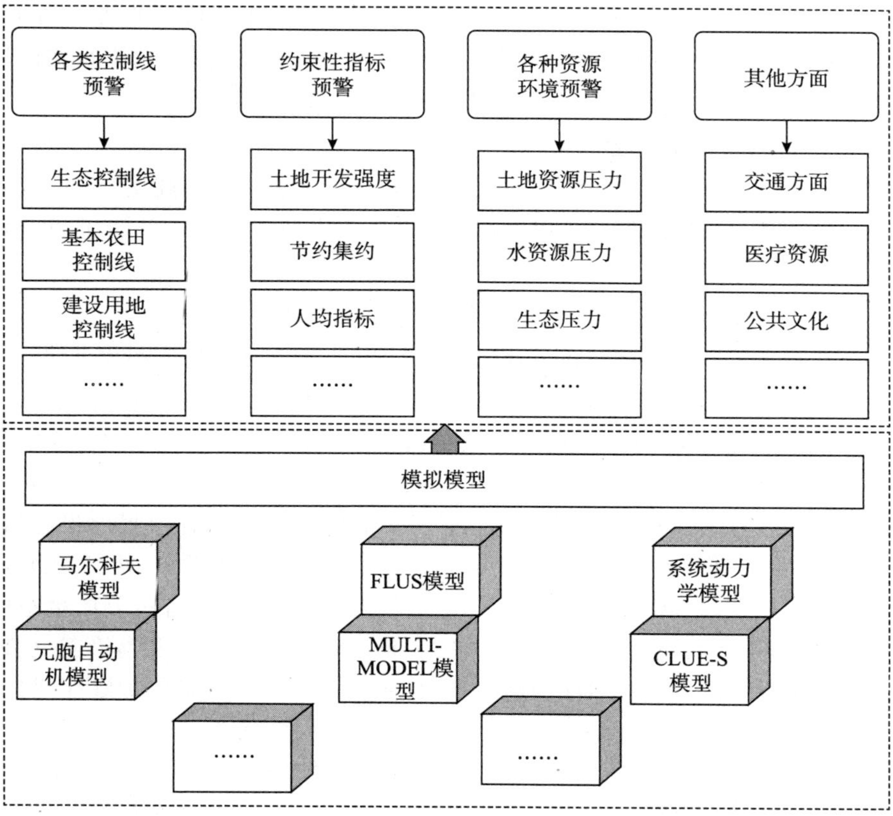

图 10-11　基于人工智能的国土空间模拟预测模型体系

第三节 规划实施调整

土地利用规划是人们在对土地利用历史与现状分析、未来趋势预测等基础上所做的中长期谋划。再好的规划也毕竟只是规划。在规划实施中，还可能遇到许多不确定性因素。规划实施需要过程管控，是一个典型的土地利用周期治理过程。因此，应在土地利用规划实施评估的基础上，积极开展土地利用规划的动态调整工作。

一、规划调整规则

（一）不允许占用红线做调整的情景

1. 占用生态红线核心区、水源地保护地

若涉及国土空间规划中占用生态红线中的核心区、水源地保护区的，一般不允许做动态调整。主要理由是：生态红线中的核心区、一级水源地保护区对生态影响巨大，具有“触一发而动全身”的生态风险。占用或破坏生态红线中的核心区，对整个区域生态系统及农业、居住生态系统有很大的不利影响。占用或破坏一级水源地还涉及影响人民群众的基本生活。

2. 占用永久基本农田中的高标田、粮食功能区

若涉及国土空间规划中占用永久基本农田中的高标田、粮食功能区的，一般不允许做动态调整。主要理由是：永久基本农田中的高标田和粮食功能区耕地是耕地的精华，是通过长期大量的人力、物力投入形成的耕地精华。若占用永久基本农田中的高标田、粮食功能区，不仅影响粮食生产能力和粮食安全，而且也是对人力、资金投入的极大浪费。

（二）有条件占用红线做调整的情景

对于国家重点项目、省重点项目、民生工程项目、促进地方发展的高质量项目等重大工程，除了生态红线核心区、水源地保护地，以及占用永久基本农田中的高标田、粮食功能区外，可以有条件占用红线。

1. 重大工程项目建设不可避让生态红线的动态调整规则

要重点分析重大工程项目建设在规划选址过程中，是否开展了多方案比选，是否在选址选线过程中采取了优先避让原则，生态红线是否确实不可避让并开展综合论证分析。应说明项目占用或穿（跨）越生态保护红线的位置、数量（含长度及面积）、主要生态功能等情况，并详细说明生态保护红线类型和等级。

占用或穿（跨）越自然保护区、饮用水源保护区、风景名胜区，需在申报前报经相关管理部门审核同意，其中要说明项目占用或穿（跨）越自然保护地主要保护对象、功能区（核心区、缓冲区和实验区）、总面积及划入生态保护红线面积。对涉及占用经国务院批复的生态保护红线，应当符合《关于在国土空间规划中统筹划定落实三条控制线的指导意见》等政策文件的相关规定。针对占用生态保护红线或自然保护地的类型，在说明对占用生态保护红线或自然保护地区域的生态环境影响的基础上，提出相关对生态影响的减缓措施。

2. 重大工程项目建设不可避让永久基本农田的动态调整规则

主要从重大工程项目建设难以避让基本农田、尽量少占永久基本农田措施、多方案优选、数量质量相当等 4 个方面开展建设项目占用永久基本农田的不可避让性分析。从受限于区域范围、本工程选址具有较大局限性、永久基本农田分布较为广泛等角度，论证选址时难以避免占用一定数量的永久基本农田。从充分利用边角地、质量差的土地等方面论述尽量少占永久基本农田的措施。

划定的永久基本农田，任何单位和个人不得擅自占用或者改变用途。建设项目经依法批准占用的，应从储备区中进行补划；储备区中难以补足的，按照数量不减、质量不降原则，在其他符合要求的长期稳定利用耕地中补划。

涉及永久基本农田布局调整的，应编制调整方案并按已有规定办理，调整方案应纳入相关规划，确保新增永久基本农田面积原则上不少于调整面积的5%。

（三）耕地与永久基本农田空间布局动态调整规则

1. 永久基本农田空间优化与平衡规则

在土地整理复垦开发、“百千万”永久基本农田集中连片整治和高标准农田建设中，必要的农田水利设施、田间道路、农田防护林等配套建设涉及少量占用或优化永久基本农田布局的，要在项目区内予以补足；难以补足的，县级自然资源主管部门要在县域范围内同步落实补划任务。实施全域土地综合整治与生态修复工程涉及永久基本农田布局调整的，按照集中连片、归并提质的要求进行优化，确保新增永久基本农田面积不少于调整面积的5%，并建成1片以上“百千万”永久基本农田集中连片项目。“百千万”永久基本农田集中连片整治项目区内，土地整理复垦开发和高标准农田建设等整治工程面积不少于项目区总面积的8%（包括土地平整、沟渠路配套等包含的面积）。

2. 耕地空间布局与进出平衡规则

允许零散耕地、园地、林地、其他农用地之间进行空间置换，实现长期稳定利用耕地数量不减少、质量有提升、生态有改善、布局更优化。

加强耕地向其他农用地及农业设施建设用地转换年度“进出平衡”用途管制，实行年度耕地“进出平衡”制度。严格管控一般耕地转为林地、草地、园地等其他农用地以及农业设施建设用地，确需转变用途的，应落实耕地“进出平衡”，补足同等数量、质量的可长期稳定利用的耕地。“进出平衡”实行以县域自行平衡为主，市域或省域范围内统筹落实为辅。

3. 建设占用耕地与占补平衡规则

建设占用的耕地，应通过耕地占补平衡动态监管系统库中的耕地进行补充、土地综合整治项目实施补充耕地等途径，做到占一补一，占优补优，占水田补水田，确保耕地占补平衡数量质量生态“三位一体”。

严格执行耕地“先补后占、占优补优”制度。强化耕地占补平衡主体责任，构建“县域补充、市域平衡为主体，国家统筹、省级统筹适度支持”的补充耕地机制。落实补充耕地全过程监管机制，加强补充耕地项目质量管理和后期管护。

（四）建设用地动态调整规则

1. 建设用地空间布局动态调整规则

项目区建设用地在总量不增加的前提下，通过全域土地综合整治产生的规划新增建设用地规模指标，在优先满足当地村庄建设、农村发展和乡村振兴用地的规划空间需求后，可置换到城镇开发边界弹性发展区内使用，并在弹性发展区调整为集中建设区后，允许实施土地征收成片开发。

农村二、三产业用地空间布局，对于规模较大、工业化程度高、分散布局配套设施成本高的产业项目要进产业园区；具有一定规模的农产品加工项目要向县城或有条件的乡镇城镇开发边界内集聚，其中农产品精深加工和关键物流节点项目原则上要集中布局到县城或乡镇产业园区；直接服务种植养殖业的农产品加工、电子商务、仓储保鲜冷链、产地低温直销配送等产业，原则上应集中在村庄建设边界内。

2. 建设用地指标动态调整规则

我国坚持实行最严格节约集约用地制度，建设项目用地总规模和各功能分区用地规模必须符合国家、地方有关行业最新标准，建设项目用地规模应在相关定额基础上进一步优化，杜绝粗放用地，引导建设单位采取节地措施，集约节约用地，提高用地效率。

根据节约集约利用土地的基本原则，调整优化建设用地规模指标。进行土地节约集约利用评价，凡节约集约用地做得好的，给予建设用地指标奖励；凡节约集约用地工作做得差的，核减建设用地指标。确实因国家或省重点建设项目多，造成建设用地指标紧张的，可以增加建设用地指标。

进一步严格执行建设用地增减挂钩制度。健全城镇建设用地规模与农村建设用地规模增减挂钩机制、城乡建设用地增减挂钩节余指标调剂政策，通过全域土地综合整治产生的节余指标允许在全省范围内调剂使用，以增强建设用地指标供给的灵活性。

3. 城镇开发边界动态调整规则

规划期内一般不得调整城镇开发边界。确实因经济与社会发展不可预测的不确定性因素影响需要调整城镇开发边界的，必须在新增建设用地及建设用地总规模不增加、耕地及其他农用地数量不减少且质量不降低的前提下，经过评估论证后可以做适当调整。

（五）动态调整的基本类型与方法程序

1. 土地利用规划动态调整的基本类型

根据土地利用规划实施评估制度，土地利用规划动态调整一般可分为定期评估调整和不定期评估调整两大类。

2. 土地利用规划动态调整的方法程序

（1）开展为规划动态调整提供依据的规划实施评估

为规划动态调整提供依据的规划实施评估，主要包括规划实施结果与原规划方案的偏差及原因、规划动态调整的理由和依据、规划动态调整后的效益分析、必要性与可行性等。

（2）相关部门报批

为规划动态调整提供依据的规划实施评估工作结束后，须及时向有关部门提出申请并提交动态调整评估报告。相关部门根据情况及时审阅评估报告，并给予批复。批复内容包括是否同意调整、哪些需要调整、调整幅度大小、调整时间、保障措施等。

（3）根据相关部门的审批情况适时进行动态调整

根据相关部门的审批情况，对原规划方案进行调整，并按要求及时发布公示，适时实施。

二、规划调整类型

（一）定期动态调整制度

1. 五年评估评估制度

“五年一评估”的目的是支撑服务区域国民经济与社会发展五年规划，主要评估国土空间规划执行情况、对区域发展的作用与贡献、存在问题与不足、建议等。一方面，为进一步实施国土空间规划指明方向；另一方面，对“不适应”的规划方案提出动态调整的建议。“五年一评估”应采用定性与定量相结合的评估方法。工作组织上，与国土空间规划编制相对应，按省、设区市、县、乡镇四个行政层次开展。

2. 中期评估

“中期评估”，主要是对国土空间规划执行“过半”情况的较大幅度的评价，为更好地完成国土空间规划目标任务、支撑区域发展提供依据。中期评估主要评估国土空间规划执行情况、对区域发展的作用与贡献、存在问题与不足、建议等。一方面，为进一步实施国土空间规划指明方向；另一方面对“不适应”的规划方案提出动态调整的建议。中期评估应采用定性与定量相结合的评估方法。工作组织上，与国土空间规划编制相对应，按省、设区市、县、乡镇四个行政层次开展。

（二）特殊情况下的不定期调整制度

1. 突发重大自然灾害情景下的不定期评估与动态调整

根据对突发重大自然灾害造成的危害、救灾需要及其对经济与社会发展影响的评估，而对国土空间规划方案提出动态调整建议。此种评估要根据具体情况设置评估目标任务，一般不全面开展。

2. 急需重大建设项目情景下的不定期评估与动态调整

根据对重大建设项目必要性、紧迫性、重大意义以及对国土空间规划影响等方面的评估，提出急需重大建设项目情景下国土空间规划动态调整的建议。可根据经济与社会发展需要，不定期、局部开展急需重大建设项目情景下的不定期评估与动态调整工作。

3. 实时监测评估与调整制度

实时监测评估与调整制度主要为掌握国土空间规划的实施动态，建立健全监测评估预警体系，为规划管理提供辅助决策。对于国土空间总体规划监测评估，主要从调整内容、空间形态分布、地类用地总量、调入调出流量变化等进行空间监测评估分析。国土空间控制性详细规划监测评估，主要从调整类型、调整内容、涉及区域及频次、用地类型变化等进行空间监测评估分析。

第四节　规划实施保障措施

一、土地用途管制

（一）土地用途管制制度

土地用途管制制度是落实土地利用规划的一项基本制度，也是保障土地空间能够按照规划指定用途持续使用的法律制度。国家编制土地利用规划，规定土地用途，将土地分为农用地、建设用地和未利用地；严格限制农用地转为建设用地，控制建设用地总量，对耕地实行特殊保护。使用土地的单位和个人必须严格按照土地利用规划确定的用途使用土地。

土地用途管制制度是指国家为保证土地资源的合理利用，促进经济、社会和环境的协调发展，通过编制土地利用规划，规定土地用途，明确土地使用条件，并要求土地所有者、使用者必须严格按照规划确定的用途和条件使用土地的制度。土地用途管制制度是目前世界上土地管理制度较为完善的国家和地区广泛采用的土地管理制度,对合理利用土地资源和保护耕地等起着重要作用。

土地用途管制制度的内容包括:土地按用途进行合理分类,通过土地利用规划规定土地用途和土地使用条件,土地登记注明土地用途,对用途变更实行审批许可制,实行土地利用监督管理,对违反土地利用规划的行为严格查处等。

(二)土地用途管制与土地利用规划的关系

土地利用规划是实施土地用途管制的依据,用途管制则是落实土地利用规划的手段和措施。建立有效的土地用途管制制度是以土地利用规划的编制和实施为前提的。土地利用规划就是在土地利用结构调整基础上,划分土地用途区,落实用地布局。土地利用分区的主导用途是管制的重点,也是规划确定的土地利用方向。同时鼓励次要用途向主导用途转变,也可暂时维持现状,但不能变为其他用途。

土地用途管制制度可解决土地利用规划的法律地位并保证规划实施。依据土地用途管制制度的规定,使用土地的单位和个人必须严格按照土地利用总体规划确定的用途使用土地。未经规划的地区或规划未经批准的地区,不得擅自改变土地利用现状。

(三)土地用途分类和土地利用区

1. 土地用途分类

依据实施土地用途管制的需要、土地利用规划和实际状况,将土地分为三大类:农用地、建设用地和未利用地。

(1)农用地　系指直接用于农业生产的土地,包括耕地、林地、园地、草地、养殖水面、农田水利用地(不包括永久性沟渠)等。

(2)建设用地　系指营造建筑物、构筑物和其他造成原土地生态利用条件难以恢复的土地,包括城乡住宅和公共设施用地、工矿用地、交通水利设施用地、旅游用地、军事设施用地等。

(3)未利用地　系指农用地和建设用地以外,尚未有明确用途或人类未以生物技术或工程措施进行改造利用的土地。其中有些是暂未利用,有些是目前技术条件下难以利用,有些则是低效利用。

2. 土地利用区

土地利用区系指在各级总体规划中,主要是在县、乡级总体规划中,依据土地资源特点、社会经济持续发展的要求和上级下达的规划控制指标与布局的要求,划分出的土地主导用途相对一致的区域。由于土地利用区是根据用途的差异划分的,所以也有人称之为土地用途区。

土地分类方法确定后,土地利用区通常可划分为农业用地区、建设用地区和暂未利用区等三大区和自然保护区、风景名胜区、特种用地区、城市生态绿地区及水源保护区等复区。

还可根据土地利用类型差异,将上述土地利用区进一步细分如下。

(1)农业用地区　可分为基本农田保护区、一般耕地区、林业用地区、牧业用地区、园业用地区、渔业养殖区等。一般耕地区又可分为现状耕地区和耕地开垦区。

(2)建设用地区　可分为城市建设用地区、村庄和集镇建设用地区、独立工矿区、特殊用地区等。

(3)暂未利用区　可分为可开垦区、禁止开垦区和部分水域。

（四）土地用途管制规则

土地用途管制规则是在划分土地利用区，明确各区的土地用途的基础上，对土地使用和用途变更作出的限制、许可或限制性许可的条款，是实行土地用途管制的直接依据。

1. 农业用地区管制规则

农业用地区的管制应包括农地非农化的管制和农地农用的管制两个方面。坚持的原则是“农地，农有，农用”，即限制农地非农化，鼓励维持农用，有限制地许可农地区内部用途的变更。

（1）基本农田　即依《基本农田保护条例》划定的所以就基本农田保护区内的耕地，是确保人口高峰年对粮食需求量的耕地面积，主要是生产条件较好、集中连片、产量较高的耕地、城镇或村镇建设规划区外的耕地、交通沿线的耕地和其他国家规定需要保护的耕地。其主要管制规则有：①任何单位和个人不得擅自改变或占用永久基本农田保护区。②国家重点建设项目选址无法避开保护区的，应取得永久基本农田占用许可，批准占用的，经规划修订后按占用建设规划区的耕地管制。③设立开发区不得占用永久基本农田保护区。④禁止在保护区内建窑、建房、建坟或擅自挖沙、采石、采矿、取土、堆放固体废弃物。⑤利用永久基本农田从事农业生产的应当保护和培肥地力，鼓励施用有机肥料。⑥不得占用永久基本农田发展林果业及畜牧业。⑦保护区内耕地承包经营权变更时，须对耕地地力等级进行评定，保护农田生态环境等。

（2）一般农田　指包括规划确定为农业使用的耕地后备资源和其他零星非耕地、坡度大于25°但未列入生态退耕范围的耕地、泄洪区内的耕地和其他劣质耕地。其主要管制规则有：①一般农田中的耕地禁止被建设占用，确需占用的，批准转用后修改规划，再视为占用建设规划区内的耕地管制。②确需占用一般农田中非耕地的，修改规划后视为占用非耕地办理许可。③鼓励一般农田中的耕地后备资源和其他零星非耕地转为宜农耕地。④保留现状用途的地类不得扩大面积，散布在本区内的农村居民点不得在原地翻建扩建，并逐步按规划调整布局。除生态保护需要外，限制占用本区的耕地发展园、林、牧业。⑤严禁用于发展水产养殖业和建窑、建房、建坟及堆放固体废弃物。⑥鼓励实施土地整理，通过对田、水、路、林的综合整治，搞好土地建设，提高土地质量，改造中低产田等。

（3）其他农用地　是除耕地以外的其他所有农用地，主要用于园林生产和生态环境保护、畜牧业生产及各自必要的服务设施建设。土地利用管制规则主要有：①各类土地不得擅自改变用途，农业内部结构调整应符合规划。②划入本区的耕地转用应与本区外的非耕地转为耕地面积大致平衡并建立对应置换关系，否则不得改变耕地用途。③严禁非农建设占用名、特、优、新种植园地和水土保持林、防风固沙林等防护林用地及优良草场，限制占用一般园林牧业用地。④鼓励通过水土综合整治，治理水土流失、荒漠化、盐渍化，扩大园林牧业用地面积。

2. 建设用地区管制规则

建设用地区管制规则包括城镇、村镇或独立工矿区的建成区和规划区的管制规则。

（1）建成区区内的土地的管制规则主要包括：①建成区土地利用结构的调整和功能定位。②现有建设用地和闲置废弃地挖潜，以某区域（或单位）土地利用率的高低确定是否对该区域（或单位）投入增量土地，具体体现在土地的平面利用（建筑密度）和立体利用（容积率）等方面，要建立评价体系。③提高土地利用效率，土地利用应符合各土地级别、用途下规定的建蔽率（建筑密度）、容积率、建筑高度等方面的限制。对不利用土地行为征收土地闲置费（税），直至没收土地。④保证公益事业建设对一部分土地的需要。

(2)规划区区内的土地管制规则主要包括:①确定建设规划区的界限和用地数量,确保人均占地或总规模不突破规定标准。②分阶段保护建设规划区内的耕地,确需新增用地的优先供给非耕地或劣质耕地。③本区内的耕地及其他农用地,在批准用于建设前,应当按原用途使用,不得擅自转用,也不得废弃撂荒。耕地转用前必须在本区外开发复垦不少于所占面积且符合质量标准的耕地,或缴纳相当的耕地造地费。

(3)暂不利用区管制规则主要包括:①禁止任何不合规划、破坏自然生态环境的江河挖土或填土行为,不得擅自围湖造田;鼓励江河流域综合整治和河道疏浚,鼓励对废弃河道、零星坑塘水面、盐碱地等进行土地整理。②鼓励在陆地水域根据市场需要设立水产养殖区;鼓励多渠道、多形式开发利用"四荒"土地资源,但应在取得开发许可前提下,根据土地适宜性保证一定的拼地开垦率。③防洪区外的滩涂、苇地及其他表层有土质的土地为农业后备土地资源,限制用于非农业建设,开发利用应避免生态恶化。

二、规划传导机制

规划传导是指在土地利用规划中,由高层次规划向低层次规划逐级传导,形成完整的土地利用规划体系。下级土地利用规划要服从上级土地利用规划,相关专项规划、详细规划要服从总体规划;坚持先规划、后实施,不得违反国土空间规划进行各类开发建设活动。相关专项规划的有关技术标准应与土地利用规划衔接。因国家重大战略调整、重大项目建设或行政区划调整等确需修改规划的,须先经规划审批机关同意后,方可按法定程序进行修改。对国土空间规划编制和实施过程中的违规违纪违法行为,要严肃追究责任。

规划传导机制强调了规划权威,是土地利用规划中不可或缺的一个环节。只有通过严谨的规划传导,才能形成科学合理的土地利用规划体系,为国家和地方的经济、社会和环境发展提供有力支撑。依据其传导内容与传导方式可以归纳为布局传导、控制线传导、指标传导、名录传导、政策传导。5 种传导方式各有侧重,布局传导侧重战略性、结构性安排,控制线传导侧重底线性、约束性要素的刚性传导,指标传导侧重目标性、考核性的任务安排,名录传导侧重专项性、独特性的具体内容,政策传导侧重细致化、全面性的具体要求。5 种传导方式相互配合、相互协调,共同架构了系统化传导机制。

(一)布局传导

布局传导是上级规划的战略意图和本级规划的发展思路转化为空间投影,以空间布局的形式明确表达并形成若干图纸用于指导下位规划。布局传导简明扼要,配套相应实施政策和考核机制,能确保区域发展战略、国土空间格局的有效落实,逐步实现"将每一寸土地都规划清楚"。

布局传导主要包括总体格局、空间分区、设施布局 3 方面。总体格局方面,主要依据主体功能定位和自身地理格局,传导生态、农业、城乡、特色、地上地下、陆海、战略预留空间等的结构性安排,确保形成开放式、网络化、集约型、生态化的总体格局。空间分区在不同层面、不同区域的表达深度有所差异,需下位规划逐级深化落实。市域层面侧重结构性传导,通过明确七大类一级分区对空间区块功能及用地准入作出原则性安排;中心城区和海洋发展区明确二级分区,提出功能布局的原则性安排,确保了中心城区及海域的总体功能布局能有效传导至分区规划或县国土空间总体规划。设施布局主要针对公共服务设施、市政基础设施、防灾减灾设施及其缓冲空间等,以确保各类设施及安全设施的整体布局和大体走向的科学性与合理性。

（二）控制线传导

控制线传导是落实上位规划确定的各类底线要求，以刚性的控制线对面积、分布、边界等予以精确表达并传导的方式。控制线传导内容清晰准确，配合“一张图”形成上下联动的监督实施系统，能够直接指导下位规划的编制，对于守住安全底线、贯彻开发保护格局具有重要意义。

控制线传导主要包含资源环境约束、公共空间引导、基础设施预控 3 大方面。在当前国土空间规划体系中，资源环境约束方面主要依据上位规划的指标要求，落实永久基本农田保护线、生态保护红线、城镇开发边界等“三条控制线”，以及历史文化保护线和矿产资源底线等内容。公共空间引导方面主要包含结构性绿地、城乡绿道、公园等重要绿地，以及重要水体控制范围、中心城市绿线蓝线等内容。基础设施预控主要包括洪涝风险控制线、基础设施用地控制线、中心城区重要基础设施黄线等内容。依据分级事权、刚性程度的不同，对控制线采取差异化的划定方式。以“三条控制线”为例，永久基本农田保护线、生态保护红线在省级总规中统筹确定规模、分布、边界，下位规划须严格落实，城镇开发边界市级总规中划定市辖区城镇开发边界，统筹提出县域城镇开发边界指导方案。

（三）指标传导

指标传导是落实上位规划确定的量化要求，以总量、人均、地均、目标等量化形式在本级规划中予以明确并分配至下级规划的传导方式。指标传导涉及方面广、传导方式灵活，对总体及人均标准、上下限等都能作出明确要求，便于分解落实，是衔接省级规划和县级规划的重要方式。指标具有一定的预期性和调配性，与其他传导方式相配合，与相关专项规划、下位规划充分衔接，可有效落实上位规划各类约束性和预期性的相关要求。

指标传导内容广泛，包含资源环境约束、空间结构优化、公共空间提升、综合防灾保障等方面。资源环境约束主要依据上位规划要求和自身资源环境容量，传导耕地、永久基本农田、林地、建设用地以及水资源、能源资源消耗总量等控制指标。空间结构优化主要依据开发保护格局和发展策略，落实市域用途结构、中心城区用地结构等具体指标。公共空间提升集中于中心城区，主要落实“以人为本”的规划理念，确定公共服务设施用地总量与比例、人均居住用地面积，以及绿地与开敞空间总量、人均面积、覆盖率等指标。综合防灾保障主要依据自然灾害情况，确立防灾减灾目标和设防标准、各类重大防灾设施建设标准等。

（四）名录传导

名录传导是落实上位规划的针对性要求，以名录的形式对名称、面积、分布、责任主体等予以细化、明确表达的传导方式。名录传导内容清晰、直接，能够有效指导下位规划和相关专项规划的编制，对于空间上难以直接表达的内容具有重要的传导作用。名录主要分为资源环境约束、城乡风貌塑造、实施机制 3 个方面。资源环境约束中须依据上位规划和自身资源情况，明确自然保护地、无居民海岛名录。城乡风貌塑造中须落实上位并挖掘本级历史文化资源，确立历史文化遗产保护名录。实施机制方面，须明确两大清单分别为专项规划编制清单、重点建设项目清单。

（五）政策传导

政策传导是落实上位规划确定的标准、原则、措施等各类要求，以便于需落实的各类文件、细则、标准等形式予以明确并传导的方式。政策传导具有全面、细致、指导性强等特点，便于细化落实各类管控要求和相关目标，配套前述四大传导方式，能够有效健全传导体系，确保各项要求在传导及实施过程中不走样。

政策传导方式运用灵活，涵盖了规划编制的多个方面，在管控措施、空间结构、功能布局、风貌塑造、设施配置等方面都有运用。管控措施方面，制定用途准入标准、正负面清单；空间结构方面，确定建设用地集约利用措施、地类转换措施等；功能布局方面，确定公共服务中心体系标准、服务设施和开敞空间配置标准及布局要求、中心城区绿地系统布局和控制要求、社区公共设施及公园绿地均衡性布局要求等；风貌塑造方面，确定保护与利用要求、山水人文格局的引导和管控原则、特色景观地区管控要求等；设施配置方面，确定重要基础设施配置要求、廊道控制要求、防灾减灾设施布局要求等。

三、土地利用计划

（一）土地利用计划的概念

1. 土地利用计划

土地利用计划是指国家对土地资源开发利用作出的部署和安排的中期和年度计划。它是土地利用规划的具体实施计划。编制土地利用计划的依据，是土地利用规划的各级行政区土地利用宏观控制指标。

2. 土地利用计划和土地利用规划的关系

土地利用规划是属于中长远计划的范畴，一般应与国民经济发展计划相一致。土地利用计划的基本任务是根据土地利用规划及国民经济和社会发展计划的要求，对国民经济各个部门的用地作出中期和年度的具体部署和安排。

因此，土地利用计划和土地利用规划之间的关系是：土地利用规划是土地利用计划的综合，是计划的依据；土地利用计划是实施土地利用规划的行政手段，即先有规划，后有计划。土地利用规划和土地利用计划都是土地利用管理的重要内容。对土地资源的开发、利用、整治和保护的统筹安排、综合平衡，达到充分发挥土地综合效益，合理利用土地的目的，都需要借助土地利用规划和计划来实现。在土地利用管理中，土地利用规划和计划是紧密相关的，都是进行合理开发利用土地资源的重要措施。因此，土地利用管理包括编制总体规划、土地开发规划和制定土地利用中长期计划和年度计划以及研究并制定土地利用平衡措施。

（二）土地利用计划的体系

土地利用计划按时间可分为中期计划和年度计划。

1. 中期土地利用计划

中期土地利用计划一般指五年计划，是土地利用规划的阶段性实施计划，尽量和国民经济五年计划相对应。与国民经济五年计划相对应，便于对其土地利用确定的目标、任务作出较为详细的计算，制定具体的指标，为编制土地利用计划提供依据。该项工作可分为 3 个阶段完成：计划编制阶段、计划审批下达阶段和执行阶段。

2. 年度用地计划

年度用地计划是指以 1 年为期的计划，是中期用地计划的具体化。年度用地计划要对中期用地计划所规定的分年任务作出具体安排，但它的指标不是对中期计划的机械分割，而是在不断总结经验的基础上，充分考虑当年的实际情况，对中期计划进行必要的调整和补充。年度计划是对中期计划的具体执行，主要包括 3 个部分：对下年度土地利用结构变化情况预测和确定土地利用的政策目标；反映预期土地利用结构的平衡表；确定土地利用的调节措施。

年度计划的编制、审批和下达与中期计划相同。

土地利用计划的内容，包括农业用地计划、非农业用地计划和土地开发计划，重点是国家对计划年度农用地（含耕地，下同）转用计划指标、耕地保有量计划指标和土地开发整理计划指标等的具体安排。

（三）土地利用计划的编制程序和方法

我国现阶段土地利用计划的编制，采用自上而下、上下结合的办法。中期和年度计划一般采取两下一上，有时也采取两上两下的办法。用地计划由各级土地管理部门负责编制，同级计划部门综合平衡后纳入国民经济和社会发展计划。

1. 土地利用计划的编制程序

（1）首先由地方各级土地管理部门根据计划期内国民经济发展速度、工农业生产发展速度、固定资产投资额、重大项目的安排及土地资源的状况，参考基期（上年）计划执行情况，提出本地区计划期的土地利用计划建设数，逐级上报至国家土地管理部门。

中央各部门投资的建设项目用地，由各部门向国家土地管理部门申报。

（2）国家土地管理部门根据调查研究和各地区、各部门上报计划情况，在广泛听取各方面意见的基础上，对各项用地进行预测和初步平衡，提出用地计划控制数，送国家计划部门综合平衡，经国务院审查批准后，下达各部门和各省、自治区、直辖市、计划单列市（区），以指导他们编制计划。控制数字主要是对土地利用状况的分析，包括对基期计划执行情况的预计、计划期土地开发和利用的重点及需要采取的政策措施和一些主要用地指标的初步设想。

（3）各省、自治区、直辖市、计划单列市（区）和国务院各部门接到国家下达的控制数后，结合本地区、本部门的实际情况，对控制数进行研究，组织所属基层土地管理部门和计划部门对原上报建议数进行修正，并编制出计划草案；由各省、自治区、直辖市、计划单列市（区）和国务院各部门按地区、部门汇总并初步平衡，编制出省级和部门的用地计划草案，上报国家土地管理局和国家计划委员会。

（4）国家土地管理部门在各地各部门上报计划的基础上，进行综合平衡、统筹安排，编制全国的土地利用计划草案，报国家计划部门。国家计划部门将用地计划与国民经济和社会发展各项计划综合平衡后，纳入国民经济和社会发展计划草案，报国务院。经国务院审定后，报请全国人民代表大会审议批准。批准后的正式计划，按隶属关系逐级下达。

在有了较稳定的中期用地计划后，年度用地计划可采取两下一上的程序。

计划下达时间：五年计划一般在计划期开始的前一年度下达到基层单位，年度用地计划要求上年年底下达。

2. 土地利用计划的编制方法

为了提高计划的科学性，需要有一套科学的计划编制方法。编制计划常用的方法有经济分析法、综合平衡法、因素分析法、计划演算法等。下面具体介绍非农建设用地计划编制方法。非农建设用地计划由国家建设用地、乡镇企业建设用地和农村个人建设用地等 3 项用地组成。

1）国家建设用地计划编制方法

（1）系数法　它就是根据反映国民经济相关指标（变量）之间的相对稳定的比例系数，来测算计划期的有关指标。目前在编制国家用地计划时，采用基本建设投资与用地间的比例关系来测算计划期的用地数。

这种方法，首先要对历史上基建投资与占地的系数进行计算分析，还要对计划期内这一系数可能发生的变化趋势进行分析预测，在此基础上确定一个适当的系数，再用计划期基建投资数乘以系数，得出计划期的占地数。

(2)计划演算法　即根据计划期基本建设计划项目和项目用地逐项累计计算，其数量之和就是计划期用地数。

用这种方法，必须全面掌握各级基本建设和更新改造投资项目以及项目的选地和用地定额，才能对计划期的用地数作出准确的测算。计划演算法的优点是准确度高，适于编制基层用地计划，但是这种方法的工作量较大。

2)镇集体建设用地计划的编制方法

(1)因素分析法　它是把质的分析与量的计算有机结合起来确定某项经济指标的方法。

用因素分析法首先要找出影响乡镇集体建设用地的因素，如投资额、投资方向、新增产值等；其次收集以上因素的历史资料，并分析以上因素与用地间的关系，推导出计算公式，再将计划期的有关数据代入计算，得出计划期用地数。

乡镇集体建设用地还未完全纳入计划管理的地区，可采用因素分析法来编制用地计划。但由于这种方法是通过对各种因素的分析间接推测用地数，它与实际情况还会有出入。因此，在执行计划过程中，要严格审批手续来配合计划实施。

(2)计划演算法　乡镇集体建设用地已经纳入计划管理的地区，可采用计划演算法来编制用地计划。

(3)定额法　根据乡镇企业生产用地定额来编制用地计划。这种方法比较简便，只要用上级主管部门规定的各项生产用地定额，乘以生产规模便可以计算出用地数量。

3)农村个人建房用地计划的编制

(1)因素分析法　首先找出影响农村个人建房用地的因素，如人口、耕地、总户数、目前农户居住情况、户均宅基地标准、空闲地面积、人均收入增长情况及其他社会和经济因素，在分析以上因素与用地关系的基础上推导出计算公式。

(2)耕地面积控制法　按照人均耕地面积多少，规定建房占用耕地的百分比。

(3)定额法　根据有关部门所规定的农村宅基地面积，计算出农村个人建房的用地计划。

在具体制定计划时，还要根据农村的实际经济收入、居住条件等因素，区别对待，在公式推导的基础上适当调整，力求符合实际。

在分别编制出以上 3 个用地计划后，根据现有的土地资源状况，对 3 项用地计划综合平衡。

四、公众参与规划

在规划方案制定过程中，需要社会公众和居民的广泛参与。规划方案制定完成后，一般不宜直接进入政府决策过程中，需要通过信息发布，征求更广泛的公众参与意见。公众参与并不是一件新鲜事物，在 17、18 世纪一些西方国家追求“民主政治”时期就开始了，20 世纪 60 年代达到高潮，美国、英国和加拿大等国家都要求在规划程序中包括公众参与，至今已形成比较完善的公众参与理论和实践体系。而我国的公众参与起步较晚，1991 年我国在亚洲银行提供赠款的环境影响评价中首次提出公众参与问题，随后公众参与逐渐应用于环境规划、城市规划等领域。

随着社会经济的发展和民主政治的进步，人们的公众意识也日益提高。土地利用规划是一种调配土地资源的重要手段，公众参与土地利用总体规划的编制、实施和监督等具体环节，可以使土地利用规划更具有科学性和可操作性，更具有重要的现实意义。

（一）公众参与土地利用总体规划的必要性

从公共决策角度看，传统观点认为决策是国家机关的独有权力，公众只有服从的义务而无权干预。社会权力的兴起让人们意识到几乎每一项重大决策的受影响者都是公众自身，公众应该有权力在决策过程中体现自己的意愿并起到应有的作用；同时，政府作为一个“经济人”，在参与公共决策时有自私的动机，从而导致政府决策中的决策无能和决策失误，公众参与决策就可以改变这种状况，提高政府决策的理性化。另外，由于社会公众参与，扩大了决策资源的提取范围，增强了政治体系的利益整合功能，因此公共决策能够反映最大多数人的意志，能更好地协调社会各种利益关系，从而增加社会公众的认同感，推动政策的顺利执行。因此，公众参与是决策中的重要环节，是“以人为本”精神的重要表现。

土地资源是一种重要的公共资源，而土地利用规划是政府调控土地资源合理高效利用的重要手段，它不仅调控土地利用，同时还协调公众在土地利用上的利益。因此，土地利用规划的编制是一个公共管理决策过程，在这个过程中同样需要公众参与。从我国土地利用总体规划编制和实施经验来看，经过不断艰苦探索，无论在理论方法还是实践方面都取得了显著成效，对于加强我国土地宏观管理、协调各业用地、保护耕地、合理开发利用后备土地资源发挥了重要作用。然而，由于我国土地利用总体规划编制的历史较短，经验不足，在规划编制的科学性和可操作性上还有待于进一步深入和完善。究其原因，除了规划执行“流产”，规划本身也应深刻反省，它的科学决策问题是一方面，它的民主决策缺失也是重要的一方面。

因此，要加强公众参与土地利用总体规划，增加规划的社会可接受性和可操作性。首先，公众参与可以协调各主体间的利益，使决策符合最大多数群众的意愿，实现社会公平，保证社会健康发展；其次，土地利用总体规划的制定和实施涉及技术、行政、经济、社会等多个学科领域，同时又需要多部门、多主体的认可和协作，公众参与能够集思广益，使规划更为科学；再次，通过公众参与，可以建立互相信任、互相学习、互相聆听的对话机制，使规划编制从开始就广泛征求群众意见，将提高规划的有效性和实施的可行性；最后，群众也将要求享有更多民主决策的权利，并要求政府管理工作透明度增加，使公众监督成为一股重要的社会监督力量而影响规划决策，减少由暗箱操作及由此导致的不平等和腐败的产生。

（二）我国公众参与土地利用规划现状及存在问题

近年来的规划中，多部门的参与和公告公示制度已经得到了充分的体现，社会参与的成分已经相当明显，起到的作用也是比较突出的。规划从编制到审批，都普遍征求各相关行政部门以及一些重要建设单位的意见。但是，我国土地利用规划的制定与实施，基本上还是一个“自上而下”的过程，在此过程中，公众的参与力度还很不足，对规划只有遵守和执行的义务。

(1)规划编制阶段　主要是由规划设计机构通过调查或走访的方式让公众参与，但这种参与是被动参与，范围仅仅限于被调查的几个问题，带有规划者的主观愿望；同时，在调查走访时通常是了解与此次规划相关的各方面意愿，协调各方主体的利益要求，未能有效反映弱势群体的利益要求，缺乏广泛性。

(2)规划审批阶段　对规划的审查基本上是由专家、学者和规划管理者组成来进行的，难以代表广大公众的呼声。因此，规划评审结果，往往对广大公众缺乏公平性与公开性，对于其他利益团体来说其利益的分配也欠缺平衡性。

(3)规划编制实施阶段　当某项建设问题已经对公众利益造成损害时，公众才会借助市民热线、新闻媒体、甚至诉讼等方式提出这些问题。这其实是事后的、被动的公众参与。公众舆论监督缺乏相应法律保障，公众意见容易流于形式。

总体上，我国的公众参与土地利用总体规划还处于一个起步的阶段，还存在以下几个方面问题：一是规划编制过程公众参与程度低；二是规划成果的公告虽然启动，但是多数地方并没有建立完善的公众意见反馈机制；三是公众参与形式限制了社会影响面；四是规划公告内容缺乏直观性，限制了公众的理解和接受程度。

(三)我国公众参与土地利用规划的框架初步设定

我国的土地利用规划体系有5个层次，从全国到乡镇土地利用规划，不同层次的规划编制和实施办法不同，公众参与的框架应当与之相适应，也应当有所差别。国家、省、地市的规划多是宏观战略方面的研究和制定，而县乡级规划较详细，操作性强。因此，可以将公众参与框架设定为两个类型，即公众参与国家、省、地市级土地利用规划框架和公众参与县乡级土地利用总体规划框架。本文仅探讨公众参与县乡级土地利用规划框架。

公众参与土地利用规划的总体框架的设定主要是为了使公众参与具有可操作性，它包括了参与主体的界定、参与阶段的划分、参与内容的确定、参与方式的选择，以及参与机构的设置，以便保证公众能够有效参与土地利用总体规划。

1.公众参与阶段、方式及内容

做好公众参与的活动规则，明确公众参与土地利用规划的阶段，是公众参与有效实施的关键。因此，公众参与阶段分为规划准备阶段、规划方案形成阶段、规划协调论证阶段、规划成果审批阶段、规划成果完成阶段和规划实施阶段。另外，从理论上讲，公众可以参与土地利用总体规划的任何部分，但从效率角度看，应选择经济上合理、技术上可行、时间上允许的部分实施公众参与。同时选择适当的参与方式，也可以提高参与效率，降低参与成本。

(1)编制规划的准备阶段　通过广播、电视、报纸、网络等媒体向公众公布土地利用规划修编信息，使公众参与一开始就进入规划程序中。向公众公布的内容包括：土地利用规划修编的正式决定、宣传土地利用规划的作用、规划领导组织和业务组织、整个规划的安排等。

(2)编制规划方案形成阶段　通过公众意愿调查和问题讨论会等形式，了解与此次土地利用规划相关的单位及个人的意见和想法，把他们的意愿带入规划草案中，使土地利用规划方案尽可能与公众利益一致。通过调查，可以给规划人员提供经过统计的、有代表性的信息，这些信息可以反映一定数量的公众意愿和观点，并保留备案，将来附于规划成果中，作为规划文件的组成部分。

(3)规划协调论证阶段　土地利用规划方案初步完成后，形成多方案的规划图、规划文本和规划说明，此时应组织公众参与土地利用规划方案的讨论。面对直观形象的规划图，公众往往又会出现不同的想法和建议，从而会产生不同的规划方案。规划人员应尊重公众意见，并充分考虑，最终形成一个吸收了其他方案优点的实施方案。

(4)规划成果评审阶段　土地利用规划成果审查不能仅靠领导来决定，也不能仅靠专家来评审，而应由土地行政主管部门和公众共同参与成果的审定。一方面，可由普通公众代表参与到大规划评审决策组织中；另一方面，可单独组织公众听证会或公众审查会，以听取公众意见。

对规划成果的意见、建议，都将汇入规划编制工作档案，如果规划将有较大的改动，这一阶段还应重复举行。

(5)规划成果完成阶段　土地利用规划成果经各方面审查通过后，土地行政主管部门和规划设计单位应该将规划成果通过规划展览会、电视、报纸、广播、网络等向公众公布，其目的是让公众加深对土地利用总体规划的理解，为土地利用总体规划的成功实施奠定坚固的群众基础；同时应尽量听取多方面意见，以便修订和完善土地利用总体规划。为便于公众理解，规划成果展示应尽量采取直观易懂的形式，如采用模型、图片等。

(6)规划实施阶段　土地利用规划的实施往往要发挥公众舆论的监督作用，才能得以成功。公众有权了解土地利用总体规划的实施进展状况。如果在实施过程中，土地利用总体规划未能按规划实施，土地行政主管部门和规划设计单位应向公众作出详尽说明，以取得公众的应允。另外，公众有权了解规划实施情况，规划部门及其他相关部门、规划师应设置专门的接待时间，进行规划实施的现场接待或建立规划热线。

2. 公众参与组织机构

要实现公众参与，还要有一定的组织机构作为保证，否则公众参与将难以得到保证。土地利用规划中的公众参与机构设置包括两种形式：一是土地行政主管部门以行政力量来主导并整合公众参与土地利用规划事务设置的公众参与的非常设机构，即公众参与的"半政府组织"，如土地利用总体规划公众咨询中心、土地利用规划委员会等；二是独立于行政组织之外的关心土地利用总体规划的公众组成的团体，即公众参与的"非政府组织"。

在国外，由于利益的多元化带来了权力的社会化与决策的民主化，民主社会的利益表达渠道多种多样。除了代议制度之外，非政府组织成为重要的公民表达自己意愿的社团性利益集团，而且其凭借强大的组织实力、广泛的民众参与和有力的法律保障，发挥着重要作用。在我国，由于缺乏规范非政府组织的制度，民众的社团意识也比较薄弱，非政府组织发挥的作用并不明显。因此，结合当前实际，我国公众参与土地利用规划的组织机构要以半政府组织为主，培育和鼓励非政府组织的参与。随着我国立法的完善和公众素质的提高，非政府组织将是公众参与土地利用总体规划的重要力量。

(四)我国公众参与土地利用总体规划的保障措施

1. 放权规划管理，转变政府职能

公众参与和政府分权是共生的，管理权限下放实质上为公众参与提供了可能性，真正的公众参与在于政府把某些原来由政府包办的社会功能下放或"交还"给社会。在向社会主义市场经济体制转变的过程中，政府必须转变职能，简政放权，把其所包揽的社会管理权归还给社会，实行"政社分开"。政府只能通过规划决策、管理权力下放和立法才能保障公众参与的实施。

2. 广泛宣传，增强公众参与的意识

规划是一项事关全社会发展前途的公众事业，必须让全社会认知规划、理解规划、支持规划和最大限度地参与规划。而广泛宣传规划，让规划家喻户晓，不仅是规划部门责无旁贷的一项工作，也是政府必须为之努力的一项任务。同时，必须将这一工作始终如一地贯彻到土地利用总体规划的全过程。通过政务公开，增强工作的透明度；通过坚持公开、公平、公正的原则，强化公众参与的热情，彻底解决规划流于形式的现象，使规划更具合理性和科学性。

3. 确立法律体系，规范公众参与的程序

土地利用规划是一种公共权力，其目的是为大多数人的公共利益服务的。但是我国土地利用总体规划中的规划编制、规划决策、规划管理之间没有相应的法定监督合作关系，规划编制和实施极易形成“权力说了算”的局面，因此，公众参与规划必须有法律、法规、体制等的一系列保证。通过制度和法律保障，使公众参与规划的权力得以实现，以提高土地利用规划决策民主化的进程；同时，要确定公众参与阶段、参与内容、参与主体，以及实施过程参与的监督范围，以确保规划的全过程都有公众的参与。

公众参与规划的本质就是体现以人为本、维护社会公平和追求社会民主，它是时代发展的趋势，将发挥越来越重要的作用。而我国的公众参与土地利用总体规划还处于一个起步阶段，无论是从公众参与的立法、制度、机构组织，还是从具体的实施方法来看，都存在着很大的不足，需要进行理论和实践方面的探索，寻求一条具体的、切实可行的土地利用规划公众参与之路，使土地利用规划真正体现公众利益，服务于公众。

五、规划审批管理

（一）规划编制审批部门

我国土地利用规划的审批体系按照分级分类的原则确定。当前规划体系下，总体规划中全国国土空间规划由自然资源部会同相关部门组织编制，由党中央、国务院审定后印发；省级国土空间规划由省级政府组织编制，经同级人大常委会审议后报国务院审批；需报国务院审批的城市国土空间总体规划，由市政府组织编制，经同级人大常委会审议后报国务院审批后，由省级政府报国务院审批；其他市县及乡镇国土空间规划有上级政府根据当地实际情况，明确规划编制审批内容和程序要求。

在城镇开发边界内的详细规划，由市县自然资源主管部门组织编制，报同级政府审批；在城镇开发边界外的乡村地区，由乡镇政府组织编制“多规合一”的实用性村庄规划，作为详细规划报上一级政府审批。

海岸带、自然保护地等专项规划及跨行政区域或流域的国土空间规划，由所在区域或上一级自然资源主管部门牵头组织编制，报同级政府审批；涉及空间利用的某一领域专项规划，如交通、能源、水利、农业、信息、市政等基础设施、公共服务设施、军事设施，以及生态环境保护、文物保护、林业草原等的专项规划，由相关主管部门组织编制。

按照“谁审批、谁监管”的原则，分级建立国土空间规划审查备案制度。精简规划审批内容、管什么就批什么。直辖市、计划单列市、省会城市及国务院制定城市的国土空间总体规划，由国务院审批。相关专项规划在编制和审查过程中应加强与有关国土空间规划的衔接及“一张图”的核对，批复后纳入同级国土空间基础信息平台，叠加到国土空间规划“一张图”上。我国国土空间规划编制审批体系见表10-1。

（二）规划审查要点

2019年5月，自然资源部出台的《关于全面开展国土空间规划工作的通知》中对各级国土空间规划的报批审查要求作了明确规定，对省级和市县国土空间规划，侧重控制性审查，重点审查目标定位、底线约束、控制性指标等，并对规划程序和报批成果形式做合规性审查。

省级国土空间规划审查要点包括：①国土空间开发保护目标；②国土空间开发强度、建设用地规模、生态保护红线、自然岸线保有率、耕地保有量及永久基本农田保护面积、用水总量和强度控制等指标的分解下达；③主体功能区划分、城镇开发边界、生态保护红线、永久基本农田的协调落实情况；④城镇体系布局、城市群、都市圈等区域协调重点地区的空间结构；⑤生态屏障、生态廊道和生态系统保护格局，重大基础设施网络布局，城乡公共服务设施配套要求；⑥体现地方特色的自然保护地体系和历史文化保护体系；⑦乡村空间布局、促进乡村振兴的原则和要求；⑧保障规划实施的政策；⑨对市县级规划的指导和约束要求。

表 10-1　国土空间规划审批体系

	规划类型		编制	审批
总体规划	全国国土空间规划		自然资源部会同其他部门	国务院
	省级国土空间规划		省级人民政府	同级人大常委会审议后报国务院
	市县乡镇	国务院审批的市级国土空间总体规划	本级人民政府	同级人大常委会审议后，由省级人民政府报国务院
		其他市县和乡镇国土空间规划	本级人民政府	省级人民政府明确内容和程序要求
详细规划	城镇开发边界内		市县国土空间规划主管部门	市县人民政府
	城镇开发边界外的乡村地区：乡村规划		乡镇人民政府	市县人民政府
专项规划	海岸带、自然保护地等专项规划及跨行政区或流域的国土空间规划		所在区域共同的上一级政府自然资源主管部门	所在区域共同的上一级人民政府
	以空间利用为主的某一领域专项规划		相关主管部门	国土空间规划“一张图”

国务院审批的市级国土空间规划审查要点，除对省级国土空间规划审查要点的审查外，还包括：①市域国土空间规划分区和用途管制规则；②重大交通枢纽、重要线性工程网络、城市安全与综合防灾体系、地下空间、邻避设施等设施布局，城镇政策性住房和教育、卫生、养老、文化体育等公共服务设施布局；③城镇开发边界内、城市结构性绿地、水体等开敞空间的控制范围和均衡分布要求，各类历史文化遗存的保护范围和要求，通风廊道的格局控制要求；④中心城区城市功能布局和用地结构等。

其他市、县、乡镇级国土空间规划的审查要点，由各省（自治区、直辖市）根据本地实际，参照上述审查要点审查。

（三）规划报批审查方式与修改

国土空间规划相较于原土地利用规划简化了报批流程，审查时间也相应压缩，省级国土空间规划和国务院审批的市级国土空间总体规划，自审批机关交办之日起，一般应在 90 天内完成审查工作并上报国务院审批。

规划一经批复，任何部门和个人不得随意修改、违规变更，防止出现换一届党委和政府改一次规划。因国家重大战略调整、重大项目建设或行政区划调整等确需修改规划的，须先经规划审批机关同意后，方可按法定程序进行修改。

参考文献

[1] 黄永进，基静萍，孙华芸，等. 遥感技术在“一张图”实施监督系统中的应用. 测绘通报，2021(4):156-159.

[2] 洪武扬，唐豪. 深圳城市生态空间监测评估体系的建设与应用. 中国土地，2021(4)：44-45.

[3] 钟镇涛，张鸿辉，刘耿，等. 面向国土空间规划实施监督的监测评估预警模型体系研究. 自然资源学报，2022，37(11)：2946-2960.

[4] 王伟. 国土空间整体性治理与智慧规划建构路径. 城乡规划，2019(6)：11-17.

[5] 张健，王旭，李强. 国土空间规划监测预警机制建构逻辑与策略. 中国城市规划学会，2021：680-687.

[6] 吴次芳. 国土空间规划. 北京：地质出版社，2021.

[7] 田莉. 土地利用规划. 北京：清华大学出版社，2022.

[8] 张健，王旭，李强. 国土空间规划监测预警机制建构逻辑与策略//中国城市规划学会，成都市人民政府. 面向高质量发展的空间治理——2020 中国城市规划年会论文集(13 规划实施与管理). 北京：中国建筑工业出版社，2021.

第十一章　规划的信息化系统建设与应用

第一节　概　述

土地利用受自然地理条件约束，也受经济社会等各种人类活动影响。因此，土地利用规划需要在统筹考虑自然地理和经济社会各类要素的基础上进行编制。土地利用规划信息系统建设是国土资源信息化的重要组成部分，在整个国土资源信息化建设中占有非常重要的地位，是土地管理方式实现根本转变的关键环节。以大数据、云计算、移动互联网和人工智能等为代表的新一代信息技术正与社会经济各行业、各领域深度交叉、跨界融合，成为推动新一轮科技革命、产业变革、政府治理能力提升的新动力和新途径。这些新的信息技术为高效、智能化编制土地利用规划并对规划实施情况进行监测提供了新的数据来源和技术手段。开发建设土地利用规划信息系统，可以为土地利用规划编制和实施监督提供数字化和智能化支持，助力国土空间治理体系和治理能力现代化。

一、土地利用规划信息化相关概念

（一）规划"一张图"数据库

规划"一张图"数据库指以国土资源调查监测成果为基础，整合与土地利用规划相关的土壤、气象、地形、社会经济等现状数据，形成坐标一致、边界吻合的规划底图数据，运用平台按照统一技术标准集成不同层级、不同类型的规划成果，形成覆盖全域、动态更新、权威统一的土地利用规划数据资源体系，以便服务于土地利用规划编制、审批，实施监督管理。

（二）规划信息化平台系统

在规划"一张图"数据的基础上，按照"共建、共用、互联、共享"的原则，构建统一的规划信息平台，实时获取统计、发改、生态环境、住建、交通、水利、农业农村、气象等部门的相关信息，以及互联网、物联网等相关数据，建立多源数据的汇聚、集成与智能分析机制，为土地利用规划编制、审批、实施监督、分析决策等提供数据支撑和技术保障。

二、规划信息化发展历程

改革开放以来，我国规划信息化快速发展并取得了巨大成就。我国规划信息化发展历程可分为 3 个阶段：第一阶段是 1980 年到 2000 年，为规划信息化探索阶段。这一阶段规划信息化主要依靠遥感数据应用、计算机辅助设计和制图（CAD）、城市地理信息系统（UGIS）、基础空间数据建库，以及基于工作流的办公自动化系统（OA）、电子报批等信息化辅助手段的引入，完成了整个行业的信息化启蒙过程。这一时期信息化特点是通过电子化大大提升了规划工作效率。第二阶段是 2000 年至 2013 年，为 GIS 技术辅助规划信息化阶段。2000 年以后，以 GIS、全球定位系统 GPS 和遥感 RS 等"3S"技术为主导的地理信息产业的蓬勃发展，极大推动了规划的信息化。这一阶段信息化特点是通过 GIS 技术搭建了土地利用规划数据库，满足了规划编制、审批和指标管控的要求。第三阶段是2013年至今，为大数据助力规划信息化应用阶段。随着信息通信技术的发展，国土资源数据的采集范围更大、类型更多、精度更高，面对多源海量数据，规划管理者对规划数据资源整合、分析建模和应用服务等方面提出了更高要求。这一阶段大数据模型、人工智能、万物互联的信息技术变革，深刻影响了规划行业，规划信息化技术正逐步实现“以数据为驱动、以算法为核心、靠人工智能辅助”的迭代升级。

三、规划信息化建设的意义

随着国家生态文明体制改革的深入推进与数字中国建设的快速发展，新时期规划“一张图”建设要求面向全域国土空间、山水林田湖草沙全要素以及国土空间开发利用全生命周期进行数字化管控与精细化治理，这就需要把规划编制、实施和监管全过程作为一个整体来看待。通过规划信息化建设，在规划前期研究阶段，统一底板能够消除多源数据矛盾；进入编制阶段，通过平台构建的数学模型，可以为城市发展趋势作出科学预测，为区域用地安排提供更为精准的空间参考；在规划实施和监督阶段，通过大数据分析算法，快速完成常态化、动态化的城市体检和评估，实现动态监测和预警机制，引领规划管理科学发展。

第二节　土地利用规划“一张图”数据库建设

一、土地利用“一张图”数据体系建设

土地利用规划“一张图”以基础测绘成果为地理基础，按照统一的坐标系统和数据标准，对各类数据进行标准化整合集成。

集成陆地数字高程模型三维数据、数字表面模型三维数据、海底地形三维数据、城市三维模型数据，陆地地形地貌等基础地理数据、海洋基础地理数据，多时相遥感影像数据，形成“一张图”的基底层数据。

集成第三次全国国土调查数据及变更调查数据，森林、草原、水、湿地、海域海岛等专项调查数据，地理国情普查和监测数据，重点区域监测、地下水监测、海洋资源监测、生态状况监测等专题监测数据，应急监测数据，形成“一张图”的地表覆盖层数据。

集成岩石、砾石、沙和土壤等调查数据，形成“一张图”的地表基质层数据。

集成陆地地质调查数据、海洋地质调查数据、地质灾害调查数据，矿产资源数据，地下空间利用调查数据，形成“一张图”的地下资源层数据。

集成各级、各类土地利用规划数据，形成“一张图”的管控层数据。

集成自然资源确权登记和不动产登记数据，自然资源资产数据，地政、矿政、海政、测政等日常审批和监管业务管理数据，形成“一张图”的管理层数据。

集成社会、经济、人口、互联网信息等数据，形成“一张图”的大数据支撑层数据。

二、土地利用规划“一张图”数据库建设

规划信息化系统建设的核心是构建统一、权威的土地利用规划“一张图”数据库。根据国家及区域规划数据库标准，结合研究区域实际情况，对业务单位和空间数据，按照现状、规划、管理和社会经济四大核心库进行分类、处理和入库，从而建立统一的土地利用规划“一张图”数

据库编目、数据视图以及数据模型。

现状数据库包括基础地理、资源调查、耕地农用、城乡建设、生态环保等 14 大类数据；规划数据库包括总体规划、专项规划、详细规划、三区三线、城市建设规划等 12 大类数据；管理数据库包括土地管理、规划管理、不动产登记、海洋管理等 6 大类数据；社会经济数据库包括社会数据、经济数据以及人口数据等 3 大类数据(图 11-1)。

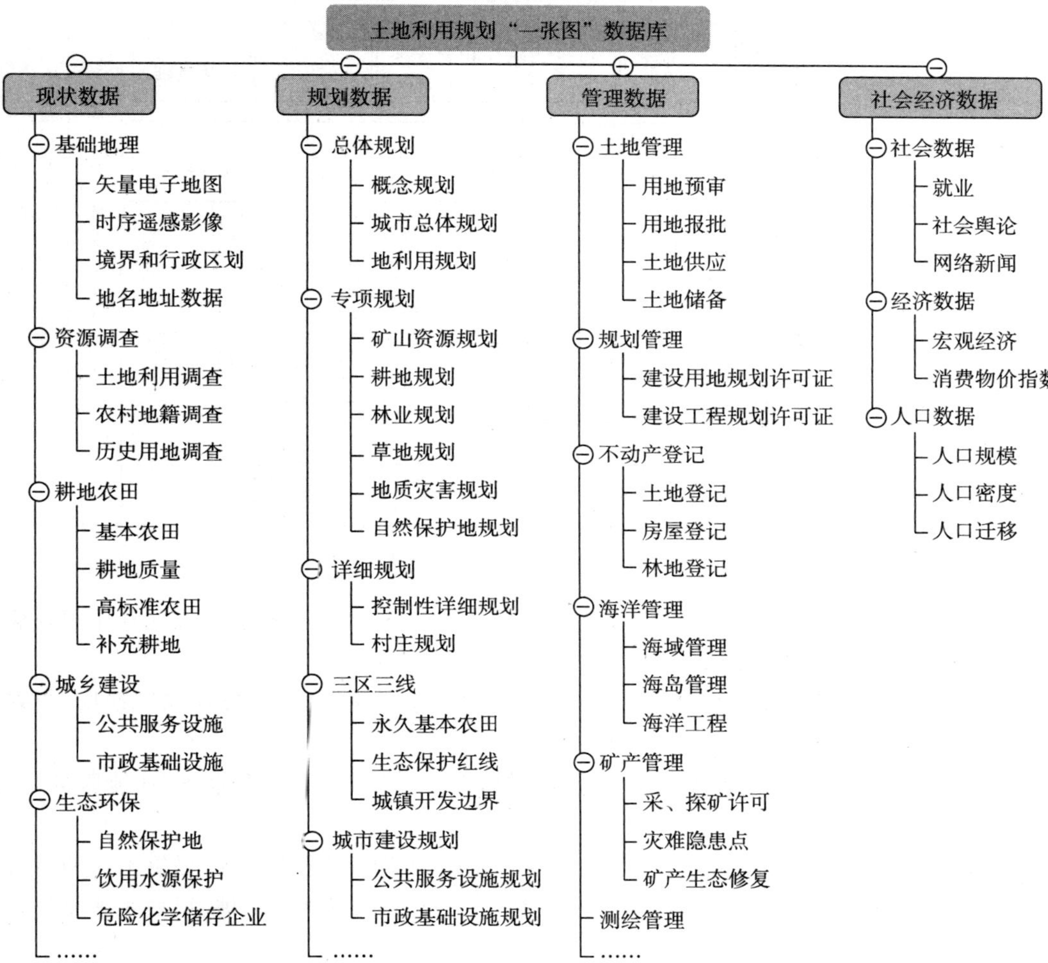

图 11-1　土地利用规划数据库

第三节　土地利用规划的信息化平台系统建设

一、建设目标

充分运用物联网、5G、大数据、云计算、人工智能等先进信息技术和手段，建立土地利用规划信息化平台系统，提供信息化工具与手段，基于“一张图”数据基础，辅助土地利用规划编制、审批、实施、监测、评估、预警、考核、完善等完整闭环的规划及实施管理，借助信息化系统，提升规划全过程的数字化和智能化水平。

二、技术框架

系统总体框架包括基础设施层、数据层、支撑层、应用层和用户层，如图 11-2 所示。

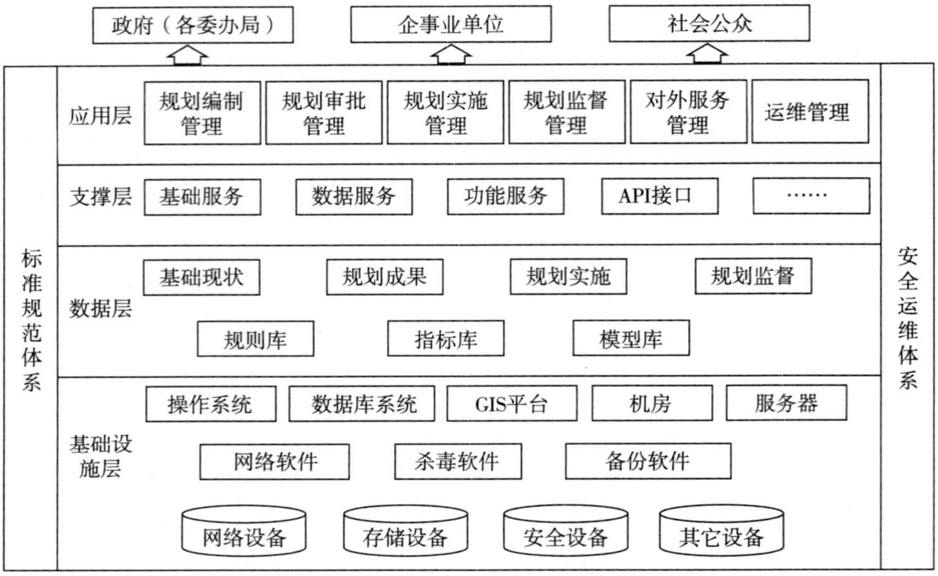

图 11-2 系统建设总体框架图

（1）基础设施层　基于自然资源管理整体信息基础设施，主要包括满足土地利用规划业务需求的网络资源、计算资源、存储资源和安全设施等软硬件条件。

（2）数据层　包括自然地理、经济社会、土地利用等基础现状数据、规划成果数据、规划实施数据和规划监督数据等多源多模态数据。

（3）支撑层　以国土空间基础信息平台为支撑，提供基础服务、数据服务、功能服务等，供应用层使用和调用。

（4）应用层　面向土地利用规划的编制、审批、修改和实施监督全过程，提供土地利用适宜性和承载力评价、土地利用效率评价、规划图件制作、规划成果审查与管理、规划实施监督和社会服务等功能。

（5）标准规范体系　按照全国一盘棋的思想，建立系统建设的相关标准规范，各地可根据实际情况细化和拓展相关标准，指导规范系统建设和运行。

（6）安全运维体系　建立安全管理机制，确保系统运行过程中的网络安全、数据安全和应用安全，确保系统平稳运行。

三、主要功能

规划信息系统应包括数据管理、分析评价、规划编制、规划审批、规划实施监督、社会公众服务等主要功能（图 11-3）。

（1）数据管理和分析功能　建立灵活可配置的后台数据资源管理、持续动态的数据更新机制、高效可视化的前端数据展示能力，提升数据应用服务能力。通过数据资源注册、建立数据

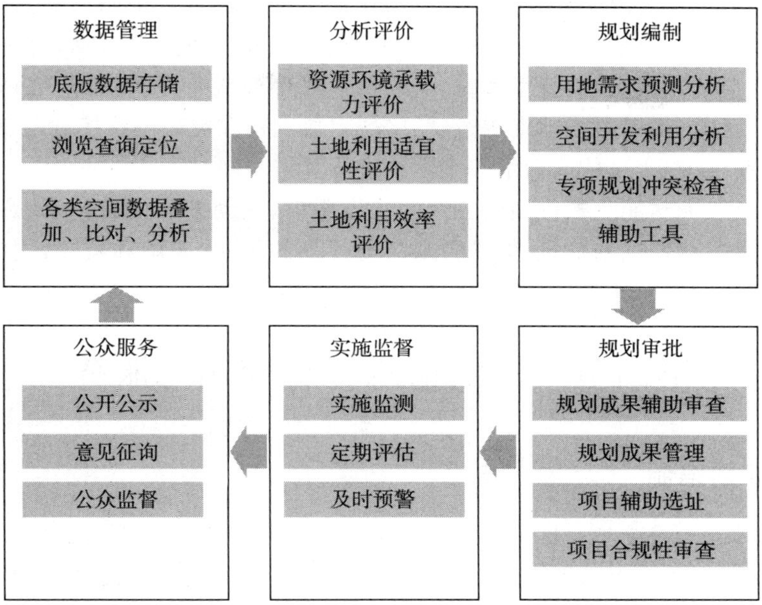

图 11-3　规划信息系统主要功能示意图

目录、配置数据权限，实现对“一张图”应用模块中的数据和文件进行统一管理。编录元数据信息，形成数据资源的信息列表；按照统一的数据资源编码与分类，建立数据目录体系；根据不同层级自然资源相关部门用户，配置相应的数据浏览权限；建立持续动态的数据更新机制，形成覆盖全域、动态更新、权威统一的土地利用规划一张图数据库。在三维空间引擎下，实现 GIS、栅格、倾斜摄影、BIM、文本等多类型数据的统一调用，按照数据资源目录进行浏览、查询、定位，满足相关规划指标、规划文本和图件等多源多类型数据的集成浏览与查询需求，满足土地利用规划在编制与管理过程中对各类空间数据叠加、比对、关联、分析、统计等需求，支撑业务管理工作。

(2)分析评价功能　基于一张图数据基础和相关算法、模型，按照人与自然和谐共生理念，形成支撑开展土地利用适宜性和承载力评价、土地利用效率评价等人地关系空间分析评价功能。

(3)辅助规划编制功能　面向规划编制单位，基于规划一张图数据库，在双评价、双评估基础上，通过对未来用地需求的预测，实现土地利用规划图件在线制作，提供专题图制作输出、规划成果的冲突检测分析和辅助空间规划编制的划区定线等工具集，基于制图模板，快速成图，支持在线标注和成果导出和打印功能，辅助规划编制。

(4)规划辅助审查功能　包括不同层级规划的符合性审查和与其他专项规划的协调性审查。规划辅助审查功能主要包括成果完整性检查、表述规范性辅助审查、图文一致性检查、指标符合性检查、空间一致性检查、规划冲突检查等。在项目选址、用地审批、执法督察阶段，针对建设项目的范围，检查其是否符合土地利用规划的管控要求，是否符合其他专项规划的相关要求，确定项目空间合规性，为用地预审、用地计划、转用审批、填海批准等业务等提供应用支撑。

(5)规划实施监督功能　构建规划实施监测预警的指标体系与模型，对土地利用规划实施情况展开长期监测、定期评估和及时预警，以信息化手段支撑责任部门监督落实主体责任，辅助管理者决策。根据监测预警指标体系，动态采集、接入并汇集多源数据，对土地利用主要要素变化进行长期监测；通过建立模型和量化分析，针对性开展专项评估，对规划执行情况以及规划科学性进行评价；重点对土地资源过度开发、粗放利用和突破红线控制范围的行为进行及时预警，并通过系统推送、短信或微信等多途径进行预警告知。

(6)社会公众服务功能　提供面向公众的规划服务，主动开展公开公示、意见征询和公众监督，让公众更易于获取规划信息，促进公众参与规划的编制、实施和监督，更好地服务公众，提高规划质量和执行力。

第四节　规划信息平台应用与服务

一、服务规划编制

传统的规划编制，需要对大量数据进行分析整合处理，在数据矢量化、统一坐标、夯实底图数据等方面耗时巨大。随着 GIS、云计算、大数据分析等基础软硬件设施日渐完备，以数据和算法为核心的规划信息平台能够为规划编制工作提供“格式规范、坐标统一、分层管理”的数据库、指标库和模型库，实现规划基础资料数据收集、整理、存储以及共享的信息化。在此基础上，开展资源环境基础评价，掌握区域资源本底。与此同时，运用专业模型算法，提供不同场景设定下各类土地要素的配置方案和规划空间布局方案，最终选定与区域发展诉求相匹配的规划方案(图 11-4)。

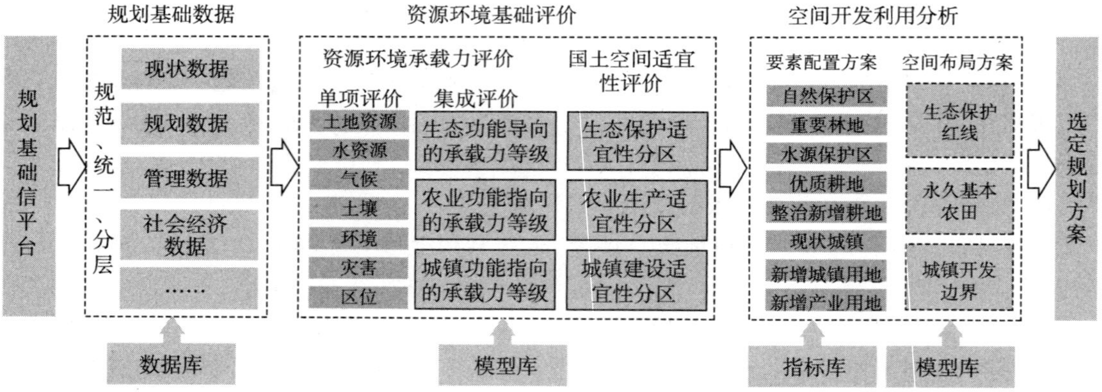

图 11-4　规划基础信息平台服务于规划编制应用的流程示意图

(一)基础数据处理

信息化平台提供统一坐标、统一格式的数据底板，包括现状数据、规划数据、管理数据、社会经济数据等。在成果组织上，可以按图层、专题、要素等方式进行组织，满足规划编制人员的多样化需求；在成果可视化方面，信息平台提供不同比例尺的对应动态显示图形，包括符号、颜色、线型和标注。

目前，国家级国土空间基础信息平台(1.0 版)已经集成了现状数据、管控数据、管理数据以及社会经济数据等四大类的基础信息。地方结合自身需求也可以基于平台开发面向城市管理规划与土地利用方面的系统。以徐州市智慧国土辅助分析系统为例，该系统集成了区域内土地利用现状、总体规划、耕地质量、生态红线、矿产资源、地质、不动产登记单元、历年遥感影像，以及城市总体规划等各方面的信息(图 11-5)。

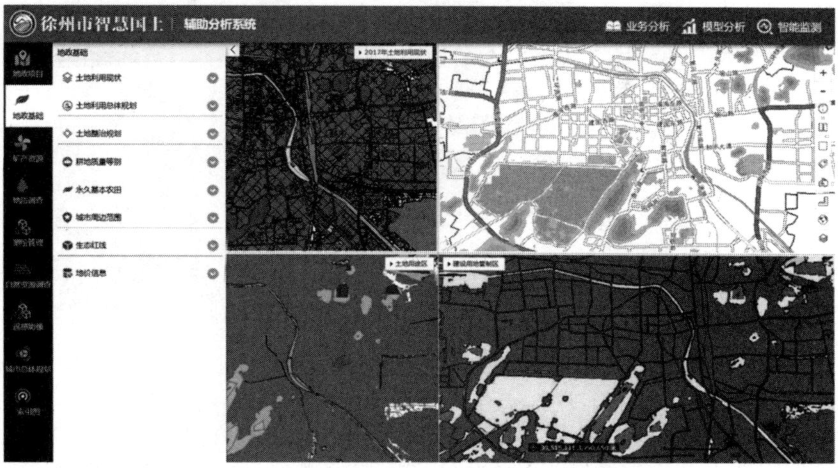

图 11-5　徐州市智慧国土辅助分析系统

(二)资源环境基础评价

依托规划基础信息平台，运用人工算法，建立一系列专业、丰富、智能化的评价分析模型，如水资源分析、生态脆弱性分析、区位优势分析等，为规划编制的前期研究提供科学可靠的技术支持。评价成果部分涵盖各单项评价和综合集成评价，并通过分级目录的形式组织起来(图 11-6)。

图 11-6　国土空间规划分析评价模型示意图

以贵安新区国土空间规划“一张图”实施监督信息系统的规划分析评价模块为例，该模块可为每项资源环境要素单项评价、集成评价提供数据处理、要素分级、阈值率定、优化修正、空间分析、统计图表等功能，实现了智能化的评价分析、成果核验和输出(图 11-7)。

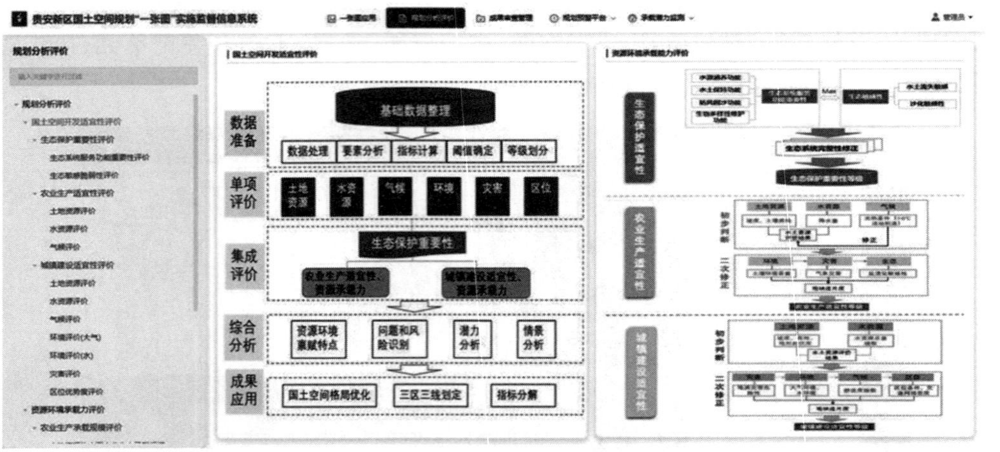

图 11-7　规划分析评价成果组织示意图

（三）空间开发利用分析

运用规划基础数据和资源环境基础分析成果，围绕规划目标和区域个性发展需求，设定资源要素配置优先序规则。例如，以城镇发展为主导的资源配置和以耕地保护优先的资源配置，会得到两种不同的土地资源要素配置方案。依据信息平台设置的规则库及规则库引擎，能够快速检测出要素资源冲突的区域，对存在冲突的图斑进行分析和协调，提出规划编制范围内要素优化配置方案和空间布局方案。

以武汉 WPDI 规划量化分析平台为例，作为武汉市规划研究院为规划人员量身打造的全流程在线工作平台，基于规划指标计算方法、规划实践经验设计五大类规划分析模型，辅助规划方案编制和决策，以规划 15 分钟生活圈为例，通过平台集成的等时圈分析工具，规划人员只需选择起始点、交通方式及交通时长，即可获得分析结果，以此支撑规划全场景的应用（图 11-8）。

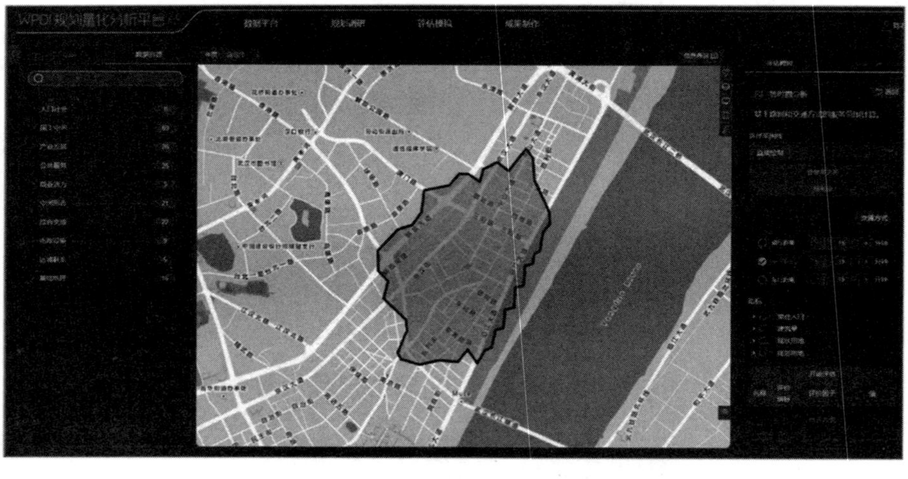

图 11-8　等时圈分析工具示意

二、规划实施管理

规划实施管理应用模块主要提供辅助项目选址、项目合规性检查、专项规划冲突分析等服务功能。规划实施过程中往往需要多部门协同参与和多源数据叠加分析，通过规划信息化平台预设模型库、标准库和指标库，快捷地存储、调用、分析大量空间数据，实现各类专题底图、表格可视化，极大简化工作环节；同时，通过平台内设置的使用权限和反馈机制，各部门决策者之间信息共享、交流和意见反馈，促进协同办公，提高决策的准确性和工作效率。

（一）辅助项目选址

辅助项目选址功能模块是为项目用地选址提供标准化数据分析服务。即依据既有选址经验，整理出不同类型项目选址的影响因子，将规划和专业部门管控要求传导至项目选址，搭建选址模型，输入选址项目参数，如项目的基本信息、选址条件等，利用模型运算分析推荐可选用地块，并提供多方案多指标的分析和评估，辅助最终方案确定。

（二）项目合规性检查

项目合规性检查模块主要是面向相关部门的项目审查人员，依据项目合规性检查规则，提供建设项目的合规性审查分析功能。一般在建设项目用地预审与选址、农转用审批阶段，通过该模块，导入建设项目的范围，通过与生态保护红线、永久基本农田、城镇开发边界、土地利用现状、土地利用总体规划、城市总体规划，以及相关专项规划数据进行空间分析，检查其是否符合规划的管控要求，是否符合其他专项规划的相关要求；识别选址范围内存在的空间冲突，并将合规性检测结果反馈至审批系统，辅助项目审查人员和相关部门管理人员进行决策判断（图 11-9、图 11-10）。

图 11-9　规划项目合规性审查示意

项目空间检测报告

报告时间：2020-12-01

一、项目基本信息

项目编号	----------
项目名称	----------
建设单位	----------
建设地点	----------
检测面积	------公顷

二、检测详情

该项目符合规划。项目用地总面积为：_____公顷。与生态保护红线和永久基本农田不重叠，符合土地利用总体规划。

三条控制线检测

序号	控制性类型	面积/hm²	占比/%	检测结果
1	永久基本农田	0	0	/
2	生态保护红线	0	0	/
3	城镇开发边界	---	100	全部坐落

专项检测

序号	专项规划图层	面积/hm²	占比/%	检测结果
1	矿产压覆分析	0	0	未压覆

图 11-10　项目合规性检测报告示意

（三）专项规划冲突检查

规划信息平台集成了基础地理信息、专题地理信息、相关的经济社会信息以及已批各类专项规划的空间信息。通过平台空间分析功能，对新编的各专项规划进行冲突检查，能检测出规划与规划之间、规划与现状之间是否存在冲突，以确定是否符合空间规划成果的管控要求；同时，对检测成果输出文本和专题图，辅助专项规划成果修改和调整。

三、监测评估预警

监测与评估是一个国家规划制度是否成熟的重要标志，设计监测评估预警应用模块是规划信息平台建设中的关键一环，主要服务于规划实施监督工作，功能主要包括动态监测、及时预警、定期评估等。通过接入现状、遥感监测、规划、管理业务及社会经济数据等多源数据，运用云计算、大数据等方式整合监测评估预警所需要的空间关联数据和信息，搭建国土空间监测指标体系和评估预警模型，以信息化手段支撑监测评估预警工作。

（一）动态监测

动态监测是面对规划实施监督常态化、动态化要求，在日常管理过程中，基于规划信息平台内规划成果对国土空间开发利用和保护行为进行的一种长期监测，目的是对约束性指标和管控边界实现动态监测，及时发现空间规划中出现的突破约束性指标和管控边界的情况，并及时反馈给相关部门（图 11-11）。

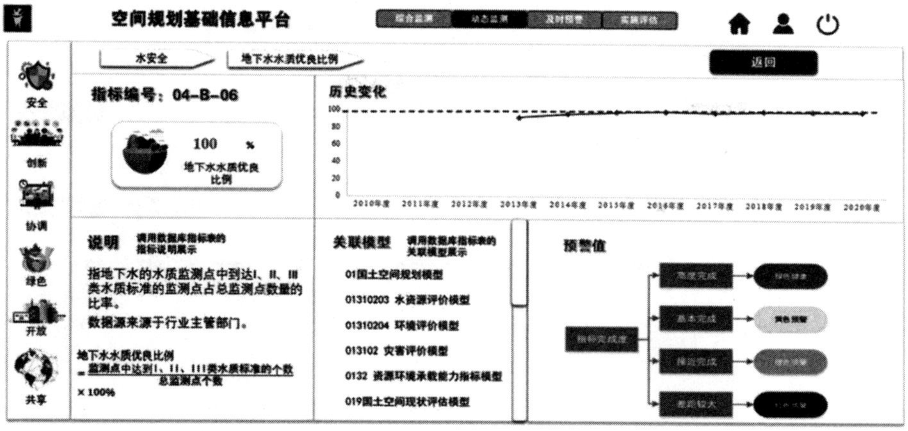

图 11-11　规划动态监测管理模型示意

（二）及时预警

及时预警是以国土空间监测指标为依据，利用系统中丰富的用地开发、空间建设、业务审批、规划督查的历史数据，建立预警模型，重点监测底线突破有风险、目标执行不利以及疑似违法等行为，辅助生成预警报告。根据主要监测内容可分为对应保护边界的边界突破预警和对应各项约束性指标的指标突破预警（图 11-12）。

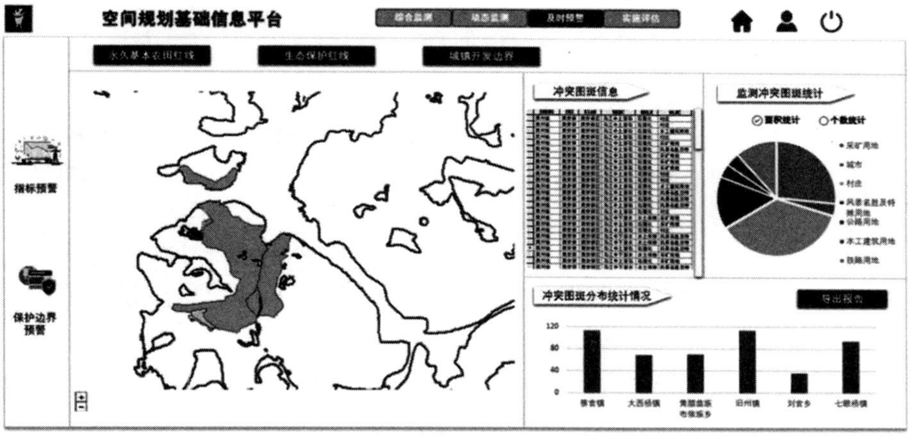

图 11-12　规划管控边界预警示意

（三）定期评估

从应用流程上看，动态监测与及时预警属于实时反馈的单因子监测流程，监测目标的指标相对简化，但监测频次较高。定期评估属于全要素类指标的分析评价，在监测频次上要相对低些。按照国家层面提出的“一年一体检、五年一评估”要求，可以将定期评估分为定期体检和专项评估两部分，对城市发展阶段特征及规划实施效果定期进行分析和评价。

以城市体检评估辅助系统为例，该系统提供城市体检指标体系管理、指标数据管理、分析模型管理等基本功能，辅助城市体检评估报告的编制。根据国土空间规划城市体检评估规程、指标、数据管理等工作要求，系统可以快速创建评估主题，设计指标（体系），导入指标数据，还可以根据评估需要构建分析模型，用于输出图表、报告等内容辅助报告编制，为国土空间规划城市体检评估工作提供信息化服务(图 11-13、图 11-14)。

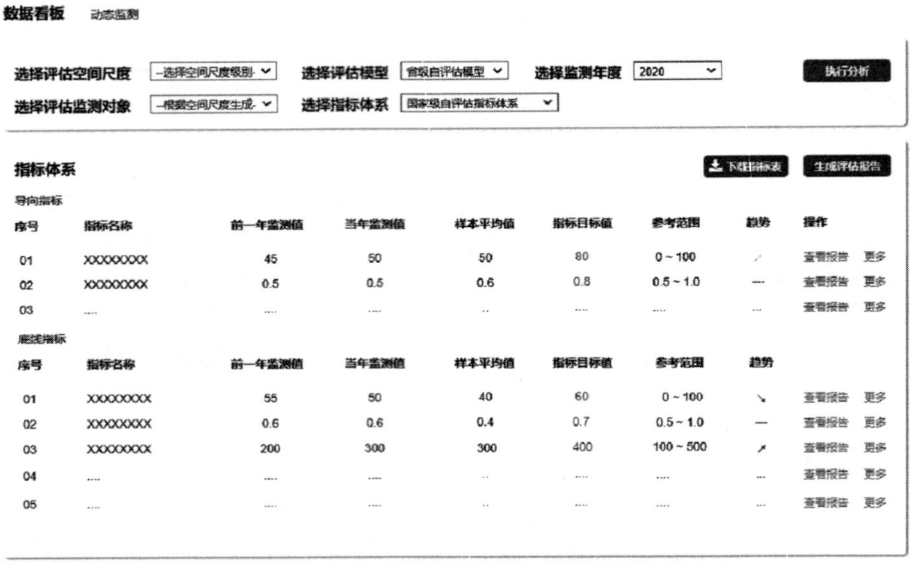

图 11-13　动态监测原型界面

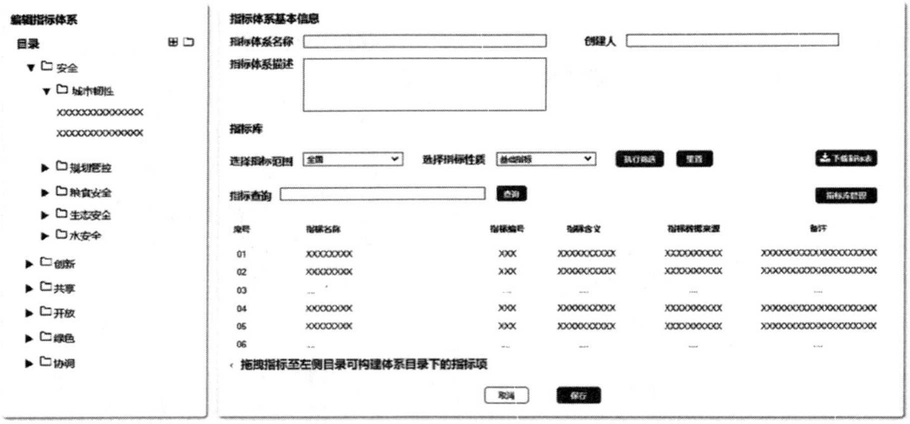

图 11-14　城市体检指标体系(编辑)原型

四、数据共享与社会化应用

规划信息平台不仅服务于规划编制工作和规划管理人员,通过开放相应规划数据共享渠道和权限,还能面向社会公众,提供空间规划的公共服务;利用微信、网站等信息渠道,建立双向沟通,提升国土空间规划工作公众的参与度。此外,规划信息化平台丰富的空间数据集,还可广泛服务于地方招商引资,为招商项目提供空间要素保障,确保重点项目能顺利落地。

以深圳市和武汉市上线的"详细规划一张图"公众版为例,一张图公众版上线内容包括已批法定图则及局部调整、城市更新、土地整备等规划成果,具体信息包含规划地块的位置、用地面积、规划功能、容积率、配套设施等。以"电子地图"为基础,使用地块属性查询功能通过空间定位、宗地号和地名等方式查找对应地块位置，可以查看相关信息（图 11-15、图 11-16）。

图 11-15　深圳市详细规划一张图公众版

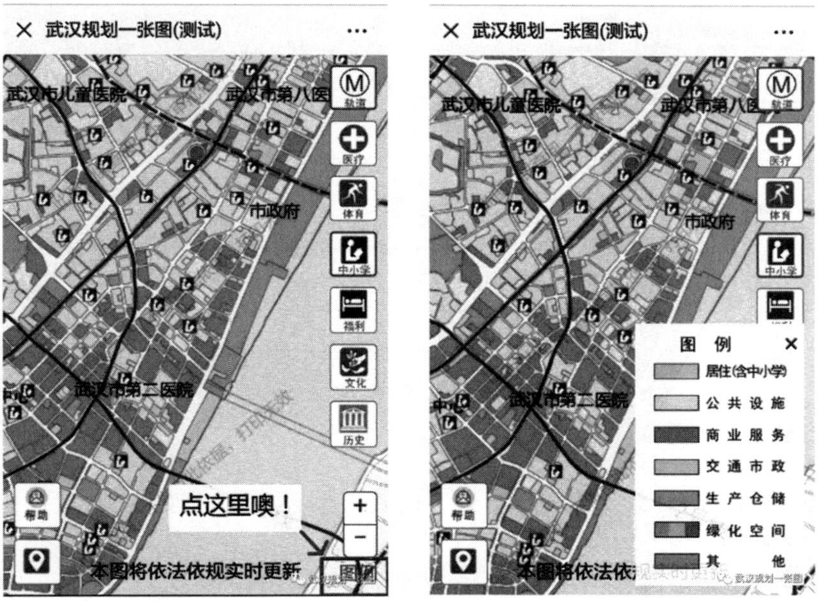

图 11-16　武汉市规划一张图公众版

以厦门市搭建的招商要素保障模块为例，依托规划一张图系统，通过梳理招商空间资源，提前核实各类空间要素情况，可精准服务招商引资；利用共享土地政策、空间招商底图、历史案例等信息，匹配土地要素与招商需求，努力做到“地等项目”，确保投资方向和布局符合国土空间规划。目前，厦门市招商要素保障模块已接入全市五十余个部门近百个用户，跟踪服务 426 个招商项目（图 11-17、图 11-18）。

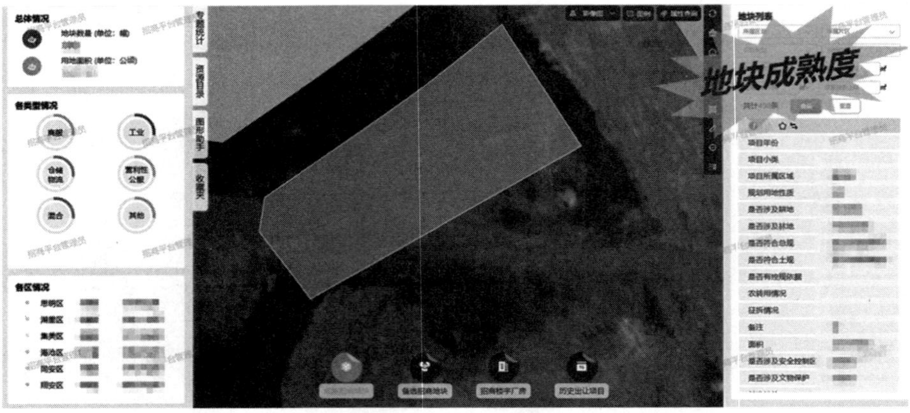

图 11-17　地块信息示意图

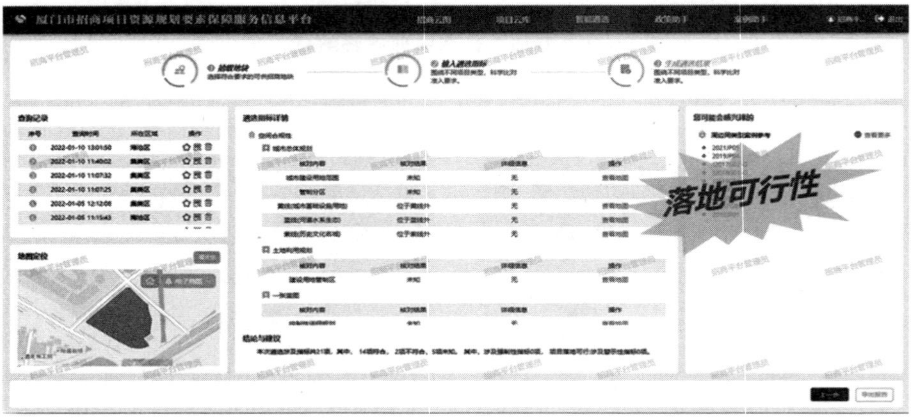

图 11-18　厦门市规划一张图系统应用示意图

参考文献

[1] 王磊，吴啸，周勃. 数字化转型背景下的武汉市智慧规划信息平台建设研究. 规划师，2022，38(8)：121-125.

[2] 李乃强. 国土空间规划平台建设技术研究. 地理空间信息，2020，18(6)：125-126＋129.

[3] 自然资源部. 国土空间规划“一张图”建设合集.（2022. 8. 11）https://mp. weixin. qq. com/mp/appmsgalbum? __biz＝MzA4MDU2MjQzMg＝＝&action＝getalbum&album_id＝2777417763178004481&scene＝173&from_msgid＝2654088423&from_itemidx＝1&count＝3&nolastread＝1＃wechat_redirect.

[4] 国家地理信息公共服务平台——典型应用案例 https://app. tianditu. gov. cn/.

[5] 深圳市规划和自然资源局深圳市“详细规划一张图”公众版.（2021. 4. 19）http://pnr. sz. gov. cn/ywzy/fdtz/index. html.

[6] 武汉市自然资源和规划局武汉市“规划一张图”.（2023. 8. 28）http://whonemap. zrzyhgh. wuhan. gov. cn:8020/.